EUL VERLAG

STEUER, WIRTSCHAFT UND RECHT

Herausgegeben von vBP StB Prof. Dr. Johannes Georg Bischoff, Wuppertal, Dr. Alfred Kellermann, Vorsitzender Richter am BGH (a. D.), Karlsruhe, Prof. (em.) Dr. Günter Sieben, Köln, und WP StB Prof. Dr. Norbert Herzig, Köln

Band 288
Heinz Hofer
Corporate Governance und Unternehmensbewertung – Der Einfluss von Corporate Governance und Eigentümerstruktur auf Unternehmens- und Anteilsbewertung
Lohmar – Köln 2008 • 398 S. • € 56,- (D) • ISBN 978-3-89936-679-2

Band 289
Volker Wodianka
Rechtliche Aspekte des Roaming in 2G/3G Mobilfunksystemen – Die wettbewerbsrechtliche Behandlung von Flächendeckungskonzepten im digitalen, zellularen Mobilfunk
Lohmar – Köln 2008 • 246 S. • € 46,- (D) • ISBN 978-3-89936-693-8

Band 290
Ralf U. Braunagel
Gemeinsame Körperschaftsteuer-Bemessungsgrundlage in der EU – Eine Beurteilung im Hinblick auf das Europarecht
Lohmar – Köln 2008 • 398 S. • € 56,- (D) • ISBN 978-3-89936-701-0

Band 291
Eva Broer
Erbschaftsteuer im internationalen Vergleich – Reformansätze für Deutschland
Lohmar – Köln 2008 • 314 S. • € 62,- (D) • ISBN 978-3-89936-718-8

Band 292
Ulrich Ziehr
Einkünftezurechnung im internationalen Einheitsunternehmen – Veranlassungsprinzip und Selbstständigkeitsfiktion als Maßstäbe der Einkünftezurechnung zu Stammhaus und Betriebsstätte
Lohmar – Köln 2008 • 432 S. • € 68,- (D) • ISBN 978-3-89936-723-2

JOSEF EUL VERLAG

Reihe: Steuer, Wirtschaft und Recht · Band 292

Herausgegeben von vBP StB Prof. Dr. Johannes Georg Bischoff, Wuppertal, Dr. Alfred Kellermann, Vorsitzender Richter (a. D.) am BGH, Karlsruhe, Prof. (em.) Dr. Günter Sieben, Köln, und WP StB Prof. Dr. Norbert Herzig, Köln

Dr. Ulrich Ziehr

Einkünftezurechnung im internationalen Einheitsunternehmen

Veranlassungsprinzip und Selbstständigkeitsfiktion als Maßstäbe der Einkünftezurechnung zu Stammhaus und Betriebsstätte

Mit einem Geleitwort von Prof. Dr. Peter Kupsch, Otto-Friedrich-Universität Bamberg

EUL VERLAG

Bibliographische Information der Deutschen Bibliothek

Die Deutsche Bibliothek verzeichnet diese Publikation in der Deutschen Nationalbibliothek; detaillierte bibliographische Daten sind im Internet über <http://dnb.ddb.de> abrufbar.

Dissertation, Otto-Friedrich-Universität Bamberg, 2007

ISBN 978-3-89936-723-2
1. Auflage August 2008

Printed in Germany
Druck: RSP, Troisdorf

JOSEF EUL VERLAG GmbH
Brandsberg 6
53797 Lohmar
Tel.: 0 22 05 / 90 10 6-6
Fax: 0 22 05 / 90 10 6-88
E-Mail: info@eul-verlag.de
http://www.eul-verlag.de

Bei der Herstellung unserer Bücher möchten wir die Umwelt schonen. Dieses Buch ist daher auf säurefreiem, 100% chlorfrei gebleichtem, alterungsbeständigem Papier nach DIN 6738 gedruckt.

Geleitwort

Übt ein Unternehmen seine Tätigkeit über eine ausländische Betriebsstätte aus, so muss die Einkünftezurechnung auf Stammhaus und Betriebsstätte verschiedenen Zurechnungsproblemen gerecht werden, die aus dem Spannungsverhältnis von Selbstständigkeitsfiktion der Betriebsstätte einerseits und tatsächlicher rechtlicher Unselbstständigkeit der Betriebsstätte andererseits herrühren. Die vorliegende Arbeit entwickelt Vorschläge zur Lösung der auftretenden Zurechnungsfragen und beurteilt sie auf der Grundlage allgemein akzeptierter Besteuerungsgrundsätze. Sie gelangt zu dem Ergebnis, dass eine Gleichstellung des Einheitsunternehmens mit konzernierten Strukturen im Sinne der jüngst geforderten rechtsformneutralen Einkünftezurechnung mit Recht hinterfragt werden kann. Die Einkünftezurechnung im Einheitsunternehmen verlangt deshalb oftmals nach Zurechnungslösungen eigener Art.

Die Relevanz der behandelten Problemstellung lässt sich an zwei Aspekten verdeutlichen. Sie ergibt sich gerade in jüngerer Zeit zum einen aus der Überlagerung verschiedener Entwicklungen aus mehreren Rechtskreisen. So wird im innerstaatlichen Steuerrecht die Betriebsstätte durch den Entstrickungsgrundsatz einem selbstständigen Unternehmen stärker angenähert. Aber auch auf Ebene des Abkommensrechts und des Europarechts rückt die Betriebsstätte immer mehr ins Blickfeld. Mit der Analyse dieser komplexen Rechtsentwicklungen leistet der Verfasser der vorliegenden Arbeit einen verdienstvollen Beitrag zum aktuellen Stand und den Perspektiven der Betriebsstättenbesteuerung. Zum anderen verdient die Arbeit wegen ihres interdisziplinären Anspruchs Interesse. Notwendige Verbindungen zwischen Betriebswirtschaftslehre und Rechtswissenschaft hat der Verfasser in überzeugender Weise hergestellt. Er untersucht, wie das rechtliche Postulat, die Betriebsstätte an einem Fremdverhalten zu messen, betriebswirtschaftlich einzuordnen ist und welche Einkünftezurechnungsregelungen daraus abzuleiten sind. Die Überlegungen münden u. a. in einen Vorschlag, wie beim Fremdvergleich der Höhe nach mit Unschärfen umgegangen werden kann, die sich bei der Bestimmung fremdüblichen Verhaltens aufgrund der regelmäßig nur begrenzten Vergleichbarkeit der Verhältnisse ergeben.

Der Verfasser wird sowohl den Belangen der Praxis als auch den Anforderungen an eine wissenschaftliche Arbeit gerecht. Er hat Konzepte für die Einkünftezurechnung auf systematische Art und Weise entwickelt und auf verschiedene praxisrelevante Zurechnungsfragen übertragen. Die Folgerungen sind dank umfänglicher Recherchearbeit fundiert und inhaltlich ausgewogen. Die vorliegende Untersuchung stellt einen wertvollen Beitrag zur Einkünftezurechnung auf Stammhaus und Betriebsstätte dar, dem eine positive Resonanz zu wünschen ist.

Bamberg, im Juli 2008 Prof. Dr. Peter Kupsch

Vorwort

Die Betriebsstätte gilt zu Recht als "unbekanntes Wesen". Die Ermittlung der ihr für steuerliche Zwecke zuzurechnenden Einkünfte hat in besonderer Weise die akademische Diskussion und die Steuerrechtspraxis herausgefordert. In der vorliegenden Arbeit habe ich den Versuch unternommen, Einkünftezurechnungsgrundsätze theoretisch zu begründen und ihren Inhalt anhand ausgewählter Anwendungsbereiche zu konkretisieren. Im Mittelpunkt steht die Interpretation der seit jeher umstrittenen Selbstständigkeitsfiktion der Betriebsstätte.

Die vorliegende Arbeit wurde im Sommersemester 2007 von der Fakultät Sozial- und Wirtschaftswissenschaften der Otto-Friedrich-Universität Bamberg als Dissertation angenommen. Sie entstand überwiegend während meiner Tätigkeit als wissenschaftlicher Mitarbeiter am Lehrstuhl für Betriebswirtschaftslehre, insbesondere Betriebliche Steuerlehre und Wirtschaftsprüfung dieser Fakultät. Die vorliegende Fassung berücksichtigt den Rechts- und Diskussionsstand zum 15.06.2008.

Mein aufrichtiger Dank gilt allen, die mich bei der Lösung der bearbeiteten Probleme persönlich und fachlich begleitet haben. Besonders danke ich Herrn Professor Dr. Peter Kupsch für die Betreuung der Arbeit und Herrn Professor Dr. Georg Crezelius für die Übernahme des Zweitgutachtens. Bedanken möchte ich mich auch bei meinen Lehrstuhlkollegen Hans Fasen und Dr. Ingo Müller, die mir durch ihre Diskussionsbereitschaft beim Reflektieren des Themas geholfen haben. Dank gebührt nicht zuletzt vielen Hilfskräften am Lehrstuhl für die Unterstützung beim Zusammenstellen der Literatur sowie meiner Arbeitskollegin Silvia Eberts für eine redaktionelle Durchsicht der Druckfassung.

Die Arbeit ist meinen Eltern gewidmet, die einen großen Teil der Mühen mitgetragen haben. Ohne ihre Unterstützung wäre diese Arbeit nicht möglich gewesen.

Düsseldorf, im Juli 2008 Ulrich Ziehr

Inhaltsübersicht

Inhaltsverzeichnis

Abkürzungsverzeichnis

a. A.	anderer Ansicht
a. a. O.	am anderen Ort
ABl EG	Amtsblatt der Europäischen Gemeinschaften
ABl EU	Amtsblatt der Europäischen Union
Abs.	Absatz
AEAO	Anwendungserlass zur Abgabenordnung
AG	Die Aktiengesellschaft
AktG	Aktiengesetz
AO	Abgabenordnung
Art.	Artikel
ASTA	Allgemeines statistisches Archiv
AStG	Außensteuergesetz
Az.	Aktenzeichen
BB	Betriebs-Berater
Bd.	Band
BFH	Bundesfinanzhof
BFH/NV	Sammlung amtlich nicht veröffentlichter Entscheidungen des Bundesfinanzhofs
BFHE	Entscheidungen des Bundesfinanzhofs
BFuP	Betriebswirtschaftliche Forschung und Praxis
BGBl	Bundesgesetzblatt
BIFD	Bulletin for international fiscal documentation
BMF	(deutsches) Bundesministerium der Finanzen
BPO	Betriebsprüfungsordnung
BRDrs.	Bundesrats-Drucksache
BStBl	Bundessteuerblatt
BTDrs.	Bundestags-Drucksache
BVerfG	Bundesverfassungsgericht
BVerfGE	Entscheidungen des Bundesverfassungsgerichts
CDFI	Cahiers de droit fiscal international
c. p.	ceteris paribus
CTJ	Canadian Tax Journal
DB	Der Betrieb
DBA	Doppelbesteuerungsabkommen
ders.	derselbe
dies.	dieselbe(n)
Diss.	Dissertation
DRS	Deutscher Rechnungslegungs-Standard
DStJG	Jahrbuch der Deutschen steuerjuristischen Gesellschaft
DStR	Deutsches Steuerrecht
DStRE	Deutsches Steuerrecht Entscheidungsdienst
DStZ	Deutsche Steuerzeitung

EAS	Express Antwort Service
ECR	European Court Reports
EFG	Entscheidungen der Finanzgerichte
EG	Europäische Gemeinschaften
EGHE	Entscheidungen des Europäischen Gerichtshofs
EG-V	EG-Vertrag
Einl.	Einleitung
EL	Ergänzungslieferung
EStB	Einkommensteuer-Berater
EStG	Einkommensteuergesetz
ET	European Taxation
EU	Euopäische Union
EuGH	Europäischer Gerichtshof
EWR	Europäischer Wirtschaftsraum
EWS	Europäisches Wirtschafts- und Steuerrecht
F.	Fach
FG	Finanzgericht
FinM	Financial Management
FM	Finanzministerium
FR	Finanzrundschau
FS	Festschrift
FuE	Forschung und Entwicklung
GAufzV	Gewinnabgrenzungsaufzeichnungsverordnung
GewO	Gewerbeordnung
GewStG	Gewerbesteuergesetz
GG	Grundgesetz
gl. A.	gleicher Ansicht
Gr.	Gruppe
Habil.	Habilitationsschrift
HGB	Handelsgesetzbuch
HIntVP	Handbuch internationale Verrechnungspreise (hrsg. v. Kroppen)
h. M.	herrschende Meinung
Hrsg., hrsg. v.	Herausgeber, herausgegeben von
HS.	Halbsatz
HWB	Handwörterbuch der Betriebswirtschaft
HWBF	Handwörterbuch des Bank- und Finanzwesens
HWP	Handwörterbuch der Planung
IdW	Institut der Wirtschaftsprüfer
i. e. S.	im engeren Sinn
IFA	International Fiscal Association
ifo	ifo Studien, Zeitschrift für empirische Wirtschaftsforschung
INF	Information aus Steuer und Wirtschaft

intertax	International Tax Review
IRC	Internal Revenue Code
IRS	Internal Revenue Service
i. S. d.	im Sinne des
IStR	Internationales Steuerrecht
i. S. v.	im Sinne von
ITJ	International Tax Journal
ITPJ	International Transfer Pricing Journal
ITR	International Tax Review
i. V. m.	in Verbindung mit
IWB	Internationale Wirtschafts-Briefe
i. w. S.	im weiteren Sinn
JbFSt	Jahrbuch der Fachanwälte für Steuerrecht
JIT	Journal of International Taxation
JoE	Journal of Economics
JoFE	Journal of Financial Economics
JuS	Juristische Schulung
KOM	Legislativvorschlag oder sonstige Mitteilung der Europäischen Kommission
KStG	Körperschaftsteuergesetz
KWG	Kreditwesengesetz
MüKo AktG	Münchner Kommentar zum Aktiengesetz
MüKo HGB	Münchner Kommentar zum Handelsgesetzbuch
m. w. V.	mit weiteren Verweisen / mit weiterem Verweis
NTJ	National Tax Journal
NWB	Neue Wirtschafts-Briefe
öBMF	österreichisches Bundesministerium der Finanzen
OECD	Organisation für wirtschaftliche Zusammenarbeit und Entwicklung
OECD-MA	OECD-Musterabkommen
OECD-MK	Kommentar der OECD zum Musterabkommen
o. V.	ohne Verfasser
par.	paragraph, Absatz
PiSt	Praxis internationale Steuerberatung
PSM	Profit Split Method
RFH	Reichsfinanzhof
RIW	Recht der internationalen Wirtschaft
Rn.	Randnummer
Rs.	Rechtssache
RStBl	Reichssteuerblatt

S.	Seite, Satz
SchK	Schiedskonvention
Schrb.	Schreiben
SchwTr	Schweizer Treuhänder
Sec.	Section, Abschnitt im US-amerikanischen Internal Revenue Code
SEStEG	Gesetz über steuerliche Begleitmaßnahmen zur Einführung der Europäischen Gesellschaft und zur Änderung weiterer steuerrechtlicher Vorschriften
Sp.	Spalte
StAuskV	Steuer-Auskunftsverordnung vom 30.11.2007
Stbg	Die Steuerberatung
StbJb	Steuerberater-Jahrbuch
StbKongrRep	Steuerberaterkongress-Report
StBp	Steuerliche Betriebsprüfung
SteuerStud	Steuer und Studium
StuB	Steuern und Bilanzen
StuW	Steuer und Wirtschaft
SWI	Steuer und Wirtschaft international
TMIJ	Tax Management International Journal
TMTPR	Tax Management Transfer Pricing Report
TNMM	Transactional Net Margin Method, geschäftsvorfallbezogene Nettomargenmethode
Tz.	Textziffer
u. a.	unter anderem
UN	Vereinte Nationen
UN-MA	Musterabkommen der Vereinten Nationen
USA	Vereinigte Staaten von Amerika
US Treas. Regs.	Treasury Regulations, US-amerikanische Verwaltungsanweisungen
VAG	Versicherungsaufsichtsgesetz
vGA	verdeckte Gewinnausschüttung
Vol.	volume, Band
VWG-BS	Verwaltungsgrundsätze-Betriebsstätten
VWG-Uml.	Verwaltungsgrundsätze-Umlageverträge
VWG-Verf.	Verwaltungsgrundsätze-Verfahren
VWG-vU	Verwaltungsgrundsätze-verbundene Unternehmen
WPg	Die Wirtschaftsprüfung
WÜRV	Wiener Übereinkommen über das Recht der Verträge
z. B.	zum Beispiel
ZfB	Zeitschrift für Betriebswirtschaft
ZfbF	Zeitschrift für betriebswirtschaftliche Forschung
ZfhF	Zeitschrift für handelswissenschaftliche Forschung

Abbildungsverzeichnis

Tabellenverzeichnis

Kapitel I: Betriebsstätte und internationale Einkünftezurechnung

1 Einkünftezurechnung im Einheitsunternehmen als Nebenbedingung internationaler Unternehmenstätigkeit

1.1 Gründe für die Vornahme von Direktinvestitionen in der Form rechtlich unselbstständiger Auslandsniederlassungen

International tätige Unternehmen können durch den langfristigen Transfer von Sachaufgaben und Ressourcen ins Ausland in eine besonders starke Beziehung zum Wirtschaftssystem eines fremden Staats treten. Die Vornahme einer Direktinvestition[1] ist mit einer Rechtsformentscheidung verbunden, da die wirtschaftlichen Aktivitäten im Ausland entweder durch eine rechtlich selbstständige Einheit oder durch eine rechtlich unselbstständige Niederlassung ausgeübt wird.[2] Rechtlich unselbstständige Niederlassungen können hierbei wesentliche Vorteile aufweisen. Während etwa Tochtergesellschaften regelmäßig strengen Vorschriften im Bereich der Publizität unterliegen, lässt sich ggf. mit der Begründung von Niederlassungen eine auf den ausländischen Unternehmensteil bezogene Publizitätspflicht vermeiden.[3] Auch nachteilige Mitbestim-

---

1 Zum Begriff der "Direktinvestition" vgl. Hymer (Direct foreign investment), S. 1 ff.; Jungnickel (Direktinvestitionen), Sp. 308.

2 Nur in wenigen Fällen ist diese Wahlmöglichkeit beschränkt. Die Ausnahmen betreffen im Wesentlichen den Finanzsektor, in dem aus aufsichtsrechtlichen Gründen oder entsprechend lokaler Marktusancen das Betreiben bestimmter Bank- oder Versicherungsgeschäfte ausschließlich über Tochtergesellschaften möglich ist. Zu Beispielen in einzelnen Ländern vgl. Ammelung, IStR 1998, S. 713 (713); Wagner, IStR 2001, S. 570 (571); Blesgen (Insurance), S. 181 (186).

3 Vgl. Kumpf (Betriebsstätte), S. 27 (46). Im deutschen Handelsrecht sieht § 325a HGB für inländische Zweigniederlassungen von EU-Kapitalgesellschaften die Offenlegung der Rechnungslegung der Hauptniederlassung vor. Im Finanzsektor sind überdies auf die Niederlassung bezogene Offenlegungspflichten zu beachten. So müssen deutsche Zweigniederlassungen von Kredit- und Finanzdienstleistungsinstituten mit Sitz außerhalb der EU gemäß § 340l Abs. 2 HGB Unterlagen über ihre eigene Geschäftstätigkeit offenlegen, vgl. Böcking / Klein in MüKo HGB, § 340l, Rn. 17. Darüber hinaus ist strittig, ob eine Offenlegungspflicht für Zweigniederlassungen besteht, ablehnend Hahnefeld, DStR 1993, S. 1596 (1597); mit Hinweis auf § 13d HGB bejahend Hütten in Küting / Weber, § 325a HGB, Rn. 2.

mungsregelungen des Gastlands können durch rechtlich unselbstständige Auslandseinheiten umgangen werden, wenn sich diese ausschließlich auf ansässige Unternehmen beziehen. Häufig spricht der Aspekt der Reversibilität der Investitionsentscheidung für die Niederlassung. Tastet sich das Unternehmen zunächst probeweise in einen fremden Markt hinein, oder handelt es sich um befristete Projekte, so können unselbstständige Niederlassungen vorzugswürdig sein. Zwar kann der Gründungsvorgang ähnlich wie auch bei Tochtergesellschaften erhebliche Formalitäten erfordern, wenn – wie im Fall der deutschen "Zweigniederlassung" im handelsrechtlichen Sinne[4] – Eintragungspflichten erfüllt werden müssen.[5] Allerdings kann die Direktinvestition wesentlich leichter rückgängig gemacht werden als bei Tochtergesellschaften, deren Liquidation meist relativ komplex und aufwendig ist. Außerdem sind nicht generell Eintragungspflichten zu beachten. In Deutschland müssen etwa ausländische Unternehmen nur steuer- und gewerberechtliche Anzeigepflichten[6] beachten, wenn keine Zweigniederlassung vorliegt.

Auch steuerliche Erwägungen können für die Gründung einer Niederlassung statt einer Tochtergesellschaft sprechen.[7] Wird die Niederlassung steuerlich als Betriebsstätte qualifiziert, so sind nach dem Recht verschiedener Staaten Betriebsstättenverluste im Ansässigkeitsstaat des Unternehmens nutzbar.[8] Überdies wird die Übertragung von Wirtschaftsgütern in ausländische Betriebsstätten in manchen Ländern als erfolgsneutraler Vorgang behandelt.[9]

---

4 Die Zweigniederlassung setzt einen weitgehend selbstständigen Teil des Unternehmens voraus, der auf Dauer wesentliche Geschäfte des Unternehmens selbstständig erledigt, vgl. Bokelmann in MüKo HGB, § 13, Rn. 7 ff.; Sonnenschein (Heymann HGB), § 13, Rn. 6 ff. Nach Sonnenschein sind Zweigniederlassungen personelle und organisatorische Einheiten, die auch ohne die Hauptniederlassung als völlig selbstständige Unternehmen am Rechtsverkehr teilnehmen und weitergeführt werden könnten.

5 Insbesondere im Finanzsektor sind umfangreiche Gründungsformalitäten zu beachten, vgl. Becker in Löwenstein / Looks (Betriebsstättenbesteuerung), S. 7 f.

6 Vgl. § 138 AO, § 14 Abs. 1 S. 1 GewO.

7 Zur Wahl der statutarischen Form ausländischer Einheiten unter steuerlichen Zielen vgl. Telkamp (Ausland); Seeger (Rechtsstruktur); Stöckler (Rechtsform); Becker / Heinsen in Löwenstein / Looks (Betriebsstättenbesteuerung), S. 19 ff.; Jamrozy (Polen).

8 Nach deutschem Recht gilt dies allerdings nicht bei Anwendung der Freistellungsmethode. Hier werden Verluste allenfalls durch den einkommensteuerlichen Progressionsvorbehalt berücksichtigt, vgl. Blümich / Wied, § 32b EStG, Rn. 48; EuGH v. 15.05.2008 - C 414/06 (Lidl Belgium), DB 2008, S. 1130. Zur unterschiedlichen Staatenpraxis vgl. Passeyrer (Losses), S. 425 (433 ff.); Burgers / Betten (The Taxation of Permanent Establishments), Kap. 5.1.5 der jeweiligen Länderabschnitte.

9 Vgl. OECD (Issues), S. 10 ff.; Burgers / Betten (The Taxation of Permanent Establishments), Kap. 4.1.3.6 der jeweiligen Länderabschnitte; Baker / Collier, CDFI 2006, Vol. 91b, S. 21 (43).

Schließlich ist auch eine steuerneutrale Repatriierung von Gewinnen der Auslandseinheit in das Herkunftsland des Unternehmens möglich, sofern nicht sog. "branch profits taxes" auf Gewinntransfers erhoben werden.[10]

Trotz der genannten Vorteile hat die rechtlich unselbstständige Niederlassung eine vergleichsweise geringe empirische Bedeutung. Als möglicher Grund für diesen Befund können auch die mit der Betriebsstätte verbundenen steuerlichen Rechtsunsicherheiten gelten. Die in dieser Arbeit untersuchte Einkünftezurechnung bildet einen besonders strittigen Fragenkomplex der Betriebsstättenbesteuerung. Um den Untersuchungsgegenstand der Arbeit zunächst zu präzisieren, sollen im Folgenden Grundbegriffe und Grundlagen der Einkünftezurechnung erläutert werden.

1.2 Ertragsteuerliche Behandlung unselbstständiger Auslandsniederlassungen und Zurechnungsproblematik

1.2.1 Persönliche Steuerpflicht des Unternehmens im Quellenstaat

1.2.1.1 Betriebsstättenprinzip

Wird die rechtlich unselbstständige Auslandseinheit steuerlich als Betriebsstätte qualifiziert, so wird das Einheitsunternehmen[11] im Belegenheitsstaat der Betriebsstätte zur Entrichtung von Ertragsteuern herangezogen (Betriebsstättenprinzip).

Dem Betriebsstättenprinzip liegt ein äquivalenztheoretisches Argument zugrunde.[12] Danach nimmt ein Unternehmen, dessen Tätigkeiten mit einer dauerhaften physischen Präsenz im Ausland einhergehen, regelmäßig öffentliche Güter im Gastland in Anspruch (z. B. Infrastruktur, Arbeitskräfte, Kapitalmarkt). Die Entrichtung von Ertragsteuern im Gastland wird somit als angemessene Gegenleistung des Unternehmens für die Inanspruchnahme dieser öffentlichen Güter betrachtet.

Da grenzüberschreitende Unternehmenstätigkeiten unterschiedliche Internationalisierungsgrade aufweisen können, kann vom äquivalenztheoretischen

---

10 Etwa in den USA, Kanada, Indonesien, Brasilien, vgl. Jacobs (Unternehmensbesteuerung[6]), S. 442; Hemmelrath in Vogel / Lehner, DBA, Art. 7, Rn. 17. Bei der Quantifizierung der Steuerbelastung ist zu berücksichtigen, dass ggf. die Steuersätze durch die DBA der betreffenden Staaten reduziert sind, vgl. Tischbirek in Vogel / Lehner, DBA, Art. 10, Rn. 270 zu Einzelheiten der betreffenden deutschen DBA.

11 Die Bezeichnung "Einheitsunternehmen" steht nach einer üblichen begrifflichen Festlegung für ein Unternehmen, das neben dem Stammhaus mindestens eine weitere Betriebsstätte unterhält.

12 Vgl. Skaar (Permanent Establishment), S. 24 f. und 559.

Standpunkt aus keine objektiv richtige Grenzlinie festgelegt werden, ab der eine Präsenz eines Unternehmens im Ausland einen steuerlichen Zugriff rechtfertigt.[13] Auch die Bedienung ausländischer Absatzmärkte durch Exportunternehmen könnte theoretisch eine ertragsteuerliche Erfassung von Liefergewinnen durch die Importstaaten rechtfertigen, da auch bei Lieferbeziehungen öffentliche Güter des Gastlands in Anspruch genommen werden (z. B. Transportwege). Aus völkerrechtlicher Sicht wäre es schwierig, die Unzulässigkeit einer derartigen steuerlichen Anknüpfung abzuleiten, da sich das steuerliche Hoheitsrecht des Gastlands auch auf ausländische oder zwischenstaatliche Sachverhalte erstrecken kann, solange "hinreichende" Anknüpfungsmomente der Steuertatbestände erkennbar sind.[14] Die Definition der Betriebsstätte als entscheidende Schwelle für die Ertragsteuerpflicht im Ausland ist daher als bloße Konvention zu betrachten. Die Reichweite des abkommensrechtlichen Betriebsstättenbegriffs ist daher regelmäßig Anpassungen entsprechend der Fiskalinteressen der jeweils einflussreichsten Staaten unterworfen.[15]

Dem Grunde nach wird das Betriebsstättenprinzip allerdings durch einen breiten, weit in die Geschichte zurückreichenden internationalen Konsens gestützt. Ein Betriebsstättenprinzip war bereits im 19. Jahrhundert im preußischen innerstaatlichen Steuerrecht vorgesehen, um den Steuerzugriff verschiedener Steuerträger zu begrenzen. Von dort aus gelangte es erstmals 1899 in ein zwischenstaatliches DBA (DBA Preußen-Österreich/Ungarn) und wurde in der Folgezeit in weitere DBA übernommen.[16] Der internationale Konsens über

---

13 Vgl. Vogel (Source Taxation), S. 77 (131); Cockfield, Canadian Business Law Journal, 2003, S. 400 (402 f.); ähnlich Wassermeyer (beschränkte Steuerpflicht), S. 49 (56 f.).

14 Vgl. Vogel, DStR 1968, S. 424 (430): Grenze des Steuerzugriffs liege im Verbot des Rechtsmissbrauchs; BVerfG v. 22.03.1983 - 2 BvR 475/78, BVerfGE 63, S. 343 (369) mit Hinweis auf drohende Einmischung in den Hoheitsbereich eines fremden Staates; zögernd gegenüber völkerrechtlichen Grenzen des Steuerzugriffs Wassermeyer (beschränkte Steuerpflicht), S. 49 (53 f.). Zum völkerrechtlichen Souveränitätsprinzip aus steuerlicher Sicht vgl. auch Bühler (Prinzipien), S. 132.

15 Während Staaten mit Nettokapitalimporten, wie Entwicklungsländer und Länder mit reichen Bodenschatzvorkommen, für eine weite Fassung des Betriebsstättenbegriffs eintreten (vgl. Skaar (Permanent Establishment), S. 100), liegt eine Einengung des Betriebsstättenbegriffs im Interesse von Nettokapitalexporteuren. Mit Bezug auf die im Jahr 2003 vorgenommenen Änderungen des OECD-MK zu Art. 5 kann innerhalb der OECD eine den Betriebsstättenbegriff ausweitende Tendenz festgestellt werden, vgl. Wichmann, BIFD 2004, S. 201 (202). Auch die Vorschläge der OECD zur Betriebsstättenbegründung bei grenzüberschreitenden Dienstleistungen beinhalten eine Ausweitung des Betriebsstättenbegriffs, vgl. Loose, Stbg 2007, S. 127.

16 Zu den geschichtlichen Hintergründen des Betriebsstättenprinzips im Einzelnen vgl. Kolck (Betriebsstättenbegriff), S. 9 ff.; Skaar (Permanent Establishment), S. 72 ff.; zu den Musterabkommensentwürfen des Völkerbunds Graetz / O'Hear, Duke Law Journal 1996-97, S. 1021 (1088 ff.).

das Betriebsstättenprinzip wurde schließlich in den Entwürfen des Völkerbunds für ein Musterabkommen für zwischenstaatliche DBA von 1927/28 offenkundig.[17] In die Vorschläge des Völkerbunds von 1943 (Mexico-Modell) und 1946 (London-Modell) für Musterabkommen wurde es im Grundsatz ebenso übernommen[18] wie in die späteren Musterabkommen der OECD, der UN und der USA.

1.2.1.2 Konkretisierung des Anknüpfungsmerkmals "Betriebsstätte"

1.2.1.2.1 Betriebsstättenbegriff des deutschen innerstaatlichen Steuerrechts

Die für einen Steuerzugriff erforderliche Intensität der Verbindung eines Unternehmens mit einem Staat wird im deutschen Außensteuerrecht durch den Grundtatbestand des § 12 S. 1 AO umschrieben, nach dem Betriebsstätte jede feste Geschäftseinrichtung oder Anlage ist, die der Tätigkeit eines Unternehmens dient. Der Kreis möglicher Betriebsstättensachverhalte wird durch § 12 S. 2 AO erweitert, der zusätzlich bestimmte Einzeltatbestände als Betriebsstätten definiert.[19] Im Folgenden werden die Merkmale des Grundtatbestands erläutert ("Geschäftseinrichtung oder Anlage", "fest", "der Tätigkeit des Unternehmens dienen").[20]

Eine *Geschäftseinrichtung* ist eine Einheit oder Untereinheit unternehmerisch nutzbarer sachlicher Mittel.[21] Dem Begriff der Anlage wird als Spezial-

---

17 Vgl. Société des Nations, Dok. Nr. C.562.M.178.1928.II., S. 8, 16, 19.

18 Art. 4 Abs. 2 der Abkommensmodelle von Mexico bzw. London binden die Besteuerung von Einkünften im Quellenstaat im Grundsatz an die Existenz einer Betriebsstätte im Quellenstaat, vgl. League of Nations, Fiscal Committee, Dok. Nr. C.88.M.88.1946. II.A, S. 60 f.

19 Zu diesen "Katalogbetriebsstätten" gehören Geschäftsleitungsbetriebsstätten, Zweigniederlassungen, Geschäftsstellen, Fabrikations- oder Werkstätten, Warenlager, Ein- oder Verkaufsstellen, Bau- oder Montagebetriebsstätten, Berkwerke, Steinbrüche oder andere Stätten der Gewinnung von Bodenschätzen. Die Katalogbetriebsstätten müssen nicht notwendigerweise feste Geschäftseinrichtungen des Steuerpflichtigen sein. Nur in seinem Grundtatbestand erfordert § 12 AO eine feste Geschäftseinrichtung oder eine Anlage, die der Tätigkeit eines Unternehmens dient, während in Satz 2 eine Definitionserweiterung enthalten ist, vgl. BFH v. 28.07.1993 - I R 15/93, BStBl II 1994, S. 148; Birk in Hübschmann / Hepp / Spitaler, § 12 AO, Rn. 25; Kruse in Tipke / Kruse, § 12 AO, Rn. 23. A. A. Kumpf (Betriebsstätten), S. 35 f.

20 Besonderheiten des abkommensrechtlich als Betriebsstätte behandelten ständigen Vertreters sind nicht Gegenstand der vorliegenden Arbeit.

21 Vgl. Koch in Koch[3], § 12 AO, Rn. 2; Wassermeyer in Debatin / Wassermeyer, MA Art. 5, Rn. 30; Kumpf (Betriebsstätten), S. 30; Birk in Hübschmann / Hepp / Spitaler, § 12 AO, Rn. 8.

fall der Geschäftseinrichtung keine besondere Bedeutung zugemessen.[22] Die Geschäftseinrichtung oder Anlage kann sowohl Räume als auch offene Flächen bezeichnen, wie etwa Lagerflächen oder Standplätze. Verschiedene Tätigkeiten in unterschiedlichen Geschäftseinrichtungen können zusammengerechnet werden, wenn eine wirtschaftliche und geografische Einheit vorliegt.[23]

Der Begriff *"fest"* beschreibt eine intensive Verbindung der Tätigkeit mit dem Domizilland des Unternehmens. Die Intensität der Verbindung muss im räumlichen und zeitlichen Sinne gegeben sein. Der räumliche Aspekt besteht in der Verknüpfung der Unternehmenstätigkeit mit einem Punkt der Erdoberfläche. Eine mechanische Verbindung ist nicht erforderlich, es genügt z. B. die bloße Belegenheit transportabler oder auf- und abbaubarer Gegenstände an einem bestimmten Ort.[24]

Bei laufender Änderung des räumlichen Bezugspunkts ohne bestimmten Mittelpunkt ist eine räumliche Beständigkeit nicht gegeben, so dass grundsätzlich keine Betriebsstätte angenommen wird.[25] Dies gilt auch, wenn der Wirkungskreis der Unternehmenstätigkeit durch einen Tätigkeitsbezirk festgelegt ist.[26] Wird bei räumlich wechselnden Tätigkeiten immer wieder ein bestimm-

---

22 Vgl. Kruse in Tipke / Kruse, § 12 AO, Rn. 4; Wassermeyer in Debatin / Wassermeyer, MA Art. 5, Rn. 31; Birk in Hübschmann / Hepp / Spitaler, § 12 AO, Rn. 8; VWG-BS, Tz. 1.1.1.1.

23 Vgl. OECD-MK zu Art. 5, Tz. 5.1; Jacobs (Unternehmensbesteuerung[6]), S. 325; ablehnend Wassermeyer in Debatin / Wassermeyer, MA Art. 5, Rn. 37. Zu Bau- und Montagebetriebsstätten vgl. Buciek, DStZ 2003, S. 139 (140). Der BFH verlangt einen technischen und organisatorischen Zusammenhang zwischen den Tätigkeiten. Gleichartige Arbeiten, die für ein und denselben Auftraggeber ausgeführt werden, sind nicht ausreichend. Die vom BMF festgelegte Luftlinie von 50 km (VWG-BS, Tz. 4.3.5) als alleiniges Kriterium für eine Zusammenrechnung wird vom BFH abgelehnt, da sie das Gesamtbild aus geografischen und wirtschaftlichen Aspekten vernachlässigt (vgl. BFH v. 16.05.2001 - I R 47/00, BStBl II 2002, S. 846; BFH v. 19.11.2003 - I R 3/02, BStBl II 2004, S. 932).

24 Vgl. Kruse in Tipke / Kruse, § 12 AO, Rn. 8 f.; Wassermeyer in Debatin / Wassermeyer, MA Art. 5, Rn. 30 und 37. Keine Beziehung zu einem Punkt der Erdoberfläche ist bei Flugzeugen und Schiffen gegeben.

25 Etwa bei Handelsreisenden, Wandergewerben und bei Tätigkeiten, die auf Fahrzeugen ausgeübt werden, vgl. Görl in Vogel / Lehner, DBA, Art. 5, Rn. 20; Birk in Hübschmann / Hepp / Spitaler, § 12 AO, Rn. 12.

26 Vgl. Kruse in Tipke / Kruse, § 12 AO, Rn. 7; Birk in Hübschmann / Hepp / Spitaler, § 12 AO, Rn. 12.

ter Ort aufgesucht, so wird dort eine Betriebsstätte begründet.[27] Räumlich fortschreitende Tätigkeiten stellen allerdings ausnahmsweise Betriebsstätten dar, soweit dies ausdrücklich für bestimmte Katalogbetriebsstätten vorgeschrieben ist.[28]

Die Verbindung der Unternehmenstätigkeit mit dem ausländischen Staat muss auch im zeitlichen Sinne fest sein, d. h. eine ausreichende zeitliche Intensität aufweisen. Allerdings wird nur eine gewisse Dauerhaftigkeit gefordert, so dass auch befristete Tätigkeiten für eine Betriebsstättenbegründung ausreichen. Eine trennscharfe Zeitgrenze kann dem Gesetz nicht entnommen werden. Als Anhaltspunkt für eine im Normalfall ausreichende zeitliche Dauer gilt die 6-Monats-Frist, die für die Begründung von Bau- und Montagebetriebsstätten (§ 12 S. 2 Nr. 8 AO) und den gewöhnlichen Aufenthalt (§ 9 AO) gesetzlich vorgeschrieben ist.[29]

Da die geplante Tätigkeitsdauer entscheidend ist, kann bei einer tatsächlich verwirklichten Tätigkeit von weniger als 6 Monaten dennoch eine Betriebsstätte vorliegen, wenn die Betriebsstätte auf einen längeren Zeitraum angelegt

---

27 Beispiele: Wohnung des Handelsreisenden (BFH v. 18.12.1986 - I R 130/83, BFH/NV 1988, S. 119), Büroecke im Einfamilienhaus des gewerblichen Zimmervermittlers (BFH v. 15.07.1986 - VIII R 134/83, BStBl II 1986, S. 744). Der Mittelpunkt der geschäftlichen Oberleitung ist dort, wo sich die nach dem Gesamtbild der Verhältnisse in organisatorischer und wirtschaftlicher Sicht bedeutungsvollste Stelle befindet (BFH v. 21.09.1989 - V R 55/84, BFH/NV 1990, S. 353).

28 Durch Bau- oder Montagetätigkeiten oder die Gewinnung von Bodenschätzen kann eine Betriebsstätte auch begründet werden, wenn die Tätigkeiten räumlich fortschreiten, vgl. § 12 S. 2 Nr. 7 und 8 AO; OECD-MK zu Art. 5, Tz. 20.

29 Vgl. BFH v. 19.05.1993 - I R 80/92, BStBl II 1993, S. 655: "Jedenfalls ist die maßgebliche Zeitspanne mit mindestens sechs Monaten anzusetzen. Dies ergibt sich aus dem insoweit analog anzuwendenden Rechtsgedanken der §§ 9 und 12 Satz 2 Nr. 8 AO 1977". A. A. VWG-BS, Tz. 1.1.1.1: 6-Monat-Zeitraum offenbar in jedem Fall hinreichend für Dauerhaftigkeit. Für die 6-Monats-Grenze als klare zeitliche Regelung auch Wassermeyer, FS Kruse, S. 589 (598) und Buciek, DStZ 2003, S. 139 (140). Die Umstände des Einzelfalls betonend hingegen Kruse in Tipke / Kruse, § 12 AO, Rn. 21; Birk in Hübschmann / Hepp / Spitaler, § 12 AO, Rn. 15 (6-Monats-Grenze nur als Richtschnur); ebenso FG München v. 11.12.1985 - I 47/80 L 1, EFG 1986, S. 259 (kompensatorische Beziehung zwischen dem zeitlichen und dem räumlichen Element) und OECD-MK zu Art. 5, Tz. 6: Ist die Geschäftstätigkeit ihrer Art nach kurzfristig, kann eine Betriebsstätte auch bei nur kurzer Tätigkeit anzunehmen sein. A. A. Jacobs (Unternehmensbesteuerung[6]), S. 327, der die maßgebliche Frist mit Hinweis auf eine "überwiegende Meinung", die sich allerdings nur noch in der älteren Literatur findet, bei 9 bis 12 Monaten sieht. Mössner, FS Vogel, S. 945 (954), folgert aus der fehlenden gesetzlichen Fixierung einer Frist, dass nur durch unbefristet geplante Tätigkeiten Betriebsstätten begründet werden können.

war.[30] Umgekehrt soll aber auch eine Betriebsstätte rückwirkend begründet werden, wenn entgegen des ursprünglichen Plans eine längere Unternehmenstätigkeit ausgeübt wird.[31]

Bei unterbrochenen Tätigkeiten kommt es auf das Gesamtbild der Umstände an, ob eine ausreichende zeitliche Präsenz gegeben ist. Unterbrechungen sind für die Ermittlung der Tätigkeitsdauer unbeachtlich, wenn sie nach der Tätigkeitsart üblich sind, eine Wiederaufnahme der Tätigkeit sicher ist und die Unterbrechung im Verhältnis zur Gesamtdauer der Tätigkeit nicht ins Gewicht fällt.[32] Dagegen begründen nur gelegentliche Tätigkeiten mit langen Unterbrechungen keine Betriebsstätte.[33]

Die Intensität der Verbindung mit dem Tätigkeitsstaat wird durch das zusätzliche Tatbestandsmerkmal der Verfügungsmacht über die Geschäftseinrichtung beschrieben. Strittig ist, inwieweit die Verfügungsmacht rechtlich abgesichert sein muss.[34] Der Unternehmer muss grundsätzlich eine Rechtsposition innehaben, die ohne seine Mitwirkung nicht ohne weiteres beseitigt oder

---

30 Vgl. OECD-MK zu Art. 5, Tz. 6.3; Görl in Vogel / Lehner, DBA, Art. 5, Rn. 21; Jacobs (Unternehmensbesteuerung[6]), S. 326; Mössner, FS Vogel, S. 945 (953 f.).

31 Vgl. OECD-MK zu Art. 5, Tz. 6.3.

32 Vgl. BFH v. 21.04.1999 - I R 99/97, BStBl II 1999, S. 694 (bei Bau- und Montagebetriebsstätten: Fristhemmung nur bei nicht im Betriebsablauf liegenden Gründen). Koch in Koch[3], § 12 AO, Rn. 6 (unvorhergesehene Arbeitspausen und naturbedingte Unterbrechungen zählen nicht). Görl in Vogel / Lehner, DBA, Art. 5, Rn. 21 (urlaubs- oder saisonbedingte Unterbrechungen unbeachtlich). OECD-MK zu Art. 5, Tz. 6.1 (vorübergehende Unterbrechung unschädlich für Betriebsstättenbegründung). Eine stillgelegte Fabrikanlage begründet dagegen im Allgemeinen keine Betriebsstätte, wenn darin kein Personal zu deren Wartung und Pflege beschäftigt ist (BFH v. 30.08.1960 - I B 148/59 U, BStBl III 1960, S. 468).

33 Vgl. Wassermeyer in Debatin / Wassermeyer, MA, Art. 5, Rn. 58.

34 Vgl. BFH v. 07.03.1979 - I R 145/76, BStBl II 1979, S. 527 (Gründe Nr. 2b: "gewisse Verfügungsgewalt"); BFH v. 06.07.1978 - IV R 24/73, BStBl II 1979, S. 18 (Gründe Nr. 3: "tatsächliche Verfügungsgewalt über die betreffenden Anlagen oder Einrichtungen"). Der Unternehmer muss eine "nicht nur vorübergehende Verfügungsmacht" über die betreffende Einrichtung besitzen (BFH v. 11.10.1989 - I R 77/88, BStBl II 1990, S. 166, Leitsatz; BFH v. 30.10.1996 - II R 12/92, BStBl II 1997, S. 12, Gründe Nr. 1a; BFH v. 08.03.1988 - VIII R 270/81, BFH/NV 1988, S. 735, Leitsatz). Die Notwendigkeit des Kriteriums "Verfügungsmacht" bezweifelnd Wassermeyer, FS Kruse, S. 589 (595 f.); ders. in Debatin / Wassermeyer, MA Art. 5, Rn. 42. "Verfügungsmacht" dagegen befürwortend Kroppen, FS Wassermeyer, S. 691 (694); Birk in Hübschmann / Hepp / Spitaler, § 12 AO, Rn. 16; Jacobs (Unternehmensbesteuerung[6]), S. 327 f.; Kluge (Steuerrecht), Rn. P 5, S. 497; Görl in Vogel / Lehner, DBA, Art. 5, Rn. 19. Zweifelnd Buciek, JbFSt 2001/02, S. 638 (639).

verändert werden kann.[35] Eigentumsrechte an der Geschäftseinrichtung sind zur Betriebsstättenbegründung nicht erforderlich. Ausreichende Dispositionsmöglichkeiten über die Geschäftseinrichtung können sich bereits aus Miet- und Pachtverhältnissen oder behördlichen Genehmigungen ergeben (z. B. Zuweisungen eines Standplatzes). Nach der jüngeren Rechtsprechung sind die Anforderungen an eine Verfügungsmacht über die Geschäftseinrichtung relativ gering. Nutzt das Unternehmen im Rahmen eines Auftragsverhältnisses Räume des Auftraggebers, um dort vertraglich vereinbarte Tätigkeiten auszuführen, so kommt es auf die Gesamtumstände an, etwa auf die Möglichkeit, die Einrichtung jederzeit oder zu den Geschäftszeiten betreten zu dürfen.[36] Eine Betriebsstätte setzt jedenfalls weder eine ausdrücklich vereinbarte noch eine auf einen bestimmten Arbeitsplatz bezogene Rechtsposition voraus.[37]

Die Geschäftseinrichtung muss der *Tätigkeit des Unternehmens dienen*, so dass eine Beziehung zwischen der Betriebsstätte und den Unternehmenszwe-

---

[35] Vgl. BFH v. 17.03.1982 - I R 189/79, BStBl II 1982, S. 624 (Leitsatz); BFH v. 23.05.2002 - III R 8/00, BStBl II 2002, S. 512 (Gründe Nr. II.1a); BFH v. 14.07.2004 - I R 106/03, BFH/NV 2005, S. 154 (Gründe Nr. II.2b). Die bloße Möglichkeit zur Mitbenutzung von Einrichtungen eines Dritten begründet keine ausreichende Verfügungsmacht (BFH v. 18.03.1976 - IV R 168/72, BStBl II 1976, S. 365: bloße Mitbenutzungsmöglichkeit von Büroräumen; BFH v. 11.10.1989 - I R 77/88, BStBl II 1990, S. 166: Beratungsleistungen in den Räumen des Auftraggebers; BFH v. 16.05.1990 - I R 113/87, BStBl II 1990, S. 983: ausländische Monteurkolonne, die auch gegen ihren Willen angewiesen werden konnte, die Schweiß- und Montagearbeiten in jeweils anderen Räumen auszuüben). Im Einzelfall kann jedoch auch eine nur allgemeine rechtliche Absicherung zur Annahme einer Betriebsstätte genügen, wenn aus tatsächlichen Gründen anzunehmen ist, dass die Verfügungsmacht des Steuerpflichtigen nicht bestritten wird (BFH v. 03.02.1993 - I R 80-81/91, BStBl II 1993, S. 462: dort Betriebsstätte der Management-Gesellschaft in den Räumen des von ihr geleiteten Hotels bejaht). Auch der OECD-MK zu Art. 5 unterscheidet verschiedene Grade der Verfügungsmacht, vgl. Tz. 4.2 (bloße Anwesenheit des Unternehmers ist nicht für Betriebsstättenbegründung ausreichend) und Tz. 4.3 (Anhaltende Kontrollmaßnahmen von Mitarbeitern der Muttergesellschaft in den Räumlichkeiten der Tochtergesellschaft können Betriebsstätte begründen, sofern keine Hilfstätigkeit vorliegt).

[36] Vgl. BFH v. 14.07.2004 - I R 106/03, BFH/NV 2005, S. 154: Verfügungsmacht setzt voraus, "dass der Unternehmer die betreffende Einrichtung jederzeit oder zumindest zu bestimmten Zeiten aufsuchen kann, ohne dass es eines konkreten Anlasses oder der einzelfallbezogenen Zustimmung einer anderen Person bedarf." Eine Betriebsstätte liegt vor, da die Mitbenutzung der Erfüllung der vertraglichen Pflichten dient. Gegen eine restriktive Auslegung der Verfügungsmacht auch Buciek, DStZ 2003, S. 139 (139 f.).

[37] Vgl. BFH v. 14.07.2004 - I R 106/03, BFH/NV 2005, S. 154.

cken vorliegt.[38] Dieses relativ allgemeine Erfordernis wird von der Rechtsprechung so umschrieben, dass das Unternehmen "in, an oder mit der Geschäftseinrichtung" tätig wird.[39] Für die Annahme einer Betriebsstätte genügt es deshalb, wenn die Niederlassung als unselbstständiger Teil des Gesamtunternehmens oder als bloße Einrichtung ohne Personal reine Hilfsleistungen erbringt (z. B. Reklametafeln, Schutthalden, automatisch arbeitende Einrichtungen).[40] Die einschränkende Rechtsprechung, die Betriebsstätte solle der Tätigkeit des Unternehmens *unmittelbar* dienen, weshalb Sozialeinrichtungen keine Betriebsstätten darstellten,[41] wird wegen ihrer begrifflichen Unschärfe und der fehlenden Grundlage im Gesetz abgelehnt.[42]

Keine Betriebsstätten werden dagegen durch bloße vermögensverwaltende Tätigkeiten begründet, z. B. durch das bloße Halten von Finanzanlagen,[43] den

---

38 Vgl. Görl in Vogel / Lehner, DBA, Art. 5, Rn. 24; Mössner, FS Vogel, S. 945 (960); Wassermeyer in Debatin / Wassermeyer, MA Art. 5, Rn. 51. Birk in Hübschmann / Hepp / Spitaler, § 12 AO, Rn. 22; BFH v. 30.10.1996 - II R 12/92, BStBl II 1997, S. 12; Mössner, FS Vogel, S. 945 (952).

39 Vgl. BFH v. 30.10.1996 - II R 12/92, BStBl II 1997, S. 12; Mössner, FS Vogel, S. 945 (960).

40 Vgl. Birk in Hübschmann / Hepp / Spitaler, § 12 AO, Rn. 22 (Personal nicht erforderlich). Ähnlich OECD-MK zu Art. 5, Tz. 10 (Betriebsstätte kann vorliegen, wenn die Tätigkeit hauptsächlich durch automatisch arbeitende Einrichtungen geleistet wird, etwa bei Automaten, die aufgestellt und auf eigene Rechnung betrieben werden) und Tz. 42.6 (Internetserver). BFH v. 30.10.1996 - II R 12/92, BStBl II 1997, S. 12 ("Pipeline-Urteil"). A. A. Wassermeyer in Debatin / Wassermeyer, MA Art. 5, Rn. 33a, der wohl Personaleinsatz für erforderlich hält. Eine Tätigkeit des Unternehmens wird bei Vorrichtungen bezweifelt, die ausschließlich dem Transport von Stoffen dienen (Hochspannungsleitung keine Betriebsstätte des Elektrizitätswerks, BFH v. 07.06.1966 - I B 61/63, BStBl III 1966, S. 567; Kanal zwischen Wasserwerk und Staudamm keine Betriebsstätte, BFH v. 26.10.1954 - I B 186/53 U, BStBl III 1954, S. 372); In der Literatur wird die Entwicklung allerdings auch skeptisch beurteilt, vgl. Mössner, FS Vogel, S. 945 (960 f.); Wassermeyer in Debatin / Wassermeyer, MA Art. 5, Rn. 52.

41 Vgl. BFH v. 16.06.1959 - I B 214/58 U, BStBl III 1959, S. 349 (Umkleidebaracken dienen "nicht unmittelbar dem Unternehmer zur Ausübung seines Gewerbes"); BFH v. 29.11.1960 - I B 222/59 U, BStBl III 1961, S. 52 ("Einrichtungen, die nur sozialen Zwecken für die Arbeitnehmer dienen, bilden keine Betriebstätte."); Das Kriterium der Unmittelbarkeit wird auch hervorgehoben in BFH v. 18.03.1976 - IV R 168/72, BStBl II 1976, S. 365; BFH v. 10.02.1988 - VIII R 159/84, BStBl II 1988, S. 653.

42 Vgl. Kruse in Tipke / Kruse, § 12 AO, Rn. 23; Wassermeyer, FS Kruse, S. 589 (598); Wassermeyer in Debatin / Wassermeyer, MA Art. 5, Rn. 52; a. A. Birk in Hübschmann / Hepp / Spitaler, § 12 AO, Rn. 21.

43 Vgl. Kruse in Tipke / Kruse, § 12 AO, Rn. 18; Scholtz in Koch/Scholtz[5], § 12 AO, Rn. 6; BFH v. 29.08.1984 - I R 154/81, BStBl II 1985, S. 160; BFH v. 29.10.1986 - II R 226/82, BStBl II 1987, S. 99.

Kauf eines Grundstücks, oder eine reine Vermietungstätigkeit.[44] Ebenfalls ist mangels eigengewerblicher Tätigkeit regelmäßig keine Betriebsstätte gegeben, wenn ein Generalunternehmer einen Subunternehmer mit der Ausführung von Tätigkeiten in einer Geschäftseinrichtung beauftragt.[45]

1.2.1.2.2 Funktionen und wesentliche inhaltliche Abweichungen des abkommensrechtlichen Betriebsstättenbegriffs

Die Funktion des abkommensrechtlichen Betriebsstättenbegriffs liegt darin, die kritische Schwelle einer Quellenbesteuerung im zwischenstaatlichen Verhältnis zu definieren. Ist ein DBA zwischen Quellen- und Ansässigkeitsstaat geschlossen, so setzt der steuerliche Zugriff des Quellenstaats auf Unternehmensgewinne voraus, dass der Betriebsstättentatbestand des betreffenden DBA erfüllt ist. Der innerstaatliche Betriebsstättenbegriff ist somit unmaßgeblich.

Aus deutscher Sicht ist allerdings der innerstaatlich festgelegte Betriebsstättenbegriff maßgebend dafür, ob die durch deutsches innerstaatliches Steuerrecht vorgesehenen Methoden zur Vermeidung der Doppelbesteuerung (§ 34c EStG) angewendet werden. Die Doppelbesteuerung wird nach diesen Methoden deshalb bereits vermieden, wenn nicht der maßgebliche abkommensrechtliche Betriebsstättenbegriff, sondern der weiter gefasste Betriebsstättenbegriff des § 12 AO erfüllt ist.[46]

In dem für die deutschen DBA richtungweisenden Musterabkommen der OECD ist die Betriebsstätte definiert als "feste Geschäftseinrichtung, durch die die Tätigkeit eines Unternehmens ganz oder teilweise ausgeübt wird" (Art. 5 Abs. 1 OECD-MA). In den wesentlichen Begriffsmerkmalen stimmt diese Definition mit dem Betriebsstättenbegriff des § 12 AO überein.[47] Dem Fehlen des Begriffs der "Anlage" wird ebenso wenig Bedeutung beigemessen[48] wie dem Unterschied in den Formulierungen "der Tätigkeit des Unternehmens dienen" und "die Tätigkeit durch die Geschäftseinrichtung ausüben".[49]

---

44 Vgl. BFH v. 16.08.1962 - I B 223/61 S, BStBl III 1962, S. 477; BFH v. 10.03.1982 - I R 1/79, BStBl II 1982, S. 562.

45 Allerdings liegt eine Überwachungsbetriebsstätte des Generalunternehmers vor, wenn dieser die Tätigkeit des Subunternehmers überwacht, vgl. Wassermeyer, FS Kruse, S. 589 (597).

46 Vgl. Flick / Wassermeyer / Baumhoff, § 34d EStG, Rn. 41; Peter (Betriebsstättenprinzip), S. 44.

47 Vgl. Jacobs (Unternehmensbesteuerung^{6}), S. 333.

48 Vgl. FN 22.

49 Vgl. Wassermeyer, StbJb 1997/98, S. 493 (494); Runge, StbJb 1997/98, S. 493 (496).

Allerdings sind auch Abweichungen zwischen abkommensrechtlichem und innerstaatlichem Betriebsstättenbegriff festzustellen. Diese sind im Wesentlichen durch Unterschiede im Bereich der Betriebsstättensonder- und Ausnahmetatbestände bedingt. In den deutschen DBA lassen sich aufgrund dieser Vorschriften überwiegend engere Betriebsstättentatbestände als in § 12 AO feststellen.[50] So sind oftmals die für Bau- und Montagetätigkeiten maßgeblichen Fristen länger als die innerstaatlich vorgeschriebene 6-Monats-Grenze.[51] Eine Einengung ergibt sich auch, wenn das DBA eine dem Art. 5 Abs. 4 OECD-MA nachgebildete Vorschrift enthält.[52] Nach dessen allgemeiner Regel in Abs. 4e)[53] begründet eine Geschäftseinrichtung ausnahmsweise keine Betriebsstätte, wenn sie ausschließlich zu dem Zweck unterhalten wird, Tätigkeiten vorbereitender Art und Hilfstätigkeiten auszuüben. Die Hilfstätigkeit ist in qualitativer und quantitativer Hinsicht von untergeordneter Bedeutung.[54] Keine Hilfs- sondern eine Haupttätigkeit ist gegeben, wenn es sich um einen wesentlichen und maßgeblichen Teil der Gesamtunternehmenstätigkeit handelt.[55] Der qualitative Aspekt der Hilfseinrichtung kann als relative Unselbstständigkeit der Betriebsstätte oder als geringe "Abkopplung" der Hilfstätigkeiten von der Haupttätigkeit des Unternehmens umschrieben werden. Der Inhalt der quantitativen Dimension der Hilfstätigkeit ist im Einzelnen umstritten.[56]

---

50 Vgl. bereits Debatin, DStZ 1966, S. 209 (209). Die aktuellen Entwicklungen auf OECD-Ebene gehen allerdings in Richtung einer Ausweitung des abkommensrechtlichen Betriebsstättenbegriffs im Bereich grenzüberschreitender Dienstleistungen, vgl. Loose, Stbg 2007, S. 127

51 Oft sind 9 oder 12 Monate vereinbart, vgl. Görl in Vogel / Lehner, DBA, Art. 5, Rn. 74. Art. 5 Abs. 3 OECD-MA sieht dagegen eine 12 Monats-Frist vor (Art. 5 Abs. 3 UN-MA 2001: 6 Monate).

52 Die deutschen DBA mit Entwicklungsländern folgen dem nicht ausnahmslos, vgl. Görl in Vogel / Lehner, DBA, Art. 5, Rn. 102.

53 Die Vorschrift enthält außerdem in Abs. 4 a-d) spezieller formulierte Tatbestände, die aus dem Betriebsstättenbegriff ausgenommen werden (Geschäftseinrichtungen, die der Lagerung von Gütern oder Waren, dem Einkauf oder der Informationsbeschaffung dienen). Dem Wortlaut der Abs. 4a)-d) kann zwar keine Einschränkung entnommen werden, dass insofern auch vorbereitende Tätigkeiten oder Hilfstätigkeiten vorliegen sollen. Allerdings wird dies aus Abs. 4 f) der Vorschrift ersichtlich, vgl. Lang (Hilfstätigkeiten), S. 77 (86 f.); wohl auch Wassermeyer in Debatin / Wassermeyer, MA, Art. 5, Rn. 152; abweichend noch BFH v. 23.01.1985 - I R 292/81, BStBl II 1985, S. 417 zu Art. 7 OECD-MA 1963, der die Vorschrift in Abs. 4 f) noch nicht enthielt.

54 Vgl. Görl in Vogel / Lehner, DBA, Art. 5, Rn. 93; Storck (Betriebstätten), S. 146 ff.; Skaar (Permanent Establishment), S. 283 ff.; Jacobs (Unternehmensbesteuerung[6]), S. 335; Lang (Hilfstätigkeiten), S. 77 (83).

55 Vgl. OECD-MK zu Art. 5, Tz. 24.

56 Vgl. im Einzelnen Skaar (Permanent Establishment), S. 288.

1.2.2 Sachliche Steuerpflicht des Unternehmens im Quellenstaat

Nach dem herrschenden Konsens unter den Industrienationen soll die sachliche Steuerpflicht des Unternehmens auf die Einkünfte beschränkt sein, die der Betriebsstätte wirtschaftlich zugehörig sind, weil sie durch die Betriebsstätte erwirtschaftet wurden (Prinzip der wirtschaftlichen Zugehörigkeit). Die der Betriebsstätte zugerechneten Einkünfte müssen sich als Ergebnis konkreter Tätigkeiten der Betriebsstätte darstellen. Diese Ausprägung des Territorialprinzips hat in Art. 7 Abs. 1 S. 2 OECD-MA weitgehend internationale Anerkennung gefunden. Demnach müssen die im Belegenheitsstaat der Betriebsstätte besteuerten Einkünfte der Betriebsstätte zurechenbar sein. Überwiegend abgelehnt wird heute hingegen eine Zuordnung von Einkünften zur Betriebsstätte, die vom Stammhaus auf dem Territorium des Betriebsstättenstaats erzielt wurden und an deren Erwirtschaftung die Betriebsstätte nicht beteiligt war (Attraktionsprinzip).[57] In eingeschränkter Form wird der Betriebsstätte eine solche "Attraktivkraft" allerdings noch in verschiedenen nationalen Rechtsordnungen und im UN-Musterabkommen[58] zugesprochen, die das "Prinzip der Geschäfte gleicher Art" enthalten. Nach diesem Prinzip werden der Betriebsstätte Einkünfte des Stammhauses aus Direktgeschäften im Domizilstaat der Niederlassung zugerechnet, sofern die Direktgeschäfte artgleich mit der Betriebsstättentätigkeit sind.[59]

Das deutsche Außensteuerrecht folgt grundsätzlich dem Prinzip der wirtschaftlichen Zugehörigkeit. Der unmittelbar einschlägigen innerstaatlichen Rechtsgrundlage des § 49 Abs. 1 Nr. 2a EStG lässt sich diesbezüglich zwar keine Klarstellung entnehmen.[60] Allerdings bringt die ergänzende Vorschrift des § 50 Abs. 1 S. 1 EStG, nach der beschränkt Steuerpflichtige Betriebsausgaben oder Werbungskosten nur insoweit abziehen dürfen, als sie mit inländischen Einkünften in wirtschaftlichem Zusammenhang stehen, das Prinzip der wirtschaftlichen Zugehörigkeit zum Ausdruck.[61] Es wäre widersprüchlich, wenn der Betriebsstätte in § 49 EStG für die positiven Einkünftebestandteile

---

57 Vgl. Bühler (Prinzipien), S. 176; OECD-MK zu Art. 7, Tz. 5 ff.; Entwurf OECD-MK 2008 zu Art. 7, Tz. 10 ff.; Kumpf, StbJb 1988/89, S. 399 (407); Kluge (Steuerrecht), Rn. S 53, S. 774; Jacobs (Unternehmensbesteuerung[6]), S. 443.

58 Vgl. Hemmelrath in Vogel / Lehner, DBA, Art. 7, Rn. 47; Jacobs (Unternehmensbesteuerung[6]), S. 443.

59 Vgl. Bucick in Flick / Wassermeyer / Wingert / Kempermann, DBA-Schweiz, Art. 7, Rn. 228; Jacobs (Unternehmensbesteuerung[6]), S. 443 f.

60 § 49 Abs. 1 Nr. 2a EStG regelt lediglich, dass zu den inländischen Einkünften im Rahmen der beschränkten Steuerpflicht Einkünfte aus Gewerbebetrieb gehören, für den im Inland eine Betriebsstätte unterhalten wird.

61 Vgl. Blümich / Wied, § 49 EStG, Rn. 69.

eine Attraktivkraft zugesprochen würde und die negativen Einkünftebestandteile aus Direktgeschäften des Stammhauses hiervon in § 50 EStG ausgenommen würden. Die Geltung des Prinzips der wirtschaftlichen Zugehörigkeit im Rahmen der beschränkten Steuerpflicht wird deshalb nicht ernsthaft bestritten.[62]

Die deutschen DBA beschränken ebenfalls das Besteuerungsrecht des Betriebsstättenstaates auf die Einkünfte, die der Betriebsstätte wirtschaftlich zugehörig sind und übernehmen meist die Formulierung des Art. 7 Abs. 1 OECD-MA. Strittig sind allerdings in verschiedenen Protokollen zu deutschen DBA enthaltene Regelungen, die – wenn auch mit Einschränkungen – das Prinzip der Geschäfte gleicher Art enthalten.[63] Nach einer in verschiedenen Protokollen gebräuchlichen Formel soll es dem Belegenheitsstaat der Betriebsstätte erlaubt sein, Gewinne aus Direktgeschäften von gleicher oder ähnlicher Art wie die der Betriebsstätte zu besteuern, wenn nachgewiesen ist, dass diese Transaktionen zur Vermeidung der Besteuerung im Betriebsstättenstaat durchgeführt wurden. Fraglich ist, ob insoweit das Prinzip der wirtschaftlichen Zugehörigkeit durchbrochen ist. Da aus den betreffenden Vorschriften nicht hervorgeht, wann Transaktionen des Stammhauses der Vermeidung der Besteuerung durch den Betriebsstättenstaat dienen, ist die Reichweite der Regelungen unklar. Unter der Annahme, dass die Vornahme von Direktgeschäften gleicher Art durch das Stammhaus vielfältige nicht-steuerliche Gründe haben kann, sollte die Vorschrift regelmäßig leer laufen. In dieser Weise ist wohl auch *Hemmelrath* zu verstehen, der darauf hinweist, dass die Regelungen das Prinzip der wirtschaftlichen Zugehörigkeit nur klarstellen.[64]

1.2.3 Zurechnungsproblematik aus Sicht der Ansässigkeitsstaaten

Die Besteuerung von Unternehmen mit ausländischen Betriebsstätten erfordert in der Regel auch für Zwecke der Besteuerung im Ansässigkeitsstaat eine Aufteilung der Einkünfte auf Stammhaus und Betriebsstätte. Zwar wendet die weitaus überwiegende Zahl von Staaten das Welteinkommensprinzip an und erfasst damit Einkünfte grundsätzlich unabhängig von ihrem Herkunftsort.[65] Allerdings kann es als übliche Praxis der Ansässigkeitsstaaten bezeichnet

---

62 Vgl. Kumpf / Roth in Herrmann / Heuer / Raupach, § 49 EStG, Rn. 260; Lüdicke in Lademann / Söffing, § 49 EStG, Rn. 320; BFH v. 24.02.1988 - I R 95/84, BStBl II 1988, S. 663 (Gründe Nr. 2e).

63 Vgl. Hemmelrath in Vogel / Lehner, DBA, Art. 7, Tz. 66.

64 Vgl. Hemmelrath in Vogel / Lehner, DBA, Art. 7, Tz. 66.

65 In manchen Staaten werden ausländische Betriebsstätteneinkünfte aber bereits auf unilateraler Basis freigestellt, vgl. Vogel (Besteuerung), S. 3 (7).

werden, eine drohende Doppelbesteuerung auf der Grundlage des Abkommensrechts oder innerstaatlicher Vorschriften durch die Freistellung ausländischer Einkünfte oder durch Steuerermäßigungen zu vermeiden. Dies gilt auch für Unternehmen, die in Deutschland steuerlich ansässig sind. Im Rahmen der unbeschränkten Steuerpflicht unterliegen sie grundsätzlich mit ihrem Welteinkommen der Einkommen- oder Körperschaftsteuer.[66]

Besteht ein DBA mit dem Quellenstaat, wird entsprechend der deutschen Abkommenspraxis die Doppelbesteuerung durch die Freistellung der ausländischen Einkünfte vermieden.[67] Eine Einkünftezurechnung ist hierbei notwendig, um die ausländischen, freizustellenden Betriebsstätteneinkünfte zu ermitteln und ggf. den einkommensteuerlichen Progressionsvorbehalt anzuwenden. Ist mit dem Betriebsstättenstaat kein DBA geschlossen, so kommt grundsätzlich die Anrechnungsmethode zur Anwendung.[68] Hierbei werden die auf die ausländischen Einkünfte erhobenen und der deutschen Einkommensteuer entsprechenden Steuern des Quellenstaats auf die inländische Einkommen- bzw. Körperschaftsteuer angerechnet, die auf die *ausländischen Einkünfte* entfällt. Die Bestimmung der ausländischen Einkünfte erfordert wiederum eine Einkünftezurechnung zu Stammhaus und Betriebsstätte. Etwas anderes gilt lediglich im Fall der Abzugsmethode, die statt der Anrechnung vom Steuerpflichtigen gewählt werden kann.[69] Bei dieser Methode werden die ausländischen Steuern als Betriebsausgabe von der Bemessungsgrundlage der Einkommen- oder Körperschaftsteuer abgezogen. Dennoch müssen unbeschränkt Steuerpflichtige mit ausländischen Betriebsstätten generell – auch bei Wahl der Abzugsmethode – eine Zurechnung des Gewerbeertrags vornehmen, da für gewerbesteuerliche Zwecke die auf die ausländische Betriebsstätte entfallenden Gewerbeerträge zu ermitteln sind. Diese sind von der inländischen Besteuerung mit Gewerbesteuer grundsätzlich unabhängig vom Bestehen eines DBA ausgenommen (§ 9 Nr. 3 GewStG).

---

66 Der Einkünftebegriff ist in § 2 Abs. 1 S. 1 EStG nicht auf inländische Einkünfte beschränkt.

67 Art. 23A OECD-MA. Ein Wahlrecht besteht insoweit nicht, vgl. § 34c Abs. 6 S. 1 EStG.

68 Vgl. § 34c Abs. 1 EStG, § 26 Abs. 1 und 6 S. 1 KStG.

69 Vgl. § 34c Abs. 2 EStG, § 26 Abs. 6 S. 1 KStG.

1.2.4 Gegenstand der Einkünftezurechnung

1.2.4.1 Einkünfte als Gegenstand der Einkünftezurechnung

Zur Berechnung der Betriebsstätteneinkünfte (§ 34d Nr. 2a EStG; § 49 Abs. 1 Nr. 2a EStG) ist zu prüfen, ob und in welcher Höhe Einkünftetatbestände erfüllt sind ("Einkünfteermittlung") und welchen Unternehmensteilen[70] Einkünfte zuzurechnen sind ("Einkünftezurechnung").[71] Die Einkünfteermittlung gewerblicher Unternehmen geht gemäß §§ 2 Abs. 2 S. 1 Nr. 1, 4 Abs. 1 S. 1 EStG vom Gewinn aus, der um bestimmte außerbilanzielle Hinzurechnungs- und Kürzungsbeträge korrigiert wird (z. B. gemäß §§ 3, 4 Abs. 5, 12 EStG, §§ 8 Abs. 3 S. 2, 10 KStG).[72/73] Für gewerbesteuerliche Zwecke sind die Hinzurechnungen und Kürzungen i. S. v. §§ 8, 9 GewStG auf Stammhaus und Betriebsstätte zuzurechnen.[74]

Somit beruht sowohl die Berechnung ausländischer Betriebsstätteneinkünfte bei unbeschränkter Steuerpflicht als auch die Ermittlung inländischer Betriebsstätteneinkünfte beschränkt Steuerpflichtiger auf deutschen Gewinnermittlungsgrundsätzen.[75] Auch aus dem Abkommensrecht ergibt sich nichts Gegenteiliges, da DBA keine Aussage über die anzuwendenden Gewinnermittlungsvorschriften enthalten.[76]

---

70 Der Begriff Unternehmensteil soll in dieser Arbeit einen steuerlich als Betriebsstätte oder Stammhaus qualifizierten Unternehmensteil kennzeichnen.

71 Auf eine Unterscheidung der Begriffe Einkünfteermittlung/-zurechnung oder Gewinnermittlung-/zurechnung wird in der früheren Rechtsprechung und Literatur nicht geachtet. Im Urteil vom 13.01.1970 - I 32/65, BStBl II 1970, S. 790 spricht der BFH etwa davon, die abkommensrechtliche Selbstständigkeitsfiktion regle die "Gewinnermittlung" der Betriebsstätte. Vgl. dagegen BFH v. 09.11.1988 - I R 335/83, BStBl II 1989, S. 510 (Gewinnabgrenzung und Gewinnermittlung unterscheidend).

72 Vgl. Wassermeyer (Rechtssystem), S. 73 (85); ders. in Debatin / Wassermeyer, MA, Art. 7, Rn. 391. Zur Zurechnung einer verdeckten Gewinnausschüttungen zu einer inländischen Betriebsstätte vgl. BFH v. 09.05.2008 - I B 171/07, DB 2008, S. 1017.

73 "Einkünftezurechnung" umfasst als weiterer Begriff den Begriff der "Gewinnzurechnung". Der Begriff "Einkünftezuordnung" wird hier vermieden, da auch Einkünfteelemente aufgeteilt werden müssen und der Begriff Zurechnung zum Ausdruck bringt, dass bei der Aufteilung von Aufwendungen und Erträgen auch Rechenoperationen erfolgen, vgl. zum Begriff der Zurechnung etwa Gümbel (Zurechnung), HWB, Sp. 4807 (4810).

74 Vgl. Blümich / Gosch, § 9 Nr. 3 GewStG, Rn. 221; Sarrazin in Lenski / Steinberg, § 9 Nr. 3 GewStG, Rn. 5.

75 Vgl. Schaumburg (Steuerrecht), Rn. 18.3.

76 Vgl. OECD-MK zu Art. 7, Tz. 28; Entwurf OECD-MK 2008 zu Art. 7, Tz. 55; Hemmelrath in Vogel / Lehner, DBA, Art. 7, Tz. 21; Piltz in Debatin / Wassermeyer, MA, Art. 7, Rn. 73.

Die steuerliche Gewinnermittlung basiert in vielen Fällen auf einer handelsrechtlichen Rechnungslegung. Erfüllen *unbeschränkt Steuerpflichtige* mit ausländischen Betriebsstätten die Kaufmannseigenschaft, so sind sie handelsrechtlich verpflichtet, eine Buchführung für das Gesamtunternehmen einzurichten und Abschlüsse zu erstellen (§§ 238 ff. HGB). Die Rechnungslegung erstreckt sich auch auf die Geschäftsvorfälle der ausländischen Betriebsstätte.[77] Die steuerliche Gewinnermittlung knüpft gemäß § 5 Abs. 1 S. 1 EStG an den handelsrechtlichen Gesamtunternehmensgewinn an. Wird im Ausland eine Betriebsstättenbuchführung nach lokalem Recht geführt,[78] werden die Salden der Betriebsstättenbuchführung nach einer vorherigen Anpassung der Ergebnisse an die deutschen Gewinnermittlungsvorschriften (§§ 140, 146 Abs. 2 AO)[79] und ggf. ihrer Umrechnung in Euro (§ 244 HGB) in die inländische Rechnungslegung übernommen. Erfüllt der Unternehmensträger nicht die Kaufmannseigenschaft und werden auch nicht freiwillig Bücher geführt, so sind Einnahmenüberschüsse Gegenstand der Einkünftezurechnung, da die Gewinnermittlung des Gesamtunternehmens nach § 4 Abs. 3 EStG vorzunehmen ist.

Für inländische Betriebsstätten *beschränkt Steuerpflichtiger* sind nach wohl h. M. gemäß §§ 238 ff. HGB Bücher zu führen und Abschlüsse zu erstellen, wenn sie handelsrechtlich als Zweigniederlassung[80] qualifiziert werden.[81] Zweigniederlassungen von Kredit- und Finanzdienstleistungsinstituten sowie Versicherungsunternehmen unterliegen Rechnungslegungspflichten gemäß § 53 KWG bzw. § 106 Abs. 2 VAG. Die Rechnungslegung der Zweignieder-

---

77 Vgl. Streck, BB 1972, S. 1363 (1365); Kroppen in Gosch / Kroppen / Grotherr, DBA, Art. 7 OECD-MA, Rn. 136; VWG-BS, Tz. 1.1.4.2 Abs. 2; Wassermeyer in Debatin / Wassermeyer, MA, Art. 7, Rn. 208.

78 Vgl. IdW Steuerfachausschuss, WPg 1987, S. 648 (652).

79 Die h. M. leitet dies aus § 140 AO ab, vgl. Streck, BB 1972, S. 1363 (1365 f., noch zur Vorgängervorschrift); Kroppen in Gosch / Kroppen / Grotherr, DBA, Art. 7 OECD-MA, Rn. 136; Schaumburg (Steuerrecht), Rn. 18.18; Drüen in Tipke / Kruse, § 140 AO, Rn. 5; a. A. Trzaskalik in Hübschmann / Hepp / Spitaler, § 140 AO, Rn. 6 und IdW Steuerfachausschuss, WPg 1987, S. 648 (649), die das gleiche Ergebnis aus § 146 Abs. 2 AO ableiten.

80 Dies wird aus § 13d Abs. 3 HGB abgeleitet, nach dem bestimmte registerrechtliche Erfordernisse für Zweigniederlassungen ausländischer Unternehmen entsprechend gelten. Obwohl dies in § 13d Abs. 3 HGB nicht ausdrücklich angeordnet ist, soll auch die Rechnungslegungspflicht bei Begründung einer Zweigniederlassung eintreten, vgl. Streck, BB 1972, S. 1363 (1364, zur Vorgängervorschrift); Ballwieser in MüKo HGB, § 238, Rn. 13 und § 242 HGB, Rn. 4; Balmes in Löwenstein / Looks (Betriebsstättenbesteuerung), Rn. 196; a. A. BT-Drs. 12/5170, Begründung S. 15; Hahnefeld, DStR 1993, S. 1596 (1597).

81 Vgl. zum Begriff der Zweigniederlassung FN 4 dieser Arbeit.

lassung ist der Besteuerung zugrunde zu legen (§ 140 AO, § 5 Abs. 1 S. 1 EStG). Besteht keine handelsrechtliche Rechnungslegungspflicht, so kann sich dennoch eine steuerliche Buchführungspflicht ergeben, sofern die inländische Betriebsstätte[82] die steuerlichen Umsatz- und Gewinngrenzen des § 141 Abs. 1 AO überschreitet. In diesem Fall sind gemäß § 141 Abs. 1 S. 2 AO die handelsrechtlichen Gewinnermittlungsvorschriften für Nicht-Kapitalgesellschaften maßgebend. Überdies ergibt sich eine steuerliche Buchführungspflicht mit Anknüpfung an die handelsrechtliche Gewinnermittlung, wenn der Steuerpflichtige für die Betriebsstätte freiwillig Bücher führt und Abschlüsse erstellt (§ 5 Abs. 1 S. 1 EStG).

1.2.4.2 Einzelkomponenten der Einkünfte als Gegenstand der Einkünftezurechnung

Die Einrichtung einer separaten Buchführung für die Betriebsstätte hat für den möglichen Differenzierungsgrad der Einkünftezurechnung eine grundlegende Bedeutung. Mit der Betriebsstättenbuchführung werden organisatorische Voraussetzungen für die gesonderte Erfassung von Gewinnbestandteilen geschaffen,[83] so dass die Einkünftezurechnung an die Einzelkomponenten der Einkünfte als Zurechnungsobjekte anknüpfen kann (sog. direkte Methode). Zwar ist die direkte Methode gesetzlich nicht ausdrücklich vorgeschrieben, sie wird aber als Regelmethode bevorzugt angewandt, weil ihr eine hohe Genauigkeit der Erfolgszurechnung zugeschrieben wird und sie deshalb prima facie als geeignete Methode angesehen wird.[84] Hingegen wird die grundsätzlich denkbare Alternative einer Aufteilung der Saldogröße "Gesamtunternehmensgewinn" bzw. "Gesamtunternehmenseinkünfte" nach bestimmten Aufteilungsschlüsseln (sog. indirekte Methode) bislang nur als Hilfslösung betrachtet, auf die nur ausnahmsweise zurückgegriffen werden kann.[85]

Fraglich ist, welche Methode angewendet wird, wenn für eine Betriebsstätte keine Bücher geführt werden. Im Fall der *beschränkten Steuerpflicht* hat die

[82] Die Zahlenwerte beziehen sich nach allgemeiner Auffassung auf die inländische Betriebsstätte, nicht auf das Gesamtunternehmen, vgl. Streck, BB 1972, S. 1363 (1364, zur Vorgängervorschrift); Wassermeyer in Debatin / Wassermeyer, MA Art. 7, Rn. 215; Drüen in Tipke / Kruse, § 141 AO, Rn. 6.

[83] Vgl. Hoffmann, FS Fischer, S. 645 (661); Bähr (Gewinnermittlung), S. 172 ff. spricht von Teilgewinnkonstruktion.

[84] Vgl. IdW Steuerfachausschuss, WPg 1987, S. 648 (649 f.); Kroppen in Gosch / Kroppen / Grotherr, DBA, Art. 7, Rn. 134; OECD-MK zu Art. 7, Rn. 25; Entwurf OECD-MK 2008 zu Art. 7, Tz. 52.

[85] Ausführlich zur indirekten Methode vgl. Kapitel II, Abschn. 4.

Rechtsprechung entschieden, dass die indirekte Methode Anwendung findet, wenn inländische Betriebsstätten nicht der Buchführungspflicht unterliegen.[86] Die Zurechnung einzelner Einkünftekomponenten wäre bei derartigen Kleinstbetriebsstätten wohl meist zu aufwendig. Für *unbeschränkt Steuerpflichtige* kann bei fehlender Buchführungspflicht für die ausländische Betriebsstätte aus § 145 Abs. 2 AO abgeleitet werden, dass die Geschäftsvorfälle der Betriebsstätte in der Gesamtunternehmensbuchführung einzeln zu kennzeichnen sind.[87] Die Vorschrift bestimmt, dass Aufzeichnungen so vorzunehmen sind, "dass der Zweck, den sie für die Besteuerung erfüllen, erreicht wird". Wird unterstellt, dass die inländische Gesamtunternehmensbuchführung nicht nur der Gewinnermittlung des Gesamtunternehmens dient, sondern auch einer möglichst exakten Einkünftezurechnung zu Betriebsstätte und Stammhaus, so kann gemäß § 145 Abs. 2 AO die einzelne Kennzeichnung von Geschäftsvorfällen in der Buchführung als vorbereitender Schritt für die Anwendung der direkten Methode geboten sein.

2 Ziele und Aufbau der Arbeit

Eine gesetzliche Regelung der Einkünftezurechnung ist allenfalls in rudimentärer Form vorhanden. Konkretisierungsvorschläge zur Einkünftezurechnung werden deshalb im Wesentlichen durch staatliche Instanzen und Wissenschaft sowie von Unternehmens- und Beraterseite formuliert. Angesichts der rasanten Entwicklung, die die Einkünftezurechnung in der jüngeren Vergangenheit durch Veröffentlichungen der genannten Institutionen vollzogen hat, richtet sich das Forschungsinteresse naturgemäß zunächst auf eine Konsolidierung, Analyse und Kritik der bisherigen Vorschläge ("Steuerwirkungsanalyse" und "Steuernormenkritik").[88] Diese kritische Untersuchung der Steuerwirkungen bisher vorgeschlagener Einkünftezurechnungsnormen bezieht sich auch auf Auslegungs- und Interpretationsmöglichkeiten, um Ermessensspielräume zu identifizieren, die betrieblichen Entscheidungsträgern und Finanzbehörden eröffnet sind. Entsprechend des Gestaltungsziels der betriebswirtschaftlichen

---

[86] Vgl. BFH v. 28.06.1972 - I R 35/70, BStBl II 1972, S. 785 (im Fall einer Vertreterbetriebsstätte); FG Berlin v. 17.01.2000 - 8 K 8084/97, IStR 2000, S. 688 (Leitsatz 3).

[87] Vgl. VWG-BS, Tz. 1.1.4.2 Abs. 5; Wassermeyer in Debatin / Wassermeyer, MA, Art. 7, Rn. 208.

[88] Die Analyse von Wirkungen steuerlicher Regelungen gehört zu den Kernaufgaben der betriebswirtschaftlichen Steuerlehre, vgl. Siegel (Steuerwirkungen), S. 15 ff., der allerdings Steuernormendarstellung und Steuerwirkungslehre trennt. Vgl. auch Federmann (Steuerlehre), S. 28 ff. u. 52 ff.; Schneeloch, FS Bareis, S. 251 (254).

Steuerlehre[89] sollen allerdings auch alternative Regelungen der Einkünftezurechnung aufgezeigt werden.

Hierbei wird nicht eine bloße positive oder negative Auszeichnung von steuerlichen Regelungen angestrebt,[90] vielmehr sollen normative Aussagen zur Einkünftezurechnung aus übergeordneten, allgemein akzeptierten Besteuerungsgrundsätzen hergeleitet werden. Die Offenlegung dieser Wertaxiome ermöglicht einen getrennten Ausweis präskriptiver Aussagekomponenten einerseits und kognitiver, d. h. wahrheitsfähiger und folglich falsifizierbarer Aussagekomponenten andererseits. Den Hauptteilen der Arbeit werden deshalb allgemein akzeptierte Besteuerungsgrundsätze als Prämissen vorangestellt, die für die Einkünftezurechnung im Einheitsunternehmen gelten sollen (Kapitel I, Abschnitt 3).

Grundsätzliche Lösungsansätze zur Einkünftezurechnungsprobematik werden in Kapitel II behandelt. In diesem Kapitel sollen Veranlassungsprinzip und Fremdvergleichsgrundsatz als grundlegende Einkünftezurechnungsmaßstäbe präzisiert werden. Insbesondere wird der Frage nachgegangen, inwieweit die Selbstständigkeitsfiktion einzuschränken ist. Überdies wird als mögliche grundlegende Alternative zur direkten Methode die indirekte Methode diskutiert. Im Anschluss werden mit der Zurechnung von Wirtschaftsgütern und der Erfassung und Bewertung des internen Leistungsverkehrs zwei bedeutende Einzelbereiche der Einkünftezurechnung nach der direkten Methode genauer analysiert (Kapitel III). Bei der Angemessenheitsprüfung der Einkünftezurechnung werden Maßstäbe verwendet, denen Unschärfen immanent sind, besonders bei quantitativen Zurechnungsproblemen. Mathematische Modelle zur Handhabung dieser Unschärfen werden in Kapitel IV der Arbeit untersucht. Abschließend werden verfahrensrechtliche Instrumente diskutiert, die u. a. der Bewältigung von Rechtsunsicherheiten im Zusammenhang mit der Einkünftezurechnung dienen (Kapitel V).

89 Vgl. Federmann (Steuerlehre), S. 63 ff.

90 Vgl. hierzu und zum Folgenden Federmann (Steuerlehre), inbes. S. 69 ff.; Schneeloch, FS Bareis, S. 251 (260); Albert (Wertfreiheitsproblematik), S. 167 (170 f.).

3 Allgemeine Besteuerungsgrundsätze für eine Einkünftezurechnung im internationalen Einheitsunternehmen

3.1 Wettbewerbsneutralität und interindividuelle Steuergerechtigkeit

Nach allgemeiner Auffassung soll im Steuerrecht der Grundsatz der Wettbewerbsneutralität verwirklicht werden.[91] Demnach soll die Unternehmensbesteuerung die Wettbewerbsrelationen nicht zugunsten oder zuungunsten bestimmter Unternehmensgruppen verändern. Als ökonomisches Postulat zielt der Grundsatz der Wettbewerbsneutralität auf die Vermeidung gesamtwirtschaftlicher Wohlfahrtsverluste, die ein entscheidungsverzerrendes Steuersystem durch Fehlleitung knapper Ressourcen hervorruft.[92] Solche unerwünschten Wettbewerbswirkungen können speziell durch die benachteiligende Besteuerung von Auslandsbeziehungen entstehen. Eine Überbesteuerung von Vorgängen mit Auslandsbezug würde den grenzüberschreitenden Güter- und Kapitalverkehr hemmen und Nachteile für die Gesamtwirtschaft mit sich bringen, wenn auf Effizienzgewinne aus einer optimalen internationalen Arbeitsteilung verzichtet würde.[93]

Aus juristischer Sicht bringt Wettbewerbsneutralität zugleich ein Konzept von Steuergerechtigkeit zum Ausdruck.[94] Als wesentlicher Aspekt gerechten Entscheidens gilt es, anhand sachgerechter Prinzipien Gleiches gleich und Ungleiches ungleich zu behandeln.[95] Die Ausfüllung des Gerechtigkeitsbegriffs verlangt deshalb nach einer Festlegung von Merkmalen,[96] nach denen die Gleichheit oder Unterschiedlichkeit verschiedener Sachverhalte festgestellt werden kann (sog. Tertium comparationis). Folglich muss ein gerechtes Steuerrecht durch ein System sachgerechter Besteuerungsprinzipien geordnet

---

91 Zur Wettbewerbsneutralität im Steuerrecht allgemein vgl. Bundesministerium der Finanzen (Gutachten), S. 31, Tz. 45; Tipke (Steuerrechtsordnung^2, Bd. 1), S. 325; Neumark (Grundsätze), S. 261; Pezzer (Bilanzierungsprinzipien), S. 7. Zur Wettbewerbsneutralität im internationalen Steuerrecht vgl. Kluge (Steuerrecht), Rn. B 59, S. 52; Menck in Gosch / Kroppen / Groherr, DBA, Grundlagen, Teil 1 Abschn. 2, Rn. 121; Mutscher (Kapitalstruktur), S. 113 ff.

92 Vgl. Schneider, StuW 1989, S. 64 (67); Wagner, StuW 2001, S. 354 (355 ff.).

93 Vgl. OECD-MK, Einl., Tz. 1; Neumark (Grundsätze), S. 275 ff.; Kaminski (Verrechnungspreisbestimmung), S. 53.

94 Vgl. Bundesministerium der Finanzen (Gutachten), S. 31, Tz. 43.

95 Vgl. Eckhoff (Rechtsanwendungsgleichheit), S. 141 ff.; Zippelius (Wesen), S. 92; Neumark (Grundsätze), S. 90 ff, dort als "Gleichmäßigkeit"; Tipke (Steuerrechtsordnung^2 Bd. 1), S. 284; Bundesministerium der Finanzen (Gutachten), S. 30, Tz. 39; Kraft (Gewinnermittlung), S. 7.

96 Vgl. Mellinghoff, FS Bareis, S. 171 (176); Eckhoff (Rechtsanwendungsgleichheit), S. 68 ff.

sein.[97] Als sachgerechtes Differenzierungskriterium gilt die Leistungsfähigkeit der Steuerpflichtigen, da die Fähigkeit der Steuerpflichtigen, finanzielle Lasten zu tragen, dem Ziel der Besteuerung, öffentliche Finanzbedarfe zu decken, entspricht.[98] Während eine gleich hohe Leistungsfähigkeit verschiedener Steuerpflichtiger auch eine gleich hohe steuerliche Belastung dieser Steuerpflichtigen zur Folge haben soll (vertikale Gerechtigkeit), soll eine relativ höhere Leistungsfähigkeit eines Steuerpflichtigen dessen relativ höhere Steuerlast rechtfertigen (horizontale Gerechtigkeit). Als nicht sachgerechte Differenzierungskriterien gelten hingegen Unternehmensstandort, Finanzierungsform, Unternehmensgröße, Rechtsform und außerökonomische Kriterien.[99]

Auch die Einkünftezurechnung soll den Grundsätzen der Steuergerechtigkeit und der Wettbewerbsneutralität dienen.[100] Deshalb muss die Einkünftezurechnung darauf angelegt sein, dass eine Doppelbesteuerung von Einkünften des internationalen Einheitsunternehmens in verschiedenen Staaten als übermäßige Belastung international tätiger Unternehmen vermieden wird.[101] Umgekehrt muss das Einkünftezurechnungssystem auch die einmalige Besteuerung der Unternehmenseinkünfte sicherstellen, d. h. weiße Einkünfte ausschließen, da ansonsten international tätigen Unternehmen besondere Möglichkeiten für Steuerausweichhandlungen eingeräumt würden.[102] Die Einkünftezurechnung muss folglich in Ansässigkeits- und Belegenheitsstaat nach identischen Regeln vorgenommen werden (kongruente Einkünftezurechnung).

Darüber hinaus würde auch die steuerliche Anerkennung von Einkünfteverlagerungen eine Privilegierung international tätiger Unternehmen bedeuten und den Grundsätzen der Wettbewerbsneutralität und der interindividuellen Steuergerechtigkeit widersprechen, da rein national tätige Unternehmen ver-

---

97 Vgl. Tipke (Steuergerechtigkeit), S. 44.

98 Vgl. Bundesministerium der Finanzen (Gutachten), S. 30, Tz. 39; Tipke, FS Kriele, S. 947 (950); Kraft (Gewinnermittlung), S. 17.; Tipke / Lang (Steuerrecht), § 4, Rn. 81 ff.; Blankart (Finanzen), S. 195.

99 Vgl. Bundesministerium der Finanzen (Gutachten), S. 31, Tz. 45; Neumark (Grundsätze), S. 75; Tipke (Steuergerechtigkeit), S. 40.

100 Vgl. Doernberg et. al. (Electronic Commerce), S. 68; Andresen (Konzernverrechnungspreise), S. 16 ff.; Mutscher (Kapitalstruktur), S. 108. Dieses Ziel war bereits seit den ersten Bestrebungen des Völkerbunds in Richtung einer Harmonisierung der Einkünftezurechnung erkennbar, vgl. League of Nations, Dok. Nr. C.88.M.88.1946.II.A, S. 18 f.

101 Vgl. Menck in Gosch / Kroppen / Grotherr, DBA, Einl., Teil 1 Abschn. 2, Rn. 155.

102 Es widerspricht der interindividuellen Steuergerechtigkeit, wenn bestimmten Gruppen von Steuerpflichtigen besondere Möglichkeiten für Steuerausweichhandlungen eingeräumt werden, vgl. Neumark (Grundsätze), S. 99; Haller (Steuern), S. 301 ff.

gleichbare Steuerersparnismöglichkeiten nicht haben.[103] Grundsätzlich können Vorteile aus Einkünfteverlagerungen unter allen gebräuchlichen Methoden erzielt werden, nach denen die Doppelbesteuerung im Ansässigkeitsstaat vermieden wird.[104] Bei Anwendung der Freistellungsmethode werden die Betriebsstätteneinkünfte im Ansässigkeitsstaat des Unternehmens aus der Bemessungsgrundlage der maßgeblichen Ertragsteuerarten ausgeschieden.[105] Da sich die Gesamtbelastung des Unternehmens mit Ertragsteuern im Regelfall aus der Belastung der Betriebsstätteneinkünfte mit den im Quellenstaat erhobenen Ertragsteuern und der Stammhauseinkünfte mit den im Sitzstaat erhobenen Ertragsteuern zusammensetzt,[106] ergibt sich grundsätzlich eine Steuerersparnis in Höhe des Steuersatzunterschieds multipliziert mit der Höhe der verlagerten Einkünfte.[107] Zusätzliche Steuerspareffekte können erzielt werden, wenn ein Unternehmensteil Verluste aufweist und diese durch Einkünfteverlagerungen mit positiven Einkünften des anderen Unternehmensteils verrechnet werden. Der erzielte Steuereffekt entspricht in diesem Fall dem Zinsvorteil, der durch die zeitlich vorgezogene Verlustnutzung entsteht (Steuerstundungseffekt).[108/109] Auch unter der Anrechnungsmethode, nach der das Welteinkommen des Unternehmens der Besteuerung im Sitzstaat unterworfen wird,

103 Vgl. OECD (Guidelines), Tz. 1.2 i. V. m. 1.7; Li, CTJ 2002, S. 823 (827).

104 Die Verlagerung von Einkünften im Rahmen der Einkünftezurechnung geschieht durch autonome Steuerpolitik, die auf die Ausfüllung von Spielräumen bei der Sachverhaltsbeurteilung abzielt. Zu den Begriffen Steuerplanung und Steuerpolitik vgl. Haberstock (Steuerplanung), S. 7; Rieger (Prinzipien), S. 24.

105 Aufgrund der deutschen Abkommenspraxis findet diese Methode regelmäßig für deutsche Unternehmen mit Betriebsstätten im DBA-Ausland Anwendung, vgl. die Übersicht bei Vogel / Lehner, DBA, Art. 23 OECD-MA, Rn. 16.

106 Soweit nicht weitere Steuern aus Drittstaaten, z. B. Abzugsteuern zu berücksichtigen sind.

107 Die Steuerbelastung auf der Ebene der Gesellschafter wird einbezogen, wenn deren persönliche Steuersätze bekannt sind und der Steuerplaner deren Ziele verfolgen soll, vgl. Wagner / Dirrigl (Steuerplanung), S. 9 ff. Siehe auch Heinhold (Steuerplanung), S. 188 f. Bei mehreren Gesellschaftern mit unterschiedlichen Einkommensteuersätzen können außerdem Zielkonflikte unter den Gesellschaftern entstehen, vgl. Kupsch (Steuerplanung), S. 4. Zu ausführlichen formalen Lösungen derartiger kollektiver Steuerplanungsprobleme vgl. Gratz (Grundprobleme), S. 112 ff.

108 Vgl. Bauer (Verrechnungspreise), S. 43 ff.

109 Eine (nach deutschem Recht nicht gegebene) sofortige Abzugsfähigkeit von Betriebsstättenverlusten im Ansässigkeitsstaat unter der Freistellungsmethode würde die Attraktivität von Einkünfteverlagerungen in umgekehrter Richtung zur Verlustnutzung im Quellenstaat unberührt lassen. Zur Europarechtskonformität der Nichtberücksichtigung von Betriebsstättenverlusten im Ansässigkeitsstaat vgl. EuGH v. 15.05.2008 - C 414/06 (Lidl Belgium), DB 2008, S. 1130.

sind Vorteile aus Einkünfteverlagerungen denkbar.[110] Zwar unterliegen nach der Anrechnungsmethode im idealtypischen Fall die gesamten Einkünfte dem Steuerbelastungsniveau des Ansässigkeitsstaats, so dass Einkünfteverlagerungen häufig steuerneutral sind. Allerdings kann die negative Steuerwirkung des Anrechnungshöchstbetrags bei der Besteuerung im Ansässigkeitsstaat durch Einkünfteverlagerungen reduziert werden. So ist es bei einer Betriebsstätte in einem relativen Hochsteuerland vorteilhaft, Einkünfte aus dem Quellen- in den Ansässigkeitsstaat zu verlagern, um die Differenz zwischen den Steuerzahlungen im Quellenstaat und den niedrigeren Anrechnungshöchstbeträgen zu reduzieren. Einen zweiten Ausnahmefall bilden Verlustsituationen des Stammhauses,[111] in denen durch Einkünfteverlagerungen in Richtung des Stammhauses Anrechnungsüberhänge vermieden werden können.

Zur Konkretisierung eines Maßstabs für eine angemessene Einkünftezurechnung erweist sich das Konzept der *Kapitalimportneutralität* als hilfreich.[112] Kapitalimportneutralität bezieht sich auf den Wirtschaftsraum, in dem Einkünfte durch Geschäftstätigkeiten eines Unternehmens erzielt werden (Quellenstaat).[113] Bei der Besteuerung soll folglich nicht nach der Herkunft des Kapitals oder der Staatsangehörigkeit des Investors differenziert werden. Eine kapitalimportneutrale Besteuerung der Betriebsstätte verlangt nach der steuerlichen Gleichbehandlung der Betriebsstätte mit einer vergleichbaren im Quellenstaat belegenen Einkünftequelle. Als mögliches Vergleichsobjekt bietet sich ein der Betriebsstätte vergleichbares, selbstständiges und unabhängiges Unternehmen an. Aus der Kapitalimportneutralität lässt sich somit ableiten, dass die Betriebsstätte wie eine vergleichbare Einkünftequelle in der Rechtsform eines selbstständigen Unternehmens besteuert werden soll. Wird dieser Grundsatz auf die Einkünftezurechnung übertragen, so gelangt man zur

---

110 Als Folge der deutschen Abkommenspraxis betrifft die Anrechnungsmethode bei deutschen Steuerpflichtigen lediglich Betriebsstätten in Nicht-DBA-Ländern oder Fälle in denen die Aktivitätsvorbehalte zur Anwendung kommen, vgl. zu den Aktivitätsvorbehalten Kapitel III, Abschn. 1.4.3.1. Bei der Gewerbesteuer gewährt Deutschland unilateral generell, d. h. auch in Nicht-DBA-Fällen, eine Freistellung der ausländischen Betriebsstätteneinkünfte (§ 9 Nr. 3 GewStG).

111 Betriebsstättenverluste hingegen können – zumindest von deutschen Unternehmen mit ausländischen Betriebsstätten im Inland genutzt werden, da sie sofort ausgleichs- oder abzugsfähig sind. Nach der Streichung von § 2a Abs. 3 EStG betrifft ein Verlustverrechnungsverbot nunmehr nur noch ausschließlich oder fast ausschließlich passiv tätige Betriebsstätten.

112 Vgl. Mutscher (Kapitalstruktur), S. 116.

113 Zu den Neutralitätskonzepten vgl. Vogel (Source Taxation), S. 77 (100 ff.); Jacobs (Unternehmensbesteuerung[6]), S. 24; Homburg (Steuerlehre), S. 279 f.; Kluge (Steuerrecht), Rn. B 62, S. 53 f.

Selbstständigkeitsfiktion, nach der der Betriebsstätte die Gewinne zugerechnet werden,

> "...die sie hätte erzielen können, wenn sie eine gleiche oder ähnliche Tätigkeit unter gleichen oder ähnlichen Bedingungen als selbstständiges Unternehmen ausgeübt hätte und im Verkehr mit dem Unternehmen, dessen Betriebsstätte sie ist, völlig unabhängig gewesen wäre" (Art. 7 Abs. 2 OECD-MA).

Die Selbstständigkeitsfiktion dient daher der Herstellung einer interindividuellen Steuergerechtigkeit zwischen grenzüberschreitend tätigen Einheitsunternehmen und rein national tätigen Unternehmen im Belegenheitsstaat der Betriebsstätte.[114]

Dieser Gedanke kommt auch im abkommensrechtlichen Diskriminierungsverbot (Art. 24 Abs. 3 OECD-MA) zum Ausdruck, wonach Unternehmen eines Vertragsstaats im anderen Vertragsstaat hinsichtlich ihrer dort unterhaltenen Betriebsstätten nicht ungünstiger besteuert werden dürfen als Unternehmen des anderen Vertragsstaats, die vergleichbare Tätigkeiten ausüben.[115] Deshalb muss nach dem abkommensrechtlichen Diskriminierungsverbot die Besteuerung einer Betriebsstätte an der eines vergleichbaren selbstständigen und unabhängigen Unternehmens im Quellenstaat gemessen werden. Überdies ist ein solcher Vergleich auch europarechtlich geboten. Es entspricht der Interpretation der Niederlassungsfreiheit (Art. 43 EG-V) als Diskriminierungsverbot, dass die Besteuerung einer Betriebsstätte nicht über die Besteuerung einer Tochtergesellschaft im gleichen Staat hinausgehen darf.[116] Es erscheint naheliegend, die Vergleichbarkeit der Betriebsstätte mit einer

---

114 Vgl. League of Nations, Dok. Nr. C.88.M.88.1946.II.A, S. 18 f. Im Zusammenhang mit verbundenen Unternehmen vgl. OECD (Guidelines), Tz. 1.7; Li, CTJ 2002, S. 823 (827).

115 Eine Betriebsstättendiskriminierung liegt vor, wenn die finanzielle Belastung der Betriebsstätte des ausländischen Unternehmens höher ist als die eines inländischen Unternehmens, vgl. Koblenzer (Diskriminierung), S. 101. Mit Folgerungen für die Einkünftezurechnung Dourado, EC Tax Review 2002, S. 147 (154).

116 So vergleicht der EuGH die steuerliche Behandlung inländischer Unternehmen und inländischer Zweigniederlassungen ausländischer Unternehmen, um einen Verstoß gegen die Niederlassungsfreiheit festzustellen, vgl. etwa EuGH v. 29.04.1999 - C 311/97 (Royal Bank of Scotland), HFR 1999, S. 587: höherer Steuersatz für Niederlassungen ausländischer Unternehmen als für Unternehmen mit Sitz in Griechenland als Diskriminierung aufgrund der Staatsangehörigkeit; EuGH v. 21.09.1999 - C 307/97 (Saint-Gobain), HFR 1999, S. 1033: unterschiedliche Behandlung von Zweigniederlassungen ausländischer Gesellschaften und inländischen Gesellschaften hinsichtlich abkommensrechtlicher Schachtelprivilegien als Verstoß gegen Art. 52 und 58 EG-V; EuGH v. 23.03.2006 - C 253/03 (CLT-UFA), IWB Nr. 6 v. 22.03.2006, F. 11a, S. 995, insbes. Tz. 15 und 26 f.: Belastung deutscher Betriebsstätten luxemburgischer Unternehmen mit einem höheren Steuersatz als vergleichbare deutsche Tochtergesellschaften.

Tochtergesellschaft auch in den Bereich der Einkünftezurechnung zu übernehmen. Auf die europarechtlichen Aspekte wird noch an späterer Stelle einzugehen sein.

Aus dem Konzept der *Kapitalexportneutralität* lassen sich hingegen keine umfassenden und generellen Folgerungen für die Einkünftezurechnung ableiten. Kapitalexportneutralität verlangt die steuerliche Gleichbehandlung von Einkünften unabhängig von ihrer Herkunft und ist ein auf den Wirtschaftsraum des Ansässigkeitsstaats bezogenes Neutralitätskonzept.[117] Das Konzept erfordert den Vergleich des Einheitsunternehmens zu einem rein national tätigen Einheitsunternehmen im Herkunftsstaat des Einheitsunternehmens. Seine eher geringe Bedeutung für die Einkünftezurechnung erklärt sich daraus, dass für Unternehmen ohne ausländische Betriebsstätten zumindest für Zwecke der Einkommen- bzw. Körperschaftsteuer kein vergleichbares Zurechnungsproblem existiert. Allerdings kann dieses Konzept für bestimmte Einzelfragen der Einkünftezurechnung, wie etwa die Zurechnung von Währungserfolgen oder die Überführung von Wirtschaftsgütern in ausländische Betriebsstätten Bedeutung erlangen.[118] So beurteilt der EuGH mögliche Verstöße des Herkunftsstaats gegen das Gebot der Niederlassungsfreiheit anhand eines Besteuerungsvergleichs des internationalen Einheitsunternehmens einerseits und eines national tätigen Einheitsunternehmens mit einer (weiteren) inländischen Betriebsstätte andererseits.[119]

3.2 Rechtsformneutralität als Einkünftezurechnungsgrundsatz?

Vielfach wird die Auffassung vertreten, die Rechtsform eines Unternehmensträgers sei kein sachgerechter Differenzierungsmaßstab der Unternehmensbesteuerung. Steuerliche Belastungen, die aus einer unterschiedlichen Besteuerung verschiedener Rechtsformen resultieren, seien grundsätzlich rechtferti-

---

117 Vgl. die Verweise in FN 113.

118 Vgl. Kapitel II, Abschn. 2.6.2 und Abschn. 3.1.2.5.3.

119 Dies entspricht dem Grundsatz der Inländergleichbehandlung, vgl. die EuGH-Entscheidungen v. 14.12.2000 - C 141/99 (AMID), HFR 2001, S. 305, Tz. 29-31 (vorrangiger Abzug von Verlusten von nach DBA freigestellten ausländischen Betriebsstättengewinnen als Verstoß gegen die Niederlassungsfreiheit); v. 06.12.2007 - C 298/05 (Columbus Container Services), HFR 2008, S. 188 (unilateraler Aktivitätsvorbehalt); v. 28.02.2008 - C 293/06 (Deutsche Shell), IStR 2008, S. 224 (Abzug von Währungsverlusten im Ansässigkeitsstaat); v. 15.05.2008 - C 414/06 (Lidl Belgium), DB 2008, S. 1130 (Abzug von Betriebsstättenverlusten bei Vereinbarung der Freistellungsmethode). Zur den Vergleichsformen des EuGH bei der Prüfung von Verletzungen der Niederlassungsfreiheit vgl. Lang, IStR 2006, S. 397; ders., IStR 2006, S. 550; Aarnio, EC Tax Review 2006, S. 18; Tenore, Intertax 2006, S. 386 (389).

gungsbedürftig (Rechtsformneutralität).[120] Allerdings wird der Grundsatz der Rechtsformneutralität im gegenwärtigen Steuerrecht, besonders im Bereich der direkten Steuern, vielfach durchbrochen. Der Gesetzgeber ist durch die Verfassung nicht dazu verpflichtet, ein rechtsformneutrales Steuersystem zu schaffen.[121] So ist z. B. eine Ungleichbehandlung von Personen- und Kapitalgesellschaft gerechtfertigt, da aufgrund der unterschiedlichen zivilrechtlichen Wesensmerkmale dieser Rechtsformen die Leistungsfähigkeit jeweils auf eine andere Art und Weise entsteht.[122]

In der jüngeren Diskussion ist aus dem Grundsatz der Rechtsformneutralität der Besteuerung geschlossen worden, dass die Einkünftezurechnung zwischen Stammhaus und Betriebsstätte den gleichen Regeln folgen solle wie die Einkünftezurechnung zwischen konzernverbundenen Unternehmen. Die (rechtlichen) Organisationsformen "Konzern" und "Einheitsunternehmen" seien wirtschaftlich vergleichbar und müssten durch Anwendung identischer Einkünftezurechnungsregeln steuerlich gleich behandelt werden.[123]

Hier stellt sich allerdings die Frage, ob der Grundsatz der Rechtsformneutralität nicht bereits in der Forderung nach Wettbewerbsneutralität bzw. interindividueller Steuergerechtigkeit aufgeht. Auch die Einkünftezurechnung zwischen verbundenen Unternehmen soll ausgehend vom Konzept der interindividuellen Steuergerechtigkeit so erfolgen, als ob die Konzernunternehmen voneinander unabhängig seien. Deshalb basiert die Einkünftezurechnung sowohl im Fall des Einheitsunternehmens als auch im Fall des Konzerns bereits auf dem Vergleich mit fremden Dritten. Ein Grundsatz der Rechtsformneutralität wirkt deshalb überflüssig. Er könnte allenfalls geeignet sein, die vollständige Identität der Einkünftezurechnungsregeln für Konzern und Einheitsunternehmen mit besonderem Nachdruck zu betonen und ihre unterschiedliche Interpretation möglichst auszuschließen. So schließt *Ditz* z. B. aus der Rechts-

---

120 Vgl. Tipke (Steuerrechtsordnung[1], Bd. 2), S. 1030; Hey (Rechtsformneutralität), S. 155 (159); Pezzer (Bilanzierungsprinzipien), S. 7; Osterloh, FS Selmer, S. 875 ff.; Hey (Rechtsformneutralität), S. 155 (181 ff.); Hey, StuB 2006, S. 267 ff.; Hennrichs / Lehmann, StuW 2007, S. 16. Eine Gleichsetzung von "Rechtsformneutralität" mit "steuerlicher Ungleichbehandlung von Rechtsformen" unterstellt vereinfachend, dass steuerliche Diskriminierungen von Rechtsformen immer entscheidungsverzerrend wirken. Somit wird der Fall ausgeklammert, dass die steuerliche Diskriminierung einer Rechtsform ohne Einfluss auf die relative Vorteilhaftigkeit von Rechtsformalternativen bleibt.

121 Vgl. BVerfG v. 21.06.2006 - 2 BvL 2/99, DStRE 2006, S. 988 (insbes. Gründe Nr. III).

122 Vgl. BVerfG v. 24.01.1962 - 1 BvR 845/58, BVerfGE 13, S. 331 (Gründe Nr. 3); BFH v. 14.12.1994 - XI R 37/94, BStBl II 1995, S. 329; Schneider, DB 2004, S. 1517 (1520).

123 Vgl. Ditz (Betriebsstätten), S. 109 ff. Im Grundsatz zustimmend Kroppen, IStR 2005, S. 74 (74); Kroppen, IWB v. 10.08.2005, F. 10, Gr. 2, S. 1865 (1874).

formneutralität auf die Freiheit des Steuerpflichtigen, der Einkünftezurechnung fiktive schuldrechtliche Verträge zwischen Stammhaus und Betriebsstätte zugrunde zu legen, sofern nur die maßgebliche Willensrichtung des Steuerpflichtigen für den Abschluss eines fiktiven Geschäfts zwischen Stammhaus und Betriebsstätte dokumentiert sei.[124] Grundsätzlich werden im Rahmen der Gewinnabgrenzung zwischen verbundenen Unternehmen zivilrechtlich wirksam geschlossene Geschäfte dem Grunde nach anerkannt,[125] was deshalb auch für die Einkünftezurechnung im Einheitsunternehmen gelten müsse. Allerdings erscheint es fraglich, ob die Einkünftezurechnung im Einheitsunternehmen wegen der Besonderheit der rechtlichen Unselbstständigkeit der Betriebsstätte nicht in Teilbereichen von der Gewinnabgrenzung im Konzern abweichen muss. *Ditz* übergeht die Frage, ob die zwischen verbundenen Unternehmen geschlossenen Verträge mit pro-forma-Verträgen zwischen Stammhaus und Betriebsstätte vergleichbar sind. Die steuerliche Anerkennung von Geschäften zwischen verbundenen Unternehmen kann u. a. vor dem Hintergrund eine besondere Rechtfertigung erfahren, dass die Rechtsfolgen des gewählten Geschäfts von den Entscheidungsträgern des Unternehmens auch im Hinblick auf außersteuerliche Ziele bewertet werden. Die grundsätzliche Anknüpfung des Steuerrechts an zivilrechtlich geschlossene Geschäfte kann sich dort auf die Vermutung stützen, dass steuerliche Ziele nicht generell und ausschließlich für die Wahl einer bestimmten Geschäftsform ausschlaggebend sind. Insoweit ist durch die Bezugnahme des Steuerrechts auf zivilrechtliche Tatbestände eine Sicherung gegen Steuerumgehungen berücksichtigt. Eine prägnante Parallele für diese Überlegung bildet im Übrigen die Verknüpfung von Handels- und Steuerbilanz über den Maßgeblichkeitsgrundsatz. Sind Ermessensspielräume bei der bilanziellen Qualifikation von Geschäftsvorfällen vorhanden, so zwingt dieser Grundsatz die unternehmerischen Entscheidungsträger regelmäßig zur Lösung von Zielkonkurrenzen zwischen steuerlichen und außersteuerlichen Zielen. Im Ergebnis wird die Attraktivität rein steuerlich motivierter Bilanzierungsentscheidungen automatisch begrenzt. Insoweit entsteht durch die steuerliche Anknüpfung an zivilrechtliche Tatbestände eine Schutzwirkung zugunsten des Fiskus, die den Spielraum für Steuerumgehungen einengt.[126] Diese Überlegungen bilden ein wesentliches Argument für das Maßgeblichkeitsprinzip.

---

[124] Vgl. Ditz (Betriebsstätten), S. 177 ff.

[125] Vgl. VWG-vU, Tz. 2.1.2; Jacobs (Unternehmensbesteuerung), S. 702 f.

[126] Vgl. Crezelius (Rechtsanwendung), S. 306; Strobl, StbJb 1994/95, S. 77 (84); Söffing, FS Budde, S. 651 (655); Schmidt (Maßgeblichkeitsprinzip), S. 131; Pannen (Maßgeblichkeit), S. 56; Euler, StuW 1998, S. 15 (20 f.); Schön (Maßgeblichkeit), S. 58.

Vor diesem Hintergrund erscheint eine unterschiedslose Gleichheit der Einkünftezurechnungsregeln für das Einheitsunternehmen und für verbundene Unternehmen nicht zwingend. Während verbundene Unternehmen als eigenständige Rechtsträger Geschäftsbeziehungen mit zivilrechtlicher Wirkung eingehen können, löst die Annahme eines fiktiven Geschäftsvorfalls im Einheitsunternehmen regelmäßig keine zivilrechtlichen Wirkungen aus und kann nahezu ausschließlich auf steuerlich motivierte Einkünfteverlagerungen abzielen. Eine strikte Rechtsformneutralität der Einkünftezurechnung, nach der jegliche pro-forma-Verträge im Einheitsunternehmen steuerlich anerkannt werden, könnte daher einem Einheitsunternehmen faktisch größere Spielräume für Einkünfteverlagerungen eröffnen als einem Konzern.[127] Da die Einräumung von Steuerausweichmöglichkeiten für bestimmten Gruppen von Steuerpflichtigen der interindividuellen Steuergerechtigkeit widerspricht,[128] könnte ein faktisch größerer Spielraum für Einkünfteverlagerungen als ungerechte steuerliche Privilegierung von Einheitsunternehmen verstanden werden. Zur Herstellung von Steuergerechtigkeit könnte es daher z. B. gerechtfertigt sein, die gewählte (fiktive) schuldrechtliche Form der Geschäfte im Einheitsunternehmen einer strengeren steuerlichen Überprüfung zu unterziehen als bei verbundenen Unternehmen. Die Rechtfertigung derartiger differenzierter Einkünftezurechnungsregeln für das Einheitsunternehmen soll an späterer Stelle eingehend an ausgewählten Beispielen untersucht werden.[129]

3.3 Zwischenstaatliche Verteilungsgerechtigkeit

Die Einkünftezurechnung soll nach dem Prinzip der zwischenstaatlichen Verteilungsgerechtigkeit eine gerechte Zuteilung der Einkünfte zu Quellen- und

---

127 Vgl. OECD (Report), Tz. 210 [Part I]: "First, a PE is not the same as a subsidiary, and it is not in fact legally or economically separate from the rest of the enterprise of which it is a part. Second, dealings between a PE and the rest of the enterprise of which it is a part have no legal consequences for the enterprise as a whole. This implies a need for a greater scrutiny of dealings between a PE and the rest of the enterprise of which it is a part than of transactions between two associated enterprises. This also implies a greater scrutiny of documentation (in the inevitable absence, for example, of legally binding contracts) that might otherwise exist, and considering the uniqueness of this issue, countries would wish to require taxpayers to demonstrate clearly that it would be appropriate to recognise the dealing."

128 Vgl. Neumark (Grundsätze), S. 99; Haller (Steuern), S. 301 ff.

129 Vgl. hierzu z. B. Kapitel II, Abschn. 3.3 und Kapitel III, Abschn. 2.3.2.2 dieser Arbeit.

Ansässigkeitsstaat verwirklichen.[130] Einen möglichen Ausgangspunkt für die inhaltliche Ausfüllung zwischenstaatlicher Verteilungsgerechtigkeit bildet die Äquivalenztheorie, nach der Steuern als Leistungen für staatliche Gegenleistungen erbracht werden und die Steuerbelastung nach dem Nutzen des Steuerpflichtigen aus der Inanspruchnahme öffentlicher Güter bemessen werden soll.[131] Aus dem Äquivalenzprinzip wird gefolgert, dass der einem Staat zur Besteuerung zugewiesene Anteil an der Bemessungsgrundlage umso größer sein soll, je mehr dieser Staat durch die Schaffung günstiger Rahmen- und Standortbedingungen zur Leistungsfähigkeit des Steuerpflichtigen beigetragen hat.[132] Allerdings ist die Messung staatlicher Beiträge zum Erfolg einzelner Unternehmen praktisch nicht möglich. So werden zum einen viele staatliche Leistungen für alle Staatsbürger insgesamt erbracht und sind daher einzelnen Steuerpflichtigen nicht zurechenbar.[133] Zum anderen erfordert das Äquivalenzprinzip auch eine Bewertung der staatlichen Leistungen im Hinblick auf ihre Bedeutung bzw. den Nutzen für den Steuerpflichtigen, was praktisch nicht zu bewältigen ist.[134]

Der Äquivalenzgedanke könnte allenfalls insoweit in die Einkünftezurechnung Eingang finden, als im Rahmen der indirekten Methode Einkünfte nach makroökonomischen Faktoren geschlüsselt und Stammhaus und Betriebsstätte zugerechnet werden. So wird vorgeschlagen, die Einkünfte des Unternehmens – neben anderen Faktoren – auch nach den Staatsausgaben pro Kopf für Bildung und für Forschung und Entwicklung aufzuteilen.[135] Hierbei wird unterstellt, dass sich Forschungs- und Bildungsaktivitäten von Quellenstaat und Ansässigkeitsstaat auf den Erfolg der in diesen Staaten ansässigen Unternehmen aus makroökonomischer Sicht auswirken. Allerdings wird nicht der staatliche Beitrag zum Erfolg des individuellen Steuerpflichtigen erfasst. Die Schlüsselung nach makroökonomischen Faktoren muss aufgrund von Messproblemen notwendigerweise unabhängig davon sein, ob sich die Bildungs- bzw. Forschungsausgaben der betreffenden Staaten auf die Gewinnsituation

---

130 Vgl. Musgrave / Musgrave / Kullmer (Finanzen[4], Bd. 3), S. 201; Doernberg et al (Electronic Commerce), S. 69; Schaumburg in FS Tipke, S. 125 (127 f.); Mutscher (Kapitalstruktur), S. 92; Schaumburg, FS Tipke, S. 125; Kleineidam, FS Fischer, S. 691 (696 ff.); Li, CTJ 2002, S. 823 (826 f.); Bauer (Neuausrichtung), S. 43 ff.

131 Vgl. Homburg (Steuerlehre), S. 9; Musgrave / Musgrave / Kullmer (Finanzen[5], Bd. 2), S. 13.

132 Vgl. Kleineidam, FS Fischer, S. 691 (696).

133 Vgl. Tipke in FS Kriele, S. 947 (950); Homburg (Steuerlehre), S. 9; Kraft (Gewinnermittlung), S. 10; Kleineidam, FS Fischer, S. 691 (697); Bauer (Neuausrichtung), S. 50.

134 Vgl. Musgrave / Musgrave / Kullmer (Finanzen[5], Bd. 2), S. 13 f.; Haller (Steuern), S. 13.

135 Vgl. Russo, Intertax 2005, S. 2 (24).

des einzelnen Unternehmens auswirken. Deshalb begründet diese Interpretation zwischenstaatlicher Gerechtigkeit einen latenten Konflikt mit dem Grundsatz der interindividuellen Steuergerechtigkeit, aus dem eine Bezugnahme auf die Verhältnisse des einzelnen Steuerpflichtigen abgeleitet werden kann.[136]

Der Fremdvergleichsgrundsatz wurde bereits in den Vorschlägen des Völkerbunds für zwischenstaatliche DBA[137] und später auch in den OECD-Verrechnungspreisrichtlinien[138] als gerechter Maßstab für die Aufteilung des Steuersubstrats bezeichnet. Er garantiert eine Gleichbehandlung der Staaten,[139] da das Urteil des Marktes über die Bedeutung unternehmerischer Funktionen ohne zielgerichteten staatlichen Einfluss zustande kommt. Zwar mögen staatliche Maßnahmen – z. B. der Wirtschaftspolitik – Gewinne selbstständiger unabhängiger Unternehmen beeinflussen, die dann wiederum den Maßstab der Einkünftezurechnung bilden. Staatliche Wirtschaftspolitik mit ihrer Wirkung auf die Gewinne selbstständiger Wirtschaftssubjekte kann aber nicht für eine Ausrichtung der Einkünftezurechnung auf das Ziel einer Steuereinnahmenmaximierung hin nutzbar gemacht werden. Der Fremdvergleichsgrundsatz erfährt deshalb seine Rechtfertigung als zwischenstaatlich gerechter Einkünftezurechnungsmaßstab nicht aus dem Äquivalenzprinzip,[140] sondern aus der fehlenden staatlichen Beeinflussbarkeit fremdüblicher Gewinne.

3.4 Normenklarheit, Praktikabilität des Besteuerungsverfahrens und Rechtssicherheit

Normenklarheit meint die Bestimmtheit der Rechtsbegriffe und die Verständlichkeit und Übersichtlichkeit der Rechtsnormen.[141] Da komplexe und unbestimmte Rechtsnormen hohen Steuerverwaltungsaufwand auslösen,[142] dient eine Normenklarheit auch einem praktikablen Besteuerungsverfahren. Der Grundsatz der *Praktikabilität des Besteuerungsverfahrens* beinhaltet eine Forderung nach einer Begrenzung des personellen, finanziellen und sachlichen

---

136 Zu Konflikten zwischen zwischenstaatlicher Gerechtigkeit und interindividueller Steuergerechtigkeit vgl. auch Schaumburg, FS Tipke, S. 125 (127 f.).

137 Vgl. League of Nations, Dok. Nr. C.88.M.88.1946.II.A., S. 18 f.

138 Vgl. OECD (Guidelines), Einleitung, Tz. 5 und 7.

139 Vgl. Bauer (Neuausrichtung), S. 52.

140 Anders aber Ditz (Betriebsstätten), S. 167 ff. und 300 f., der die absolute Selbstständigkeitsfiktion auf das Äquivalenzprinzip zurückführen will.

141 Vgl. Jehke (Bestimmtheit), S. 28 ff. u. 180 ff.; BFH v. 06.09.2006 - XI R 26/04, BStBl II 2007, S. 167; Ruppe, DStR 2008, Beihefter zu Heft 17, S. 20. Zum Grundsatz der Normenklarheit vgl. auch Luttermann, FR 2007, S. 18.

142 Vgl. Neumark (Grundsätze), S. 362.

Aufwands, der den Finanzbehörden und den Steuerpflichtigen bei der Bewältigung des Besteuerungsverfahrens erwächst.[143] Der Praktikabilitätsgrundsatz wird verfassungsrechtlich zum einen im Wirtschaftlichkeitsprinzip des Art. 114 Abs. 2 S. 1 GG verortet[144] und zum anderen im Gleichheitssatz, da Steuergesetze, die praktisch nicht umsetzbar sind, nicht gleichmäßig angewendet werden können.[145]

Der Fremdvergleichsgrundsatz als zentrale Einkünftezurechnungsregelung wird im Hinblick auf die Grundsätze der Normenklarheit und der Praktikabilität kritisch beurteilt.[146] Fremdübliches Verhalten ist aufgrund der Komplexität wirtschaftlicher Entscheidungen nicht immer hinreichend bestimmbar. Deshalb greifen auch Konkretisierungsversuche wieder auf weitere unbestimmte Rechtsbegriffe zurück (z. B. "Haupttätigkeit"[147], "Entrepreneur"[148], "Lohnfertiger"[149]). Dies führt zu erheblichem Steuerverwaltungsaufwand für die Überprüfung der Einkünftezurechnung. Bei konsequenter Ausrichtung der Einkünftezurechnung auf den Praktikabilitätsgrundsatz könnte der Fremdvergleichsgrundsatz aufzugeben sein, wie die Diskussion über eine generelle Umstellung der Einkünftezurechnung auf die indirekte Methode zeigt. Nach diesem Ansatz wäre eine formelhafte Zerlegung der Einkünfte geboten, so dass eine Prüfung der Zurechnung einzelner Einkünftekomponenten am Maßstab des Fremdvergleichs nicht mehr erforderlich wäre. Auf die Frage, ob der vorgeschlagene Systemwechsel eine verbesserte Praktikabilität aufweist, wird an

---

143 Zur Praktikabilität des Steuersystems und der Einfachheit von Steuernormen vgl. Isensee (Verwaltung), S. 155 ff.; Lang (Bemessungsgrundlage), S. 146 ff.; Tipke (Steuerrechtsordnung², Bd. 1), S. 348 ff.; Tipke, FS Kriele, S. 947 (960); Saelzle, AG 1977, S. 181 (184); Haller (Steuern), S. 194 ff.; Neumark (Grundsätze), S. 357 ff.; Pezzer (Bilanzierungsprinzipien), S. 10; Schneeloch, FS Bareis, S. 251 (260 f.); ebenso die Beiträge in Fischer, Peter (Hrsg.), Steuervereinfachung, DStJG Bd. 21, Köln 1998. Zu den ökonomischen Grenzen der Ermittlungspflicht der Verwaltung vgl. Söhn in Hübschmann / Hepp / Spitaler, § 88 AO, Rn. 175. Klare Maßstäbe für einen notwendigen Praktikabilitätsgrad von Steuerrechtsnormen fehlen, vgl. Doernberg / Hinnekens (International Taxation), S. 41; ebenso Söhn in Hübschmann / Hepp / Spitaler, § 88 AO, Rn. 151 in Bezug auf Ermittlungspflichten der Finanzbehörden.

144 Vgl. Jachmann, FS Offerhaus, S. 1071 (1075).

145 Vgl. Pezzer (Bilanzierungsprinzipien), S. 10; Tipke (Steuerrechtsordnung², Bd. 1), S. 348.

146 Vgl. Ditz (Betriebsstätten), S. 103 ff.; Bennett / Dunahoo, Intertax 2005, S. 51 (53 f.); Mascarello, ITPJ 2006, S. 54 (66 f.). Im Zusammenhang mit verbundenen Unternehmen vgl. Li, CTJ 2002, S. 823 (829); Doernberg / Hinnekens (International Taxation), S. 41; Doernberg et. al. (Electronic Commerce), S. 69.

147 Vgl. VWG-BS, Tz. 3.1.2.

148 Vgl. VWG-Verf., Tz. 3.4.10.2 b).

149 Vgl. VWG-BS, Tz. 3.1.3.

späterer Stelle genauer einzugehen sein.[150] Ein anderer, weniger drastischer Ansatz zur Verbesserung der Praktikabilität der Einkünftezurechnung besteht in Erleichterungen für kleinere Unternehmen. Der Praktikabilitätsgrundsatz wird insoweit als Effizienzgrundsatz interpretiert.[151] Demnach soll der Steuerverwaltungsaufwand in Relation zur Höhe der Steuereinnahmen stehen. Dies rechtfertigt die Anwendung vereinfachter, typisierender Einkünftezurechnungsmethoden auf kleinere Unternehmen.[152]

Normenklarheit dient neben der Praktikabilität des Besteuerungsverfahrens auch der *Rechtssicherheit,* womit die Voraussehbarkeit von Rechtsfolgen gemeint ist.[153] Steuerpflichtige sollen sich auf den Eintritt bestimmter Steuerwirkungen verlassen können, die sie durch die Verwirklichung von Sachverhalten auslösen. Die Forderung nach Rechtssicherheit wird aus ökonomischer Sicht mit den Wohlfahrtseffekten eines entscheidungsneutralen Steuersystems begründet. Entscheidungen unter Steuerrechtsunsicherheit werden wesentlich durch die Risikoeinstellung des Entscheidungsträgers beeinflusst.[154] Die entscheidungsverzerrende Wirkung von Rechtsunsicherheiten im Bereich des internationalen Steuerrechts kann zu gesamtwirtschaftlichen Nachteilen führen, wenn Wirtschaftssubjekte aus Vorsichtsgründen grenzüberschreitende Geschäfte und Investitionen unterlassen. Verfassungsrechtlich folgt der Grundsatz der Rechtssicherheit aus dem Rechtsstaatsprinzip des Art. 20 Abs. 3 GG. Das Rechtsstaatsprinzip impliziert die Gesetzesbindung der Verwaltung und damit die hinreichende Bestimmbarkeit des Handelns der vollziehenden Gewalt anhand der Gesetzestatbestände. Unbestimmte Steuergesetze beinhalten einen Konkretisierungsauftrag des Gesetzgebers an die Finanzverwaltung. Sie

---

150 Vgl. Kapitel II, Abschn. 4.2 dieser Arbeit.

151 Dem Praktikabilitätsgrundsatz entspricht ein nach Kosten-Nutzen-Abwägungen geordnetes Besteuerungsverfahren, vgl. Neumark (Grundsätze), S. 358; BVerfG v. 31.05.1988 - 1 BvR 520/83, BVerfGE 78, S. 214 (Gründe Nr. B.I.2.a); Jachmann, FS Offerhaus, S. 1071 (1075).

152 Vgl. Doernberg / Hinnekens (International Taxation), S. 41.

153 Zu den Grundsätzen der Rechtssicherheit und der Tatbestandsbestimmtheit vgl. BVerfG v. 14.12.1965 - 1 BvR 571/60, BVerfGE 19, S. 253 (zu I.6.b); Thoma, StbJb 1959/60, S. 9 (12); Papier, DStJG 1989, S. 63 (66 ff.); Rollig (Information), S. 64; Puhl, DStR 1991, S. 1175 (1176 ff.); Tipke (Steuerrechtsordnung^2, Bd. 1), S. 137 ff.; Ditz (Betriebsstätten), S. 102 ff.

154 Ausführlich zur Steuerplanung bei unvollkommenem Informationsstand vgl. Sommer (Abschlußprüfung), S. 28 ff.; Rollig (Information), S. 119 ff.; Kratz (Steuerplanung), S. 256 ff.

muss durch folgerichtige, regelgebundene und kontinuierliche[155] Entscheidungen eine Gleichbehandlung der Steuerpflichtigen gewährleisten.[156] Zum Teil wird auch ein – umstrittenes – verfassungsrechtliches Gebot zur Publikation von Verwaltungsvorschriften abgeleitet,[157] das dem Steuerpflichtigen eine inhaltliche Konkretisierung unbestimmter Gesetze im Vorhinein ermöglichen würde.

Obwohl die Finanzverwaltung tatsächlich zahlreiche Verwaltungsvorschriften zur Einkünftezurechnung veröffentlicht hat, ist mit der Einkünftezurechnung aufgrund der Unbestimmtheit des Fremdvergleichs ein hohes Steuerrisiko verbunden. Eine trennscharfe, lückenlos vorprogrammierte Ordnung der Einkünftezurechnung, die im Vorhinein die Ableitung eindeutiger Rechtsfolgen ermöglichen würde, kann nicht erwartet werden.[158] Das daraus resultierende Steuerrisiko hat zwei Komponenten. Den Steuerpflichtigen trifft deshalb zum einen mangels einer Pflicht zur gegenseitigen Gewinnberichtigung das

---

155 Der allgemeine Gleichheitssatz enthält auch eine zeitliche Dimension und gebietet daher eine kontinuierliche Rechtsanwendung durch die Finanzverwaltung. Somit bedürfen zeitliche Belastungsunterschiede eines rechtfertigenden Grundes, vgl. Kirchhof (Verfassungsstaat), S. 41; AK-GG-Stein Art. 3 Abs. 1 Rn. 65; Leisner (Kontinuität), S. 462. Zu alternativen Begründungen der Rechtsanwendungskontinuität (Art. 14 GG, Art. 12 GG) vgl. Leisner (Kontinuität), S. 463 und Hey (Steuerplanungssicherheit), S. 133 ff. Dem entspricht in der Einkünftezurechnung das Gebot der Stetigkeit der Zurechnungsmethoden in Art. 7 Abs. 6 OECD-MA, nach dem "... die der Betriebsstätte zuzurechnenden Gewinne jedes Jahr auf dieselbe Art zu ermitteln (sind), es sei denn dass ausreichende Gründe dafür bestehen, anders zu verfahren." OECD-MK zu Art. 7, Tz. 31 (=Entwurf OECD-MK 2008 zu Art. 7, Tz. 58) verweist auf das Ziel, dem Steuerpflichtigen eine gewisse Planungssicherheit zu gewähren.

156 Vgl. Osterloh (Typisierungsspielräume), S. 105 ff.; Kirchhof (Verfassungsstaat), S. 33; von Mangoldt / Starck, Art. 3 Abs. 1 GG, Rn. 266 f.; Martens (Rechtsanwendung), S. 163 (171). Der Gleichheitssatz bindet auch Judikative und Exekutive, vgl. BVerfG v. 04.04.1984 - 1 BvR 276/83, BVerfGE 66, S. 331 (335 f.); BVerfG v. 14.01.1986 - 1 BvR 209, 221/79, BVerfGE 71, S. 354 (362). Zur Verortung der Rechtsanwendungsgleichheit in Art. 3 GG vgl. Kirchhof (Verfassungsstaat), S. 49; Eckhoff (Rechtsanwendungsgleichheit), S. 475 ff. Die Finanzverwaltung ist außerdem einfachgesetzlich zu einer einheitlichen Rechtsanwendung verpflichtet (vgl. § 85 AO).

157 Verwaltungsvorschriften dienen primär der einheitlichen Rechtsanwendung und können sekundär auch den Steuerpflichtigen über maßgebliche Einkünftezurechnungsgrundsätze informieren. Zur Frage, ob ein Anspruch auf Publikation von Verwaltungsvorschriften verfassungsrechtlich hergeleitet werden kann, vgl. Hey (Steuerplanungssicherheit), S. 690 f.: kein einklagbarer Anspruch, aber Rechtsbehelfe gegen Inanspruchnahme aufgrund unbestimmter Normen; Eckhoff (Rechtsanwendungsgleichheit), S. 109 f.: Pflicht zur Schaffung von Richtlinien und zur Konkretisierung aus Art. 3 GG ableitbar. Vgl. auch Mangoldt / Starck, Art. 3 GG, Rn. 273.

158 Die Leistungsfähigkeit des Subsumptionsmodells wird aber auch auf einer grundsätzlichen Ebene bezweifelt, vgl. Martens (Rechtsanwendung), S. 163 (175 ff.).

Risiko einer Doppelbesteuerung[159] und zum anderen das Risiko von Zuschlägen und Bußgeldern, die nach dem Steuerrecht vieler Staaten im Falle von Einkünftekorrekturen ausgelöst werden.[160] Die beträchtliche Bedeutung dieses Risikopotenzials[161] lässt sich empirisch durch die Häufigkeit von Einkünftekorrekturen bei international verbundenen Unternehmen belegen. So haben deutsche Finanzbehörden im Jahr 2003 in 41% der Außenprüfungen eine Anpassung der erklärten Verrechnungspreise vorgenommen.[162] Ein wesentlicher Ansatz zur Minderung dieses Risikos liegt in verschiedenen verfahrensrechtlichen Instrumenten, die im individuellen Steuerrechtsverhältnis eine Würdigung des Einzelfalls im Vorhinein ermöglichen. Hier sind insbesondere verbindliche Auskünfte, Zusagen und sog. Advance Pricing Agreements zu nennen. Allerdings sind zumindest verbindliche Auskünfte und Advance Pricing Agreements kostenpflichtig (§§ 89 Abs. 3-5, 178a AO). Der Steuerpflichtige kann sich insoweit eine Rechtssicherheit in Bezug auf die Einkünftezurechnung nur erkaufen.[163]

---

159 Vgl. zur Problematik der Doppelbesteuerung Commission of the European Communities (Report), S. 205.

160 Vgl. OECD (Guidelines), Tz. 4.19. Nach deutschem Steuerrecht setzt allerdings die Erhebung von Zuschlägen eine Verletzung von Mitwirkungspflichten voraus.

161 Vgl. Scholes / Wolfson (Business Strategy), S. 22; Wacker (Steuerplanung), S. 84; Kratz (Steuerplanung), S. 252 ff.; Rieger (Prinzipien), S. 274; Röthlisberger / Zitter, SchwTr 2005, S. 295 (298).

162 Vgl. Ernst & Young (Transfer Pricing), S. 14.

163 Dies wird als verfassungsrechtlich bedenklich angesehen, vgl. Luttermann, FR 2007, S. 18 (21).

Kapitel II: Grundlagen der Einkünftezurechnung im Einheitsunternehmen

1 Veranlassungsprinzip

Die herrschende Meinung sieht im Veranlassungsprinzip das tragende Prinzip der Einkünftezurechnung im Einheitsunternehmen.[164] Sie nimmt damit Bezug auf ein allgemeines Prinzip, nach dem unter Verursachungsgesichtspunkten die steuerbare Einkünftesphäre abgegrenzt wird oder Einkünfte unterschiedlichen Einkünftekategorien zugeordnet werden. Das Veranlassungsprinzip entspricht dem im Abkommensrecht für den Betriebsstättenstaat formulierten Grundsatz der wirtschaftlichen Zugehörigkeit,[165] wonach eine Besteuerung im Betriebsstättenstaat die Zurechenbarkeit von Einkünften zur Betriebsstätte voraussetzt. Im innerstaatlichen Recht ist das Veranlassungsprinzip in § 4 Abs. 4 EStG verankert, wonach nur durch den Betrieb veranlasste Aufwendungen als Betriebsausgaben abzugsfähig sind. Es ist zwar gesetzlich nicht ausdrücklich für die Einkünftezurechnung im Einheitsunternehmen vorgeschrieben, allerdings sind im EStG verschiedene Hinweise zu erkennen, dass die Einkünftezurechnung dem Veranlassungsprinzip folgen soll. So kann die Formulierung des § 34d Nr. 2a EStG, ausländische Einkünfte seien die "durch" die Betriebsstätte erzielten Einkünfte, so verstanden werden, dass die Einkünfte des Unternehmens nach Verursachungsgesichtspunkten aufzuteilen sind.[166] Auch die auf § 15 EStG verweisenden Klammerzusätze in §§ 49

164 Vgl. BFH v. 20.07.1988 - I R 49/84, BStBl II 1989, S. 140; BFH v. 13.11.1990 - VIII R 152/86, BStBl II 1991, S. 94; BFH v. 16.02.1996 - I R 46/95, BFH/NV 1997, S. 111; BFH v. 21.07.1999 - I R 71/98, BStBl II 2000, S. 336; BFH v. 17.11.1999 - I R 7/99, BStBl II 2000, S. 605; BFH v. 09.05.2008 - I B 171/07, DB 2008, S. 1017; VWG-BS, Tz. 2.2; Wassermeyer, FS Offerhaus, S. 405 (414); ders., IStR 2005, S. 84 (85); Blümich / Wied, § 49 EStG, Rn. 69; Kleineidam, IStR 2000, S. 577 (578); Prinz, StuW 1996, S. 267 (274); Hirsch, StuB 2001, S. 372 (373).

165 Vgl. Haiß (Betriebsstätten), S. 36 ff.; Wassermeyer in Debatin / Wassermeyer, MA, Art. 7, Rn. 172 f.

166 Vgl. Schaumburg (Steuerrecht), Rn. 18.15; Haiß (Betriebsstätten), S. 38.

Abs. 1 Nr. 2a, 34d Nr. 2 EStG und der Verweis von § 50 Abs. 1 S. 1 EStG[167] auf § 4 Abs. 4 EStG können als Anordnung zur Anwendung des Veranlassungsprinzips[168] interpretiert werden.

Auch im Gewerbesteuerrecht ist der Verursachungsgedanke maßgebend. Der nach § 9 Nr. 3 GewStG einer ausländischen Betriebsstätte zuzurechnende Gewerbeertrag ist demnach der Gewerbeertrag, der "durch die in der ausländischen Betriebsstätte ausgeübte oder ihr zuzurechnende unternehmerische Betätigung erzielt worden ist".[169]

Im Kern stellt das Veranlassungsprinzip eine Kausalaussage dar. Verschiedentlich wird auf einer sprachlichen Differenzierung zwischen "Verursachung" und "Veranlassung" bestanden, wobei mit "Veranlassung" eine Ausrichtung der Kausalaussage auf steuerspezifische Zwecke gemeint ist.[170] Mit der Zweckabhängigkeit von Kausalaussagen wird allerdings ein Aspekt adressiert, der nicht allein auf das Steuerrecht beschränkt ist, sondern bei näherer Betrachtung dem Verursachungsbegriff generell immanent ist.[171] Ausgangspunkt für die weiteren Überlegungen bildet daher zunächst eine Analyse allgemeiner Merkmale von Kausalaussagen. Erst anschließend soll untersucht werden, inwieweit das Veranlassungsprinzip als steuerliches Verursachungsprinzip durch den Fremdvergleich als wertendes Element bestimmt werden kann.

1.1 Allgemeine Merkmale von Kausalaussagen

Aus erkenntnistheoretischer Sicht bringt eine Kausalaussage eine Beziehung zwischen verschiedenen realen, raum-zeitlich bestimmten Ereignissen zum Ausdruck ("singuläre Ereignisse"), von denen mindestens eines als Ursache (U) und ein anderes als Wirkung (W) bezeichnet wird. Eine Kausalaussage beinhaltet die Behauptung, W werde aufgrund der Gültigkeit eines allgemeinen

167 Nach dieser Vorschrift dürfen beschränkt Steuerpflichtige Betriebsausgaben nur insoweit abziehen, als sie mit inländischen Einkünften in wirtschaftlichem Zusammenhang stehen.

168 Vgl. Wassermeyer, StbJb 1997/98, S. 493 (512 f.).

169 Vgl. BFH v. 21.04.1971 - I R 200/67, BStBl II 1971, S. 743; BFH v. 09.07.2003 - I R 4/02, BFH/NV 2004, S. 83.

170 Vgl. Offerhaus, BB 1979, S. 617 (620); Wassermeyer, StuW 1982, S. 352 (359); Rose, DB 2005, S. 2596 (2596); kritisch Langohr (Veranlassungsprinzip), S. 114.

171 Vgl. hierzu im Einzelnen Kapitel II, Abschn. 1.1 dieser Arbeit.

gesetzmäßigen Zusammenhangs durch U hervorgerufen.[172] Inhalt des gesetzmäßigen Zusammenhangs ist eine generelle, d. h. raum-zeitlich invariante Verknüpfung von Erscheinungen. Da die konkret als Ursache und Wirkung bezeichneten Einzelereignisse durch den gesetzmäßigen Zusammenhang unter allgemeine Ereignistypen subsumiert werden können,[173] ist das Auftreten von W nicht willkürlich oder zufällig, sondern zwangsläufig und erklärbar.[174] Die Kausalerklärung kommt deshalb einer Behauptung gleich, dass eine allgemeine Theorie im konkreten Fall verwirklicht worden ist.[175]

In ihrer formallogischen Struktur wird die Implikation des erklärten Ereignisses W durch die allgemeinen Gesetzmäßigkeiten H und die Ursachen U im sogenannten Hempel-Oppenheim-Schema gekennzeichnet. In einer gebräuchlichen, möglichst allgemeinen Darstellung lautet das Hempel-Oppenheim-Schema:[176]

$U_1, U_2, \ldots U_n$	Sätze, die die Antecedensbedingungen beschreiben
$H_1, H_2, \ldots H_m$	allgemeine Gesetzmäßigkeiten
W	Beschreibung des zu erklärenden Ereignisses (Implikation)

[172] Vgl. Stegmüller (Erklärung), S. 507; Baumgartner / Graßhoff (Kausalität), S. 40; Grünefeld (Gutachten), S. 75; Mummenhoff (Beweis), S. 11; Chmielewicz (Forschungskonzeptionen), S. 152 ff.

[173] Vgl. Hartmann (Natur), S. 351 ("ein und dasselbe Reale ist zugleich allgemein und individuell"); Bunge (Causality), S. 50 f.; Heidelberger (Problemübersicht), S. 130 (131): "Generische Kausalbehauptungen stellen also Beziehungen zwischen Ereignisarten fest." Baumgartner / Graßhoff (Kausalität), S. 40 und 44 (die Begriffe "Ereignistypen", "Ursachentypen", "Wirkungstypen" verwendend); Schulin (Kausalitätsbegriff), S. 51.

[174] Vgl. Hartmann (Natur), S. 348: "Versteht man unter dem Zufälligen ein ursachloses Geschehen – also ein kausal Zufälliges –, so ist dieses durch den Kausalzusammenhang ebenso ausgeschlossen wie ein wirkungsloses Geschehen"; Stegmüller (Erklärung), S. 511: "Besteht zwischen zwei Ereignissen A und B eine kausale Verknüpfung, so ist der Zusammenhang kein zufälliger, sondern ein permanenter".

[175] Das verwendete Gesetz kann eine strikte Form ("wenn U, dann immer W") oder eine probabilistische Form annehmen ("Mit Wahrscheinlichkeit von x% folgt aus Ursache A die Wirkung B"). Im Fall der probabilistischen Kausalität bildet das verwendete Gesetz eine Wahrscheinlichkeitshypothese. Danach kann ein Kausalzusammenhang zwischen U und W angenommen werden, wenn das Auftreten von U die Wahrscheinlichkeit des Auftretens von W erhöht. Vgl. zum probabilistischen Kausalitätsbegriff Baumgartner / Graßhoff (Kausalität), S. 124 ff.; Stegmüller (Erklärung), S. 600 ff.; Mummenhoff (Beweis), S. 15.

[176] Die einzelnen Darstellungen in der Literatur verwenden unterschiedliche Abkürzungen, eine uneinheitliche Praxis ist auch hinsichtlich der Aufnahme von "Rahmenbedingungen" in die Implikation festzustellen, vgl. etwa die Darstellungen bei Stegmüller (Erklärung), S. 124; Grünefeld (Gutachten), S. 75; Schulin (Kausalitätsbegriff), S. 53.

Die wissenschaftstheoretische Diskussion um den Kausalitätsbegriff wurde maßgeblich durch die von *Hume* begründete empiristische Kausalauffassung beeinflusst. Die empiristische Kausalauffassung reflektiert die Funktion des Betrachters, der die Kausalerklärung vornimmt. Nach *Hume* stammt alle Erkenntnis aus Gewohnheit und Erfahrung. Der Mensch kann auf konstante Kausalzusammenhänge schließen, wenn er bei häufiger beobachteten, ähnlichen Geschehensabläufen bestimmte der beobachteten Ereignisse als Ursache und andere als Wirkung deutet.[177] Bereits bekannte Gesetzmäßigkeiten können nun auf neue Situationen angewandt werden. Kausalerklärungen werden somit durch Gewohnheit und Erfahrung des Betrachters bestimmt. Dies hat zur Folge, dass auch dann, wenn vermeintlich objektives Geschehen behauptet wird, subjektive, wertende Kausalerklärungen vorliegen, weil mit der Kausalaussage die Behauptung einer wahren Aussage verbunden ist und dieser Geltungsanspruch nicht von jedem Standpunkt aus als zutreffend beurteilt werden muss.

Der Kern der *Hume*'schen Analyse, dass gegebene Ausgangsdaten des Beurteilers als "Vorverständnis" den Inhalt von Kausalerklärungen beeinflussen, wird im Grundsatz fachübergreifend geteilt.[178] Dennoch besteht auch Einigkeit darüber, dass die Relativität von Kausalzuschreibungen nicht ausschließlich durch subjektiv unterschiedlich verteilte Erfahrungen über Wirkungszusammenhänge entsteht, sondern darüber hinaus auch durch bewusste Wertungen. So können Kausalerklärungen sowohl im wissenschaftlichen Bereich als auch im Alltagsgeschehen von einem offenbaren, bewussten Feststellungsinteresse

---

[177] Vgl. Hume (Treatise), S. 24 (14): "It follows, then, that all reasonings concerning cause and effect, are founded on *experience*, and that all reasonings from experience are founded on the *supposition*, that the course of nature will *continue uniformly* the same" und S. 28 (16): "We are determined *by custom* alone to suppose the future conformable to the past." (Hervorh. d. Verf.)

[178] Z. B. in der Wissenschaftstheorie durch Habermas (Logik), S. 181; Ströker (Erklärungen), S. 124; in der Rechtswissenschaft durch Schulin (Kausalitätsbegriff), S. 55; in der Betriebswirtschaftslehre durch Grünefeld (Gutachten), S. 66 ff.; in der Psychologie durch Fiedler (Urteilsbildung), S. 76 (Beurteiler geht nicht "wie ein naiver Empirist ohne Theorie und ohne Erwartungen vor, sondern besitzt bereits ein epistemisches Wissen") und Eimer (Kausalität), S. 21 ("Theoriegeleitetheit von Kausalwahrnehmungen"); in der Soziologie durch Luhmann (Kausalität), S. 7 (13: "Auswahlgepflogenheiten des Betrachters").

geleitet sein.[179] Beispielsweise kann eine den Grad der Informiertheit des Erklärungsempfängers berücksichtigende oder bestimmten wissenschaftlichen Erkenntniszielen dienende Kausalerklärung angestrebt sein. Diese bewussten oder sogar explizit formulierten Ziele können darüber entscheiden, ob bestimmte Ursachen als interessant, ungewöhnlich, bemerkenswert oder sonstwie zweckdienlich beurteilt werden und andere, grundsätzlich mögliche Ursachenzuschreibungen als irrelevant oder nicht zielführend betrachtet werden.[180] Es geht folglich nicht um das Auffinden irgendeiner Erklärung für ein beobachtbares Ereignis, sondern um eine zielgerichtete Auswahl aus verschiedenen bekannten, miteinander konkurrierenden Ursachen.[181]

Der wertende Charakter einer Ursachenzuschreibung tritt oft dann zu Tage, wenn mit Hilfe einer Kausalerklärung die Geltung von rechtlichen oder außerrechtlichen Ansprüchen oder Verpflichtungen begründet wird.[182] Bei der Anwendung von Rechtsnormen, die tatbestandlich an kausal verbundene Geschehnisse anknüpfen,[183] können Wertungen anhand des Normzwecks vorzunehmen sein.[184] Nach der im Schadensersatzrecht entwickelten Adäquanztheo-

---

179 Vgl. Luhmann (Systemrationalität), S. 34 f., FN 20: die begriffliche Fassung von Ursache und Wirkung hänge vom Feststellungsinteresse ab. Auch im psychologischen Schrifttum zur Begriffsbildung wird hervorgehoben, dass pragmatische oder utilitaristische Aspekte die Begriffsbildung bestimmen, vgl. Bruner / Goodnow / Austin (Study of Thinking), S. 15 ff.; Schäfer (Denken), S. 124. Die Behauptung von Söhn (Betriebsausgaben), S. 20 und ihm folgend Ditz (Betriebsstätten), S. 235, in den Naturwissenschaften gebe es einen wertungsfreien Kausalitätsbegriff, ist daher fragwürdig. Vgl. zur Bedeutung von Wertungen in den Naturwissenschaften etwa Chmielewicz (Forschungskonzeptionen), S. 299 f.

180 Vgl. Stegmüller (Erklärung), S. 509; Eimer (Kausalität), S. 53 f.; Werner (Zuschreibung), S. 90 f.

181 Vgl. Hart / Honoré (Causation), S. 11: "There are, however, other difficulties connected with causation not touched by this analysis (Hume's Analyse, d. Verf.). They are felt by those who, like the historian and the lawyer, are not primarily concerned to discover laws or generalizations, but often apply known or accepted generalizations to particular cases. The most notorious of these difficulties is this: when generalizations are used to identify the cause of a particular event on a particular occasion, the question arises whether something should be said to be the cause of something else, or only its 'occasion', 'a mere condition', or 'part of the circumstances' in which the cause operated."

182 Grundlegend Werner (Zuschreibung), S. 94 ff.; Hart / Honoré (Causation), S. 11 ff.; Schieffer (Strukturen), S. 42.

183 Z. B. im Strafrecht, öffentlichem Recht, Schadensersatzrecht, Unfallversicherungsrecht, vgl. überblicksmäßig Jüptner (Leistungsfähigkeit), S. 138 ff.

184 Vgl. Söhn (Betriebsausgaben), S. 13 (71); Mummenhoff (Beweis), S. 18; Jüptner (Leistungsfähigkeit), S. 143.

rie[185] soll etwa "der Ersatzpflichtige nicht für ganz ungewöhnliche und außerhalb aller menschlichen Lebenserfahrung liegende Folgen seines Verhaltens haften, deren Eintritt ganz unwahrscheinlich ist."[186] Die Auswahl der maßgeblichen Ursachen wird somit aus dem Normzweck einer angemessenen Haftungsbegrenzung abgeleitet: Wenn Personen, die zwar im weitesten Sinne ursächlich zu einem Schaden beigetragen haben, nicht zum Schadensersatz herangezogen werden, weil sie die im Verkehr erforderliche Sorgfalt beachtet haben, so beruht dies auf einer normativ begründeten Festlegung rechtserheblicher Ursache-Wirkungs-Zusammenhänge.

Auch die BFH-Rechtsprechung zum Veranlassungsprinzip betont, dass die Zurechnung von Aufwendungen zwischen betrieblicher bzw. beruflicher Sphäre einerseits und Privatsphäre andererseits auf einer wertenden Auswahl von Ursachen beruht. Sie verweist auf das Erfordernis, unwesentliche Mitveranlassungen unberücksichtigt zu lassen. Als maßgebliche Ursache eines Aufwands gilt das für den Aufwand auslösende Moment.[187] Der Inhalt des Veranlassungsprinzips könne nicht in einer conditio-sine-qua-non liegen.[188] Folglich ist anzunehmen, dass auch der Einkünftezurechnung nach dem Veranlassungsprinzip eine normativ begründete Begrenzung des Ursachenspektrums und damit eine wertende Auswahl von Ursachen immanent ist.

1.2 Grundlegende Kausalstrukturen in der Einkünftezurechnung

Unter der gegenwärtig praktizierten Umsetzung des Veranlassungsprinzips durch die sog. direkte Methode bilden einzelne Einkünfteelemente Zurechnungsgegenstände und damit *Wirkungskomponenten* der maßgeblichen Kausalzusammenhänge. Zugerechnet werden demnach Aufwendungen und Erträge,[189] Erfolgsbeiträge aus rein steuerbilanziellen Abweichungen (§ 60 Abs. 2 EStDV) sowie außerbilanzielle Hinzurechnungs- und Kürzungsbeträge. Für gewerbesteuerliche Zwecke folgen die Hinzurechnungen und Kürzungen

---

185 Vgl. Schulin (Kausalitätsbegriff), S. 118 f.; Jüptner (Leistungsfähigkeit), S. 140 f.

186 Schulin (Kausalitätsbegriff), S. 118 f.

187 Vgl. Wassermeyer, IStR 2005, S. 84 (85).

188 Vgl. BFH v. 19.02.1974 - VIII R 131/72, BFHE 112, S. 135; BFH v. 08.04.1992 - I R 41/88, BFH/NV 1992, S. 799; zu weiteren Verweisen vgl. Söhn (Betriebsausgaben), S. 67; Langohr (Veranlassungsprinzip), S. 125.

189 Das Veranlassungsprinzip bezieht sich auch auf die Erträge des Gesamtunternehmens, vgl. Flick / Wassermeyer / Baumhoff, § 34d EStG, Rn. 60; Wassermeyer (Dealing), S. 25 (37); Ritter, JbFSt 1976/77, S. 288 (309); Lüdicke in Lademann / Söffing, § 49 EStG, Rn. 332; Ditz (Betriebsstätten), S. 263.

i. S. v. §§ 8, 9 GewStG der Zurechnung der zugrunde liegenden Einkünfteelemente.[190]

Der Kreis möglicher *Ursachen* wird nach der Formel der Rechtsprechung, die Gewinne müssten "durch Tätigkeit und Existenz" der Unternehmensteile erwirtschaftet sein, möglichst weit abgegrenzt.[191] Grundsätzlich können damit alle wirtschaftlichen Erkenntnisobjekte, die im Zusammenhang mit Stammhaus oder Betriebsstätte stehen, maßgebliche Ursachen im Sinne des Veranlassungsprinzips bilden. Je nach Art der Ursache lassen sich verschiedene grundlegende Kausalstrukturen in der Einkünftezurechnung aufzeigen, die im Folgenden untersucht werden.

1.2.1 Finalprinzip und Leistungsbeziehungen

Bezieht das Einheitsunternehmen Leistungen für einen Unternehmensteil, so ist der hiermit verbundene Aufwand allein durch den Unternehmensteil veranlasst, für dessen Zwecke der Leistungsbezug erfolgt.[192] Grundsätzlich liegt dieser Zuschreibung eine Finalerklärung zugrunde, die einen Spezialfall der Kausalerklärung bildet.[193/194] Finalerklärungen sind dadurch gekennzeichnet, dass eine zielgerichtete Handlung als Ursache der hervorgerufenen Handlungsfolgen bezeichnet wird.[195] Der Mensch kann als planvoll handelndes We-

---

190 Vgl. Blümich / Gosch, § 9 Nr. 3 GewStG, Rn. 221; Sarrazin in Lenski / Steinberg, § 9 Nr. 3 GewStG, Rn. 5.

191 Vgl. BFH v. 20.07.1988 - I R 49/84, BStBl II 1989, S. 140 ("...daß der Teil des Gesamtergebnisses des Unternehmens als Gewinn der Betriebsstätte zu ermitteln ist, der sowohl durch ihre Tätigkeit als auch durch ihre Existenz erwirtschaftet wurde"); BFH v. 16.02.1996 - I R 43/95, BStBl II 1997, S. 128 ("Denn ohne Existenz und Tätigkeit der ausländischen Betriebsstätte (...) wären die betreffenden Währungsgewinne und -verluste nicht eingetreten."); BFH v. 17.11.1999 - I R 7/99, BStBl II 2000, S. 605 ("Die Betriebsstätte wird demgemäß wie ein selbständiges Unternehmen behandelt und ihr Gewinn auf der Grundlage dessen ermittelt, was durch ihre Tätigkeit und Existenz erwirtschaftet wurde"); zustimmend Lüdicke, StbKongrRep 1994, S. 217 (236).

192 Vgl. Buciek in Flick / Wassermeyer / Wingert / Kempermann, DBA-Schweiz, Art. 7, Rn. 515; Ditz (Betriebsstätten), S. 243 ff.

193 Vgl. Stegmüller (Erklärung), S. 652. Deshalb kann auch von finalen Ursachen gesprochen werden, so z. B. bei Leinfellner (Sozialwissenschaften), S. 221 (256).

194 Die im Steuerrecht gebräuchliche Bildung eines Gegensatzpaars "final – kausal" erscheint irreführend, da dies den Eindruck vermittelt, dass sich Final- und Kausalerklärung gegenseitig ausschließen sollen. Klarstellend Kröger, StuW 1978, S. 289 (292).

195 Im Bewusstsein der handelnden Person ist hingegen die Ursache-Wirkungs-Beziehung umgekehrt: Durch Selektion von Mitteln (Ursachen) mit bestimmten, geeigneten Handlungsfolgen soll die Realisation des Ziels bewirkt werden (Wirkung), vgl. Hohenbild (Verursachungsdenken), S. 78.

sen Handlungsfolgen hervorrufen oder unterdrücken, sofern der Handlungsverlauf ungestört und planmäßig erfolgt. Deshalb wird eine zielgerichtete menschliche Handlung regelmäßig als ausreichende Erklärung für das Entstehen der Handlungsfolgen akzeptiert.[196] Finalerklärungen sind deshalb prägnante Erklärungen mit hoher Überzeugungskraft.

Im Steuerrecht werden nach dem Finalprinzip Einkünfteelemente derjenigen Einkünftesphäre zugerechnet, denen die Handlungsziele des Steuerpflichtigen zugeordnet werden können.[197] Durch die Betriebsstätte entstandene Aufwendungen sind somit Aufwendungen, die auf Handlungen beruhen, die durch die Betriebsstätte veranlasst sind.[198] Die durch den Bezug von Leistungen entstehenden Aufwendungen sind derjenigen Betriebsstätte zurechenbar, deren Bedarf durch den Bezug einer Leistung gedeckt werden soll:

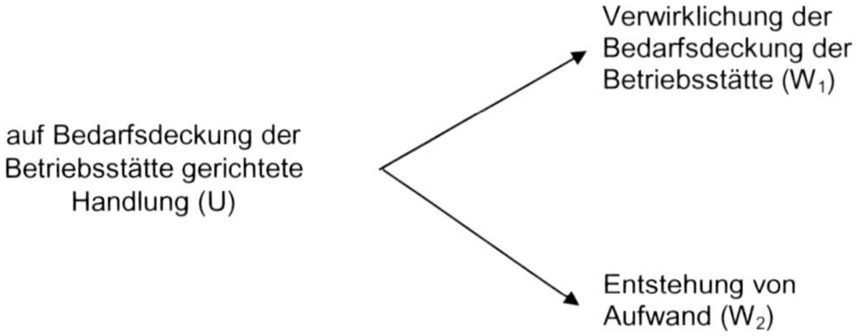

Abbildung 1: Finalprinzip und Zurechnung von Aufwand

Die Zurechnung von Aufwendungen aus dem Bezug von Leistungen nach dem Finalprinzip ist auch folgerichtig, denn bereits dem Begriff der "Leistung" ist die Mittel-Zweck-Beziehung immanent. Als Leistung gilt jede Aktivität,[199] die auf die Erzielung eines Vorteils für den Leistungsempfänger ge-

---

196 Vgl. Hart / Honoré (Causation), S. 41 ff.; Krüger (Relativität), S. 147 (162); Eimer (Kausalität), S. 55; Koriath (Kausalität), S. 78 ff.

197 Die tatsächlicher Zweckbestimmung angeschaffter Wirtschaftsgüter oder Leistungen begründet die Zurechnung der entsprechenden Aufwendungen als Betriebsausgaben oder Werbungskosten zu einer Einkunftsart, vgl. BFH v. 22.05.1974 - I R 212/72, BStBl II 1975, S. 70; BFH v. 16.10.1981 - VI R 180/79, BStBl II 1982, S. 67; BFH v. 19.10.1970 - GrS 2/70, BStBl II 1971, S. 17.

198 Ähnlich formuliert Tipke, StuW 1979, S. 193 (199), dort allerdings zur Abgrenzung zwischen der betrieblichen und privaten Sphäre.

199 Um unnötige Einschränkungen zu vermeiden, soll "Aktivität" in einem weiteren Sinne verstanden werden und auch ein Unterlassen, Nicht-Tätigsein, Gewähren-Lassen usw. einschließen, vgl. zum Parallelproblem in der juristischen Kausalitätsdiskussion etwa Engels (Kausalität), S. 46 f.; Schulin (Kausalitätsbegriff), S. 140 ff.; Hart / Honoré (Causation), S. 38; Koriath (Kausalität), S. 118.

richtet ist. Sie stellt ein Mittel für die Erreichung von Zwecken des Leistungsempfängers dar.[200]

Soll die Zurechnung von Einkünften dem Finalprinzip folgen, so wird auf eine in der Person des Steuerpflichtigen liegende[201] Ursache Bezug genommen. Die Rechtsanwendung erfordert eine Überprüfung der behaupteten Zweckbestimmung des Steuerpflichtigen anhand objektiv erkennbarer Indizien. Der steuerlich maßgeblichen Zurechnung wird daher eine Normaleinschätzung zugrunde gelegt, anhand derer auf die objektiv erkennbare Veranlassung der Aufwendungen geschlossen wird.[202] Besonders bei fehlender Nachprüfbarkeit der subjektiven Zweckbestimmung von Aufwendungen kann eine vom Steuerpflichtigen behauptete Zweckbestimmung in den Hintergrund treten.

---

200 Besonders im betriebswirtschaftlichen Schrifttum wird der Leistungsbegriff als Mittel zur Erreichung eines Zwecks des Leistungsempfängers gekennzeichnet. Zum betriebswirtschaftlichen Leistungsbegriff vgl. Kosiol, FS Seyffert, S. 7 (23): "Leistungen sind das *erstrebte* Resultat der produktiven Gestaltungsprozesse, die das geplante Programm der Unternehmung bilden"; Heinen (Kostenlehre), S. 70: Leistungen sind alle Mittelverzehre, die zur Verwirklichung eines angestrebten Betriebszwecks in Kauf genommen werden müssen; Müller-Bader (Konflikt), S. 58, der Leistungsbegriff setze ein bewertbares Ergebnis im Sinne der Zielsetzung der Unternehmung voraus. Im Umsatzsteuerrecht wird zwar auch hervorgehoben, durch eine Leistung müsse ein individueller Vorteil für den Leistungsempfänger entstehen, allerdings steht dort stärker der Gedanke des wirtschaftlichen Interesses des Leistungserbringenden im Vordergrund, vgl. Zeuner in Bunjes/Geist, § 1 UStG, Rn. 10; Meyer in Offerhaus / Söhn / Lange, Umsatzsteuer, § 1 UStG, Rn. 22 ff.; Streng, StuW 1999, S. 154 (160). Im Schuldrecht wird Leistung als wirklicher oder vermeintlicher Vorteil gekennzeichnet, der typischerweise, aber nicht notwendig einen Vermögenswert hat, vgl. Grüneberg in Bamberger / Roth, § 241 BGB, Rn. 33. Zur Umschreibung dieser Zweck-Mittel-Beziehung werden im Schrifttum zur Gewinnabgrenzung zwischen verbundenen Unternehmen auch die folgenden gleichbedeutenden Begriffe gewählt: "Die Leistung muss der leistungsempfangenden Einheit voraussichtlich von Nutzen sein", sie muss "in ihrem Interesse erbracht werden" oder sie muss "geeignet sein, die Geschäftstätigkeit der leistungsempfangenden Einheit zu fördern", vgl. hierzu Kumpf (Verrechnungspreise), S. 242; Baumhoff in Flick / Wassermeyer / Baumhoff, § 1 AStG, Rn. 635.3; VWG-vU, Tz. 6.2.2.

201 Vgl. Kröner, StuW 1985, S. 115 (126).

202 Vgl. Kröger, StuW 1978, S. 289 (292). Auch Wassermeyer, StuW 1982, S. 352 (362) weist auf die Notwendigkeit hin, das Verhältnis des objektiven Zusammenhangs von Aufwendungen mit dem Beruf/Betrieb zur Absicht, die Einkünftequelle zu fördern, für jeden Einzelfall zu bestimmen. Subjektive Zweckbestimmung und objektiver Zusammenhang seien keine obligatorischen Tatbestandsmerkmale des Veranlassungsprinzips. Vgl. auch Walz, StuW 1986, S. 21 (30). Kritisch Wanner, StuW 1987, 302 (313): Der materiellrechtliche Tatbestand würde durch Beweisüberlegungen ersetzt. Ähnlich Prinz, StuW 1996, S. 267 (270): Den objektiven Zusammenhang prägen Beweisüberlegungen.

Fraglich ist, ob die Einkünftezurechnung im Einheitsunternehmen generell auf Finalerklärungen beruhen kann.[203] So wird gegen das Finalprinzip eingewandt, es sei zu eng, da es bewusst geplante Handlungsergebnisse voraussetze[204] und keine Zurechnung willensunabhängig entstehender Aufwendungen und Erträge ermögliche.[205] Hierzu zählen insbesondere Vermögensverluste, die durch höhere Gewalt oder unvorhersehbare Einwirkungen Dritter entstehen. Die entsprechenden Sachverhalte erfüllen meist den Tatbestand einer Rückstellung oder einer Teilwertabschreibung. Eine in einer konkreten Entscheidungssituation des Steuerpflichtigen bewusste Handlungsfolge kann hierbei oft nicht identifiziert werden. Dieser Kritik wird im Schrifttum ein weiteres Verständnis des Finalprinzips entgegen gehalten, wonach unplanmäßig entstehende Aufwendungen und Erträge der betrieblichen Tätigkeit als Gesamtursache[206] zurechenbar seien. Nach dieser Auffassung wird das Finalprinzip als allgemeingültigen Zurechnungsgrundsatz aufrechterhalten, indem nicht einzelne Handlungssituationen, sondern die betriebliche Tätigkeit als "Handlungskomplex"[207] als Ursache der Aufwendungen und Erträge gedeutet wird. Die betriebliche Tätigkeit insgesamt gilt folglich als Gesamtursache für im Vorhinein in concreto noch unbekannte Vermögensminderungen.[208] Auch nicht voraussehbare Ereignisse können somit als Folge der Unternehmenstätigkeit erkannt und damit final gedeutet werden. Somit kann jedes Ergebnis der betrieblichen Tätigkeit final veranlasst sein, auch wenn kein konkretes, auf einzelne Handlungssituationen bezogenes Bewusstsein über mögliche Handlungsfolgen vorhanden ist. Dieses weite Verständnis des Finalprinzips verdeutlicht letztendlich nur, dass eine nachträgliche, wertende Zurechnung ungeplanter Erfolge erforderlich ist.[209]

---

203 Bejahend Bauer, IStR 2006, S. 320 (321).

204 Vgl. Kruse, FR 1981, S. 473 (473); Wassermeyer, StuW 1981, S. 245 (252); Kröner, StuW 1985, S. 115 (120 ff.).

205 Z. B. durch Geldstrafen, Schwund, Diebstahl oder Naturkatastrophen ausgelöste Aufwendungen und andere Zwangsaufwendungen.

206 Vgl. Jüptner (Leistungsfähigkeit), S. 135; Walz, StuW 1986, S. 21 (23); Maier (Betriebsbegriff), S. 151.

207 Walz, StuW 1986, S. 21 (23); Maier (Betriebsbegriff), S. 151.

208 Vgl. Tipke / Lang (Steuerrecht), § 9, Rn. 216 u. 234.

209 Die Beschränkung auf eine "gewusste Handlungsfolge" ist außerdem wenig trennscharf, da eine Abgrenzung von geplanten Ereignissen und ungeplanten, ggf. aber geahnten, nur abstrakt wissbaren Ereignissen kaum möglich ist, vgl. Lübbe (Handeln), S. 223 (229).

1.2.2 Mehrfachkausalität

In der Einkünftezurechnung werden durch einen Unternehmensteil allein veranlasste Aufwendungen und Erträge und durch beide Unternehmensteile gemeinsam veranlasste Erfolge unterschieden.[210] Während allein veranlasste Erfolge auf die Tätigkeit und Existenz nur eines Unternehmensteils zurückzuführen sind, beruhen gemeinsam veranlasste Erfolge auf einer gemeinsamen Tätigkeit der Unternehmensteile oder der Existenz des Unternehmens als Ganzem.

Gemeinsam veranlasster Aufwand liegt etwa vor, wenn das Einheitsunternehmen Leistungen bezieht, die beiden Unternehmensteilen dienen[211] oder wenn Aufwendungen im Zusammenhang mit einem durch beide Unternehmensteile genutztem Wirtschaftsgut entstehen.[212]

Gemeinsam veranlasste Erträge sind beispielsweise Umsatzerlöse des Gesamtunternehmens, die aus Leistungsbeiträgen beider Unternehmensteile resultieren.[213] Demnach wird zwar grundsätzlich der durch einen Umsatzakt realisierte Ertrag dem Unternehmensteil zugerechnet, der das Geschäft mit dem fremden Geschäftspartner anbahnt und abwickelt.[214] Allerdings partizipiert ein Unternehmensteil auch an Außenumsätzen, die zwar unmittelbar durch den anderen Unternehmensteil erzielt werden, zu denen der erste Unternehmensteil aber durch interne Leistungen beiträgt. Der Außenumsatz wird daher im Er-

---

210 Vgl. Kluge, StuW 1975, S. 294 (305); Wassermeyer in Debatin / Wassermeyer, MA, Art. 7, Rn. 270; Hruschka / Lüdemann, IStR 2005, S. 76 (81 ff.); Buciek in Flick / Wassermeyer / Wingert / Kempermann, DBA-Schweiz, Art. 7, Rn. 537; Andresen in Wassermeyer / Andresen / Ditz (Hdb BS), Rn. 2.48, S. 69 f.

211 Vgl. Ditz (Betriebsstätten), S. 254.

212 Vgl. Haiß (Gewinnabgrenzung), S. 177 f.; Buciek in Flick / Wassermeyer / Wingert / Kempermann, DBA-Schweiz, Art. 7, Rn. 537; Ditz (Betriebsstätten), S. 295 f.

213 Vgl. Flick / Wassermeyer / Baumhoff, § 34d EStG, Rn. 60; Ritter, JbFSt 1976/77, S. 288 (309); Lüdicke in Lademann / Söffing, § 49 EStG, Rn. 332; Ditz (Betriebsstätten), S. 228.

214 Vgl. Buciek in Flick / Wassermeyer / Wingert / Kempermann, DBA-Schweiz, Art. 7, Rn. 311. Umsätze sollen demjenigen Unternehmensteil originär zugeordnet werden, der bestimmte Aktivitäten im Zusammenhang mit der Entstehung des Umsatzes übernimmt. Hierzu zählen etwa Verkaufsgespräche, Vertragsverhandlungen, der Vertragsabschluss, die Übernahme des Haftungsrisikos usw., vgl. Buciek in Flick / Wassermeyer / Wingert / Kempermann, DBA-Schweiz, Art. 7, Rn. 326.

gebnis auf die Unternehmensteile, die seine Entstehung mitverursacht haben, aufgeteilt (vgl. Abbildung 2).[215]

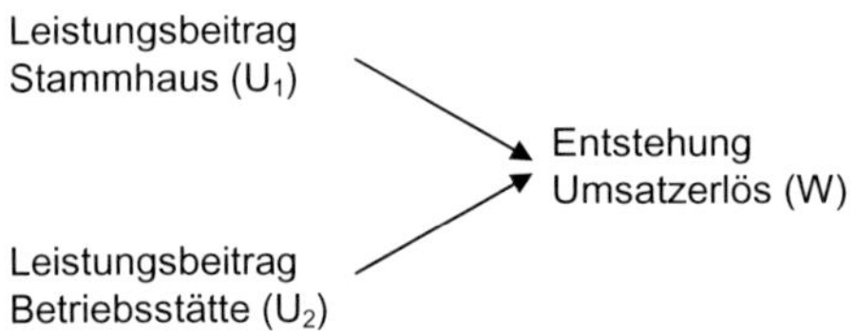

Abbildung 2: Mehrfache Veranlassung eines Umsatzerlöses

Die Notwendigkeit, gemeinsam veranlasste Erträge aufzuteilen, hat aufgrund der im Rahmen des SEStEG[216] eingeführten *Entstrickungs- und Verstrickungsregelungen* an Bedeutung verloren (§ 4 Abs. 1 S. 3 EStG und § 12 Abs. 1 KStG). Nach den genannten Vorschriften erfolgt nun eine Sofortbesteuerung der Gewinne aus bestimmten Leistungsbeziehungen zwischen Stammhaus und Betriebsstätte. Der Zielrichtung der Entstrickungsregelung entspricht es, dass mehrfach veranlasste Erträge nunmehr ausschließlich der Betriebsstätte zugerechnet werden, die den Ertrag unmittelbar veranlasst hat. Der auf die unternehmensinterne Leistung entfallende Gewinn wird nach dem Entstrickungsgrundsatz bereits durch den anlässlich einer fiktiven Entnahme oder Veräußerung entstehenden Gewinn abgedeckt. Wie später im Einzelnen erläutert wird,[217] deckt der Anwendungsbereich des Entstrickungsgrundsatzes allerdings nicht alle Fälle der unternehmensinternen Leistungsbeziehungen ab. Die Notwendigkeit einer Aufspaltung gemeinsam veranlasster Erträge bleibt deshalb in bestimmten Bereichen erhalten.

Eine Beteiligung des leistungserbringenden Unternehmensteils an realisierten Erträgen ist nur dann gerechtfertigt, wenn diesem tatsächlich nach Fremdvergleichsaspekten ein Gewinn für die unternehmensinterne Leistung zusteht. Der leistungserbringende Unternehmensteil wird nur in diesem Fall in Höhe

[215] Soweit nicht eine eingeschränkte Selbstständigkeitsfiktion zugrunde gelegt wird (vgl. hierzu Kapitel II, Abschn. 3.3.1 dieser Arbeit), kann grundsätzlich von einer partiellen Veranlassung von Erträgen durch unternehmensinterne Leistungen ausgegangen werden. Unter einer eingeschränkten Selbständigkeitsfiktion könnten unternehmensinterne Leistungen allerdings nur zu einer Kostenumlage führen.

[216] "Gesetz über steuerliche Begleitmaßnahmen zur Einführung der Europäischen Gesellschaft und zur Änderung weiterer steuerrechtlicher Vorschriften (SEStEG)" vom 07.12.2006, BGBl I 2006, S. 2782.

[217] Vgl. Kapitel II, Abschn. 3.1.2.2 dieser Arbeit.

des fremdüblichen Gewinns an den realisierten Erträgen beteiligt. Wie durch folgendes Beispiel verdeutlicht werden soll, geht es deshalb bei der gemeinsamen Veranlassung von Erträgen nicht darum, Kausalzuschreibungen zu finden, die einem intuitiven Kausalverständnis entsprechen, sondern um eine zweckbezogene Festlegung, wann eine gemeinsame Veranlassung von Erträgen angenommen werden soll.

Beispiel: Aus einer ausländischen Betriebsstätte, die in einem Nicht-DBA-Staat belegen ist, wird ein abnutzbares Wirtschaftsgut des Anlagevermögens in das inländische Stammhaus überführt. Das Wirtschaftsgut steht mit 40 GE zu Buche. Der Fremdvergleichspreis beträgt 50 GE. Die Restnutzungsdauer des Wirtschaftsguts beträgt 5 Jahre. Die ausländische Betriebsstätte wird zur Abgeltung der stillen Reserven über die Restnutzungsdauer von 5 Jahren jährlich in Höhe von 2 GE an den Erträgen des Stammhauses beteiligt. (Auf die Betriebsstätte wird die Anrechnungsmethode gemäß § 34c Abs. 1 EStG angewendet, so dass die Verstrickungsregelungen keine Anwendung finden.)

Nach der wohl h. M. sind im Beispielsfall die vom Stammhaus erzielten Erträge teilweise der ausländischen Betriebsstätte zuzurechnen, da dieser nach dem Fremdvergleich ein Gewinn in Höhe der stillen Reserven zusteht.[218] Um zu einem Gewinnausweis wie zwischen fremden Dritten zu gelangen, reicht deshalb eine bloße Übernahme der Abschreibungsaufwendungen nicht aus. Die gemeinsame Veranlassung von Erträgen richtet sich damit allein danach, ob der Fremdvergleichspreis des Wirtschaftsguts zum Zeitpunkt der Überführung über dem Buchwert liegt. Enthält ein in eine ausländische Betriebsstätte überführtes Wirtschaftsgut des Anlagevermögens hingegen keine stillen Reserven, so wird dem Fremdvergleichsgrundsatz bereits genüge getan, indem der Unternehmensteil, der das Wirtschaftsgut übernimmt, die nach dem Überführungszeitpunkt anfallenden Abschreibungen auf das Wirtschaftsgut zugerechnet werden. Auf eine Beteiligung des übertragenden Unternehmensteils an den Erträgen des übernehmenden Unternehmensteils wird verzichtet. Die gemeinsame Veranlassung von Erträgen unterliegt daher einer auf den Fremdvergleich ausgerichteten Festlegung und entspricht nicht notwendigerweise den Kausalzusammenhängen, die unter technischen oder wirtschaftlichen Gesichtspunkten identifiziert werden könnten.

---

[218] Vgl. Wassermeyer in Debatin / Wassermeyer, MA, Art. 7, Rn. 244; Lüdicke in Lademann / Söffing, § 49 EStG, Rn. 332; im Ergebnis wohl auch Hruschka / Lüdemann, IStR 2005, S. 76 (81 ff.).

1.3 Fremdvergleich als wertendes Element steuerlicher Kausalzuschreibungen

Wegen der Vielfalt möglicher subjektiver Ursachenzuschreibungen muss das Veranlassungsprinzip durch Zurechnungsgrundsätze ergänzt werden, die eine Objektivierung von Ursachenzuschreibungen ermöglichen. Objektivierung bedeutet die Herstellung der intersubjektiven Nachprüfbarkeit einer Entscheidung durch konsensfähige Regeln[219] und impliziert eine teilweise Begrenzung der Freiheitsgrade bei der Abbildung ökonomischer Tatbestände.[220] Somit ist die gegebene Ursachenkomplexität durch bewusst an die Einkünftezurechnung herangetragene Normen zu reduzieren.[221] Diese Objektivierungsfunktion kommt der Selbständigkeitsfiktion (Art. 7 Abs. 2 OECD-MA) zu.[222] Demnach werden der Betriebsstätte

> "...die Gewinne zugerechnet, die sie hätte erzielen können, wenn sie eine gleiche oder ähnliche Tätigkeit unter gleichen oder ähnlichen Bedingungen als selbstständiges Unternehmen ausgeübt hätte und im Verkehr mit dem Unternehmen, dessen Betriebsstätte sie ist, völlig unabhängig gewesen wäre."

Ist die Betriebsstätte als ein selbstständiges unabhängiges Unternehmen zu fingieren, so impliziert dies, dass auch das Stammhaus als ein solches Unternehmen zu denken ist. Die Unternehmensteile werden somit wie fremde Dritte behandelt (Fremdvergleichsgrundsatz). Die Objektivierung des Veranlassungsprinzips durch den Fremdvergleichsgrundsatz bedeutet, dass der Vergleich von Stammhaus und Betriebsstätte mit dem Verhalten selbstständiger unabhängiger Unternehmen die Auswahl rechtserheblicher Kausalerklärungen von Aufwand und Ertrag unterstützen soll. Dies unterstellt, dass selbstständige unabhängige Unternehmen, die in Geschäftsbeziehung zueinander stehen, ein vergleichbares Zurechnungsproblem bewältigen, indem sie ihre Gewinne als Wirkungen ihres jeweiligen Handelns ursächlich deuten und durch die Be-

---

219 Zum Begriff "Objektivierung" vgl. Baetge (Objektivierung), S. 16 f.; Moxter (Gewinnermittlung), S. 11; Saelzle, AG 1977, S. 181 (184); Hackmann (Verrechnungspreise), S. 152 ff.; Achtert (Bewertungseinheitlichkeit), S. 17.

220 Vgl. Hackmann (Verrechnungspreise), S. 154; Achtert (Bewertungseinheitlichkeit), S. 17.

221 Hinweise auf die Notwendigkeit von Konventionen bei rechtlich relevanten Kausalzuschreibungen finden sich auch bei Krüger (Relativität), S. 147 (159) und Hart / Honoré (Causation), S. 37.

222 Vgl. Schaumburg (Steuerrecht), Rn. 18.15: "...Dieses Veranlassungsprinzip wird in Bezug auf die internationale Einkünftezuordnung bei Betriebsstätten objektiviert durch das dealing at arm's length-Prinzip"; ähnlich Blümich / Wied, § 49 EStG, Rn. 71; Görl (Personalentsendung), S. 39 (43); Ditz (Betriebsstätten), S. 243: "Veranlassung als dem Fremdvergleichsgrundsatz immanentes Kriterium"; Bauer (Neuausrichtung), S. 51 ff.

gründung von finanziellen Ansprüchen bzw. Verpflichtungen eine verursachungsgerechte Aufteilung des gemeinsam erzielten Ergebnisses nach Maßgabe kaufmännischer Wertungen herstellen.

Die Objektivierungsfunktion des Fremdvergleichs für das Veranlassungsprinzip kann wie folgt an grundlegenden Problemfeldern der Einkünftezurechnung verdeutlicht werden:

Der Fremdvergleich ermöglicht zum einen eine Unterscheidung von bloßen nicht entgeltfähigen Aktivitäten einerseits und maßgeblichen Erfolgsursachen, die als "*Leistungen*" am Markt ein Entgelt wert wären andererseits. Fördert eine Betriebsstätte lediglich im weitesten Sinne den Erfolg einer anderen Betriebsstätte, ohne dass ein selbstständiges unabhängiges Unternehmen hierfür am Markt ein Entgelt verlangen könnte (z. B. durch den Vertrieb von Produkten, die als Komplementärgüter den Umsatz der anderen Betriebsstätte anregen), so schließt der Fremdvergleich eine rechtserhebliche Erfolgsursache und damit die Zuteilung eines Gewinns zu der ersten Betriebsstätte aus. Die objektivierende Wirkung des Fremdvergleichs zeigt sich somit an der Beschränkung maßgeblicher Erfolgsursachen auf solche Aktivitäten, die nach dem Urteil des Markts eine Gegenleistung wert sind.

Zum anderen leistet der Fremdvergleich eine Objektivierung bei der Zuordnung von *Aufwand*: Welchem Unternehmensteil eine von extern bezogene Leistung dient, lässt sich aufgrund der Vielzahl möglicher Mittel-Zweck-Beziehungen nicht eindeutig bestimmen. Nach dem Fremdvergleich ist festzustellen, welcher Unternehmensteil bei fiktiver Selbstständigkeit und Unabhängigkeit die Aufwendungen getragen hätte.[223]

Schließlich geht die Funktion des Fremdvergleichs über eine Objektivierung von Veranlassungszusammenhängen dem Grunde nach hinaus und ermöglicht auch eine Aussage zur *Veranlassung der Höhe nach*. Während sich das Veranlassungsprinzip lediglich auf die Verursachung von Einkünftekomponenten dem Grunde nach bezieht, beinhaltet der Fremdvergleich auch einen quantitativen Maßstab für die Einkünftezurechnung. Gemeinsam veranlasste Aufwendungen und Erträge sind demnach in dem Verhältnis aufzuteilen, das fremde Dritte unter gleichen oder ähnlichen Bedingungen festgelegt hätten.

---

[223] Vgl. Buciek in Flick / Wassermeyer / Wingert / Kempermann, DBA-Schweiz, Art. 7, Rn. 525.

2 Fremdvergleichsgrundsatz

2.1 Rechtsgrundlage des Fremdvergleichsgrundsatzes im innerstaatlichen Recht?

Im Gegensatz zum Abkommensrecht ist der Fremdvergleich im innerstaatlichen Steuerrecht nicht ausdrücklich als Zurechnungskriterium kodifiziert worden. Eine Klarstellung des Gesetzgebers, dass die Einkünftezurechnung im Grundsatz auf einem Vergleich mit selbstständigen unabhängigen Unternehmen basiert, wäre wünschenswert. Bisweilen wird aufgrund der fehlenden gesetzlichen Regelung eine mögliche verfassungswidrige Unbestimmtheit der Einkünftezurechnung vermutet.[224] Die h. M. geht hingegen von der Rechtmäßigkeit eines – ggf. für das Einheitsunternehmen modifizierten – Fremdvergleichs aus.[225]

Diese Auffassung wird vermutlich auch von der Rechtsprechung geteilt. Der BFH hält den Fremdvergleich jedenfalls für maßgebend, wenn in einem DBA für die Einkünftezurechnung lediglich der Grundsatz der wirtschaftlichen Zugehörigkeit normiert ist.[226] So enthält das DBA Deutschland-Italien von 1925 abweichend vom OECD-MA nicht den Fremdvergleichsgrundsatz, sondern lediglich den Grundsatz der wirtschaftlichen Zugehörigkeit der Betriebsstätteneinkünfte zum Quellenstaat. Der BFH ging im Rahmen des Art. 3

---

224 Vgl. Hidien in Kirchhof / Söhn / Mellinghoff, EStG-Komm., § 49 Rn. D 981 und 985.

225 Vgl. Gonella, DB 1986, S. 297 (297); Lüdicke in Lademann / Söffing, § 49 EStG, Rn. 321: Grundsätze des Art. 7 OECD-MA seien bei Gewinnabgrenzung inländischer Betriebsstätten immer von Bedeutung, unabhängig ob DBA-Fall oder Nicht-DBA-Fall vorliegt; Wassermeyer in Debatin / Wassermeyer, MA, Art. 7, Rn. 186: Veranlassungsprinzip entspricht in seinem Kern dem Fremdvergleich; FG München v. 11.10.1995 - 7 K 3474/93, EFG 1996, S. 244: bereits aus innerstaatlichen Grundsätzen sei die Betriebsstätte steuerlich als selbstständige wirtschaftliche Einheit zu behandeln; ähnlich zum Fremdvergleich im Rahmen der verdeckten Gewinnausschüttung: Wassermeyer, FS Offerhaus, S. 405 (414): Veranlassungsprinzip und Fremdvergleich seien synonym auszulegen; Görl (Personalentsendung), S. 39 (43); Hruschka / Lüdemann, IStR 2005, S. 76 (76).

226 Vgl. BFH v. 18.09.1996 - I R 59/95, IStR 1997, S. 145 (Gründe Nr. 2 a): "Zwar fehlt darin (DBA Italien, d. Verf.) – abweichend von Art. 7 Abs. 2 des OECD-Musterabkommens aus 1977 – eine Regelung, die die entsprechende Zuordnung vorsieht (Drittvergleich, sog. Prinzip des "dealing at arm's length"). Sollen jedoch jedem der beiden Vertragsstaaten die Steuern von dem Teil der Einkünfte zustehen, der durch die Tätigkeit der in seinem Gebiet befindlichen Betriebsstätten erzielt wird, wie dies Art. 3 Abs. 3 DBA-Italien 1925 vorsieht, so bedeutet das, daß das Abkommen eine Zuordnung des Unternehmensgewinns entsprechend dessen wirtschaftlicher Zugehörigkeit und Veranlassung fordert. Dies hat zur Folge, daß die Gewinnzuordnung auch ohne ausdrückliche Aufnahme der Zuordnungsgrundsätze in das Abkommen an diesen Maßstäben auszurichten ist..."

DBA Deutschland-Italien von der Rechtmäßigkeit des Fremdvergleichs aus. Da der relativ unbestimmte Regelungsgehalt des Art. 3 DBA Deutschland-Italien mit dem innerstaatlichen Veranlassungsprinzip vergleichbar erscheint, könnte der BFH auch im Nicht-Abkommensfall gleicher Auffassung sein.

Auch der Gesetzgeber unterstellt offenbar die Rechtmäßigkeit des Fremdvergleichs nach innerstaatlichem Recht. So sieht § 90 Abs. 3 S. 3 u. 4 AO eine generelle, d. h. nicht auf Abkommensfälle beschränkte Dokumentationspflicht vor, die eine Überprüfung der Einkünftezurechnung auf ihre Angemessenheit ermöglichen soll. Die zu erstellenden Aufzeichnungen sollen nach § 90 Abs. 3 S. 3 AO die Übereinstimmung der Verrechnungspreise und anderer Geschäftsbedingungen – bei Betriebsstätten wohl der Bedingungen der Proforma-Geschäfte[227] – mit dem Fremdvergleichsgrundsatz dokumentieren. Die Regelung setzt voraus, dass der Fremdvergleichsgrundsatz materiell-rechtlich anzuwenden ist. Da sie nicht auf DBA-Fälle beschränkt ist, dürfte der Gesetzgeber den Fremdvergleich auch im innerstaatlichen Recht für maßgebend erachten.

Wie bereits in Kap. I, Abschn. 1.3 verdeutlicht wurde, entspricht der Fremdvergleichsgrundsatz den Zwecksetzungen der Einkünftezurechnung, insbesondere der interindividuellen und der zwischenstaatlichen Gerechtigkeit. Der Fremdvergleich ist damit auch im innerstaatlichen Steuerrecht ein geeigneter und teleologisch begründeter Maßstab der Einkünftezurechnung. Es erscheint überdies aus systematischen Gründen zutreffend, sich im innerstaatlichen Steuerrecht auf einen Fremdvergleich zu stützen. Mit einem Fremdvergleich werden zahlreiche Zurechnungsprobleme des innerstaatlichen Steuerrechts gelöst, etwa bei der Beurteilung von verdeckten Gewinnausschüttungen und verdeckten Einlagen, bei der Bestimmung der Angemessenheit von Aufwendungen i. S. d. § 4 Abs. 5 Nr. 7 EStG[228] sowie bei der Anerkennung von Verträgen zwischen nahen Angehörigen.[229] Insoweit hat sich durch Rechtsfortbildung ein allgemeiner Rechtsgedanke entwickelt, dass die Abgrenzung unterschiedlich besteuerter Einkünftesphären an dem Verhalten zwischen fremden Dritten zu messen ist. Es erscheint folgerichtig, auch in der Einkünftezurechnung im Einheitsunternehmen entsprechend zu verfahren.

Die Frage nach den innerstaatlichen Regelungen für eine Einkünftezurechnung im Einheitsunternehmen bildet auch eine wichtige Vorfrage im Abkom-

---

227 Zur Kritik vgl. Kap. II, Abschn. 2.5.3, insbes. FN 295.

228 Vgl. BFH v. 20.08.1986 - I R 29/85, BStBl II 1987, S. 108; BFH v. 21.11.1989 - I R 149/84, BFH/NV 1989, S. 362; BFH v. 22.05.1991 - V R 108/86, BFH/NV 1992, S. 207; Söhn in Kirchhof / Söhn / Mellinghoff, EStG-Komm., § 4 Rn. M 60.

229 Vgl. BFH v. 10.11.1982 - I R 135/80, BStBl II 1983, S. 173; BFH v. 27.11.1989 - GrS 1/88, BStBl II 1990, S. 160; BFH v. 28.06.2002 - IX R 68/99, BStBl II 2002, S. 699.

mensfall. Nach allgemeiner Auffassung können Abkommensnormen den innerstaatlichen Besteuerungsanspruch nur begrenzen.[230] Bliebe der nach den innerstaatlichen Einkünftezurechnungsregeln begründete Besteuerungsanspruch hinter dem durch Art. 7 Abs. 2 OECD-MA im zwischenstaatlichen Verhältnis eröffneten Rahmen zurück, so kann ihn ein DBA deshalb nicht ausweiten. Demgegenüber soll nach *Ditz*[231] Art. 7 Abs. 2 OECD-MA eine self-executing-Wirkung "auf Ebene der Gewinnabgrenzung" aufweisen. Von einer self-executing-Wirkung von Abkommensvorschriften wird im Völkerrecht gesprochen, wenn ein völkerrechtlicher Vertrag Ansprüche oder Verpflichtungen unmittelbar für nationale Rechtssubjekte begründet, z. B. weil der Vertrag selbst oder das innerstaatliche Recht dies vorgibt.[232] Die Auffassung von *Ditz* widerspricht deshalb der herrschenden Meinung, die DBA als Schrankenrecht betrachtet. Die Zuschreibung einer self-executing-Eigenschaft zu einer Abkommensnorm ergibt nur dann einen Sinn, wenn die Abkommensnorm den deutschen Besteuerungsanspruch ausweitet.[233] *Ditz* bleibt allerdings die Antwort schuldig, weshalb der durch nationale Einkünfte*zurechnungs*vorschriften begründete Steueranspruch hinter der durch die DBA gesteckten Grenze zurückbleiben sollte. Der Fremdvergleichsgrundsatz könnte allenfalls auf Ebene der Einkünfte*ermittlung* eine self-executing-Wirkung aufweisen,[234] was *Ditz* allerdings ausdrücklich ablehnt.

2.2 Fremdvergleich als Erklärungsmodell für wirtschaftliche Handlungen

Der Fremdvergleich besteht im Kern in einem Erklärungsmodell für wirtschaftliche Handlungen, insbesondere für die Vereinbarung von Geschäftsbedingungen (z. B. für vereinbarte Preise oder vereinbarte Kostenaufteilungen).[235] Er setzt einen Erfahrungssatz voraus, nach dem unter den gegebenen Bedingungen des Ausgangssachverhalts, d. h. des durch Stammhaus und Be-

---

230 Vgl. BFH v. 14.03.1989 - I R 20/87, BStBl II 1989, S. 649: Funktion der DBA-Normen ist eine sachliche Steuerbefreiung oder Steuerermäßigung; ebenso BFH v. 01.10.1992 - I B 42-43/92, BFH/NV 1993, S. 156; Debatin, DB 1985, Beilage 23, S. 1 (2).

231 Vgl. Ditz (Betriebsstätten), S. 67.

232 Vgl. Bleckmann (Völkerrecht), Rn. 431; Doehring (Völkerrecht), Rn. 707; Gloria (Verständigungsverfahren), S. 45 f.

233 Vgl. Wassermeyer (Dealing), S. 25 (31 f.).

234 In Kap. II, Abschn. 3.1.1 wird begründet, warum Art. 7 OECD-MA auch hinsichtlich der Einkünfteermittlung keine self-executing-Wirkung aufweist.

235 Vgl. Nientimp (Gewinnabgrenzung), S. 26.

triebsstätte realisierten Sachverhalts (Explanans) von selbstständigen Unternehmen eine bestimmte wirtschaftliche Handlung (Explanandum), z. B. die Vereinbarung einer bestimmten Geschäftsbedingung, zu erwarten ist. Der Erfahrungssatz gibt die Wahl einer optimalen Handlungsalternative vor und enthält damit eine Sollensvorstellung über wirtschaftlich rationales Handeln.

Die Einkünftezurechnung hat folglich eine ähnliche Problemstellung zu bewältigen wie die deskriptive Entscheidungstheorie. Wie aus der deskriptiven Entscheidungstheorie bekannt ist, setzen Aussagen über rationales Handeln eines Aktors Annahmen des Wissenschaftlers über das Ziel- bzw. Wertsystem des betrachteten Aktors voraus.[236] Hierbei sollen zwar "real verfolgte" Ziele von Entscheidungsträgern zugrunde gelegt werden,[237] allerdings kann der Wissenschaftler die Persönlichkeit des Aktors nicht voll erfassen und kommt folglich nicht umhin, zumindest in Teilen einen idealtypischen Aktor zu konstruieren.[238] In gleicher Weise sind in der steuerrechtlichen Einkünftezurechnung typisierende Annahmen über die Zielvorstellungen der als verselbstständigt gedachten Unternehmensteile erforderlich. So wird beispielsweise angenommen, dass Stammhaus und Betriebsstätte als selbstständige unabhängige Unternehmen das Ziel der Gewinnmaximierung verfolgen würden.[239] Die typisierende Betrachtungsweise kommt auch durch die anschauliche Denkfigur des "ordentlichen und gewissenhaften Geschäftsleiters" zum Ausdruck. Unterstellt wird folglich nicht irgendein Geschäftsleiter, sondern ein Geschäftsleiter, der im besten Interesse der Gesellschaft handelt und dessen Verhalten daher als typisches Rollenverhalten eines ordentlichen und gewissenhaften Geschäftsleiters gelten kann.[240]

Der Fremdvergleich setzt voraus, dass für ein bestimmtes wirtschaftliches Verhalten hinreichende Gründe sprechen und sich somit eine optimale Handlungsalternative oder zumindest eine begrenzte Anzahl möglicher Handlungsalternativen kennzeichnen lässt. Kann keine eindeutige Aussage über das Verhalten der fiktiv selbstständigen Unternehmensteile abgeleitet werden, wird dem Steuerpflichtigen eine Entscheidungsfreiheit eingeräumt.[241] So sind etwa für die Entscheidung, ob einer Vertriebseinheit anstelle einer Produktionsein-

[236] Vgl. Gäfgen (Theorie), S. 55; Kupsch (Unternehmensziele), S. 41.

[237] Vgl. Heinen (Zielsystem), S. 30 ff.; Pfohl / Braun (Entscheidungstheorie), S. 131.

[238] Vgl. Gäfgen (Theorie), S. 54.

[239] Vgl. Wassermeyer in Debatin / Wassermeyer, MA Art. 7, Rn. 320.

[240] Vgl. Osterloh (Typisierungsspielräume), S. 417 f.

[241] Vgl. Wassermeyer, FS Offerhaus, S. 405 (412).

heit Werbeaufwand zugeordnet werden soll,[242] häufig keine zwingenden Gründe erkennbar, wenn nur die Bewertung der hergestellten Produkte entsprechend angepasst wird. Insoweit entsprechen mehrere Entscheidungsalternativen dem Maßstab des ordentlichen und gewissenhaften Geschäftsleiters. Würde dem Steuerpflichtigen in diesen Fällen die Freiheit genommen, den Geschäftsvorfall in der Einkünftezurechnung nach seiner freien Wahl abzubilden, so würde er gegenüber selbstständigen unabhängigen Unternehmen benachteiligt und der Grundsatz der Wettbewerbsneutralität bzw. der interindivduellen Steuergerechtigkeit[243] verletzt.

Ein bedeutender Grund für die fehlende Eindeutigkeit des Fremdvergleichs liegt in der Abhängigkeit wirtschaftlicher Entscheidungen von nicht messbaren psychologischen, kognitiven und anderen persönlichen Einflussfaktoren (z. B. Risikoeinstellungen, Verhandlungsgeschick, -stile, -erfahrung).[244] So werden etwa die Preisvorstellungen von Anbieter und Nachfrager hinsichtlich eines bestimmten Gutes wesentlich von ihren subjektiven Erwartungen bestimmt, welche Preise bei alternativ möglichen Markttransaktionen erzielt werden könnten. Da erzielbare Preise mit Unsicherheit behaftet sind, beeinflussen notwendigerweise individuelle Risikoeinstellungen der Marktteilnehmer ihre Preisforderungen und -bereitschaften.[245] Ein weiteres Beispiel bilden Entscheidungen über den Verschuldungsgrad eines Unternehmens. Auch diesbezüglich ist eine Angemessenheitsbeurteilung angesichts unsicherer zukünftiger, zur Schuldentilgung verwendbarer Überschüsse des Schuldners von den Risikoeinstellungen des Gläubigers und des Schuldners abhängig. Da das Steuerrecht die Vielfalt persönlicher Einflussfaktoren auf wirtschaftliche Entscheidungen nicht negieren kann, entspricht eine Bandbreite zulässiger Ergebnisse dem Maßstab des ordentlichen Geschäftsleiters.

---

242 Vgl. Neubauer, JbFSt 1974/75, S. 269 (279); Kroppen in Kroppen (HIntVP), Anm. W 117; Sieker, BB 1993, S. 2424. Anders noch BFH v. 01.02.1967 - I 220/64, BStBl III 1967, S. 495. Auch ist die Frage, in welcher Währung eine Leistung bewertet wird, regelmäßig der Wahl des Steuerpflichtigen zu überlassen, da auch fremde Dritte hierbei indifferent wären, solange nur der Verrechnungspreis entsprechend der Risikozuordnung angepasst wird, vgl. Runge (Diskussion Bayer), S. 290 (291); Becker / Kroppen in Kroppen (HIntVP), Anm. W 45.

243 Vgl. hierzu Kapitel I, Abschn. 3.1.

244 Zu den bei Verhandlungen wirkenden Faktoren vgl. etwa Crott / Kutschker / Lamm (Verhandlungen), S. 60 ff.; Macharzina (Unternehmensführung), S. 446.

245 Zum Unsicherheitselement in Preisbildungsmodellen, vgl. Haas (Unsicherheit), S. 83 ff.; Schmalen (Preispolitik), S. 130 f.; Wiegmann (Preisentscheidung), S. 144 ff.; Jacob (Preispolitik), S. 269 ff.; Diller (Preispolitik), S. 246 ff.; Gabor (Pricing), S. 103 ff.

Beim Fremdvergleich der Höhe nach (z. B. bei der Bestimmung von Preisen, Gewinnmargen oder Verschuldungskennzahlen) ist daher regelmäßig eine Bandbreite angemessener Werte festzulegen. Eine Einschränkung des kaufmännischen Ermessensspielraums auf eine allein für zulässig gehaltene Punktlösung ist abzulehnen.[246] Aus einzelnen Beobachtungswerten ist vielmehr durch geeignete, ggf. statistische Berechnungsmethoden eine Bandbreite abzuleiten.[247] Die steuerlich maßgebliche Intervallbreite richtet sich zum einen gemäß allgemeiner Schätzungsgrundsätze nach dem Maß der Unsicherheit über die tatsächlichen Verhältnisse.[248] Die Bandbreite steuerlich zulässiger Gestaltungen ist als Ausgleich für das mit jeder Schätzung verbundene Fehlerrisiko zu verstehen und wächst daher mit steigender Unsicherheit über die tatsächlichen Verhältnisse an. Zum anderen darf die maßgebliche Intervallbreite nicht zu breit sein, da unter dem Aspekt der interindividuellen Steuergerechtigkeit der Spielraum für Einkünfteverlagerungen in angemessener Weise begrenzt werden soll.[249] Deshalb wird überwiegend ein fremd*übliches* Verhalten zum Maßstab der Einkünftezurechnung erklärt,[250] so dass der Steuerpflichtige ten-

---

[246] Auch bei anderen quantitativen "Angemessenheitsfragen" des Steuerrechts wird ein Schätzungsspielraum anerkannt, etwa bei der Quantifizierung verdeckter Gewinnausschüttungen, vgl. BFH v. 10.01.1973 - I R 119/70, BStBl II 1973, S. 322; BFH v. 16.02.1977 - I R 94/75, BStBl II 1977, S. 568; FG Baden-Württemberg v. 28.06.2001 - 6 K 392/97, EFG 2002, S. 941; BFH v. 27.02.2003 - I R 46/01, BStBl II 2004, S. 132; grundlegend zu Verrechnungspreisbandbreiten BFH v. 17.10.2001 - I R 103/00, BStBl II 2004, S. 1071, unter Gründe Nr. II.A.2.d.ee, ff.

[247] Vgl. Kapitel IV dieser Arbeit.

[248] Vgl. FG Saarbrücken v. 21.01.2004 - 1 K 144/03, EFG 2004, S. 699; Schmidt-Liebig, NWB vom 4.10.2004, Fach 17, S. 1847 (1873); Gombert (Schätzung), S. 92 f. "Welche Breite dieser Schätzungsrahmen hat, wird maßgeblich auch von der Güte und dem Umfang der objektiven Tatsachenfeststellungen bestimmt. Je unpräziser die objektiven Tatsachenfeststellungen sind, desto größer wird die Anzahl der Ergebnisse, die eine größtmögliche Wahrscheinlichkeit der Richtigkeit für sich haben."

[249] Vgl. Kapitel I, Abschn. 3.1.

[250] So insbesondere die Rechtsprechung zur verdeckten Gewinnausschüttung und zur Anerkennung von Verträgen zwischen nahen Angehörigen, vgl. BFH v. 25.11.1964 - I 116/63 U, BStBl III 1964, S. 176 (Vergleichszins als der im Währungsgebiet üblicher Zins); BFH v. 16.02.1977 - I R 94/75, BStBl II 1977, S. 568; BFH v. 27.11.1989 - GrS 1/88, BStBl II 1990, S. 160; BFH v. 17.02.1993 - I R 3/92, BStBl II 1993, S. 457; BFH v. 23.10.1985 - I R 230/82, BFH/NV 1986, S. 490; BFH v. 13.07.1994 - I R 43/94, BFH/NV 1995, S. 548; BFH v. 29.11.2000 - I R 85/99, BStBl II 2002, S. 720; BFH v. 16.12.1992 - I R 2/92, BStBl II 1993, S. 455; BFH v. 25.10.1995 - I R 9/95, BStBl II 1997, S. 703; im Zusammenhang mit der Zurechnung von Betriebsstättengewinnen BFH v. 21.01.1972 - III R 57/71, BStBl II 1972, S. 374 (branchenübliches Dotationskapital); Wolff-Diepenbrock, FS Beisse, S. 581 (583 f.); Osterloh (Typisierungsspielräume), S. 412 ff.; Kuckhoff / Schreiber (Verrechnungspreise), S. 34. Kritisch zum Kriterium "Üblichkeit" Sieker, BB 1993, S. 2424 (2426). Einschränkend auch BFH v.

denziell auf eine Bandbreite festgelegt wird, die die Berücksichtigung eines theoretisch denkbaren, aber relativ unwahrscheinlichen Verhaltens ausschließt.[251] Im Ergebnis ist daher ein angemessener Ausgleich zwischen der angestrebten Beschränkung von Einkünfteverlagerungsmöglichkeiten einerseits und dem Ziel einer vorsichtigen, die Unsicherheit des Fremdvergleichs berücksichtigenden Einkünftezurechnung andererseits zu finden.

2.3 Grundtypen des Fremdvergleichs

Folgend sollen verschiedene grundlegende Ausformungen des Fremdvergleichs gekennzeichnet werden.

2.3.1 Hypothetischer und tatsächlicher Fremdvergleich

Bei einem *tatsächlichen Fremdvergleich* werden konkrete Vergleichssachverhalte zur Ableitung des Sollensverhaltens von Stammhaus und Betriebsstätte ermittelt. Die Überzeugungskraft des tatsächlichen Fremdvergleichs beruht auf der Nachprüfbarkeit des behaupteten Entscheidungsverhaltens anhand konkreter historischer Daten. Der tatsächliche Fremdvergleich wird regelmäßig bei der Schätzung angemessener Verrechnungspreise, fremdüblicher Kapitalausstattungen und anderer quantitativer Größen zugrunde gelegt,[252] da diese ohne Rückgriff auf Marktdaten nicht mit hinreichender Genauigkeit geschätzt werden könnten.

Der *hypothetische Fremdvergleich* stützt sich lediglich auf die bekannten Daten über den Ausgangstatbestand und auf Annahmen des Beurteilers über betriebswirtschaftlich vernünftiges Verhalten. Der Beurteiler legt nach bestem Wissen und anhand eigener Überzeugungen fest, welches Verhalten unter den gegebenen Bedingungen zu erwarten ist und verzichtet deshalb auf den Nachweis konkreter Vergleichssachverhalte.[253] Der hypothetische Fremdvergleich setzt plausible Gründe für das behauptete Verhalten voraus, so dass das Ergebnis nicht durch unmittelbare empirische Evidenz gestützt werden muss. Er

10.11.1982 - I R 135/80, BStBl II 1983, S. 173; BFH v. 07.05.1996 - IX R 69/94, BStBl II 1997, S. 196.

251 Vgl. Osterloh (Typisierungsspielräume), S. 417.

252 Vgl. Wassermeyer (Verrechnungspreise), S. 123 (135); Baumhoff in Flick / Wassermeyer / Baumhoff, § 1 AStG, Rn. 353.

253 Vgl. Wassermeyer, FS Offerhaus, S. 405 (416); ders. (Verrechnungspreise), S. 123 (135); Baumhoff in Flick / Wassermeyer / Baumhoff, § 1 AStG, Rn. 361; Pezzer, DStZ 2002, S. 850 (854); Blümich / Menck, § 1 AStG, Rn. 82.

kann leichter geführt werden als der tatsächliche Fremdvergleich[254] und ist unter dem Gesichtspunkt der Verfahrenspraktikabilität vorteilhaft. Mögliche Anwendungsbereiche liegen z. B. in der Zuordnung von Aufwendungen und Erträgen, die allein von einem Unternehmensteil veranlasst sind, sofern für den Nachweis ihrer fremdüblichen Zuordnung konkrete Vergleiche nicht für erforderlich gehalten werden.

2.3.2 Interner und externer Fremdvergleich

Im Rahmen des tatsächlichen Fremdvergleichs können Vergleichssachverhalte herangezogen werden, die der Steuerpflichtige selbst bei Transaktionen mit anderen Wirtschaftssubjekten verwirklicht hat (*interner Fremdvergleich*). Der Steuerpflichtige wird hierbei an seinen eigenen Beurteilungen festgehalten,[255] auch wenn sie gemessen am Verhalten anderer Wirtschaftssubjekte relativ untypisch sein sollten.[256] Hingegen bezieht sich der *externe Fremdvergleich* auf Geschäfte, die nicht der Steuerpflichtige mit fremden Unternehmen verwirklicht hat, sondern die ohne seine Beteiligung unter fremden Dritten zustande gekommen sind.[257]

Der interne Fremdvergleich weist den Vorteil auf, dass über die Umstände der Vergleichsgeschäfte oft eine bessere Datenlage vorhanden ist als beim externen Fremdvergleich. Er ermöglicht daher regelmäßig eine umfassendere Überprüfung der Geschäfte auf eine Vergleichbarkeit der Verhältnisse,[258] so dass ihm im Ergebnis häufig ein Vorrang gegenüber dem externen Fremdvergleich eingeräumt wird.

Allerdings kann der interne Fremdvergleich den Steuerpflichtigen zu einem missbräuchlichen Abschluss von Parallelgeschäften veranlassen, bei denen zunächst bewusst mit fremden Dritten zum eigenen Nachteil kontrahiert wird. Dieser Gefahr wird damit begegnet, dass für einen internen Fremdvergleich nur solche Geschäfte des Steuerpflichtigen zugelassen werden, die einen hinreichend großen Umfang aufweisen und bei denen folglich eine be-

254 Vgl. Wassermeyer, FS Offerhaus, S. 405 (416).

255 Vgl. Osterloh (Typisierungsspielräume), S. 414.

256 Vgl. BFH v. 28.06.2002 - IX R 68/99, BStBl II 2002, S. 699 (zu Verträgen zwischen nahen Angehörigen, Leitsatz 2: "Weisen ein mit Fremden geschlossener Mietvertrag und ein Mietvertrag mit Angehörigen nach ihrem Inhalt oder in ihrer Durchführung gleichartige Mängel auf, so verliert das zwischen fremden Dritten übliche Vertragsgebaren für die Indizienwürdigung an Gewicht."); Pezzer, DStZ 2002, S. 850 (855).

257 Vgl. Blümich / Menck, § 1 AStG, Rn. 51; Baumhoff in Flick / Wassermeyer / Baumhoff, § 1 AStG, Rn. 356.

258 Vgl. Vögele / Brem (HdV^2), Rn. E 341.

wusste Manipulation zum eigenen Nachteil mit hinreichender Wahrscheinlichkeit auszuschließen ist.

Fraglich ist, ob im Falle eines Konflikts zwischen internem und externem Fremdvergleich dem ersteren Vorrang einzuräumen ist,[259] weil er an der eigenen Beurteilung des Steuerpflichtigen anknüpft und deshalb steuerlich motivierte Einkünfteverlagerungen besser ausschließen könnte. Hiergegen kann eingewandt werden, dass die angestrebte interindividuelle Steuergerechtigkeit einer Beurteilung der Einkünftezurechnung anhand der ggf. atypischen Geschäfte des Steuerpflichtigen entgegen stehen könnte. Der Fremdvergleich zielt jedenfalls nicht grundsätzlich darauf ab, steuerlich motivierte Einkünfteverlagerungen, sondern objektiv nachweisbare Einkünfteverlagerungen auszuschließen.[260] Die Frage des Vorrangs des internen Fremdvergleichs ist allerdings noch nicht endgültig geklärt.[261]

2.4 Voraussetzungen des Fremdvergleichs

2.4.1 Vergleichbarkeit der Verhältnisse

Die Beurteilungsinstanz muss die Vergleichssachverhalte dahingehend untersuchen, ob sich gleiche oder zumindest ähnliche handlungsbestimmende Umstände wie im Ausgangssachverhalt ausgewirkt haben (tatsächlicher Fremdvergleich) oder auswirken (hypothetischer Fremdvergleich). Nur bei hinreichender Vergleichbarkeit der Verhältnisse ist bei fiktiver Selbstständigkeit und Unabhängigkeit der Unternehmensteile eine gleiche Handlungsweise zu vermuten. Der Fremdvergleich verlangt daher nach einer Deutung der als Vergleichssachverhalte dienenden wirtschaftlichen Handlungen durch die Beurteilungsinstanz, indem entsprechende handlungsbestimmende Faktoren, insbesondere entscheidungsbeeinflussende Umweltfaktoren und Unternehmensziele,[262] herausgearbeitet werden. Handlungen selbstständiger unabhängiger Unternehmen, die als Maßstab der Einkünftezurechnung herangezogen werden

---

259 Vgl. etwa Blümich / Menck, § 1 AStG, Rn. 51; Baumhoff in Flick / Wassermeyer / Baumhoff, § 1 AStG, Rn. 357. Auch bei Verträgen zwischen nahen Angehörigen wird dem internen Fremdvergleich häufig Vorrang einräumt, vgl. BFH v. 10.11.1982 - I R 135/80, BStBl II 1983, S. 173 (unter I.2.); BFH v. 27.11.1989 - GrS 1/88, BStBl II 1990, S. 160 (C.III.3.b: in Ausnahmefällen externe Betriebsvergleiche); Osterloh (Typisierungsspielräume), S. 414 f.

260 Vgl. Wassermeyer (Verrechnungspreise), S. 123 (133).

261 Vgl. Wassermeyer (Verrechnungspreise), S. 123 (128 f.).

262 Umweltfaktoren und Unternehmensziele sind elementare Explananda wirtschaftlicher Entscheidungen, vgl. Gäfgen (Theorie), S. 95 ff.; Steinmann / Schreyögg (Management), S. 128 ff.

sollen, müssen unter vergleichbaren Verhältnissen zustande gekommen sein. Ist der Vergleichssachverhalt hingegen durch individuelle, d. h. nicht mit dem Ausgangssachverhalt übereinstimmende Umstände zu erklären, so schließt dies den betreffenden Vergleichssachverhalt aus oder mindert zumindest dessen Erklärungswert.

In der Regel ist die Analyse einer Vielzahl derartiger Umstände ("Vergleichskriterien", "Vergleichsdimensionen") erforderlich.[263] So schlägt die deutsche Finanzverwaltung für die Überprüfung von Verrechnungspreisen in Anlehnung an die OECD-Richtlinien folgende Vergleichsdimensionen vor:[264]

- die Merkmale und Besonderheiten der betreffenden Wirtschaftsgüter (z. B. physische Eigenschaften, Qualität, Art immaterieller Wirtschaftsgüter, Zuverlässigkeit, Verfügbarkeit, Liefermenge) und der Dienstleistungen,
- die ausgeübten Funktionen, übernommenen Risiken sowie die eingesetzten Wirtschaftsgüter,
- die vertraglichen Bedingungen (z. B. Laufzeit von Verträgen, Zahlungsfristen usw.),
- die wirtschaftlichen Umstände im maßgeblichen Markt,
- die Geschäftsstrategie.

Derartige checklistenartige Zusammenstellungen möglicher Vergleichskriterien können allerdings nur eine Hilfestellung für die Vergleichbarkeitsanalyse im Einzelfall bieten. Die erforderliche Anzahl der Vergleichskriterien und ihre Gewichtung können nicht allgemeingültig festgelegt werden, sondern hängen von den Umständen des Einzelfalls, z. B. der gewählten Verrechnungspreismethode ab.[265]

Da die Datenlage über die wirtschaftlichen Umstände der Vergleichssachverhalte häufig beschränkt ist, sind Fremdvergleichsdaten meist nur eingeschränkt auf Vergleichbarkeit überprüfbar.[266] Sind die Informationslücken nur unwesentlich, so ist von einer Ähnlichkeit der Vergleichssachverhalte auszugehen, die grundsätzlich für ausreichend gehalten wird.[267] Dies kommt auch in

---

263 Vgl. Finsterwalder, IStR 2004, S. 763 (764); Bauer (Neuausrichtung), S. 65 ff.

264 Vgl. VWG-Verf. Tz. 3.4.12.7, S. 48; OECD (Guidelines), Tz. 1.19 ff.; siehe auch den Verweis in OECD (Report), Tz. 218 [Part I] auf die OECD-Richtlinien.

265 Vgl. US Treas. Regs. § 1.482-1(c)(2)(ii)(C): "Deficiencies in the data used or assumptions made may have a greater effect on some methods than others..."; VWG-Verf., Tz. 3.4.12.7.c): "...die Beurteilung des Vergleichbarkeitsgrades von Produkten, Dienstleistungen, übernommenen Funktionen und Risiken ist weitgehend eine Frage der Bewertung im Einzelfall."

266 Vgl. VWG-Verf., Tz. 3.4.12.7.c).

267 Es wird überwiegend von einem graduellen Verständnis von Vergleichbarkeit ausgegangen, vgl. OECD (Guidelines), Tz. 1.15 und 1.17; Rehkugler / Vögele, BB 2002, S. 1937 (1939); VWG-Verf., Tz. 3.4.12.7 c).

der Formulierung des Art. 7 Abs. 2 OECD-MA zum Ausdruck, wonach "gleiche oder ähnliche Verhältnisse" vorausgesetzt werden. Insgesamt ist allerdings eine hinreichende Vergleichbarkeit der Vergleichssachverhalte mit dem Ausgangssachverhalt erforderlich.

2.4.2 Unabhängigkeit der Transaktionspartner

Nach dem Fremdvergleichsgrundsatz sollen die zwischen selbstständigen *unabhängigen* Unternehmen getätigten Geschäfte den Maßstab der Einkünftezurechnung bilden. Die bei einer Transaktion zwischen selbstständigen unabhängigen Unternehmen vereinbarten Geschäftsbedingungen gelten als angemessen, da bei diesen wegen der gegensätzlichen Interessenlagen der Transaktionspartner die Wahrscheinlichkeit einer ausschließlich steuerlichen Orientierung gering ist.

Der Begriff der Unabhängigkeit bildet somit ein weiteres Kriterium für die Auswahl von Vergleichsunternehmen und -sachverhalten. Eine Konkretisierung dieses Begriffs durch den Gesetzgeber oder durch Verwaltungsrichtlinien des BMF oder der OECD steht noch aus.[268] Auch das Schrifttum hat diese Frage bislang nur wenig ausführlich behandelt und beschränkt sich meist auf eine wenig konkrete Negativabgrenzung, es solle sich um Unternehmen handeln, die allein durch die Geschäftsbeziehung verbunden seien.[269]

Aus Gründen der Rechtssicherheit erscheint ein Anknüpfen an gefestigte gesellschaftsrechtliche Begriffe empfehlenswert. Deshalb könnte es zweckdienlich sein, von einem Abhängigkeitsverhältnis i. S. v. Art. 7 Abs. 2 OECD-MA zwischen verschiedenen Unternehmen auszugehen, wenn diese verbundene Unternehmen i. S. v. §§ 15-19 AktG sind. Die Festlegung einer bestimmten Definition sollte aber auch nicht zur Folge haben, dass unnötig viele Vergleichsunternehmen aus der Betrachtung ausgeschlossen werden. Der Praktikabilitätsgedanke steht einer unnötigen Einschränkung nutzbarer Informationsressourcen entgegen, da die Anzahl der verfügbaren Vergleichssachverhalte oft begrenzt ist. Dieser Gesichtspunkt könnte dafür sprechen, unter abhängigen Unternehmen im Sinne des Fremdvergleichs lediglich Konzernunternehmen i. S. v. § 18 AktG zu verstehen. Demnach wären z. B. wechselseitig mit bereits mindestens 25% beteiligte Unternehmen (§ 19 AktG) als Ver-

---

[268] Im Übrigen können "abhängige Unternehmen" auch nicht komplementär zu dem in § 1 Abs. 2 AStG enthaltenen Begriff der "nahestehenden Person" definiert werden, vgl. Kumpf (Verrechnungspreise), S. 144; Baumhoff in Flick / Wassermeyer / Baumhoff, § 1 AStG, Rn. 280; Wassermeyer in Flick / Wassermeyer / Baumhoff, § 1 AStG, Rn. 854 f.

[269] Vgl. Kumpf (Verrechnungspreise), S. 144; Baumhoff (Dienstleistungen), S. 91.

gleichsunternehmen noch zulässig, sofern diese keinen Konzern bilden. Dies setzt allerdings die Annahme voraus, dass sich bei diesen Unternehmen ein Nahestehensverhältnis auf die Höhe der Einkünfte nicht in schädlicher Weise auswirkt.

Eine Gleichsetzung "abhängiger Unternehmen" im Sinne des Fremdvergleichs mit Konzernunternehmen (§ 18 AktG) würde es überdies ermöglichen, die Konzernvermutung (§ 18 Abs. 1 S. 3 AktG) für die Auswahl von Vergleichssachverhalten zu nutzen. Von einer Abhängigkeit von Unternehmen wäre demnach auszugehen, wenn durch eine gesicherte, beständige Einflussgrundlage bereits eine *potenziell* einheitliche Willensbildung zweier Unternehmen geschaffen wird.[270] Auf den direkten Nachweis *tatsächlicher* Einflussnahmen würde somit verzichtet und insoweit der Grundsatz der Verfahrenspraktikabilität berücksichtigt.[271]

2.5 Verfahrensrechtliche Einordnung des Fremdvergleichs

2.5.1 Beweismaß

Der Fremdvergleich führt regelmäßig zu einer indizienbasierten Vermutung über das hypothetische Entscheidungsverhalten von Betriebsstätte und Stammhaus bei gedachter Selbstständigkeit und Unabhängigkeit.[272] Dies ist grundsätzlich zulässig, da allgemein anerkannt ist, dass im Besteuerungsverfahren der Wahrscheinlichkeitsmaßstab der Sachverhaltsfeststellung unter das Regelbeweismaß der vollen Überzeugung[273] abgesenkt werden muss, wenn die Feststellung von Tatbestandsmerkmalen mit einer strukturellen Beweisnot belastet ist. Eine mögliche gesetzliche Grundlage der Beweismaßsenkung liegt

---

270 Vgl. Hüffer, § 17 AktG, Rn. 6 f.; Emmerich / Sonnenschein / Habersack (Konzernrecht), S. 47; Koppensteiner in Kölner Komm., § 17 AktG, Rn. 19 ("in der Lage sein").

271 Zu den Voraussetzungen einer Widerlegung der Konzernvermutung vgl. Schmidt (Gesellschaftsrecht), § 31 II, S. 946 f.; Hüffer, § 17 AktG, Rn. 19 ff.; Emmerich / Sonnenschein / Habersack (Konzernrecht), S. 55 f.

272 Vgl. Wassermeyer, DB 2001, S. 2465 (2467); Wolff-Diepenbrock, FS Beisse, S. 581 (587 ff.).

273 In der Frage des Beweismaßes lehnt sich das Steuerrecht an den zivilverfahrensrechtlichen Grundsatz an, nach dem die volle Überzeugung der beurteilenden Person von der fraglichen Tatsache erforderlich ist und keine vernünftigen Zweifel an der Tatbestandsverwirklichung zurückbleiben dürfen, vgl. Söhn in Hübschmann / Hepp / Spitaler, § 88 AO, Rn. 222 ff.; Helsper in Koch, § 88 AO, Rn. 7; Meyer (Beweislastprobleme), S. 2. Grundsätzlich verlangen die Grundsätze der Gesetzes- und Tatbestandsmäßigkeit nach der Erforschung der materiellen Wahrheit, so dass keine Zweifel an den steuererheblichen Tatsachen bestehen dürfen, vgl. Söhn in Hübschmann / Hepp / Spitaler, § 88 AO, Rn. 73.

in § 162 Abs. 1 AO,[274] wonach Besteuerungsgrundlagen bei fehlender Ermittlungsmöglichkeit geschätzt, also aufgrund von Wahrscheinlichkeitsüberlegungen festgestellt werden dürfen. Damit wird die Ermittlungspflicht der Finanzbehörde (§ 88 Abs. 1 S. 1 AO) nicht aufgehoben, sondern nur eine Beweismaßabstufung vorgenommen,[275] um den "Möglichkeiten und Notwendigkeiten eines rechtsstaatlichen Ermittlungsverfahrens"[276] Rechnung zu tragen.[277] Insbesondere bei der Feststellung innerer Tatsachen (z. B. Gewinnerzielungs-, Abbruchabsicht) oder eines möglichen Geschehens im Rahmen eines fiktiven Sachverhalts (z. B. Teilwertbegriff) treten regelmäßig Beweisschwierigkeiten auf.[278] Da auch der Fremdvergleich an ein hypothetisches Geschehen an-

---

274 So behandelt der BFH die Einkünftezurechnung im Einheitsunternehmen als einen Fall der Schätzung gemäß § 162 Abs. 1 AO, bzw. nach § 162 Abs. 2 AO, sofern der Steuerpflichtige seine Mitwirkungspflichten nicht erfüllt, vgl. BFH v. 18.12.2002 - I R 92/01, BFH/NV 2003, S. 964 (Gründe Nr. 2 e bzw. d). Die h. M. betrachtet dagegen § 162 AO als für die Beweisnot im Einzelfall konzipierte Norm. Die Ermächtigung zur Beweismaßsenkung bei sachtypischen Rechtsanwendungsproblemen soll bereits in der entsprechenden Norm selbst liegen, vgl. Osterloh (Typisierungsspielräume), S. 252 ff. und S. 324; Gombert (Schätzung), S. 74; Trzaskalik in Hübschmann / Hepp / Spitaler, § 162 AO, Rn. 10; Seer (Verständigungen), S. 196 ff.; ders. in Tipke / Kruse, § 162 AO, Rn. 12.

275 Vgl. Osterloh (Typisierungsspielräume), S. 324; Vogel, FS Thieme, S. 605 (612); Fischer, DStZ 1997, S. 357 (360); Heuermann, DStZ 2004, S. 9 (10); Schmidt (Beweislast), S. 335.

276 Osterloh (Typisierungsspielräume), S. 322.

277 Bei der Sachverhaltsfeststellung sind Ermittlungsaufwand und "Erheblichkeit" der zu ermittelnden Tatsachen gegeneinander abzuwägen. Deshalb erreichen die erforderlichen Recherchen dort eine Grenze, wo ein angemessenes Kosten-Nutzen-Verhältnis überschritten wird, vgl. Söhn in Hübschmann / Hepp / Spitaler, § 88 AO, Rn. 165 ff.; Osterloh (Typisierungsspielräume), S. 322; Schmidt (Beweislast), S. 332; Weber-Grellet, FS Posser, S. 395 (399). Das BVerfG bezeichnet es als "berechtigte Überlegung", dass die Kosten der Beweiserhebung nicht teurer sein sollen als der erhobene Steuerbetrag selbst. Die Schätzungsbefugnisse der Finanzverwaltung (§ 162 AO) sind verfassungsrechtlich grundsätzlich nicht zu beanstanden, vgl. BVerfG v. 31.05.1988 - 1 BvR 520/83, BVerfGE 78, S. 214 (219).

278 Vgl. Seeliger (Beweislast), S. 54: besondere Bedeutung des Indizienbeweises beim Beweis innerer (subjektiver) Tatbestandsmerkmale; Hey (Beweislast), S. 35 f.: sachtypischer Beweisnotstand besonders beim Beweis innerer Tatsachen. Vgl. auch die BFH-Rechtsprechung zum Veranlassungsprinzip: Erfahrungsgemäß ist die fehlende Üblichkeit, Zweckmäßigkeit oder Notwendigkeit von Aufwendungen ein *Anzeichen* für außerbetriebliche Erwägungen (innere Tatsache), vgl. BFH v. 11.10.1973 - VIII R 187/71, BStBl II 1974, S. 200; BFH v. 28.10.1976 - IV R 35/76, BStBl II 1977, S. 238; BFH v. 04.03.1986 - VIII R 188/84, BStBl II 1986, S. 373; BFH v. 27.11.1989 - GrS 1/88, BStBl II 1990, S. 160 (C.III.2). Auch nach dem Bundesverfassungsgericht äußerlich erkennbare Indizien beim Nachweis der betrieblichen Veranlassung zulässig, vgl. BVerfG v. 07.11.1995 - 2 BvR 802/90, BStBl II 1996, S. 34 (B.I.1).

knüpft, ist eine Absenkung des Beweismaßes und somit ein Indizienbeweis der betreffenden Tatbestandsmerkmale gerechtfertigt.

Der Grundsatz der Gesetzes- und Tatbestandsmäßigkeit verlangt aber, dass die Beurteilung der Einkünftezurechnung auf einer hinreichend hohen Wahrscheinlichkeitsstufe erfolgt. Deshalb ist ein angemessener Vergleichbarkeitsgrad der Vergleichssachverhalte und – im Rahmen des tatsächlichen Fremdvergleichs – eine ausreichende Anzahl[279] von Vergleichssachverhalten erforderlich. Außerdem darf wegen der grundsätzlichen Ermittlungspflicht der Finanzbehörde eine vereinfachte Sachverhaltsfeststellung erst vorgenommen werden, wenn alle möglichen und verhältnismäßigen Ermittlungsmaßnahmen ausgeschöpft sind.[280] Eine unbegründete Beweismaßreduktion würde den Steuerpflichtigen einer Verdachtsbesteuerung unterwerfen und den Grundsatz der Tatbestandsmäßigkeit der Besteuerung verletzen.

Korrelat der Beweismaßreduktion sind auch tiefer gestufte Anforderungen an eine Widerlegung der durch die Finanzbehörde aufgestellten Vermutungen über fremdübliches Verhalten. Die aus Ermittlungen der Finanzbehörde abgeleiteten Vermutungssätze über fremdübliches Verhalten sind deshalb spätestens dann widerlegt, wenn Ermittlungsergebnisse des Steuerpflichtigen diese entkräften oder zu einem wahrscheinlicheren Ergebnis führen. Überzogene Anforderungen an eine Widerlegung der Vermutungen über fremdübliches Verhalten durch die Finanzbehörden würden nicht zuletzt den Grundsatz des fairen Verfahrens verletzen, der vom Bundesverfassungsgericht im Straf- und Zivilrecht formuliert wurde[281] und dessen Anwendung auch im Steuerrecht befürwortet wird.[282]

---

279 Nach Schreiber hat der BFH in der mündlichen Verhandlung zum Grundsatzurteil zu Verrechnungspreisen (BFH v. 17.10.2001 - I R 103/00, BStBl II 2004, S. 1071) eine Anzahl von ca. 12 Vergleichsdaten genannt, vgl. Schreiber, Stbg 2003, S. 474 (484). Allerdings sind derartige starre Vorgaben kaum sinnvoll, da es bei der Frage der Anzahl der Vergleichswerte vielmehr auf den Einzelfall ankommen sollte. Insbesondere ist es denkbar, eine höhere (geringere) Vergleichbarkeit der Vergleichssachverhalte durch eine geringere (höhere) Anzahl von Vergleichswerten auszugleichen, vgl. hierzu Kapitel IV, Abschn. 1.2.2 und 1.3.

280 Vgl. Gombert (Schätzung), S. 134; Schmidt (Beweislast), S. 322.

281 Vgl. BVerfG v. 25.07.1979 - 2 BvR 878/74, BVerfGE 52, S. 130 (145); weitere Verweise bei Schmidt (Beweislast), S. 211.

282 Vgl. Osterloh (Typisierungsspielräume), S. 219 und 315 FN 191; Eckhoff (Rechtsanwendungsgleichheit), S. 278; Schmidt (Beweislast), S. 211; Hill (Verfahren), S. 203 f.

2.5.2 *Beweislast*

Grundsätzlich können dem Steuerpflichtigen Beweislasten (auch: Feststellungslasten) hinsichtlich der Tatsachen auferlegt werden, die der Einkünftezurechnung zugrunde liegen. Insbesondere kann dies Tatsachen betreffen, die die Zuordnung bestimmter positiver Einkünfte(elemente) zu einem ausländischen Unternehmensteil bzw. negativer Einkünfte(elemente) zu einem inländischen Unternehmensteil[283] begründen. Dies entspräche der vom BFH aus dem Zivilrecht übernommenen Normenbegünstigungstheorie,[284] wonach die Beweislast für steuerbegründende und -erhöhende Tatbestandsmerkmale bei der Finanzbehörde und für steuermindernde und -aufhebende Umstände beim Steuerpflichtigen liegt. Bei der Frage, ob die Einkünftezurechnung dem Fremdvergleichsgrundsatz entspricht, dürfen dem Steuerpflichtigen angesichts der Unbestimmtheit des Fremdvergleichs allerdings keine unzumutbaren Beweislasten auferlegt werden. Missverständlich ist daher *Hruschkas* uneingeschränkte Behauptung,[285] die Beweislast für die Höhe ausländischer Betriebsstätteneinkünfte läge bei dem Steuerpflichtigen. Zwar bewirken die Methoden zur Vermeidung von Doppelbesteuerung bei ausländischen Betriebsstätteneinkünften (§ 34c EStG) eine Steuerermäßigung, woraus nach der Normenbegünstigungstheorie eine Beweislast des Steuerpflichtigen folgt. Allerdings ist die Auferlegung von Beweislasten grundsätzlich für jedes einzelne Sachverhaltselement gesondert zu beurteilen, was eine differenzierte Betrachtung erfordert.[286] Wie die Beweisnähelehre betont, sind Zumutbarkeitsaspekte bei der Zuteilung von Beweislasten zu beachten.[287] Soweit es um leicht zu erbringende Nachweise geht, z. B. bei Nachweisen für die Zurechnung von Aufwen-

283 Vgl. BFH v. 20.03.2002 - II R 84/99, BFH/NV 2002, S. 1017.

284 Vgl. BFH v. 07.07.1983 - VII R 43/80, BStBl II 1983, S. 760; Helsper in Koch, § 88 AO, Rn. 14; Tipke in Tipke / Kruse, § 88 AO, Rn. 32; Söhn in Hübschmann / Hepp / Spitaler, § 88 AO, Rn. 357; Schmidt (Beweislast), S. 220.

285 Vgl. Hruschka, IStR 2002, S. 753 (754).

286 Vgl. Ritter (Beweislast), S. 91 (97).

287 Nach der Beweisnähelehre richtet sich die Beweislast danach, wessen Einfluss- oder Wissensbereich die nachzuweisenden Tatsachen zuzurechnen sind, vgl. BFH v. 07.07.1983 - VII R 43/80, BStBl II 1983, S. 760, BFH v. 03.11.2005 - VIII B 12/05, BFH/NV 2006, S. 250; Seer in Tipke / Kruse, § 162 AO, Rn. 8; Schmidt (Beweislast), S. 209 ff. Zweifel an der alleinigen Maßgeblichkeit der – im Zivilrecht entwickelten – Normenbegünstigungstheorie ergeben sich auch daraus, dass das Nichtvorliegen rechtshindernder Merkmale in eine Voraussetzung für eine Rechtsbegründung umgedeutet werden kann. Im Steuerrecht kann die Begünstigung des Steuerpflichtigen deshalb allenfalls darin bestehen, sich gegen einen durch die Finanzbehörde behaupteten Steueranspruch zu wehren, da die Entrichtung von Steuern den Steuerpflichtigen prinzipiell benachteiligt, vgl. Seeliger (Beweislast), S. 44 ff.; Osterloh (Typisierungsspielräume), S. 270; Meyer (Beweislastprobleme), S. 32; Schmidt (Beweislast), S. 212.

dungen dem Grunde nach (z. B. die Verwendung extern bezogener Leistungen in einer inländischen Betriebsstätte), dürfte unter dem Gesichtspunkt der Zumutbarkeit tendenziell die Beweislast beim Steuerpflichtigen liegen. Hingegen kann der Steuerpflichtige aufgrund der Unbestimmtheit des Fremdvergleichs regelmäßig nicht zweifelsfrei beweisen, ob z. B. unternehmensinterne Leistungen zutreffend bewertet sind oder Kostenaufteilungen der Höhe nach angemessen sind. Bei diesen schwierigeren Einkünftezurechnungsfragen kann deshalb dem Steuerpflichtigen nicht vollumfänglich die Beweislast aufgebürdet werden, sofern er die ihm zulässigerweise auferlegten Mitwirkungspflichten erfüllt hat.

2.5.3 Mitwirkungspflichten

Eng verbunden mit der Frage der Beweislast sind Mitwirkungspflichten. Die allgemeine Mitwirkungspflicht des § 90 Abs. 1 AO beinhaltet die Offenlegung steuererheblicher Tatsachen gegenüber der Finanzbehörde.[288] Mitwirkungsbeiträge umfassen insbesondere die Erteilung von Auskünften und die Vorlage von Dokumenten (§§ 93, 97 AO). Bei Vorgängen mit Auslandsbezug ist der Steuerpflichtige durch § 90 Abs. 2 AO zu einer umfassenden Aufklärungs- und Beweismittelvorsorge verpflichtet.[289]

Der Steuerpflichtige kann durch sein Mitwirkungsverhalten im Besteuerungsverfahren das Ergebnis der finanzbehördlichen Überprüfung der Einkünftezurechnung beeinflussen. Verursacht er durch die Nichterfüllung von Mitwirkungspflichten Beweisschwierigkeiten, so kann dies nach allgemeinen Grundsätzen eine Minderung der Ermittlungspflichten der Finanzbehörden auslösen[290] und zu einer Feststellung auf einer geringeren Wahrscheinlichkeitsstufe führen. Die Wirkung dieser Feststellung entspricht faktisch einer Beweislastumkehr. Bei einer groben Verletzung der Mitwirkungspflicht kann sich die Finanzbehörde sogar an der für den Steuerpflichtigen ungünstigen

---

288 Vgl. Söhn in Hübschmann / Hepp / Spitaler, § 90 AO, Rn. 18.

289 Vgl. Schmidt (Beweislast), S. 145; Söhn in Hübschmann / Hepp / Spitaler, § 90 AO, Rn. 166 u. 178.

290 Allerdings mindert sich die Ermittlungspflicht nicht zwangsläufig in dem Maße, wie der Beteiligte weniger mitwirkt, vgl. Söhn in Hübschmann / Hepp / Spitaler, § 90 AO, Rn. 29; BFH v. 17.10.2001 - I R 103/00, BStBl II 2004, S. 1071 (Gründe Nr. II.A.2.d.bb). Die Verletzung der Mitwirkungspflicht ermöglicht also nicht automatisch eine Beweislastumkehr.

Grenze des Schätzungsrahmens orientieren.[291] Allerdings muss die Schätzung zu einem möglichen Schätzungsergebnis führen. Eine überzogene Schätzung, die als reines Zwangsmittel zur Beibringung von Tatsachen eingesetzt wird, ist hingegen rechtswidrig.[292]

Diese Grundsätze sind auch in § 90 Abs. 3 i. V. m. § 162 Abs. 3 AO umgesetzt worden. § 90 Abs. 3 AO regelt eine spezifische Aufzeichnungspflicht für Zwecke der Gewinnabgrenzung im Konzern bzw. der Einkünftezurechnung im Einheitsunternehmen. Die Aufzeichnungspflicht erstreckt sich auf Art und Inhalt von Geschäftsbeziehungen mit nahe stehenden Personen im Sinne des § 1 Abs. 2 AStG und findet entsprechende Anwendung auf die Einkünftezurechnung im Einheitsunternehmen (§ 90 Abs. 3 S. 4 AO). Sie wird durch die sog. Gewinnabgrenzungsaufzeichnungsverordnung konkretisiert.[293] Die Aufzeichnungen müssen eine Darstellung der für die Einkünftezurechnung relevanten, realisierten Sachverhalte (Sachverhaltsdokumentation) und eine Angemessenheitsbeurteilung der (fiktiven) Leistungsentgelte oder Kostenaufteilungen (Angemessenheitsdokumentation) beinhalten. Im Rahmen der Sachverhaltsdokumentation sind etwa die Organisationsstruktur, Tätigkeitsberei-

---

291 Vgl. BFH v. 09.03.1967 - IV 184/63, BStBl III 1967, S. 349: bei *groben* Verstößen besteht eine Pflicht zur Schätzung des ungünstigsten, aber noch möglichen Sachverhalts; Trzaskalik in Hübschmann / Hepp / Spitaler, § 162 AO, Rn. 39: insbesondere wenn Anhaltspunkte für die Verheimlichung von Einkünften bestehen; Seer in Tipke / Kruse, § 162 AO, Rn. 45; BFH v. 13.01.1961 - VI 129/60 U, BStBl III 1961, S. 144: bei *fehlender Mitwirkung* darf von ungünstigem aber möglichen Sachverhalt ausgegangen werden; BFH v. 20.12.2000 - I R 50/00, BStBl II 2001, S. 381: "Wird die Schätzung erforderlich, weil der Steuerpflichtige (...) seiner *Erklärungspflicht nicht genügt,* kann sich das FA an der oberen Grenze des Schätzungsrahmens orientieren, weil der Steuerpflichtige möglicherweise Einkünfte verheimlichen will." (Hervorh. d. Verf.) Ähnlich BFH v. 29.03.2001 - IV R 67/99, BStBl II 2001, S. 484; FG Saarbrücken v. 21.01.2004 - 1 K 144/03, EFG 2004, S. 699; VWG-Verf., Tz. 4.5; Gombert (Schätzung), S. 94: Orientierung am ungünstigsten Wert des Schätzungsrahmens bei *pflichtwidrigem* Verhalten des Steuerpflichtigen (Hervorh. d. Verf.). A. A. noch BFH v. 31.08.1967 - V 241/64, BStBl III 1967, S. 686: wegen des Grundsatzes der freien Beweiswürdigung müsse auch bei schuldhafter Verletzung der Mitwirkungspflicht der Sachverhalt unterstellt werden, für den die größtmögliche Wahrscheinlichkeit spricht. Die Voraussetzungen für eine Schätzung zuungunsten des Steuerpflichtigen offen lassend BFH v. 17.10.2001 - I R 103/00, BStBl II 2004, S. 1071: "*Vorbehaltlich einer anderen Beweisrisikoverteilung* (Hervorh. d. Verf.) muss sich eine Schätzung an dem für den Steuerpflichtigen günstigeren Ober- oder Unterwert der Bandbreite von Fremdvergleichspreisen orientieren." (Gründe Nr. II.A.2.d.ff).

292 Vgl. BFH v. 20.12.2000 - I R 50/00, BStBl II 2001, S. 381; Gombert (Schätzung), S. 95.

293 Verordnung zu Art, Inhalt und Umfang von Aufzeichnungen im Sinne des § 90 Abs. 3 der Abgabenordnung (Gewinnabgrenzungsaufzeichnungsverordnung – GAufzV) vom 13.11.2003, BGBl I 2003, S. 2296.

che, Geschäftsstrategien sowie Funktions- und Risikoverteilungen darzustellen. Die Angemessenheitsdokumentation erstreckt sich u. a. auf eine Begründung für die Auswahl einer bestimmten Verrechnungspreismethode, auf die Aufbereitung von Vergleichsdaten und auf Berechnungen im Rahmen der Anwendung einer Verrechnungspreismethode.[294] Der Inhalt der Dokumentationspflicht in Betriebsstättenfällen bezieht sich nach § 7 S. 1 GAufzV auf Innentransaktionen, soweit aufgrund der Überführung von Wirtschaftsgütern oder der Erbringung von Dienstleistungen ein Gewinn anzusetzen ist oder Aufwendungen aufzuteilen sind.[295] Darüber hinaus gehende Dokumentationspflichten, etwa bezüglich der Zurechnung von Wirtschaftsgütern zu Betriebsstätten, der Höhe des Dotationskapitals oder der Zuordnung von Aufwendungen und Erträgen, die durch einen Unternehmensteil allein veranlasst sind, lassen sich aus § 90 Abs. 3 AO nicht ableiten. Art und Inhalt der Mitwirkungsbeiträge richten sich nach den Umständen des Einzelfalls.[296] Sie müssen insbesondere den Grundsätzen der Verhältnismäßigkeit und der Zumutbarkeit entsprechen.[297] Deshalb kann eine finanziell unzumutbare Beschaffung von Nachweisen über das Verhalten selbstständiger unabhängiger Unternehmen durch den Steuerpflichtigen nicht verlangt werden. Beim Steuerpflichtigen vorhandene und aus freien Quellen mit zumutbarem Aufwand beschaffbare Vergleichsdaten sind aufzuzeichnen.[298]

---

[294] Im Einzelnen vgl. § 4 GAufzV.

[295] Wassermeyer hält die entsprechende Anwendung der Aufzeichnungspflichten auf Betriebsstättenfälle für zu unbestimmt und lehnt deshalb eine Dokumentation der Innentransaktionen ab, vgl. Wassermeyer in Flick / Wassermeyer / Baumhoff, § 1 AStG, Rn. 823.35; ders., DB 2003, S. 1535 (1539): die Vorschrift drohe ins Leere zu laufen. Die h. M. geht dagegen offenbar von der Rechtmäßigkeit der Dokumentationspflichten aus, vgl. Kaminski / Strunk, RIW 2003, S. 561 (569); Eigelshoven / Kratzer, IStR 2004, S. 30 (36); Baumhoff / Ditz / Greinert, DStR 2004, S. 157 (162 f.); Hagen, StBp 2005, S. 33 (37). Vgl. auch die Begründung zu § 7 GAufzV, BRDrs. 583/03, wonach "für Vorgänge, die im einheitlichen Unternehmen steuerlich wie Geschäftsvorfälle zu Fremdpreisen zu verrechnen sind, Aufzeichnungen wie für Geschäftsvorfälle zwischen Nahestehenden zu erstellen" seien.

[296] Vgl. § 2 Abs. 2 S. 1 GAufzV.

[297] Vgl. Schröder, StBp 1978, S. 169 (181); Tipke (Betriebsprüfung), S. 99 ff.; Seer in Tipke / Kruse, § 90 AO, Rn. 13; Söhn in Hübschmann / Hepp / Spitaler, § 90 AO, Rn. 92 ff. und 96 ff.; Osterloh (Typisierungsspielräume), S. 326; Hey (Beweislast), S. 143 f.

[298] Vgl. § 1 Abs. 3 S. 2 GAufzV. Eine generelle Pflicht zur Beschaffung von Vergleichsdaten würde die Beweislast zu Lasten des Steuerpflichtigen umkehren. Dies war vom Gesetzgeber nicht bezweckt, so ausdrücklich die Begründung zur GAufzV in BRDrs. 583/03, S. 7. Auch die Gesetzesbegründung zu § 90 Abs. 3 AO bringt diesen Aspekt zum Ausdruck. Die Formulierung, die Steuerpflichtigen seien "gehalten (Hervorh. d. Verf.), schriftliche Unterlagen über Vergleichsdaten und andere Grundlagen

Entsprechend der eingangs erläuterten Grundsätze kann auch ein Verstoß gegen Mitwirkungspflichten i. S. v. § 90 Abs. 3 AO zu einer Erhöhung der inländischen Einkünfte führen. Verstößt der Steuerpflichtige gegen die Mitwirkungspflicht, indem er die Aufzeichnungen auf Anforderung der Finanzbehörde nicht vorlegt oder indem er im Wesentlichen unverwertbare Aufzeichnungen vorlegt, so wird widerlegbar vermutet, dass die im Inland steuerpflichtigen Einkünfte höher sind als die vom Steuerpflichtigen erklärten Einkünfte (§ 162 Abs. 3 S. 1 AO). Ein bestehender Schätzungsrahmen kann von der Finanzbehörde ausgefüllt werden, indem die inländischen Einkünfte bis zum oberen Rand der Schätzbandbreite erhöht werden (§ 162 Abs. 3 S. 2 AO).[299]

Darüber hinaus kann nach der Regelung des § 162 Abs. 3 S. 3 AO ein bestehender Schätzungsrahmen auch dann zu Lasten des Steuerpflichtigen ausgefüllt werden, wenn Anhaltspunkte dafür bestehen, dass die aufgrund der Aufzeichnungen erklärten Einkünfte geringer sind als die fremdvergleichskonformen Einkünfte und diese Zweifel daraus resultieren, dass eine ausländische nahe stehende Person ihre Mitwirkungspflichten nach § 90 Abs. 2 AO oder ihre Auskunftspflichten nach § 93 Abs. 1 AO nicht erfüllt. Die Erhöhung der inländischen Einkünfte ist hierbei nicht an eine mangelhafte Mitwirkung des Steuerpflichtigen geknüpft. Sie erfolgt vielmehr unabhängig davon, ob den Steuerpflichtigen ein Verschulden trifft und ob er auf die ausländische nahe stehende Person Einfluss nehmen kann.

2.6 Grenzen der Objektivierungswirkung des Fremdvergleichs bei ausgewählten Zurechnungsproblemen

Aufgrund der rechtlichen Unselbstständigkeit von Stammhaus und Betriebsstätte erfüllt der Fremdvergleichsgrundsatz die ihm zugedachte Objektivierungsfunktion nur in unzureichender Weise. Es ist daher unumgänglich, dass die Einkünftezurechnung im Einheitsunternehmen mehr als bei der Gewinnabgrenzung zwischen verbundenen Unternehmen auf außerhalb des Fremdvergleichs liegende Wertungen zurückgreift, um die jeweiligen "Objektivie-

zur Verfügung zu stellen, die zur Beurteilung der Angemessenheit der ... Verrechnungspreise erforderlich sind" (vgl. BTDrs. 15/119) lässt erkennen, dass der Gesetzgeber keine strikte Beweislastumkehr zuungunsten des Steuerpflichtigen einführen wollte. Insbesondere datenbankgestützte Recherchen nach Vergleichsunternehmen gelten als finanziell aufwendig und müssen daher nicht generell durchgeführt und dokumentiert werden, vgl. Bauer / Taetzner, BB 2004, S. 2267 (2269); Schreiber, IWB Nr. 3 v. 09.02.2005, Fach 3, Gruppe 1, S. 2105 (2109).

299 Darüber hinaus können Zuschläge nach § 162 Abs. 4 AO anfallen.

rungslücken" zweckgerecht zu schließen. Dies soll nachfolgend an ausgewählten Zurechnungsproblemen erläutert werden.

2.6.1 Leistungsverkehr

Eine mangelnde Eignung des Fremdvergleichsgrundsatzes als Objektivierungsmaßstab der Einkünftezurechnung entsteht zum einen, weil der Vergleichssachverhalt "Gewinne selbstständiger unabhängiger Unternehmen" Einkünfteelemente umfasst, die auf der Abbildung von Ansprüchen und Verpflichtungen beruhen. Wegen der fehlenden rechtlichen Selbstständigkeit der Unternehmensteile können im Einheitsunternehmen periodische Verschiebungen der Erfolgsrealisation eintreten, so dass die Summe aus Stammhaus- und Betriebsstättengewinn in einer Periode nicht notwendigerweise der Summe der Gewinne vergleichbarer selbstständiger unabhängiger Unternehmen entspricht.[300] Der Entstrickungsgrundsatz, nach dem bei bestimmten unternehmensinternen Leistungen eine sofortige Erfolgsrealisation eintritt, mag dieses Problem zwar für viele Leistungen lösen. Grundsätzlich ist aber außerhalb seines Anwendungsbereiches weiterhin eine aufgeschobene Erfolgsrealisation erforderlich. In diesen Fällen ist ein *zeitliches Zurechnungsproblem* zu lösen, da entschieden werden muss, wann eine unternehmensinterne Leistung zu einer Gewinnrealisation geführt hat. Oft ist eine Festlegung notwendig, wie die maßgeblichen Außenleistungen bzw. Außenerträge zu bestimmen sind, aus denen die Innenleistung alimentiert wird. Aus Vereinbarungen zwischen fremden Dritten lassen sich diesbezüglich keine geeigneten Wertungen gewinnen.

Dem Verhalten selbstständiger unabhängiger Unternehmen kann auch nicht entnommen werden, *ob und in welchem Maß* der auf eine unternehmensinterne Leistung eines Unternehmensteils entfallende Gewinn davon abhängig sein soll, ob eine ursprünglich erhoffte Gewinnrealisation auf Ebene des Gesamtunternehmens eintritt. Wird die Einkünftezurechnung im Einheitsunternehmen als Aufteilung tatsächlich realisierter Aufwendungen und Erträge begriffen, so ist es konsequent, dass sich Gewinneinbußen auf Gesamtunternehmensebene auch auf die Höhe der Gewinne auswirken, die auf unternehmensinterne Leistungen entfallen. Dies entspricht dem Charakter des Einheitsunternehmens als Schicksalsgemeinschaft der einzelnen Unternehmensteile. Recht-

---

300 Zur aufgeschobenen Gewinnrealisation vgl. Société des Nations, Dok. Nr. C.425(b).M. 217(b).1933.II.A., S. 193, Rn. 624; Bopp, DStZ/A 1974, S. 91 (96 ff.); Schröder, StBp 1978, S. 169 (174 ff.); Lüdicke, StbKongrRep 1994, S. 217 (239); Weber / Werra, FS Ritter, S. 285 (294); Kroppen, IStR 2005, S. 74 (74 f.); Wassermeyer, SWI 2006, S. 254 (257).

lich selbstständige Unternehmen sind hingegen eigenständige Träger von Risiken und Chancen, so dass ein vergleichbares Aufteilungsproblem nicht gelöst werden muss.

Hiermit eng verbunden ist schließlich die Frage, *auf welche Weise* einer Betriebsstätte, die gegenüber einer anderen Betriebsstätte eine Dienstleistung erbringt, fremdübliche *Einkünfte zugerechnet werden sollen*. Auch hier kann aus dem Fremdvergleich keine Aussage abgeleitet werden.

Beispiel: Die ausländische Betriebsstätte eines inländischen Beratungsunternehmens erbringt Beratungsleistungen gegenüber dem inländischen Stammhaus. Die Leistungen sind für die Abwicklung eines Beratungsauftrags notwendig, den das inländische Stammhaus erhalten hat und für den es selbst auch tätig wird. Für die Teilleistungen der in der Betriebsstätte tätigen Berater fallen Kosten in Höhe von 80 GE an. Der Fremdvergleichspreis dieser unternehmensinternen Leistungen beträgt 120 GE.

Die unternehmensintern leistende Betriebsstätte könnte an den Erträgen des leistungsempfangenden Unternehmensteils (hier: inländisches Stammhaus) in Höhe des Fremdvergleichspreises (120 GE) beteiligt werden. Alternativ könnte sie den für die Leistungserstellung angefallenen eigenen Aufwand (80 GE) auf das leistungsempfangende Stammhaus umlegen und eine entsprechend geringere Beteiligung an den Erträgen (40 GE) erhalten. Der Höhe nach entspricht die Ertragsbeteiligung hierbei dem fremdüblichen Gewinn, d. h. der Differenz von Fremdvergleichspreis und Herstellungsaufwand.[301] Beide Verrechnungstechniken führen zur gewünschten fremdüblichen Zuteilung eines Gewinns zur leistungserbringenden Betriebsstätte. Dem Fremdvergleichsgrundsatz kann diesbezüglich keine Anforderung an die Einkünftezurechnung im Einheitsunternehmen entnommen werden. Die praktische Bedeutung dieser Frage zeigt sich dort, wo die Erträge des Gesamtunternehmens nicht in erwarteter Höhe anfallen:

Erweiterung des Beispiels: Das Beratungsunternehmen kann aufgrund eines Verschuldens des Stammhauses für die Gesamtleistung beider Unternehmensteile nur eine Rechnung in Höhe von 50 GE stellen.

Soll in diesem Fall wegen des Verschuldens des Stammhauses möglichst der Betriebsstätte weiterhin der volle fremdübliche Gewinn zugerechnet werden, ist dies nur möglich, wenn für ihre Leistung eine Aufwandsumlage (80 GE) und eine Ertragsbeteiligung in Höhe des Gewinnelements vorgenommen wird

---

301 Diese Methode wird vorgeschlagen bei Lechner (Gewinnaufteilung), S. 126 und S. 153. Wohl auch Flick / Wassermeyer / Baumhoff, § 34d EStG, Rn. 60; Lüdicke in Lademann / Söffing, § 49 EStG, Rn. 332. Bei manchen Dienstleistungen wird allerdings eine reine Aufwandsaufteilung nach der sog. eingeschränkten Selbstständigkeitsfiktion zugrunde gelegt, vgl. hierzu Kapitel II, Abschn. 3.3.

(40 GE). Da ein Ertrag von 50 GE realisiert wurde, kann der ausländischen Betriebsstätte planmäßig ein Ertrag von 40 GE zugerechnet werden. Trägt hingegen die leistungserbringende Betriebsstätte ihre Aufwendungen selbst, muss das leistungsempfangende Stammhaus Erträge in Höhe des Fremdvergleichspreises der unternehmensinternen Leistung (hier: 120 GE) erzielen, damit der Betriebsstätte der ihr zustehende Gewinn zugerechnet werden kann.

Im Ergebnis bleibt festzuhalten, dass bei der Abrechnung des Leistungsverkehrs zur Konkretisierung des Veranlassungsprinzips neben dem Fremdvergleich weitere Konventionen erforderlich sein können. Vorschläge zur Ausfüllung der vorstehend beschriebenen Objektivierungslücken im Bereich des unternehmensinternen Leistungsverkehrs sollen an späterer Stelle ausführlicher dargelegt werden.[302]

2.6.2 Zurechnung von Währungserfolgen

2.6.2.1 Umrechnungsproblematik und -methoden

Besonders fraglich ist die Funktion des Fremdvergleichs bei der Zurechnung von Erfolgen aus der Währungsumrechnung der Geschäftsvorfälle einer ausländischen Betriebsstätte. Die Notwendigkeit einer Währungsumrechnung besteht unabhängig davon, ob die Bücher der ausländischen Betriebsstätte in Fremdwährung geführt und dann umgerechnet werden oder ob das Stammhaus eine Gesamtunternehmensbuchführung unterhält, in der die Geschäftsvorfälle der Betriebsstätte bereits in Stammhauswährung erfasst werden.[303] Nach der BFH-Rechtsprechung ist die Währungsumrechnung mangels spezieller gesetzlicher Regelungen allein an den Grundsätzen ordnungsmäßiger Buchführung (GoB) zu messen.[304] Die GoB gebieten grundsätzlich eine einzelne Umrechnung der Geschäftsvorfälle und der aus ihnen entstandenen Wirtschaftsgüter, Aufwendungen und Erträge mit differenzierten Währungskursen (§ 252 Abs. 1 Nr. 3 HGB).[305] Deshalb ist die Zeitbezugsmethode vorzuziehen, nach der in der Bilanz Tageswerte zum Stichtagskurs und Anschaffungswerte zum historischen Kurs im Zugangszeitpunkt des Bilanzpostens umgerechnet werden.

---

[302] Vgl. Kapitel II, Abschn. 3.2.2 dieser Arbeit.

[303] Die Pflicht zur Währungsumrechnung ergibt sich bei handelsrechtlicher Buchführungspflicht sowie bei freiwilliger Rechnungslegung aus § 244 HGB i. V. m. § 5 Abs. 1 S. 1 EStG. Bei lediglich steuerlicher Buchführungspflicht sind § 244 HGB, § 141 Abs. 1 S. 2 AO, § 4 Abs. 1 S. 1 EStG einschlägig.

[304] Vgl. BFH v. 16.02.1996 - I R 43/95, BStBl II 1997, S. 128 (Gründe Nr. 2).

[305] Vgl. Finne (Bilanzierung), S. 252; Malinski, IStR 2000, S. 499 (501); Wassermeyer in Wassermeyer / Andresen / Ditz (Hdb BS), S. 331.

Demnach wird die ausländische Betriebsstätte als Teil der Gewinnermittlung des Gesamtunternehmens betrachtet. Ihre Geschäftsvorfälle werden unter Beachtung des Anschaffungskosten- und Realisationsprinzips[306] wie Fremdwährungsgeschäfte behandelt, die vom Inland aus durchgeführt werden.

Sofern im Einzelfall kein Konflikt mit den GoB entsteht, lässt die Rechtsprechung unter Wesentlichkeitsaspekten auch die weniger aufwendige Stichtagskursmethode zu. Nach dieser Methode werden alle Aufwendungen, Erträge und Wirtschaftsgüter einheitlich mit dem Wechselkurs am Bilanzstichtag umgerechnet. Da die einheitliche Umrechnung mit Stichtagskursen nach Auffassung des BFH regelmäßig zu einer Verletzung verschiedener GoB, insbesondere des Einzelbewertungs- und des Realisationsprinzips führt (§ 252 Abs. 1 Nr. 4 HGB),[307] wird sie nur anerkannt, wenn keine erheblichen Wechselkursschwankungen bestehen, die sich nicht kurzfristig ausgleichen.[308] Klare Maßstäbe zur Abgrenzung des Anwendungsbereichs der Stichtagskursmethode fehlen allerdings.

Abgesehen von den Fällen geringer Wechselkursschwankungen soll die Stichtagskursmethode nach einer Auffassung auch in Betracht kommen, wenn die lokale Einheit so unabhängig vom Stammhaus operiert, dass die lokale Währung ihr wirtschaftliches Umfeld bestimmt.[309] Dies entspricht dem aus der Konzernrechnungslegung bekannten Konzept der funktionalen Währung, wonach die Methodik der Währungsumrechnung durch den Währungsraum bestimmt werden sollte, in dem eine zu konsolidierende Konzernunternehmung hauptsächlich operiert. Dieses Konzept könnte auch auf die Einkünfteermittlung des Einheitsunternehmens übertragen werden.[310] Die Stichtagskursmethode wäre demnach anwendbar, wenn unter einem großzügigen Verständnis der Bewertungseinheit (§ 252 Abs. 1 Nr. 3 HGB) das Nettoinvestment in die Betriebsstätte, nicht einzelne Geschäfte, als Bewertungsobjekt interpretiert

---

306 Vgl. BFH v. 13.09.1989 - I R 117/98, BStBl II 1990, S. 57 (Gründe Nr. 5b); BFH v. 16.02.1996 - I R 43/95, BStBl II 1997, S. 128 (Gründe Nr. 2).

307 Vgl. BFH v. 13.09.1989 - I R 117/98, BStBl II 1990, S. 57 (Gründe Nr. 6); Finne (Bilanzierung), S. 169; Piltz (Währungsschwankungen), S. 16; Malinski (Währungsschwankungen), S. 17 ff.; Kleineidam (Rechnungslegung), S. 182.

308 Vgl. BFH v. 13.09.1989 - I R 117/87, BStBl II 1990, S. 57; BFH v. 16.02.1996 - I R 43/95, BStBl II 1997, S. 128 (Gründe Nr. 2); VWG-BS, Tz. 2.8.1 Abs. 2; ähnlich Langenbucher / Blaum in Küting / Weber, Kap. 6, Rn. 653.

309 Zur Bestimmung der funktionalen Währung im Einzelnen vgl. Treas. Regs. § 1.985-1 (c); IdW, WPg 1998, S. 549 (550); DRS 14.8-.10; IAS 21.9-.14; Kubin / Lück, BFuP 1984, S. 357 (364).

310 Vgl. Malinski, IStR 2000, S. 499 (501). Seine Anwendung auf das Einheitsunternehmen ist z. B. im Steuerrecht der USA verwirklicht, vgl. IRC §§ 985 – 989. Ablehnend wohl Langenbucher / Blaum in Küting / Weber, Kap. 6, Rn. 635 f.

wird.[311] Eine solche weite Fassung der Bewertungseinheit widerspricht allerdings der Auffassung der Rechtsprechung.[312]

Im Schrifttum wurde überdies versucht, eine generelle Berechtigung zur Anwendung der vereinfachenden Stichtagskursmethode aus der Vorschrift des § 146 Abs. 2 S. 3 AO abzuleiten.[313] Diese schreibt in den Fällen einer lokalen Betriebsstättenbuchführung aufgrund einer auslandsrechtlichen Verpflichtung vor, dass die Ergebnisse dieser Betriebsstättenbuchführung "in die Buchführung des ... Unternehmens übernommen" werden. Eine materielle Bedeutung für die Währungsumrechnung im Sinne einer grundsätzlichen Berechtigung zur Anwendung der Stichtagskursmethode kommt dieser Verfahrensvorschrift aber nicht zu. Sie dient nur der Klarstellung, dass bei Erfüllung einer lokalen Buchführungsverpflichtung die entsprechenden Belege ausnahmsweise im Ausland aufbewahrt werden dürfen und deshalb nur die Übernahme des Betriebsstättenergebnisses angezeigt ist. Dies steht auch mit Satz 4 der Vorschrift im Einklang, nach der "die erforderlichen Anpassungen" an die deutschen steuerrechtlichen Vorschriften vorzunehmen sind. Dies bringt gerade zum Ausdruck, dass Vorschriften des materiellen Steuerrechts, insbesondere Gewinnermittlungsvorschriften von den Ordnungsvorschriften der Abgabenordnung nicht berührt werden sollen.

2.6.2.2 Umrechnungsdifferenzen als Zurechnungsobjekte

Aufgrund der von der Rechtsprechung entschiedenen Fälle sind hauptsächlich Währungserfolge aus der Rückführung von Dotationskapital ausländischer Betriebsstätten Gegenstand der Diskussion. In dem vom BFH im Jahr 1996 entschiedenen Fall und in der EuGH-Entscheidung in der Rechtssache "Deutsche Shell" aus dem Jahr 2008 ging es um Währungsverluste, die anlässlich der Veräußerung bzw. Einbringung einer Betriebsstätte entstanden.[314] Die Problematik sei an folgendem vereinfachten Beispiel verdeutlicht.

> Die Betriebsstätte eines deutschen Unternehmens wird bei ihrer Gründung mit einem Dotationskapital von 100 T€ ausgestattet. Die Rechnungslegung der Betriebsstätte wird

---

311 Vgl. Jung (Währungsumrechnung), S. 149.

312 Vgl. auch die Anmerkungen von BFH-Richter Christiansen, DStR 2003, S. 264, der die strenge Auffassung des BFH bei der Bildung von Bewertungseinheiten bestätigt.

313 Vgl. Halfar, IWB v. 11.10.1993, F. 3 Gr. 1, S. 1393 (1400). Kritisch hierzu Malinski (Währungsschwankungen), S. 24 ff.; Wlecke (Währungsumrechnung), S. 175; Schröder / Strunk (Betriebsstätten), C 37; Haiß (Betriebsstätten), S. 318 ff.; Looks in Löwenstein / Looks (Betriebsstättenbesteuerung), S. 316.

314 Vgl. BFH v. 16.02.1996 - I R 43/95, BStBl II 1997, S. 128; EuGH v. 28.02.2008 - C 293/06 (Deutsche Shell), IStR 2008, S. 224.

in Landeswährung (LW) geführt. Zum Zeitpunkt der Ausstattung mit Dotationskapital beträgt der Wechselkurs 1,00 €/LW. Betriebsstättengewinne in Landeswährung werden an das Stammhaus überwiesen, während in Verlustjahren das Dotationskapital vom Stammhaus aufgefüllt wird. Im Ergebnis beträgt das Dotationskapital in Landeswährung der Höhe nach gleichbleibend 100 TLW. Zum Zeitpunkt der Veräußerung der Betriebsstätte ist der Wechselkurs auf 0,80 €/LW gesunken, so dass das umgerechnete Dotationskapital nur noch 80 T€ beträgt. Die Betriebsstätte wird zu 160 T€ veräußert. Im Belegenheitsstaat der Betriebsstätte wird ein Veräußerungsgewinn von 100 TLW besteuert (= 160 T€ : 0,8 €/LW ./. 100 TLW). Der Veräußerungsgewinn ist in Deutschland nach § 13 Abs. 2 OECD-MA freigestellt. Fraglich ist aber, ob der darin enthaltene Währungsverlust am Dotationskapital von 20 T€ (= 100 TLW x 1,0 €/LW ./. 100 TLW x 0,8 €/LW) in Deutschland abzugsfähig ist.

Die hier skizzierte Zurechnungsproblematik stellt sich in gleicher Weise bei laufend erzielten Währungserfolgen, d. h. bei Währungserfolgen aus der laufenden Geschäftstätigkeit der Betriebsstätte. So entstehen bei einer Umrechnung mit differenzierten Kursen, z. B. unter der *Zeitbezugsmethode*, Umrechnungsdifferenzen aus der GuV. Diese entsprechen dem Unterschied aus den mit differenzierten Kursen umgerechneten GuV-Positionen einerseits und dem mit einem einheitlichen Kurs umgerechneten Jahreserfolg andererseits. Bei in Weichwährungsländern belegenen Betriebsstätten treten hierbei durch die Umrechnung der Abschreibungen und des Materialeinsatzes mit historischen Kursen[315] regelmäßig Währungsverluste ein. Der BFH hat eine erfolgswirksame Behandlung hinsichtlich der unter der Zeitbezugsmethode entstehenden Umrechnungsdifferenzen aus der GuV befürwortet, indem er die Umrechnung der Aufwendungen und Erträge mit differenzierten Kursen fordert.

Bilanzielle Umrechnungsdifferenzen enthalten einerseits Umschichtungsdifferenzen, die durch eine Veränderung der Relationen der mit verschiedenen Kursen umgerechneten Bilanzpositionen entstehen.[316] Andererseits enthalten sie Kursänderungsdifferenzen, die auf Kursschwankungen der zu Stichtagskursen umgerechneten Bilanzpositionen beruhen. Der Kreis der zum Stichtagskurs umzurechnenden Wirtschaftsgüter ist im Einzelnen umstritten. Während die strenge Auffassung die Anwendung historischer Kurse ausschließlich auf die zum Tageswert bilanzierten Wirtschaftsgüter beschränkt, wird es überwiegend für vertretbar gehalten, zumindest kurzfristige Wirtschaftsgüter, aus denen zeitnah liquide Mittel generiert werden, mit Stichtagskursen umzu-

[315] Vgl. Langenbucher / Blaum in Küting / Weber, Kap. 6, Rn. 637; BFH v. 13.09.1989 - I R 117/98, BStBl II 1990, S. 57 (Gründe Nr. 6); IdW, WPg 1998, S. 549 (551).

[316] Umschichtungsdifferenzen sind bereits in der Umrechnungsdifferenz aus der GuV enthalten, vgl. Busse von Colbe / Müller / Herbert (Aufstellung), S. 61; Jung (Währungsumrechnung), S. 90.

rechnen.[317] Da insoweit Verletzungen des Anschaffungskosten- und Realisationsprinzips möglich sind, wird ausnahmsweise[318] eine erfolgsneutrale Behandlung der bilanziellen Umrechnungsdifferenzen, oder – imparitätisch – lediglich der Umrechnungs*gewinne* vorgeschlagen.[319] Da unter der Zeitbezugsmethode die Umrechnung als Bewertungsvorgang aufgefasst wird, können schließlich auch Währungserfolge durch einen Vergleich der mit historischen Kursen umgerechneten Buchwerte mit den zum Stichtagskurs umgerechneten Zeitwerten ermittelt werden (erweiterter Niederst- bzw. Höchstwerttest).[320] Hierzu muss eine dauerhafte Wertminderung bei Aktiva bzw. dauerhafte Werterhöhung von Passiva gem. § 6 Abs. 1 Nr. 1-3 EStG gegeben sein.

Grundsätzlich können Währungserfolge auch unter der *Stichtagskursmethode* entstehen. Die bilanzielle Umrechnungsdifferenz in Höhe der auf Wechselkursschwankungen beruhenden Eigenkapitalveränderung wird entsprechend der wohl herrschenden Auffassung zunächst erfolgsneutral behandelt.[321] Währungserfolge werden somit erst bei Veräußerung der Betriebsstätte oder ggf. auch bei der Rückführung von Dotationskapital[322] realisiert. Allerdings wird auch eine imparitätische Behandlung der Umrechnungsdifferenz befürwortet, so dass zumindest ein laufender Währungsverlust erfolgswirksam zu verrechnen wäre, soweit nicht frühere Währungsgewinne gegenüberstehen. Insoweit wird das Nettoinvestment in die Betriebsstätte als Bewertungsobjekt betrachtet.

---

317 Die vereinfachende Umrechnung mit Stichtagskursen wird vorgeschlagen für kurzfristige Forderungen und Verbindlichkeiten des laufenden Geschäftsverkehrs (vgl. IdW, WPg 1998, S. 549 (551); Adler / Düring / Schmaltz, § 298, Rn. 30), Vorräte und sonstiges Umlaufvermögen (vgl. IdW, WPg 1998, S. 549 (555); Langenbucher / Blaum in Küting / Weber, Kap. 6, Rn. 631), teilweise auch generell für Nominalwirtschaftsgüter (vgl. Busse von Colbe / Müller / Herbert (Aufstellung), S. 57).

318 Grundsätzlich werden die Umrechnungsdifferenzen erfolgswirksam verrechnet, vgl. IdW, WPg 1998, S. 549 (551). Hierfür wird das Prinzip der nominalen Kapitalerhaltung ins Feld geführt. Allerdings kann aus diesem Prinzip nur abgeleitet werden, dass die Umrechnungsdifferenzen spätestens zum Zeitpunkt der Veräußerung oder Liquidation des investment erfolgswirksam werden, vgl. Müller, RIW 1987, S. 847 (854); Ordelheide, ZfbF 1994, S. 795 (804 u. 807); Weber, ZfbF 2007, S. 914 (918). Der Realisationszeitpunkt selbst wird durch das Prinzip der nominellen Kapitalerhaltung nicht bestimmt.

319 Vgl. IdW, WPg 1998, S. 549 (551); DRS 14.14.

320 Vgl. Adler / Düring / Schmaltz, § 298, Rn. 30; DRS 14.17; Kritisch hierzu Haiß (Betriebsstätten), S. 341.

321 Vgl. Busse von Colbe / Müller / Herbert (Aufstellung), S. 57; Kubin / Lück, BFuP 1984, S. 357 (368); IdW, WPg 1998, S. 549 (550); DRS 14.32.

322 Ob anlässlich der Rückführung nicht-monetärer Güter ein Währungserfolg realisiert wird, dürfte auch von der Methodik der Ermittlung des gemeinen Werts bzw. Fremdvergleichpreises abhängen.

2.6.2.3 *Einordnung des Fremdvergleichs in die Zurechnung von Währungserfolgen*

Die BFH-Rechtsprechung und die bisher wohl herrschende Meinung im Schrifttum betonen den wirtschaftlichen Zusammenhang der Währungserfolge mit der ausländischen Betriebsstätte.[323] Demnach sei die Entscheidung des Stammhauses zur Begründung einer ausländischen Betriebsstätte und die Tragung des Währungsrisikos durch das Stammhaus keine maßgebliche Ursache für das Entstehen der Währungserfolge, die ihre Zurechnung zum Stammhaus begründen könnte.[324] Dies unterstreicht auch der Vergleich zu einem im Inland ansässigen Steuerpflichtigen, der lediglich einen ausländischen Betrieb unterhält. Währungserfolge könnten in diesem Fall nach der BFH-Rechtsprechung und der Auffassung von *Wassermeyer* mangels eines inländischen Bezugspunktes dem Inland nicht zugerechnet werden.[325] Nach einer anderen Auffassung könnte allerdings ein inländischer Kausalfaktor für das Entstehen der Währungserfolge in dem Umrechnungsvorgang anlässlich der Übernahme des Betriebsstättenergebnisses in die Bilanz des Gesamtunternehmens gesehen werden. Demnach wären die Währungserfolge durchaus auch als durch die Existenz des Stammhauses veranlasst zu betrachten.[326] Die Existenz und Tätigkeit der Betriebsstätte ist deshalb nicht notwendigerweise die ausschließliche Ursache für das Entstehen der Währungserfolge.[327]

Die daran anknüpfende, bekannte Überlegung, dass die zur Lösung der Veranlassungsfrage erforderlichen Wertungen aus dem Fremdvergleichsgrundsatz gewonnen werden müssten, erweist sich in der Frage der Währungserfolge allerdings als problematisch. Es wird zwar darauf hingewiesen, dass in den Büchern eines der Betriebsstätte vergleichbaren selbstständigen Unternehmens keine Erfolge aus der Währungsumrechnung erscheinen würden und der Umkehrschluss gezogen, dass Währungserfolge nur dem Stamm-

[323] Vgl. BFH v. 16.02.1996 - I R 43/95, BStBl II 1997, S. 128 (Gründe Nr. 3a); Grau (Verluststrategien), S. 48 (57); Malinski (Währungsschwankungen), S. 57; Buciek in Flick / Wassermeyer / Wingert / Kempermann, DBA-Schweiz, Art. 7, Rn. 506; Looks in Löwenstein / Looks (Betriebsstättenbesteuerung), S. 320 f., Rn. 830; Wassermeyer in Wassermeyer / Andresen / Ditz (Hdb BS), S. 335 f.; VWG-BS, Tz. 2.8.1d).

[324] Vgl. BFH v. 16.02.1996 - I R 43/95, BStBl II 1997, S. 128 (Gründe Nr. 3a).

[325] Vgl. BFH v. 16.02.1996 - I R 43/95, BStBl II 1997, S. 128 (Gründe Nr. 4d); Wassermeyer in Wassermeyer / Andresen / Ditz (Hdb BS), S. 335 f.

[326] Vgl. Uhrmann, DB 1990, S. 2037 (2040); Haiß (Betriebsstätten), S. 361; wohl auch Finne (Bilanzierung), S. 271.

[327] Nach Buciek könnte bei mehrfacher Veranlassung von Währungserfolgen grundsätzlich auch eine Aufteilung der Währungserfolge zu prüfen sein, vgl. Buciek in Flick / Wassermeyer / Wingert / Kempermann, DBA-Schweiz, Art. 7 Rn. 508. Ablehnend Haiß (Betriebsstätten), S. 361 und Schröder / Strunk (Betriebsstätten), Rn. C 128.

haus zugerechnet werden könnten.[328] Allerdings vernachlässigt diese Argumentation die Frage, wie sich die Zuordnung der Währungserfolge zum Stammhaus durch den Fremdvergleichsgrundsatz positiv begründen lässt. Hinsichtlich der Währungserfolge am Dotationskapital der Betriebsstätte scheint es, als ob implizit ein Vergleich von Stammhaus und Betriebsstätte mit Mutter- und Tochtergesellschaft gezogen wird.[329] Währungserfolge am Dotationskapital der Betriebsstätte werden im Ergebnis mit Währungserfolgen anlässlich der Veräußerung von Anteilen einer Tochtergesellschaft verglichen, die in den Büchern der Muttergesellschaft ausgewiesen werden. Störend an diesem Vergleich wirkt aber, dass die Selbständigkeitsfiktion die *Unabhängigkeit* der Betriebsstätte beinhaltet, was nicht mit einer fingierten Beteiligungsbeziehung und damit einem impliziten Über- bzw. Unterordnungsverhältnis zwischen Stammhaus und Betriebsstätte vereinbar ist. Auch erscheint das Halten eines Gesellschaftsanteils, also eines realen Wirtschaftsguts, nicht vergleichbar mit dem Dotationskapital einer Betriebsstätte, das lediglich als rechentechnische Größe den Wert der Wirtschaftsgüter der Betriebsstätte repräsentiert. Schließlich bleibt auch völlig offen, welche Schlüsse daraus gezogen werden sollen, dass die Währungserfolge einer gedachten Muttergesellschaft aus der Veräußerung von Anteilen an einer ausländischen Tochtergesellschaft nach § 8b Abs. 2 KStG vollständig bzw. nach § 3 Nr. 40 S. 1 a) EStG teilweise freigestellt wären. Eine Lösung für laufende Währungserfolge bietet dieser Ansatz außerdem nicht. Diese Überlegungen zeigen, dass der Fremdvergleich hier an seine Grenzen stößt, da es an einer hinreichenden Vergleichbarkeit der gegenübergestellten Sachverhalte mangelt. Vielmehr ist vorliegend allein die Betriebsstätte zu betrachten und die Beziehung zum Stammhaus auszublenden. Dies ergibt sich im DBA-Fall auch eindeutig aus dem Wortlaut der DBA. Nach Art. 23A OECD-MA sind nur solche Einkünfte, die *"nach diesem Abkommen im anderen Vertragsstaat besteuert werden"*, von der Bemessungsgrundlage im Ansässigkeitsstaat auszunehmen.[330] Dem Betriebsstättenstaat steht nach Art. 7 Abs. 1 S. 2, Abs. 2 OECD-MA nur das Besteuerungssubstrat zu, das erfasst werden könnte, wäre die Betriebsstätte ein selbstständiges unabhängiges Unternehmen. Da dieses Besteuerungssubstrat Währungserfolge nicht umfasst, sind Währungserfolge im Ansässigkeitsstaat nicht freizustellen.

---

[328] Vgl. Weber, CDFI 1986, S. 149 (164); Pering, DB 1988, S. 2299 (2301); Uhrmann, DB 1990, S. 2037 (2039); Schröder / Strunk (Betriebsstätten), Rn. C 127; Haiß (Betriebsstätten), S. 362; kritisch Malinski (Währungsschwankungen), S. 60.

[329] Vgl. Wassermeyer in Wassermeyer / Andresen / Ditz (Hdb BS), S. 337, der dem Dotationskapital einen "Beteiligungscharakter" zusprechen will.

[330] Vgl. Piltz (Währungsschwankungen), S. 46.

Eine positive Begründung, warum dem Stammhaus die Währungserfolge zuzurechnen sind, ist deshalb nicht erforderlich.

In diesem Zusammenhang kommt es entgegen der Auffassung von *Ditz* auch nicht darauf an, dass Art. 7 Abs. 1 S. 2 OECD-MA als Verfahrensvorschrift für den Fall einer Beweislosigkeit bei Zurechnungsproblemen interpretiert werden kann.[331] So besteht *Ditz* darauf, dass diese Vorschrift "im Zweifel" eine Zurechnung von Einkünften zur Betriebsstätte verwehre und dass offenbar eine Zuordnung der Währungserfolge zur Betriebsstätte nicht zweifelsfrei möglich sei.[332] Hier ist aber – bei alleiniger Betrachtung der Betriebsstätte – gerade ohne Zweifel festzustellen, dass der Betriebsstätte nach der Selbstständigkeitsfiktion Erfolge aus der Währungsumrechnung nicht zugerechnet werden können. Überdies dürfte es fragwürdig sein, eine Verfahrensvorschrift für die Lösung materieller Rechtsprobleme nutzbar zu machen. Die Zurechnung von Währungserfolgen stellt eine Rechtsfrage dar, die nicht aus Beweislastüberlegungen heraus beantwortet werden kann.

2.6.2.4 Außerhalb des Fremdvergleichsgrundsatzes liegende Zurechnungslösungen

In der vom EuGH entschiedenen Rechtssache "Deutsche Shell" war die Abzugsfähigkeit von Währungsverlusten am Dotationskapital einer italienischen Betriebsstätte bei der Besteuerung des deutschen Unternehmens strittig. Nach dem Urteil des EuGH verstößt die deutsche Rechtspraxis, wonach die Währungsverluste als ausländische Einkünfte von der deutschen Bemessungsgrundlage ausgenommen werden, gegen die Niederlassungsfreiheit (Art. 43 EG-V).[333] Der EuGH ging in seinem Urteil nicht auf den abkommensrechtlichen Fremdvergleich ein. Der Generalanwalt zog in seinen Schlussanträgen vielmehr wie das vorlegende Finanzgericht den Vergleich zu einem deutschen Unternehmen, das über eine deutsche Betriebsstätte Fremdwährungsgeschäfte

331 Vgl. hierzu Kroppen in Gosch / Kroppen / Grotherr, Art. 7 OECD-MA, Rn. 81; Buciek in Flick / Wassermeyer / Wingert / Kempermann, DBA-Schweiz, Art. 7, Rn. 224.

332 Vgl. Ditz (Betriebsstätten), S. 368.

333 Ein solcher Verstoß kann auch gegenüber dem Herkunftsstaat geltend gemacht werden, wenn dieser die Niederlassung in einem anderen Mitgliedstaat behindert, vgl. EuGH v. 27.09.1988 - 81/87 (Daily Mail), Slg. 1988, S. 5483; EuGH v. 12.09.2006 - C 196/04 (Cadbury-Schweppes), HFR 2006, S. 1164; Randelzhofer / Forsthoff in Grabitz / Hilf, Komm. zum EU-Recht, Art. 43 EG-V, Tz. 86.

abschließt.[334] Da in diesem Inlands-Vergleichsfall die Währungsverluste abzugsfähig wären, sei eine Beschränkung der Niederlassungsfreiheit grundsätzlich gegeben. Der Vergleich erscheint zunächst fragwürdig, da im reinen Inlandsfall eine Aufteilung der Bemessungsgrundlage auf verschiedene Staaten nicht erforderlich ist. Es stellt sich die Frage, ob als Konsequenz nicht generell alle Aufwendungen des Einheitsunternehmens dem Stammhaus zugerechnet werden müssten. Der Vergleich mit dem reinen Inlandsfall ist allerdings zutreffend, da er rechtstechnisch auf der ersten Stufe der Prüfung eines Verstoßes gegen die Niederlassungsfreiheit, nämlich bei der Frage der Tangierung ihres Schutzbereichs, angesiedelt ist. Auf der zweiten Stufe wird noch eine differenzierte Rechtfertigungs- oder Verhältnismäßigkeitsprüfung vorgenommen.

Im Rahmen der Verhältnismäßigkeitsprüfung stellte der EuGH heraus, dass nur die deutschen Finanzbehörden den Währungsverlust berücksichtigen könnten. Da dieser als Maßnahme des Ansässigkeitsstaates nur dort in Erscheinung tritt, könne eine Behandlung als ausländische Einkünfte nicht in Frage kommen.[335] Die Notwendigkeit der Aufteilung der Bemessungsgrundlage auf Stammhaus und Betriebsstätte entsprechend der geschlossenen DBA sei kein ausreichender Rechtfertigungsgrund für eine Zurechnung der Währungserfolge zur Betriebsstätte.

Neben der europarechtlichen Beurteilung kann die Zurechnung von Währungserfolgen auch unter teleologischen Gesichtspunkten der DBA und des innerstaatlichen Steuerrechts bewertet werden. *Piltz* hat darauf hingewiesen, dass die Einbeziehung der Währungserfolge in die ausländischen Einkünfte dem Zweck der DBA zuwiderläuft,[336] die Vermeidung der Doppelbesteuerung sicherzustellen. Die doppelte Nichtberücksichtigung von Währungsverlusten im Betriebsstätten- und im Ansässigkeitsstaat kann allerdings als Doppelbesteuerung interpretiert werden und widerspricht damit dem Zweck der DBA. Auch die Anrechnungsmethode soll die Doppelbesteuerung ausländischer Einkünfte vermeiden. Würden Währungserfolge hierbei als ausländische Einkünfte betrachtet, besteht bei Währungsverlusten die Gefahr, dass die Wirkung der Anrechnungsmethode aufgrund des Anrechnungshöchstbetrags nur be-

---

334 Vgl. Schlussantrag des Generalanwalts Eleanor Sharpston vom 08.11.2007, C 293/06 (Deutsche Shell), Datev-Dok. 5210689, Tz. 30 u. 34, letztlich aber ohne sich auf diesen Vergleich endgültig festzulegen; FG Hamburg v. 08.06.2006, 6 K 274/03, EFG 2007, S. 43.

335 Vgl. EuGH v. 28.02.2008 - C 293/06 (Deutsche Shell), IStR 2008, S. 224, Tz. 44.

336 Vgl. Piltz (Währungsschwankungen), S. 51; Schröder / Strunk (Betriebsstätten), Rn. C 128.

grenzt zum Tragen kommt.[337] Selbst bei identischen Steuersätzen im Quellen- und Ansässigkeitsstaat könnten in diesem Fall die auf den Betriebsstättengewinn anfallenden ausländischen Steuern nicht in voller Höhe angerechnet werden, so dass die Doppelbesteuerung nicht vollständig beseitigt würde. Im Extremfall können aufgrund von Währungsverlusten insgesamt negative ausländische Betriebsstätteneinkünfte entstehen, so dass eine Anrechnungsverpflichtung im Ansässigkeitsstaat gänzlich entfällt und eine ungemilderte Doppelbesteuerung eintritt.

Gegen vorstehende Argumente von *Piltz* wird eingewandt, dass Währungserfolge schlicht auf unterschiedlichen Einkünfteermittlungsvorschriften des Ansässigkeits- bzw. Quellenstaats beruhten.[338] Nach allgemeiner Auffassung seien aber Doppelbesteuerungen hinzunehmen, soweit diese auf unterschiedliche Einkünfteermittlungsvorschriften im Ansässigkeits- und Quellenstaat zurückzuführen sind.[339] Allerdings kann dieses Argument nicht überzeugen. Ergebnisunterschiede, die sich aus Abweichungen in den (klassischen) Einkünfteermittlungsvorschriften ergeben, resultieren aus der fehlenden Harmonisierung der Steuersysteme. Da es keinen objektiv richtigen Einkünftebegriff gibt, ist es zutreffend, dass Quellen- und Ansässigkeitsstaat jeweils ihren Einkünftebegriff anwenden. Selbst wenn der Ansässigkeitsstaat die nach dem Recht des Quellenstaats ermittelten Einkünfte freistellen oder auf ihrer Basis die Steueranrechnung vornehmen wollte, wäre dies wohl aus verfahrenstechnischen Gründen schwer durchführbar. Der Ansässigkeitsstaat würde sich vom Verfahrensrecht des Quellenstaats abhängig machen müssen, was – z. B. bei Streitigkeiten oder Rechtsbehelfen über Fragen der Einkünfteermittlung im Quellenstaat – auch zu Verzögerungen bei der Steuerfestsetzung im Ansässigkeitsstaat führen könnte. Es ist daher aus praktischen Gründen erforderlich, dass im Ansässigkeitsstaat ausländische Einkünfte für die Anwendung der Anrechnungs- und Freistellungsmethode nach den Einkünfteermittlungsregeln seines Steuerrechts berechnet werden. Die Währungsumrechnung hingegen kann zwar theoretisch als Bewertungsvorgang und damit als Teil der Einkünfteermittlung interpretiert werden, allerdings werden Währungserfolge allein für Zwecke der Besteuerung im Ansässigkeitsstaat berechnet und sind damit unabhängig von der Einkünfteermittlung im Quellenstaat. Verfahrenstechnisch ist eine steuerliche Berücksichtigung der Währungserfolge im Ansässigkeits-

337 Vgl. Piltz (Währungsschwankungen), S. 19 f.; Weber, CDFI 1986, S. 149 (164).

338 Vgl. Malinski (Währungsschwankungen), S. 67 f. und 90 f.; Schuch (Währungsergebnisse), S. 331 (353); BFH v. 16.02.1996 - I R 43/95, BStBl II 1997, S. 128 (Gründe Nr. 4d).

339 Vgl. für viele Blümich / Wied, § 34d EStG, Rn. 11; Piltz in Debatin / Wassermeyer, MA Art. 7, Rn. 136.

staat möglich. Währungserfolge sind damit nicht vergleichbar mit klassischen Unterschieden in den Bemessungsgrundlagen, die aufgrund der fehlenden Steuerharmonisierung entstehen. Es könnte deshalb geboten sein, Währungserfolge zur Vermeidung der Doppelbesteuerung als Einkünfte des Stammhauses zu behandeln.

Als Ergebnis bleibt festzuhalten, dass die Zurechnung von Währungserfolgen aus der Sicht des Fremdvergleichs Interpretationsprobleme aufwirft. Die Lösung der Zurechnungsproblematik erfordert deshalb ergänzende sachgerechte Wertungen, die z. B. aus der Teleologie der DBA oder aus höherrangigem Recht abgeleitet werden.

2.6.3 Regieaufwendungen, Rechtsformaufwendungen und andere ähnliche Aufwendungen

Bei Regieaufwendungen, Rechtsformaufwendungen und anderen ähnlichen Aufwendungen stößt der Fremdvergleich ebenfalls auf Probleme, da selbstständige unabhängige Unternehmen ein vergleichbares Zurechnungsproblem nicht zu lösen haben. Fraglich ist aber, ob – als besondere Form des Fremdvergleichs – nach dem Gedanken der Rechtsformneutralität der Einkünftezurechnung ein Vergleich des Einheitsunternehmens zu verbundenen Unternehmen eines Konzerns möglich ist.

Regieaufwendungen entstehen für im Gesamtunternehmensinteresse erbrachte Steuerungsleistungen und umfassen daher die Aufwendungen für die Geschäftsführung und die zentrale Verwaltung.[340] Hierzu zählen insbesondere die Aufwendungen für die Gesamtunternehmensplanung, sowie die entsprechenden Kontroll- und Koordinationsaufwendungen. Regieaufwendungen werden nach der ganz herrschenden Meinung im Schrifttum und nach der Rechtsprechung auf Stammhaus und Betriebsstätte anhand eines sachgerechten Schlüssels aufgeteilt.[341] Dies erscheint zutreffend, da diese Aufwendungen durch beide Unternehmensteile veranlasst sind. Die gewählte Schlüsselgröße

[340] Zum Begriff des Regieaufwands vgl. Schröder / Strunk (Betriebsstätten), Rn. C 144; Kleineidam, IStR 1993, S. 395 (397 f.); Wassermeyer in Wassermeyer / Andresen / Ditz (Hdb BS), S. 155, Rn. 3.7; VWG-BS, Tz. 3.4; OECD-MK zu Art. 7, Tz. 17.7 (= Entwurf OECD-MK 2008 zu Art. 7, Tz. 37).

[341] Vgl. Kleineidam, IStR 1993, S. 395 (397); Buciek in Flick / Wassermeyer / Wingert / Kempermann, DBA-Schweiz, Art. 7, Rn. 556; Jacobs (Unternehmensbesteuerung[6]), S. 735 FN 276; BFH v. 20.07.1988 - I R 49/84, BStBl II 1989, S. 140; a. A. Ditz (Betriebsstätten), S. 252.

soll den relativen Nutzen der Unternehmensteile adäquat wiedergeben,[342] was sich aber im Einzelfall als problematisch erweisen kann. Eine Aufteilung wird auch für *Aufwendungen der Rechtsform* des Einheitsunternehmens befürwortet, wie etwa für Aufwendungen für den Aufsichtsrat, die Gesellschafterversammlungen, die Erstellung, Prüfung und Veröffentlichung von Jahresabschlüssen oder die Finanzbuchhaltung.

Entgegen der herrschenden Meinung hat jüngst *Ditz* vorgetragen, dass der Fremdvergleich eine alleinige Zurechnung von Kontrollaufwendungen und Rechtsformaufwendungen zum Stammhaus gebiete.[343] *Ditz* stützt sich hierbei implizit auf einen Vergleich der Betriebsstätte mit einer Tochtergesellschaft und des Stammhauses mit deren Muttergesellschaft. Nach *Ditz* sind Kontroll- und Rechtsformaufwendungen des Stammhauses wie bei einer Muttergesellschaft, die im eigenen Interesse Gesellschafteraufwand tätigt, nur beim Stammhaus, nicht aber bei der Betriebsstätte abzugsfähig. Nur im Eigeninteresse der Betriebsstätte erbrachte Leistungen können zu einer Weiterbelastung von Aufwendungen an die Betriebsstätte führen.

Ob dieser Form des Fremdvergleichs hilfreiche Wertungen für die Zurechnung von Regieaufwendungen entnommen werden können, erscheint allerdings fraglich. Die OECD grenzt das Konzerninteresse und das Gesellschafterinteresse anhand folgender Regelbeispiele voneinander ab: Der Begriff des Gesellschafteraufwands umfasst demnach Aufwendungen für die Rechtsform der Muttergesellschaft (z. B. Hauptversammlungen), Rechnungslegungserfordernisse der Muttergesellschaft (z. B. Konzernberichterstattung) und Finanzierung der Beteiligungen.[344] Derartige Aufwendungen werden im Eigeninteresse der Muttergesellschaft getätigt. Viele dieser Aufwendungen sind allerdings nicht mit Aufwendungen im Einheitsunternehmen vergleichbar, da im Gegensatz zum Konzernfall das Stammhaus kein Wirtschaftsgut "Beteiligung" hält, dem diese Aufwendungen zurechenbar wären. Besonders deutlich wird dies bei Kosten für den Erwerb und die Finanzierung von Beteiligungen. Im Falle des Einheitsunternehmens lässt sich hier kein hinreichendes Äquivalent finden. Kosten für den Erwerb und die Finanzierung der Wirtschaftsgüter der Betriebsstätte sind mit Gesellschafteraufwand nicht vergleichbar. Sie können und müssen vielmehr der Betriebsstätte belastet werden, da sie mit deren Betriebsvermögen in unmittelbarem Zusammenhang stehen. Dieses Ergebnis lässt sich bereits aus dem eindeutigen Wortlaut von Art. 7 Abs. 3 OECD-MA ableiten, wonach bei der Ermittlung der Betriebsstättegewinne "die für diese Betriebs-

---

342 Vgl. De Hosson, Intertax 1994, S. 248. Vgl. zum Aufteilungsmaßstab bei Wirtschaftsgütern auch Kap. III, Abschn. 1.3.

343 Vgl. Ditz (Betriebsstätten), S. 252.

344 Vgl. OECD (Guidelines), Tz. 7.10.

stätte entstandenen Aufwendungen, einschließlich der Geschäftsführungs- und allgemeinen Verwaltungskosten", unabhängig vom Ort ihrer Entstehung zum Abzug zugelassen werden.[345] Die Vorschrift enthält somit keine Leerformel, sondern zumindest eine klarstellende Aussage, die aus der Selbstständigkeitsfiktion des Art. 7 Abs. 2 OECD-MA unmittelbar nicht entnommen werden kann.

Zu den von *Ditz* genannten *Kontrollaufwendungen* ist außerdem anzumerken, dass diese vielfach bereits im Konzern nicht den Begriff des Gesellschafteraufwands erfüllen. Wie im Konzern auch fließen im Einheitsunternehmen das Gesamtunternehmensinteresse einerseits (im Konzern: das Konzerninteresse) und das Eigeninteresse des Stammhauses andererseits (im Konzern: der Muttergesellschaft) bei vielen Aktivitäten der zentralen Planung, Kontrolle und Koordination ineinander über.[346] In der OECD hat sich deshalb auch ein enger Begriff des Gesellschafteraufwands durchgesetzt.[347] Sowohl hinsichtlich der operativen Kontrolle der Betriebsstätte als auch hinsichtlich der Ergebnis-/Finanzkontrolle der Betriebsstätte dürfte meist ein Gesamtunternehmensinteresse im Vordergrund stehen. Deshalb wird hier eine Aufteilung und damit die anteilige Verrechenbarkeit der entsprechenden Aufwendungen gegenüber der Betriebsstätte befürwortet.[348]

Schließlich kann auch bei der Zurechnung der *Rechtsformaufwendungen* dem Fremdvergleichsgrundsatz keine Objektivierungsfunktion zukommen. Eine Zurechnung dieser Aufwendungen *alleine* zum Stammhaus – wie von *Ditz* befürwortet[349] – kommt nicht in Betracht, da die wirtschaftlichen Aktivitäten beider Unternehmensteile durch ein und denselben Unternehmensträger vollzogen werden. Deshalb sind Aufwendungen für die Rechtsform des Gesamtunternehmens durch die Existenz beider Unternehmensteile veranlasst, was eine Aufteilung dieser Aufwendungen auf Stammhaus und Betriebsstätte nach einem sachgerechten Schlüssel bedingt. Allerdings sind Rechtsformaufwendungen einer als Zweigniederlassung geführten Betriebsstätte (z. B. Kosten der Eintragung der Zweigniederlassung) sowie Kosten für die Rechnungslegung der Betriebsstätte alleine der Betriebsstätte zuzurechnen.

---

345 Vgl. Buciek in Flick / Wassermeyer / Wingert / Kempermann, DBA-Schweiz, Art. 7, Rn. 556.

346 Vgl. Engler (HdV^2), Rn. O 52 f.; Baumhoff in Flick / Wassermeyer / Baumhoff, § 1 AStG, Rn. 630 u. 642; Jacobs (Unternehmensbesteuerung), S. 738.

347 Vgl. OECD (Guidelines), Tz. 7.9.

348 Die Frage des Gewinnaufschlags wird an späterer Stelle behandelt, vgl. Kapitel II, Abschn. 3.3 dieser Arbeit.

349 Vgl. Ditz (Betriebsstätten), S. 252 FN 866.

Im Ergebnis bleibt festzustellen, dass der Fremdvergleich seine ihm zugedachte Objektivierungsfunktion nicht für alle Bereiche der Einkünftezurechnung in angemessener Weise erfüllen kann. Zur Lösung der Zurechnungsproblematik sind ergänzende sachgerechte Wertungen erforderlich.

3 Reichweite der Selbstständigkeitsfiktion bei Leistungsbeziehungen zwischen Stammhaus und Betriebsstätte

3.1 Zeitpunkt der Erfolgsrealisation

3.1.1 Abkommensrecht und Erfolgsrealisation

Seit langem ist die Reichweite der Selbstständigkeitsfiktion hinsichtlich des Zeitpunkts umstritten, zu dem Gewinne oder Verluste aus unternehmensinternen Leistungen für Besteuerungszwecke als realisiert gelten. Zuweilen wurde diese Frage aus dem Abkommensrecht heraus beantwortet, das die Selbstständigkeitsfiktion in relativ pauschaler, uneingeschränkter Formulierung enthält, und entsprechend eine konsequente wörtliche Interpretation der Selbstständigkeitsfiktion befürwortet. Da die Unternehmensteile demnach wie selbstständige unabhängige Unternehmen zu behandeln wären, die durch Leistungsbeziehungen Ansprüche und Verpflichtungen begründen, wäre eine sofortige Gewinn- oder Verlustrealisation zum Zeitpunkt der Leistungserbringung erforderlich. Diese Auffassung wurde von *Kluge* vertreten. Abkommensrechtliche Vorschriften wie die Selbstständigkeitsfiktion in Art. 7 Abs. 2 OECD-MA könnten nach *Kluge* auch einen nach innerstaatlichem Steuerrecht begründeten Steueranspruch ausweiten,[350] da eine unmittelbare Anwendbarkeit der Abkommensnormen gegeben sei (sog. self-executing-Wirkung der DBA).[351] Hingegen interpretieren die Rechtsprechung und die h. M. im Schrifttum Abkommensnormen als bloße Verzichtsnormen, die innerstaatliche Besteuerungsansprüche beschränken, nicht aber ausweiten können.[352] Werden DBA-Vorschriften als Verzichtsnormen interpretiert, kann eine sofortige Gewinnrealisation nicht auf die in den DBA enthaltene Selbstständigkeitsfiktion gestützt werden.

---

350 Vgl. Kluge, StuW 1975, S. 294 (297).

351 "Self-executing Wirkung" meint die unmittelbare Begründung von Rechten und Pflichten für nationale Rechtssubjekte mit Inkrafttreten völkerrechtlicher Verträge, vgl. Bleckmann (Völkerrecht), Rn. 431, Doehring (Völkerrecht), Rn. 707.

352 Vgl. BFH v. 14.03.1989 - I R 20/87, BStBl II 1989, S. 649; BFH v. 01.10.1992 - I B 42-43/92, BFH/NV 1993, S. 156; Wassermeyer (Dealing), S. 25 (30); Schaumburg (Steuerrecht), Rn. 18.17; Kroppen in Gosch / Kroppen / Grotherr, DBA, Art. 7 OECD-MA, Rn. 11; Debatin, DB 1985, Beilage 23, S. 1 (2).

Für diese h. M. spricht zum einen auch die heutige Formulierung des OECD-Musterkommentars, wonach Art. 7 Abs. 2 OECD-MA denjenigen Staaten, nach deren Auffassung die Überführung von Wirtschaftsgütern in eine ausländische Betriebsstätte eine Gewinnrealisierung auslöst, die Besteuerung des entsprechenden Gewinns erlaubt.[353] Im Umkehrschluss bedeutet dies, dass die Regelung eine sofortige Erfassung des Zwischenerfolgs nicht gebietet. Da die OECD-Staaten folglich nicht die Absicht haben, der abkommensrechtlichen Selbstständigkeitsfiktion den von *Kluge* vermuteten Regelungsgehalt einer vollständigen Gleichstellung des Einheitsunternehmens mit selbstständigen Unternehmen zukommen zu lassen, greift Art. 7 Abs. 2 OECD-MA nicht in die Einkünfteermittlung ein.

Zum anderen kann auch die historische Entwicklung der Abkommen diese Auslegung stützen. So ist das Gedankengut der in den 30er Jahren im Auftrag des Völkerbunds durchgeführten Untersuchungen von *Carroll* und *Jones* in die Musterabkommensvorschläge des Völkerbunds eingeflossen und hat somit auch die späteren OECD-Musterabkommen beeinflusst. *Carroll* und *Jones* empfahlen eine aufgeschobene Gewinnrealisierung als theoretisch richtige Lösung für die Einkünftezurechnung im Einheitsunternehmen.[354] Eine hiervon ausdrücklich abweichende Auffassung wurde in späterer Zeit weder vom Völkerbund noch im OECD-Musterkommentar vertreten.

3.1.2 Ent- und Verstrickung im innerstaatlichen Recht

3.1.2.1 Bisherige Rechtsentwicklung

Im innerstaatlichen Steuerrecht erfolgten bislang verschiedene Versuche, eine sofortige Besteuerung von Vermögenstransfers zwischen Stammhaus und Betriebsstätte auf den Entstrickungsgrundsatz zu stützen. Steht Betriebsvermö-

---

353 Vgl. OECD-MK zu Art. 7, Tz. 15; ebenso Entwurf OECD-MK 2008 zu Art. 7, Tz. 21; Die Vorschrift wurde erst 1977, also nach dem Aufsatz von Kluge in den OECD-Musterkommentar aufgenommen.

354 So etwa bei *Carroll*: "...si une société produit des marchandises (...) et vend ces marchandises à sa succursale située dans un autre pays, cette société ne réalise pas de bénéfice tant que la marchandise n'est pas vendue à des tiers...", vgl. Société des Nations, Dok. Nr. C.425(b).M.217(b).1933.II.A., S. 193, Rn. 624. *Jones* führt aus: "...Nous recommandons, en conséquence, d'autoriser les entreprises internationales à éliminer les bénéfices non réalisés figurant dans les inventaires des succursales des bénéfices....", vgl. Société des Nations, Dok. Nr. C.425(c).M.217(c).1933.II.A., S. 12, Rn. 14.

gen in einer "Verstrickung", so können die betreffenden Wirtschaftsgüter[355] nur unter Aufdeckung der stillen Reserven in einen steuerfreien oder anders besteuerten Bereich gelangen.[356] In die deutsche Besteuerung verstrickte stille Reserven sollen deshalb beim Übergang des Wirtschaftsguts in eine ausländische Betriebsstätte besteuert werden. Die Besteuerung stiller Reserven anlässlich des Überführungsvorgangs dient der vollständigen steuerlichen Erfassung des Einkommens.[357] Der Entstrickungsgrundsatz ist somit auf Ebene der Einkünfte*ermittlung* angesiedelt. Dennoch ist er eng mit der Einkünfte*zurechnung* verbunden, da er die Zurechnung des Entstrickungsgewinns zu der Betriebsstätte auslöst, der das Wirtschaftsgut vor dem Überführungsvorgang zugerechnet wurde. Gegebenenfalls kommt auch eine Aufteilung des Entstrickungsgewinns in Betracht.[358]

Ansätze eines Entstrickungsprinzips konnten bereits bislang in verschiedenen Einzelvorschriften des Ertragsteuerrechts erblickt werden, die die Besteuerung von stillen Reserven gebieten, wenn ihre Erfassung nicht mehr gewährleistet ist.[359] Insbesondere der Entnahmetatbestand (§ 4 Abs. 1 S. 2 EStG) ist Ausfluss des Entstrickungsgedankens. Eine Entnahme setzt voraus, dass der Steuerpflichtige Wirtschaftsgüter "für sich, seinen Haushalt oder für andere betriebsfremde Zwecke" entnimmt. Da Entnahmen mit dem Teilwert anzusetzen sind (§ 6 Abs. 1 Nr. 4 EStG), ergibt sich in Höhe unrealisierter Wertsteigerungen ein Entnahmegewinn. Somit werden während der Zugehörigkeit zu einem Betriebsvermögen gebildete, nicht realisierte Vermögensgewinne steuerlich auch bei diesem Betriebsvermögen erfasst. Die BFH-Rechtsprechung bediente sich im Zusammenhang mit der Überführung von Wirtschaftsgütern des Anlagevermögens in eine ausländische Betriebsstätte des Entstrickungsgedankens und wendete die Entnahmevorschrift an, wenn ein mit dem Bele-

---

355 Zur Frage, ob der Begriff des Wirtschaftsguts im Zusammenhang mit dem Entstrickungsgrundsatz auch Nutzungen und Leistungen erfasst vgl. unten Kapitel II, Abschn. 3.1.2.3.1.

356 Vgl. Beisse (Gewinnrealisierung), S. 3 (15); Telkamp, StuW 1972, S. 211 (211).

357 Vgl. Beisse (Gewinnrealisierung), S. 3 (15); Lang (Gewinnrealisierung), S. 45 (91); Tipke / Lang (Steuerrecht), § 9, Rn. 404.

358 Ein solcher Fall könnte gegeben sein, wenn ein reservenhaltiges Wirtschaftsgut ohne Verstrickung nach Deutschland verbracht wird (Anrechnungsbetriebsstätte) und nach der Bildung weiterer stiller Reserven in Deutschland wieder entstrickt wird.

359 Neben dem Entnahmetatbestand sind zu nennen: Betriebsaufgabe (§ 16 Abs. 3 EStG), Schlussbesteuerung bei Auflösung inländischer Betriebsstätten beschränkt steuerpflichtiger Körperschaftsteuersubjekte (§§ 12 Abs. 2, 13 Abs. 2 KStG a. F.), Wegzugsbesteuerung (§ 6 AStG), Besteuerung einbringungsgeborener Anteile, deren stille Reserven nicht mehr in Deutschland besteuert werden können (§ 21 Abs. 2 UmwStG a. F.).

genheitsstaat geschlossenes DBA die Freistellung der Betriebsstätteneinkünfte vorsah.[360] Der Überführungsvorgang hatte nach der BFH-Rechtsprechung zur Folge, dass im Inland gebildete stille Reserven der Besteuerung entzogen werden. Der BFH unterstellte hierbei, dass das Stammhaus nicht an den zukünftigen Erfolgswirkungen des Überführungsvorgangs, etwa geringeren Abschreibungen, höheren Veräußerungsgewinnen usw. partizipieren darf und deshalb die stillen Reserven endgültig einer deutschen Besteuerung entzogen sind. Die Rechtsprechung erblickte in der Mehrdeutigkeit des Ausdrucks "Betrieb" und dem Zweck der Entnahmevorschrift, die steuerliche Erfassung der stillen Reserven zu gewährleisten, eine Grundlage dafür, den inländischen Unternehmensteil als "Betrieb" und die Überführung des Wirtschaftsguts als Entnahme zu "betriebsfremden Zwecken" anzusehen.[361] Diese "finale Entnahmetheorie" wurde im Schrifttum überwiegend abgelehnt, teilweise aber auch mit ver-

---

360 Bereits in den 50er Jahren verlangte die Rechtsprechung – wenn auch ohne eingehende Begründung – bei der Überführung von Wirtschaftsgütern in ausländische Betriebsstätten den Ansatz des Teilwerts, vgl. BFH v. 12.12.1951 - I 115/51 U, BStBl III 1952, S. 79. Ausdrücklich wurde eine finale – auf den Gesetzeszweck bezogene – Auslegung der Entnahmevorschrift zunächst in den Urteilen zur Übertragung von Wirtschaftsgütern aus einem gewerblichen in ein land- und forstwirtschaftliches Betriebsvermögen vorgenommen, vgl. BFH v. 16.03.1967 - IV 72/65, BStBl III 1967, S. 318, BFH v. 14.04.1967 - VI 9/65, BStBl III 1967, S. 391, BFH v. 22.05.1969 - IV 31/65, BStBl II 1969, S. 584. Diese finale Sicht wurde dann auf die Überführung von Wirtschaftsgütern in ausländische DBA-Betriebsstätten angewendet, vgl. BFH v. 16.07.1969 - I 266/65, BStBl II 1970, S. 175 ("Es entspricht insbesondere dem Zweck und der rechtssystematischen Bedeutung des § 4 Abs. 1 Satz 2 EStG, in Wertabgaben aus dem betrieblichen Bereich eine gewinnverwirklichende Entnahme zu sehen."). Im Grundsatz bestätigend BFH v. 28.04.1971 - I R 55/66, BStBl II 1971, S. 630 (Betriebsverlegung in ausländischen DBA-Staat als Betriebsaufgabe nach § 16 Abs. 3 EStG). Bestätigend auch BFH v. 09.02.1972 - I R 205/66, BStBl II 1972, S. 455 (zum Strukturwandel von einem gewerblichen zu einem land- und forstwirtschaftlichen Betrieb: "Diesen Grundsätzen widerspricht es nicht, daß der BFH eine Entnahme dann angenommen hat, wenn der Steuerpflichtige... Wirtschaftsgüter aus dem inländischen Betrieb einer OHG in eine ausländische Betriebsstätte überführt", im Anschluss allerdings mögliche Konflikte mit dem Rechtsstaatsprinzip bedenkend), BFH v. 30.05.1972 - VIII R 111/69, BStBl II 1972, S. 760 (Bestätigung auch durch den VIII. Senat in Bezug auf die Überführung von Wirtschaftsgütern in eine ausländische DBA-Betriebsstätte), BFH v. 07.10.1974 - GrS 1/73, BStBl II 1975, S. 168 (im Grundsatz Bestätigung der finalen Entnahmetheorie, Strukturwandel lediglich mangels Entnahmehandlung nicht als Entnahme, vgl. Gründe Nr. II.1.c), BFH v. 16.12.1975 - VIII R 3/74, BStBl II 1976, S. 246 (Bestätigung der finalen Entnahmetheorie, im betreffenden Fall aber keine Entnahmehandlung, da das DBA zeitlich nach Betriebsstättenbegründung und der Überführung von Wirtschaftsgütern in die Betriebsstätte abgeschlossen wurde), BFH v. 24.11.1982 - I R 123/78, BStBl II 1983, S. 113 (Entnahme bei der Überführung eines Wirtschaftsguts in die ausländische Betriebsstätte eines beschränkt Steuerpflichtigen).

361 Vgl. BFH v. 07.10.1974 - GrS 1/73, BStBl II 1975, S. 168 (Gründe Nr. II.1.b).

schiedenen Begründungen gestützt.[362] Die Finanzverwaltung wendete bis zur Einführung der gesetzlichen Entstrickungsregelungen im Grundsatz die finale Entnahmetheorie an. So waren bei der Überführung eines Wirtschaftsguts in eine ausländische Betriebsstätte stille Reserven aufzudecken, wenn deren Einkünfte durch ein DBA von der inländischen Besteuerung freigestellt waren. Ein Aufschub der Gewinnrealisierung für einen Zeitraum von bis zu 10 Jahren war lediglich als Billigkeitsmaßnahme zu gewähren.[363] Abweichend zur Rechtsprechung sollte nach den Verwaltungsgrundsätzen der Fremdvergleichspreis im Zeitpunkt der Überführung maßgebend sein.[364]

Eine weitere Ausprägung des Entstrickungsgrundsatzes ist seit 1999 in § 6 Abs. 5 S. 1 EStG enthalten. Nach dieser Vorschrift ist bei der Überführung eines Wirtschaftsguts von einem Betriebsvermögen in ein anderes Betriebsvermögen desselben Steuerpflichtigen der Wert anzusetzen, der sich nach den Vorschriften über die Gewinnermittlung ergibt, sofern die Besteuerung der stillen Reserven sichergestellt ist. Im Umkehrschluss ordnet die Vorschrift den Teilwertansatz an, wenn ihre Besteuerung sichergestellt ist. Da nach der Gesetzesbegründung[365] eine Gefährdung der stillen Reserven angenommen wird, wenn Wirtschaftsgüter in eine ausländische Betriebsstätte verbracht werden, ist davon auszugehen, dass der Gesetzgeber an die Rechtsprechung zur finalen Entnahmetheorie anknüpfen und § 6 Abs. 5 S. 1 EStG zweckorientiert ausgelegt wissen wollte.[366] Ein "anderes Betriebsvermögen" wäre demnach auch gegeben, wenn der Vermögensübergang auf die ausländische Betriebsstätte zu einem Entweichen von stillen Reserven führt.

3.1.2.2 Der Ent- und Verstrickungsgrundsatz de lege lata

3.1.2.2.1 Entstrickung

Ein allgemeiner Entstrickungsgrundsatz ist durch das SEStEG in § 4 Abs. 1 S. 3 EStG und § 12 Abs. 1 KStG kodifiziert worden. Nach § 4 Abs. 1 S. 3 EStG steht einer Entnahme der Ausschluss oder die Beschränkung des inlän-

---

362 Zustimmend etwa Keuk, StuW 1973, S. 74 (74); Salditt, StuW 1974, S. 61 (67); Maier (Betriebsbegriff), S. 178.

363 Vgl. VWG-BS, Tz. 2.6.1a).

364 Vgl. VWG-BS, Tz. 2.6.1.

365 Vgl. BTDrs. 14/23, S. 173 und BTDrs. 14/265, S. 174, jeweils noch als Begründung zu § 6 Abs. 4 EStG-E. Die endgültige Fassung der Vorschrift wurde in § 6 Abs. 5 EStG eingefügt.

366 Vgl. Buciek (Betriebsvermögenstransfer), S. 43 (48); Hoffmann in Littmann / Bitz / Pust, § 49 EStG, Rn. 1151.

dischen Besteuerungsrechts hinsichtlich des Gewinns aus der Veräußerung oder Nutzung eines Wirtschaftsguts gleich. Die Entstrickung eines Wirtschaftsguts hat den Ansatz dieses Wirtschaftsguts mit dem gemeinen Wert zur Folge (§ 6 Abs. 1 Nr. 4 HS. 2 EStG; § 9 Abs. 2 BewG). § 12 Abs. 1 KStG enthält eine ähnliche Regelung für Körperschaftsteuersubjekte. Da Körperschaftsteuersubjekte keine Privatsphäre haben, wird bei Ausschluss oder Beschränkung des deutschen Besteuerungsrechts hinsichtlich des Gewinns aus der Veräußerung oder Nutzung eines Wirtschaftsguts keine Entnahme, sondern eine Veräußerung zum gemeinen Wert fingiert.[367]

Der Entstrickungstatbestand soll abweichend zur finalen Entnahmetheorie der BFH-Rechtsprechung offenbar unabhängig davon erfüllt sein, welche Methode zur Vermeidung der Doppelbesteuerung angewendet wird. In der Gesetzesbegründung wird unterstellt, dass das deutsche Besteuerungsrecht hinsichtlich eines in eine ausländische Betriebsstätte verbrachten Wirtschaftsguts durch die Freistellungsmethode ausgeschlossen und durch die Anrechnungsmethode beschränkt wird.[368] Offenbar wird eine potentielle Anrechnung ausländischer Steuern auf Gewinne des inländischen Steuerpflichtigen aus der Auflösung von stillen Reserven als Beschränkung des deutschen Besteuerungsrechts gewertet. Der Gesetzgeber ignoriert damit die Möglichkeit, dass tatsächlich – etwa aufgrund einer Verlustsituation der Betriebsstätte – keine ausländische Steuer entsteht und somit das deutsche Besteuerungsrecht nicht durch einen Anrechnungsanspruch beschränkt ist.[369] Auf andere Methoden zur Vermeidung der Doppelbesteuerung geht die Gesetzesbegründung nicht ein.

3.1.2.2.2 Verstrickung

Im Falle der Begründung des inländischen Besteuerungsrechts hinsichtlich des Gewinns aus der Veräußerung eines Wirtschaftsguts tritt eine Verstrickung dieses Wirtschaftsguts in die deutsche Steuerhoheit ein (§ 4 Abs. 1 S. 7 HS. 2 EStG). Die Verstrickung eines Wirtschaftsguts hat dessen fiktive Einlage in das inländische Betriebsvermögen mit dem gemeinen Wert zur Folge (§ 6 Abs. 1 Nr. 5a EStG). Eine Verstrickung ist auch erlaubt, wenn im Ausland keine vergleichbare Entstrickungsregelung angewendet wird.[370]

---

367 Vgl. Benecke / Schnitger, IStR 2006, S. 765 (767).

368 Vgl. BTDrs. 16/2710, S. 44.

369 Vgl. Rödder / Schumacher, DStR 2006, S. 1481 (1484).

370 Anders noch die Begründung des Referentenentwurfs, vgl. Referentenentwurf eines Gesetzes über steuerliche Begleitmaßnahmen zur Einführung der Europäischen Gesellschaft und zur Änderung weiterer steuerrechtlicher Vorschriften (SEStEG) vom 21.04.2006 (abgerufen unter www.bundesfinanzministerium.de), allgemeiner Teil der Gesetzesbegründung, S. 4.

Nach dem Willen des Gesetzgebers gilt die Überführung von Wirtschaftsgütern aus einer ausländischen in eine inländische Betriebsstätte nur dann als Einlage, sofern auf die ausländischen Betriebsstätteneinkünfte die Freistellungsmethode anzuwenden ist. Die Überführung eines bisher der Anrechnungsmethode unterliegenden Wirtschaftsguts in eine inländische Betriebsstätte erfüllt den Verstrickungstatbestand nicht, da das Wirtschaftsgut bereits vorher steuerverstrickt war und somit nur ein bereits bestehendes Besteuerungsrecht verstärkt wird.[371]

3.1.2.3 Abgrenzung unter die Ent- und Verstrickungskonzeption fallender Transfergegenstände

3.1.2.3.1 Wirtschaftsgutbegriff

Zur Sicherstellung der im Inland entstandenen stillen Reserven knüpft der *Entstrickungs*grundsatz an das Tatbestandsmerkmal der Beschränkung oder des Ausschlusses des Gewinns aus der Veräußerung oder Nutzung eines *Wirtschaftsguts* an. Auffallend ist, dass die Vorschrift des § 4 Abs. 1 S. 3 EStG im systematischen Zusammenhang mit der allgemeinen Entnahmevorschrift des § 4 Abs. 1 S. 2 EStG steht. Diese definiert den Begriff "Wirtschaftsgut" als "Barentnahmen, Waren, Erzeugnisse, Nutzungen und Leistungen" und enthält somit eine weitere als die im Fachsprachgebrauch, insbesondere im Bilanzsteuerrecht und in der Einkünftezurechnung übliche Definition des Wirtschaftsgutbegriffs.[372] Fraglich ist, ob aus diesem systematischen Zusammenhang mit § 4 Abs. 1 S. 2 EStG geschlossen werden kann, dass Nutzungen und Leistungen unter den Entstrickungsgrundsatz fallen. Gegen die Bezugnahme auf die weite Fassung des Wirtschaftsgutbegriffs spricht, dass der frühere Gesetzgeber in § 4 Abs. 1 S. 2 EStG vor allem die Entnahmefähigkeit von Nut-

---

371 Vgl. Rödder / Schumacher, DStR 2006, S. 1481 (1486); Stadler / Elser, BB 2006 Special zu Heft 44, S. 18 (23).

372 Im Fachschrifttum zur Einkünftezurechnung im Einheitsunternehmen wird fast durchgängig zwischen der Überführung von Wirtschaftsgütern und der Erbringung von "Dienstleistungen" oder "sonstigen Leistungen" differenziert, vgl. Baranowski (Auslandsbeziehungen), Tz. 296 ff. (Wirtschaftsgüter) und Tz. 314 ff. (sonstige Leistungen); Schröder / Strunk (Betriebsstätten), Rn. C 107; Borstell / Brüninghaus in Vögele et. al. (HdV^2), Rn. M 73 ff. und M 96 ff.; Fink, RIW 1988, S. 43 (47-51); Hirsch, StuB 2001, S. 372 (376 f.); IdW Steuerfachausschuss, WPg 1996, S. 365 (366 f.); Kroppen in Gosch / Kroppen / Grotherr, DBA, Art. 7 OECD-MA, Rn. 145 ff. und 172 ff.; Wassermeyer in Debatin / Wassermeyer, MA, Art. 7, Rn. 249 ff. und 286 ff.; Haiß (Gewinnabgrenzung), S. 205 ff. und 210 ff.; Kumpf, FR 2001, S. 449 (455-457); Ditz, IStR 2005, S. 37 (39). Weniger deutlich ist die Differenzierung zwischen "Wirtschaftsgütern" und "Dienstleistungen" in den VWG-BS, vgl. Tz. 2.6. und 3.1.1.

zungen und Leistungen regeln wollte. Es handelt sich um eine zweckgerichtete Definition, der keine allgemeine Wirkung zukommt, weshalb beispielsweise auch der Kreis der einlagefähigen Gegenstände Nutzungen und Leistungen nicht umfasst.[373] In ähnlicher Weise kann argumentiert werden, dass Nutzungen und Leistungen nicht unter Wirtschaftsgutbegriff des Entstrickungsgrundsatzes fallen.[374] Auch nach dem Wortlaut der Vorschrift ist anzunehmen, dass der Gesetzgeber von der engen bilanzrechtlichen Definition ausgeht. Aus der Formulierung "Gewinn aus der ... Nutzung eines Wirtschaftsguts" (§ 4 Abs. 1 S. 3 EStG) könnte geschlossen werden, dass die Nutzung selbst kein "Wirtschaftsgut" sein soll.[375] Diese Formulierung dürfte auf die Besteuerung des Gewinns abzielen, der sich aus dem Ansatz des gemeinen Werts für die Nutzungsüberlassung eines Wirtschaftsguts i. e. S., mithin eines fremdüblichen Miet- oder ähnlichen Entgelts, ergibt.[376] Diese Auslegung wirft allerdings unmittelbar die Frage nach anderen Leistungen als Nutzungen, d. h. bloßen Dienstleistungen, auf. Sind vom Gesetzgeber Wirtschaftsgüter im engeren, bilanzrechtlichen Sinne gemeint, so wären Dienstleistungen vom Entstrickungsgrundsatz nicht erfasst. Es wäre aber unsystematisch, wenn die Erfassung stiller Reserven aus Wirtschaftsgütern i. e. S. sowie von Gewinnen aus der Nutzungsüberlassung sichergestellt werden sollte, aber eine Sofortbesteuerung von anderen Leistungen nicht gewollt wäre. Geht es darum, das deutsche Besteuerungsrecht an Gewinnen aus allen Arten von Leistungen zu sichern, ist damit eher eine Interpretation des § 4 Abs. 1 S. 3 EStG vereinbar, die auf dem weiten Wirtschaftsgutbegriff beruht und unter "Gewinn aus der Nutzung des Wirtschaftsguts" den Gewinn aus der *Verwendung* eines Wirtschaftsguts i. w. S. in der Betriebsstätte versteht. Eine solche Auslegung scheint aber nach dem Wortlaut der Vorschrift unwahrscheinlich. Folglich dürfte für andere Dienstleistungen als Nutzungen eine aufgeschobene Gewinnrealisation nach dem Veranlassungsprinzip erfolgen. Dem inländischen Unternehmensteil wä-

---

373 Vgl. BFH v. 26.10.1987 - GrS 2/86, BStBl II 1988, S. 348 (unter Gründe Nr. C.I.1.a)aa); Groh, DB 1988, S. 514 (516); Hoffmann in Littmann / Bitz / Pust, § 4, 5 EStG, Rn. 201; Plückebaum in Kirchhof / Söhn / Mellinghoff, EStG-Komm., § 4 Rn. B 297 und 310.

374 Vgl. Lechner (Gewinnaufteilung), S. 67, in Bezug auf § 4 Abs. 1 S. 2 öEStG.

375 Auch die Gesetzesbegründung legt diese Vermutung nahe. Aus der Formulierung "Danach unterbleibt z. B. die Zuordnung von Wirtschaftsgütern zu einer ausländischen Betriebsstätte, wenn diese nur vorübergehend überlassen werden" (vgl. BTDrs. 16/2710, S. 44, zu Nr. 2a des Gesetzes, 2. Absatz), könnte geschlossen werden, dass die Überlassung selbst kein Wirtschaftsgut ist.

376 Vgl. Benecke / Schnitger, IStR 2006, S. 765 (766); Stadler / Elser, BB 2006 Special zu Heft 44, S. 18 (20 f.); Blumenberg / Lechner, BB 2006, Special zu Heft 44, S. 25 (28); kritisch Wassermeyer, DB 2006, S. 2420 (2421).

ren in diesem Falle Erträge aus der Verwendung der Dienstleistung zuzurechnen, so bald diese durch das Gesamtunternehmen realisiert sind. Wie an späterer Stelle erläutert wird, orientiert sich die Höhe dieser Erträge am Fremdvergleichspreis. Allerdings ist es auch denkbar, dass die Herstellungskosten der Dienstleistung auf den ausländischen Unternehmensteil umgelegt werden. In diesem Fall könnte sich die Höhe der zuzurechnenden Erträge an einem angemessenen Gewinnaufschlag für die Dienstleistung orientieren.

Die Unklarheit hinsichtlich des Wirtschaftsgutbegriffs erweist sich auch bei der Behandlung von Leistungsbeziehungen ausländischer Betriebsstätten zu inländischen Betriebsstätten als problematisch (*Verstrickungstatbestand*, § 4 Abs. 1 S. 7 HS. 2 EStG). Eine Verstrickung setzt die Begründung des deutschen Besteuerungsrechts hinsichtlich des Gewinns aus der Veräußerung eines Wirtschaftsguts voraus, nicht aber hinsichtlich des Gewinns aus der Nutzung des Wirtschaftsguts. Auch der Verstrickungstatbestand dürfte lediglich den bilanzrechtlichen Wirtschaftsgutbegriff verwenden. Erfasste der Begriff des Wirtschaftsguts auch Nutzungen und Leistungen, würden diese nach dem Wortlaut der Vorschrift im Inland verstrickt, wenn der Gewinn aus ihrer *Veräußerung* der inländischen Besteuerungshoheit unterfiele. Da an den inländischen Unternehmensteil erbrachte Nutzungen und Leistungen begrifflich auf eine *Verwendung* im inländischen Unternehmensteil gerichtet sind, ergäbe ein weites Verständnis des Wirtschaftsgutbegriffs für Nutzungs- und Dienstleistungsfälle keinen Sinn. Somit kann die Erbringung von Nutzungen und Dienstleistungen gegenüber dem inländischen Unternehmensteil den Verstrickungstatbestand nicht erfüllen. Dies gilt sowohl bei unbeschränkter Steuerpflicht (Nutzungs- oder Dienstleistungstransfers in das inländische Stammhaus) als auch bei beschränkter Steuerpflicht (Nutzungs- oder Dienstleistungstransfers in eine inländische Betriebsstätte). Bei beschränkter Steuerpflicht kann eine Verstrickung auch nicht durch die allgemeine Einlagevorschrift des § 4 Abs. 1 S. 7 HS. 1 EStG eintreten, da Nutzungen und Dienstleistungen nicht einlagefähig sind.[377] Für Nutzungs- oder Dienstleistungstransfers ins Inland verbleibt somit nur die Möglichkeit einer aufgeschobenen Gewinnrealisation nach Veranlassungsgesichtspunkten. Dem ausländischen Unternehmensteil wären demnach Erträge aus der Verwendung der Nutzung oder Leistung zuzurechnen, sobald diese durch das Gesamtunternehmen realisiert sind. Die Höhe der dem ausländischen Unternehmensteil zuzurechnenden Erträge ist wiederum davon abhängig, ob die Herstellungskosten dieser Leistungen auf den inländischen Unternehmensteil umgelegt werden oder nicht.

---

377 Überdies müsste hierzu der inländische Unternehmensteil den "Betrieb" des Steuerpflichtigen bilden, was an späterer Stelle kritisch beleuchtet wird, vgl. Kapitel II, Abschn. 3.1.2.5.7 dieser Arbeit.

Wirtschaftsgüter, die von einer ausländischen Betriebsstätte, auf die nicht die Freistellungsmethode angewendet wird, in das inländische Stammhaus eines unbeschränkt Steuerpflichtigen verbracht werden, fallen ebenfalls nicht unter den Verstrickungsgrundsatz. Dies gilt sowohl für Wirtschaftsgüter i. e. S. als auch für Nutzungen und Dienstleistungen. Auch hier kann nur auf das Veranlassungsprinzip als Abgrenzungskonzept zurückgegriffen werden, so dass die ausländische Betriebsstätte zum Zeitpunkt der tatsächlichen Gewinnrealisation an den Erträgen des Gesamtunternehmens aus der Verwendung der Transferobjekte beteiligt wird. Bei bilanzierten Wirtschaftsgütern sind die Anschaffungs- oder Herstellungskosten des Wirtschaftsguts fortzuführen.[378] Die Höhe der zuzurechnenden Erträge orientiert sich an den zum Überführungszeitpunkt vorhandenen stillen Reserven.

Abschließend erwähnt sei, dass auch eine Teilentstrickung und eine Teilverstrickung denkbar ist, falls Wirtschaftsgüter anteilig ins Ausland bzw. Inland verlagert werden. Dies setzt allerdings voraus, dass eine *anteilige* Zuordnung und damit eine Aufteilung von Wirtschaftsgütern auf verschiedene Unternehmensteile befürwortet wird. Auf die entsprechenden Ausführungen an späterer Stelle wird verwiesen.[379]

3.1.2.3.2 Anteile an Kapitalgesellschaften

Besondere Interpretationsprobleme des Entstrickungsgrundsatzes ergeben sich bei Anteilen an Kapitalgesellschaften. Ein solcher Zuordnungswechsel von Anteilen kann etwa durch Begründung eines funktionalen Zusammenhangs der Anteile zu einem ausländischen Unternehmensteil eintreten. Dies setzt voraus, dass die Geschäftstätigkeit des Unternehmens, an dem die Beteiligung besteht, ab dem Zeitpunkt der Überführung die Betriebsstättentätigkeit unterstützt, z. B. indem es nun die Produkte der Betriebsstätte vertreibt.[380]

Ist der Unternehmensträger ein Körperschaftsteuersubjekt, so kommt dieser bereits durch § 8b KStG in den Genuss der vollständigen unilateralen Freistellung von Gewinnanteilen und Veräußerungsgewinnen. Hier könnte vertreten werden, dass eine weitere Beschränkung des deutschen Besteuerungsrechts hinsichtlich des Gewinns aus der Veräußerung der Kapitalgesellschaftsanteile durch den Vermögenstransfer ins Ausland nicht möglich ist.[381] Deshalb ist es

---

378 Vgl. Pach-Hanssenheimb, BB 1992, S. 2115 (2123), re. Spalte unten.

379 Vgl. Kapitel III, Abschn. 1.3.

380 Vgl. FG Köln v. 29.03.2007 - 10 K 4671/04, DStRE 2007, S. 1320.

381 Vgl. Publikumsbeitrag zu Piltz, JbFSt 2006/07, S. 130. Die h. M. geht ohne weiteres von einer Entstrickung aus, vgl. etwa Blumenberg / Lechner, BB 2006, Special zu Heft 44, S. 25 (30); Kessler / Jehl, IWB v. 08.08.2007, F. 10 Gr. 2, S. 1977 (1980); Piltz, JbFSt 2006/07, S. 104 (128).

fraglich, ob ein Anwendungsfall des Entstrickungsgrundsatzes vorliegt. Konzeptionell liegt jedenfalls eine vollständige Freistellung der Veräußerungsgewinne vor, auch wenn die Fiktion nicht abziehbarer Betriebsausgaben in Höhe von 5% der freigestellten Veräußerungsgewinne (§ 8b Abs. 3 S. 1 KStG) wirtschaftlich betrachtet wie eine teilweise Besteuerung wirkt. Allerdings ist zumindest ein abstraktes deutsches Besteuerungsrecht vorhanden, da Anteile i. S. v. § 8b KStG zum Betriebsvermögen gehören und damit in die steuerliche Gewinnermittlung einbezogen werden. § 8b KStG wirkt als sachliche Befreiungsvorschrift erst auf einer zweiten Stufe der Gewinnermittlung.[382] Deshalb könnte durchaus ein bestehendes deutsches Besteuerungsrecht an den Veräußerungsgewinnen i. S. v. § 8b KStG angenommen werden. Diese Interpretation des Entstrickungstatbestands vermeidet überdies Wertungswidersprüche zu ähnlich formulierten Tatbeständen im Umwandlungssteuerrecht, die die Entstrickung von Kapitalgesellschaftsanteilen unterstellen.[383] Auch in § 4 Abs. 1 S. 4 EStG und § 12 Abs. 1 HS. 2 KStG geht der Gesetzgeber davon aus, dass eine Entstrickung bei Anteilen an Kapitalgesellschaften möglich ist. Diese Vorschriften sehen eine Ausnahme vom Entstrickungsgrundsatz für Anteile an einer Europäischen Gesellschaft (SE) oder Genossenschaft (SCE) vor, wenn das deutsche Besteuerungsrecht anlässlich der Sitzverlegung der SE/SCE beschränkt wird. Sie betrifft Fälle, in denen aufgrund abkommensrechtlicher Vorschriften (z. B. Art. 13 Abs. 3 i. V. m. Art. 23 Abs. 1b DBA Deutschland-Tschechien) dem Staat das Besteuerungsrecht zusteht, in dem die Gesellschaft ansässig ist, deren Anteile veräußert werden. Die stillen Reserven dürfen nach § 4 Abs. 1 S. 4 EStG und § 12 Abs. 1 HS. 2 KStG, basierend auf den Vorgaben der Fusionsrichtlinie,[384] anlässlich des Wegzugs einer SE/SCE nicht besteuert werden. Sie werden erst bei einer späteren tatsächlichen Veräußerung der SE/SCE-Anteile oder bei Eintritt anderer (Ersatz-)Realisationstatbestände, z. B. einer Kapitalherabsetzung, erfasst (§ 15 Abs. 1a EStG).[385] Der Gesetzge-

---

382 Vgl. Herzig, DB 2003, S. 1459 (1460).

383 So erfordert z. B. ein Anteilstausch zum Buchwert oder Zwischenwert nach § 21 Abs. 2 S. 3 Nr. 1 UmwStG, dass das inländische Besteuerungsrecht an den erhaltenen Anteilen nicht beschränkt ist. Hierbei kann von § 8b KStG ebenfalls keine Beschränkung des Besteuerungsrechts ausgehen, vgl. Dötsch / Patt / Pung / Möhlenbrock, Umwandlungssteuerrecht, § 21 UmwStG, Rn. 59.

384 Art. 10d Abs. 1 der Richtlinie 2005/19/EG ("Fusionsrichtlinie") i.d.F. vom 17.02.2005.

385 Im Gegensatz zur Methode der aufgeschobenen Gewinnrealisation greift Deutschland allerdings auf den gesamten Veräußerungsgewinn einschließlich der nach Überführung entstandenen stillen Reserven zu. Die Regelung steht somit mit dem Grundsatz der wirtschaftlichen Zugehörigkeit nicht in Einklang. Kritisch auch Förster, DB 2007, S. 72 (75); Werra / Teiche, DB 2006, S. 1455 (1457 f.); Hoffmann in Littmann / Bitz / Pust, § 4 EStG, Rn. 270.

ber unterstellt somit auch bei Körperschaftsteuersubjekten die Möglichkeit einer Entstrickung von Anteilen i. S. v. § 8b KStG.

3.1.2.4 *Erfassung eines Wirtschaftsguts nach Ent- oder Verstrickung bei unbeschränkter Steuerpflicht*

3.1.2.4.1 *Entstrickung*

Der Gesetzeswortlaut schreibt zwar eine fiktive Entnahme bzw. Veräußerung vor, er schweigt allerdings über das steuerliche Schicksal des Wirtschaftsguts nach dem Zeitpunkt der fiktiven Entnahme. Fraglich ist, ob eine Wiedereinlage oder -anschaffung desselben Wirtschaftsguts ins Betriebsvermögen unterstellt werden muss und welcher Wertansatz hierbei zu wählen wäre.[386]

Für die Annahme einer sofortigen Wiedereinlage oder -anschaffung nach der Entstrickung spricht, dass zum Betriebsvermögen grundsätzlich alle Wirtschaftsgüter gehören, die für eigenbetriebliche Zwecke des Steuerpflichtigen genutzt werden oder dazu bestimmt sind, dem Betrieb des Steuerpflichtigen zu dienen.[387] Auch das der ausländischen Betriebsstätte zugehörige Betriebsvermögen ist deshalb in der Steuerbilanz des Gesamtunternehmens auszuweisen. Würde keine Wiedereinlage oder -anschaffung des in die ausländische Betriebsstätte überführten Wirtschaftsguts angenommen, so könnte das Wirtschaftsgut nicht mehr in den Betriebsvermögensvergleich einbezogen werden und entsprechende Erfolgsbeiträge (Abschreibungen, Veräußerungsergebnisse) würden nicht mehr erfasst. Es wäre paradox, würden in der Steuerbilanz Wertsteigerungen des Betriebsvermögens gezeigt, die durch die Nutzung des Wirtschaftsguts in der ausländischen Betriebsstätte veranlasst sind (z. B. unter Einsatz des Wirtschaftsguts entstandene Erzeugnisse, Forderungen und liquide Mittel), während die Wertänderungen des Wirtschaftsguts selbst aus der Gewinnermittlung ausgeklammert blieben. Bei Körperschaftsteuersubjekten soll-

---

[386] Die Frage ist im Übrigen für die Anwendung aller Steuerrechtsvorschriften relevant, die an die Begriffe "Entnahme" oder "Einlage" oder an die Höhe des Betriebsvermögens bzw. des steuerlichen Eigenkapitals oder an steuerliche Einkünftegrößen anknüpfen. So stellt sich etwa bei § 34a EStG die Frage, ob die fiktive Entnahme bei der Ermittlung des Nachversteuerungsbetrags berücksichtigt werden muss. Nach der hier vertretenen Auffassung müsste diese durch die fiktive sofortige Wiedereinlage des Wirtschaftsguts ausgeglichen werden, so dass im Ergebnis keine Berücksichtigung im Nachversteuerungsbetrag erfolgt. Die folgenden Abschreibungen und anderen Erfolgsbeiträge aus dem Wirtschaftsgut müssten im "nach § 4 Abs. 1 S. 1 oder § 5 ermittelten Gewinn" (§ 34a Abs. 4 S. 1 EStG) einbezogen werden.

[387] Vgl. BFH v. 06.03.1991 - X R 57/88, BStBl 1991, S. 829 (Gründe Nr. I.2.b); BFH v. 13.11.1996 - XI R 31/95, BStBl 1997, S. 247; R 4.2 Abs. 1 S. 1 EStR 2005.

te eine sofortige Wieder*anschaffung* des Wirtschaftsguts gegen Verrechnung der fiktiven Forderung aus der Veräußerung angenommen werden. Ohne Annahme einer Wiedereinlage oder -anschaffung würden im Falle der Anrechnungsmethode Betriebsstätteneinkünfte in unzutreffender Höhe in das zu versteuernde Einkommen des Steuerpflichtigen einfließen. Bei einer Freistellung der Betriebsstätteneinkünfte würde der Steuersatz im Rahmen des Progressionsvorbehalts (§ 32b EStG) nicht nach der tatsächlichen Leistungsfähigkeit des Steuerpflichtigen bemessen, sondern nach einem unzutreffenden Betriebsstättenergebnis. Die Freistellung von Betriebsstätteneinkünften ändert nichts daran, dass in der Steuerbilanz des Gesamtunternehmens zunächst die Einkünfte des Unternehmens einschließlich der Betriebsstätteneinkünfte ermittelt werden müssen.[388]

Die Wiedereinlage oder -anschaffung des Wirtschaftsguts erfolgt mit dem *gemeinen Wert*. Für Einkommensteuersubjekte ergibt sich dies aus § 6 Abs. 1 Nr. 5 S. 3 EStG, wonach eine Einlage bei vorheriger Entnahme des Einlagegegenstands aus einem Betriebsvermögen mit dem Entnahmewert angesetzt werden muss. Für Körperschaftsteuersubjekte ist eine Wiederanschaffung zum gemeinen Wert anzunehmen. Das Wirtschaftsgut kann nicht – wie von *Kramer* unterstellt[389] – in der Steuerbilanz des Gesamtunternehmens zum bisherigen Buchwert angesetzt werden. Eine Konsequenz der Auffassung von *Kramer* wäre im Anrechnungsfall eine doppelte Besteuerung der stillen Reserven und im Freistellungsfall bei der Einkommensteuer eine zweimalige Erfassung der stillen Reserven im Steuersatz.[390]

Entsprechendes sollte für die Entstrickung von *Nutzungen* gelten. Um die Betriebsstätteneinkünfte in zutreffender Höhe zu ermitteln, sollte der gemeine Wert der Nutzung – nicht die ihr zuzurechnenden Aufwendungen – von den Einkünften der ausländischen Betriebsstätte abgezogen werden.

---

388 Vgl. Grotherr in Gosch / Kroppen / Grotherr, DBA, Art. 23 OECD-MA, Rn. 76; Wassermeyer in Debatin / Wassermeyer, MA, Art. 23A, Rn. 53. Der Befreiung der Betriebsstätteneinkünfte wird erst nach der Gewinnermittlung Rechnung getragen, vgl. Diebold (Normengefüge), S. 579; Pach-Hanssenheimb, BB 1992, S. 2115 (2118).

389 Vgl. Kramer, DB 2007, S. 2338 (2340), nach dessen Auffassung die Steuerbilanz durch die Verbringung nicht berührt werde. Bezüglich des verbrachten Wirtschaftsguts dürfe daher auch keine Diskrepanz zwischen Handelsbilanz und Steuerbilanz entstehen. Ablehnend auch Wassermeyer, DB 2008, S. 430 (431).

390 Im Ergebnis entspricht dies der h. M., da diese von der Bildung des unten zu diskutierenden Ausgleichspostens innerhalb der Steuerbilanz ausgeht, vgl. Hoffmann, DB 2007, S. 652 (652); Kolbe in Herrmann / Heuer / Raupach, § 4g EStG, Rn. J 06-4; a. A. Kramer, DB 2007, S. 2338 (2340). Werden aber die im Ausgleichsposten erfassten stillen Reserven auf der Passivseite der Bilanz abgebildet, so muss auch der gemeine Wert des als entnommen geltenden Wirtschaftsguts auf der Aktivseite erscheinen.

3.1.2.4.2 *Verstrickung*

Werden Wirtschaftsgüter aus einer ausländischen Betriebsstätte, auf deren Einkünfte die Freistellungsmethode angewendet wird, ins inländische Stammhaus überführt, so werden sie mit ihrem gemeinen Wert in die inländische Besteuerungshoheit verstrickt (§ 4 Abs. 1 S. 7 HS. 2 EStG). Das Wirtschaftsgut ist vor dem Transfer in den deutschen Unternehmensteil in der für deutsche Besteuerungszwecke zu führenden Gesamtunternehmensbilanz enthalten. Der nun auf den gemeinen Wert erhöhte Wertansatz des Wirtschaftsguts ist mangels einer Ausnahmeregelung grundsätzlich als Betriebsvermögensmehrung erfolgswirksam zu behandeln (§ 4 Abs. 1 S. 1 EStG). Ein "Verstrickungsgewinn" ist nach dem Grundsatz der wirtschaftlichen Zugehörigkeit der ausländischen Betriebsstätte zuzuweisen, da durch den Ansatz des gemeinen Werts im Ausland entstandene stille Reserven aufgedeckt werden.[391] Obwohl im Ergebnis der Verstrickungsgewinn von der deutschen Bemessungsgrundlage ausgenommen wird, dürfte er sich bei der Einkommensteuer im Rahmen des Progressionsvorbehaltes auf den Einkommensteuersatz auswirken (§ 32b EStG). Auch wenn in vielen Fällen eine Verstrickung im Ergebnis für den Steuerpflichtigen wegen der erhöhten zukünftigen Aufwandsverrechnung günstig sein dürfte, entsteht bei der Einkommensteuer eine inländische Steuerbelastung wegen des Steuersatzeffekts. Es ist offenbar, dass die erfolgswirksame Behandlung der Verstrickung in steuersystematischer Hinsicht problematisch ist, da tatsächlich keine Gewinnrealisation am Markt stattfindet. Die folgenden kritischen Überlegungen zum Entstrickungsgrundsatz, insbesondere hinsichtlich der Niederlassungsfreiheit, gelten deshalb sinngemäß auch für den Fall der Verstrickung bei unbeschränkter Steuerpflicht.[392]

3.1.2.5 *Entstrickungsgrundsatz und konfligierende Besteuerungsgrundsätze*

3.1.2.5.1 *Realisationsprinzip*

Nach dem Realisationsprinzip setzt eine Gewinnrealisation einen Umsatzakt, d. h. die Erbringung von Leistungen gegen Entgelt auf einem Absatzmarkt, voraus.[393] Beschaffungs- oder Produktionsvorgänge werden in der Rechnungs-

---

391 Für den vergleichbaren Fall der Rückführung nach § 4g Abs. 3 EStG Kramer, DB 2007, S. 2338 (2341).

392 Allerdings ist nach dem Regierungsentwurf eines Jahressteuergesetzes 2009 derzeit die Abschaffung des Progressionsvorbehalts für aktiv tätige EU/EWR-Betriebsstätten geplant. Insoweit könnte dieses Argument zukünftig entfallen.

393 Vgl. Beisse (Gewinnrealisierung), S. 13 (20); Herzig, WPg 1999, S. 305 (314).

legung eines Unternehmens hingegen erfolgsneutral abgebildet.[394] Das Realisationsprinzip dient insbesondere dem Gläubigerschutz und der Kapitalerhaltung und gehört als Ausprägung des allgemeinen handelsrechtlichen Vorsichtsprinzips zu den Grundsätzen ordnungsmäßiger Buchführung (§ 252 Abs. 1 Nr. 4 HGB). Das Realisationsprinzip wird überdies durch das Anschaffungswertprinzip konkretisiert, wonach Wertsteigerungen eines Wirtschaftsguts über die fortgeführten Anschaffungs- oder Herstellungskosten hinaus nicht als Einkommen erfasst werden sollen (§ 253 Abs. 1 S. 1 HGB; § 6 Abs. 1 Nr. 1 u. 2 EStG).[395] Somit sollen Wertsteigerungen am ruhenden Vermögen solange nicht zum Gewinnausweis führen, als diese nicht tatsächlich realisiert sind.

Aufgrund des Maßgeblichkeitsgrundsatzes gilt das Realisationsprinzip auch für die steuerliche Gewinnermittlung. Allerdings verleiht die im Steuerrecht überwiegend befürwortete Markteinkommenstheorie, nach der Einkommen der tatsächlich erwirtschaftete, am Markt realisierte Erfolg sein soll, dem Realisationsprinzip eine gewisse eigenständige steuerliche Bedeutung.[396]

Aufgrund des Realisationsprinzips führen Leistungsbeziehungen zwischen Stammhaus und Betriebsstätte nicht zu einer Gewinnrealisierung, solange die Innenleistungen nicht in Außenleistungen eingehen und so durch Umsatzakte am Markt eine Gewinnrealisation stattfindet.[397] Die vorstehend aufgezeigten Ausprägungen des Entstrickungsgrundsatzes[398] widersprechen dem Realisationsprinzip und durchbrechen die Maßgeblichkeit der Handelsbilanz für dic steuerliche Gewinnermittlung.

3.1.2.5.2 Eigentumsgarantie

Aus verfassungsrechtlicher Sicht könnte der Entstrickungsgrundsatz als unverhältnismäßig belastender Eingriff in das Eigentumsrecht (Art. 14 Abs. 1 u.

---

394 Vgl. Herzig, WPg 1999, S. 305 (314).

395 Vgl. Pezzer (Bilanzierungsprinzipien), S. 3 (22); Werndl in Kirchhof / Söhn / Mellinghoff, EStG-Komm., § 6 Rn. A 70; Kempka (Gewinnrealisierung), S. 14.

396 Nach der auf v. Schanz zurückgehenden Reinvermögenszugangstheorie sind dagegen alle Wertänderungen am ruhenden Vermögen – unabhängig von ihrer Realisation – als Einkommen zu besteuern, vgl. hierzu Lang (Bemessungsgrundlage), S. 171 ff.; ders. (Gewinnrealisierung), S. 45 (59); Pezzer (Bilanzierungsprinzipien), S. 3 (22); Wendt (Entnahme), S. 47.

397 Vgl. Kleineidam, IStR 1993, S. 395 (396); IdW Steuerfachausschuss, WPg 1996, S. 365 (367).

398 D. h. die in der finalen Entnahmetheorie der Rechtsprechung sowie die in § 6 Abs. 5 S. 1 EStG, § 4 Abs. 1 S. 3 EStG und § 12 Abs. 1 KStG geregelten Ausprägungen des Entstrickungsgrundsatzes.

2 GG) des Steuerpflichtigen gewertet werden.[399] Ein Verstoß gegen Art. 14 Abs. 1 u. 2 GG liegt nach der Rechtsprechung des Bundesverfassungsgerichts vor, wenn Geldleistungspflichten den Steuerpflichtigen übermäßig belasten und seine Vermögensverhältnisse grundlegend beeinträchtigen.[400] Der Schutzbereich der Eigentumsgarantie ist nach der neuen Rechtsprechung des Bundesverfassungsgerichts betroffen, wenn "der Steuerzugriff tatbestandlich an das Innehaben von vermögenswerten Rechtspositionen anknüpft und so den privaten Nutzen der erworbenen Rechtspositionen (...) einschränkt."[401] Grundsätzlich sei Art. 14 Abs. 1 u. 2 GG durch die Erhebung der Einkommen- und der Gewerbesteuer berührt, da diese Steuerarten das in einem Jahr vom Steuerpflichtigen "Hinzuerworbene"[402] erfassten und somit konkrete Rechtspositionen des Steuerpflichtigen tangiert seien. Bei der Prüfung der Verhältnismäßigkeit steuerlicher Maßnahmen lassen sich allerdings kaum trennscharfe Kriterien entwickeln. Das Bundesverfassungsgericht betont, dass eine "problem- und situationsbezogen(e)"[403] Abwägung erforderlich sei. Die Entscheidung stellt klar, dass auch die gesetzgeberische Gestaltung der Bemessungsgrundlage der verfassungsgerichtlichen Kontrolle unterliegt.[404] Grundsätzlich ist deshalb auch der Entstrickungsgrundsatz verfassungsrechtlich überprüfbar. Jedenfalls greift die Besteuerung stiller Reserven ohne Realisationsakt die Unternehmenssubstanz an und könnte damit geschützte Rechtsgüter des Gewerbetreibenden verletzen. Da insoweit ein Eingriff in das Eigentumsrecht vorliegen könnte, müsste dieser durch die allgemeinen Grundsätze der Verhältnismäßigkeit geeignet, erforderlich und verhältnismäßig (i. e. S.) sein, um verfassungsrechtlich Bestand haben zu können.[405] Da die Geeignetheit steuerlicher Maßnahmen, zur Deckung staatlicher Finanzbedarfe beizutragen, regelmäßig ge-

---

399 Vgl. Tipke, StuW 1972, S. 264 (265); Vogel, StuW 1973, S. 193 (200); Hellwig, DStR 1979, S. 335 (337); Schaumburg (Gewinnrealisierungsprobleme), S. 247 (256); Lang (Gewinnrealisierung), S. 45 (78 f.); Wendt (Entnahme), S. 49; Werra / Teiche, DB 2006, S. 1455 (1457).

400 Vgl. BVerfG v. 14.05.1968 - 2 BvR 544/63, BVerfGE 23, S. 288 (Gründe Nr. C.III); BVerfG v. 09.03.1971 - 2 BvR 326-327, 341-345/69, BVerfGE 30, S. 250 (Gründe Nr. C.III.4); BFH v. 11.08.1999 - XI R 77/97, BStBl II 1999, S. 771 (Gründe Nr. II.2.a).

401 Vgl. BVerfGE 18.01.2006 - 2 BvR 2194/99, HFR 2006, S. 507 (Gründe Nr. C.II.1.a).

402 Vgl. BVerfGE 18.01.2006 - 2 BvR 2194/99, HFR 2006, S. 507 (Gründe Nr. C.II.1.b).

403 Vgl. BVerfGE 18.01.2006 - 2 BvR 2194/99, HFR 2006, S. 507 (Gründe Nr. C.II.2.a).

404 Vgl. BVerfGE 18.01.2006 - 2 BvR 2194/99, HFR 2006, S. 507 (Gründe Nr. C.II.2.b).

405 Vgl. Tipke / Lang (Steuerrecht), § 4, Tz. 209 ff.; Beisse (Gewinnrealisierung), S. 13 (40); Kempka (Gewinnrealisierung), S. 22.

geben ist, erstreckt sich die Prüfung der Verfassungsmäßigkeit auf die Frage der Erforderlichkeit und Angemessenheit (Verhältnismäßigkeit i. e. S.).[406]

Nach dem Grundsatz der *Erforderlichkeit* ist von mehreren geeigneten Maßnahmen diejenige auszuwählen, die den Betroffenen am geringsten belastet.[407] Allerdings kann das angestrebte Ziel, den Entzug stiller Reserven aus der deutschen Besteuerungshoheit zu verhindern, durch einen minder belastenden Eingriff erreicht werden. Hierzu kann eine Nebenrechnung erstellt werden, die den Nachvollzug der Reservenauflösung im Ausland ermöglicht. Der Steuerpflichtige kann auch verfahrensrechtlich zu einer solchen Mitwirkung verpflichtet werden (§ 90 Abs. 2 AO).[408] In der Nebenrechnung wird für jedes überführte Wirtschaftsgut die Differenz zwischen Fremdvergleichspreis und Buchwert gespeichert und ggf. fortgerechnet, um der das Wirtschaftsgut abgebenden Betriebsstätte zum Zeitpunkt der Reservenauflösung einen veranlassungsgemäßen Gewinn zuzuteilen.[409] Hierzu wird für den Unternehmensteil, der das Wirtschaftsgut überträgt, ein Merkposten gebildet. Zum Zeitpunkt der Realisation der stillen Reserven wird der Merkposten aufgelöst und der leistungserbringenden Betriebsstätte werden die ihr zustehenden, nun realisierten stillen Reserven zugerechnet.[410] Die Vermutung, dass die Auferlegung entsprechender Mitwirkungspflichten nicht geeignet sei, um die Besteuerung der stillen Reserven sicherzustellen, weil sich in einzelnen Fällen Steuerpflichtige ihrer Mitwirkungspflicht widersetzen könnten, dürfte kein hinreichender Rechtfertigungsgrund für einen generellen Entstrickungsgrundsatz sein. Vielmehr kann für eine wirksame Steueraufsicht auf Amtshilfe durch die ausländische Finanzbehörden zurückgegriffen werden[411] oder – sofern ein Verdacht auf eine verschleierte Reservenrealisation gegeben ist – im Wege der Beweislastumkehr die Realisation der stillen Reserven angenommen werden.

---

406 Vgl. aber Wernsmann, NJW 2006, S. 1169 (1173), der darauf hinweist, dass im Fall der "erdrosselnden Steuer" die Einnahmequelle für den Staat nicht erhalten bleibt und somit bereits an der Eignung der Besteuerungsmaßnahme zu zweifeln ist.

407 Vgl. Tipke / Lang (Steuerrecht), § 4, Tz. 211.

408 Vgl. Lüdicke (Besteuerungsfragen), S. 35 (46); Roth, StbJb 1997/98, S. 493 (520); Kumpf / Roth, DB 2000, S. 787 (789); Bodenmüller (Funktionsverlagerung), S. 165.

409 Soweit ersichtlich zeichnet sich diese Methode bereits erstmals bei Baranowski, DB 1962, S. 881 (883) ab; deutlicher dann Neubauer, JbFSt 1976/77, S. 312 (319). Die Finanzverwaltung bekennt sich seit 1990 zur Ausgleichspostenmethode, vgl. BMF, Schrb. v. 12.02.1990, IV B 2 – S 2135 – 4/90, IV C 5 – S 1300 – 21/90, BStBl I 1990, S. 72. Zur Frage, ob der Merkposten bilanziell oder außerbilanziell gebildet wird vgl. Kap. II Abschn. 3.2.1, insbes. FN 482.

410 Vgl. Kleineidam (Rechnungslegung), S. 202.

411 Vgl. BMF, Schrb. v. 03.02.1999, IV B 4 – S 1320 – 3/99, BStBl I 1999, S. 228; Art. 26 OECD-MA; § 117 AO.

Bei der Prüfung der *Verhältnismäßigkeit i. e. S.* können weitere Aspekte gegen den Entstrickungsgrundsatz geltend gemacht werden. Zum einen muss der Unternehmer anlässlich einer Entstrickung zusätzliche Kapitalkosten tragen, da die Steuerschuld nicht aus tatsächlich realisierten Gewinnen beglichen werden kann. Besonders bei langlebigen oder nicht abnutzbaren Wirtschaftsgütern können hierbei hohe Zins- und Liquiditätsbelastungen ausgelöst werden. Zum anderen tritt nicht nur eine Zinsbelastung, sondern eine Definitivbelastung des Unternehmens mit Steuern ein, wenn die stillen Reserven nach dem Überführungszeitpunkt nicht realisiert werden können, z. B. weil das Wirtschaftsgut in der ausländischen Betriebsstätte untergeht oder aus anderen Gründen nicht mehr gewinnbringend verwertet werden kann. Nach den im Zuge des SEStEG eingeführten Entstrickungsregelungen wird die Besteuerung der stillen Reserven in diesen Fällen nicht rückgängig gemacht. Im Ergebnis wird ein Betrag in Höhe der stillen Reserven endgültig besteuert, ohne dass das Unternehmen zu irgendeinem Zeitpunkt entsprechende Gewinne realisiert.

Somit sollte auch die Verhältnismäßigkeit i. e. S. des Entstrickungsgrundsatzes fraglich sein. Überdies wäre auch zu überprüfen, ob nicht eine "im internationalen Vergleich bedrohliche Sonderentwicklung"[412] vorliegt, die nach dem Bundesverfassungsgericht eine unverhältnismäßige Besteuerung indizieren kann.[413]

Als Ergebnis wird festgehalten, dass eine verfassungsrechtliche Unbedenklichkeit der beschriebenen Ausprägungen des Entstrickungsgrundsatzes[414] nicht behauptet werden kann. Ein hinreichend sicheres Urteil ist freilich aufgrund der Unschärfe des Verfassungsrechts kaum möglich.

---

412 BVerfGE 18.01.2006 - 2 BvR 2194/99, HFR 2006, S. 507 (Gründe Nr. C.II.2.b).

413 Vorhandene rechtsvergleichende Daten über die Besteuerung von Vermögenstransfers im Einheitsunternehmen sind allerdings widersprüchlich. Nach einer Länderumfrage der OECD aus dem Jahr 1994 folgten 15 von 17 befragten Ländern bei der Überführung von Wirtschaftsgütern aus dem inländischem Stammhaus in eine ausländische Betriebsstätte der aufgeschobenen Gewinnverwirklichung, vgl. OECD (Issues), S. 9 f. Nach dem Generalbericht zum IFA-Kongress in Amsterdam im Jahr 2006 scheint aber die Anzahl der Länder mit aufgeschobener Gewinnverwirklichung nur leicht in der Mehrheit zu sein, vgl. Baker / Collier, CDFI 2006, Vol. 91b, S. 21 (43) zur Überführung von Vorratsvermögen. Allerdings lassen die Länderberichte zum IFA-Kongress auch erkennen, dass in den Rechtsordnungen der meisten Länder keine ausdrücklichen Regelungen zur Überführung von Wirtschaftsgütern in ausländische Betriebsstätten enthalten sind.

414 Finale Entnahmetheorie, § 6 Abs. 5 S. 1 EStG, § 4 Abs. 1 S. 3 EStG und § 12 Abs. 1 KStG.

3.1.2.5.3 *Niederlassungsfreiheit*

Eine Sofortbesteuerung von Gewinnen anlässlich der Überführung von Wirtschaftsgütern oder der Erbringung von Dienstleistungen zwischen den Unternehmensteilen könnte überdies gegen das europarechtliche Gebot der Niederlassungsfreiheit verstoßen (Art. 43 EG-V[415]).[416] Der Schutzbereich der Niederlassungsfreiheit umfasst die Aufnahme und Ausübung selbstständiger Erwerbstätigkeiten sowie die Gründung und Leitung von Unternehmen in einem anderen Mitgliedstaat.[417] Die Niederlassungsfreiheit verbietet nicht nur unmittelbare oder mittelbare Diskriminierungen aufgrund der Staatsangehörigkeit, sondern auch Beschränkungen durch den Herkunftsstaat.[418] Unzulässig sind auch nur geringfügige oder unbedeutende Beschränkungen der Niederlassungsfreiheit.[419] Da die Überführung von Wirtschaftsgütern zwischen verschiedenen inländischen Betriebsstätten eines national tätigen Einheitsunternehmens keine steuerlichen Konsequenzen auslöst, stellt die Entstrickung eine Beschränkung der Niederlassungsfreiheit dar.[420]

Auf der Rechtfertigungsebene kommt dem EuGH-Urteil in der Rechtssache *Lasteyrie du Saillant* eine besondere Bedeutung zu, dem ein teilweise ver-

---

415 Früher: Art. 52 EG-V.

416 Vgl. für viele Kramer, StuW 1993, S. 149 (154); Kaminski, IStR 2001, S. 129 (130); Roth (Gewinnverwirklichung), S. 77 (88); Kraft, StbJb 2000/01, S. 205 (223); Thömmes, StbJb 2003/04, S. 201 (213); Haunold / Tumpel / Widhalm, SWI 2004, S. 211 (dort bezüglich der Entstrickungsklausel in § 6 Z. 6 öEStG); Körner, IStR 2004, S. 424 (429); Ditz, IStR 2005, S. 37 (43); Hahn, IStR 2006, S. 797 (802 f.); Körner, IStR 2006, S. 469 (469); Seitz, Intertax 2008, S. 44 (51 ff.); FG Rheinland-Pfalz v. 17.01.2008, 4 K 1347/03, EFG 2008, S. 680 (Revision beim BFH anhängig unter Az. I R 28/08); a. A. Ramackers in Littmann / Bitz / Pust, § 49 EStG, Rn. 107.

417 Vgl. EuGH v. 11.03.2004 - C 9/02 (Hughes de Lasteyrie du Saillant), EuR 2004, S. 608, Tz. 43, Tz. 40; EuGH v. 29.04.1999 - C 311/97 (Royal Bank of Scotland), HFR 1999, S. 587, Tz. 22.

418 Vgl. EuGH v. 27.09.1988 - 81/87 (Daily Mail), Slg. 1988, S. 5483; EuGH v. 16.07.1998 - C 264/96 (ICI), DStRE 1998, S. 636; EuGH v. 13.04.2000 - C 251/98 (Baars), HFR 2000, S. 460, Tz. 28; EuGH v. 11.03.2004 - C 9/02 (Hughes de Lasteyrie du Saillant), EuR 2004, S. 608, Tz. 42; EuGH v. 15.05.2008 - C 414/06 (Lidl Belgium), DB 2008, S. 1130, Tz. 19; Jarass, RIW 1993, S. 1 (5); Everling in GS Knobbe-Keuk, S. 607 (610 ff.); Hahn, DStZ 2005, S. 469 (476).

419 Vgl. EuGH v. 11.03.2004 - C 9/02 (Hughes de Lasteyrie du Saillant), EuR 2004, S. 608, Tz. 43.

420 Auf diese Vergleichsform hinweisend auch Wassermeyer, GmbHR 2004, S. 613 (616); Kroppen, IWB v. 10.08.2005, F. 10, Gr. 2, S. 1865 (1873 f.). Diese Vergleichsform wird auch im Urteil des EuGH v. 14.12.2000 - C 141/99 (AMID), HFR 2001, S. 305, Tz. 29-31, sowie im Urteil v. 15.05.2008 - C 414/06 (Lidl Belgium), DB 2008, S. 1130, Tz. 25, gewählt.

gleichbarer Sachverhalt zugrunde lag.[421] Gegenstand des Urteils war eine Vorschrift des französischen Einkommensteuerrechts, wonach anlässlich der Wohnsitzverlegung einer natürlichen Person ins Ausland latente Wertsteigerungen von bestimmten Gesellschaftsrechten auch ohne Realisationsvorgang zu besteuern waren. Der EuGH betrachtete diese Regelung als Verstoß gegen die Niederlassungsfreiheit (Art. 43 EG-V). Das von der französischen Regierung behauptete Ziel, missbräuchliche, lediglich der Steuerflucht dienende Wohnsitzverlagerungen zu verhindern, konnte nach Auffassung des EuGH die Wertzuwachsbesteuerung nicht rechtfertigen. Einem steuerlichen Missbrauch dürfe nicht mit einer pauschalen Wegzugsbesteuerung, sondern mit weniger einschneidenden Mitteln begegnet werden, die die spezifische Erfassung von Missbrauchsfällen ermöglichten.[422]

Auch in Betriebsstättenfällen sollte ein durch den Steuerpflichtigen geführter Verbleibensnachweis europarechtlich als minder schweres Mittel gelten, um das Entweichen stiller Reserven aus der Steuerhoheit eines Staates zu verhindern. Der mögliche Einwand, eine im Ausland eintretende Realisation von Gewinnen aus einem überführten Wirtschaftsgut könne durch die inländischen Finanzbehörden nicht überprüft werden, ist zur Rechtfertigung des Entstrickungsgrundsatzes nicht geeignet. So hat der EuGH zwar u. a. in der Rechtssache *Futura* die Wirksamkeit der Steueraufsicht als zwingenden Grund des Allgemeininteresses angesehen, der eine Beschränkung der Niederlassungsfreiheit rechtfertigen könnte. Er hat allerdings in dieser Entscheidung wie in vorangegangenen Urteilen[423] an eine solche Rechtfertigung hohe Anforderungen gestellt und auf die Möglichkeit des zwischenbehördlichen Auskunftsverkehrs verwiesen.[424] Auch in Betriebsstättenfällen können Finanzbehörden grundsätzlich im Wege der Amtshilfe Auskünfte über im Ausland verwirklichte Gewinnrealisierungsakte erhalten.[425]

Mit dem Ziel, einen Verstoß gegen die Niederlassungsfreiheit zu vermeiden, hat der Gesetzgeber für bestimmte Fälle die Möglichkeit vorgesehen, den Entstrickungsgewinn wahlweise zunächst in einen Ausgleichsposten einzustel-

---

421 Vgl. EuGH v. 11.03.2004 - C 9/02 (Hughes de Lasteyrie du Saillant), EuR 2004, S. 608.

422 Vgl. Tz. 50 u. 54 der Urteilbegründung.

423 Vgl. EuGH v. 12.04.1994 - C-1/93 (Halliburton), Slg. 1994, S. 1137; Hahn, IStR 2006, S. 797 (802).

424 Vgl. EuGH v. 15.05.1997 - C 250/95 (Futura Participations SA), HFR 1997, S. 613, Tz. 31 u. 41.

425 Vgl. BMF, Schrb. v. 03.02.1999, IV B 4 – S 1320 – 3/99, BStBl I 1999, S. 228; Art. 26 OECD-MA; § 117 AO.

len (§ 4g EStG).[426] Die Bildung des Ausgleichspostens ist allein unbeschränkt Steuerpflichtigen möglich, die Wirtschaftsgüter des Anlagevermögens in EU-Betriebsstätten überführen. Nimmt der Steuerpflichtige von seinem Recht Gebrauch, wird der Ausgleichsposten im Jahr seiner Bildung und in den vier Folgejahren zu je einem Fünftel aufgelöst. In bestimmten Fällen ist eine vorzeitige gewinnerhöhende Auflösung des Ausgleichspostens vorzunehmen (§ 4g Abs. 2 EStG). Durch die über maximal fünf Jahre gestreckte Besteuerung des Entnahmegewinns wird zumindest die Zins- und Liquiditätsbelastung abgemildert.

Trotz der Vorschrift des § 4g EStG sind viele Fälle denkbar, in denen die nun kodifizierten Entstrickungsregelungen eine unzulässige Beschränkung der Niederlassungsfreiheit begründen.[427] Die wahlweise zeitlich gestreckte Besteuerung der stillen Reserven ist an strenge zeitliche, persönliche und sachliche Voraussetzungen geknüpft, so dass in vielen Konstellationen eine zeitlich frühere oder absolut höhere Besteuerung als im reinen Inlandsfall eintritt. So werden bei nicht abnutzbaren Wirtschaftsgütern oder bei Wirtschaftsgütern mit einer Nutzungsdauer von mehr als 5 Jahren unrealisierte Wertsteigerungen erfasst. Außerdem ist beschränkt Steuerpflichtigen, die aus ihrer Inlandsbetriebsstätte Wirtschaftsgüter in ausländische Unternehmensteile überführen, die Bildung eines Ausgleichspostens verwehrt. Überdies fallen Vermögenstransfers in EWR-Staaten nicht unter § 4g EStG, obwohl Art. 31 des EWR-Vertrags in gleicher Weise wie Art. 43 EG-V die Niederlassungsfreiheit garantiert. Weiter ist eine aufgeschobene Gewinnrealisation bei der Überführung von Wirtschaftsgütern des Umlaufvermögens sowie bei Nutzungsüberlassungen nicht möglich. Schließlich fällt ein steuerpflichtiger Entnahmegewinn auch an, wenn die Gewinne aus dem Wirtschaftsgut nach dem Überführungszeitpunkt nicht realisiert werden können (z. B. bei Untergang des Wirtschaftsguts in der ausländischen Betriebsstätte). In den genannten Fällen bleibt es somit bei einer europarechtswidrigen Entstrickungsbesteuerung.

3.1.2.5.4 Rechtsformneutralität

Fraglich ist, ob der Entstrickungsgrundsatz unter dem Aspekt der Rechtsformneutralität gestützt werden kann. Demnach könnten Einheitsunternehmen und Konzernverbund als vergleichbare wirtschaftliche Organisationsformen begriffen werden, die in der Frage der Gewinnrealisation steuerlich gleich zu behandeln seien. Nach deutschem Steuerrecht gelten Zwischengewinne und -ver-

---

[426] Die Regelung basiert auf dem Gesetzesvorschlag des Bundesrats, vgl. BRDrs. 542/06.

[427] Vgl. Schmidt/Heinicke, § 4g EStG, Rn. 1; Förster, DB 2007, S. 72 (75); Plewka / Staats in Lademann / Söffing, § 4g EStG, Rn. 14.

luste aus konzerninternen Geschäften als realisiert.[428] Wäre die Übertragung eines Wirtschaftsguts oder die Erbringung von Dienstleistungen zwischen verschiedenen Betriebsstätten mit entgeltlichen Geschäften zwischen Tochter- und Muttergesellschaft vergleichbar, so wäre eine sofortige Gewinnrealisation im Einheitsunternehmen gerechtfertigt.[429]

Auch im OECD-Betriebsstättenbericht wird das Argument der Rechtsformneutralität artikuliert.[430] Demnach erlaubt der präferierte[431] 'functionally separate entity approach' auch eine sofortige Gewinnrealisation im Einheitsunternehmen.[432] Dies greift die Gesetzesbegründung des SEStEG zur Rechtfertigung des Entstrickungsgrundsatzes auf. Der deutsche Entstrickungsgrundsatz wird somit auf den Vergleich des Einheitsunternehmens mit konzernierten, rechtlich selbstständigen Unternehmen gestützt.[433]

Eine steuerliche Gleichbehandlung beider Organisationsformen in der Frage des Realisationszeitpunkts erscheint allerdings in zweifacher Hinsicht fragwürdig. Zum einen liegt es näher, zur Verwirklichung einer Rechtsformneutralität umgekehrt eine Angleichung der Konzernbesteuerung an die Besteuerung von Einheitsunternehmen in Betracht zu ziehen. Wird der Konzern als einheitliches Unternehmen begriffen, ist die erfolgsneutrale Behandlung von Gewinnen und Verlusten aus konzerninternen Transaktionen zutreffend, solange sie nicht durch Umsatzakte mit konzernfremden Abnehmern realisiert werden. Dem Verständnis des Konzerns als wirtschaftliche Einheit widerspricht eine erfolgswirksame Behandlung innerkonzernlicher Transaktionen ("creation of income").[434] In zahlreichen nationalen Organschaftskonzepten wurde deshalb auch eine Zwischenergebniseliminierung für steuerliche Zwecke verwirklicht.[435] Sie liegt auch verschiedenen theoretischen Vorschlägen für eine grenzüberschreitende Konzernbesteuerung zugrunde.[436]

---

428 Dies gilt auch nach dem Steuerrecht zahlreicher weiterer Staaten, vgl. aber FN 435.

429 Zum Folgenden Tenore, Intertax 2006, S. 386 (389); Lang, IStR 2006, S. 550 (551).

430 Vgl. OECD (Report), Tz. 74 u. 79 [Part I].

431 Vgl. OECD (Report), Tz. 78 [Part I].

432 Vgl. OECD (Report), Tz. 70 [Part I].

433 Vgl. BTDrs., 16/2710, S. 42.

434 Vgl. Zitzelsberger (Problematik), S. 17 ff.; Kumpf (Verrechnungspreise), S. 38 f.; Klein, ZfB 1982, S. 155 (164); Scheuchzer (Konzernbesteuerung), S. 44 f.

435 Zu verschiedenen nationalen Organschaftskonzepten, die eine Neutralisierung von Zwischenerfolgen ermöglicht haben vgl. Engel (Konzerntransferpreise), S. 73 f.; Scheuchzer (Konzernbesteuerung), S. 55 ff.; Riecker (Unitary Taxation), S. 201 f.

436 Vgl. Scheuchzer (Konzernbesteuerung), S. 261; Salzberger (Konzernunternehmung), S. 240; Grotherr, StuW 1995, S. 124 (144); Europäische Kommission, SEK (2001) 1681, S. 403 f.

Zum anderen ist auf mögliche wirtschaftliche Unterschiede zwischen den Organisationsformen "Einheitsunternehmen" und "Konzern" hinzuweisen, die eine steuerliche Ungleichbehandlung rechtfertigen. Die stark vereinfachende Vorstellung vom Konzern als "wirtschaftliche Einheit" kraft einheitlichem Konzerninteresse ignoriert die Interessen, die sich auf einzelne Konzernunternehmen beschränken. Minderheitsgesellschafter und Gläubiger beurteilen die konzerninternen Leistungen bei faktischen Konzernverhältnissen und fehlenden Haftungszusagen wie Leistungen an Konzernfremde.[437] So können aus Sicht des Minderheitsgesellschafters eines Konzernunternehmens konzerninterne Gewinne als realisiert gelten, sofern sie seinen Ausschüttungsanspruch gegenüber diesem Konzernunternehmen erhöhen. Die Perspektive des Gläubigers eines Konzernunternehmens richtet sich bei fehlenden Haftungszusagen ebenfalls nur auf die im Insolvenzfall haftende Vermögensbasis dieses Konzernunternehmens, auch wenn das Vermögen ausschließlich durch konzerninterne Geschäfte erwirtschaftet wird. Konzernverbünde bilden daher nicht grundsätzlich wirtschaftliche Einheiten, sondern können auch einen "dualistischen" Charakter aufweisen.[438] Insoweit ist eine wirtschaftliche Rechtfertigung für die steuerliche Erfassung von Gewinnen oder Verlusten aus internen Leistungsbeziehungen für den Konzernverbund möglich. Hingegen sind im Einheitsunternehmen vergleichbare, ausschließlich auf einzelne Unternehmensteile bezogene Interessengruppen regelmäßig nicht auszumachen. Beide Organisationsformen unterscheiden sich in ökonomischer Sicht wesentlich, so dass ein nach der Rechtsform differenzierter Zeitpunkt der Erfolgsrealisation gerechtfertigt ist.

3.1.2.5.5 Gesetzmäßigkeit der Besteuerung und Rechts- und Planungssicherheit

Das Rechtsstaatsprinzip verlangt nach inhaltlich bestimmten Steuertatbeständen, die eine hinreichende Voraussehbarkeit und Rechtssicherheit des Steuerrechtssystems ermöglichen.[439]

Die finale Entnahmetheorie beruhte allerdings nicht auf einer klaren und eindeutigen gesetzlichen Grundlage und war deshalb auch inhaltlich unbestimmt. Der BFH nahm dennoch an, dass die Auslegungsgrenze des "mögli-

---

437 Vgl. Zitzelsberger (Problematik), S. 115; Scheuchzer (Konzernbesteuerung), S. 214.

438 Vgl. Rupp (Ertragsbesteuerung), S. 106; Scheuchzer (Konzernbesteuerung), S. 214.

439 Vgl. Papier, DStJG 1989, S. 63 (66 ff.); Rollig (Information), S. 64; Tipke (Steuerrechtsordnung^2, Bd. 1), S. 137 ff. und die weiteren Verweise in FN 153 dieser Arbeit.

chen Wortsinns"[440] des Entnahmebegriffs gewahrt sei. Indem die Rechtsprechung bei der Überführung von Wirtschaftsgütern in ausländische *Betriebsstätten* eine Entnahme zu *betriebs*fremden Zwecken annahm, ging sie aber über den objektbezogenen Betriebsbegriff im Sinne eines selbstständigen wirtschaftlichen Organismus hinaus.[441] Darin lag eine teleologische Auslegung[442] oder sogar eine teleologische Erweiterung, die in der Gefahr steht, einen hypothetischen Willen[443] des Gesetzgebers zu behaupten.

Eine teleologische Rechtsfortbildung muss sich aus Gründen der Rechtssicherheit auf inhaltlich klar bestimmte Prinzipien stützen.[444] Die finale Entnahmetheorie war aber unter diesem Gesichtspunkt kritisch zu beurteilen. Nach ihr waren Wertsteigerungen an Wirtschaftsgütern anlässlich der Verbringung in ausländische Betriebsstätten steuerlich zu erfassen, wenn ihre Besteuerung ansonsten "gefährdet" sei. Da keine Übereinstimmung besteht, unter welchen Bedingungen eine Gefährdung bzw. Sicherstellung stiller Reserven vorliegt, kann der Entstrickungsgrundsatz nahezu jedes gewünschte Ergebnis tragen.[445] So beruhte die finale Entnahmetheorie auf der Auffassung, Art. 7 Abs. 2 OECD-MA berechtige Deutschland materiell nicht zur Besteue-

---

440 Vgl. BFH v. 09.02.1972 - I R 205/66, BStBl II 1972, S. 455; BFH v. 07.10.1974 - GrS 1/73, BStBl II 1975, S. 168; BFH v. 16.12.1975 - VIII R 3/74, BStBl II 1976, S. 246; zur Kritik des möglichen Wortsinns als Auslegungsgrenze vgl. Crezelius (Rechtsanwendung), S. 115.

441 Im Schrifttum wurde vielfach auf den begrifflichen Unterschied zwischen Betrieb und Betriebsstätte hingewiesen, vgl. für viele Tipke, StuW 1972, S. 264 (266); Lang (Bemessungsgrundlage), S. 441; Pach-Hanssenheimb (Verstrickung), S. 165. Unter "Betrieb" kann ein betriebswirtschaftlicher Organismus verstanden werden, vgl. Salditt, StuW 1974, S. 61 (64: Betrieb als "selbständig wirtschaftender Organismus"); Uelner (Probleme), S. 131 (139: Entnahme als Herauslösen eines Wirtschaftsguts aus einem "betrieblichen Organismus"); Burmester (Gewinn- und Verlustrealisierung), S. 148 (Betrieb im betriebswirtschaftlichen Sinne sei durch die "räumliche oder organisatorische Selbständigkeit eines Unternehmens oder Unternehmensteils" gekennzeichnet). Der objektbezogene Betriebsbegriff ist nach der Rechtsprechung durch mehrere Merkmale gekennzeichnet, die in einer Gesamtwürdigung zu prüfen sind. Separate Betriebe sind danach anzunehmen bei fehlender Gleichartigkeit verschiedener wirtschaftlicher Betätigungen, die räumlich getrennt, mit jeweils eigenem Personal, eigener Verwaltung und eigenem Anlagevermögen ausgeübt werden und für die gesonderte Buchführungen unterhalten werden, vgl. BFH v. 09.08.1989 - X R 130/87, BStBl II 1989, S. 901; BFH v. 25.04.1989 - VIII R 294/84, BFH/NV 1990, S. 261.

442 Zur teleologischen Auslegungsmethode vgl. Larenz (Methodenlehre), S. 320 ff.; Tipke (Rechtfertigung), S. 1 (12); Crezelius (Rechtsanwendung), S. 136.

443 Vgl. Friauf (Möglichkeiten), S. 53 (67); Salditt, StuW 1974, S. 61 (64).

444 Vgl. Crezelius (Rechtsanwendung), S. 115; ders., StuW 1981, S. 117 (119); Tipke / Lang (Steuerrecht), § 9, Tz. 447.

445 Vgl. Burmester (Gewinn- und Verlustrealisierung), S. 124 f.; Kempka (Gewinnrealisierung), S. 69; Tipke, StuW 1972, S. 264 (268).

rung von Erfolgsbeiträgen, die in einer ausländischen Betriebsstätte durch die Auflösung ursprünglich im Inland gebildeter stiller Reserven entstehen. Diese Erfolge unterlägen vielmehr vollständig dem Besteuerungsrecht des Betriebsstättenstaates.[446] Diese Auffassung gilt heute als überholt, da nach weithin geteilter Auffassung aus dem Abkommensrecht keine Aussage über den Zeitpunkt der Gewinnrealisation abgeleitet werden kann.[447] Andererseits wird heute die Besteuerung von Wertsteigerungen an Wirtschaftsgütern auch unter einem faktisch-verfahrensrechtlichen Gesichtspunkt als "gefährdet" angesehen, wenn der Verlust des Besteuerungsrechts wegen der fehlenden verfahrensrechtlichen Überprüfbarkeit der Reservenauflösung durch inländische Finanzbehörden behauptet wird. So wird auf die fehlende Berechtigung inländischer Finanzbehörden zur Durchführung von Außenprüfungen im Ausland[448] oder auf Schwierigkeiten bei der Beschaffung von im Ausland geführten Buchführungsunterlagen verwiesen.[449] Hierbei ist aber unklar, ob in pauschaler Weise alle Transfers von Wirtschaftsgütern ins Ausland unter dem faktisch-verfahrensrechtlichen Gesichtspunkt den Entstrickungstatbestand erfüllen sollen oder ob hinsichtlich der Gefährdung des deutschen Besteuerungsrechts eine einzelfallbezogene Prüfung erfolgen soll.

Auch die Auslegung der in § 4 Abs. 1 S. 3 EStG und § 12 Abs. 1 KStG vorgesehenen Entstrickungsregelungen ist unter den Gesichtspunkten der Tatbestandsmäßigkeit sowie der Rechts- und Planungssicherheit bedenklich. Auf zahlreiche Unschärfen im Anwendungsbereich des Entstrickungsgrundsatzes ist bereits oben eingegangen worden.[450] Zusätzlich sei hier erwähnt, dass § 4 Abs. 1 S. 3 EStG und § 12 Abs. 1 KStG ebenfalls nicht ausdrücklich klarstel-

---

446 Vgl. BFH v. 16.07.1969 - I 266/65, BStBl II 1970, S. 175: "Besteht mit dem Belegenheitsstaat der ausländischen Betriebsstätte ein DBA, das - wie im Streitfalle das DBA-Österreich in seinem Art. 4 Abs. 1 - das Besteuerungsrecht für die Einkünfte der Betriebsstätte dem Belegenheitsstaat zuweist, so scheiden die in den Wirtschaftsgütern enthaltenen stillen Reserven bei ihrer Überführung in die ausländische Betriebsstätte aus dem steuerlich erheblichen Bereich aus. Denn ein Gewinn aus der späteren Veräußerung oder Entnahme der Wirtschaftsgüter unterliegt dem Besteuerungsrecht des Belegenheitsstaates der Betriebsstätte..."

447 Die Erfolgsbeiträge aus der Auflösung der stillen Reserven können als im Inland veranlasst angesehen werden. Art. 7 Abs. 2 OECD-MA schließt eine Zurechnung später realisierter stiller Reserven zum Inland nicht aus, vgl. Schröder, StBp 1978, S. 169 (175); Schaumburg (Gewinnrealisierungsprobleme), S. 254 f.; Tischbein (Entnahmeregelung), S. 133 ff.; Wassermeyer (Dealing), S. 25 (32); ders., DB 2006, S. 1176 ff.

448 Vgl. Buciek (Betriebsvermögenstransfer), S. 43 (50), dort allerdings mit Bezug auf § 6 Abs. 5 S. 1 EStG.

449 Vgl. Baranowski, StbJb 1997/98, S. 493 (520); Kempka (Gewinnrealisierung), S. 159; Ege (Prüfungsschwerpunkte), S. 107 (113).

450 Vgl. Kapitel II, Abschn. 3.1.2.3.

len, ob eine Beschränkung bzw. ein Ausschluss des Besteuerungsrechts in materiell-rechtlicher oder faktisch-verfahrensrechtlicher Hinsicht gemeint ist. Die Differenzierung zwischen "Ausschluss" und "Beschränkung" und die hiermit offenbar gemeinte Anwendung der Freistellungs- bzw. der Anrechnungsmethode deuten darauf hin, dass ein materiell-rechtlicher Verlust des Besteuerungsrechts Tatbestandsmerkmal der Vorschrift ist. In diesem Fall deckt aber der Wortlaut der Entstrickungsregelungen offenbar nicht das vom Gesetzgeber gewünschte Ergebnis, da das deutsche Besteuerungsrecht durch die Überführung von Wirtschaftsgütern in ausländische Unternehmensteile bzw. durch Nutzungsüberlassungen von Wirtschaftsgütern an ausländische Unternehmensteile nicht ausgeschlossen bzw. beschränkt werden kann.[451] Die Erträge aus der Verwertung des Wirtschaftsguts oder der Nutzungsüberlassung in der ausländischen Betriebsstätte könnten dem inländischen Unternehmensteil nach Veranlassungsgesichtspunkten zugerechnet werden. Auch die Position, die Überführung von Wirtschaftsgütern in ausländische Betriebsstätten sei mit einer verfahrensrechtlichen Beschränkung des deutschen Besteuerungsrechts verbunden, ist fragwürdig. Die frühere Verwaltungspraxis der aufgeschobenen Gewinnverwirklichung widerlegt dies ebenso wie die Vorschrift des § 4g Abs. 2 S. 2 EStG, in der vorausgesetzt wird, dass der Zeitpunkt der tatsächlichen Realisation der stillen Reserven nachweisbar und somit verfahrensmäßig kontrollierbar ist.

Die aufgrund der Widersprüche zwischen dem Gesetzeswortlaut und der Absicht des Gesetzgebers bestehende Rechtsunsicherheit könnte es nahe legen, der Wortlautauslegung den Vorrang einzuräumen. Der Wortlaut des Gesetzestextes enthält die eigentliche und für den Steuerpflichtigen unmittelbar erkennbare Anordnung eines bestimmten Verhaltens und ist deshalb "Grundlage und Ausgangspunkt"[452] der Auslegung. Wird der Wortlautauslegung Vorrang eingeräumt, so würde daraus folgen, dass der in § 4 Abs. 1 S. 3 EStG und § 12 Abs. 1 KStG verankerte Entstrickungsgrundsatz leer läuft.[453]

---

451 Vgl. z. B. Wassermeyer, DB 2006, S. 1176. Siehe aber auch die Verweise in FN 447 dieser Arbeit.

452 Crezelius (Rechtsanwendung), S. 107.

453 Vgl. Rödder / Schumacher, DStR 2006, S. 1481 (1484); Wassermeyer, DB 2006, S. 1176 ff. Ein ähnliches Ergebnis lässt sich für den in § 6 Abs. 5 S. 1 EStG verankerten Entstrickungsgrundsatz ableiten. Das Tatbestandsmerkmal "Überführung in ein anderes Betriebsvermögen" ist durch die Überführung in ausländische Betriebsstätten nicht erfüllt, vgl. Kroppen / Schreiber, IWB 1999, F. 3 Gr. 3, S. 1227 (1232); Kroppen, StbJb 1999/2000, S. 137 (162); Wassermeyer in Debatin / Wassermeyer, MA, Art. 7, Rn. 265; Kramer, IStR 2000, S. 449 (457); Pfaar, IStR 2000, S. 42 (46); Schaumburg (Grundsätze), S. 1 (26 f.); wohl auch Buciek, DStZ 2000, S. 636 (639); a. A. Cattelaens, DB 1999, S. 1083 (1083).

3.1.2.5.6 Fremdvergleichsgrundsatz

Einwände gegen den Entstrickungsgrundsatz könnten sich auch aus einer fehlenden steuersystematischen Einpassung der Bewertungskategorien "Teilwert" bzw. "gemeiner Wert" in die durch den Fremdvergleichsgrundsatz geprägte internationale Einkünftezurechnung ergeben. Ist eine korrespondierende Einkünftezurechnung nicht gewährleistet, weil der ausländische Staat den Fremdvergleichspreis ansetzt, so könnten Doppelbesteuerungen oder Besteuerungslücken (weiße Einkünfte) eintreten. Somit würde der Entstrickungsgrundsatz auch die Postulate einer interindivuell gerechten Besteuerung und einer zwischenstaatlichen Verteilungsgerechtigkeit verletzen.[454]

Nach der finalen Entnahmetheorie des BFH war bei der Überführung von Wirtschaftsgütern des Anlagevermögens in eine ausländische Betriebsstätte der Teilwert anzusetzen (§ 10 S. 2 BewG[455]). Bei Erzeugnissen entspricht aber der Teilwert den Herstellungskosten, so dass dem herstellenden Unternehmensteil kein Gewinn zugewiesen würde.[456] Ebenso wären unternehmensinterne Dienstleistungen als Nutzungsentnahmen mit ihren Herstellungskosten zu bewerten.[457] Ist nach dem Recht des ausländischen Staats der Fremdvergleichspreis anzusetzen und liegt der Teilwert unter dem Fremdvergleichspreis, so entsteht folglich eine Besteuerungslücke. Umgekehrt kann bei einer Verstrickung ins Inland eine Überbesteuerung eintreten. Die gleichen Überlegungen gelten entsprechend für § 6 Abs. 5 S. 1 EStG, da der Teilwert auch den Bewertungsmaßstab für eine Entstrickung nach dieser Vorschrift bildet.

Auch die nun eingeführten Entstrickungs- und Verstrickungsregelungen in § 4 Abs. 1 S. 3 u. 7 HS. 2 EStG und § 12 Abs. 1 KStG können wegen des vorgeschriebenen Bewertungsmaßstabs des gemeinen Werts Systembrüche hervorrufen (§ 6 Abs. 1 Nr. 4 u. 5a EStG).[458] Mögliche Abweichungen zwischen dem gemeinen Wert und dem Fremdvergleichspreis können in Einzelfällen ei-

---

454 Vgl. Kapitel I, Abschn. 3.1 und 3.3.

455 Teilwert ist demnach der Betrag, den ein Erwerber des ganzen Unternehmens im Rahmen des Gesamtkaufpreises für das einzelne Wirtschaftsgut ansetzen würde.

456 Vgl. Neubauer, JbFSt 1976/77, S. 312 (320); FG Hessen v. 12.07.1977 - IV 111/75, EFG 1977, S. 608; Kramer, StuW 1993, S. 149 (151); Lüdicke (Besteuerungsfragen), S. 35 (46); Schaumburg (Grundsatzfragen), S. 65 (81); Buciek (Betriebsvermögenstransfer), S. 43 (48) in Bezug auf § 6 Abs. 5 S. 1 EStG; Roth (Gewinnabgrenzung), S. 163 (199) in Bezug auf beschränkt Steuerpflichtige.

457 Zum Teilwert von Nutzungsentnahmen vgl. BFH v. 24.03.1983 - IV R 123/80, BStBl II 1983, S. 598; BFH v. 26.10.1987 - GrS 2/86, BStBl II 1988, S. 348; BFH v. 24.05.1989 - I R 213/85, BStBl II 1990, S. 8; Wassermeyer (Dealing), S. 25 (40).

458 Die Finanzverwaltung geht allerdings von einer Übereinstimmung von Fremdvergleichspreis und gemeinem Wert aus, vgl. Breuninger / Möhlenbrock (Verstrickung), S. 41.

ne korrespondierende Einkünftezurechnung im Quellen- und Ansässigkeitsstaat verhindern. Da die Bewertung unternehmensinterner Leistungen in Kapitel III, Abschnitt 2.4 im Einzelnen erläutert wird, werden mögliche Unterschiede beider Bewertungskategorien erst dort untersucht.

3.1.2.5.7 Besondere Rechtfertigung des Entstrickungsgrundsatzes bei beschränkt Steuerpflichtigen?

Die BFH-Rechtsprechung hat eine Entnahme auch dann angenommen, wenn Wirtschaftsgüter bei beschränkter Steuerpflicht aus der inländischen Betriebsstätte ins Ausland überführt werden.[459] Sie gelangt durch den Ansatz des Teilwerts zu einer sofortigen Erfassung der in den Wirtschaftsgütern enthaltenen stillen Reserven. Verschiedene im Schrifttum geäußerte Auffassungen stützen die finale Entnahmetheorie allein für den Fall der beschränkten Steuerpflicht. Danach habe die Einkommen- bzw. Körperschaftsteuer bei beschränkter Steuerpflicht den Charakter einer Objektsteuer.[460] Da die Betriebsstätte eine eigenständige Gewinnermittlungseinheit bilde,[461] gelängen die ins Ausland verbrachten Wirtschaftsgüter in einen nicht steuerbaren Bereich,[462] so dass eine Entnahme zu betriebsfremden Zwecken anzunehmen sei. Auch nach den Verwaltungsgrundsätzen führen unternehmensinterne Leistungen bei beschränkter Steuerpflicht zu einer Sofortbesteuerung der stillen Reserven.[463] Der Frage kommt auch nach heutiger Gesetzeslage noch dort Bedeutung zu, wo der Entstrickungsgrundsatz des § 4 Abs. 1 S. 3 EStG nicht angewendet

---

459 Vgl. BFH v. 24.11.1982 - I R 123/78, BStBl II 1983, S. 113.

460 Vgl. bereits Quack, BB 1975, S. 830 (831).

461 Vgl. Quack, BB 1975, S. 830 (831); Da., IStR 1993, S. 117 (117); Kempka (Gewinnrealisierung), S. 156; Wassermeyer (Dealing), S. 25 (36); ders. in Debatin / Wassermeyer, MA, Art. 7, Rn. 258; Pohl (Verstrickung), S. 33 (44); Ramackers in Littmann / Bitz / Pust, § 49 EStG, Rn. 107; Kumpf / Roth in Herrmann / Heuer / Raupach, § 49 EStG, Rn. 305; Kumpf / Roth, FS Raupach, S. 579 (586). Neuerdings fordert Wassermeyer allerdings eine "diskriminierungsfreie Gewinnabgrenzung" bei Betriebsstätten, vgl. IStR 2004, S. 733 ff. Danach seien Entnahmen und Einlagen im Verhältnis zwischen Stammhaus und Betriebsstätte nicht möglich. Wassermeyer äußert sich dort allerdings weder zur Problematik der beschränkten Steuerpflicht noch zur Gewinnrealisierung im Verhältnis zu Nicht-EU-Ländern. Eine Differenzierung bei beschränkter Steuerpflicht ablehnend hingegen Schaumburg (Grundsätze), S. 1 (31); Kramer, IStR 2000, S. 449 (456); Roth (Gewinnverwirklichung), S. 77 (88); ders., FR 1988, S. 680; Pach-Hanssenheimb (Verstrickung), S. 164 f.

462 Vgl. Pohl (Verstrickung), S. 33 (44).

463 Vgl. VWG-BS, Tz. 2.6.3. Einen Besteuerungsaufschub sehen die Verwaltungsgrundsätze im Gegensatz zu den Vorschriften für unbeschränkt Steuerpflichtige nicht vor. Siehe bereits BMF, Schrb. v. 03.06.1992, IV B 2 – S 2135 – 4/92, DB 1992, S. 1655.

wird. Einen solchen Bereich könnten nach obigen Ausführungen Dienstleistungstransfers ins Ausland bilden.[464]

Der Entstrickungsgrundsatz führt allerdings bei beschränkt Steuerpflichtigen in gleicher Weise zu einer Besteuerung ohne Realisationsakt wie im Fall der unbeschränkten Steuerpflicht. Die vorstehend vorgetragenen Bedenken gegen den Entstrickungsgrundsatz gelten deshalb auch bei beschränkter Steuerpflicht. Ein sachlicher Grund für eine unterschiedliche Behandlung beschränkt Steuerpflichtiger und unbeschränkt Steuerpflichtiger ist nicht erkennbar. In dem Objektsteuercharakter der Einkommen- bzw. Körperschaftsteuer bei beschränkter Steuerpflicht liegt weder eine Rechtfertigung noch eine Rechtsgrundlage für eine Entstrickung. Zwar werden bei beschränkter Steuerpflicht nach einer Überführung eines Wirtschaftsguts in einen ausländischen Unternehmensteil Buchwerte des Wirtschaftsguts für Zwecke einer deutschen Rechnungslegung nicht mehr ermittelt. Die Einbeziehung des überführten Wirtschaftsguts in eine nach deutschem Recht zu erstellende Buchführung ist aber nicht notwendig, um den Verlauf der Auflösung der stillen Reserven im Ausland nachzuweisen. Hierfür sind andere Maßnahmen wie z. B. die Vorlage ausländischer Buchführungsunterlagen oder entsprechende Aufzeichnungen ausreichend.

3.1.2.6 Ausgleichsposten nach § 4g EStG

3.1.2.6.1 Bildung des Ausgleichspostens

Vor dem Hintergrund der europarechtlichen Bedenken gegenüber dem Entstrickungsgrundsatz[465] hat der Gesetzgeber im Zuge des SEStEG in § 4g EStG die Möglichkeit einer Milderung der Entstrickungsfolgen für bestimmte Fälle der Überführung von Wirtschaftsgütern in EU-Betriebsstätten vorgesehen. Demnach dürfen unbeschränkt Steuerpflichtige Entstrickungsgewinne aus Wirtschaftsgütern des Anlagevermögens im Wirtschaftsjahr der Verbringung ins Ausland in einen Ausgleichsposten einstellen. Insoweit besteht ein antragsgebundenes Wahlrecht, das der Steuerpflichtige für Gestaltungszwecke nutzen kann. Z. B. können zielgerichtet Entnahmegewinne in Verlustperioden generiert werden, um nach einer späteren Rückführung des Wirtschaftsguts nach Deutschland höhere Buchwerte für eine Gewinnminderung zu nutzen.

Für die Antragstellung ist keine besondere Form vorgeschrieben. Allerdings dürfte die Abgabe einer entsprechenden Steuererklärung ausreichend

[464] Vgl. Kapitel II, Abschn. 3.1.2.3.1.
[465] Vgl. Kapitel II, Abschn. 3.1.2.5.3.

sein.[466] Der Antrag kann nicht widerrufen werden (§ 4g Abs. 1 S. 4 EStG) und bindet den Steuerpflichtigen somit in Folgejahren insbesondere hinsichtlich der in Abs. 2 beschriebenen Rechtsfolgen über die Auflösung des Ausgleichspostens.

Das Wahlrecht ist in zeitlicher Hinsicht einheitlich für sämtliche in einem Wirtschaftsjahr überführten Wirtschaftsgüter auszuüben (§ 4g Abs. 1 S. 3 EStG). Der Gesetzesbegründung ist zu entnehmen, dass eine einheitliche Ausübung des Antrags für "alle in *eine Betriebsstätte* überführten Wirtschaftsgüter"[467] erfolgen muss. Bei mehreren Betriebsstätten ist demnach eine unterschiedliche Wahlrechtsausübung je Betriebsstätte möglich.[468] Dies entspricht auch der bisherigen Verwaltungspraxis.[469] Unberührt bleibt die Wirtschaftsgutbezogenheit der Ausgleichsposten, was im Rahmen der Auflösung der Ausgleichsposten von Bedeutung ist.[470]

3.1.2.6.2 Reguläre Auflösung des Ausgleichspostens

Der Ausgleichsposten ist im Jahr der Bildung und in den folgenden vier Wirtschaftsjahren zu je einem Fünftel gewinnerhöhend aufzulösen (§ 4g Abs. 2 S. 1 EStG). Vorgesehen ist somit eine zeitlich gestreckte Besteuerung der im Überführungszeitpunkt vorhandenen stillen Reserven, die unabhängig vom tatsächlichen Verlauf der Auflösung der stillen Reserven ist. Insbesondere ist die Eigenschaft der Abnutzbarkeit des Wirtschaftsguts oder seine Nutzungsdauer für die Auflösung des Ausgleichspostens unerheblich.

Bei Wirtschaftsgütern mit einer tatsächlichen Nutzungsdauer von weniger als 5 Jahren ermöglicht die Bildung des Ausgleichspostens gegenüber der früheren Verwaltungspraxis ein Hinausschieben der Besteuerung stiller Reserven. Bei einer Nutzungsdauer von mehr als 5 Jahren erfolgt eine schnellere Besteuerung der stillen Reserven. Nur in dem Idealfall, in dem das Wirtschaftsgut zum Beginn des Wirtschaftsjahres in die ausländische Betriebsstätte verbracht und nach der Überführung noch über 5 Jahre linear abgeschrieben wird, wird der Steuerpflichtige wie nach den bisherigen Betriebsstätten-Verwaltungsgrundsätzen behandelt, da in diesem Fall ebenfalls eine lineare Auflösung des Ausgleichspostens entsprechend des Abschreibungsverlaufs vorgesehen war.

---

466 Vgl. Blümich / Wied, § 4g EStG, Rn. 21.

467 BT-Drs. 16/3369, S. 11, Hervorh. d. Verf.

468 Vgl. Förster, DB 2007, S. 72 (75); Schmidt/Heinicke, § 4g EStG, Rn. 20; Plewka / Staats in Lademann / Söffing, § 4g EStG, Rn. 26.

469 Vgl. VWG-BS, Tz. 2.6.1.d) Abs. 2.

470 Vgl. Förster, DB 2007, S. 72 (74).

3.1.2.6.3 Außerplanmäßige Auflösung des Ausgleichspostens

§ 4g Abs. 2 S. 2 EStG regelt Tatbestände, die eine außerplanmäßige gewinnwirksame Auflösung des Ausgleichspostens vorsehen, so dass die stillen Reserven vor Ablauf der 5-Jahres-Frist besteuert werden.

Nr. 1 der Vorschrift betrifft den Fall des Ausscheidens des als entnommen geltenden Wirtschaftsguts aus dem Betriebsvermögen des Steuerpflichtigen. Die Regelung erfasst generell jedwedes Ausscheiden des Wirtschaftsguts. Hierunter fallen Realisations- und Ersatzrealisationsvorgänge, wie z. B. Veräußerung, Tausch, Entnahme, Einbringung gegen Gesellschaftsrechte oder verdeckte Einlage. Da in diesen Fällen auch nach allgemeinen Grundsätzen eine Gewinnrealisation stattgefunden hätte, erscheint es sachgerecht, dass ein Besteuerungsaufschub über diesen Zeitpunkt hinaus nicht gewährt wird. Der Gesetzeswortlaut deckt aber auch die Besteuerung bei Ausscheiden des Wirtschaftsguts durch Untergang ab (z. B. Verschrottung, Verfall usw.).[471] Die Vorschrift führt hier zu dem paradoxen Ergebnis, dass gerade ein Vermögensverlust einen steuerpflichtigen Gewinn hervorruft. In diesen Fällen wird besonders deutlich, dass die Anwendung des Entstrickungsgrundsatzes im Einheitsunternehmen ökonomisch nicht zu rechtfertigen ist. Der Gesetzgeber sollte sich deshalb wenigstens in den Fällen des Untergangs des Wirtschaftsguts für eine erfolgsneutrale Auflösung des Ausgleichspostens entscheiden.

Eine vollständige erfolgswirksame Auflösung des Ausgleichspostens ist auch bei einem Ausscheiden des Wirtschaftsguts aus der Besteuerungshoheit der Mitgliedstaaten der EU geboten (§ 4g Abs. 2 S. 2 Nr. 2 EStG). Hier kommt das Bestreben des Gesetzgebers zum Ausdruck, die Begünstigung des § 4g EStG auf diejenigen Fälle einzugrenzen, in denen Wirtschaftsgüter in Betriebsstätten in EU-Staaten überführt werden und in solchen auch während der 5-Jahres-Frist verbleiben. Allerdings kann entgegen der Auffassung von *Hoffmann*[472] auch diese Regelung unter dem Gesichtspunkt der Niederlassungsfreiheit eine diskriminierende Besteuerung hervorrufen. Eine Diskriminierung tritt auf, wenn zum Zeitpunkt der Überführung in die EU-Betriebsstätte stille Reserven vorhanden waren, die während der Zugehörigkeit des Wirtschaftsguts zu dieser teilweise oder vollständig abschmelzen. In diesem Fall hätte eine vergleichbare Überführung in eine deutsche Betriebsstätte und die spätere Verbringung ins Nicht-EU-Ausland keine oder nur eine geringere Besteuerung zur Folge, weil im Zeitpunkt der Verbringung ins Nicht-EU-Ausland keine oder nur geringere stille Reserven nach § 4 Abs. 1 S. 3 EStG aufgedeckt würden. Somit wird die EU-Betriebsstätte gegenüber einer inländi-

---

471 Vgl. Hoffmann, DB 2007, S. 652 (654).
472 Vgl. Hoffmann, DB 2007, S. 652 (655).

schen Betriebsstätte benachteiligt, weil die stillen Reserven zum Zeitpunkt der Verbringung in den EU-Staat ausschlaggebend sind und nicht auf den gemeinen Wert bei Überführung ins Nicht-EU-Ausland abgestellt wird. Hinzuweisen ist auch auf die teilweise tatbestandliche Unklarheit, wann ein Wirtschaftsgut "aus der Besteuerungshoheit der Mitgliedstaaten der EU ausscheidet". Eindeutig ist, dass eine Nutzung des Wirtschaftsguts außerhalb der EU keine außerplanmäßige Auflösung des Ausgleichspostens hervorruft, solange seine Zuordnung zur EU-Betriebsstätte nicht aufgehoben wird.[473] Allerdings bestehen Zweifel, ob die Verbringung eines Wirtschaftsguts in eine Drittstaatenbetriebsstätte, auf deren Einkünfte die Anrechnungsmethode anzuwenden ist, vom Wortlaut der Vorschrift erfasst ist, da in diesem Falle Erfolgsbeiträge aus dem Wirtschaftsgut weiterhin zur deutschen Bemessungsgrundlage gehören. Eine solche Interpretation könnte sich auch darauf stützen, dass § 4g EStG nicht wie § 4 Abs. 1 S. 3 EStG auf die "Beschränkung" oder den "Ausschluss" des Besteuerungsrechts Bezug nimmt. Diese Betrachtungsweise würde es aber dem Steuerpflichtigen ermöglichen, bei einem beabsichtigten Transfer von Vermögen in Anrechnungs-Drittstaaten durch die relativ leicht zu verwirklichende Sachverhaltsgestaltung einer vorgeschalteten Überführung in eine EU-Betriebsstätte in den Genuss der Begünstigung des § 4g EStG zu gelangen. Dass dies vom Gesetzgeber beabsichtigt war, dürfte zweifelhaft sein. Dennoch sollte eine klarstellende Änderung der Vorschrift vorgenommen werden.

Der Ausgleichsposten ist schließlich vollumfänglich aufzulösen, sobald die stillen Reserven aufgedeckt werden oder bei entsprechender Anwendung der Vorschriften des deutschen Steuerrechts hätten aufgedeckt werden müssen (§ 4g Abs. 2 S. 2 Nr. 3 EStG). Mit der ersten Alternative sind Vorgänge gemeint, die nach vergleichbaren ausländischen Entstrickungsregelungen besteuert werden (z. B. § 6 Z 6 öEStG).[474] Die zweite Alternative betrifft Fälle, in denen das ausländische Recht keine vergleichbare Regelung beinhaltet, aber die Voraussetzungen einer Entstrickung nach deutschem Recht vorliegen würden.[475] Die Vorschrift weicht den Schutz vor einer verfrühten Besteuerung von stillen Reserven bei der Überführung von Wirtschaftsgütern in europäische Betriebsstätten weiter auf. Die Regelung ist überdies weitgehend unbestimmt. So ist z. B. unklar, ob eine Weiterübertragung des Wirtschaftsguts innerhalb der EU zur Auflösung des Ausgleichspostens führt. Hier hätten zwar "bei entsprechender Anwendung" des § 4 Abs. 1 S. 3 EStG die stillen Reserven auf der Aktivseite der Bilanz aufgedeckt werden müssen. Allerdings hätte als

---

473 Vgl. Hoffmann, DB 2007, S. 652 (655).

474 Vgl. Kolbe in Herrmann / Heuer / Raupach, § 4g EStG, Rn. J 06-8.

475 Vgl. Kolbe in Herrmann / Heuer / Raupach, § 4g EStG, Rn. J 06-8.

Ausgleich gleichzeitig ein passiver Ausgleichsposten nach § 4g EStG gebildet werden können. Ob dies genügt, um die Anwendung des § 4g Abs. 2 S. 2 Nr. 3 EStG auszuschließen, erscheint fraglich. Eine Klarstellung erscheint geboten.

3.1.2.6.4 Rückführung von Wirtschaftsgütern

Die Rückführung von Wirtschaftsgütern ohne vorherige Bildung eines Ausgleichspostens fällt unter die allgemeine Verstrickungsregelung.[476] Hingegen erfolgt bei vorheriger Bildung eines Ausgleichspostens unter bestimmten Umständen eine Neuverstrickung des Wirtschaftsguts mit einem besonderen Wertansatz (§ 4g Abs. 3 S. 1 EStG). Voraussetzung für den besonderen Wertansatz ist die Rückführung innerhalb der tatsächlichen Nutzungsdauer, maximal aber in 5 Jahren nach der Änderung der Zuordnung. Erfolgt die Rückführung später, so greift wiederum nur der Verstrickungsgrundsatz. Der besondere Wertansatz nach § 4g Abs. 3 S. 1 EStG wird wie folgt ermittelt:

fortgeführte Anschaffungskosten
+ zwischenzeitlich erfolgswirksam aufgelöster Ausgleichsposten
+ Unterschiedsbetrag zwischen Rückführungswert und Buchwert bei Rückführung

= Wertansatz nach § 4g Abs. 3 S. 1 EStG
Höchstwert: gemeiner Wert des Wirtschaftsguts

Mit dem "Rückführungswert" und dem "Buchwert bei Rückführung" sind Wertkategorien des ausländischen Steuerrechts angesprochen.[477] Der Vorschrift des § 4g Abs. 3 S. 1 EStG liegt somit der Gedanke zugrunde, dass eine im Inland und/oder im Ausland eingetretene Entstrickungsbesteuerung durch einen höheren Wertansatz und damit eine höhere Aufwandsverrechnung (z. B. durch Abschreibungen) nach der Rückführung ausgeglichen werden soll.[478]

Dieses Ziel wird allerdings nicht erreicht, wenn der als Höchstwert vorgeschriebene gemeine Wert angesetzt werden muss. In diesem Fall kann eine Definitivbesteuerung von stillen Reserven eintreten, ohne dass eine entsprechende spätere Aufwandsverrechnung erfolgt. Hiervon sind Fälle betroffen, in

---

476 Vgl. Stöcker in Korn, EStG, § 4 EStG, Rn. 315; Schmidt/Heinicke, § 4g EStG, Rn. 17.

477 Dies ergibt sich daraus, dass der Gesetzgeber den Buchwert nach deutschem Steuerrecht mit den "fortgeführten Anschaffungskosten" bezeichnet, vgl. Benecke / Schnitger, IStR 2007, S. 22 (23); Kolbe in Herrmann / Heuer / Raupach, § 4g EStG, Rn. J 06-10; Kessler / Winterhalter / Huck, DStR 2007, S. 133 (136); Hoffmann, DB 2007, S. 652 (656); Blümich / Wied, § 4g EStG, Rn. 17; a. A. Kramer, DB 2007, S. 2338 (2342).

478 Vgl. Kessler / Winterhalter / Huck, DStR 2007, S. 133 (135).

denen sich die stillen Reserven nach der Überführung ins Ausland wieder auflösen und das Steuerrecht des ausländischen Betriebsstättenstaates einen Ent- und Verstrickungsgrundsatz nicht kennt. Dies kann am Beispiel einer zunächst reservenhaltigen Beteiligung verdeutlicht werden, wenn diese ins Ausland überführt und zu einem Zeitpunkt zurückgeführt wird, nachdem der Ausgleichsposten teilweise aufgelöst worden ist. Haben sich hier die stillen Reserven im Ausland verflüchtigt, so können im Inland nur die ursprünglichen Anschaffungskosten angesetzt werden, weil diese nach Verflüchtigung der stillen Reserven dem gemeinen Wert entsprechen, der den Höchstwert bildet. Somit führt die ursprüngliche Besteuerung der stillen Reserven zu einer Definitivbelastung. Kennt das Ausland keine Verstrickung, so steht dem auch keine entsprechende steuerwirksame Ergebnisminderung im Ausland gegenüber.

Der besondere Wertansatz bei Rückführung unterscheidet sich von der allgemeinen Verstrickungsregelung in § 4 Abs. 1 S. 7 HS. 2 EStG, die keine Anknüpfung an die Regelungen des ausländischen Steuerrechts vorsieht. Um einen möglichst hohen step-up zu erreichen, kann es deshalb für den Steuerpflichtigen sinnvoll sein, eine Rückführung bis zum Ablauf der 5-Jahres-Frist hinauszuschieben. Ein solcher Fall ist gegeben, wenn sich im Ausland zusätzliche stille Reserven bilden und dort mangels Entstrickungsregelung nicht besteuert werden. Hier ermöglicht ggf. nur die allgemeine Verstrickungsregelung des § 4 Abs. 1 S. 7 HS. 2 EStG den Ansatz des gemeinen Werts, da eine Aufstockung im Rahmen des Rückführungswerts (§ 4g Abs. 3 S. 1 EStG) im Ergebnis eine Entstrickung im Ausland voraussetzt.

Bei der Beurteilung der Steuerfolgen einer Rückführung aus einer ausländischen Betriebsstätte ist wiederum die Einbeziehung des Wirtschaftsgutes in die Gesamtunternehmensbilanz zu beachten. Der step-up sollte sich grundsätzlich steuerwirksam vollziehen, da eine Betriebsvermögensmehrung stattfindet (§ 4 Abs. 1 S. 1 EStG). Während der "Verstrickungsgewinn" bei Anwendung der Freistellungsmethode lediglich bei der Einkommensteuer im Steuersatz zu berücksichtigen ist (§ 32b EStG), wird im Anrechnungsfall auch die inländische Bemessungsgrundlage erhöht. Dies kann bedeuten, dass eine erhebliche Steuerlast im Inland entsteht. Folglich wäre diese Regelung ebenfalls unter dem Gesichtspunkt der Niederlassungsfreiheit bedenklich.

Die Regelung des § 4g Abs. 3 S. 2 EStG, wonach die Rückführung als rückwirkendes Ereignis i. S. d. § 175 Abs. 1 S. 1 Nr. 2 AO gelten soll, dürfte ein Versehen des Gesetzgebers sein, der eine entsprechende Verwaltungsregelung ungeprüft übernommen hat.[479] Nach den Verwaltungsgrundsätzen war eine Gewinnrealisation in vergangenen Veranlagungszeiträumen durch die Behandlung der Rückführung als ein rückwirkendes Ereignis nachträglich aufzuheben.[480] Der Steuerpflichtige wurde demnach so gestellt, als hätte er das Wirtschaftsgut nie in die ausländische Betriebsstätte überführt. Die nun kodifizierte Konzeption der Rückführung wählt einen anderen Weg, da dem Steuerpflichtigen bei Rückführung als Ausgleich für eine frühere Entstrickungsbesteuerung eine erhöhte Aufwandsverrechnung gewährt wird. Dieser Regelung widerspräche eine rückwirkende Änderung der erfolgswirksamen Auflösung des Ausgleichspostens in den Wirtschaftsjahren vor der Rückführung. Die Vorschrift läuft ins Leere und sollte gestrichen werden.

3.2 Alternative Konzepte für die Abrechnung des Innenverkehrs im Einheitsunternehmen

3.2.1 Notwendigkeit einer Überprüfung der Gewinnrealisation als Folge einer zeitlich eingeschränkten Selbstständigkeitsfiktion

Aus den vorstehenden Überlegungen folgt zum einen die Frage nach den Alternativen für eine Leistungsverrechnung bei Ablehnung des Entstrickungsgrundsatzes (de lege ferenda). Zum anderen müssen Überlegungen angestellt werden, welches Gewinnabgrenzungskonzept für unternehmensinterne Leistungen gilt, die de lege lata nicht unter den Entstrickungsgrundsatz fallen.

---

479 Vgl. Benecke / Schnitger, IStR 2007, S. 22 (24); Hoffmann, DB 2007, S. 652 (658); Crezelius in Kirchhof, § 4g EStG, Rn. 16; Schmidt/Heinicke, § 4g EStG, Rn. 15. A. A. Dankmeyer in Dankmeyer / Giloy, § 4g EStG, Rn. 34, der die Regelung für erforderlich hält, weil der "ursprünglich gebildete Ausgleichsposten ohne Wirkung auf den Gewinn aufgelöst wird, und zwar auch bei bestandskräftiger Veranlagung." Da aber der Ausgleichsposten erst im Wirtschaftsjahr der Rückführung aufgelöst wird, liegt gerade kein rückwirkendes Ereignis vor.

480 Dies galt sowohl bei einer ratierlichen Besteuerung der stillen Reserven durch Auflösung von Merkposten oder einer wahlweisen Sofortversteuerung, vgl. VWG-BS, Tz. 2.6.2 Abs. 3 S. 1 u. 2. Eine Ausnahme galt lediglich für Merkposten, die wegen der 10-Jahres-Frist bereits endgültig erfolgswirksam berücksichtigt waren, vgl. S. 3 der Vorschrift. Im Übrigen war auch die bisherige Regelung zur Rückführung in den VWG-BS,Tz. 2.6.2 Abs. 3 S. 4 widersprüchlich. Demnach war ein noch bestehender Merkposten durch Abzug vom Fremdvergleichspreis bei Rückführung aufzulösen. Hier kann ebenfalls nur ein Redaktionsversehen vorgelegen haben, da der Ansatz des um einen bestehenden Merkposten gekürzten Fremdvergleichspreises bei rückwirkender Aufhebung der Gewinnrealisation gerade keinen Sinn ergibt, vgl. Kumpf / Roth, DB 2000, S. 2192 (2193).

Beide Problemstellungen sind im Gegensatz zum Entstrickungsgrundsatz allein auf der Ebene der Einkünftezurechnung, nicht auf der Ebene der Einkünfteermittlung angesiedelt. Die Einkünftezurechnung beinhaltet ausschließlich die Aufteilung der ermittelten Einkünfteelemente des Gesamtunternehmens. Einem Unternehmensteil werden für die Erbringung unternehmensinterner Leistungen demnach erst zu dem Zeitpunkt Gewinne zugerechnet, zu dem die Leistungen auch aus Sicht des Gesamtunternehmens erfolgswirksam werden.[481]

Die aufgeschobene Gewinnrealisation wird technisch durch außerbilanzielle Merkposten umgesetzt. Hierzu wird der fremdübliche Gewinn für die unternehmensinterne Leistung in einem Merkposten gespeichert, bis der maßgebende Gewinnrealisierungsakt verwirklicht ist. Im Gegensatz zu den Ausgleichsposten nach § 4g EStG ist ein bilanzieller Ausweis der im Rahmen einer reinen Einkünftezurechnung zu bildenden Merkposten nicht möglich. Für eine höhere Bewertung der Wirtschaftsgüter mit einem ausgleichen Merkposten auf der Passivseite fehlt es an einer gesetzlichen Grundlage.[482] Die Höhe des Merkpostens entspricht im Fall der Überführung eines Wirtschaftsguts der Differenz zwischen Fremdvergleichspreis und dem Buchwert des Wirtschaftsguts.[483] Bei Dienstleistungen, deren Herstellungskosten von der leistungserbringenden Betriebsstätte getragen werden, wird der Merkposten in Höhe des Fremdvergleichspreises gebildet.[484] Werden selbsterstellte immaterielle Wirtschaftsgüter des Anlagevermögens in einen anderen Unternehmensteil überführt, so ist bei fehlender Umlage der Herstellungskosten ebenso ein Merkposten in Höhe des Fremdvergleichspreises zu bilden.[485] Bei Umlage der Aufwendungen wird nur das Gewinnelement in dem Merkposten erfasst.

---

481 Vgl. Hemmelrath (Ermittlung), S. 178; Kleineidam (Rechnungslegung), S. 203 f.; Fink, RIW 1988, S. 43 (51).

482 Ins Ausland verbrachte Wirtschaftsgüter sind in der Steuerbilanz weiterhin zu Buchwerten auszuweisen. Eine Aufstockung auf die Werte zum Zeitpunkt der Überführung kann (außerhalb des Ent- oder Verstrickungsgrundsatzes) mit den handels- und steuerrechtlichen Ansatz- und Bewertungvorschriften nicht in Einklang gebracht werden, vgl. Kramer, StuW 1991, S. 151 (160); Kleineidam, IStR 1993, S. 349 (352); Roth (Gewinnverwirklichung), S. 77 (89 f.). Nach den Verwaltungsgrundsätzen ist deshalb der Ausgleichsposten außerhalb der Bilanz zu erstellen, vgl. VWG-BS, Tz. 2.6.1. A. A. Neubauer, JbFSt 1976/77, S. 312 (319) und Hirsch, StuB 2001, S. 372 (376).

483 Vgl. Kleineidam (Rechnungslegung), S. 192 (allgemein) u. 204 (dort für Umlaufvermögen); Jacobs (Unternehmensbesteuerung[5]), S. 704.

484 Etwas anderes gilt, wenn die mit den Leistungen verbundenen Kosten auf die leistungsempfangende Betriebsstätte umgelegt werden und gleichzeitig eine Ertragsbeteiligung in Höhe des Gewinnaufschlags durchgeführt werden soll, vgl. Lechner (Gewinnaufteilung), S. 132.

485 Vgl. Kleineidam (Rechnungslegung), S. 191.

Umstritten ist, ob und inwieweit eine erfolgsneutrale Anpassung des Merkpostens an die Höhe der tatsächlich realisierten Gewinne erfolgt. Dies kann am Beispiel von Erzeugnissen verdeutlicht werden, die in den anderen Unternehmensteil verbracht und von diesem an unternehmensexterne Abnehmer weiterveräußert werden. Gehen die Erzeugnisse nach der Verbringung in den anderen Unternehmensteil unter oder können sie aus anderen Gründen nicht mehr nutzbringend eingesetzt werden, so kann der Ausgleichsposten nicht erfolgswirksam aufgelöst werden, da entsprechende Erträge für die Zurechnung eines Gewinns zum übertragenden Unternehmensteils nicht vorhanden sind.[486] Allerdings soll nach den Verwaltungsgrundsätzen der Merkposten – offenbar ohne Einschränkung – "bei Ausscheiden"[487] der Wirtschaftsgüter aus dem Betriebsstättenvermögen *erfolgswirksam* zugunsten des Stammhauses aufzulösen sein.[488] Bei abnutzbarem Anlagevermögen soll eine ratierliche Auflösung des Merkpostens über die Restnutzungsdauer des Wirtschaftsguts erfolgen. Diese Auffassung erscheint allerdings fragwürdig. Wegen der Einheit des Unternehmens kann nur an das tatsächlich erwirtschaftete Ergebnis des Gesamtunternehmens angeknüpft werden.[489] Kann eine Betriebsstätte im Innenverhältnis empfangene Leistungen nicht erfolgreich weiterverwerten, so ist nicht gewährleistet, dass die Erträge des Gesamtunternehmens ausreichen, um dem leistungserbringenden Unternehmensteil einen fremdüblichen Gewinn zuzurechnen. Dem zum Zeitpunkt der Erbringung der unternehmensinternen Leistung ermittelten Fremdvergleichspreis kann folglich nur die Funktion eines Hilfsmaßstabs für die Einkünftezurechnung zukommen.[490] Erweist sich der Fremdvergleichspreis im Nachhinein als unzutreffend, so könnte die Höhe der in den Merkposten gespeicherten Beträge erfolgsneutral anzupassen sein. Die Unternehmensteile unterscheiden sich insoweit von rechtlich selbstständigen Unternehmen, die Entgelte für schuldrechtliche Leistungsbeziehungen vertraglich vereinbaren und deshalb von den Risiken aus der Weiterverwertung erbrachter Leistungen abgeschirmt sind. Eine solche Abschirmwirkung kann es im Einheitsunternehmen nicht geben, wenn den Unternehmensteilen

---

486 Vgl. Wassermeyer in Debatin / Wassermeyer, MA, Art. 7, Rn. 248; Borstell / Brüninghaus in Vögele et. al. (HdV^2), Rn. M 74 ff.; Kroppen, IStR 2005, S. 74 (75); Wassermeyer, IStR 2004, S. 733 (734).

487 Vgl. VWG-BS, Tz. 2.6.1 a) und b).

488 Auch in vielen Beiträgen im Schrifttum wird diese Frage ähnlich pauschal beantwortet, vgl. Kleineidam (Rechnungslegung), S. 202; Baranowski (Auslandsbeziehungen), Rn. 306 ff.; Kempka (Gewinnrealisierung), S. 134; Hirsch, StuB 2001, S. 372 (376).

489 Vgl. Debatin, DB 1989, S. 1739 (1740); Wassermeyer in Debatin / Wassermeyer, MA, Art. 7, Rn. 255; Roth (Gewinnverwirklichung), S. 77 (86).

490 Vgl. Debatin, DB 1989, S. 1739 (1743); Becker, DB 1990, S. 392 (393); Debatin, BB 1990, S. 826 (828); Streckmann / Hillenbrand, RIW 1978, S. 382 (385).

tatsächlich realisierte Aufwendungen und Erträge unter Veranlassungsgesichtspunkten zuzurechnen sind.

Im Folgenden sollen die mit der Behandlung der Merkposten verbundenen Probleme systematisch bearbeitet werden. Wie in nachfolgender Abbildung dargestellt, ergeben sich zwei Teilprobleme (Abbildung 3). Demnach ist zunächst zu fragen, wie "Gewinnrealisation" konkretisiert werden kann und welche Maßnahmen erforderlich sind, um die Einkünftezurechnung zu Innenleistungen an tatsächlich realisierte Gewinne des Gesamtunternehmens anzupassen.

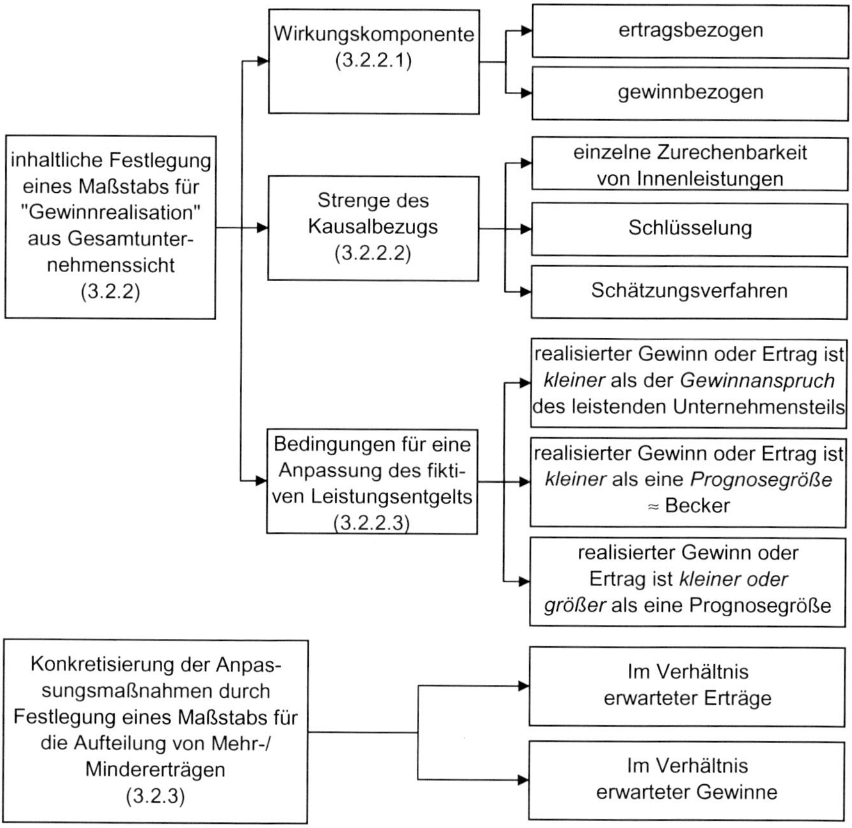

Abbildung 3: Überblick über mögliche Konsequenzen aus einer Anpassung der Bewertung von Innenleistungen an die Gewinnrealisation des Gesamtunternehmens

3.2.2 Inhaltliche Festlegung eines Maßstabs für "Gewinnrealisation"

3.2.2.1 Gewinne oder Erträge als Wirkungskomponente?

Zunächst ist das Konzept der "Gewinnrealisation" zu untersuchen. Nach einem engeren Verständnis von "Gewinnrealisation" unterbleibt die Gewinnzurechnung zu einer Innenleistung, wenn das Gesamtunternehmen aus dieser Leistung keinen *Gewinn* erzielt.[491] Hingegen scheitert die Gewinnzurechnung nach einem weniger strengen Konzept erst, wenn das Gesamtunternehmen keinen *Ertrag* aus dem Geschäft erzielt. Während im ersten Fall nach der Wirkung einer Innenleistung auf den Gewinn des Unternehmens gefragt wird, ist im zweiten Fall die Wirkung einer Innenleistung auf Erträge des Unternehmens relevant.

Gegen das erstgenannte Konzept spricht, dass in Verlustsituationen die Zurechnung eines fremdüblichen Gewinns zu dem die Innenleistung erbringenden Unternehmensteil verwehrt wäre. Insoweit entsteht eine unnötige Begrenzung des Gewinns des unternehmensintern leistenden Unternehmensteils. Erzielt das Gesamtunternehmen aus den Innenleistungen zwar keinen Gewinn, aber doch Erträge (z. B. Absatz des Erzeugnisses unter dem erwarteten Preis), so sollten diese Erträge grundsätzlich dem Unternehmensteil zugerechnet werden, der die Innenleistung erbracht hat.

Darüber hinaus ist das Konzept "Wirkung auf die Gewinne des Unternehmens" inhaltlich unbestimmt: So kann z. B. bei einer Überführung eines reservenhaltigen Wirtschaftsguts des Anlagevermögens der Zeitpunkt der Gewinnrealisation zum einen mit dem Zeitpunkt der Reservenauflösung gleichgesetzt werden. Insoweit würde als "Gewinnrealisation" die Gewinnwirkung verstanden, die sich aus der Differenz zwischen den tatsächlichen Abschreibungen und den fiktiven Abschreibungen auf das nach dem Fremdvergleichspreis bewertete Anlagevermögen ergeben. Dies entspricht einer ratierlichen Auflösung der Merkposten entsprechend des Abschreibungsverlaufs. Zum anderen kann als Gewinnrealisationszeitpunkt auch der Zeitpunkt verstanden werden, zu dem Umsatzerlöse aus der Verwertung des Anlagevermögens erzielt werden. Unter diesem Konzept würde der Gewinnanspruch des übertragenden Unternehmensteils durch die Gewinne alimentiert, die aus der umsatzwirksamen Verwertung des Anlagevermögens erzielt werden. Da im Grundsatz eine Einkünftezurechnung von der Ertragsseite befürwortet wird,[492] erscheint es systematischer, eine "Gewinnrealisation" erst anzunehmen, wenn durch die Verwertung der Innenleistung Erträge entstehen. Vor diesem Hintergrund ist die

---

[491] Hierbei können weitere Teilkonzepte abgegrenzt werden, z. B. nach der Erzielung eines Brutto- oder Nettogewinns, vgl. OECD (Report), S. 26 FN 5 sowie Tz. 68 [Part I].

[492] Vgl. Kapitel II, Abschn. 1.2.2.

bei der Überführung von Anlagevermögen übliche Vorgehensweise der ratierlichen Auflösung von Merkposten entsprechend des Abschreibungsverlaufs unzutreffend und könnte allenfalls als näherungsweise Schätz- oder Hilfslösung anerkannt werden.

3.2.2.2 Strenge des Kausalbezugs

Es entspricht dem Veranlassungsprinzip, wenn der dem unternehmensintern leistenden Unternehmensteil zugerechnete Ertrag aus solchen Erträgen alimentiert wird, für deren Entstehen die Innenleistung ursächlich war. Demnach scheidet eine Alimentierung einer Innenleistung durch Erträge aus, wenn die Innenleistung zur Entstehung dieser Erträge nicht beigetragen hat.

Die insoweit vorausgesetzte Zurechenbarkeit von Innenleistungen auf realisierte Erträge ist unproblematisch, wenn der Ertrag eindeutig bestimmt werden kann. Werden etwa Erzeugnisse oder Waren von einem Unternehmensteil zur Weiterverarbeitung und -veräußerung in einen anderen Unternehmensteil verbracht, so entsteht der Erfolg aus den internen Leistungen im Zeitpunkt der Weiterveräußerung der Erzeugnisse oder Waren. Auch Dienstleistungen, wie etwa auftragsbezogene Vertriebs-, Beratungs- oder Entwicklungsleistungen können einzelnen Erträgen des Gesamtunternehmens zurechenbar sein.

In vielen Fällen ist die einzelne Zurechenbarkeit jedoch nicht gewährleistet, sondern es treten Zurechnungsprobleme theoretischer und praktischer Natur auf, die im Folgenden näher untersucht werden.

3.2.2.2.1 Bewirkung mehrerer Erträge durch eine Innenleistung

Zurechnungsprobleme entstehen, wenn eine Innenleistung zu mehreren Erträgen des Unternehmens beiträgt. In diesen Fällen ist zu entscheiden, wie sich der fremdübliche Gewinn für die unternehmensinterne Leistung auf die einzelnen Erträge verteilt. Auch wenn gute Gründe für eine gleichmäßige Beteiligung des vorleistenden Unternehmensteils an allen verursachten Erträgen sprechen, ist eine logisch einwandfreie Lösung dieses Problems nicht möglich. Die unternehmensinterne Leistung kann lediglich den bei ihrer Verwertung erzielten Erträgen insgesamt zugerechnet werden. Der fremdübliche Gewinn für die unternehmensinterne Leistung wird folglich durch die tatsächlich erzielten Erträge aus ihrer Verwertung insgesamt alimentiert (Abb. 4). Sollen willkürliche Zurechnungen vermieden werden, so können allenfalls plausible Schlüsselgrößen festgelegt werden, mit denen der Realisationsgrad der internen Leistung gemessen wird. Mit Blick auf das vergleichbare umsatzsteuerrechtliche Problem der Zurechnung steuerpflichtiger und steuerbefreiter Ausgangsleistungen auf Eingangsleistungen eines Unternehmens könnte z. B. ein Umsatzschlüssel verwendet werden.[493] In der Regel dürften aber mehrere Schlüsselgrößen geeignet sein, so dass es keine allein richtige Lösung des Zurechnungsproblems gibt.

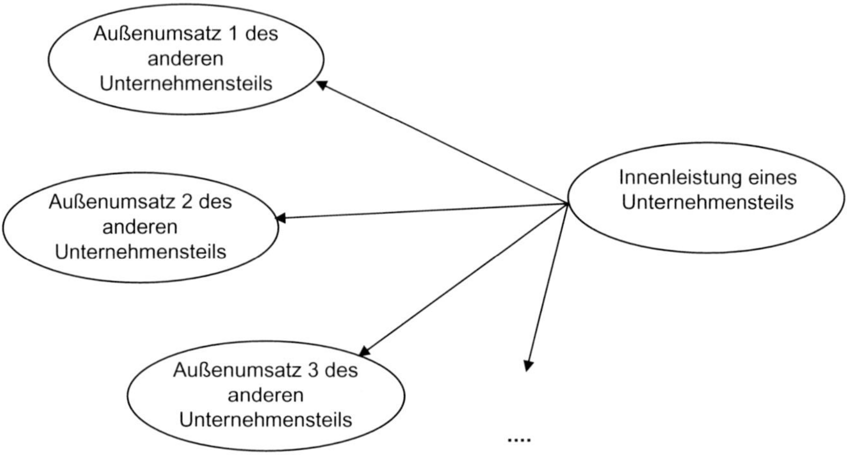

Abbildung 4: Schlüsselung bei Mehrfachwirkung einer Innenleistung

Die Zulässigkeit mehrerer Schlüsselgrößen soll an folgendem Beispiel verdeutlicht werden:

1. Die Betriebsstätte überträgt dem Stammhaus eine Technologie, deren Fremdvergleichspreis 40 GE beträgt. Die Herstellungsaufwendungen wurden von der Betriebsstätte getragen. Für die Erzeugnisse, die das Stammhaus mit Hilfe der Technologie herstellt und vertreibt, kann ein bestimmtes *Umsatzpotenzial* angegeben werden, beispielsweise 100 GE. Der Realisationsgrad der internen Leistung entspricht dem Anteil, zu dem das Umsatzpotenzial durch das Stammhaus ausgeschöpft wird. Erreicht der Umsatz im ersten Jahr der Technologieverwertung 20 GE, so beläuft sich der Realisationsgrad der internen Leistung auf 1/5. Stammhaus und Betriebsstätte werden im Ergebnis so gestellt, als ob eine Umsatzlizenz in Höhe von 40 x (20 / 100) GE = 8 GE entrichtet würde. Der Merkposten wird im ersten Jahr in dieser Höhe aufgelöst.
2. Der Grad der Gewinnrealisation könnte ebenso durch die Anzahl der durch das Stammhaus mit Hilfe der Technologie hergestellten und veräußerten

[493] Vgl. Abschn. 208 UStR 2005. Gemäß § 15 Abs. 4 UStG ist der Umsatzschlüssel allerdings nachrangig.

Erzeugnisse gemessen werden. Beträgt etwa das Absatzpotenzial für die hergestellten Erzeugnisse insgesamt 40 Stück, während die Absatzmenge im ersten Jahr der Technologieverwertung 5 Stück erreicht, so entspricht der Realisationsgrad der unternehmensinternen Leistung 1/8. Beläuft sich der Fremdvergleichspreis der Technologie wiederum auf 40 GE, so werden Stammhaus und Betriebsstätte so gestellt, als ob eine Stücklizenz in Höhe von 40 x (5 / 40) GE = 5 GE entrichtet würde. Der Merkposten wird im ersten Jahr in Höhe von 5 GE aufgelöst.

3.2.2.2.2 Ökonomische Grenzen der Messbarkeit und Schätzungsverfahren

Eine Zurechnung einzelner unternehmensinterner Leistungen zu einzelnen Erfolgen des Gesamtunternehmens ist überdies nicht möglich, wenn gleichartige interne Leistungen in großer Zahl erbracht werden und eine theoretisch mögliche exakte Zurechnung nur durch einen unangemessen hohen Aufwand erreicht werden könnte. In diesem Fall kann z. B. anhand eines Verbrauchsfolgeverfahrens geschätzt werden, in welcher Höhe realisierte Erträge auf die internen Leistungen entfallen. Die insgesamt für eine Mehrzahl interner Leistungen gebildeten Merkposten werden in diesem Fall lediglich in pauschaler Weise aufgelöst.[494] Hierbei kann unterstellt werden, dass die zuletzt oder die zuerst erbrachten internen Leistungen zuerst von dem leistungsempfangenden Unternehmensteil verwertet werden. Auch die Anwendung einer "Durchschnittsmethode" ist möglich. Hierbei würde der Merkposten je Realisationsakt in Höhe eines durchschnittlichen Gewinnanspruchs des vorleistenden Unternehmensteils aufgelöst.[495]

Zudem treten regelmäßig Prognoseprobleme auf, wenn der Umfang der durch eine interne Leistung zukünftig unterstützten Erfolgsbestandteile nicht mit Sicherheit bekannt ist. Folglich muss auf Schätzungen zurückgegriffen werden, die regelmäßig Abwägungen zwischen einer hinreichenden Verlässlichkeit des Schätzungsergebnisses und einem angemessenen Ermittlungsaufwand erfordern.[496] So sind z. B. die Erfolgswirkungen von Werbeleistungen aufgrund der Komplexität der Wirkungsbeziehungen häufig nicht vollständig bekannt (z. B. Anschlusskäufe an ursprünglich durch Werbung hervorgerufene Erstkäufe). Auch bei der Verwertung von internen Forschungs- und Entwicklungsleistungen dürfte eine Schätzung des Erfolgspotenzials häufig nur unter

---

494 Vgl. Storck (Betriebstätten), S. 337; Hemmelrath (Ermittlung), S. 182 f.; Hirsch, StuB 2001, S. 372 (376); Roth (Gewinnverwirklichung), S. 77 (90 ff.).

495 Vgl. Roth (Gewinnverwirklichung), S. 77 (90).

496 Schätzungen setzen generell Wertvorstellungen des Schätzenden voraus, vgl. Kupsch (Rückstellungen), S. 164.

erhöhter Unsicherheit möglich sein. Eine ratierliche Auflösung des Merkpostens entsprechend der Erfolgswirksamkeit einer Werbe- bzw. FuE-Leistung setzt daher voraus, dass die Gesamtheit der durch die interne Leistung erzielten Erträge zumindest näherungsweise bestimmbar ist.[497]

3.2.2.3 Bedingungen für die Anpassung eines fiktiven Leistungsentgelts

Grundsätzlich kann die Anpassung des Fremdvergleichspreises für eine unternehmensinterne Leistung an die Ertragssituation des Unternehmens auf diejenigen Fälle beschränkt werden, in denen der realisierte Ertrag den fremdvergleichskonformen Gewinn für die unternehmensinterne Leistung nicht abdeckt. Folglich wäre die Ertragszurechnung lediglich in den wenigen "pathologischen" Fällen geringer als ein fremdüblicher Gewinn, in denen Erträge vollständig ausfallen oder die realisierten Erträge so gering sind, dass bereits die Innenleistung nicht vollständig entgolten werden kann. Bei dieser Aufteilungsregel trägt vorrangig der die Innenleistung empfangende Unternehmensteil Abweichungen von den ursprünglich erhofften Erträgen. Der vorleistende Unternehmensteil ist so weit wie möglich von den Risiken aus der Weiterverwertung der Vorleistungen abgeschirmt. Allerdings lassen sich, wie im Folgenden verdeutlicht werden soll, auch alternative Bedingungen für die Anpassung von fiktiven Leistungsentgelten formulieren.

Becker hat sich mit der Frage befasst, in welcher Weise verfahren werden kann, wenn Erträge des Gesamtunternehmens ausfallen. Nach seiner Auffassung erhalten die Unternehmensteile grundsätzlich einen Anteil am Gesamtgewinn, sofern sie für das Gesamtunternehmen nutzbare Leistungsbeiträge erbringen. Die Leistungsbeiträge sind nach ihrem "Funktionsnutzen" zu bewerten, der im Grundsatz dem Fremdvergleichspreis entspricht.[498] Das Quasi-Entgelt[499] einer Betriebsstätte für erbrachte Leistungsbeiträge ist nach *Becker* allerdings nachträglich anzupassen, wenn das Gesamtunternehmen unerwartet Mindererträge erleide und die Ursache in dem Funktionsbereich dieser Be-

---

[497] Eine Parallele bilden Folgewirkungen bei Schadensersatzleistungen. Hierbei ergeben sich häufig quasi-unendliche Kausalketten, so dass die Bestimmung des Schadensersatzes wertende Festlegungen erfordert, vgl. Schulin (Kausalitätsbegriff), S. 100.

[498] Vgl. Becker, DB 1989, S. 10 (13).

[499] Becker bezeichnet die der vorleistenden Einheit zuzurechnenden Entgelte mit Rücksicht auf die rechtliche Unselbstständigkeit von Stammhaus und Betriebsstätte als "Quasi-Entgelte".

triebsstätte liege.[500] Lässt sich die Ursache des Minderertrags nicht aufklären oder trifft beide Unternehmensteile eine gleich hohe Verantwortung für den Minderertrag, so werden die Quasi-Entgelte von Stammhaus und Betriebsstätte im gleichen Verhältnis gemindert.[501] Im Ergebnis entspricht die letztgenannte Zurechnungsregel einer Aufteilung des Minderertrags im Verhältnis der von den Unternehmensteilen erwarteten Erträgen. Der Vorschlag *Beckers* beruht darauf, dass zunächst eine ursachenbezogene Aufteilung unerwarteter Mindererträge Vorrang hat. Denkbar ist etwa, dass der für ein gemeinsam hergestelltes Produkt erzielte Preis geringer ist als ursprünglich erhofft, weil die Betriebsstätte den Wert des Produkts durch unsachgemäße Weiterverarbeitung oder Lagerung gemindert hat.[502] Da in diesem Fall die Betriebsstätte den Minderertrag verursacht haben soll, wird ihr dieser zugerechnet. Sind die Ursachen des Minderertrags nicht eindeutig der Risikosphäre von Stammhaus oder Betriebsstätte zuordenbar, soll der Minderertrag im Verhältnis der erwarteten Erträge aufgeteilt werden. Die gleichmäßige Beteiligung an Mindererträgen trägt offenbar dem Charakter des Einheitsunternehmens als Schicksalsgemeinschaft Rechnung. Im Ergebnis werden die Beiträge beider Betriebsstätten, auch die der vorleistenden Betriebsstätte, erst bei Realisation des Außenumsatzes endgültig bewertet.

Wie im Schrifttum bemerkt worden ist, kann der Vorschlag *Beckers* in folgerichtiger Weise ergänzt werden, indem auch unerwartete Steigerungen des erzielten Ertrags auf beide Unternehmensteile aufgeteilt werden (Mehrerträge). Somit würde die vorleistende Betriebsstätte nicht nur an den Risiken, sondern auch an den Chancen der gemeinsamen Leistungserstellung partizipieren.[503] Nach dieser Erweiterung des Modells von *Becker* wird eine einseitige Benachteiligung des Leistungserbringers, der nach dem Vorschlag von *Becker* (nur) an Mindererträgen beteiligt würde, vermieden und eine systematischere Lösung erreicht.

Allerdings ist zu bedenken, dass sowohl unter der *Becker*'schen Aufteilungsregel als auch unter der gerade beschriebenen Erweiterung auf Mehrerträge eine vom Fremdvergleichspreis abweichende Bewertung von Innenleis-

---

500 Vgl. Becker, DB 1990, S. 392 (393). Zwar spricht Becker von "Mindererlösen", da aber die Einkünftezurechnung an Aufwendungen und Erträge anknüpft, können nur Mindererträge gemeint sein.

501 Vgl. Becker, DB 1990, S. 392 (393).

502 Auch nach Wassermeyer in Debatin / Wassermeyer, MA, Art. 7, Rn. 255, soll eine Minderung des Veräußerungspreises, die auf die unsachgemäße Lagerung von Waren durch eine Betriebsstätte zurückzuführen ist, dieser Betriebsstätte angelastet werden.

503 Vgl. Haiß (Gewinnabgrenzung), S. 208. Bei Wassermeyer verbleibt hingegen eine Ertragssteigerung bei dem Unternehmensteil, der den Ertrag unmittelbar auslöst, vgl. Wassermeyer, IStR 2005, S. 84 (88, Beispiel linke Spalte).

tungen zum Regelfall würde. Im Ergebnis würde für die Bewertung von Innenleistungen eine deutlich betriebsstättenspezifische Interpretation des Fremdvergleichsgrundsatzes geschaffen, die sich weit von einer rechtsformneutralen Einkünftezurechnung entfernen würde.

3.2.3 Konkretisierung der Anpassungsmaßnahmen

Ein Maßstab für die Aufteilung von Mehr- oder Mindererträgen auf Stammhaus und Betriebsstätte kann keine unmittelbare Stütze in einem tatsächlichen Fremdvergleich finden, da selbstständige unabhängige Unternehmen ein vergleichbares Zurechnungsproblem nicht zu bewältigen haben. Eine Abgrenzung der Risikosphäre der Unternehmensteile bezüglich des Ausfalls gemeinsam erzielter Erträge wird zwischen fremden Dritten nicht vereinbart. Deshalb ist die von *Becker* vorgeschlagene ursachen- bzw. einzelfallbezogene Zurechnung von Mindererträgen nur in wenigen Fällen eindeutig möglich. So könnte es etwa in Fällen, in denen eine offenbare Pflichtverletzung (Vorsatz, grobe Fahrlässigkeit) des Betriebsstättenpersonals vorliegt, plausibel erscheinen, dass die betreffende Betriebsstätte den von ihr verursachten Minderertrag übernimmt. In allen anderen Fällen erscheint es zutreffend, durch Konvention einen Aufteilungsschlüssel für Mehr- oder Mindererträge festzulegen, da eine gleichmäßige Teilnahme von Stammhaus und Betriebsstätte an den Mehr- oder Mindererträgen dem Charakter des Einheitsunternehmens als Schicksalsgemeinschaft am besten entspricht.

Die von *Becker* vorgeschlagene Schlüsselgröße der *erwarteten Erträge* erscheint allerdings fragwürdig. Bei ungleichen Gewinnsituationen von Stammhaus und Betriebsstätte belasten Mindererträge den Unternehmensteil mit einer geringeren Gewinnmarge stärker als den Unternehmensteil mit einer höheren Gewinnmarge. Demgegenüber erscheint eine Aufteilungsregel plausibler, die das unterstellte Ziel der *Gewinn*maximierung beider Unternehmensteile besser berücksichtigt. Danach wären Mehr- und Mindererträge so aufzuteilen, dass die Gewinne beider Unternehmensteile im gleichen Verhältnis erhöht bzw. gemindert werden. Folglich wird bei Mindererträgen eine gleichmäßige Rücknahme der *Gewinne* beider Unternehmensteile angenommen.

Beispiel: Das Stammhaus entwickelt ein Produkt für die Betriebsstätte und trägt die Kosten der FuE-Leistung in Höhe von 40 GE (Fremdvergleichspreis: 50 GE). Die Betriebsstätte nutzt die Technologie durch Herstellung und Veräußerung der Produkte. Hierbei fallen in der Betriebsstätte Aufwendungen in Höhe von 20 GE an. Der ursprünglich erhoffte Umsatz liegt bei 100 GE (erwarteter Ertragsanteil von Stammhaus und Betriebsstätte folglich jeweils 50 GE). Realisiert wird ein Umsatz von 80 GE. Wird der Minderertrag von 20 GE nach dem Verhältnis der erwarteten Erträge aufgeteilt (50 GE zu 50 GE, also 1:1), zehrt dies den Gewinn des Stammhauses vollständig auf, während der Betriebsstätte ein Gewinn von 20 GE verbleibt. Die Aufteilung des Minderertrags nach dem Verhältnis der erwarteten Gewinne (10 GE zu 30 GE, also 1:3), ermöglicht hingegen beiden Unternehmensteilen weiterhin einen Gewinn (5 GE bzw. 15 GE).

Im Beispielsfall liegen die Gewinnchancen und -risiken in stärkerem Maße bei der Betriebsstätte, da ein Betriebsstättengewinn von 30 GE und ein Stammhausgewinn von 10 GE zu erwarten ist. Betriebsstätte und Stammhaus partizipieren deshalb im Verhältnis der erwarteten Gewinne (3:1) an Mehr- oder Mindererträgen. Der gemeinsame break-even-Punkt liegt im gewählten Beispiel bei einem Ertrag von 60 GE.

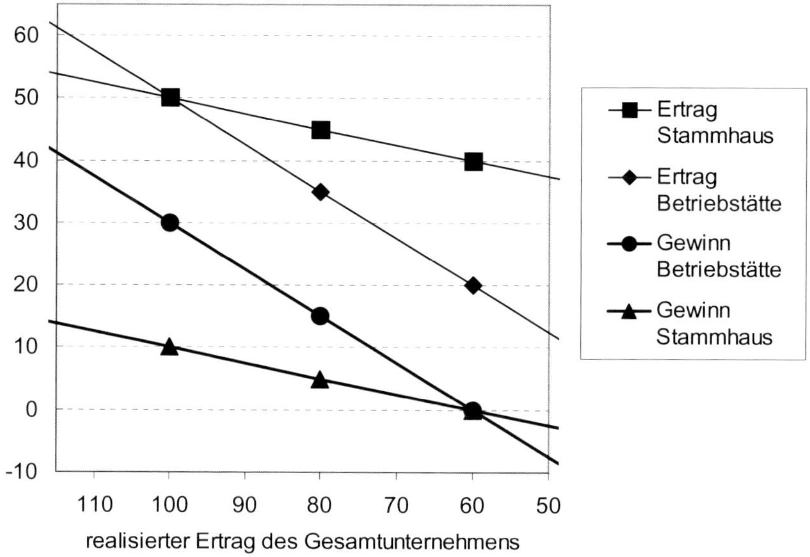

Abbildung 5: Aufteilung von Mehr- und Mindererträgen im Verhältnis der prognostizierten (transaktionsbezogenen) Gewinnanteile von Stammhaus bzw. Betriebsstätte

Allerdings kann eine Aufteilung des Gesamtunternehmensergebnisses im Verhältnis der erwarteten Gewinne bei größeren Ertragsausfällen nicht mehr allein durch eine Ertragszurechnung erreicht werden. Bei einem realisierten Ertrag von unter 33,33 GE ist es hierzu nicht mehr ausreichend, den Ertrag des Gesamtunternehmens dem Stammhaus zuzurechnen. Vielmehr müsste das Stammhaus auch Aufwendungen aus seiner eigenen Tätigkeit (hier: FuE) an die Betriebsstätte übertragen, um das relativ höhere Risiko der Betriebsstätte abzubilden. Die Idealkonzeption, dass Betriebsstätte und Stammhaus eine Risikogemeinschaft begründen, bei der das relative Risiko der Unternehmensteile ihrer relativen Gewinnerwartung entspricht, führt also dazu, dass die funktionale Zugehörigkeit der Aufwendungen durchbrochen werden müsste. Die Aufteilungsregel erfordert somit nicht nur komplexe Berechnungen, sondern führt ggf. auch zu einer fragwürdigen Zurechnung von Aufwendungen. Sind die Aufwendungen bereits in früheren Veranlagungszeiträumen entstanden, so stellt sich überdies die Frage der verfahrensrechtlichen Änderbarkeit dieser Veranlagungszeiträume.

Die vorstehenden Ausführungen zeigen, dass eine nachträgliche Anpassung fremdüblicher Gewinne für unternehmensinterne Leistungen zahlreicher Konventionen bedarf, da insoweit von dem Verhalten selbstständiger unabhängiger Unternehmen keine Objektivierungswirkung ausgeht. Ermessensspielräume, die bei der Prognose zukünftiger Erträge auftreten, können eine Objektivierung der Einkünftezurechnung erschweren. Gegenüber der Sofortbesteuerung von Gewinnen aus unternehmensinternen Leistungen erscheint die nachträgliche Anpassung von fiktiven Leistungsentgelten als aufwendig und wenig praktikabel.

3.3 Sachliche Einschränkungen der Selbstständigkeitsfiktion

3.3.1 Klassische Form der eingeschränkten Selbstständigkeitsfiktion

Nach der Selbstständigkeitsfiktion soll für Zwecke der Einkünftezurechnung unterstellt werden, Stammhaus und Betriebsstätte würden als selbstständige und unabhängige, mit Gewinnerzielungsabsicht tätige Unternehmen miteinander verkehren. Die Selbstständigkeitsfiktion wird allerdings sowohl in der deutschen als auch in der international üblichen Rechtspraxis nicht in absoluter Konsequenz auf alle Leistungskategorien angewandt. Vielmehr sind Systembrüche und unterschiedliche Interpretationen festzustellen, die im Gegensatz zur "absoluten Selbstständigkeitsfiktion" als "eingeschränkte Selbstständigkeitsfiktion" bezeichnet werden. Im Folgenden sollen mögliche Zielsetzungen und Erklärungsansätze für die genannten Interpretationen der Selbstständigkeitsfiktion erläutert werden.

3.3.1.1 Grundstruktur der eingeschränkten Selbstständigkeitsfiktion

Die als eingeschränkte Selbstständigkeitsfiktion bezeichneten Zurechnungsregeln verwehren eine durchgängige Verwirklichung der Selbstständigkeitsfiktion, indem für bestimmte Leistungsarten fiktive entgeltliche Leistungsbeziehungen zwischen den Unternehmensteilen zu fremdüblichen Bedingungen ausgeschlossen werden. Lediglich die Verrechnung tatsächlich angefallener Aufwendungen soll unter der eingeschränkten Selbstständigkeitsfiktion für die betreffenden Leistungsarten zulässig sein. Typischerweise bezieht sich die eingeschränkte Selbstständigkeitsfiktion auf die Überlassung von materiellem und immateriellem Vermögen, auf die Überlassung von Kapital, sowie auf die Erbringung von Verwaltungs- und Geschäftsführungsleistungen. Nach der eingeschränkten Selbstständigkeitsfiktion soll für die Überlassung von immateriellen Wirtschaftsgütern lediglich eine Umlage der tatsächlich entstandenen FuE-Aufwendungen oder Abschreibungen in Betracht kommen und für die Überlassung materieller Wirtschaftsgüter lediglich die Verrechnung anteiliger Abschreibungen, Verwaltungs-, Reparaturaufwendungen usw. zulässig sein. Die Überlassung von Kapital soll steuerlich entweder als Überlassung von zusätzlichem zinslosem Dotationskapital oder als Weiterleitung tatsächlich aufgenommener verzinslicher Fremdkapitalien behandelt werden.

Die eingeschränkte Selbstständigkeitsfiktion soll sich nach der überwiegenden Auffassung im Schrifttum und der bislang herrschenden deutschen Verwaltungspraxis nur auf solche Leistungen erstrecken, die nicht zur Haupttätigkeit der leistungserbringenden *Betriebsstätte* gehören.[504] Hingegen sollen Leistungen, die die Haupttätigkeit der Betriebsstätte bilden, zu Fremdpreisen abgerechnet werden. Folglich sind Gewinne aus fiktiven Darlehens-, Miet- und Lizenzverträgen zwischen Stammhaus und Betriebsstätte ausnahmsweise zu berücksichtigen, wenn die betreffende Leistung Gegenstand der ordentlichen Geschäftstätigkeit des leistenden Unternehmensteils ist.[505] Nutzungsüberlassungen an ausländische Unternehmensteile sind allerdings nach der Einführung eines Entstrickungsgrundsatzes durch das SEStEG zukünftig generell mit dem gemeinen Wert anzusetzen.

In ähnlicher Weise sind nach den Verwaltungsgrundsätzen für Geschäftsführungs- und allgemeine Verwaltungstätigkeiten lediglich Aufwandsverrech-

---

504 Vgl. VWG-BS, Tz. 3.1.2. Debatin, JbFSt 1973/74, S. 59 (77 f.); Bopp, DStZ/A 1974, S. 91 (98); Debatin, DB 1989, S. 1739 (1741); Hemmelrath (Ermittlung), S. 219. A. A. Weber / Werra, FS Ritter, S. 285 (301): Haupttätigkeit des Unternehmens.

505 Vgl. VWG-BS, Tz. 2.2 Abs. 3.

nungen möglich.[506] Allerdings soll die Oberleitung von Betriebsstätten durch das Stammhaus zu einer Gewinnzurechnung führen, wenn die Tätigkeit des Stammhauses auf die Oberleitung der Betriebsstätten beschränkt ist.[507]

Nach der Auffassung der OECD sollen Dienstleistungen von der eingeschränkten Selbstständigkeitsfiktion ausgenommen werden, wenn sie zur Haupttätigkeit des *Unternehmens* gehören. So regelt der OECD-Musterkommentar ausdrücklich, dass für Dienstleistungen, die zum Gegenstand der *Unternehmens*tätigkeit gehören und für deren Erbringung es standardisierte Entgelte gibt, gewöhnlich eine Verrechnung zu dem auch einem Fremden berechneten Entgelt angemessen sein wird.[508] Wohl in ähnlicher Weise ist die Rechtsprechung des BFH zu verstehen, die eine "Ausgleichsforderung" zwischen Stammhaus und Betriebsstätte nur dann anerkennt, wenn Dienstleistungen erbracht werden, "die im üblichen Geschäftsverkehr gegen Entgelt erbracht zu werden pflegen".[509] Fiktive Darlehensbeziehungen zwischen Stammhaus und Betriebsstätte wären nicht möglich,[510] sie könnten allenfalls bei Bankunternehmen anerkannt werden.[511]

---

506 Vgl. VWG-BS, Tz. 3.1.2: Dienstleistungen "im Sinne der Tz. 3.4" sind von der Haupttätigkeitsregelung ausgenommen, so dass Geschäftsführungs- und allgemeine Verwaltungsaufwendungen ohne Gewinnaufschlag zu belasten sind. Unter diesen Begriff ordnet die Verwaltung folgende Aufwandskategorien ein: Aufwendungen für Buchführung, Rechtsberatung, Revisions- und Prüfungswesen, Kontroll-, Regie- und vergleichbare Leistungen des Stammhauses, wenn diese Leistungen gegenüber der Betriebsstätte augeübt werden, zeitlich begrenzte Arbeitnehmerüberlassung, einschließlich des Führungsbereichs des Stammhauses, die Aus- und Fortbildung sowie die soziale Sicherung von Personal, das im Stammhaus im Interesse der Betriebsstätte tätig ist.

507 Vgl. VWG-BS, Tz. 3.1.4.

508 Vgl. OECD-MK zu Art. 7, Tz. 17.5; Entwurf OECD-MK 2008 zu Art. 7, Tz. 37.

509 Vgl. BFH v. 21.04.1971 - I R 200/67, BStBl II 1971, S. 743 ("Eine solche Ausgleichsforderung käme nur dann in Betracht, wenn die Betriebsstätte, von ihrer Funktion im Rahmen des gesamten Unternehmens abgesehen, dem als verselbständigt zu denkenden restlichen Unternehmen Dienstleistungen erbracht hätte, die im üblichen Geschäftsverkehr gegen Entgelt erbracht zu werden pflegen."). Das Urteil des BFH v. 20.07.1988 - I R 49/84, BStBl II 1989, S. 140, kann indes ein Verbot der Abrechnung von Geschäftsführungs- und allgemeinen Verwaltungsleistungen mit Fremdpreisen nicht stützen, gl. A. Kuckhoff / Schreiber (Verrechnungspreise), S. 144; Haiß (Gewinnabgrenzung), S. 220; VWG-BS, Tz. 3.4; a. A. offenbar Schaumburg (Steuerrecht), Rn. 18.42; Weber / Werra, FS Ritter, S. 285 (298 FN 45).

510 Vgl. RFH v. 26.10.1937 - I 9/37, RStBl 1938, S. 46; BFH v. 27.07.1965 - I 110/63 S, BStBl III 1966, S. 24; BFH v. 25.06.1986 - II R 213/83, BStBl II 1986, S. 785.

511 Allerdings im Ergebnis offengelassen BFH v. 27.07.1965, I 110/63 S, BStBl III 1966, S. 24 (Gründe Nr. III).

3.3.1.2 Funktionen der eingeschränkten Selbstständigkeitsfiktion

3.3.1.2.1 Zwischenstaatliche Verteilungsgerechtigkeit

Das Schrifttum hat die eingeschränkte Selbstständigkeitsfiktion vielfach als unsystematische, widersprüchliche und willkürliche Regelung kritisiert und stattdessen eine konsequente Umsetzung der Selbstständigkeitsfiktion gefordert.[512] Für die Kritiker der eingeschränkten Selbstständigkeitsfiktion steht im Vordergrund, dass zweifellos auch Geschäftsführungs- und Verwaltungsleistungen, die Überlassung materieller oder immaterieller Güter oder die Überlassung von Kapital nutzbare Beiträge zur Erzielung von Erträgen sind, für die fremde Dritte bereit wären, Entgelte über die entstandenen Aufwendungen hinaus zu entrichten. Ebenso wären die jeweils leistungserbringenden Unternehmensteile als selbstständige unabhängige Unternehmen nicht bereit, Leistungen zu bloßen Kostenentgelten zu erbringen. Die Kritiker gehen streng vom Wortlaut des Art. 7 Abs. 2 OECD-MA aus und betrachten die Position der eingeschränkten Selbstständigkeitsfiktion mehr oder minder als Leseschwäche oder zumindest als kapitalen Auslegungsfehler.

Demgegenüber hatten *Debatin, Ritter* und *Hemmelrath*[513] Versuche unternommen, der herrschenden Rechtspraxis der eingeschränkten Selbstständigkeitsfiktion eine theoretische Einkleidung zu verleihen. Nach der von ihnen vertretenen Erwirtschaftungstheorie ist jedem Unternehmensteil der Erfolg zuzurechnen, den er mit Hilfe seiner unternehmerischen Eigenausstattung erwirt-

---

512 Für eine konsequente Umsetzung der Selbstständigkeitsfiktion Fernbach-Fahrensbach, FR 1956, S. 436 (438); Bähr (Gewinnermittlung), S. 134 f.; Becker, EStZ 1971, S. 95 (102); Flick, JbFSt 1973/74, S. 105 (107); Kluge, StuW 1975, S. 294 (303 ff.); Neubauer, JbFSt 1976/77, S. 312 (317); Storck (Betriebstätten), S. 310 f.; Lechner (Gewinnaufteilung), S. 91 ff.; Gonella, DB 1986, S. 297 (299); Lüdicke in Lademann / Söffing, § 49 EStG, Rn. 332; Sieker, DB 1996, S. 110; Baranowski (Auslandsbeziehungen), Rn. 313; Burgers (Permanent Establishment), S. 20 und 36; Jacobs (Unternehmensbesteuerung[5]), S. 640 f.; Kroppen, JbFSt 2001/02, S. 624 (627); Kumpf / Roth, DB 2000, S. 741 (744); in Bezug auf Kosten der allgemeinen Verwaltung: Balco (Attribution), S. 377 (389 und 399). Die eingeschränkte Selbstständigkeitsfiktion wird hingegen mit unterschiedlichen inhaltlichen Nuancen und Begründungen vertreten von: Bopp, DStZ/A 1974, S. 91 (98); Hemmelrath (Ermittlung), S. 268 ff.; Brenner (Steuerrecht), S. 63 (82) hält zwar den Gewinnaufschlag für rechtssystematisch richtig, aber die Kostenverrechnung für eine vorziehenswürdige pragmatische Lösung; Kleineidam, IStR 1993, S. 395 (397), dort in Bezug auf Regieleistungen des Stammhauses; Schröder / Strunk (Betriebsstätten), Rn. C 135; Schaumburg (Steuerrecht), Rn. 18.38, 18.42; IdW Steuerfachausschuss, WPg 1996, S. 365 (369); Runge (Streitfragen), S. 134 (141 ff.): nicht aber bei vorheriger Fremdvermietung der der Betriebsstätte überlassenen Wirtschaftsgüter.

513 Vgl. Debatin, DStZ 1966, S. 209 (213); Ritter, JbFSt 1976/77, S. 288 (300 ff.); Debatin, DB 1989, S. 1739 (1740 f.); Hemmelrath (Ermittlung), S. 217 ff. und 267 ff.

schaftet hat. Deshalb muss ein "Ausstattungsbereich" des Unternehmens vom "Tätigkeitsbereich" des Unternehmens abgegrenzt werden.[514] Was zur Teilhabe an der Unternehmensausstattung gehört, könne nicht Gegenstand einer Vergütung sein,[515] deshalb dürfe die Überlassung der Ausstattung nur zu Kosten erfolgen.[516] Auch Verwaltungs- und Geschäftsführungsleistungen werden nicht dem Tätigkeitsbereich eines Unternehmensteils, sondern dem Ausstattungsbereich des Unternehmens zugeordnet.[517] Da die betreffenden Leistungen insoweit außerhalb des betrieblichen Geschehens angesiedelt sind, erfolgt lediglich eine Verrechnung der für ihre Erbringung angefallenen Aufwendungen ohne Einschluss eines Gewinnelements. Stammhaus und Betriebsstätte werden gleichberechtigt vom Unternehmensträger mit Vermögen, Kapital und Leistungen ausgestattet und können diese Ressourcen des Ausstattungsbereichs zu gleichen Bedingungen nutzen.

Bei näherer Betrachtung der Erwirtschaftungstheorie zielt dieser Ansatz darauf ab, eine regelmäßig zu befürchtende steuerliche Benachteiligung der Quellen- gegenüber den Ansässigkeitsstaaten zu verhindern. Da Betriebsstätten regelmäßig als Ableger bereits existierender Unternehmen gegründet werden, sind Betriebsstätten – im Gegensatz zu den Stammhäusern – häufig darauf angewiesen, immaterielle Wirtschaftsgüter, Kapital und Verwaltungsleistungen aus den Ansässigkeitsstaaten zu beziehen. Würde für den Zugriff auf die Ausstattung des Gesamtunternehmens ein Entgelt mit Gewinnaufschlag verrechnet, so würde die Betriebsstätte benachteiligt, da sie sich im Gegensatz zum Stammhaus die betreffenden Ressourcen erst über ein marktübliches Entgelt eröffnen müsste.[518] Die eingeschränkte Selbstständigkeitsfiktion kann deshalb als ein spezifisches Verständnis von zwischenstaatlicher Steuergerechtigkeit interpretiert werden. Dies entspricht dem in dieser Arbeit vertretenen Ansatz, Einkünftezurechnungsregeln an den Zielen für eine Einkünftezurechnung auszurichten.

Unter der zusätzlichen Annahme, dass in einer Nettobetrachtung Direktinvestitionen in ausländische Betriebsstätten hauptsächlich von den Industriestaaten in Entwicklungsländer fließen, findet die aufgezeigte Überlegung auch eine Bestätigung durch das UN-Musterabkommen, das ein Interesse der Entwicklungsländer an einer eingeschränkten Selbstständigkeitsfiktion in Art. 7 Abs. 3 S. 2 UN-MA deutlich zum Ausdruck bringt. Diese Vorschrift stellt einen wesentlichen Unterschied zwischen den Einkünftezurechnungsregeln nach

---

514 Vgl. Debatin, DB 1989, S. 1739 (1742).
515 Vgl. Debatin, DB 1989, S. 1739 (1742).
516 Vgl. Fink, RIW 1988, S. 43 (47).
517 Vgl. Debatin, DB 1989, S. 1739 (1742).
518 Vgl. Ritter, JbFSt 1976/77, S. 288 (301).

UN- bzw. OECD-Auffassung dar. Sie verbietet die Verrechnung von Entgelten für die Nutzung von Patenten oder anderen Rechten ("royalties, fees or other similar payments in return for the use of patents or other rights"), für Auftragstätigkeiten ("commission"), bestimmte Dienstleistungen ("specific services"), Geschäftsführungstätigkeiten ("management") und – mit Ausnahme für Bankunternehmen – für Zinsen ("interest"). Für die genannten Leistungen können lediglich tatsächlich entstandene Aufwendungen weiterbelastet werden. Das erläuternde Schreiben zum UN-Musterabkommen "Manual for the Negotiation of Bilateral Tax Treaties between Developed and Developing Countries" stellt einen Zusammenhang zwischen dieser Vorschrift und den steuerlichen Interessen der Entwicklungsländer her.[519] Vor diesem Hintergrund ist die eingeschränkte Selbstständigkeitsfiktion Ausdruck eines spezifischen Gerechtigkeitsverständnisses, nach dem eine Verteilungsgerechtigkeit zwischen Industrie- und Entwicklungsländern erfordert, dass aus dem Nettokapitalexport der Industrienationen kein unangemessener steuerlicher Nachteil für die Entwicklungsländer erwachsen soll. Die Einkünftezurechnung soll an einer eingeschränkten Selbstständigkeitsfiktion ausgerichtet werden, um den Entwicklungsländern einen angemessenen Teil am Steuersubstrat zuzuweisen.

Die Vermutung, dass die eingeschränkte Selbstständigkeitsfiktion hauptsächlich mit Rücksicht auf die Interessen der Entwicklungsländer angewandt wird, lässt sich zumindest annähernd anhand der deutschen Abkommenspraxis bestätigen. Wie Tabelle 1 zeigt, sind Ausprägungen der eingeschränkten Selbstständigkeitsfiktion hauptsächlich im Verhältnis zu Entwicklungs- bzw. Schwellenländern vereinbart worden.[520] Lediglich im Falle Luxemburgs und den Niederlanden lässt sich ausnahmsweise eine ausdrücklich vereinbarte eingeschränkte Selbstständigkeitsfiktion im Verhältnis zu hochentwickelten Industrienationen nachweisen. Soweit ersichtlich folgt Deutschland in allen anderen DBA lediglich der offener gehaltenen Formulierung des OECD-Musterabkommens.

---

519 Vgl. United Nations (Manual), S. 81.

520 Die entsprechenden Vorschriften sind in den Protokollerklärungen oder Schlussprotokollen zu den betreffenden DBA enthalten. Diese Dokumente gelten als rechtsverbindliche Abkommensbestandteile, vgl. Vogel in Vogel / Lehner, DBA, Einl., Rn. 91.

Regelung	Fundstelle
Nichtabzugsfähigkeit (außer Erstattung tatsächlicher Aufwendungen) von folgenden Vergütungen, die eine Betriebsstätte an die Zentrale oder ein andere Büro des Unternehmen zahlt oder von diesen erhält: Lizenzgebühren, Honorare oder ähnliche Zahlungen für die Benutzung von Patenten oder anderen Rechten Provisionen für konkrete Dienst- oder Verwaltungsleistungen oder Zinsen auf Darlehen an die Betriebsstätte, sofern es sich nicht um eine Bank handelt	Tz. 3 des Protokolls zum DBA Deutschland-Philippinen 1983 Tz. 1 des Protokolls zum DBA Deutschland-China 1985 Tz. 1e des Protokolls zum DBA Deutschland-Mexiko 1993 Tz. 2d des Protokolls zum DBA Deutschland-Namibia 1993 Tz. 3 des Protokolls zum DBA Deutschland-Pakistan 1994 Tz. 1e des Protokolls zum DBA Deutschland-Indien 1995 Tz. 1d des Protokolls zum DBA Deutschland-Usbekistan 1999 (jeweils mit geringfügig abweichenden Formulierungen)
Nicht zum Abzug zugelassen sind Zinsen, Lizenzgebühren, Provisionen und andere ähnliche Zahlungen an das Unternehmen selbst oder an andere Betriebsstätten	Tz. 4 des Protokolls zum DBA Deutschland-Türkei 1985
Nicht zum Abzug zugelassen sind Lizenzgebühren, sonstige Gebühren oder ähnliche Vergütungen, die für die Benutzung von Patenten oder sonstigen Rechten oder als Provisionen für bestimmte erbrachte Leistungen oder für die Geschäftsführung oder – außer im Fall von Banken – als Zinsen für der Betriebsstätte/Hauptverwaltung gewährte Darlehen gezahlt werden.	Tz. 2 des Protokolls zum DBA Deutschland-Mauritius 1978
Alle der Betriebsstätte zurechenbaren Ausgaben einschließlich eines Anteils an den Geschäftsführungs- und Verwaltungskosten sollen berücksichtigt, künstliche Gewinnverlagerungen aber ausgeschlossen werden; insbesondere ist die Vereinbarung von Zinsen oder Lizenzgebühren zwischen den Betriebsstätten desselben Unternehmens unbeachtlich.	Tz. 10 des Schlussprotokolls zum DBA Deutschland-Luxemburg 1958/73 Tz. 6 des Schlussprotokolls zum DBA Deutschland-Niederlande 1959/91

Tabelle 1: Beispiele für Formen der eingeschränkten Selbstständigkeitsfiktion in der deutschen Abkommenspraxis

3.3.1.2.2 Zum Argument der Missbrauchsvermeidung

Die eingeschränkte Selbstständigkeitsfiktion wird auch unter dem Gesichtspunkt der Missbrauchsvermeidung gerechtfertigt. Der Steuerpflichtige hätte z. B. bei der Verrechnung von Lizenzgebühren aufgrund der häufig mangelnden Vergleichbarkeit von immateriellen Wirtschaftsgütern weitgehende Bewertungsspielräume. Hinzu kommt eine weitgehende Wahlfreiheit bei der Verrechnungsart (z. B. Quasi-Umsatz- oder Quasi-Stücklizenz). Besonders umstritten ist die Kapitalüberlassung im Einheitsunternehmen.[521] Diesbezüglich wird von der Position einer *absoluten Selbstständigkeitsfiktion* angenommen, dass die Unternehmensteile als fremde Dritte zweifellos Darlehensbeziehungen hätten begründen können.[522] Es wäre ökonomisch unplausibel, würde dem Kapital überlassenden Unternehmensteil generell eine ertragbringende Kapitalnutzung durch Gewährung verzinslicher Darlehen an den anderen Unternehmensteil verwehrt.[523] Allerdings hätte der Steuerpflichtige unter der absoluten Selbstständigkeitsfiktion einen Entscheidungsspielraum bei der Wahl zwischen Eigen- und Fremdkapital. Hierzu treten bei einer Fremdkapitalüberlassung außerdem Freiheitsgrade bei der Schätzung des fremdüblichen Zinses der Höhe nach sowie Entscheidungsspielräume bei der Art der Zinsvereinbarung (z. B. variabel oder fest). Unter einer *eingeschränkten Selbstständigkeitsfiktion* ist hingegen die interne Kapitalüberlassung entweder als Gewährung von Dotationskapital an den anderen Unternehmensteil oder – sofern ein konkreter Veranlassungszusammenhang mit im Außenverhältnis bestehenden Schulden nachgewiesen ist – als Zurechnung von Schulden des Gesamtunternehmens zu beurteilen. Die einem Unternehmensteil zurechenbaren Schulden sind somit auf das verfügbare Fremdkapital als Obergrenze beschränkt. Der BFH begründete die eingeschränkte Selbstständigkeitsfiktion hinsichtlich der Kapitalüberlassung damit, dass

> "... die Fiktion verzinslicher Darlehen anstelle der Zuweisung von weiterem Dotationskapital an die Zweigniederlassung und die Verrechnung der entsprechenden Zinsen in besonders starkem Maße Möglichkeiten einer willkürlichen Gestaltung gibt."[524]

Die unterschiedliche Behandlung von Einheitsunternehmen einerseits und verbundenen Unternehmen andererseits unter der eingeschränkten Selbstständigkeitsfiktion könnte wie folgt auf das Argument der Missbrauchsvermeidung gestützt werden: Im Falle verbundener Unternehmen kann die Einkünf-

---

521 Interne Darlehensbeziehungen im Einheitsunternehmen ablehnend: Ritter, JbFSt 1976/77, S. 288 (302 f.); Fink, RIW 1988, S. 43 (47); Debatin, DB 1989, S. 1739 (1741); Wassermeyer in Debatin / Wassermeyer, MA, Art. 7, Rn 279; Beiser, IStR 1992, S. 7 (8); Hemmelrath (Ermittlung), S. 201 ff.; Kumpf / Roth in Herrmann / Heuer / Raupach, § 49 EStG, Rn. 326. A. A. Becker, DB 1990, S. 392 (393); Gonella, DB 1986, S. 297 (299).

522 Vgl. Becker, DB 1990, S. 392 (393).

523 Vgl. Gonella, DB 1986, S. 297 (299).

524 BFH v. 27.07.1965 - I 110/63 S, BStBl III 1966, S. 24 (Gründe Nr. III).

tezurechnung zulässigerweise an die rechtliche Form der Geschäfte anknüpfen,[525] da bei Geschäften zwischen verbundenen Unternehmen die gewählte rechtliche Form auch außersteuerliche Ziele zum Ausdruck bringen kann. Insoweit wird in der Einkünftezurechnung zwischen verbundenen Unternehmen der Grundsatz verwirklicht, dass – außerhalb der Vorschriften der §§ 39, 42 AO – eine ernsthaft gewollte zivilrechtliche Gestaltung vom Steuerrecht respektiert werden soll.[526] Innerbetriebliche Geschäftsvorfälle zwischen Stammhaus und Betriebsstätte lösen demgegenüber keine zivilrechtlichen Rechtsfolgen aus. Sie können zwar in der Einkünftezurechnung wie eine Geschäftsbeziehung zwischen fremden Dritten abgebildet werden,[527] wegen der fehlenden zivilrechtlichen Wirksamkeit haben sie aber keine nicht-steuerlichen Konsequenzen. Dies kann dem Steuerpflichtigen unter der absoluten Selbstständigkeitsfiktion im Einzelfall die Behauptung der jeweils steuergünstigsten Geschäftsbeziehung durch bloße Dokumentation ermöglichen.[528] Deshalb ist es nicht zwingend, dass die vom Steuerpflichtigen behaupteten Geschäfte – in gleicher Weise wie zwischen verbundenen Unternehmen geschlossene Geschäfte – steuerlich anerkannt werden müssten. Bezogen auf Kapitalüberlassungen kann auf die vielfältigen zivilrechtlichen und wirtschaftlichen Wirkungen verwiesen werden, die mit der Überlassung von Eigen- oder Fremdkapital zwischen verbundenen Unternehmen einhergehen. So mag für die Gewährung von Eigenkapital an eine Tochtergesellschaft das Motiv sprechen, den eigenen Einfluss gegenüber Minderheitsgesellschaftern zu stärken, die Kreditwürdigkeit der Tochtergesellschaft zu verbessern oder den Börsenkurs der Tochtergesellschaft zu beeinflussen. Für eine Fremdkapitalüberlassung könnten ebenfalls zahlreiche nicht-steuerliche Gründe angeführt werden. Deshalb stehen bei der Wahl zwischen verschiedenen Finanzierungsformen nicht generell und ausschließlich steuerliche Überlegungen im Mittelpunkt. Hingegen ist im Falle des Einheitsunternehmens zu vermuten, dass der Spielraum für ausschließlich steuerlich orientierte Darlehensgewährungen wesentlich höher wäre, würde es

525 Vgl. VWG-vU, Tz. 2.1.2.

526 Vgl. hierzu Menche (Typisierende Betrachtungsweise), S. 57; zur selbstständigen Qualifikation der gewählten zivilrechtlichen Gestaltung vgl. Crezelius (Erbschaft- und Schenkungsteuer), S. 34.

527 Der Wille des Steuerpflichtigen, ein bestimmtes Geschäft zwischen Stammhaus und Betriebsstätte anzunehmen, wird in der Rechnungslegung und der Dokumentation i. S. v. § 90 Abs. 3 AO ausgedrückt.

528 Vgl. OECD (Report), Tz. 210. [Part I]. Deutlicher noch die Entwurfsfassung des Betriebsstättenberichts: "This increases the scope for tax motivated transfers between the two and also acts to reduce the usefulness of any documentation (in the inevitable absence, for example, of legally binding contracts) that might otherwise exist...", vgl. OECD (Draft I, 2004), Tz. 174.

dem Konzern in der Einkünftezurechnung völlig gleichgestellt. Im Schrifttum gilt deshalb die Verrechnung fiktiver Darlehenszinsen zwischen Stammhaus und Betriebsstätte als besonders missbrauchsanfällig.[529] Unter der absoluten Selbstständigkeitsfiktion könnte z. B. die Überlassung von Dotationskapital an die Betriebsstätte und eine sofortige anschließende Rücküberlassung als Fremdkapital möglich sein. Auch wenn eine solche Transaktion zwischen verbundenen Unternehmen anzuerkennen wäre, erscheint eine solche Gestaltung im Einheitsunternehmen unter dem Missbrauchsgesichtspunkt fragwürdig. Das Ziel der Missbrauchsbekämpfung könnte deshalb grundsätzlich eine Ungleichbehandlung beider Organisationsformen rechtfertigen, um die faktisch größeren Spielräume für Einkünfteverlagerungen in Betriebsstättenfällen auszugleichen.

Gegenüber den Befürwortern der absoluten Selbstständigkeitsfiktion ist allerdings einzuräumen, dass die eingeschränkte Selbständigkeitsfiktion nicht hinreichend genau auf Missbrauchsfälle zugeschnitten ist. Sie geht zum einen über das Ziel der Missbrauchsbekämpfung hinaus. Die Fremdfinanzierung ausländischer Betriebsstätten durch unternehmensinterne Darlehen kann nicht pauschal als missbräuchlich bezeichnet werden. Dies gilt auch für die Verrechnung von Mieten, Lizenzen oder Dienstleistungen im Einheitsunternehmen. Gemessen am europarechtlichen Missbrauchsbegriff der "rein künstlichen Konstruktion" zur Erzielung von Steuervorteilen[530] ist die Verrechnung derartiger Leistungen zu Quasi-Entgelten nicht missbräuchlich. Vielmehr werden unter der absoluten Selbstständigkeitsfiktion schlicht in folgerichtiger Weise alle unternehmensinternen Leistungen am Verhalten zwischen fremden Dritten gemessen. Der Ansatz eines Gewinnelements für erbrachte Leistungen stellt keine "rein künstliche Konstruktion" dar. Zum anderen kann die eingeschränkte Selbstständigkeitsfiktion oft auch dazu führen, dass dem Steuerpflichtigen gerade die Alternative eröffnet wird, die für ihn im konkreten Fall steuerlich vorteilhaft ist. So ist bei der Finanzierung einer ausländischen Betriebsstätte in einem relativen Niedrigsteuerland gerade die Eigenkapitalgewährung für den Steuerpflichtigen steuergünstig. Somit ist eine Eignung und Notwendigkeit der eingeschränkten Selbstständigkeitsfiktion im Hinblick auf eine Missbrauchsvermeidung nicht gegeben.

---

529 Vgl. Hemmelrath (Ermittlung), S. 202 f.; Becker, EStZ 1971, S. 95 (103); OECD-MK zu Art. 7, Tz. 18.

530 Vgl. EuGH v. 12.12.2002, C-324/00 (Lankhorst-Hohorst), HFR 2003, S. 310, Tz. 37; ähnlich EuGH v. 21.11.2002, C-436/00 (X u Y), HFR 2003, S. 307, Tz. 60. Vgl. auch Körner, IStR 2004, S. 424 (425).

3.3.1.2.3 Funktionen der Haupttätigkeitsregeln

Die eingeschränkte Selbstständigkeitsfiktion gilt nach bisheriger Rechtspraxis ausnahmsweise nicht, wenn ein Unternehmensteil eine unternehmensinterne Leistung erbringt, die zur seiner Haupttätigkeit oder zur Haupttätigkeit bzw. ordentlichen Geschäftstätigkeit des Unternehmens gehört ("Haupttätigkeitsregeln").[531] Für derartige Leistungen sind demnach Fremdpreise zu verrechnen. Eine Funktion der Haupttätigkeitsregeln könnte u. a. darin liegen, Abweichungen der Einkünftezurechnung von den fremdüblichen Einkünften, die sich unter einer eingeschränkten Selbstständigkeitsfiktion notwendigerweise ergeben, der Höhe nach zu begrenzen. Ohne die Haupttätigkeitsregeln würden insbesondere die Einkünfte von Betriebsstätten, die vollständig oder überwiegend Dienstleistungen im Innenverhältnis erbringen, so erheblich von den fremdüblichen Einkünften abweichen, dass dies kaum mehr mit den Zielen der Einkünftezurechnung, insbesondere der Wettbewerbsneutralität und der zwischenstaatlichen Verteilungsgerechtigkeit in Einklang stehen kann.[532]

Eine nähere Analyse zeigt, dass die eingeschränkte Selbstständigkeitsfiktion auch insoweit den Zielsetzungen der Einkünftezurechnung in verschiedener Hinsicht entgegensteht. Die Feststellung der "Haupttätigkeit" einer Betriebsstätte wirft angesichts der Vielzahl möglicher inhaltlicher Konkretisierungen von "Haupttätigkeit" durch verschiedene Indikatoren und Größengrenzen zahlreiche Abgrenzungsfragen auf.[533] Die Unbestimmtheit der Haupttätigkeitsregeln steht in Konflikt mit dem Ziel der Rechts- und Planungssicherheit. Eine unterschiedliche Auslegung des Tatbestandsmerkmals "Haupttätigkeit" in Quellen- und Wohnsitzstaat ist wahrscheinlich, so dass sich auch Doppelbesteuerungen oder weiße Einkünfte ergeben können. Schließlich eröffnet das Kriterium der Haupttätigkeit Gestaltungsmöglichkeiten, weil durch räumliche Aufteilung von Aktivitäten auf mehrere Betriebsstätten bzw. durch Zusammenlegung von Betriebsstätten die Erfüllung des Tatbestandsmerkmals durch den Steuerpflichtigen gesteuert werden kann.[534]

---

531 Vgl. oben Kap. II, Abschn. 3.3.1.1.

532 Vgl. Neubauer, JbFSt 1976/77, S. 315 (317): Dienstleistungsbetriebsstätten würden "Nullgewinne" zugerechnet.

533 Zur Auslegung des Begriffs der "Haupttätigkeit" im Rahmen von § 8b Abs. 7 S. 2 KStG vgl. etwa Hunsmann, INF 2006, S. 182 ff.

534 Vgl. Haarmann, FS Wassermeyer, S. 723 (739); Strunk / Kaminski, IStR 2000, S. 33 (39).

3.3.1.3 Unklarheit der gegenwärtigen abkommensrechtlichen Regelung

Die deutschen DBA enthalten regelmäßig neben der Selbstständigkeitsfiktion des Art. 7 Abs. 2 OECD-MA eine dem Art. 7 Abs. 3 OECD-MA entsprechende Vorschrift, nach der die für die Betriebsstätte entstandenen Aufwendungen, einschließlich der Geschäftsführungs- und allgemeinen Verwaltungskosten, unabhängig von dem Ort ihrer Entstehung vom Betriebsstättengewinn abgezogen werden können. Die auf Art. 7 Abs. 3 OECD-MA beruhenden Abkommensvorschriften werden vielfach als Rechtsgrundlage für eine eingeschränkte Selbstständigkeitsfiktion interpretiert.[535] Dieses Verständnis stützt sich zunächst auf den *Wortlaut* des Art. 7 Abs. 2 OECD-MA, wonach die allgemeine Zurechnungsregel des Abs. 2 nur "vorbehaltlich Abs. 3" gelten soll. Da insoweit angedeutet wird, Art. 7 Abs. 3 OECD-MA enthalte eine Ausnahmeregelung, müsste sich eine Einschränkung aus Abs. 3 entnehmen lassen. Allerdings ordnet der Wortlaut dieser Vorschrift nicht an, dass bestimmte Leistungskategorien ausschließlich durch Umlage von Aufwendungen *und ohne Einschluss eines Gewinnelements* abgerechnet werden müssten. Art. 7 Abs. 3 OECD-MA schließt es deshalb nicht aus, dass eine Leistungsverrechnung durch eine Kombination aus einer Aufwandsumlage und einer Beteiligung des leistenden Unternehmensteils an den Erträgen der leistungsempfangenden Betriebsstätte erfolgen soll. Die Vorschrift stellt vielmehr klar,[536] dass eine Aufteilung von Aufwendungen grundsätzlich zulässig ist und insbesondere nicht der Selbstständigkeitsfiktion widerspricht. Allerdings provoziert diese Interpretation der Vorschrift die Frage, warum nicht auch der Gewinnaufschlag im Text des Musterabkommens oder Musterkommentars berücksichtigt wurde. Es wäre wohl folgerichtig gewesen, den Gewinnaufschlag als Bestandteil der Leistungsverrechnung im Wortlaut der Vorschrift zu erwähnen. Die Wortlautauslegung von Art. 7 Abs. 3 OECD-MA führt damit zu keinem klaren Ergebnis.

Um die *Teleologie* der Art. 7 Abs. 3 OECD-MA nachgebildeten Abkommensvorschriften zu ergründen, kann der OECD-Musterkommentar herangezogen werden.[537] Dem Musterkommentar kann entnommen werden, dass Art. 7 Abs. 3 OECD-MA gegenüber Abs. 2 untergeordnet ist, was einen ge-

---

[535] Vgl. Ritter, JbFSt 1976/77, S. 288 (300); Debatin, DB 1989, S. 1739 (1740); Bendlinger, SWI 1997, S. 104 (107). Vgl. hierzu auch Burgers (Permanent Establishment), S. 20; Balco (Attribution), S. 377 (386); OECD (Report), Tz. 285 [Part I].

[536] Vgl. OECD (Report), Tz. 284 ff. [Part I]; Kluge, StuW 1975, S. 294 (304); Wassermeyer in Debatin / Wassermeyer, MA, Art. 7, Rn. 331; Lechner (Gewinnaufteilung), S. 126; Haiß (Gewinnabgrenzung), S. 213; Balco (Attribution), S. 377 (389).

[537] Vgl. Vogel in Vogel / Lehner, DBA, Einl., Rn. 123 ff.

Einschränkung zur Selbstständigkeitsfiktion im OECD-Musterkommentar zu Art. 7 (Hervorh. d. Verf.)	**Entwurf eines revidierten OECD-Musterkommentars** (21.04.08/31.05.08)
"...lassen sich die Entwicklungskosten immaterieller Wirtschaftsgüter eher so ansehen, als seien sie allen diese Rechte nutzenden Unternehmensteilen zuzurechnen... In solchen Fällen *sollten* nur die tatsächlichen Kosten für die Erstellung immaterieller Wirtschaftsgüter ohne jeden Gewinn- oder Lizenzaufschlag aufgeteilt werden." (Tz. 17.4)	weitgehend unverändert (nun Tz. 34), allerdings sind nun auch Anschaffungskosten und nachträgliche Kosten in die Kostenumlage einbezogen
"Es kann sein, dass das Erbringen solcher Dienstleistungen ganz oder teilweise Gegenstand der Unternehmenstätigkeit dass es für ihre Erbringung standardisierte Entgelte gibt. In diesem Fall *wird gewöhnlich* eine Verrechnung zu dem auch einem Fremden berechneten Entgelt angemessen sein." (Tz. 17.5)	unverändert (nun Tz. 35)
"Besteht die Haupttätigkeit der Betriebsstätte darin, ihrem Unternehmen spezifische Dienstleistungen zu erbringen, liegt in diesen Leistungen ein realer Vorteil für das Unternehmen und stellen die Kosten dafür einen bedeutsamen Teil des Unternehmensaufwands dar, so *kann* der Betriebsstättenstaat verlangen, dass die Kosten um einen Gewinnaufschlag erhöht werden." (Tz. 17.6)	unverändert (nun Tz. 36)
Bei Dienstleistungen als Teil des allgemeinen Managements des Unternehmens als ganzem, "*wäre es normalerweise* angemessen, die Kosten für das Erbringen der Dienstleistungen als Teil der allgemeinen Verwaltungskosten des Unternehmen als ganzem zu behandeln; sie *sollten* auf der Grundlage der tatsächlichen Ausgaben und ohne Gewinnaufschlag auf die einzelnen Unternehmensteile umgelegt werden." (Tz. 17.7)	unverändert (nun Tz. 37)
Das Verbot des Abzugs für interne Schuldverpflichtungen zwischen Stammhaus und Betriebsstätte *sollte* weiterhin gelten (Tz. 18.3). Ausnahmen nach Tz. 19 für "financial enterprise(s) (e.g. banks)".	durch neue Tz. 41-50 ersetzt, Verbot des Abzugs für interne Schuldverpflichtungen zwischen Stammhaus und Betriebsstätte sowie Ausnahme für Banken bleibt bestehen (Tz. 42)
Wird die gesamte gewerbliche Tätigkeit des Unternehmens in der Betriebsstätte ausgeübt und finden lediglich die Aufsichts- und Verwaltungsratssitzungen am Hauptsitz des Unternehmens statt, "...*lässt sich die Auffassung begründen*, dass zumindest ein Teil des Gewinns des Gesamtunternehmens der Geschäftsführung und den geschäftlichen Fähigkeiten des Aufsichts- oder Verwaltungsrates zuzuschreiben ist... Obwohl dies theoretisch richtig sein mag, sprechen aber *praktische Gesichtspunkte* gegen eine solche Regelung."	unverändert (nun Tz. 38)

Tabelle 2: Wesentliche Einschränkungen zur Selbstständigkeitsfiktion im OECD-Musterkommentar

gensätzlichen Inhalt beider Vorschriften impliziert.[538] An anderer Stelle wird allerdings ein Widerspruch der Absätze 2 und 3 verneint.[539] Eine Klärung der Frage lässt sich deshalb aus der gegenwärtigen Fassung des OECD-Musterkommentars nicht ableiten. Dieser Befund wird durch die wenig verbindlich formulierten Einschränkungen zur Selbstständigkeitsfiktion im OECD-Musterkommentar bestätigt (vgl. Tabelle 2). Die betreffenden Passagen erscheinen deshalb eher als Empfehlungen für mögliche Konkretisierungen der Selbstständigkeitsfiktion bei zwischenstaatlichen Abkommensverhandlungen und nicht als allgemein geteilte Interpretationen von Art. 7 Abs. 3 OECD-MA.

Nach dem OECD-Betriebsstättenbericht kann eine bloß erläuternde Funktion des Abs. 3 auch durch die *historische Entwicklung* der Vorschrift belegt werden.[540] Zum einen soll der Kommentar zu den in London bzw. Mexiko ausgearbeiteten Musterabkommen[541] auch die späteren Arbeiten der OECD beeinflusst haben. Dort wird mehrfach auf die Frage einer Aufwandsaufteilung eingegangen, ohne dass sich für eine Einschränkung der Selbstständigkeitsfiktion Anhaltspunkte gewinnen ließen.[542] Im Übrigen lege auch der OECD-Kommentar zum Entwurf eines Musterabkommens von 1963 der Vorschrift des Art. 7 Abs. 3 OECD-MA nur einen klarstellenden Charakter bei.[543] Die eingeschränkte Selbstständigkeitsfiktion finde deshalb im Art. 7 Abs. 3 OECD-MA keine Stütze.

Im Ergebnis lässt sich nicht in hinreichend eindeutiger Weise ableiten, dass die deutschen DBA, die eine dem Art. 7 Abs. 3 OECD-MA nachgebildete Vorschrift enthalten und keine besondere Regelung in Protokollnoten usw. enthalten, eine verbindliche Regelung der eingeschränkten Selbstständigkeitsfiktion enthielten. Aus Gründen der Rechtssicherheit ist es deshalb begrüßenswert, dass die OECD eine Überarbeitung des OECD-Musterkommentars anstrebt.

3.3.1.4 Geänderte Auffassung der OECD im Betriebsstättenbericht und im Entwurf eines revidierten Musterkommentars?

Die OECD hat sich seit 2001 intensiv mit der Reichweite der Selbstständigkeitsfiktion befasst. Der in 2006 veröffentlichte Betriebsstättenbericht betont,

---

538 Vgl. OECD-MK zu Art. 7, Tz. 12.2.

539 Vgl. OECD-MK zu Art. 7, Tz. 17 (= Entwurf OECD-MK 2008 zu Art. 7, Tz. 28).

540 Vgl. OECD (Report), Tz. 286 ff. [Part I].

541 Vgl. League of Nations, Dok. Nr. C.88.M.88.1946.II.A.

542 Vgl. League of Nations, Dok. Nr. C.88.M.88.1946.II.A, S. 17 ff.

543 Vgl. OECD (Report), Tz. 287 [Part I], m. w. V. auf Tz. 13 des OECD-MK zu Art. 7 OECD-MA 1963.

dass auch aus unternehmensinternen Dienstleistungen Gewinne oder Verluste für den leistungserbringenden Unternehmensteil entstehen sollen. Ein ausdrücklicher Ausschluss von Leistungen, die die Haupttätigkeit einer Betriebsstätte oder des Unternehmens bilden, ist darin nicht mehr enthalten. Eine reine Kostenumlage bleibt zwar möglich, wird aber lediglich für die später noch im Einzelnen behandelten Poolumlagen reserviert.[544] Sowohl im Betriebsstättenbericht als auch im Entwurf eines revidierten Musterkommentars ist eine entsprechende Anwendung der OECD-Verrechnungspreisrichtlinien für verbundene Unternehmen vorgesehen.[545] Demnach sind Dienstleistungen – ohne Einschränkung – mit Gewinn zu verrechnen, wenn sie für den Empfänger einen wirtschaftlichen oder kommerziellen Wert bedeuten (economic or commercial value), der seine wirtschaftliche Position (commercial position) verbessert.[546]

Allerdings ist nach dem OECD-Betriebsstättenbericht keine generelle Anerkennung unternehmensinterner Darlehensbeziehungen beabsichtigt. So sollen etwa Darlehen, die von einer Betriebsstätte aufgenommen werden, um die erhaltenen Finanzmittel an eine andere Betriebsstätte durchzuleiten, der Betriebsstätte zugeordnet werden, die die Finanzmittel letztendlich empfängt.[547] Hierbei wird ein Unterschied zum Konzernfall deutlich: Einem Konzernunternehmen, das ein Darlehen aufnimmt und die erhaltenen Finanzmittel anschließend an ein anderes verbundenes Unternehmen durchleitet, wäre als selbstständiger Rechtsträger aus dem Darlehen verpflichtet, so dass das Darlehen diesem Konzernunternehmen auch steuerlich zuzurechnen wäre. Ob eine Weiterleitung als Eigenkapital oder als Fremdkapital vorgenommen wird oder welche Konditionen für weitergeleitetes Fremdkapital vereinbart werden, bleibt – in dem durch den Fremdvergleich gesteckten Rahmen – den Konzern-

---

544 Vgl. OECD (Report), Tz. 253 ff. [Part I], insbes. Tz. 254: "... application of the arm's length principle may indicate a price for the service rendered that is above or below the costs incurred by the head office in providing it..."

545 Vgl. OECD (Report), Tz. 255 [Part I]: "The authorised OECD approach is to attribute profits to a PE in respect of services performed by the PE for other parts of the enterprise (and vice versa) by following, by analogy, the guidance given in the Guidelines..."; Entwurf OECD-MK 2008 zu Art. 7, Tz. 17 f.

546 Vgl. OECD (Guidelines), Tz. 7.6.

547 Vgl. OECD (Report), Tz. 194 [Part I]: "Where the 'treasury' PE is doing little more than acting as a conduit (borrowing funds and immediately on-lending) the functional analysis is unlikely to show that the 'treasury' PE has been performing the significant people functions relevant to determining the economic ownership of assets and so should be treated as the economic owner of those funds and entitled to the associated return. Instead, it may be appropriate to reward the 'treasury' PE not as the owner but instead as a service provider, for example with a reimbursement of any administrative costs incurred or on a cost plus basis, depending on what precisely was involved (i.e. the costs do not include interest cost)."

unternehmen überlassen. Auch wenn der OECD-Betriebsstättenbericht keine geschlossene Theorie einer betriebsstättenspezifischen Selbstständigkeitsfiktion entwickelt, kann das Beispiel als Ausprägung einer fallbezogenen Einschränkung der Selbstständigkeitsfiktion interpretiert werden, die mögliche Missbrauchsfälle gezielter ansprechen kann als dies unter der bisherigen eingeschränkten Selbstständigkeitsfiktion der Fall war. Insoweit ist festzuhalten, dass die eingeschränkte Selbstständigkeitsfiktion von der OECD im Betriebsstättenbericht offenbar nicht vollständig aufgegeben wird. Die genaue Reichweite der Selbstständigkeitsfiktion steckt der Betriebsstättenbericht nicht ab.

Der gegenwärtige Entwurf eines revidierten Musterkommentars muss allerdings bereits als widersprüchlich bezeichnet werden. Zum einen schließt die ausdrückliche Bezugnahme auf die OECD-Verrechnungspreisrichtlinien eine eingeschränkte Selbstständigkeitsfiktion aus. Zum anderen werden – wie in Tabelle 2 dargestellt – insbesondere die Tz. 17.4-17.7, 18.3 u. 21, die bislang die eingeschränkte Selbstständigkeitsfiktion beinhalteten oder andeuteten, im Revisionsvorschlag beibehalten bzw. nur unwesentlich geändert. Insbesondere soll eine unterschiedliche Behandlung von Nichtbanken bzw. "non-financial enterprises" und Banken bzw. "financial enterprises" bei der Verrechnung unternehmensinterner Darlehenszinsen im Gegensatz zum Betriebsstättenbericht beibehalten werden.[548] Trotz der Bezugnahme auf die Verrechnungspreisrichtlinien soll es offenbar dabei bleiben, dass bestimmte Leistungskategorien nicht unter Einschluss eines Gewinnelements verrechnet werden sollen. Eine Auflösung dieses Widerspruchs in der endgültigen Fassung des Musterkommentars wäre aus Gründen der Rechtssicherheit wünschenswert.

Ob die endgültige Fassung des OECD-Musterkommentars hinsichtlich der Reichweite der Selbstständigkeitsfiktion eine in eindeutiger Weise geänderte Position enthalten wird, ist zum aktuellen Zeitpunkt noch nicht absehbar. Fraglich ist aber, ob eine mögliche inhaltliche Abweichung von der bisherigen Fassung des OECD-Musterkommentars auch eine Auswirkung auf die Auslegung der zum Änderungszeitpunkt bereits bestehenden DBA haben kann. Es erscheint zweifelhaft, dass Änderungen des OECD-Musterkommentars auf bereits geschlossene DBA zeitlich zurückwirken können. Als Auslegungshilfe zu

---

548 Vgl. OECD (Report), Tz. 187: "The current approach of the Commentary makes a distinction between financial and non-financial enterprises based on the fact that the making and receiving of advances is closely related to their ordinary business. On this basis it is said to be permissible to recognise internal interest dealings for financial enterprises but not for non-financial enterprises (paragraphs 18.3 and 19 of Commentary on Article 7). The authorised OECD approach rejects this distinction in favour of applying the functional approach of the Guidelines." Vgl. dagegen Entwurf OECD-MK 2008 zu Art. 7, Tz. 42: "...the ban on deductions for internal debts and receivables should continue to apply generally, subject to the special situation of banks..."

den DBA gilt grundsätzlich der zum Zeitpunkt des Vertragsschlusses vorhandene Kommentar. Dies folgt aus der Bestimmung der Wiener Vertragsrechtskonvention, wonach ein völkerrechtlicher Vertrag "in Übereinstimmung mit der ... seinen Bestimmungen in ihrem Zusammenhang zukommenden Bedeutung ... auszulegen" ist (Art. 31 Abs. 1 WÜRV).[549] Der zum Zeitpunkt des Vertragsschlusses vorhandene Kommentar kann einen solchen "Zusammenhang" begründen, da er eine "Übereinkunft ... zwischen allen Vertragsparteien anlässlich des Vertragsabschlusses" (Art. 31 Abs. 2a WÜRV) darstellen dürfte. Mögliche Abweichungen des zukünftigen Musterkommentars könnten allenfalls eine "spätere Übereinkunft zwischen den Vertragsparteien über die Auslegung des Vertrags" sein, die nach Art. 31 Abs. 3a WÜRV bei der Auslegung von Verträgen ebenfalls berücksichtigt werden. Der dynamischen Auslegung der DBA entsprechend des jeweils gültigen Musterkommentars werden aber verfassungsrechtliche Bedenken entgegen gehalten, da eine parlamentarische Kontrolle nicht mehr gegeben ist.[550] Die Anwendung eines revidierten Musterkommentars auf bestehende DBA könnte aber unter dem Aspekt gerechtfertigt sein, dass die bislang im OECD-Musterkommentar enthaltene Auffassung offenbar nur als Empfehlung gedacht war. Eine eindeutige Regelung in Richtung einer absoluten Selbständigkeitsfiktion hätte deshalb eher den Charakter einer lückenfüllenden Ergänzung.[551] Ein anderes Ergebnis ist aber unter dem Gesichtspunkt denkbar, dass die Finanzverwaltung zumindest seit Ende 1999 die eingeschränkte Selbständigkeitsfiktion offiziell in den Verwaltungsgrundsätzen vertritt[552] und hierdurch das deutsche Verständnis des OECD-MA zu Tage kommt. Insoweit könnte ein "Zusammenhang" i. S. v. Art. 31 Abs. 1 WÜRV durch die Verwaltungsgrundsätze offengelegt worden sein. Unter diesem Aspekt dürften Änderungen des Musterkommentars in Richtung einer absoluten Selbständigkeitsfiktion nicht dem bisherigen deutschen Verständnis der DBA entsprechen, so dass eine Änderung des Musterkommentars kaum rückwirkend für die vor dem Änderungszeitpunkt geschlossenen DBA gelten könnte.

---

549 Vgl. Vogel in Vogel / Lehner, DBA, Einl., Rn. 128; Wassermeyer in Debatin / Wassermeyer, MA, vor Art. 1, Rn. 60; Lang, IStR 2001, S. 536.

550 Vgl. Lang, IStR 2001, S. 536 (537); Wassermeyer, IStR 2007, S. 413 (414).

551 Eine Besteuerung auf der Grundlage einer *nicht mehr lückenfüllenden* Verständigungsvereinbarung ist unzulässig, vgl. FG Köln v. 30.01.2008 - 4 V 3366/07, EFG 2008, S. 593.

552 VWG-BS, Tz. 2.2 Abs. 3, Tz. 2.7 Abs. 1.

3.3.2 *Abgrenzung zu Kostenumlagen nach dem Poolkonzept*

Die vorstehend untersuchte eingeschränkte Selbstständigkeitsfiktion ist dadurch gekennzeichnet, dass pauschal bestimmte Arten schuldrechtlicher Leistungsbeziehungen zwischen Stammhaus und Betriebsstätte steuerlich nicht fingiert werden. Vielmehr ist für die betreffenden Leistungskategorien nur die Umlage der entsprechenden Aufwendungen möglich.

Von der eingeschränkten Selbstständigkeitsfiktion sind Kostenumlagen nach dem Poolkonzept abzugrenzen, die eine besondere Verrechnungsform für interne Leistungen darstellen. Nach dem Poolkonzept werden mehrere Leistungsempfänger einer kooperationsartig durchgeführten Leistungserstellung mit den anteiligen Kosten dieser Leistungserstellung belastet. Das Fehlen eines Gewinnaufschlags auf die umgelegten Kosten beruht auf dem ökonomisch begründeten Standpunkt, dass fremde Dritte, die Leistungen in kooperationsartigen Beziehungen gemeinsam erstellen und nutzen, um gemeinsam Kosten und Risiken zu minimieren, die für die Leistungserstellung entstandenen Aufwendungen bzw. Kosten entsprechend der jeweiligen Nutzungsanteile der Poolpartner ohne Gewinnaufschlag aufteilen würden.[553] Teilweise wird die Kostenumlage auch dadurch begründet, dass kooperationsartig erstellte Leistungen unter fremden Dritten in einer BGB-Gesellschaft gebündelt würden, die für ihre Gesellschafter ohne Gewinnerzielungsabsicht tätig würde.[554] Als wesentlicher Unterschied zum oben erläuterten Konzept der eingeschränkten Selbstständigkeitsfiktion bleibt festzuhalten, dass unter dem Poolkonzept die Kostenumlage ohne Gewinnaufschlag gerade aus dem Fremdvergleich begründet wird.

Das Poolkonzept ist allerdings hinsichtlich der Frage des fehlenden Gewinnaufschlags umstritten.[555] Nach einer Meinung muss ein Gewinnaufschlag

---

553 Zur Aufwandszuordnung nach dem Poolkonzept in der Einkünftezurechnung zwischen verbundenen Unternehmen vgl. Raupach, StuW 1990, S. 397 (398 ff.); Scheffler, ZfbF 1991, S. 471 (482 f.); Runge (Kostenumlageverträge), S. 295 ff.; VWG-Uml., BStBl I 1999, S. 1122 ff.; Oestreicher, IStR 2000, S. 759 ff.; Baumhoff, IStR 2000, S. 693 ff.; Ditz (Betriebsstätten), S. 253.

554 Vgl. Haiß (Gewinnabgrenzung), S. 175 f. (Wirtschaftsgut als Bestandteil des Gesamthandsvermögens einer BGB-Gesellschaft) und 203; Ditz (Betriebsstätten), S. 253 f. und S. 315; ähnlich Bauer (Neuausrichtung), S. 207, FN 956. Würde der Aufwandspool hingegen in der Rechtsform Kapitalgesellschaft gedacht, dürfte dieser nicht gewinnlos tätig sein, vgl. BFH v. 18.09.1974 - I R 118/73, BStBl II 1975, S. 124; BFH v. 19.03.1975 - I R 137/73, BStBl II 1975, S. 722.

555 Generell für Gewinnaufschlag: Kumpf (Verrechnungspreise), S. 257; Scheffler, ZfbF 1991, S. 471 (484); Piltz (Umlage), S. 62 (66 ff.); Wurm (Umlageverträge), S. 33 ff.; a. A. Klein, ZfB 1982, S. 155 (165); Raupach, StuW 1990, S. 397 (400); Baumhoff, IStR 2000, S. 693 (702); Oestreicher, IStR 2000, S. 759 (764); nach Leistungsarten differenzierend Borstell (Konzernumlagen), S. 157 (180): bei Verwaltungsleistungen mit

angesetzt werden, weil die Preispolitik eines ordentlichen und gewissenhaften Geschäftsleiters nicht allein auf bloße Kostendeckung gerichtet sein kann. Eine bloße Kostenumlage könne allenfalls fremdüblich sein, wenn dem Nachteil eines Poolteilnehmers aus der Leistungserbringung zu bloßen Kosten ein gleichwertiger Vorteil gegenüber steht, im Gegenzug Leistungen anderer Poolteilnehmer ebenfalls zu bloßen Kosten beziehen zu können.[556] Die Gleichwertigkeit ist allerdings nur dann gegeben, wenn Leistungen von allen Poolteilnehmern erbracht werden müssen und der Umfang der Leistungsbeiträge für alle Poolteilnehmer in einem ausgewogenen Verhältnis zum Umfang der Nutzung der erstellten Leistungen steht. Das ökonomische Kalkül der Poolpartner könnte demnach wie folgt lauten:

> Gewinnverzicht des Stammhauses aus der Erbringung von Leistungen gegenüber dem Pool zu bloßen Kosten = Gewinnverzicht der Betriebsstätte aus der Erbringung von Leistungen gegenüber dem Pool zu bloßen Kosten

Kostenumlagen ohne Gewinnaufschlag sind allerdings auch in Situationen gerechtfertigt, in denen die gepoolten Tätigkeiten auf Dauer lediglich durch einen Unternehmensteil als Poolmitglied erbracht werden, so dass vorstehendes Kalkül nicht erfüllt ist.[557] Der Vorteil des zugleich leistungserbringenden und -nutzenden Poolmitglieds aus der Integration der Tätigkeiten kann darin liegen, an den Synergien zu partizipieren, die durch die erhöhte Effizienz und Produktivität bei Integration der Tätigkeiten realisiert werden.[558] Er ist deshalb gegenüber der Situation, in der die Unternehmensteile die Leistungserstellung dezentral organisieren, besser gestellt. Unter fremden Dritten könnte deshalb eine Bereitschaft des zugleich leistungserbringenden und -nutzenden Teils, gegenüber den anderen (ausschließlich leistungsbeziehenden) Teilen lediglich eine bloße Aufwandsumlage zu fordern, auf den Kostenvorteilen gegenüber

---

Gewinnaufschlag, nicht aber bei Forschung und Entwicklung. Nur undeutlich kommt die Ablehnung einer reinen Kostenumlage dort zum Ausdruck, wo zwar nicht ein "Gewinnaufschlag" in das Entgelt einbezogen werden soll, sondern ein nicht näher bestimmtes "Incentive", vgl. Stock / Kaminski, IStR 1998, S. 7 (9 f.), oder – wie nach den Verwaltungsgrundsätzen und nach Runge – eine Verzinsung des eingesetzten Eigenkapitals vgl. VWG-Uml., Tz. 2.1 Abs. 4; Runge (Kostenumlageverträge), S. 295 (302). Das IdW spricht sich für ein Wahlrecht zwischen Gewinnaufschlag und Eigenkapitalverzinsung aus, vgl. IdW, DB 1985, S. 1865 (1866).

556 Vgl. Piltz (Umlage), S. 62 (66 ff.).

557 Vgl. OECD (Guidelines), Tz. 8.7 ("centralised management services") und 8.8 ("centralise or undertake jointly the activities..."); Oestreicher, IStR 2000, S. 759 (762); Ditz (Betriebsstätten), S. 259. A. A. wohl Scheffler, ZfbF 1991, S. 471 (484), der eine "gemeinsame Dienstleistungsproduktion" fordert.

558 Vgl. OECD (Guidelines), Tz. 8.8; Oestreicher, IStR 2000, S. 759 (763); Ditz (Betriebsstätten), S. 315.

der Alternative "dezentrale Leistungserbringung" beruhen. Eine Orientierung an Marktpreisen steht nicht im Vordergrund, da es sich bei integrierten Tätigkeiten häufig um individuelle Leistungen handelt, die am Markt nicht angeboten werden.[559]

Daraus folgt aber auch, dass sich der Anwendungsbereich von Kostenumlagen ohne Gewinnaufschlag eher auf Hilfsleistungen der Poolmitglieder erstreckt.[560] Hierzu gehören z. B. administrative Dienstleistungen, Einkauf, Forschung und Entwicklung und zentrales Management. Im Mittelpunkt steht hier nicht der Leistungsaustauschgedanke, sondern eine Integration von Leistungsbeiträgen mit dem Ziel einer gemeinschaftlichen Leistungserbringung zum gemeinsamen Vorteil.[561] Die fraglichen Leistungen dürfen daher keine Kernfunktionen der Poolmitglieder oder für deren Leistungserstellungsprozess erfolgskritische Leistungen darstellen.

Neben der Kostenumlage sollte eine Ertragsbeteiligung erfolgen, wenn die Leistungserstellung mit einer hohen Kapitalbindung verbunden ist. Hier ist es denkbar, dass ein fremder Dritter zumindest eine Eigenkapitalverzinsung von den leistungsempfangenden Unternehmensteilen verlangt hätte.[562]

Es liegt in der Natur des Fremdvergleichs als Vermutungssatz, dass der Anwendungsbereich der Poolumlage nicht mit aller wünschenswerten Trennschärfe abgegrenzt werden kann. Ob sich die fiktiv verselbstständigten Unternehmensteile in einer Verhandlungssituation an der Alternative der dezentralen Selbsterstellung durch die einzelnen Unternehmensteile orientiert und eine Kostenumlage vereinbart hätten oder sich an der Alternative des Fremdbezugs am Markt und möglichen Marktpreisen orientiert hätten, ist meist nicht eindeutig zu entscheiden. Hinsichtlich des Anwendungsbereichs von Kostenumlagen kann sich die Einkünftezurechnung im Einheitsunternehmen aber an der Situation zwischen verbundenen Unternehmen orientieren. Dort bleibt es grundsätzlich der freien Entscheidung der verbundenen Unternehmen überlassen, ob sie einen Kostenumlagevertrag schließen oder eine Einzelverrechnung von Leistungen unter Einschluss eines Gewinnaufschlags vornehmen, sofern kein Widerspruch zum Verhalten eines ordentlichen und gewissenhaften Geschäftsleiters besteht.[563] Deshalb sollte auch im Fall des Einheitsunternehmens

---

559 Vgl. Klein, ZfB 1982, S. 155 (165).

560 Vgl. VWG-Uml., Tz. 1.1 Abs. 2; Raupach, StuW 1990, S. 397 (401); Runge (Kostenumlageverträge), S. 295 (295); Vögele / Freytag, RIW 2001, S. 172 (173); Ditz (Betriebsstätten), S. 253.

561 Vgl. Oestreicher, IStR 2000, S. 759 (764).

562 Vgl. VWG-Uml., Tz. 2.1 Abs. 4; Runge (Kostenumlageverträge), S. 295 (296).; a. A. Oestreicher, IStR 2000, S. 759 (766).

563 Vgl. Runge (Kostenumlageverträge), S. 295 (296).

im Ergebnis ein Wahlrecht zur Abrechnung von Kostenumlagen eingeräumt werden, wenn es zumindest möglich erscheint, dass fremde Dritte eine Kostenumlage vereinbart hätten. Unerheblich ist, dass ein Kostenumlagevertrag zwischen Stammhaus und Betriebsstätte zivilrechtlich nicht geschlossen werden kann. Allerdings muss die Absicht des Steuerpflichtigen, dass er Stammhaus und Betriebsstätte wie Vertragsteile eines Kostenumlagevertrags behandeln will, in der Dokumentation der Einkünftezurechnung zum Ausdruck kommen.[564] Dieses Wahlrecht ist nun auch implizit im OECD-Betriebsstättenbericht durch die Empfehlung der analogen Anwendung der für verbundene Unternehmen aufgestellten Grundsätze enthalten.[565]

4 Einkünftezurechnung nach der indirekten Methode als methodische Alternative?

Die vorstehenden Überlegungen sind von der Zurechnung einzelner Aufwendungen und Erträge zu Stammhaus und Betriebsstätte ausgegangen (direkte Methode). Die herrschende Literaturmeinung[566] und die deutsche Steuerrechtspraxis, wie sie in der Rechtsprechung[567] und in den deutschen DBA[568] zum Ausdruck kommt, hält an der direkten Methode als Regelmethode allge-

---

564 Hierbei dürfte eine zeitnahe Erstellung von Aufzeichnungen erforderlich sein, vgl. § 3 Abs. 2 GAufzV (Abschluss von Umlageverträgen als außergewöhnlicher Geschäftsvorfall) i. V. m. § 7 GAufzV (entsprechende Aufwendung auf Betriebsstättenfälle "...soweit Aufwendungen mit steuerlicher Wirkung aufzuteilen sind.").

565 Vgl. OECD (Report), Tz. 219, 232, 246 ff. [Part I].

566 Vgl. Bopp, DStZ/A 1974, S. 91 (95); Wassermeyer in Debatin / Wassermeyer, MA Art. 7, Rn. 190; Kumpf, StbJb 1988/89, S. 399 (410); Becker, DB 1989, S. 13; Hemmelrath (Ermittlung), S. 176; Lechner (Gewinnaufteilung), S. 58.

567 Vgl. BFH v. 27.07.1965 - I 110/63 S, BStBl III 1966, S. 24; BFH v. 28.03.1985 - IV R 80/82 - BStBl II 1985, S. 405; BFH v. 18.09.1996 - I R 59/95, IStR 1997, S. 145; FG Berlin v. 17.01.2000 - 8 K 8084/97, IStR 2000, S. 688 (690). Der direkten Methode wurde von der Rechtsprechung auch im Rahmen der vermögensteuerlichen Zurechnung Vorrang eingeräumt, vgl. BFH v. 20.03.2002 - II R 84/99, BFH/NV 2002, S. 1017; BFH v. 21.01.1972 - III R 57/71, BStBl II 1972, S. 374; BFH v. 25.06.1986 - II R 213/83, BStBl II 1986, S. 785; BFH v. 29.07.1992 - II R 39/89, BStBl II 1993, S. 63. Zu weitgehend wäre es allerdings, aus § 49 Abs. 1 Nr. 2a EStG einen absoluten Gesetzesbefehl zur Anwendung der direkten Methode ablesen zu wollen, vgl. Bähr (Gewinnermittlung), S. 46; BFH v. 21.04.1971 - I R 200/67, BStBl II 1971, S. 743.

568 Die Zurechnungsalternative der indirekten Methode soll gemäß zahlreicher deutscher DBA nur bei "übermäßigen" bzw. "unzumutbaren Schwierigkeiten" oder "in besonders gelagerten Fällen" angewendet werden, vgl. Hemmelrath in Vogel / Lehner, DBA, Art. 7, Rn. 141. In einer anderen Gruppe von deutschen DBA ist die indirekte Methode abweichend zu Art. 7 Abs. 4 OECD-MA grundsätzlich nicht vorgesehen, vgl. a. a. O., Rn. 142.

mein fest. Ausweislich des OECD-Musterkommentars entspricht dies auch der international üblichen Auffassung.[569] Der direkten Methode wird generell eine realitätsnahe Abbildung der Leistungsbeiträge der Unternehmensteile zugeschrieben.[570] Sie trägt außerdem dem bei der Gewinnermittlung maßgebenden Einzelbewertungsgrundsatz Rechnung,[571] indem sie den auf Ebene der Gewinnermittlung erzielten Differenzierungsgrad quasi in die Einkünftezurechnung hinüberrettet.

In seiner in den 30er Jahren im Auftrag des Völkerbunds durchgeführten Untersuchung hat *Carroll* allerdings nachgewiesen, dass die internationale Einkünftezurechnungspraxis bereits seit Anfang des 20. Jahrhunderts auch auf die indirekte Methode als alternatives Zurechnungskonzept zurückgreift.[572] Als Vorteil dieser Methode gilt vorrangig ihre einfache Handhabung und der deshalb vergleichsweise geringe Verwaltungsaufwand.[573] Da unter der indirekten Methode die Notwendigkeit entfällt, die Zurechnung einzelner Aufwendungen und Erträge jeweils gesondert zu beurteilen, ist weder die Aufstellung einer gesonderten Rechnungslegung für die Betriebsstätte, noch eine Erfassung oder Dokumentation interner Leistungen erforderlich. Vielmehr werden die Einkünfte des Gesamtunternehmens anhand eines Aufteilungsschlüssels auf die Unternehmensteile aufgeteilt. Dieser wird durch ein oder mehrere[574] Zerlegungsfaktoren festgelegt, die die "Beiträge" von Stammhaus und Betriebsstätte zum Gesamtergebnis quantifizieren sollen und deren Ausprägungen jeweils für die Unternehmensteile gemessen werden können. Bei einer Mehrheit von Zerlegungsfaktoren werden diese häufig gleich stark gewichtet. Bei n gleich gewichteten Zerlegungsfaktoren und m Betriebsstätten ermittelt sich der Einkünfteanteil einer Betriebsstätte folglich mit

569 Vgl. OECD-MK zu Art. 7, Tz. 25, wonach "die Ermittlung der Gewinne, die einer Betriebsstätte zuzurechnen sind, in der Regel auf Grund ihrer Buchführung vorzunehmen" ist (= Entwurf OECD-MK 2008 zu Art. 7, Tz. 52).

570 Vgl. Hemmelrath (Ermittlung), S. 177.

571 Vgl. Hemmelrath (Ermittlung), S. 177.

572 Vgl. Société des Nations, Dok. Nr. C.425(b).M.217(b).1933.II.A., Par. 173 ff., S. 62 ff.

573 Vgl. Li, CTJ 2002, S. 823 (854); Hellerstein, ITPJ 2005, S. 103 (109).

574 Zur Einbeziehung mehrerer Faktoren in die Zerlegungsformel, vgl. Fink, RIW 1988, S. 43 (45); Lüdicke, StbKongrRep 1994, S. 217 (235); wohl auch Mersmann (Betriebsstätten), S. 109. Eine Mehrfaktorenformel findet außerdem bei der bundesstaatlichen Gewinnabgrenzung in den USA und in Kanada Anwendung, vgl. Russo, intertax 2005, S. 2 (19). Auch das von der EU vorgeschlagene Gewinnabgrenzungssystem beruht auf einer 3-Faktoren-Formel, vgl. Europäische Kommission, KOM (2003) 726, S. 26.

$$EA_i = \text{Gesamteinkünfte} \cdot \sum_{j=1}^{n} \left(\frac{1}{n} \cdot \frac{A_{ij}}{\sum_{i=1}^{m} A_{ij}} \right)$$

mit:

i = 1, …, m

j = 1, …, n

A_{ij} Ausprägung des j-ten Zerlegungsfaktors bei der i-ten Betriebsstätte.

Eine Erweiterung des Ansatzes besteht in unterschiedlichen Gewichten für die einzelnen Zerlegungsfaktoren.[575] Die Zerlegungsformel hat dann die Form

$$EA_i = \text{Gesamteinkünfte} \cdot \sum_{j=1}^{n} \left(g_j \cdot \frac{A_{ij}}{\sum_{i=1}^{m} A_{ij}} \right)$$

mit:

g_j Gewicht des j-ten Zerlegungsfaktors, wobei die Summe aller Gewichte 1 beträgt.

Da die indirekte Methode generell alle Ergebnisbestandteile einer Schlüsselung unterzieht, werden neben dem handelsrechtlichen Ergebnis auch rein steuerliche Einkünftebestandteile in die Schlüsselung einbezogen (z. B. Ergebnisse aus steuerbilanziellen Abweichungen nach § 60 Abs. 2 S. 1 EStDV sowie außerbilanzielle Hinzurechnungs- und Kürzungsbeträge). Im Abkommensfall sind allerdings Einkünfte aus unbeweglichem Vermögen (Art. 6 OECD-MA) sowie Dividenden, Zinsen, Lizenzgebühren und sog. andere Einkünfte auszuscheiden (Art. 10, 11, 12, 21 OECD-MA). Wie an späterer Stelle im Einzelnen erläutert wird,[576] unterliegen diese Einkünfte den genannten gesonderten Einkünftezurechnungsvorschriften und nicht der Zurechnung nach Art. 7 OECD-MA.

---

575 Zur unterschiedlichen Gewichtung bei der innerstaatlichen Gewinnabgrenzung in den USA vgl. Weiner, ifo Studien 2002, S. 519 (527); Russo, Intertax 2005, S. 2 (FN 12).

576 Vgl. Kap. III, Abschn. 1.1.3.3.

4.1 Indirekte Methode als Hilfslösung

4.1.1 Auswahl eines geeigneten Schlüssels

Die h. M. sieht in der indirekten Methode eine vereinfachende Hilfslösung, die eine Annäherung an das Zurechnungsergebnis ermöglichen soll, das sich nach der direkten Methode auf Grund einer gesonderten Buchführung ergeben hätte.[577] Insoweit liegt auch der indirekten Methode der Fremdvergleichsgedanke zugrunde. Die Zerlegungsfaktoren sollen folglich so ausgewählt werden, dass die Unternehmensteile möglichst entsprechend ihrer tatsächlichen Erfolgsbeiträge am Gesamtergebnis partizipieren.[578]

Als Zerlegungsfaktoren[579] kommen grundsätzlich alle Größen in Betracht, anhand derer die Erfolgsbeiträge der Unternehmensteile verglichen werden können. Denkbar ist die Anwendung nachfragebezogener Größen, wie etwa die realisierten Umsätze, Provisionen oder Prämieneinnahmen, da diese die Stellung der Unternehmensteile am Markt als Erfolgsursache berücksichtigen. Als produktionsfaktorbezogene Größen sind die Bruttolohnsummen und die Werte des Betriebsvermögens gebräuchlich, um den Erfolgsbeitrag der Produktionsfunktion zu berücksichtigen. Allerdings wird auch eine Einbeziehung von Materialkosten, Arbeitnehmerzahlen, der Anzahl der eingesetzten Maschinen oder der Anzahl der produzierten Güter in die Zerlegungsformel vorgeschlagen. Für Handelsunternehmen könnte im Extremfall auch eine simple

577 Vgl. OECD-MK zu Art. 7, Tz. 27 (= Entwurf OECD-MK 2008 zu Art. 7, Tz. 54); Kumpf, StbJb 1988/89, S. 399 (410); Blümich / Wied, § 49 EStG, Rn. 70; Wassermeyer in Debatin / Wassermeyer, MA, Art. 7, Rn. 191; Nach Auffassung des BFH soll diejenige Methode gewählt werden, die im konkreten Einzelfall besser geeignet ist, einen "näherungsweise richtigen Wert" feststellen zu können, vgl. BFH v. 21.04.1971 - I R 200/67, BStBl II 1971, S. 743; FG Berlin v. 17.01.2000 - 8 K 8084/97, IStR 2000, S. 688 (691).

578 Vgl. OECD-MK zu Art. 7, Tz. 27 (= Entwurf OECD-MK 2008 zu Art. 7, Tz. 54): "enger Zusammenhang"; Riecker (Unitary Taxation), S. 49: "Proportionalität".

579 Vgl. zum Folgenden OECD-MK zu Art. 7, Tz. 27 (= Entwurf OECD-MK 2008 zu Art. 7, Tz. 54); RFH v. 13.07.1938 - I 369/36, RStBl 1938, S. 863; Société des Nations, Dok. Nr. C.425(b).M.217(b).1933.II.A., Par. 175, S. 62 f.; Schäfer / Spengel (Impact), S. 21 ff.; Schaumburg (Steuerrecht), Rn. 18.24; Riecker (Unitary Taxation), S. 49. Der BFH empfiehlt bei einer Charterfluggesellschaft die Aufteilung nach den Flugkosten, die auf die ausländischen bzw. inländischen Flugstrecken entfallen, vgl. BFH v. 28.03.1985 - IV R 80/82, BStBl II 1985, S. 405. Zu speziellen Erfolgsmaßstäben im Global Trading vgl. Kaminski / Strunk, Anh. zu § 1 AStG, Rn. 2193; Menzel (Verrechnungspreissystem), S. 188 f.

hälftige Aufteilung des erzielten Handelsgewinns eine mögliche Ausprägungsform der indirekten Methode darstellen:[580]

> Beispiel: Das Stammhaus eines Handelsunternehmens kauft Waren ein, die über die Betriebsstätte veräußert werden. Vergleichspreise der gleichen Marktstufe sind nicht verfügbar. Es wird eine hälftige Aufteilung des Handelsgewinns vorgenommen. Einkaufs- und Verkaufstätigkeit können als gleichwertige Aktivitäten betrachtet werden, da beide Unternehmensteile in gleicher Weise tätig werden (Beurteilung der Marktsituationen für verschiedene Produkte in den jeweiligen Heimatmärkten und Abschluss von Einkaufs- bzw. Verkaufsgeschäften) und somit in gleichem Maß zur Entstehung des Handelsgewinns beitragen.

In der Besteuerungspraxis haben sich zum Teil branchentypische Zerlegungsfaktoren herausgebildet, deren Anwendbarkeit im Einzelfall kritisch untersucht werden muss. So besteht traditionell ein breiter internationaler Konsens, die Einkünftezurechnung von Versicherungsunternehmen nach der indirekten Methode unter Anwendung der Prämieneinnahmen als Verteilungsschlüssel vorzunehmen.[581] Hier tragen alle Betriebsstätten zur Risikodeckung der jeweils anderen Betriebsstätten bei, indem sie Versicherungsverträge abschließen und Prämieneinnahmen generieren. Da folglich alle Betriebsstätten gleichzeitig zu allen anderen Betriebsstätten in einer Leistungsbeziehung stehen, kann das Gesamtergebnis nach dem relativen Leistungsbeitrag der einzelnen Betriebsstätten, gemessen an den Prämieneinnahmen, aufgeteilt werden. Darüber hinaus enthalten die deutschen Verwaltungsgrundsätze[582] eine Aufzählung verschiedener branchenspezifischer Zerlegungsfaktoren. Allerdings können diese Empfehlungen lediglich als Wiedergabe typischerweise verwendeter Zerlegungsfaktoren in den betreffenden Branchen verstanden werden, nicht aber als starre Festlegung von Aufteilungsschlüsseln für alle

---

580 Nach *Carroll* war für Handelsunternehmen eine hälftige Teilung des Handelsgewinns in den damaligen DBA von Österreich mit der Tschechoslowakei und mit Ungarn vorgesehen, vgl. Société des Nations, Dok. Nr. C.425(b).M.217(b).1933.II.A., par. 179, S. 63. Ein ähnliches Beispiel findet sich auch bei Hellerstein, ITPJ 2005, S. 103 (106).

581 Vgl. bereits Société des Nations, Dok. Nr. C.425(b).M.217(b).1933.II.A., par. 490, S. 153, und die ältere Rechtsprechung: RFH v. 16.10.1930 - III A 146/30, RStBl 1931, S. 793; RFH v. 30.04.1935 - I A 13/35, RStBl 1935, S. 840 (dort allerdings indirekte Methode nur als Schätzungsmethode); RFH v. 02.04.1940 - I 302/39, RStBl 1940, S. 611 (mit Bezug auf § 28 KStDV 1935). Debatin, DB 1989, S. 1692 (1696); VWG-BS, Tz. 2.3.2; öBMF vom 10.02.1992, EAS. 089, SWI 1992, S. 99; Athanas, CDFI 1996, Vol. 81a, S. 21 (55). Zur neueren Entwicklung auf OECD-Ebene, vgl. OECD (Draft IV), Tz. 109 f.

582 Die Verwaltungsgrundsätze empfehlen etwa für den "Handels- und Dienstleistungsbereich" die Umsätze als Zerlegungsfaktor, für den "Produktionsbereich" Lohn- und/oder Materialkosten und dgl., vgl. VWG-BS, Tz. 2.3.2.

Unternehmen der jeweiligen Branchen. Vielmehr ist ein passender, auf das konkrete Unternehmen abgestimmter Schlüssel anzuwenden,[583] um eine Näherung an eine dem Drittverhalten entsprechende Aufteilung zu erreichen. Wird etwa in den Verwaltungsgrundsätzen der Zerlegungsfaktor "Umsätze" für den "Handels- und Dienstleistungsbereich" vorgeschlagen, so kann dieser Schlüssel ganz offenbar das Schätzungsziel nicht erreichen, wenn ein Dienstleistungsunternehmen in einer Betriebsstätte schwerpunktmäßig Verwaltungsfunktionen angesiedelt hat, die selbst keine Umsätze generieren oder wenn verschiedene Betriebsstätten – z. B. aufgrund unterschiedlicher Kostenstrukturen oder unterschiedlicher Marktverhältnisse – deutlich unterschiedliche Umsatzrentabilitäten aufweisen. Angesichts der Vielfalt möglicher, auf den Unternehmenserfolg wirkender Bedingungen ist deshalb eine auf die Verhältnisse des Einzelfalls abgestimmte Zerlegungsformel anzuwenden.

Die Auswahl sachgerechter Schlüsselgrößen erfordert zumindest eine Grobvorstellung von dem Ergebnis der Einkünftezurechnung, das sich unter der direkten Methode im konkreten Einzelfall ergeben hätte. Jedem Schlüssel kann im Grundsatz eine Rentabilitätskennzahl oder zumindest ein Wirkungsgrad in Bezug auf die Gesamtunternehmenseinkünfte zugeordnet werden. Ein Schlüssel ist umso besser geeignet, je mehr die Ausprägungen der betreffenden Kennzahl für Stammhaus und Betriebsstätte übereinstimmen. So unterstellt etwa eine Aufteilung nach dem eingesetzten Kapital ungefähr übereinstimmende Kapitalrenditen beider Unternehmensteile und die Aufteilung nach dem Umsatz annähernd gleiche Umsatzrenditen.[584] Anhand von Indizien im konkreten Einzelfall ist daher zu prüfen, ob die Ausprägungen der verwendeten Schlüsselgrößen für die Unternehmensteile annähernd übereinstimmen.

Beispiel: Stammhaus und Betriebsstätte stellen dieselben Produkte her und vertreiben diese in relativ selbstständiger Weise auf einem einheitlichen Weltmarkt. Während die Betriebsstätte eine personalintensive Produktion aufweist, verwendet das Stammhaus eine hochtechnisierte, kapitalintensive Produktionstechnologie. Folglich dürften die Kapitalrentabilitäten beider Unternehmensteile deutlich voneinander abweichen. Dies sollte auch für die Ausprägungen der Kennzahlen "Lohnsumme / Einkünfte" bzw. "Lohnsumme / Gewinn" beider Unternehmensteile gelten. Eine Aufteilung der Einkünfte ausschließlich anhand der Lohnsummen der Unternehmensteile oder ausschließlich nach dem jeweils eingesetzten Kapital dürfte in diesem Fall kaum zu einer angemessenen Annäherung an das Ergebnis der direkten Methode führen. Stattdessen könnten die Umsät-

---

[583] Vgl. Riecker (Unitary Taxation), S. 50; Europäische Kommission, KOM (2003), 726, S. 26; OECD-MK zu Art. 7, Tz. 27 (= Entwurf OECD-MK 2008 zu Art. 7, Tz. 54): "ob eine bestimmte Methode zweckmäßig ist, hängt von den Fällen ab, auf die sie angewendet wird...".

[584] Vgl. Schäfer / Spengel (Impact), S. 23.

ze der Unternehmensteile einen geeigneten Aufteilungsschlüssel bilden oder eine Zerlegung der Einkünfte anhand mehrerer Schlüssel in geeigneter Gewichtung erfolgen.

Werden monetäre Zerlegungsfaktoren verwendet, so sind bei der Auswahl von Schlüsselgrößen abweichende Lohn- oder Preisniveaus usw. zu berücksichtigen. So ist etwa die Aufteilung nach der Lohnsumme ungeeignet, wenn im Quellen- und im Ansässigkeitsstaat wesentlich unterschiedliche Lohnniveaus festzustellen sind und die Lohnsummen der Unternehmensteile deshalb die Bedeutung der Beiträge der Unternehmensteile zum Gesamterfolg des Unternehmens nicht wiedergeben können.[585]

Bestehen Liefer- und Leistungsbeziehungen zwischen den Unternehmensteilen, so ist bei der Auswahl von Schlüsselgrößen zusätzlich die Bedeutung der erbrachten internen Leistungen wenigstens annähernd zu beurteilen. Insoweit wären Schlüsselgrößen auszuwählen, die die relative Bedeutung der Stammhaus- und Betriebsstättenfunktionen zum Ausdruck bringen,[586] um so eine Annäherung an das Ergebnis der direkten Methode zu ermöglichen.

Somit ist zwar oft ein Ausschluss offenbar ungeeigneter Schlüsselgrößen möglich. Dennoch wird es häufig nicht möglich sein, eine einzige Größe als allein geeignete Schlüsselgröße auszuwählen, da hierzu das Ergebnis der direkten Methode bereits bekannt sein müsste.

4.1.2 Anwendungsbereiche

Die indirekte Methode kann meist nur eine grobe Schätzung einer fremdüblichen Einkünftezurechnung leisten, da ihr verschiedene vereinfachende Annahmen über die Entstehung des Unternehmenserfolgs zugrunde liegen. Die vielfältigen Ursachen des Unternehmenserfolgs werden auf wenige ausgewählte Faktoren reduziert. Wie vorstehend erläutert wird außerdem von identischen Wirkungsgraden der Zerlegungsfaktoren in Bezug auf die Einkünfte der Unternehmensteile ausgegangen. Trotz dieser vereinfachenden Annahmen ist die Anwendung der indirekten Methode weder durch innerstaatliches Recht noch durch Art. 7 OECD-MA ausdrücklich ausgeschlossen. Ihre Anwendbarkeit wird vielmehr durch § 162 AO bzw. Art. 7 Abs. 4 OECD-MA erlaubt. Deshalb bedarf es einer Abwägung im Einzelfall, ob die indirekte Methode

---

585 Vgl. BFH v. 21.04.1971 - I R 200/67, BStBl II 1971, S. 743 (bei ungleichwertigen Tätigkeiten ist Aufteilung des Gewerbeertrags nach der Lohnsumme bedenklich); ähnlich Oestreicher (Gewinnabgrenzung), S. 185.

586 Nach Carroll wurde die indirekte Methode etwa in Spanien verstanden als "répartition illimitée basée sur *l'importance relative* de l'établissement local dans l'ensemble de l'entreprise", vgl. Société des Nations, Dok. Nr. C.425(b).M.217(b).1933.II.A. par. 174, S. 62 (Hervorh. d. Verf.).

der direkten Methode überlegen ist. Maßgebend ist, welche der beiden Methoden die Ziele der Einkünftezurechnung am besten erreicht. Als vorrangiges Ziel wird dabei die möglichst weitgehende Annäherung an dasjenige Ergebnis betrachtet, das der Einkünftezurechnung zwischen fremden Dritten am nächsten kommt.[587] Als Nebenbedingung ist die Praktikabilität der Einkünftezurechnung zu beachten.

Auf die indirekte Methode wird deshalb zurückgegriffen, wenn die Einkünftezurechnung nach der direkten Methode aus tatsächlichen Gründen nicht oder nur mit unverhältnismäßig hohem Aufwand durchgeführt werden kann.[588] Fehlt eine separate Betriebsstättenbuchführung, wie etwa bei unbemerkter Begründung einer Betriebsstätte oder bei Vernichtung der erstellten Betriebsstättenbuchführung durch höhere Gewalt (z. B. Brand), wird es meist zu aufwendig sein, eine gesonderte Zurechnung einzelner Aufwendungen und Erträge nachträglich vorzunehmen, insbesondere wenn längst abgeschlossene Wirtschaftsjahre betroffen sind. Eine nachträgliche Bestimmung der gebräuchlichen Zerlegungsfaktoren wird dagegen zumindest in überschlägiger Weise leichter möglich sein. Auch bei fehlender Buchführungspflicht beschränkt Steuerpflichtiger soll nach Auffassung der Rechtsprechung die indirekte Methode zur Anwendung kommen. Hier steht offenbar der Aufwand für die einzelne Zurechnung von Erfolgselementen in keinem Verhältnis zu der Bedeutung der Betriebsstätteneinkünfte.[589]

Neben einer fehlenden Buchführung kann im Einzelfall auch die Art der ausgeübten Unternehmenstätigkeit die Anwendung der indirekten Methode erfordern. Die betreffenden Fälle können als "integrierte Tätigkeit" von Stammhaus und Betriebsstätte bezeichnet werden.[590] Bei integrierten Tätigkeiten hätten auch fremde Dritte keine bessere Methode für eine angemessene Einkünftezurechnung gehabt als eine Aufteilung des Gesamtergebnisses nach bestimmten Aufteilungsschlüsseln. Hierbei können zwei Fälle unterschieden werden.

Zum einen muss auf die Anwendung der direkten Methode verzichtet werden, wenn der Leistungsverkehr zwischen Stammhaus und Betriebsstätte auf-

---

587 Vgl. FN 577.

588 Vgl. FG Berlin v. 17.01.2000 - 8 K 8084/97, IStR 2000, S. 688 (691); Kumpf, StbJb 1988/89, S. 399 (410); Blümich / Wied, § 49 EStG, Rn. 70.

589 Vgl. BFH v. 28.06.1972 - I R 35/70, BStBl II 1972, S. 785 (im Fall einer Vertreterbetriebsstätte); FG Berlin v. 17.01.2000 - 8 K 8084/97, IStR 2000, S. 688 (Leitsatz 3).

590 Vgl. Société des Nations, Dok. Nr. C.425(b).M.217(b).1933.II.A., Par. 183, S. 64); Kaminski / Strunk, IStR 1999, S. 217 (224); Li, CTJ 2002, S. 823 (845 und 852). In diesem Sinne könnte auch der BFH gedeutet werden, wenn er bei "unselbstständigen" Betriebsstätten der indirekten Methode den Vorrang einräumt, vgl. BFH v. 24.02.1988 - I R 95/84, BStBl II 1988, S. 663.

grund der Häufigkeit der Leistungsflüsse *nicht erfasst und dokumentiert werden kann*. Hiervon ist etwa auszugehen, wenn verschiedene Betriebsstätten eine gemeinsame Aufgabenstellung bearbeiten und die unternehmensinternen Leistungen aus Informationsflüssen bestehen,[591] etwa bei eng zusammenarbeitenden Managementteams oder Forschungsteams in verschiedenen Betriebsstätten, die ihre Ergebnisse laufend austauschen. Wollte man in derartigen Fällen den Informationsaustausch als Leistungsverkehr verstehen und eine Einzelbewertung dieses Leistungsverkehrs fordern, so würde ein allwissender, nicht aber ein ordentlicher Geschäftsleiter unterstellt, da die Aufzeichnung und Bewertung der Leistungsflüsse ökonomisch nicht sinnvoll wäre. Vom Steuerpflichtigen kann aber unter dem Aspekt der Zumutbarkeit[592] kein besseres Wissen als das eines gedachten ordentlichen Geschäftsleiters gefordert werden. Folglich ermöglicht erst die indirekte Methode aufgrund des ihr inhärenten gröberen Auflösungsgrads der Erfolgsmessung eine fremdübliche Einkünftezurechnung.[593]

Zum anderen ist nach der direkten Methode kein sachgerechtes Ergebnis erzielbar, wenn ein *wertmäßig bedeutender Leistungsverkehr* zwischen den Unternehmensteilen stattfindet *und* die für die Bewertung interner Leistungen verfügbaren Vergleichssachverhalte einen *zu geringen Vergleichbarkeitsgrad* aufweisen. Unter diesen Bedingungen ist das nach der direkten Methode ermittelte Ergebnis mit hoher Wahrscheinlichkeit fehlerhaft, da sich mögliche Bewertungsfehler wegen der nur geringen Vergleichbarkeit der Vergleichssachverhalte bei umfangreichem Leistungsverkehr besonders stark auswirken. Die indirekte Methode kann hierbei als mögliche Hilfslösung herangezogen werden.[594] Entsprechend wird unter den genannten Bedingungen auch für betriebswirtschaftliche Steuerungs- und Kontrollzwecke eine Erfolgsbeurteilung

591 Vgl. Tillinghast, TMIJ 2004, S. 429 (431). Auch verschiedene Aktivitäten von Bankunternehmen gelten als integrierte Tätigkeiten, die die Anwendung der indirekten Methode nahelegen, vgl. Sadiq, BIFD 2004, S. 67 (71 ff.).

592 Vgl. Kapitel II, Abschn. 2.5 dieser Arbeit.

593 Dies muss auch bei der strittigen Frage berücksichtigt werden, ob die zu schlüsselnden Einkünfte auch Entstrickungsgewinne beinhalten können (§ 4 Abs. 1 S. 3 EStG, § 12 Abs. 1 KStG). Grundsätzlich knüpft die indirekte Methode als Einkünftezurechnungsmethode an die ermittelten Einkünfte des Unternehmens an, in denen auch Entstrickungsgewinne enthalten sind, vgl. Wassermeyer, DB 2008 S. 430 (431 f.). Im Anwendungsbereich der indirekten Methode sind allerdings unternehmensinterne Leistungen häufig nicht erfassbar oder bewertbar, so dass auch für eine Schätzung der Entstrickungsgewinne kaum hinreichende Schätzungsgrundlagen vorhanden sein dürften.

594 Vgl. Oestreicher (Gewinnabgrenzung), S. 199; Cockfield, CTJ 2004, S. 114 (117).

von Geschäftseinheiten anhand eines nach der direkten Methode ermittelten Ergebnisses nicht für sinnvoll erachtet.[595]

Im Ergebnis handelt es sich bei integrierten Tätigkeiten um Fälle, in denen die direkte Methode mehr oder weniger ungeeignet ist. Bei der Auswahl der maßgeblichen Einkünftezurechnungsmethode ist allerdings ein vollständiger Alternativenvergleich erforderlich. Hierbei ist zu beachten, dass die Genauigkeit der indirekten Methode steigt, je ähnlicher die Tätigkeiten der Unternehmensteile und die wirtschaftlichen Umstände sind, unter denen Stammhaus und Betriebsstätte agieren. Sind identische Leistungsprogramme, homogene Betriebsstrukturen, vergleichbare Marktverhältnisse usw. festzustellen, so ist die der indirekten Methode zugrunde liegende Annahme annähernd gleicher Rentabilitäten (Umsatz-, Kapitalrentabilität usw.) bzw. Wirkungsgrade auf die Gesamtunternehmenseinkünfte meist erfüllt. Bei ungleichen Tätigkeiten und wirtschaftlichen Bedingungen ist dies hingegen nicht der Fall, so dass die Auswahl sachgerechter Schlüsselgrößen erschwert ist und eine relativ geringe Verlässlichkeit der indirekten Methode angenommen werden kann.[596]

4.1.3 Zulässigkeit von Mischmethoden

Nach den vorstehenden Ausführungen stehen die direkte und die indirekte Methode im Grundsatz gleichrangig nebeneinander, so dass je nach den Verhältnissen des Einzelfalls entschieden wird, welche Methode die Ziele der Einkünftezurechnung, insbesondere eine möglichst präzise Abbildung fremdüblichen Verhaltens unter Berücksichtigung gegebener Aufwandsrestriktionen, besser erreicht. Allerdings kann es auch erforderlich sein, dass beide Ansätze vermischt werden, wenn die Ziele der Einkünftezurechnung auf diese Weise besser erreicht werden.

Eine mögliche Mischform besteht darin, dass einzelne größere Aufwendungen und Erträge, deren Veranlassung sicher feststeht, jeweils dem Unternehmensteil zugerechnet werden, bei dem die Veranlassung liegt, während nur

---

595 Vgl. Ewert / Wagenhofer (Unternehmensrechnung), S. 598.

596 Vgl. RFH v. 13.07.1938 - I 369/36, RStBl 1938, S. 863: Anwendung der indirekten Methode, wenn der inländische Betrieb ähnlich wie der Gesamtbetrieb aufgebaut ist; BFH v. 21.04.1971 - I R 200/67, BStBl II 1971, S. 743: indirekte Methode setzt voraus, dass die Art der in Betriebsstätte und Stammhaus ausgeübten betrieblichen Tätigkeiten vergleichbar ist; Kraft, StbJb 2000/01, S. 205 (213): indirekte Methode erfordert Funktions- und Strukturgleichheit; Oestreicher (Gewinnabgrenzung), S. 160: indirekte Methode bei homogenen Betriebsstrukturen und Leistungsprogrammen.

der Restgewinn nach der indirekten Methode zerlegt wird.[597] Die differenzierte Zurechnung könnte sich z. B. auf größere außerordentliche Aufwendungen und Erträge beziehen, die etwa anlässlich von Umstrukturierungen anfallen. Denkbar ist auch, dass die gemeinsame Tätigkeit von Stammhaus und Betriebsstätte auf bestimmte Aktivitäten beschränkt ist und die Unternehmensteile daneben andere Tätigkeiten in selbstständiger Weise ausüben. Hierbei werden nur die aus den integrierten Tätigkeiten erzielten Einkünfte in die Aufteilung einbezogen und die selbstständig erzielten Einkünfte nach der direkten Methode zugerechnet.[598]

4.2 Indirekte Methode als Ergebnis eines zwischenstaatlichen Konsenses

Die indirekte Methode gilt aufgrund ihrer relativen Einfachheit im Hinblick auf mögliche Effizienzvorteile als vorteilhaftes Zurechnungskonzept.[599] Sie erfordert lediglich die Bestimmung der Zerlegungsfaktoren und der Gesamteinkünfte. Mit der direkten Methode hingegen sind relativ hohe Steuerverwaltungskosten für eine Erfassung und Dokumentation unternehmensinterner Transaktionen sowie für eine Suche nach Vergleichssachverhalten verbunden. Der Praktikabilitätsaspekt ist ein wesentlicher Grund für die wiederholte Forderung nach einer umfassenden, generellen Umstellung der Einkünftezurechnung auf ein System der indirekten Methode.[600]

Ein solcher Systemwechsel setzt allerdings einen zwischenstaatlichen Konsens in Bezug auf die Zerlegungsformel voraus. Eine zwischenstaatliche Einigung auf maßgebliche Zerlegungsfaktoren und ihre Gewichtung ist erforderlich, um Doppelbesteuerungen oder Besteuerungslücken zu vermeiden, die sich bei einer uneinheitlichen Anwendung der indirekten Methode in den be-

---

597 Vgl. Wassermeyer in Debatin / Wassermeyer, MA Art. 7, Rn. 192; Kraft, StbJb 2000/01, S. 205 (215); FG Schleswig-Holstein v. 06.09.2001 - II 1224/97, IStR 2002, S. 134. Bereits M. B. Carroll unterscheidet mit den Begriffen "répartition fractionnaire illimitée" und "répartition fractionnaire limitée" eine Reinform der indirekten Methode und eine Mischform zwischen direkter und indirekter Methode, vgl. Société des Nations, Dok. Nr. C.425(b).M.217(b).1933.II.A., Par. 173, S. 62.

598 Vgl. auch Storck (Betriebstätten), S. 284; Menzel (Verrechnungspreissystem), S. 189; Kaminski / Strunk, IStR 1999, S. 217 (222). Kleineidam, IStR 2001, S. 724 (726 ff.); Miesel / Higinbotham / Chun, ITJ 2003, Issue 4, S. 1 (20 ff.).

599 Vgl. Schäfer / Spengel (Impact), S. 26; Europäische Kommission, KOM (2003) 726.

600 Vgl. Li, CTJ 2002, S. 823 (853 f.); Cockfield, CTJ 2004, S. 114 (117); Europäische Kommission, SEK (2001) 1681, S. 292 ff. und 435; Hellerstein, ITPJ 2005, S. 103 (109); Europäische Kommission, KOM (2003) 726, S. 24; Schäfer / Spengel (Impact), S. 27.

teiligten Staaten zwangsläufig ergeben würden. Mit einem koordinierten Systemwechsel ist die Hoffnung verbunden, dem Ziel der Einmalbesteuerung unternehmerischer Einkünfte näher zu kommen, als dies derzeit unter der direkten Methode aufgrund der regelmäßig auftretenden Unwägbarkeiten bei der Schätzung fremdüblicher Preise möglich ist.[601] Dieser Aspekt bildet neben der erhofften Aufwandsersparnis einen zweiten möglichen Vorteil einer zwischenstaatlich koordinierten indirekten Methode.

Bereits in der Untersuchung von *Carroll* aus dem Jahr 1933 wurden Vereinbarungen der indirekten Methode auf *bilateraler* Ebene in DBA nachgewiesen.[602] Auch in heute bestandskräftigen DBA ist die Anwendung der indirekten Methode verschiedentlich vorgeschrieben.[603] Allerdings handelt es sich hierbei lediglich um vereinzelte Vereinbarungen für Unternehmen bestimmter Branchen. Deutsche DBA enthalten – soweit ersichtlich – keine derartige Verpflichtung zur Anwendung der indirekten Methode.[604]

Größere Bedeutung kommt der geplanten *multilateral koordinierten* Umstellung der Einkünftezurechnung auf die indirekte Methode auf Ebene der EU zu.[605] Demnach soll die Besteuerung von Konzernen, die innerhalb der EU grenzüberschreitend tätig sind, an ein konsolidiertes Konzerneinkommen anknüpfen, das nach einheitlichen Gewinnermittlungsregeln berechnet und nach einer gemeinsam festgelegten Zerlegungsformel auf die Konzerneinheiten aufgeteilt wird. Hierbei sollen auch Betriebsstätten als Konzerneinheiten behandelt werden.[606] Die vorläufig bevorzugte Formel sieht eine Aufteilung nach den gleich gewichteten Faktoren "Arbeit", "Vermögenswerte" und "Umsatz"

---

601 Vgl. Riecker (Unitary Taxation), S. 210.

602 Carroll wies derartige Regelungen in den DBA Österreich-Ungarn und Österreich-Tschechoslowakei für Handelsunternehmen und Produktionsunternehmen nach, vgl. Société des Nations, Dok. Nr. C.425(b).M.217(b).1933.II.A. par. 179, S. 63.

603 Z. B. die DBA der Schweiz mit Österreich und Frankreich, in denen für Versicherungsunternehmen die indirekte Methode vorgeschrieben ist, vgl. Hemmelrath in Vogel / Lehner, DBA, Art. 7, Rn. 105.

604 Allerdings sieht das DBA Deutschland-Frankreich für den Fall der Anwendung der indirekten Methode auf Versicherungsunternehmen die Schlüsselung nach den Prämieneinnahmen vor, vgl. Art. 4 Abs. 3 S. 3 DBA Deutschland-Frankreich. Dies legt zumindest die Anwendung der indirekten Methode nahe, vgl. Kramer in Debatin / Wassermeyer, DBA Frankreich, Art. 4 Rn. 100.

605 Vgl. Europäische Kommission, SEK (2001) 1681; Europäische Kommission, KOM (2003) 726; Europäische Kommission, KOM (2006) 157.

606 Vgl. Europäische Kommission, SEK (2001) 1681, S. 285, FN 59, S. 441 u. S. 442; EU Arbeitsgruppe GKKB v. 05.05.2006, Taxud E1 OP/, CCCTB\WP\035\doc\de, Tz. 14.

vor, wobei der Faktor Arbeit wiederum aus zwei gleich gewichteten Faktoren besteht ("Lohnsumme", "Anzahl der Beschäftigten").[607]

Implikationen der geplanten faktischen Abschaffung des Fremdvergleichsgrundsatzes wurden bereits in dem 1992 veröffentlichten Bericht unabhängiger Experten über die Möglichkeiten einer Harmonisierung der Unternehmensbesteuerung in Europa diskutiert (*Ruding*-Bericht). Darin wurde noch die EU-weite Einführung der indirekten Methode unter anderem wegen der damit verbundenen Abkehr von einer möglichst exakten verursachungsgerechten Einkünftezurechnung ablehnend beurteilt.[608] Eine generelle Umstellung auf die indirekte Methode würde auch eine Schlüsselung der Einkünfte derjeniger Unternehmen bedingen, bei denen die direkte Methode wegen eines geringen Umfangs des internen Leistungsverkehrs oder wegen einfach bewertbarer interner Leistungen keine besonderen Probleme aufweist. Das Zurechnungsergebnis der indirekten Methode spiegelt aber in diesen Fällen regelmäßig nicht die tatsächlichen Wertbeiträge der Unternehmensteile wieder.[609] Unter einer zwingend anzuwendenden indirekten Methode würde sich die Einkünftezurechnung von dem Ziel der interindividuellen Steuergerechtigkeit entfernen, da Stammhaus und Betriebsstätte einer höheren oder geringeren Besteuerung als vergleichbare selbstständige und unabhängige Unternehmen unterliegen würden. Ein mögliches Wahlrecht der einzelnen Steuerpflichtigen für die konzernweite Anwendung der indirekten Methode könnte zwar eine mögliche Schlechterbehandlung des Einheitsunternehmens gegenüber vergleichbaren selbstständigen und unabhängigen Unternehmen vermeiden. In der Optionsfähigkeit könnte aber auch eine ungerechte Privilegierung der international tätigen Einheitsunternehmen gesehen werden.[610] Aus ökonomischer Perspektive wird überdies auf die fehlende Wettbewerbsneutralität und die daraus folgenden entscheidungsverzerrenden und wohlfahrtsmindernden Wirkungen dieses Konzepts hingewiesen.[611]

Zudem ist zu befürchten, dass als gerecht empfundene Zerlegungsformeln für die zwischenstaatliche Aufteilung der Bemessungsgrundlage nur unter großen Schwierigkeiten bestimmt werden können.[612] Es besteht die Gefahr,

---

607 Vgl. EU Arbeitsgruppe GKKB v. 13.11.2007, GKKB: mögliche Elemente des Aufteilungsmechanismus, Taxud TF1/GR/FF, CCCTB/WP060\doc\de, Tz. 63 f.

608 Vgl. Commission of the European Comunities (Report), S. 130.

609 Vgl. Oestreicher (Entwicklung), S. 46.

610 Zumindest wird das diskutierte Optionsrecht aus fiskalischer Sicht kritisch beurteilt, vgl. EU Arbeitsgruppe GKKB v. 20.11.2007, Taxud TF1, CCCTB/WP057 mit Anmerkungen, Anm. zu Tz. 11.

611 Vgl. Wellisch, StuW 2004, S. 267 (274).

612 Vgl. Bauer (Neuausrichtung), S. 50 f.

dass die Einkünftezurechnung durch die implizite Aufgabe des allgemein konsensfähigen Fremdvergleichsmaßstabs in stärkerem Maße als bisher durch fiskalische Motive der jeweils einflussreichsten Staaten bestimmt wird.[613] Die Bildung eines zwischenstaatlichen Konsenses bezüglich einer Zerlegungsformel und dessen spätere dauerhafte Aufrechterhaltung dürften deshalb unter der Prämisse einer angestrebten Steuereinnahmenmaximierung der Staaten politisch schwierig zu bewältigen sein.

Darüber hinaus können auch Einwände erhoben werden, die die erhofften Vorteile der koordinierten indirekten Methode relativieren. So ist zunächst die Behauptung in Zweifel zu ziehen, das Problem der Doppelbesteuerung könne durch dieses Konzept gelöst werden.[614] Bei der Berechnung der typischerweise vorgeschlagenen Zerlegungsfaktoren sind insbesondere aufgrund von Bewertungs- und Zurechnungsproblemen beträchtliche Freiheitsgrade anzunehmen, so dass eine unterschiedliche Berechnung der Zerlegungsfaktoren in den beteiligten Staaten möglich ist.[615] So eröffnet die Frage, ob ein Umsatz von der Betriebsstätte oder vom Stammhaus erzielt wurde, vielfältige Beurteilungsspielräume.[616] Ebenso ist eine Zerlegung der Gesamteinkünfte nach dem Betriebsvermögen mit Zurechnungsproblemen im Bereich der immateriellen Wirtschaftsgüter und der Finanzanlagen verbunden.[617] Somit ergibt sich ein umfassender Regelungsbedarf zur Vermeidung von Doppelbesteuerungen. Die Definition und die Berechnung der Zerlegungsfaktoren werden gegenwärtig im Einzelnen in der EU-Arbeitsgruppe "GKKB" diskutiert (vgl. nachstehende Tabelle 3). Die Vermutung, die koordinierte indirekte Methode ermögliche eine Senkung von Steuerverwaltungskosten, ist vor diesem Hintergrund zweifelhaft. Die unter einer direkten Methode notwendige Erfassung und Dokumentation interner Transaktionen sowie eine Suche nach Vergleichssachverhalten mögen zwar entfallen. Somit können gegenüber der koordinierten indirekten Methode auch unter dem Aspekt der Verwaltungspraktikabilität Einwände geltend gemacht werden. Überdies bedarf die koordinierte indirekte Methode auch eines verfahrensrechtlichen Rahmens, dessen Ausgestaltung bislang kaum diskutiert wurde. Hier sind z. B. Kontrollmechanismen[618] zur Überprüfung der Besteuerungsgrundlagen durch alle beteiligten Staaten sowie zwischenstaatliche Konfliktlösungsmechanismen erforderlich.

---

613 Vgl. Europäische Kommission, KOM (2003) 726, S. 27; OECD (Guidelines), Tz. 3.65.

614 Vgl. Commission of the European Communities (Report), S. 130.

615 Vgl. Li, CTJ 2002, S. 823 (848); vorsichtig auch Schäfer / Spengel (Impact), S. 28; OECD (Guidelines), Tz. 3.70.

616 Vgl. Weiner, ifo Studien 2002, S. 519 (528); Schäfer / Spengel (Impact), S. 22.

617 Zur Zurechnung von Wirtschaftsgütern vgl. Kapitel III, Abschn. 1.

618 Vgl. OECD (Guidelines), Tz. 3.69.

Zusammenfassend ist festzustellen, dass der zwischenstaatlich vereinbarten indirekten Methode insbesondere noch der hohe Koordinationsbedarf entgegensteht. De lege lata findet die indirekte Methode bislang nur als Hilfslösung für wenige Fälle Anwendung. Deshalb beschränkt sich die nachfolgende Betrachtung spezieller Aspekte der Einkünftezurechnung auf die direkte Methode. Als maßgebliche Problemfelder der direkten Methode werden im Folgenden die Zurechnung von Aufwendungen und Erträgen im Zusammenhang mit Wirtschaftsgütern sowie die Erfolgswirkungen unternehmensinterner Leistungen näher untersucht.

	Arbeit	Vermögenswerte	Umsatz
Abgrenzung und Definition	Einbeziehung von Zeitarbeitsverträgen und Aushilfsverträgen Abgrenzung von Arbeitsleistungen und Dienstleistungen	Beschränkung auf Sachanlagen vs. Anlagevermögen vs. Einbeziehung aller Vermögenswerte Einbeziehung von gemieteten oder geleasten Vermögenswerten	Einbeziehung von kerngeschäftsfremden Umsätzen, außerordentlichen Umsätzen, passiven Einkünften
Bewertung	bei Messung anhand der Lohnsumme: Einbeziehung von Lohnnebenleistungen, Sozialbeiträge, geldwerte Vorteile bei Messung anhand der Anzahl der Beschäftigten: Behandlung von unterschiedlichen Arbeitszeiten und Teilzeittätigkeiten	Anschaffungs- oder Herstellungskosten vs. Zeitwerte	Behandlung von Erlösminderungen (Boni, Skonti usw.) Netto- vs. Bruttoumsätze
	bei monetären Faktoren: Ausgestaltung der Währungsumrechnung (z. B. Zeitbezug des Wechselkurses, Brief-/Geldkurs)		
örtliche Zuordnung	Bestimmung nach Tätigkeitsort oder funktionaler Beziehung (z. B. bei Arbeitnehmerentsendung) Tätigkeit für mehrere Betriebsstätten (Aufteilung vs. Zuordnung nach überwiegender Tätigkeit)	physischer Standort vs. funktionale Beziehung Aufteilung von gemeinsam genutzten Wirtschaftsgütern	Umsatz nach Ursprungsort vs. nach Bestimmungsland ggf. Anknüpfung an umsatzsteuerliche Vorschriften zur Ortsbestimmung
zeitliche Zuordnung	bei Messung anhand der Lohnsumme: Abflussprinzip vs. Aufwandserfassung bei Messung anhand der Anzahl der Beschäftigten: Behandlung von längerfristigen Freistellungen von der Arbeit, Streikunterbrechungen usw.	Zeitpunkt des Vermögenszugangs oder -abgangs	Bestimmung des Realisationszeitpunkts
	Bei Bestandsgrößen: Jahresdurchschnitt, Jahresanfangs-, Jahresendwerte		

Tabelle 3: Regelungsgegenstände bei zwischenstaatlicher Koordination der indirekten Methode[619]

[619] In Anlehnung an EU Arbeitsgruppe GKKB v. 13.11.2007, GKKB: mögliche Elemente des Aufteilungsmechanismus, Taxud TF1/GR/FF, CCCTB/WP060\doc\de, Kap. V, mit eigenen Ergänzungen.

Kapitel III: Konkretisierung der Einkünftezurechnung im Einheitsunternehmen durch einzelne Erfolgsursachen im Rahmen der direkten Methode

1 Zurechnung von Wirtschaftsgütern als Erfolgsursache

1.1 Bedeutung der Vermögensallokation für die Einkünftezurechnung

1.1.1 Hypothese: Wirtschaftsgutbezogene Zurechnung von Erfolgen

Die Zurechnung von Wirtschaftsgütern des Betriebsvermögens zu Stammhaus und Betriebsstätte soll nach der überwiegenden Meinung im Schrifttum auch über die Zurechnung der mit den Wirtschaftsgütern verbundenen Aufwendungen und Erträgen bestimmen.[620] Demnach werden wirtschaftsgutbezogene Ak-

[620] Dies wird bereits im Kommentar zum Londoner Abkommensentwurf von 1946 angedeutet: "The main principle regarding allocation of profits is that the profits on which a branch or permanent establishment of a foreign enterprise may be taxed in the country where such establishment is situated cannot exceed the earnings that are the direct result of the activities of the establishment concerned *or the yield of the assets pertaining to it* (Hervorh. d. Verf.)", vgl. League of Nations, Dok. Nr. C.88.M.88.1946.II.A, Commentary, S. 17 f. Deutlicher Neubauer, JbFSt 1976/77, S. 315 (318): "Der Betriebsstätte sind die Wirtschaftsgüter zuzuordnen, die ihr dienen und die sie für ihre Tätigkeit benötigt. Entsprechend sind auch die Erträge aus diesen Wirtschaftsgütern und die Aufwendungen, die mit diesen Wirtschaftsgütern zusammenhängen, der Betriebsstätte zuzurechnen." Ähnlich Roth (Zurechnung), S. 87 (110); Hemmelrath (Ermittlung), S. 207, Schaumburg (Zurechnung), S. 53 (70 f. "Parallelität der Zurechnung von Einkünften und Wirtschaftsgütern") und Buciek in Flick / Wassermeyer / Wingert / Kempermann, DBA-Schweiz, Art. 7, Rn. 352. Offener BFH v. 18.12.2002 - I R 92/01, BFH/NV 2003, S. 964, wonach bei der Zuordnung der erzielten Betriebseinnahmen und Betriebsausgaben zu Betriebsstätten darauf abzustellen sei, "auf *welche Tätigkeiten oder Wirtschaftsgüter* die Betriebseinnahmen (Vermögensmehrungen) zurückzuführen sind, wer die Tätigkeiten ausgeübt hat welcher Betriebsstätte die ausgeübten Tätigkeiten oder die eingesetzten Wirtschaftsgüter zuzuordnen sind." Auch nach dem Entwurf zum OECD-Betriebsstättenbericht soll jeder mit einem Wirtschaftsgut verbundene Gewinn ("any associated profit") die Zuordnung des Wirtschaftsguts teilen, vgl. OECD (Draft I, 2004), Tz. 58: "The part of the enterprise attributed the asset will

tivitäten oder Ereignisse, z. B. das Halten, die Ver-/Bearbeitung oder die anderweitige Nutzung von Wirtschaftsgütern als Erfolgsursachen begriffen. Das Problem der Erfolgszurechnung wird folglich durch die Frage der Vermögenszurechnung ersetzt. Die im Zusammenhang mit wirtschaftsgutbezogenen Aktivitäten oder Ereignissen entstehenden Aufwendungen und Erträge werden bei dem Unternehmensteil erfasst, dem das jeweilige Wirtschaftsgut zugerechnet wird. Beispielhaft werden genannt: planmäßige Abschreibungen, Versicherungs-, Wartungs- und Reparaturaufwendungen, durch ein Wirtschaftsgut unterstützte Umsätze, aus einem Wirtschaftsgut erzielte passive Erträge wie etwa Zins-, Dividenden- und Lizenzerträge, sowie außerplanmäßige Abschreibungen und Zuschreibungen des Wirtschaftsguts.[621/622]

Wie an späterer Stelle gezeigt werden soll, sind allerdings Ausnahmen zu diesem Grundsatz zu beachten,[623] so dass nicht pauschal alle wirtschaftsgutbezogenen Erfolge der Vermögensallokation folgen.

1.1.2 Wirtschaftsgutbezogene Zurechnung von Erfolgen und allgemeine Zurechnungsgrundsätze

Nach der herrschenden Auffassung bildet das Veranlassungsprinzip den tragenden Grundsatz der Vermögensallokation. Der Betriebsstätte werden daher die Wirtschaftsgüter zugerechnet, die "mit der Betriebsstätte in einem wirtschaftlichen Veranlassungszusammenhang stehen".[624] Das Veranlassungsprin-

---

also be attributed any associated profit (taking into account any dealings at arm's length to reward other parts of the enterprise for functions performed in relation to that asset)." Die endgültige Fassung des Betriebsstättenberichts enthält keine derartig weitgehende Formulierung mehr, vgl. OECD (Report), Tz. 21 ff. [Part I].

621 Vgl. für derartige Beispiele etwa Buciek in Flick / Wassermeyer / Wingert / Kempermann, DBA-Schweiz, Art. 7, Rn. 352 u. 358; Ditz (Betriebsstätten), S. 287.

622 Insbesondere wird vertreten, dass Vermögensverluste und -gewinne dem jeweiligen Wirtschaftsgut folgen sollen, vgl. Roth (Zurechnung), S. 87 (113); Hirsch, StuB 2001, S. 372 (377): "Wertänderungen müssen stets dem Unternehmensteil zugeordnet werden, dem das Wirtschaftsgut zum Zeitpunkt der Wertänderung angehörte"; Ditz (Betriebsstätten), S. 287: "... wird in diesem Zusammenhang doch nicht nur das Betriebsvermögen der Betriebsstätte bestimmt, sondern auch über die Zuordnung der von den Wirtschaftsgüter (sic!) ausgehenden Ergebniswirkungen (z. B. Aufwendungen im Rahmen durch des Wertverfalls (sic!) eines Wirtschaftsgutes) entschieden." Ähnlich Buciek in Flick / Wassermeyer / Wingert / Kempermann, DBA-Schweiz, Art. 7, Rn. 352, 358.

623 Vgl. Kapitel III, Abschn. 1.1.3 dieser Arbeit.

624 BFH v. 17.11.1999 - I R 7/99, BStBl II 2000, S. 605. BFH v. 19.12.2007 - I R 66/06, BFH/NV 2008, S. 893 (Gründe Nr. II.2.c)cc)aaa): Zuordnung von Beteiligungen nach dem Veranlassungsprinzip).

zip wird hierbei meist als Finalprinzip verstanden. So ist das inländische Betriebsvermögen eines Gewerbebetriebs für bewertungsrechtliche Zwecke ausdrücklich durch den Gesetzgeber nach dem Finalprinzip definiert als "das Vermögen, das einem im Inland betriebenen Gewerbe *dient*, wenn hierfür eine Betriebsstätte unterhalten wird..." (§ 121 Nr. 3 BewG). Die finale Sicht kommt in der Rechtsprechung auch durch die Begriffswahl zum Ausdruck, der Betriebsstätte würden die Wirtschaftsgüter zugerechnet, die ihr "gewidmet" oder "zugewendet"[625] sind. Maßgebend sei die "Zweckbestimmung der Wirtschaftsgüter".[626] Auch ertragsteuerlich sollen der Betriebsstätte die Wirtschaftsgüter zugerechnet werden, die ihr oder "der Erfüllung der Betriebsstättenfunktion"[627] dienen[628]. Allerdings lässt sich die Vermögensallokation durch das Veranlassungsprinzip vielfach nicht eindeutig lösen. Ein Wirtschaftsgut kann etwa einer Betriebsstätte auch "dienen", indem sie dieses einer anderen Betriebsstätte gegen ein entsprechendes (fiktives) Entgelt[629] zur Nutzung überlässt. Das zur Nutzung überlassene Wirtschaftsgut dient sowohl dem Gewinnerzielungsinteresse der Betriebsstätte, die die Funktion eines Vermieters, Lizenzgebers oder eine vergleichbare Funktion übernimmt, als auch dem Sachziel der Betriebsstätte, deren Aktivitäten durch die Nutzung des Wirtschaftsguts unmittelbar unterstützt werden.[630] Dies könnte auch aus der BFH-Rechtsprechung geschlossen werden, wonach für die Zuordnung von Wirtschaftsgütern nicht ohne weiteres entscheidend ist, ob sich die Wirtschaftsgüter im In- oder Ausland befinden.[631] Allein auf der Grundlage des Veranlassungsprinzips lässt sich daher häufig keine eindeutige Vermögensallokation vornehmen.[632]

---

625 Vgl. RFH v. 14.10.1930 - II A 337/30, RStBl 1930, S. 766.

626 Vgl. BFH v. 21.01.1972 - III R 57/71, BStBl II 1972, S. 374; BFH v. 01.04.1987 - II R 186/80, BStBl II 1987, S. 550; BFH v. 29.07.1992 - II R 39/89, BStBl II 1993, S. 63; BFH v. 09.11.1999 - II R 107/97, BFH/NV 2000, S. 688.

627 Vgl. VWG-BS, Tz. 2.4 Abs. 2.

628 Vgl. RFH v. 14.07.1938 - III 78/38, RStBl 1938, S. 937.

629 Sei es durch Beteiligung an den Erträgen der nutzenden Betriebsstätte oder durch Ansatz des gemeinen Werts der Nutzungsentnahme.

630 A. A. Kleineidam (Rechnungslegung), S. 168 f.: funktionale Beziehung zum *Sachziel* der Betriebsstätte entscheidend.

631 Vgl. BFH v. 09.11.1999 - II R 107/97, BFH/NV 2000, S. 688.

632 Darüber hinaus ist die finale Sicht bei vielen Rückstellungen problematisch, soweit die Verpflichtungen nicht bewusst geplant bzw. in Kauf genommen werden, vgl. zum Finalprinzip auch Kapitel II, Abschn. 1.2.1. Allerdings dürfte das Entstehen von anderen Passiva sowie von aktivem Betriebsvermögen stets einen (konkreten) Willensakt des Steuerpflichtigen erfordern, vgl. Wassermeyer (Abgrenzung), S. 315 (323).

Das Veranlassungsprinzip erfährt auch bei der Zurechnung von Wirtschaftsgütern eine Konkretisierung durch den Fremdvergleichsgrundsatz.[633] Allerdings ist der Fremdvergleich bei der Zurechnung von Wirtschaftsgütern inhaltlich noch relativ unbestimmt. Die Rechtsprechung beschränkt sich auf die Aussage, dass der Betriebsstätte sämtliche ihr dienende Wirtschaftsgüter zuzurechnen sind, die ein selbstständiger Gewerbebetrieb am gleichen Ort und unter gleichen oder ähnlichen Bedingungen zur Erzielung eines vergleichbaren Geschäftserfolges benötigt.[634] Nach *Buciek* und *Ditz* soll es darauf ankommen, ob die Betriebsstätte die Wirtschaftsgüter als selbstständiges Unternehmen *angeschafft hätte*.[635] Diese Formulierung lässt offen, ob der Erwerb zivilrechtlichen oder wirtschaftlichen Eigentums gemeint ist. *Wassermeyer* und die *OECD* beziehen sich auf wirtschaftliches Eigentum[636] und deuten damit offenbar an, dass den Unternehmensteilen diejenigen Wirtschaftsgüter zuzurechnen sind, an denen sie – bei fiktiver Selbstständigkeit und Unabhängigkeit – jeweils rechtliches bzw. ein davon abweichendes wirtschaftliches Eigentum erworben hätten. Eine solche Interpretation hätte den Vorzug, die angestrebte steuerliche Gleichbehandlung zu fremden Dritten herzustellen.[637]

Wirtschaftliches Eigentum meint eine eigentümerähnliche Stellung eines Nicht-Eigentümers. Wirtschaftliches Eigentum ist nach *Seeliger* anzunehmen, wenn eine Person die tatsächliche Sachherrschaft über ein Wirtschaftsgut in der Weise ausübt, die den zivilrechtlichen Eigentümer oder Rechtsinhaber auf Dauer von der Einwirkung auf das Wirtschaftsgut wirtschaftlich ausschließen kann.[638] Den wirtschaftlichen Eigentümer kennzeichnen daher Ausschlussrechte, etwa das Recht, die Sache vom Besitzer zurückzuverlangen oder die Störung des Eigentumsrechts durch einen Dritten zu untersagen oder auf andere Weise abzuwehren.[639] Eine Person mit derartigen Ausschlussmöglichkeiten kann mit dem Wirtschaftsgut weitgehend wie ein Eigentümer nach seinem Ermessen verfahren und über die Art und Weise seiner wirtschaftlichen Nut-

---

633 Vgl. zur Konkretisierung des Veranlassungsprinzips durch den Fremdvergleichsgrundsatz Kapitel II, Abschn. 1.3.

634 Vgl. BFH v. 21.01.1972 - III R 57/71, BStBl II 1972, S. 374 (Leitsatz); BFH v. 29.07.1992 - II R 39/89, BStBl II 1993, S. 63 (Gründe Nr. 1); BFH v. 12.01.1994 - II R 95/89, BFH/NV 1994, S. 690 (Gründe Nr. 2b); BFH v. 09.11.1999 - II R 107/97, BFH/NV 2000, S. 688 (Gründe Nr. 2); Fink, RIW 1988, S. 43 (45).

635 Vgl. Buciek in Flick / Wassermeyer / Wingert / Kempermann, DBA-Schweiz, Art. 7, Rn. 354; Ditz (Betriebsstätten), S. 288.

636 Vgl. Wassermeyer, IStR 2005, S. 84 (86); OECD (Report), insbes. Tz. 17 ff., 21 ff. und 101 ff. [Part I].

637 Vgl. Kapitel I, Abschn. 3.1 dieser Arbeit.

638 Vgl. Seeliger (Wirtschaftliches Eigentum), S. 89 f.

639 Vgl. Seeliger (Wirtschaftliches Eigentum), S. 9.

zung frei entscheiden. *Döllerer* und die BFH-Rechtsprechung drücken dies durch die Beschreibung der positiven Beziehung des wirtschaftlichen Eigentümers zu einer Sache aus. Demnach setzt wirtschaftliches Eigentum den Übergang von Besitz, Nutzung, Lasten und Gefahr auf seine Person voraus.[640] Der wirtschaftliche Eigentümer hat das Recht, die Sache zu nutzen, zu verarbeiten, zu veräußern oder sonst nach seinem Belieben mit der Sache zu verfahren. Er hat die Substanz und den Ertrag aus einer Sache vollständig und auf Dauer.[641]

In der vorgeschlagenen Interpretation des Fremdvergleichsgrundsatzes liegt keine unnötige Überdifferenzierung, da Fälle denkbar sind, in denen nicht mit hinreichender Sicherheit behauptet werden kann, dass die Betriebsstätte rechtliches Eigentum erworben hätte, aber doch mit hinreichender Sicherheit angenommen werden darf, dass sie wirtschaftliches Eigentum an dem Wirtschaftsgut erworben hätte:

> Beispiel: Eine Leasingbetriebsstätte vermietet gegenüber fremden Unternehmen Investitionsgüter und überträgt hierbei aufgrund langfristiger Leasingverträge regelmäßig das wirtschaftliche Eigentum auf die Leasingnehmer. Nun nutzt auch das Stammhaus ähnliche Investitionsgüter der Betriebsstätte in vergleichbarer Weise. Hier dürfte vermutet werden, dass die Betriebsstätte als selbstständiges unabhängiges Unternehmen mit dem Stammhaus ähnliche Verträge abgeschlossen hätte wie mit den fremden Unternehmen und somit zwar nicht das rechtliche Eigentum an den Investitionsgütern, wohl aber das wirtschaftliche Eigentum an das Stammhaus übertragen hätte.

Somit enthält das Erfordernis, dass die Betriebsstätte als selbstständiges unabhängiges Unternehmen zivilrechtliches oder hiervon abweichendes wirtschaftliches Eigentum an einem Wirtschaftsgut erworben hätte, auch praktisch eine zusätzliche Anforderung mit eigenständigem Gehalt.

Es kann mit Recht angenommen werden, dass Aufwendungen und Erträge zumindest in der Regel der Zurechnung des Wirtschaftsguts folgen, mit dem sie in einem Zusammenhang stehen. Eigentum an einer Sache ist ein umfassendes Recht, das den Eigentümer grundsätzlich berechtigt, mit der Sache nach seinem Ermessen zu verfahren (§ 903 BGB). Dem Eigentümer steht als wirtschaftlichem Träger der Sache auch der Ertrag aus der wirtschaftlichen Nutzung der Sache zu und von einem ordentlichen und gewissenhaften Geschäftsleiter darf erwartet werden, dass sich der Eigentümer die wirtschaftlichen Vorteile aus der Sache auch tatsächlich selbst zuführt. Ebenso trägt der Eigentümer wirtschaftlich den durch Abnutzung oder Verbrauch der Sache

---

640 Vgl. Döllerer, BB 1971, S. 535 (535); BFH v. 13.10.1972 - I R 213/69, BStBl II 1973, S. 209; BFH v. 02.05.1984 - VIII R 276/81, BStBl II 1984, S. 820.

641 Vgl. Döllerer, BB 1971, S. 535 (536).

entstehenden Wertverlust der Sache. Folglich ist der wirtschaftliche Eigentümer eines Wirtschaftsguts steuerlich zur Inanspruchnahme der AfA berechtigt.[642] Schließlich trägt der Eigentümer einer Sache auch *außergewöhnliche Wertverluste* der Sache, sofern diese durch höhere Gewalt verursacht sind (bzw. Aufwendungen für eine Versicherung gegen Schäden durch höhere Gewalt). Deshalb sollten dem wirtschaftlichen Eigentümer eines Wirtschaftsguts grundsätzlich außerplanmäßige Abschreibungen auf das Wirtschaftsgut zugerechnet werden, soweit Schäden nicht durch bestimmte Dritte verursacht sind.

Folglich bildet die Vermögensallokation einen ersten, wichtigen Anhaltspunkt für die Zurechnung wirtschaftsgutbezogener Aufwendungen und Erträge. Dennoch kann eine ausnahmslose Regel, dass mit Wirtschaftsgütern verbundene Aufwendungen und Erträge die Zurechnung des Wirtschaftsguts teilen, nicht aufgestellt werden. Mögliche Ausnahmen werden im Folgenden näher untersucht.

1.1.3 Ausnahmen zur wirtschaftsgutbezogenen Zurechnung von Erfolgen

1.1.3.1 Wertminderungen durch fremdverschuldete Beschädigung von Wirtschaftsgütern

Eine erste Fallgruppe bilden Vermögensschäden, die zwischen selbstständigen unabhängigen Unternehmen Schadensersatzansprüche auslösen würden. Beispielhaft sei eine dem Stammhaus zugerechnete Maschine genannt, die anlässlich einer kurzfristigen Gebrauchsüberlassung an die Betriebsstätte durch unsachgemäßes Verhalten des Betriebsstättenpersonals beschädigt wird. Die verursachte Wertminderung führt zu einer außerplanmäßigen Abschreibung. Da der Vermögensverlust durch Ereignisse ausgelöst wurde, die der Betriebsstätte zuzurechnen sind, hätte das Stammhaus als selbstständiges unabhängiges Unternehmen vermutlich einen Schadensersatzanspruch geltend gemacht, so dass die Betriebsstätte im Ergebnis den Wertverlust getragen hätte.[643] Die Zurechnung der außerplanmäßigen Abschreibung zur Betriebsstätte entspricht folglich nicht der Zurechnung des Wirtschaftsguts zum Stammhaus.[644] In diesem Zusammenhang kann auf eine Parallele zur Abgrenzung zwischen Betriebsvermögen und Privatvermögen verwiesen werden: Dort folgen zwar ebenso Aufwendungen und Erträge, die mit Wirtschaftsgütern im Zusammen-

---

642 Vgl. Maus (Leasing), S. 168, Tz. 578; Wassermeyer, IStR 2005, S. 84 (86).

643 Vgl. Buciek in Flick / Wassermeyer / Wingert / Kempermann, DBA-Schweiz, Art. 7, Rn. 527, ebenso mit Verweis auf den Fremdvergleich.

644 Vgl. aber die in FN 622 zitierte, von diesem Ergebnis abweichende h. M., nach der Wertänderungen (offenbar generell) dem Wirtschaftsgut folgen sollen.

hang stehen, regelmäßig der Zuordnung des Wirtschaftsguts,[645] allerdings können Wertminderungen eines Wirtschaftsguts des Betriebsvermögens auch privat veranlasst sein. So wird die Wertminderung eines Firmen-PKW durch einen auf einer Privatfahrt entstandenen Unfall trotz der Zurechnung des Firmen-PKW zum Betriebsvermögen als privat veranlasst angesehen.[646] Für Stammhaus und Betriebsstätte gilt nichts anderes: Mit der Zurechnung von Wirtschaftsgütern wird zwar in der Regel auch über die Zurechnung von Aufwand und Ertrag aus dem Wirtschaftsgut entschieden, eine Abweichung von dieser Zurechnungsregel gilt allerdings, wenn der betreffende Aufwand oder Ertrag durch den anderen Unternehmensteil veranlasst ist.

Hierbei tritt das zusätzliche Problem auf, dass eine (fiktive) Schadensersatzforderung zu berücksichtigen sein könnte. Diese muss betragsmäßig nicht unbedingt mit dem bilanziellen Vermögensverlust übereinstimmen muss, was an folgendem Beispiel erläutert werden soll:

Beispiel: Das Betriebsstättenpersonal beschädigt eine Maschine des Stammhauses, die vorübergehend an die Betriebsstätte überlassen wurde.

Buchwert der Maschine vor der Beschädigung:	100 GE
Marktwert der Maschine vor der Beschädigung:	120 GE
Wert der Maschine nach der Beschädigung:	80 GE
außerplanmäßige Abschreibung:	20 GE (=100 ./. 80)
tatsächlicher Vermögensverlust = Schadensersatzforderung:	40 GE

Hier könnte neben der Zurechnung der außerplanmäßigen Abschreibung (20 GE) zum Stammhaus eine Zurechnung von Erträgen der schadensverursachenden Betriebsstätte an das Stammhaus in Höhe von 20 GE gefordert werden, da zwischen fremden Dritten aufgrund einer Schadensersatzforderung von 40 GE gewinnmäßig eine identische Situation entstanden wäre. In diesem Fall würde sogar ein originär nicht mit dem betrachteten Wirtschaftsgut in Verbindung stehendes Erfolgselement, nämlich der Ertrag von 20 GE, der Betriebsstätte zugerechnet, die das Wirtschaftsgut hält. Die Position *Wassermeyers*,[647] dass es zwischen Stammhaus und Betriebsstätte keine Schadensersatz-

[645] Die Rechtsprechung schließt aus der Widmung eines Wirtschaftsguts auf die Veranlassung der mit dem Wirtschaftsgut verbundenen Aufwendungen, vgl. BFH v. 09.03.1979 - VI R 171/77, BStBl II 1979, S. 519; BFH v. 21.10.1988 - VI R 18/86, BStBl II 1989, S. 356. Langohr (Veranlassungsprinzip), S. 155 spricht hierbei von einer "erste(n) Zuordnungsstufe auf Basis der (schlichten) Kausalität".

[646] Hierbei ist umstritten, ob der Zurechnungsgrund im Veranlassungsprinzip oder in einer Nutzungsentnahme liegt, vgl. hierzu Wassermeyer (Abgrenzung), S. 315 (335).

[647] Vgl. Wassermeyer, IStR 2004, S. 733 (735).

ansprüche geben kann, erscheint fragwürdig, da ein Unternehmensteil (im Beispiel: das Stammhaus) bei der Aufteilung der Erträge so behandelt werden kann, als ob er eine Schadensersatzforderung geltend gemacht hätte. Die Begründung *Wassermeyers* greift zu kurz, da auch bei der veranlassungsorientierten Ertragszurechnung aufgrund von unternehmensinternen Leistungen[648] nicht entscheidend ist, dass es Forderungen zwischen rechtlich unselbstständigen Unternehmensteilen nicht geben kann. Ggf. könnte aber eine Ertragsbeteiligung aus dem Grunde verwehrt werden, dass die betreffenden Erträge allein durch die Betriebsstätte erwirtschaftet bzw. veranlasst worden sind, und nicht nicht durch das Stammhaus.[649] An diesem Beispiel zeigt sich wiederum, dass die Einkünftezurechnung im Einheitsunternehmen ergänzender Konventionen bedarf, die aus dem Fremdvergleichsgrundsatz selbst nicht abgeleitet werden können.

1.1.3.2 Generelle Zurechnung der außerplanmäßigen Abschreibung zum jeweils herstellenden Unternehmensteil?

Nach der Auffassung *Wassermeyers* soll ein Unternehmensteil, der Herstellungskosten für ein Erzeugnis aufwendet, bei einem späteren Untergang des Erzeugnisses mit dem Aufwand belastet werden, der durch die Ausbuchung bzw. durch die außerplanmäßige Abschreibung des Erzeugnisses entsteht.[650] Der entsprechende Aufwand soll damit nicht notwendigerweise der Betriebsstätte zugerechnet werden, in der sich das Wirtschaftsgut zum Zeitpunkt des Untergangs befindet. Wurden z. B. Waren in eine Vertriebsbetriebsstätte verbracht, wird der Aufwand dem Produktions-Stammhaus unabhängig davon zugerechnet, ob der Ausfall des Wirtschaftsguts durch höhere Gewalt oder Verschulden eines bestimmten Unternehmensteils entsteht.[651] *Wassermeyer* begründet dies damit, dass Stammhaus und Betriebsstätte keine Vereinbarungen mit zivilrechtlicher Wirkung schließen können und folglich wirtschaftsgutbezogene Risiken zwischen Stammhaus und Betriebsstätte nicht übertragen werden können.[652] Insoweit liegt eine Parallele zu den bereits diskutierten Mindererträgen vor, die bei Untergang von Erzeugnissen nicht realisiert werden können und deshalb nicht allein die unmittelbar veräußernde Betriebsstät-

---

[648] Vgl. Kap. II, Abschn. 3.2.

[649] Vgl. Kap. II, Abschn. 3.2.2.2.

[650] Vgl. Wassermeyer, IStR 2004, S. 733 (735).

[651] Vgl. Wassermeyer, IStR 2004, S. 733 (735).

[652] So die Begründung bei Wassermeyer, IStR 2004, S. 733 (735). Ähnlich begründet Wassermeyer die Aufteilung von Mindererträgen, vgl. Wassermeyer, SWI 2006, S. 254 (257).

te betreffen, sondern auch jede andere Betriebsstätte, die aus den Erträgen an dem Wirtschaftsgut beteiligt werden sollte. Eine Rechtfertigung dieses Ansatzes könnte sich tatsächlich darauf stützen, dass die Unternehmensteile bei aufgeschobener Gewinnverwirklichung ohnehin Ertragsausfälle (und ggf. auch Mehrerträge) aus der Verwertung von Erzeugnissen aufteilen. Insoweit ist es plausibel, dass auch Aufwendungen aus außerplanmäßigen Wertverlusten an Erzeugnissen gemeinsam getragen werden. *Wassermeyer* scheint deshalb von der ohnehin notwendigen gemeinsamen Tragung des Ertragsrisikos auf eine Aufteilung des beschriebenen Aufwandsrisikos zu schließen. *Wassermeyer* spricht sich damit für eine weitere Einschränkung der wirtschaftsgutbezogenen Zurechnung von Aufwendungen und Erträgen aus, da nach seinem Vorschlag die Zurechnung des Abschreibungs- bzw. Ausbuchungsaufwands von der Zurechnung des Wirtschaftsguts abweichen würde. Ob *Wassermeyer* seine Meinung auch nach der Einführung des Entstrickungsgrundsatzes aufrechterhalten will, ist nicht bekannt.

Allerdings können gegen den Vorschlag *Wassermeyers* verschiedene Einwände vorgetragen werden. Die angeführte Begründung *Wassermeyers*, dass Stammhaus und Betriebsstätte keine Vereinbarungen mit zivilrechtlicher Wirkung schließen können, ist kein hinreichender Grund für die Zurechnung der Wertminderung zum herstellenden Unternehmensteil. Wie bereits dargelegt, ist die Einkünftezurechnung im Einheitsunternehmen grundsätzlich am Fremdvergleich ausgerichtet. Die bisherige Diskussion hat zwar in Teilbereichen gezeigt, dass sich der Fremdvergleichsgrundsatz nicht ausnahmslos und "rechtsformneutral" auf alle Einkünftezurechnungsfragen anwenden lässt. Allerdings ist kein besonderer Grund ersichtlich, warum bei der Zurechnung von Vermögensverlusten eine weitere Einschränkung der Selbstständigkeitsfiktion zwingend sein soll. *Wassermeyer*, der implizit auf ein rein national tätiges Einheitsunternehmen als Vergleichsobjekt Bezug nimmt, das jede Wertminderung am Betriebsstättenvermögen steuerlich geltend machen kann, verkennt, dass als Konsequenz seiner Auffassung letztlich alle Aufwendungen des Unternehmens dem Stammhaus zugerechnet werden müssten. Überdies hat der EuGH nun mehrfach betont, dass er die in den DBA vorgenommene Aufteilung der Besteuerungsrechte grundsätzlich respektiert.[653] Die durch den Fremdvergleichsgrundsatz in den DBA vereinbarte Aufteilung dürfte deshalb nicht per se eine europarechtlich relevante Diskriminierung begründen.

---

653 Vgl. EuGH v. 23.02.2006 - C 513/03 (van Hilten-van der Heijden), HFR 2006, S. 526; Tz. 48; EuGH v. 06.12.2007 - C 298/05 (Columbus Container Services), HFR 2008, S. 188, Tz. 45; EuGH v. 15.05.2008 - C 414/06 (Lidl Belgium), DB 2008, S. 1130, Tz. 22.

1.1.3.3 Abweichungen zwischen Besteuerungsrecht und Wirtschaftsgutzurechnung aufgrund von Quellenbesteuerungsrechten

Es besteht internationale Übereinstimmung darüber, dass nichtansässige Unternehmen auch insoweit in einem Staat zu einer Ertragsbesteuerung herangezogen werden können, als Einkünfte des Unternehmens nicht aufgrund einer Betriebsstätte, sondern aufgrund eines anderen sachgerechten Anknüpfungsmerkmals mit dem Hoheitsgebiet dieses Staates verbunden sind. Wie die speziellen Verteilungsnormen der DBA zeigen, ist das Territorialprinzip insbesondere im Bereich von Dividenden, Lizenzen, Zinsen und anderen Einkünften, die isoliert gesehen Überschusseinkünfte sind, offen für eine Besteuerung durch den Quellenstaat. Dies gilt auch dann, wenn diese Einkünfte von Unternehmen erzielt werden.[654] Da die Begründung des Besteuerungsrechts in diesen Fällen nicht auf einer Einkünftezurechnung zu Stammhaus oder Betriebsstätte beruht, kann die Zuteilung eines Besteuerungsrechts zu einem Staat – und damit im weitesten Sinne einer "Einkünftezurechnung" – von der Zurechnung der zugrunde liegenden Wirtschaftsgüter, d. h. der Beteiligungen, Forderungen oder ähnlichen Wirtschaftsgüter, abweichen. Je nachdem, ob und welche Methoden in den beteiligten Staaten unilateral oder in DBA zur Vermeidung einer Doppelbesteuerung vorgesehen sind, können Doppel- oder sogar Dreifachbesteuerungen der betreffenden Einkünfte eintreten. Im Folgenden werden einige wesentliche Fallgruppen derartiger Abweichungen abgegrenzt, wobei zur Vereinfachung das Bestehen von DBA nach dem OECD-Musterabkommen zwischen den beteiligten Staaten angenommen werden soll.

Dividenden, Zinsen und Lizenzgebühren *aus dem Betriebsstättenstaat* werden nach Art. 7 Abs. 7 OECD-MA vorrangig den speziellen Verteilungsnormen zugeordnet (Art. 10-12 OECD-MA).[655] Dies gilt auch für andere Einkünfte i. S. v. Art. 21 OECD-MA, z. B. Einkünfte aus der Überlassung beweglicher Wirtschaftsgüter.[656] Diese Einkünfte können aufgrund der in den speziellen Verteilungsnormen enthaltenen Betriebsstättenvorbehalte (Art. 10 Abs. 4, 11 Abs. 4, 12 Abs. 3, 21 Abs. 2 OECD-MA) nur dann vollumfänglich im Betriebsstättenstaat als Betriebsstätteneinkünfte besteuert werden, wenn

---

[654] Vgl. z. B. OECD-MK zu Art. 10, Tz. 59 ff.

[655] Vgl. BFH v. 19.12.2007 - I R 66/06, BFH/NV 2008, S. 893; Wassermeyer in Debatin / Wassermeyer, MA, Art. 21, Rn. 67; Kroppen in Gosch / Kroppen / Grotherr, Art. 7 OECD-MA, Rn. 287; Hemmelrath in Vogel / Lehner, Art. 7 OECD-MA, Rn. 167.

[656] Vgl. Kroppen in Gosch / Kroppen / Grotherr, OECD-MA, Art. 7, Rn. 287; Hemmelrath in Vogel / Lehner, DBA, Art. 7, Rn. 175; a. A. Buciek in Flick / Wassermeyer / Wingert / Kempermann, DBA-Schweiz, Art. 7, Rn. 803. Zum Begriff der anderen Einkünfte vgl. Wassermeyer in Debatin / Wassermeyer, MA, Art. 21, Rn. 63 u. 79.

die ihnen zugrunde liegenden Wirtschaftgüter tatsächlich der Betriebsstätte zugehörig sind. Wie später im Einzelnen erläutert wird, werden von der Rechtsprechung strenge Anforderungen an das Kriterium der tatsächlichen Zugehörigkeit gestellt. Dies kann dazu führen, dass der Betriebsstättenstaat mangels tatsächlicher Zugehörigkeit des zugrunde liegenden Wirtschaftguts zur Betriebsstätte die in Art. 10-12, 21 OECD-MA behandelten Einkünfte nur bis zu dem vereinbarten Quellensteuersatz oder – z. B. im Falle von Schachteldividenden – überhaupt nicht besteuern darf. Im Ansässigkeitsstaat können in diesem Fall die Einkünfte in die Bemessungsgrundlage – ggf. unter Anrechnung eventueller ausländischer Quellensteuern – einbezogen werden.[657] Das Besteuerungsrecht nach den Art. 10-12, 21 OECD-MA bezieht sich allerdings nur auf die betreffenden Überschusseinkünfte im eigentlichen Sinne. Deshalb werden die mit dem Wirtschaftgut im Zusammenhang stehenden außerplanmäßigen Abschreibungen und Zuschreibungen nach dem Fremdvergleichsgrundsatz auf Stammhaus oder Betriebsstätte zugerechnet. Da die Betriebsstätte als selbstständiges unabhängiges Unternehmen auch eine Holding- oder Lizenzverwertungsfunktion hätte übernehmen können, schließt der Fremdvergleich die Willkürung der entsprechenden Wirtschaftsgüter und damit der außerplanmäßigen Abschreibungen und Zuschreibungen zu einer Betriebsstätte auch dann nicht aus, wenn das strengere Kriterium der tatsächlichen Zugehörigkeit nicht erfüllt ist. Die Zurechnung der Wirtschaftsgüter nach Fremdvergleichsaspekten ist somit von dem strengeren Kriterium der tatsächlichen Zugehörigkeit zu trennen.[658]

Einkünfte aus der Nutzung von unbeweglichem Vermögen, das im Betriebsstättenstaat belegen ist, kann dort nach dem Belegenheitsprinzip des

[657] Strittig ist, ob dies auch bei tatsächlicher Zugehörigkeit der Wirtschaftsgüter zur Betriebsstätte möglich ist. Nach der Auffassung von Wassermeyer soll der Ansässigkeitsstaat bei der Anwendung des Methodenartikels Zinsen, Dividenden, Lizenzgebühren und andere Einkünfte als spezielle abkommensrechtliche Einkunftsarten behandeln, d. h. wieder aus dem Betriebsstättenergebnis herauslösen. Insoweit würde die regelmäßig für Betriebsstätteneinkünfte vorgesehene Freistellungsmethode entfallen. Ausführlich hierzu Kapitel III, Abschn. 1.4.3.2.

[658] Vgl. Buciek in Flick / Wassermeyer / Wingert / Kempermann, DBA-Schweiz, Art. 7, Rn. 402; wohl auch Wassermeyer in Debatin / Wassermeyer, MA Art. 7, Rn. 240, der darauf hinweist, dass in Art. 7 Abs. 1 S. 2 OECD-MA nicht von "tatsächlicher Zugehörigkeit" von Wirtschaftsgütern die Rede ist. Vgl. auch BFH v. 17.11.1999 - I R 7/99, BStBl II 2000, S. 605 (Gründe Nr. 3d), wonach für Zwecke des § 2a EStG Vermögensverluste an passiven Wirtschaftsgütern, die zu Einkünften i. S. d. Art. 10-12 OECD-MA führen, nicht nach dem Kriterium der tatsächlichen Zugehörigkeit zuzurechnen sind.

Art. 6 OECD-MA besteuert werden.[659] Eine Begrenzung des Steuersatzes im Belegenheitsstaat des unbeweglichen Vermögens sieht das OECD-MA nicht vor. Die Vorschrift erfasst Einkünfte aus der Nutzungsüberlassung an Dritte, nicht aber Einkünfte aus der betrieblichen Eigennutzung des unbeweglichen Vermögens als Produktionsfaktor des Unternehmens.[660] Auf eine funktionale oder tatsächliche Zugehörigkeit des unbeweglichen Vermögens zur Betriebsstätte kommt es für eine Besteuerung im Betriebsstättenstaat nicht an. Ist z. B. ein im Betriebsstättenstaat belegenes vermietetes Grundstück dem Stammhaus zuzuordnen, weil das Stammhaus eine Vermietungsfunktion übernimmt, so werden dennoch die aus seiner Vermietung erzielten Einkünfte dem Betriebsstättenstaat zur Besteuerung zugewiesen. Besteuerungsrecht und die Zuordnung des zugrunde liegenden Wirtschaftsguts fallen somit auseinander.

Schwieriger zu beurteilen sind Veräußerungsgewinne aus beweglichem Vermögen, die nach Art. 13 Abs. 2 OECD-MA im Betriebsstättenstaat besteuert werden können, wenn das Vermögen "Betriebsvermögen der Betriebsstätte ist, die ein Unternehmen im anderen Vertragsstaat hat." Diese Vorschrift unterscheidet sich von den Betriebsstättenvorbehalten in Art. 10-12, 21 OECD-MA, da das Kriterium der "tatsächlichen Zugehörigkeit" nicht enthalten ist. Deshalb ist es denkbar, dass die Zurechnung eines Veräußerungsgewinns nicht notwendigerweise der Zurechnung der Dividenden, Lizenzgebühren, Zinsen und anderen Einkünften folgt.[661] *Wassermeyer* erwägt allerdings eine analoge Anwendung der Betriebsstättenvorbehalte.[662]

Erfasst ein *Drittstaat* im Rahmen einer Quellenbesteuerung passive Einkünfte des Unternehmens, so deckt sich die Zurechnung der zugrunde liegenden Wirtschaftsgüter notwendigerweise nicht mit der Zuteilung des Besteuerungsrechts an den aus ihnen erzielten Einkünften. In diesem Fall sind die Vorschriften der Art. 10-12 OECD-MA nicht einschlägig, da diese Vorschriften nach ihrem Wortlaut nur für Einkünfte aus "dem anderen Vertragsstaat"

---

659 Der Begriff des unbeweglichen Vermögens bestimmt sich nach dem Recht des Belegenheitsstaates des Vermögens. Er beinhaltet nach dem im deutschen Steuerrecht herrschenden Begriffsverständnis insbesondere Grundstücke, Gebäude(-teile), Grundstücksbestandteile (Zubehör, Betriebsvorrichtungen) sowie grundstücksgleiche Rechte, vgl. Kempermann in Flick / Wassermeyer / Wingert / Kempermann, DBA-Schweiz, Art. 6, Rn. 31 ff.; Reimer in Vogel / Lehner, DBA, Art. 6, Rn. 78.

660 Vgl. Ellsel in Gosch / Kroppen / Grotherr, DBA, Art. 6, Rn. 269 f.; Reimer in Vogel / Lehner, DBA, Art. 6, Rn. 150; Wassermeyer in Debatin / Wassermeyer, MA, Art. 6 Rn. 97.

661 Vgl. Land in Flick / Wassermeyer / Wingert / Kempermann, DBA-Schweiz, Art. 13, Rn. 64 ff., der von der Willkürbarkeit von Wirtschaftsgütern auch im Rahmen von Art. 13 OECD-MA ausgeht.

662 Vgl. Wassermeyer in Debatin / Wassermeyer, MA, Art. 13, Rn. 81.

gelten. Vielmehr liegen andere Einkünfte i. S. d. Art. 21 OECD-MA vor.[663] Die betreffenden Einkünfte sind der Betriebsstätte nur zurechenbar, wenn die zugrunde liegenden Wirtschaftgüter tatsächlich der Betriebsstätte zugehörig sind (Art. 21 Abs. 2 OECD-MA). Die latente Dreifacherfassung der Einkünfte wird in diesem Fall erstens durch die regelmäßig im DBA zwischen dem Ansässigkeits- und dem Betriebsstättenstaat vereinbarte Freistellung der Betriebsstätteneinkünfte gemildert.[664] Zweitens kann ein DBA zwischen dem Ansässigkeits- und dem Drittstaat den im Drittstaat anwendbaren Quellensteuersatz der Höhe nach begrenzen. Schließlich kann der Betriebsstättenstaat – wenn dies nicht schon eine Vorschrift des innerstaatlichen Rechts wie z. B. § 50 Abs. 6 EStG vorsieht – aufgrund des Betriebsstättendiskriminierungsverbots (Art. 24 Abs. 3 OECD-MA) im DBA mit dem Ansässigkeitsstaat zur einer Anrechnung der Drittstaatensteuern verpflichtet sein. Das Diskriminierungsverbot begründet eine Anrechnungsverpflichtung, sofern einer Tochtergesellschaft im Betriebsstättenstaat als Empfängerin der Einkünfte unter vergleichbaren Umständen eine Steueranrechnung zustehen würde. Die OECD geht allerdings nicht so weit, die Betriebsstätte so zu behandeln, als wäre sie hinsichtlich des DBA zwischen dem Betriebsstätten- und dem Quellenstaat abkommensberechtigt. Da maximal eine Anrechnungsverpflichtung in Höhe der tatsächlich erhobenen Steuer besteht (Art. 23A Abs. 2 S. 1, 23B Abs. 1 S. 1 Buchst. a OECD-MA), ist die Anrechnungsverpflichtung des Betriebsstättenstaats auf den Satz begrenzt, der sich nach dem DBA zwischen dem Quellen- und dem Ansässigkeitsstaat ergibt.[665] Auch die Niederlassungsfreiheit des Art. 43 EG-V begründet eine Anrechnungsverpflichtung des Betriebsstättenstaats.[666] Der Schutzbereich der Niederlassungsfreiheit ist hierbei eröffnet, wenn die Betriebsstätte in einem EU-Mitgliedstaat oder einem EWR-Vertragsstaat belegen ist und das Unternehmen ebenso in einem dieser Staaten ansässig ist.[667] Nach den Grundsätzen des EuGH-Urteils in der Rechtssache *Saint-Gobain*[668] ist der Betriebsstättenstaat dazu verpflichtet, die einer vergleichba-

---

663 Auch hier ermöglicht Art. 7 Abs. 7 OECD-MA den Vorrang der speziellen Verteilungsnorm des Art. 21 OECD-MA.

664 Dies setzt voraus, dass keine Aktivitätsklausel greift. Vgl. überdies zur Diskussion über die mögliche Nichtberücksichtigung der Betriebsstättenvorbehalte im Ansässigkeitsstaat Kap. III, Abschn. 1.4.3.2.

665 Vgl. OECD (Triangular Cases), Tz. 49. Kritisch zur Auffassung der OECD, dass diese Regelung ausdrücklich vereinbart werden müsste Staringer (Triangular), S. 84.

666 Vgl. Kostense, EC Tax Review 2000, S. 220; Martín Jiménez / García Prats / Calderón Carrero, BIFD 2001, S. 241; Helde (Dreiecksverhältnisse), S. 103 ff.; Kofler (DBA), S. 471 ff.

667 Vgl. Staringer (Triangular), S. 85.

668 Vgl. EuGH v. 21.09.1999 - C 307/97 (Saint-Gobain), HFR 1999, S. 1033.

ren Tochtergesellschaft nach dem innerstaatlichem Recht des Betriebsstättenstaates oder nach dem DBA eröffnete Quellensteuerreduktion zu gewähren.[669] Folglich wird das Besteuerungsrecht im Ergebnis zwischen dem Drittstaat und dem Betriebsstättenstaat geteilt, während das zugrunde liegende Wirtschaftsgut tatsächlich der Betriebsstätte zugehörig ist.

Einkünfte aus unbeweglichem Vermögen, das in einem Drittstaat belegen ist, werden zwar grundsätzlich auch unter die "anderen Einkünfte" des Art. 21 OECD-MA subsumiert. Der Betriebsstättenstaat hat hierbei allerdings unter keinen Umständen ein Besteuerungsrecht, da Art. 21 Abs. 2 OECD-MA bereits nach seinem Wortlaut nicht für Einkünfte aus unbeweglichem Vermögen gilt. Auch Art. 7 OECD-MA ist nicht einschlägig, da Art. 6 Abs. 4 OECD-MA ein Exklusivverhältnis des Belegenheitsprinzips gegenüber dem Betriebsstättenprinzip statuiert.[670] Eine Zurechnung von Drittstaateneinkünften aus unbeweglichem Vermögen zur Betriebsstätte ist deshalb nicht möglich. Eines Rückgriffs auf das abkommensrechtliche oder das europarechtliche Diskriminierungsverbot bedarf es für dieses Ergebnis nicht. Folglich liegt das Besteuerungsrecht allein beim Belegenheitsstaat, unabhängig davon, welchem Unternehmensteil das zugrunde liegende Wirtschaftsgut zuzurechnen ist.

Im Ergebnis wird das Betriebsstättenprinzip durch konkurrierende Regelungen über die Zuteilung von Besteuerungsrechten überlagert. Da insoweit der Fremdvergleichsgrundsatz nicht zur Anwendung gelangt, ist ein Gleichlauf zwischen der Zuteilung des Besteuerungsrechts an den betreffenden Einkünften und den jeweils zugrunde liegenden Wirtschaftsgütern nicht mehr gegeben.

---

[669] Vgl. Martín Jiménez / García Prats / Calderón Carrero, BIFD 2001, S. 241; Helde (Dreiecksverhältnisse), S. 88. Umstritten ist, ob die Anrechnungsverpflichtung wiederum auf den Quellensteuersatz begrenzt ist, der sich nach dem DBA zwischen Ansässigkeits- und Quellenstaat ergibt, so die h. M., vgl. Kostense, EC Tax Review 2000, S. 220 (225); Martín Jiménez / García Prats / Calderón Carrero, BIFD 2001, S. 241; (247); a. A. Kofler (DBA), S. 473, nach dem die Anrechnung im Betriebsstättenstaat auch dann nach dem DBA zwischen dem Quellenstaat und dem Betriebsstättenstaat vorgenommen werden muss, wenn dieser Quellensteuersatz höher ist.

[670] Vgl. Reimer in Vogel / Lehner, DBA, Art. 6, Rn. 200; Wassermeyer in Debatin / Wassermeyer, MA Art. 6, Rn. 102. Der OECD-Musterkommentar stützt dieses Ergebnis für den analog zu lösenden Fall des im Ansässigkeitsstaat belegenen unbeweglichen Vermögens, vgl. OECD-MK zu Art. 21, Tz. 4. Der Vorrang des Art. 21 OECD-MA folgt auch aus Art. 7 Abs. 7 OECD-MA, so Rust, BIFD 2002, S. 15; Reimer in Vogel / Lehner, Art. 6, Rn. 32. Der Einwand, bei dieser Interpretation wäre Art. 6 Abs. 4 OECD-MA überflüssig, vgl. Papotti / Saccardo, BIFD 2002, S. 516, ist nicht überzeugend. Die Überschneidung beider Vorschriften kann vielmehr aus der historischen Entwicklung der beiden Vorschriften erklärt werden, vgl. Jones et. al., BIFD 2003, S. 237 (247, FN 75).

1.2 Untersuchung einzelner Zurechnungskriterien für Wirtschaftsgüter

Für die Ableitung fremdvergleichskonformer Zurechnungsregeln für Wirtschaftsgüter liegt es nahe, sich an den Kriterien zu orientieren, die für die Annahme wirtschaftlichen Eigentums entwickelt wurden. Allerdings ist nach *Seeliger* angesichts der Vielzahl von Kriterien, mit denen die Beziehung eines Eigentümers zu seiner Sache beschrieben werden kann, eine eindeutige und abschließende Regelung des wirtschaftlichen Eigentums kaum realistisch:

> "Eine erschöpfende Aufzählung dessen zu geben, was im Einzelnen unter dieser Befugnis [der Befugnis des Eigentümers, mit der Sache nach seinem Belieben zu verfahren, d. Verf.] zu verstehen ist, vermag wohl niemand, da je nach Art des Gegenstands die an sich denkbaren, tatsächlichen Herrschaftshandlungen oder rechtlichen Verfügungen verschieden sein werden."[671]

In gleicher Weise betont auch die Rechtsprechung, dass es bei der Beurteilung, ob wirtschaftliches Eigentum vorliegt, auf das Gesamtbild der Verhältnisse im Einzelfall ankommt. Sie entwickelt Fallgruppen, anhand derer *regelmäßig* wirtschaftliches Eigentum angenommen wird.[672] Auch im Folgenden können daher lediglich ausgewählte Kriterien für die Zurechnung von Wirtschaftsgütern zu Betriebsstätten untersucht werden, ohne dass ein Anspruch auf eine abschließende Darstellung erhoben wird.

1.2.1 Dauer der Nutzungsüberlassung

Nutzungsverhältnisse werden steuerlich nicht anerkannt, wenn der Nutzungsberechtigte aufgrund der Nutzungsüberlassung wirtschaftliches Eigentum erwirbt. Wirtschaftliches Eigentum an abnutzbaren Wirtschaftsgütern geht auf den Nutzungsberechtigten über, wenn der rechtliche Eigentümer nach Ablauf des Nutzungsüberlassungsvertrags keinen ins Gewicht fallenden Nutzen mehr aus dem Wirtschaftsgut ziehen kann, so dass sein Herausgabeanspruch wirtschaftlich wertlos geworden ist.

Werden diese Grundsätze auf Betriebsstätten übertragen, so ist ein Wirtschaftsgut der Betriebsstätte zuzurechnen, wenn sie dieses dauerhaft nutzt und deshalb als selbstständiges Steuersubjekt wirtschaftliches Eigentum erworben hätte. Soll ein Wirtschaftsgut auf Dauer in einer Betriebsstätte eingesetzt wer-

---

671 Vgl. Seeliger (Wirtschaftliches Eigentum), S. 25.

672 Vgl. BFH v. 26.01.1970 - IV R 144/66, BStBl II 1970, S. 264 (Gründe Nr. III.1.b); Fischer in Hübschmann / Hepp / Spitaler, § 39 AO, Rn. 53.

den, so ist es deshalb zwingend der nutzenden Betriebsstätte zuzurechnen.[673] Der maßgebliche Nutzungszeitraum, ab dem eine "Nutzung auf Dauer" und damit zwingend eine Überführung in die nutzende Betriebsstätte angenommen wird, sollte an dem Verhältnis zwischen der geplanten Nutzungsdauer in der Betriebsstätte[674] und der betriebsgewöhnlichen Nutzungsdauer des Wirtschaftsguts bemessen werden. In Anlehnung an die Leasingerlasse der Finanzverwaltung könnte der maßgebliche Nutzungszeitraum 90% der betriebsgewöhnlichen, wirtschaftlichen Nutzungsdauer des Wirtschaftsguts betragen.[675] Nach diesem Zeitraum ist das Nutzungspotenzial des Wirtschaftsguts im Wesentlichen verbraucht. Die Betriebsstätte hätte als selbstständiges unabhängiges Unternehmen das Wirtschaftsgut mit hoher Wahrscheinlichkeit angeschafft oder aufgrund eines langfristigen Miet- oder Leasingvertrags wirtschaftliches Eigentum erworben. Ungeeignet erscheint hingegen der Vorschlag, ab einer festen, absolut vorgegebenen Zeitgrenze, z. B. von einem Jahr,[676] zwingend von einer Überführung des Wirtschaftsguts in die Betriebsstätte auszugehen, die das Wirtschaftsgut vorübergehend nutzt. Hierbei würde die Gesamtnutzungsdauer des Wirtschaftsguts nicht berücksichtigt, was be-

---

673 Vgl. Hemmelrath (Ermittlung), S. 220; Wassermeyer in Debatin / Wassermeyer, MA, Art. 7, Rn. 278; VWG-BS, Tz. 2.4: Zuordnung "kann" unterbleiben, wenn Wirtschaftsgüter der Betriebsstätte vorübergehend überlassen werden und die Überlassung unter fremden Dritten aufgrund eines Miet-, Pacht- oder ähnlichen Rechtsverhältnisses erfolgt wäre.

674 Auf die *Rest*nutzungsdauer abstellend Buciek in Flick / Wassermeyer / Wingert / Kempermann, DBA-Schweiz, Art. 7, Rn. 387. Dies führt allerdings bei zeitlich aufeinander folgender Nutzung eines Wirtschaftsguts in mehreren Betriebsstätten dazu, dass die das Wirtschaftsgut zuletzt nutzende Betriebsstätte dieses zwingend ausweisen müsste und erscheint jedenfalls dann unzutreffend, wenn von vornherein Zuordnungswechsel zwischen den Unternehmensteilen geplant sind. In diesem Fall ist eine Beurteilung zum Beginn der aufeinander folgenden Nutzung des Wirtschaftsguts möglich. Hierbei sollte sich keine zwingende Zurechnung zu einem bestimmten Unternehmensteil ergeben, wenn nicht der Nutzungsanteil eines Unternehmensteils mehr als 90% der Nutzungsdauer beträgt.

675 Auch Buciek in Flick / Wassermeyer / Wingert / Kempermann, DBA-Schweiz, Art. 7, Rn. 360, geht von einem untergeordneten Nutzungsanteil einer Betriebsstätte an einem Wirtschaftsgut aus, wenn dieser bis zu 10% beträgt. Leider wird nicht recht deutlich, ob Buciek diese Grenze auch auf "zeitanteilig" genutzte Wirtschaftsgüter angewendet wissen will.

676 Ein Nutzungszeitraum von einem Jahr wird verschiedentlich als kritische Grenze zwischen einer vorübergehenden Überlassung und einer Überführung von Wirtschaftsgütern vorgeschlagen, vgl. Gonella, DB 1986, S. 297 (301). Ebenso die österreichische Finanzverwaltung, vgl. Baumhoff / Leitner / Digeronimo, IWB vom 24.05.2000, F. 10 Gr. 2, S. 1433 (1443).

sonders bei langlebigen Wirtschaftsgütern zu sinnwidrigen Ergebnissen führen würde.

In Anlehnung an die von der Rechtsprechung erarbeiteten Grundsätze für wirtschaftliches Eigentum sollte bei der Prognose der Nutzungsdauer von dem wahrscheinlichen, typischen Nutzungsverlauf ausgegangen werden.[677] Auf eine bloß theoretische Möglichkeit, dass das Wirtschaftsgut entgegen des ursprünglichen Plans nicht mehr in der Betriebsstätte benötigt wird, kann es nicht ankommen.

Wie bereits dargelegt wurde,[678] darf der Steuerpflichtige durch den Fremdvergleich nicht auf ein bestimmtes Verhalten festgelegt werden, wenn aus der Sicht eines ordentlichen und gewissenhaften Geschäftsleiters mehrere Entscheidungsmöglichkeiten annähernd gleichwertig erscheinen. Dies gilt auch bei der Zurechnung von Wirtschaftsgütern. Beispielsweise kann zu Beginn der Nutzungsdauer geplant sein, dass mehrere Betriebsstätten ein Wirtschaftsgut nutzen sollen. Dies kann sowohl durch Zuordnungswechsel zu der jeweils nutzenden Betriebsstätte abgebildet werden als auch durch eine dauernde Erfassung des Wirtschaftsguts bei einer Betriebsstätte und zeitweise Nutzungsüberlassung an die jeweils nutzende Betriebsstätte. Gegebenenfalls kommt auch eine anteilige Zurechnung des Wirtschaftsguts zu den mehreren Betriebsstätten in Betracht. In diesen Fällen, die keine eindeutige Aussage erlauben, welche Vereinbarung Betriebsstätte und Stammhaus als fremde Dritte anlässlich der Nutzung des Wirtschaftsguts durch die Betriebsstätte gewählt hätten, ist die in der Buchführung dokumentierte Entscheidung des Steuerpflichtigen steuerlich anzuerkennen. Die Dispositionsfreiheit des Steuerpflichtigen findet lediglich dort ihre Grenze, wo fremde Dritte mit hinreichender Wahrscheinlichkeit eindeutig eine bestimmte Zuordnung des Wirtschaftsguts gewählt hätten.

Bei vorübergehender Überlassung eines Wirtschaftsguts muss dieses deshalb nicht zwingend dem Unternehmensteil zugerechnet werden, an den es zur Nutzung überlassen wird.[679] Denn auch im Verhältnis zwischen fremden Dritten kann die zeitweise Nutzung eines Wirtschaftsguts als Nutzungsverhältnis oder als Vollübertraung mit anschließender Rück- oder Weiterübertragung

---

677 Auch bei der Zuordnung des wirtschaftlichen Eigentums zwischen rechtlich selbstständigen Personen wird der Prognose der zukünftigen Nutzung ein typischer Verlauf zugrunde gelegt, vgl. BFH v. 26.01.1970 - IV R 144/66, BStBl II 1970, S. 264; Meyer (Nutzungsüberlassungen), S. 155.

678 Vgl. Kapitel II, Abschn. 2.2.

679 Vgl. Wassermeyer in Debatin / Wassermeyer, MA, Art. 7, Rn. 278; Buciek in Flick / Wassermeyer / Wingert / Kempermann, DBA-Schweiz, Art. 7, Rn. 382; Nowotny (Zuordnung), S. 167.

strukturiert werden. Somit kann auch eine Überführung mit anschließender Rückführung oder Weiterüberführung vom Steuerpflichtigen gewählt werden.

Die Rechtsprechung zum wirtschaftlichen Eigentum liefert Anhaltspunkte, aus welchen tatsächlichen Umständen auf eine dauerhafte Nutzung des Wirtschaftsguts geschlossen werden kann. So wird beispielsweise bei Leasingverträgen, bei denen das überlassene Wirtschaftsgut auf die Anforderungen und Verhältnisse des Leasingnehmers zugeschnitten ist (Spezialleasing), regelmäßig eine dauerhafte Nutzung durch den Nutzungsberechtigten angenommen. Da eine anderweitige wirtschaftlich sinnvolle Verwertungsmöglichkeit, etwa durch Vermietung an Dritte, in diesen Fällen meist fehlt, wird keiner der Vertragspartner ein Interesse an einer Beendigung des Vertragsverhältnisses vor der wirtschaftlichen Erschöpfung des Wirtschaftsguts haben.[680] Ebenso ist eine Beendigung des Nutzungsverhältnisses vor dem Zeitpunkt des vollständigen Wertverzehrs des Wirtschaftsguts meist unwahrscheinlich, wenn der hierzu erforderliche Abbau und der Transport sowie ggf. die Neuinstallation des Wirtschaftsguts so hohe Kosten auslösen würden, dass eine vorzeitige Auflösung des Nutzungsverhältnisses wirtschaftlich nicht gerechtfertigt wäre. In derartigen Fällen wird deshalb wirtschaftliches Eigentum des Nutzungsberechtigten angenommen.[681]

Bei immateriellen Wirtschaftsgütern ist die Prognose der Nutzungsdauer häufig problembehaftet. Gegebenenfalls kann aber das Nutzungspotenzial immaterieller Wirtschaftsgüter anstelle des Zeitmaßstabs der "Nutzungsdauer" leichter geschätzt werden. So lässt sich z. B. das Nutzungspotenzial literarischer oder sonstiger künstlerischer Werke durch die maximale Zahl der veräußerbaren Vervielfältigungen angeben.[682] Das Nutzungspotenzial derartiger Wirtschaftsgüter liegt folglich nicht vollständig beim Nutzungsberechtigten, wenn dieser lediglich zur Herausgabe einer Auflage eines literarischen Werks berechtigt ist oder die Auflagenhöhe begrenzt ist. Somit geht in diesem Fall das wirtschaftliche Eigentum nicht auf den Nutzungsberechtigten über. Diese Überlegungen können sinngemäß auch auf andere wirtschaftlich verwertbare Erfindungen und Technologien übertragen werden. Soll beispielsweise die Betriebsstätte mit Hilfe einer bestimmten Technologie Produkte herstellen und vertreiben, so wäre die Technologie der Betriebsstätte zwingend zuzurechnen, wenn diese das Marktpotenzial dieser Produkte annähernd vollständig ausschöpfen soll. Deckt hingegen die Tätigkeit der Betriebsstätte das Marktpo-

---

680 Vgl. BFH v. 26.01.1970 - IV R 144/66, BStBl II 1970, S. 264 (Gründe Nr. III. 2. e); BFH v. 15.02.2001 - III R 130/95, BFH/NV 2001, S. 1041 (Gründe Nr. 1. b).

681 Vgl. BFH v. 15.02.2001 - III R 130/95, BFH/NV 2001, S. 1041.

682 Vgl. hierzu und dem Folgenden BFH v. 23.05.1979 - I R 163/77, BStBl II 1979, S. 757 (Gründe Nr. 3d); Meyer (Nutzungsüberlassungen), S. 183.

tenzial nicht vollständig ab, so ist eine Zurechnung zu dieser Betriebsstätte nicht zwingend.

1.2.2 Ausschließliche Entscheidungsgewalt über die Verwertung des Wirtschaftsguts?

Zwischen selbstständigen Steuersubjekten ist für den Übergang wirtschaftlichen Eigentums an immateriellen Wirtschaftsgütern, insbesondere wirtschaftlich verwertbaren Erfindungen (z. B. Produkt- oder Produktionstechnologien), neben der Einräumung eines langfristigen, unkündbaren Lizenzrechts die *Ausschließlichkeit* des Nutzungsrechts erforderlich.[683] Behält sich der rechtliche Eigentümer dagegen die Einräumung von Nutzungsrechten auch an andere Personen vor (einfache Lizenz), liegt keine vollwertige Übertragung des Stammrechts vor, sondern lediglich eine Abspaltung eines Teilrechts, die den rechtlichen Eigentümer nicht vollständig von der Einwirkung auf das immaterielle Wirtschaftsgut ausschließt. Ebenso dürfen weitere Nutzungsbeschränkungen, etwa in geografischer Hinsicht (z. B. Verwertung einer Vertriebslizenz in einem geografisch abgegrenzten Bereich) oder in sachlicher Hinsicht (z. B. durch Beschränkung der Stückzahl der aufgrund der Lizenz hergestellten Produkte) nicht vereinbart sein.[684]

Fraglich ist, ob daraus Folgerungen für Betriebsstättenfälle gezogen werden können. So könnte für die Zurechnung von immateriellen Wirtschaftsgütern maßgeblich sein, bei welchem Unternehmensteil die faktische Entscheidungsgewalt in Bezug auf die Verwertung des Wirtschaftsguts liegt. Demnach wäre bei immateriellen Wirtschaftsgütern, die von einer Betriebsstätte genutzt werden, zu fragen, ob die Befugnis, über die Verwertung des Stammrechts zu entscheiden, auch vollumfänglich bei dieser Betriebsstätte liegt. Ist dies nicht der Fall, etwa weil geografische oder sachliche Nutzungsbeschränkungen durch das Stammhaus vorgegeben werden, so wäre auch die Zurechnung zum Stammhaus möglich.

Allerdings ist zu bedenken, dass regelmäßig im Stammhaus nicht nur das Unternehmensgeschehen insgesamt verantwortet wird sondern auch eine mindestens abstrakte Verantwortung hinsichtlich des Einsatzes der Wirtschaftsgüter des Unternehmens liegt. Die bloß abstrakte Verantwortung hinsichtlich des Wirtschaftsguteinsatzes kann allerdings für die Zurechnung von Wirtschaftsgütern nicht entscheidend sein. Insoweit ist die Betriebsstätte im Rahmen des

---

683 Vgl. BFH v. 17.02.1965 - I 174/60 S, BStBl III 1965, S. 230 (im Zusammenhang mit dem heutigen § 8 Nr. 7 GewStG); BFH v. 27.02.1976 - III R 64/74, BStBl II 1976, S. 529 (zu § 95 BewG); BFH v. 23.05.1979 - I R 163/77, BStBl II 1977, S. 757.

684 Vgl. Blümich/Stuhrmann, § 21 EStG, Rn. 119.

Fremdvergleichs gedanklich auch um eine 'fiktive Geschäftsleitung' zu ergänzen, die den tatsächlich gegebenen Einfluss des Stammhauses quasi 'neutralisiert'. In diesem Sinne wird auch im OECD-Betriebsstättenbericht im Zusammenhang mit der Zurechnung von immateriellen Wirtschaftsgütern ausgeführt:

> "... the focus for determining the significant people functions relevant to the determination of economic ownership is on the active decision-making and management rather than on simply saying yes or no to a proposal. This suggests that, just as for financial assets, economic ownership may often be determined by *functions performed below the strategic level of senior management.*"[685]

Die OECD hält diesen Grundsatz auch im Zusammenhang mit der Zurechnung finanzieller Wirtschaftsgüter von Kreditinstituten für maßgebend. Der OECD-Betriebsstättenbericht führt zur Zurechnung finanzieller Wirtschaftsgüter zu Betriebsstätten von Kreditinstituten aus:

> "It will be important to identify not just what functions are performed but also their relative importance. The key entrepreneurial risk-taking functions are those which require *active decision-making* with regard to the acceptance and/or management (subsequent to the transfer) of individual risks and portfolios of risks.[686]

Im Ergebnis bedeutet dies, dass die OECD dem Ort strategischer Entscheidungen über die Nutzungsart eines immateriellen oder finanziellen Wirtschaftsguts einen nur geringen Stellenwert beimisst. Maßgeblich für deren Zurechnung sind vielmehr operative Entscheidungen, wie etwa der Einsatz der Technologie im Rahmen der Produktion. Wirtschaftliches Eigentum einer Betriebsstätte sollte deshalb nicht dadurch beeinträchtigt werden, dass im Stammhaus die strategischen Entscheidungen über die zukünftige Verwertung des immateriellen oder finanziellen Wirtschaftsguts gefällt werden.

1.2.3 Anschaffung und Herstellung als Indikatoren der Zurechnung?

Die Anschaffung oder Herstellung eines Wirtschaftsguts bildet den einzigen Anhaltspunkt für die Zurechnung, wenn über die weitere Nutzung des Wirtschaftsguts noch nicht entschieden ist. Bis zur Klärung der zukünftigen Nutzung kann sich die Vermögensallokation übergangsweise nach der Anschaffung oder Herstellung richten.[687] Darüber hinaus ist allerdings die bloße An-

---

685 Vgl. OECD (Report), Tz. 118. [Part I], Hervorh. d. Verf.

686 Vgl. OECD (Report), Tz. 9 [Part II], Hervorh. d. Verf.

687 Vgl. Buciek in Flick / Wassermeyer / Wingert / Kempermann, DBA-Schweiz, Art. 7, Rn. 370 für den Fall der Herstellung.

schaffung oder Herstellung nur ein sehr schwaches Indiz für die Zurechnung von Wirtschaftsgütern zu einer Betriebsstätte.

Nach dem Entwurf zum Betriebsstättenbericht der OECD soll die bloße *Anschaffung* eines Wirtschaftsguts durch eine Betriebsstätte in aller Regel nicht ausreichend sein, um ihr das Wirtschaftsgut zuzurechnen.[688] Da die Vornahme des Beschaffungsvorgangs ggf. in beliebige Unternehmensteile verlagert werden kann, besteht sonst ein gewisses Missbrauchsrisiko. Beliebige Betriebsstätten könnten Wirtschaftsgüter erwerben und an andere Betriebsstätten überlassen, so dass die Gewinne aus der Nutzungsüberlassung in die erstgenannten Betriebsstätten verlagert würden. Nach dem Betriebsstättenbericht soll in diesen Fällen vielmehr eine Beschaffungsdienstleistung der das Wirtschaftsgut erwerbenden Betriebsstätte angenommen werden. Dies erscheint zutreffend, sofern keine weiteren Anhaltspunkte für eine eigene (ggf. spätere) Nutzungsabsicht der beschaffenden Betriebsstätte vorliegen.

Die US-Richtlinien zur Gewinnabgrenzung zwischen verbundenen Unternehmen gehen davon aus, dass ein immaterielles Wirtschaftsgut regelmäßig dessen Hersteller zugerechnet werden soll.[689] Als Hersteller soll das Unternehmen gelten, das den größten Teil der Entwicklungskosten trägt.[690] Diese Zurechnungsregel erscheint besonders dann gerechtfertigt, wenn (außer der buchmäßigen Erfassung der FuE-Aufwendungen) für die zukünftige Nutzung des selbsterstellten Wirtschaftsguts durch einen bestimmten Unternehmensteil noch keine weiteren Anhaltspunkte vorhanden sind. Sie trägt damit der Besonderheit vieler Projekte im Bereich der Grundlagenforschung Rechnung, bei denen die Nutzung der selbsterstellten immateriellen Wirtschaftsgüter regelmäßig erst mit erheblicher Zeitverzögerung nach dem Beginn des FuE-Prozesses beginnt.[691] Vielfach ist deshalb zu Beginn des FuE-Prozesses noch nicht bestimmt, welcher Unternehmensteil die Technologie zukünftig verwerten soll.

Anders ist zu verfahren, wenn eine Betriebsstätte wie ein Auftragsforscher tätig ist, weil eine andere Betriebsstätte den Inhalt der Entwicklungstätigkeit vorgibt. Die Betriebsstätte, die die Forschungs- und Entwicklungstätigkeiten ausführt, kann in diesem Fall nicht als Hersteller und wirtschaftlicher Eigen-

688 Vgl. OECD (Draft I, 2004), Tz. 199.
689 Vgl. US Treas. Regs. § 1.482-4(f)(3)(ii)(B).
690 Vgl. US Treas. Regs. § 1.482-4(f)(3)(ii)(B); Feinschreiber (Transfer Pricing), S. 129 ff.
691 Vgl. Roeder (HIntVP), Anm. 1 zu Tz. 6.9.

tümer des erstellten immateriellen Wirtschaftsguts behandelt werden.[692] Sie wird vielmehr lediglich für ihre Forschungsdienstleistung entgolten.[693]

1.2.4 Einwirkung auf den wirtschaftlichen Wert eines Wirtschaftsguts am Beispiel von Markenrechten

Ein der "Herstellereigenschaft" ähnliches Zurechnungskriterium ist die "Einwirkung auf den wirtschaftlichen Wert eines Wirtschaftsguts". Nach diesem Zurechnungskriterium würde ein Wirtschaftsgut tendenziell demjenigen Unternehmensteil zugerechnet, der die für den Wert eines Wirtschaftsguts erfolgskritischen Funktionen wahrnimmt. Dieses Kriterium ist vor allem bei der Zurechnung von im eigenen Unternehmen genutzten Markenrechten von Bedeutung.

Markenrechte sind Produktbezeichnungen, Unternehmenskennzeichen, Werktitel und geografische Herkunftsangaben.[694] Ein typisches Zurechnungsproblem betrifft eine Konstellation, in der ein Unternehmensteil eine Produktionsfunktion übernimmt und der andere Unternehmensteil eine Vertriebsfunktion ausübt. Im Verhältnis zwischen selbstständigen Produzenten und Vertriebsunternehmen wird regelmäßig der Produzent rechtlicher und wirtschaftlicher Eigentümer der Markenrechte sein. Zwischen fremden Dritten erwirbt ein Vertriebsunternehmen in der Regel nicht das Eigentum an den Markenrechten des Produzenten.[695] Da die Produkte des Herstellers mit der Marke assoziiert werden, dürfte der Hersteller auch ein Interesse daran haben, das Eigentum an der Marke zu behalten.

Allerdings sind auch Fälle denkbar, in denen zumindest eine anteilige Zurechnung der Marke[696] oder aber eine vollständige Zurechnung zur Vertriebsbetriebsstätte vorgenommen werden kann. So kann ein wirtschaftliches Eigentum der Vertriebseinheit an der Marke auch begründet werden, wenn diese

---

692 Vgl. OECD (Report), Tz. 115 ff. [Part I]; ähnlich Electronic Commerce Tax Study Group (Comment), Tz. 25 ff.; In den US-Richtlinien wird nur beiläufig erwähnt, dass der Grad, zu dem die beteiligten Unternehmen das (Entwicklungs-?)Projekt steuern, bei der Bestimmung des wirtschaftlichen Eigentums berücksichtigt werden soll, vgl. US Treas. Regs. § 1.482-4 (f)(3)(ii)(B): "...the extent to which each controlled taxpayer controls the project, ..."

693 Vgl. OECD (Draft I, 2004), Tz. 115; zu verbundenen Unternehmen vgl. VWG-vU, Tz. 5.3; OECD (Guidelines), Tz. 7.41; Scheffler / Kusch, FS Fischer, S. 857 (862).

694 Vgl. Fick, StBp 1995, S. 136.

695 Vgl. US Treas. Regs. § 1.482-4 (f)(3)(iv), Example 2; Electronic Commerce Tax Study Group (Comment), Tz. 32.

696 So Buciek in Flick / Wassermeyer / Wingert / Kempermann, DBA-Schweiz, Art. 7, Rn. 445, Stichwort "Marke".

bedeutende Möglichkeiten zur Einwirkung auf den Markenwert besitzt und diejenigen Funktionen ausübt, mit denen der Wert der Marke im Wesentlichen beeinflusst werden kann, etwa durch Produktplanung, Werbung, Öffentlichkeitsarbeit, Qualitätskontrolle, Kundendienst.[697] Hierzu ist zu untersuchen, durch welche Beiträge der wirtschaftliche Wert der betreffenden Marke entsteht[698] und aufrechterhalten wird[699] und welche Unternehmensteile im Wesentlichen diese erfolgskritischen Funktionen erbringen. Nach den US-Richtlinien zur Gewinnabgrenzung zwischen verbundenen Unternehmen wird beispielsweise die erfolgskritische Ursache für den Markenwert eines Käseprodukts in den besonderen Produkteigenschaften vermutet, die der Herstellereinheit zurechenbar sind.[700] Da die Marke eher mit diesen Produkteigenschaften (Geschmack usw.) assoziiert wird als mit einer besonderen Aktivität des Vertriebsunternehmens, wird der Hersteller des Käseprodukts als wirtschaftlicher Eigentümer der Marke betrachtet. Das Beispiel zeigt, dass der Entwicklung und der Produktion von Gütern, insbesondere bei einzigartigen Produkten, ein besonderer Einfluss auf den Markenwert zugesprochen werden kann.[701] Folgerichtig ist es aber auch, dass die Beiträge der Vertriebseinheit gewürdigt werden, wenn diese im Wesentlichen die "Marktentwicklungskosten" (*expenses for developing the market*) trägt, insbesondere, wenn diese über das übliche Maß der Marktentwicklungsaktivitäten einer vergleichbaren Vertriebseinheit hinausgehen.[702] In diesem Fall könnte die Marke auch der Vertriebseinheit zugerechnet werden. Insoweit ist im Ergebnis eine Parallelität der beschriebenen Zurechnungsregel zu den deutschen Grundsätzen für wirtschaftliches Eigentum feststellbar, wonach derjenige, der Besitz, Nutzung, *Lasten und Gefahr*

---

697 Vgl. OECD (Guidelines), Tz. 6.7; Fick, StBp 1995, S. 136 (138).

698 Vgl. Roeder (HIntVP), Anm. 3 zu Tz. 6.39; siehe auch OECD (Draft I, 2004), Tz. 240: "The key entrepreneurial risk-taking functions leading to the decision to create a global marketing intangible may have been made a long time ago for well known brands or to be relatively unimportant compared to the ongoing costs of maintaining a global marketing intangible such as a brand. Moreover, brands generally require constant maintenance in terms of advertising and other promotional expenditures and, again, these activities may be dispersed within the enterprise." Ähnlich OECD (Report), Tz. 128 [Part I].

699 In ähnlicher Weise wird ein Indiz für die Zuordnung eines zur Nutzung überlassenen Wirtschaftsguts darin gesehen, dass die nutzende Betriebsstätte Reparaturen oder Wartungsmaßnahmen an den überlassenen Wirtschaftsgütern übernimmt, vgl. OECD (Draft I, 2004), Tz. 204.

700 Vgl. US Treas. Regs. § 1.482-4 (f)(3)(iv), Example 2 und 3.

701 Vgl. Roeder (HIntVP), Anm. 3 zu Tz. 6.39.

702 So etwa nach den australischen Verrechnungspreisvorschriften, vgl. Levey et. al., Intertax 2006, S. 2 (6); kritisch Roeder (HIntVP), Anm. 4 zu Tz. 6.38.

eines Wirtschaftsguts übernimmt, als wirtschaftlicher Eigentümer angesehen werden kann.[703]

Je deutlicher der Schwerpunkt der für den Markenwert erfolgskritischen Funktionen bei einem Unternehmensteil liegt, desto wahrscheinlicher ist es, dass dieser Unternehmensteil als Eigentümer der Marke die hiermit verbundenen Wertrisiken tragen würde. Allerdings können eine Vielzahl von Aktivitäten erfolgskritische Funktionen für den Markenwert bilden. Insoweit sind verschiedenartige Einflussarten zu berücksichtigen und zu gewichten. Insgesamt ist der Einzelfall nach dem Gesamtbild der Verhältnisse zu würdigen. Trennscharfe und zugleich allgemeingültige Kriterien für die Auswahl und Gewichtung der maßgeblichen Funktionen können nicht angegeben werden. Liegt der Schwerpunkt der erfolgskritischen Aktivitäten nicht eindeutig bei einem Unternehmensteil, so könnte ggf. auch die Aufteilung der Marke auf beide Unternehmensteile eine dem Fremdvergleichsgrundsatz entsprechende Zurechnung des Wirtschaftsguts bilden.

1.3 Anteilige Zurechnung bei gemeinsamer Nutzung von Wirtschaftsgütern

1.3.1 Zulässigkeit der Aufteilung von Wirtschaftsgütern für Zwecke der Einkünftezurechnung

Dient ein Wirtschaftsgut in gleicher Weise mehreren Unternehmensteilen, so dass von einer gemeinsamen Nutzung gesprochen werden kann, so kann eine Aufteilung des Wirtschaftsguts und der mit dem Wirtschaftsgut verbundenen Aufwendungen und Erträge in Betracht kommen.

Als typische Fälle gemeinsam genutzter Wirtschaftsgüter gelten gleichzeitig von Stammhaus und Betriebsstätte genutzte immaterielle Rechte und Werte (z. B. in der Produktion beider Unternehmensteile genutzte Patente oder Know-how, Belieferungsrechte für die Versorgung beider Unternehmensteile, unternehmensbezogene Markenrechte).[704] Eine anteilige Zurechnung soll auch bei Wirtschaftsgütern in Betracht kommen, die nacheinander abwechselnd in verschiedenen Betriebsstätten eingesetzt werden (z. B. Wartungsanlagen, Baumaschinen, Vorführgeräte). Hier erscheint eine Aufteilung insbesondere aus Vereinfachungsgründen möglich, um nicht fortlaufend eine Änderung der Zurechnung vornehmen zu müssen. Schließlich sind auch Transportmittel, die

---

703 Vgl. FN 640.

704 Vgl. Storck (Betriebstätten), S. 340; Buciek in Flick / Wassermeyer / Wingert / Kempermann, DBA-Schweiz, Art. 7, Rn. 376; OECD (Report), Tz. 127 [Part I]; Nowotny (Zuordnung), S. 171.

zwischen den Unternehmensteilen verkehren, einer Aufteilung zugänglich, sofern sie nicht eindeutig einem Unternehmensteil zugerechnet werden können.[705]

Die überwiegende Meinung im Schrifttum befürwortet die Aufteilung der mit gemeinsam genutzten Wirtschaftsgütern verbundenen Aufwendungen und Erträgen nach einem Schlüssel auf beide Unternehmensteile.[706] Dieser Auffassung liegt die Annahme zugrunde, dass wirtschaftlich kooperierende fremde Dritte, die Wirtschaftsgüter gemeinsam nutzen, typischerweise die Aufteilung der mit den Wirtschaftsgütern verbundenen Aufwendungen und Erträge, einschließlich der Vermögensgewinne und -verluste, vereinbaren. Dieses wirtschaftliche Ergebnis würde unter fremden Dritten etwa durch die Rechtsformen des Mit- oder Gesamthandseigentums realisiert.[707] Die Aufteilung ist folglich geeignet, die Selbstständigkeitsfiktion in konsequenter Weise umzusetzen. Ein Aufteilungsverbot ist hingegen nicht mit der Selbstständigkeitsfiktion zu vereinbaren.

Auch der OECD-Betriebsstättenbericht erachtet fiktive "Kostenumlageverträge" zwischen Stammhaus und Betriebsstätte unter Einbeziehung der einem Kostenumlagepool zugehörigen Wirtschaftsgüter für zulässig.[708] Die OECD verweist auf die etablierte Praxis der Kostenaufteilung zwischen verbundenen Unternehmen und hebt die Notwendigkeit einer einheitlichen Auslegung des Fremdvergleichsgrundsatzes hervor, um eine gleichmäßige steuerliche Behandlung von verbundenen Unternehmen und Betriebsstätten zu erreichen.

---

705 Vgl. Storck (Betriebstätten), S. 339; OECD (Report), Tz. 232 [Part I].

706 Ablehnend noch Runge (Streitfragen), S. 134 (140); Blümich / Wied, § 49 EStG, Rn. 74; Lüdicke, StbKongrRep 1994, S. 217 (236); ders. (Besteuerungsfragen), S. 35 (50); Kumpf in Herrmann / Heuer / Raupach, § 49 EStG, Rn. 275 (185. EL, Juli 1996); Roth (Zurechnung), S. 87 (113 f. mit der Begründung, jeder Aufteilungsschlüssel wäre willkürlich); Strunk / Kaminski, IStR 2000, S. 33 (40); Piltz (Besteuerungsvergleich), S. 1 (14); BFH v. 12.01.1994 - II R 95/89, BFH/NV 1994, S. 690. Aufteilung befürwortend Storck (Betriebstätten), S. 339; Schröder / Strunk (Betriebsstätten), Rn. C 91; Kleineidam (Rechnungslegung), S. 161 (Aufteilung sofern differenzierbare Leistungsabgaben oder Einsatzzeiten vorhanden); Wassermeyer in Debatin / Wassermeyer, MA Art. 7, Rn. 241; Ditz (Betriebsstätten), S. 295; Nowotny (Zuordnung), S. 177 ff.; Wassermeyer, IStR 2005, S. 84 (86 f.). Die aktuelle Rechtsprechung zur Zuordnung passiver Wirtschaftsgüter hält eine Aufteilung im Schätzwege für zulässig, vgl. BFH v. 20.03.2002 - II R 84/99, BFH/NV 2002, S. 1017 (unter Nr. 1 der Entscheidungsgründe: "Die Aufteilung nach der direkten Methode schließt es nicht aus, Wirtschaftsgüter, die nicht eindeutig dem Stammhaus (Zentrale) oder der inländischen Betriebsstätte zugerechnet werden können, im Wege der Schätzung sachgerecht aufzuteilen").

707 Vgl. Haiß (Gewinnabgrenzung), 177 f.; Ditz (Betriebsstätten), S. 297.

708 Vgl. OECD (Report), Tz. 232 [Part I].

Eine Gegenauffassung, die auch die deutsche Finanzverwaltung vertritt, lehnt die Aufteilung von Wirtschaftsgütern auf Stammhaus und Betriebsstätte ab.[709] Sie beruft sich auf die Rechtsprechung zur Abgrenzung von Betriebs- und Privatvermögen,[710] nach der eine Aufteilung gemischt genutzter Wirtschaftsgüter auf Betriebs- und Privatvermögen des Steuerpflichtigen nicht zulässig sein soll.[711] Diese Rechtsprechung wird damit begründet, dass die selbstständige Bewertbarkeit eines Vorteils Voraussetzung für die Annahme eines Wirtschaftsguts ist. Ein Teil eines Wirtschaftsguts solle hingegen nicht selbstständig bewertbar sein und könne daher nicht Gegenstand der Aktivierung in einem Betriebsvermögen sein.[712] Allerdings kann eingewandt werden, dass der Anteil eines Wirtschaftsguts bewertbar ist, wenn ein plausibler Aufteilungsschlüssel gefunden werden kann. Zudem ist nicht begründbar, warum nach der Rechtsprechung etwa Grundstücke – als Ausnahme zum allgemeinen Grundsatz – aufteilbar sein sollen.[713] Schließlich erscheint es willkürlich, dass im Ergebnis Wertänderungen des Wirtschaftsguts entweder vollständig der betrieblichen oder vollständig der privaten Sphäre zugerechnet werden.[714] In gleicher Weise wäre es bei gemeinsamer Nutzung eines Wirtschaftsguts durch Stammhaus und Betriebsstätte fragwürdig, wenn einem Unternehmensteil zwingend eine Vermietungsfunktion und somit die mit dem Wirtschaftsgut verbundenen Wertänderungsrisiken zuzuweisen wären.

Nach *Strunk/Kaminski* soll aus Art. 13 Abs. 2 OECD-MA ein Argument gegen die Aufteilbarkeit von Wirtschaftsgütern ableitbar sein.[715] Diese abkommensrechtliche Vorschrift weist dem Belegenheitsstaat der Betriebsstätte das Recht zu, "Gewinne aus der Veräußerung beweglichen Vermögens, das Betriebsvermögen einer Betriebsstätte ist", zu besteuern. Art. 13 Abs. 2 OECD-MA schließt allerdings eine anteilige Zurechnung von Veräußerungsgewinnen zur Betriebsstätte entsprechend der anteiligen Zugehörigkeit des veräußerten Wirtschaftsguts zum Betriebsstättenvermögen nicht ausdrücklich aus. Auch dem OECD-Musterkommentar zu Art. 13 lassen sich keine Hinwei-

---

709 Vgl. VWG-BS, Tz. 2.4 Abs. 1.

710 So Kumpf / Roth in Herrmann / Heuer / Raupach, § 49 EStG, Rn. 260.

711 Vgl. BFH v. 11.09.1969 - IV R 160/97, BStBl II 1970, S. 317; BFH v. 26.11.1973 - GrS 5/71, BStBl II 1974, S. 132; befürwortend Arndt, SteuerStud 1989, S. 221 (226).

712 Vgl. Arndt, SteuerStud 1989, S. 221 (226).

713 Vgl. BFH v. 11.09.1969 - IV R 160/97, BStBl II 1970, S. 317.

714 Zur kritischen Auseinandersetzung mit der zitierten Rechtsprechung vgl. Wassermeyer (Abgrenzung), S. 315 (331). Auch Wassermeyer verweist auf die Zurechnung nach § 39 AO Abs. 2 Nr. 2 AO.

715 Vgl. Strunk / Kaminski, IStR 2000, S. 33 (40).

se auf ein Aufteilungsverbot entnehmen.[716] Im Übrigen lässt sich aus dieser Vorschrift kein Rückschluss auf den Inhalt des Fremdvergleichsgrundsatzes ziehen. Dieser ist offen für den Poolgedanken.[717] Im Ergebnis ist bei gemeinsamer Nutzung von Wirtschaftsgütern eine Aufteilung der entsprechenden Aufwendungen und Erträge durch den Fremdvergleichsgrundsatz gedeckt.

1.3.2 Abgrenzung zur alleinigen Zurechnung zu einer Betriebsstätte

In vielen Fällen kann dem Steuerpflichtigen eine gewisse Entscheidungsfreiheit zugestanden werden, ob eine anteilige Zurechnung eines Wirtschaftsguts erfolgen soll. Da auch fremde Dritte über den Abschluss eines Kostenumlagevertrags frei entscheiden können, wird in vielen Fällen nicht zwingend von einer Aufteilung von Wirtschaftsgütern auszugehen sein.[718] Diese Entscheidungsfreiheit wird allerdings durch den Fremdvergleichsgrundsatz begrenzt. Demnach wird eine Aufteilung von Wirtschaftsgütern abgelehnt, wenn ein Unternehmensteil nach dem Gesamtbild der Verhältnisse dem alleinigen wirtschaftlichen Eigentümer gleicht.

Hierbei kommt es auf die Verhältnisse des Einzelfalls an.[719] Nach dem Entwurf zum OECD-Betriebsstättenbericht kann bereits die alleinige Übernahme von Wartungs- und Reparaturmaßnahmen sowie von Ersatzbeschaffungen durch einen Unternehmensteil ein Indiz für seine wirtschaftliche Eigentümerschaft bilden.[720] Bei Wirtschaftsgütern, die abwechselnd in verschiedenen Unternehmensteilen eingesetzt werden, kann überdies die Koordination des Wechseleinsatzes durch eine Betriebsstätte auf das wirtschaftliche Eigentum dieser Betriebsstätte an dem Wirtschaftsgut hinweisen. Diese Indizien könnten für eine Nutzungsüberlassung anstelle einer gemeinsamen Nutzung sprechen. Ob diese allerdings ausreichen, um zwingend von einer Nutzungsüberlassung auszugehen, erscheint fraglich.

---

716 Vgl. OECD-MK zu Art. 13, Tz. 1 ff., Tz. 23 ff.

717 Nach dem Poolgedanken werden wie unter Mit- oder Gesamthandseigentümern alle Aufwendungen und Erträge aus dem Wirtschaftsgut, also auch die Veräußerungsgewinne nach einem Schlüssel aufgeteilt, vgl. BFH v. 02.02.1960 - I 194/59, BB 1960, S. 731; VWG-Uml., Tz. 3.2; Runge (Kostenumlageverträge), S. 295 (302 f.) und im Einzelnen Kap. II, Abschn. 3.3.2 dieser Arbeit.

718 Vgl. Electronic Commerce Tax Study Group (Comment), Tz. 36.

719 So wohl auch Buciek in Flick / Wassermeyer / Wingert / Kempermann, DBA-Schweiz, Art. 7, Rn. 377, letzter Absatz.

720 Vgl. OECD (Draft I, 2004), Tz. 204. Im endgültigen Betriebsstättenbericht ist diese Passage nicht mehr enthalten.

1.3.3 Aufteilungsschlüssel

Die Angemessenheit des Aufteilungsschlüssels ist anhand eines Fremdvergleichs zu überprüfen.[721] Die mit dem gemeinsam genutzten Wirtschaftsgut verbundenen Aufwendungen und Erträge sind daher in dem Verhältnis aufzuteilen, in dem sich fremde Dritte unter vergleichbaren Bedingungen an ihnen beteiligt hätten. Die Auswahl eines Aufteilungsschlüssels folgt regelmäßig einem hypothetischen Fremdvergleich, da ein unmittelbarer Nachweis fremdüblicher Aufteilungsschlüssel bei vergleichbaren gemeinsamen Aktivitäten (z. B. Joint-Ventures) nur in seltenen Fällen möglich ist. Da in vielen relevanten Fällen die Aufteilung laufender Aufwendungen im Mittelpunkt steht,[722] wird angenommen, dass Stammhaus und Betriebsstätte als fremde Dritte einen Aufteilungsschlüssel vereinbart hätten, der dem Verhältnis des jeweils aus dem Wirtschaftsgut gezogenen Nutzens[723] entspricht. Folglich partizipieren die Unternehmensteile in gleichmäßiger Weise, nämlich entsprechend des relativen Nutzens aus der Verwertung des Wirtschaftsguts, an den mit dem Wirtschaftsgut verbundenen Aufwendungen und Erträgen.

Die Konkretisierung des Nutzens muss auf die Verhältnisse des jeweiligen Einzelfalls abgestimmt sein. Vorgeschlagen werden verschiedene Arten von Schlüsselgrößen.[724] Bei manchen Wirtschaftsgütern kann der Umfang der abgegebenen Leistungseinheiten relativ konkret gemessen werden. In Betracht kommen etwa Mengeneinheiten (z. B. produzierte Stückzahl), Zeiteinheiten (z. B. Maschinenstunden) und technisch-physikalische Größen (z. B. gefahrene Kilometer, verarbeitete Datenmengen). Bei anderen Wirtschaftsgütern können monetäre Größen verwendet werden, die die geschätzte Wirkung des Wirtschaftsguteinsatzes auf finanzielle Erfolgskennzahlen der Unternehmensteile erfassen. Beispielsweise kann ein gemeinsam erworbenes Know-how den Unternehmensteilen anteilig anhand der durch die Verwertung des Know-how in Stammhaus und Betriebsstätte ausgelösten Umsätze, Gewinne oder Kostenersparnisse zugerechnet werden.[725]

---

721 Vgl. Kleineidam (Rechnungslegung), S. 161; Ditz (Betriebsstätten), S. 328 ff. Im Zusammenhang mit verbundenen Unternehmen vgl. OECD (Guidelines), Tz. 8.8; Piltz (Umlage), S. 62 (70); Baumhoff in Flick / Wassermeyer / Baumhoff, § 1 AStG, Rn. 658.

722 Das Schrifttum begreift die Aufteilung der mit Wirtschaftsgütern verbundenen Aufwendungen und Erträge meist als Frage der Kostenaufteilung, vgl. etwa die Verweise in FN 721.

723 Vgl. OECD (Guidelines), Tz. 8.9; VWG-Uml., Tz. 3.1.; Ditz (Betriebsstätten), S. 328.

724 Vgl. Brezing (Verrechnungsentgelte), S. 71 ff.; Piltz (Umlage), S. 62 (70); VWG-Uml. Tz. 3.1; Kleineidam (Rechnungslegung), S. 161 f.; Runge (Kostenumlageverträge), S. 295 (303).

725 Vgl. Ditz, DB 2005, S. 1949 (1951); Vögele / Scholz, IStR 2000, S. 557 (558 ff.).

Vielfach wird bei der Wahl des Aufteilungsschlüssels ein Ermessensspielraum des Steuerpflichtigen anzunehmen sein, da aus der Sicht fremder Dritter mehrere Schlüssel gleichwertig und gleichmöglich erscheinen können. Gleichwohl würde ein ordentlicher Geschäftsleiter im Allgemeinen eine möglichst genaue Bestimmung des Nutzens anstreben.[726] Eine Anwendung von Schlüsselgrößen, deren Ausprägungen nicht oder nur unwesentlich mit dem Nutzen der Unternehmensteile korrelieren, ist demnach ausgeschlossen. Bei Wirtschaftsgütern mit messbaren Leistungsabgaben stellt deshalb oftmals der Umfang der Inanspruchnahme, gemessen in Leistungs- oder Zeiteinheiten usw., einen plausiblen Schlüssel dar. Die mit Hilfe des Wirtschaftsguts zusätzlich erzielten Umsätze oder Gewinne sind hingegen Größen, die den unmittelbaren Nutzen aus dem Wirtschaftsgut nur in grober Weise messen,[727] da sie vielfältigen weiteren Einflüssen unterliegen. Gegen ihre Verwendung spricht, dass die Fähigkeit des jeweils anderen Vertragspartners, die aus dem Wirtschaftsgut gezogenen Leistungen ertrag- bzw. gewinnbringend zu verwerten, die Höhe des Aufteilungsschlüssels und somit der eigenen Aufwendungen bestimmt. Ob fremde Verhandlungspartner generell bereit sind, sich an diesem Risiko zu beteiligen, erscheint fraglich. In vielen Fällen ist aber der Umsatz oder die am Markt abgesetzte Menge der einzige mögliche Schlüssel, weil unmittelbare Leistungsabgaben nicht messbar sind. So kann z. B. die Nutzung eines gemeinsam entwickelten Know-how meist nur durch die Gewinne oder Umsätze aus den Produkten abgebildet werden, die mit Hilfe des Know-how hergestellt werden.

Eine Wahlmöglichkeit dürfte oft auch hinsichtlich der Frage bestehen, ob der erwartete oder der tatsächliche Nutzen der Unternehmensteile für die Aufteilung der Aufwendungen und Erträge aus dem Wirtschaftsgut maßgebend sein soll.[728] Die Verwendung von Plangrößen ("erwarteter Nutzen") besitzt den Vorzug, dass der Aufteilungsschlüssel nicht wegen unvorhergesehener Ereignisse angepasst werden muss, so dass insoweit eine feste Planungsgrundlage geschaffen wird. Fremde Dritte würden dies als Vorteil betrachten, weil jedes der nutzenden Unternehmen es selbst zu vertreten hat, wenn eigene Nutzenerwartungen nicht realisiert werden können. Insoweit besteht eine wünschenswerte Abschirmung von den Verwertungsrisiken und -chancen des jeweils anderen Unternehmensteils. Überdies sind zwangsläufig zunächst Plangrößen zu verwenden, wenn die relevanten Nutzengrößen erst in der Zukunft realisiert werden. Typischerweise ist dies bei gemeinsam erstellten immate-

---

726 Vgl. Piltz (Umlage), S. 62 (71).

727 Vgl. Vögele / Scholz / Hoffmann, IStR 2001, S. 94 (96).

728 A. A. Ditz (Betriebsstätten), S. 350; Ditz, DB 2005, S. 1949 (1952), der dem tatsächlichen Nutzen generell Vorrang gegenüber dem erwarteten Nutzen einräumt.

riellen Wirtschaftsgütern, z. B. gemeinsam erstelltem Know-how, der Fall, wenn hierbei die Forschungs- und Entwicklungskosten zeitlich vor der Nutzung des Wirtschaftsguts aufgeteilt werden müssen und somit der zukünftige Nutzen aus der Verwertung des Know-how noch nicht bekannt ist.

Soweit die Verwendung von Istgrößen möglich ist, kann zwischen fremden Dritten auch ein Interesse bestehen, die mit dem Wirtschaftsgut verbundenen finanziellen Erfolge und Belastungen anhand von Istgrößen aufzuteilen ("tatsächlicher Nutzen"). Hierfür spricht insbesondere die Nachprüfbarkeit von Istgrößen. Bei hohen Plan-Ist-Abweichungen soll deshalb nach der Auffassung der OECD eine Aufteilung nach Istwerten erfolgen.[729] Zum anderen wird bei Wirtschaftsgütern durch die Schlüsselung der Kosten nach der tatsächlichen Inanspruchnahme ein unter fremden Dritten ggf. wünschenswerter Anreiz zum sparsamen Gebrauch des Wirtschaftsguts geschaffen.

Die Überlegungen zeigen, dass im Ergebnis keine allgemeiner Vorrang von Ist- oder Plangrößen festgestellt werden kann, sondern dass auf die Verhältnisse des Einzelfalls abgestellt werden muss.

1.4 Willkürung von Wirtschaftsgütern

"Mobile" oder "zuordnungsneutrale" Wirtschaftsgüter sind dadurch gekennzeichnet, dass für eine Zurechnung zu Stammhaus oder Betriebsstätte keine eindeutigen äußerlich erkennbaren Anhaltspunkte vorhanden sind. Dies ist der Fall, wenn Wirtschaftsgüter die unternehmerische Tätigkeit von Stammhaus und Betriebsstätte nicht unmittelbar unterstützen, sondern lediglich die Funktion einer Kapital- oder Liquiditätsreserve erfüllen oder der Stärkung des Unternehmensgewinns dienen. Typischerweise handelt es sich um Beteiligungen, Forderungen und an Dritte zur Nutzung überlassene Wirtschaftsgüter. Isoliert gesehen werden aus diesen Wirtschaftsgütern Überschusseinkünfte erzielt. Subjektiv mögen sie durch eine Zweckwidmung des Steuerpflichtigen eine Funktion für die Betriebsstätte oder für das Stammhaus erfüllen. Eine objektive funktionale Beziehung zu einem bestimmten Unternehmensteil ist aber in diesen Fällen nicht gegeben.

Das Zurechnungsproblem kann in derartigen Zweifelsfällen als gelöst betrachtet werden, indem die steuerlich maßgebliche Zurechnung bloß an den buchmäßigen Ausweis des Wirtschaftsguts geknüpft wird. Insoweit würde der in der Buchführung dokumentierte Wille des Steuerpflichtigen als maßgebliches Indiz für die Zurechnungsentscheidung anerkannt. Da dem Steuerpflichtigen hierbei ermöglicht wird, über die Zurechnung eines Wirtschaftsguts

[729] Vgl. OECD (Guidelines), Tz. 8.20.

selbst zu entscheiden, kann von einer "Willkürung" gesprochen werden. Diese Bezeichnung zeigt die Parallele zur vergleichbaren Zurechnungsproblematik zwischen Betriebs- und Privatvermögen, bei der in gleicher Weise die bücherliche Zuordnung eines Wirtschaftsguts steuerlich anerkannt wird, sofern es nur objektiv geeignet und (durch die bücherliche Zuordnung) erkennbar dazu bestimmt ist, dem Betrieb zu dienen.[730]

1.4.1 Auffassung der Rechtsprechung

Die Rechtsprechung des RFH und des 2. Senates des BFH hatte diese Entscheidungsfreiheit des Steuerpflichtigen bei der Zurechnung von Beteiligungen[731] und von Finanzmitteln[732] zu den unselbstständigen Unternehmensteilen anerkannt. Danach komme es allein darauf an, ob ein Wirtschaftsgut der Betriebsstätte dient. Sei das Wirtschaftsgut seiner Zweckbestimmung nach nicht ohne weiteres einer Betriebsstätte zuzuordnen, so hänge es von dem erkennbaren Willen der Geschäftsleitung ab, welchem Betriebsvermögen es zuzuordnen sei. Die in der Buchführung dokumentierte Zurechnung könne nur dann abgelehnt werden, wenn sie im Widerspruch zu kaufmännischen und wirtschaftlichen Erfordernissen steht.[733] Im Schrifttum findet die Willkürbarkeit der zuordnungsneutralen Wirtschaftsgüter breite Zustimmung.[734] In ihr kann eine konsequente Verwirklichung der Selbstständigkeitsfiktion gesehen werden, die es dem Steuerpflichtigen überlässt, welche Vermögenswerte er der Betriebsstätte überträgt. Folglich wird eine Gleichbehandlung der Betriebsstätte mit einer selbstständigen Tochtergesellschaft erreicht.[735]

Allerdings erging die zitierte Rechtsprechung zur *vermögen*steuerlichen Zuordnung von Wirtschaftsgütern im Einheitsunternehmen. Für die *Einkünfte*zurechnung sind zusätzlich die bereits erwähnten Betriebsstättenvorbehalte als abkommensrechtliche Sondervorschriften zu beachten. Demnach zählen Betei-

---

730 Vgl. BFH v. 18.12.1996 - XI R 52/95, BStBl II 1997, S. 351; BFH v. 07.04.1992 - VIII R 86/87, BStBl II 1993, S. 21.

731 Vgl. RFH v. 19.12.1935 - I A 236/35, RStBl 1936, S. 590; BFH v. 01.04.1987 - II R 186/80, BStBl II 1987, S. 550.

732 Vgl. BFH v. 29.07.1992 - II R 39/89, BStBl II 1993, S. 63.

733 Vgl. RFH v. 19.12.1935 - I A 236/35, RStBl 1936, S. 590; BFH v. 01.04.1987 - II R 186/80, BStBl II 1987, S. 550; BFH v. 29.07.1992 - II R 39/89, BStBl II 1993, S. 63.

734 Vgl. Gundel (Betriebsstättenerlaß), S. 121 (143); Kroppen in Gosch / Kroppen / Grotherr, DBA, Art. 7 OECD-MA, Rn. 181; Kaminski, RIW 1997, S. 970 (972, m. w. V.); Roth (Zurechnung), S. 87 (101); Kraft, StbJb 2000/01, S. 205 (217); Staringer (Betriebsstättenvorbehalt), S. 223 (237), mit Hinweis auf eine entsprechende Praxis der österreichischen Finanzverwaltung.

735 Vgl. Kroppen, StbJb 1999/2000, S. 137 (155); Kumpf, FR 2001, S. 449 (452).

ligungserträge, Zinsen, Lizenzgebühren und sog. andere Einkünfte (z. B. Einkünfte aus der Überlassung beweglicher Wirtschaftsgüter) nur dann zu den Unternehmensgewinnen, wenn die zugrunde liegenden Wirtschaftsgüter (Beteiligungen, Forderungen, Lizenzen usw.) tatsächlich zu der Betriebsstätte gehören (Art. 10 Abs. 4, 11 Abs. 4, 12 Abs. 3, 21 Abs. 2 OECD-MA). Fraglich ist, wann die "tatsächliche Zugehörigkeit" der betreffenden Wirtschaftsgüter zu einer Betriebsstätte gegeben ist. Der abstrakte, unbestimmte Rechtsbegriff der "tatsächlichen Zugehörigkeit" wird auch durch den OECD-Musterkommentar nicht ausreichend präzisiert. Die darin enthaltenen Ausführungen, wonach die Wirtschaftsgüter "tatsächlich" zu der Betriebsstätte gehören, wenn sie "wirklich mit der Geschäftstätigkeit der Betriebsstätte verbunden"[736] sind, bringen keinerlei Erkenntnisfortschritt.[737]

Nach *Ege* soll es aus teleologischer Sicht geboten sein, die Zurechnung passiver Einkünfte zur Betriebsstätte weitgehend einzuschränken.[738] So werden nach der Systematik der deutschen DBA Erträge aus Kapitalanlagen tendenziell dem Wohnsitzstaat zur Besteuerung zugewiesen. Regelmäßig wird für unternehmerische Einkünfte eine Freistellung gewährt. Die Betriebsstätte könnte somit als Instrument zur gezielten Umwandlung passiver in aktive Einkünfte dienen, wenn Einkünfte aus Beteiligungen und anderen zuordnungsneutralen Wirtschaftsgütern in einer Betriebsstätte gehalten und als Betriebsstätteneinkünfte im Ansässigkeitsstaat freigestellt würden. Die Rechtsprechung des I. Senats des BFH[739] scheint die restriktive Auslegung des Begriffs der "tatsächlichen Zugehörigkeit" ebenfalls auf die Notwendigkeit der Missbrauchsvermeidung zu stützen. Demnach soll durch strenge Anforderungen an eine tatsächliche Zugehörigkeit von Wirtschaftsgütern zur Betriebsstätte "Vermögensverschiebungen von einer inländischen Betriebsstätte/Stammhaus in eine ausländische Betriebsstätte entgegen gewirkt werden".[740] Der I. Senat des BFH begründet seine Auffassung im Urteil vom 30.08.1995 außerdem mit dem Sinn und Zweck des Aktivitätsvorbehalts, der in dem im Urteilsfall einschlägigen DBA Deutschland-Schweiz vorgeschrieben ist. Nach dem Aktivitätsvorbehalt dieses DBA ist die Freistellungsmethode für Unternehmensgewinne anzuwenden, soweit diese durch bestimmte "aktive" Tätigkeiten erzielt worden sind. Zu diesen gehören insbesondere die Herstellung, Bearbei-

---

736 Vgl. OECD-MK zu Art. 10, Tz. 32.1, zu Art. 11, Tz. 25.1, zu Art. 12, Tz. 21.

737 Vgl. Wolff, FS Wassermeyer, S. 647 (662).

738 Vgl. Ege (Betriebsstätte), S. 101 (104).

739 Vgl. BFH v. 30.08.1995 - I R 112/94, BStBl II 1996, S. 563; BFH v. 29.11.2000 - I R 84/99, DStRE 2001, S. 600 (2. Rechtsgang).

740 So die Interpretation des Urteils des BFH v. 30.08.1995 durch das FG Baden-Württemberg v. 18.08.1999 - 12 K 15/96, EFG 2000, S. 107 (Gründe Nr. 4 f.).

tung und Verarbeitung von Gegenständen, der Handel oder die Erbringung von Dienstleistungen (Art. 24 Abs. 1 Nr. 1a S. 1 DBA Deutschland-Schweiz). Die Anrechnungsmethode ist dagegen für alle nicht unter den Katalog aktiver Tätigkeiten fallenden Einkünfte anzuwenden (Art. 24 Abs. 1 Nr. 1a S. 2 DBA Deutschland-Schweiz). Der Aktivitätsvorbehalt belegt nach der Auffassung der Rechtsprechung offenbar das vermutete Ziel der Abkommensgeber, dass missbräuchliche Zuordnungen mobiler Wirtschaftsgüter zur Betriebsstätte verhindert werden sollen. Diesem Ziel wird folglich durch eine strenge Auslegung des Tatbestandsmerkmals "tatsächliche Zugehörigkeit" Rechnung getragen. Das Kriterium der tatsächlichen Zugehörigkeit verlangt nach der Auffassung des BFH, dass ein Wirtschaftsgut "in funktionalem Zusammenhang zu der in der Betriebsstätte ausgeübten Unternehmenstätigkeit steht".[741] Dies sei anzunehmen, wenn die aus den Wirtschaftsgütern fließenden Einkünfte Nebenerträge seien, die nach der Verkehrsauffassung zu der Tätigkeit gehören, bei der das Schwergewicht der in der Betriebsstätte ausgeübten Unternehmenstätigkeit liegt. Ein Indiz gegen die Zugehörigkeit eines Vermögenswertes zur Betriebsstätte liege demnach vor, wenn die aus seiner Nutzung erzielten Einkünfte in gleicher Weise vom Inland aus hätten erzielt werden können bzw. wenn die aus seiner Nutzung erzielten Einkünfte ohne Einfluss auf die Höhe der Einkünfte sind, die die Betriebsstätte aus der unternehmerischen Tätigkeit im engeren Sinne erzielt.[742] Eine bloße Willkürung zuordnungsneutraler Wirtschaftsgüter erscheint nach der Rechtsprechung somit ausgeschlossen. Vielmehr wird eine operative Verbindung der Wirtschaftsgüter mit der aktiven Betriebsstättentätigkeit gefordert. Der funktionale Zusammenhang geht über die bloße Mehrung oder Verstärkung des Betriebsstättenvermögens durch das Halten eines Wirtschaftsguts hinaus.[743]

Wie dieser Zusammenhang im Einzelnen ausgeprägt sein muss, lässt sich kaum anhand allgemeiner Maßstäbe fassen, so dass der Einzelfall nach der Verkehrsauffassung zu beurteilen sein soll.[744] Allerdings zeigen die zugrunde liegenden Urteile, dass eine Zurechnung von Wirtschaftsgütern zur Betriebsstätte durch die Rechtsprechung weitgehend eingeschränkt wird.

In den Entscheidungen vom 30.08.1995 und 29.11.2000 war die Zuordnung von Lizenzgebühren und Zinsen zu klären, die zwei in Deutschland unbeschränkt steuerpflichtige Personen über eine ausländische Personengesellschaft erzielten. Der Geschäftsgegenstand der Personengesellschaft bestand im

---

741 BFH v. 30.08.1995 - I R 112/94, BStBl II 1996, S. 563.

742 Vgl. BFH v. 30.08.1995 - I R 112/94, BStBl II 1996, S. 563, Leitsatz 4.

743 Vgl. Staringer (Betriebsstättenvorbehalt), S. 223 (236).

744 Vgl. BMF, Schrb. v. 14.05.2004, IV B 4 – S 1340 – 11/04, BStBl I, Sondernummer I 2004, S. 3, Tz. 8.0.2.

Herstellen, dem Verlegen und dem Vertrieb von Druckwerken sowie dem Erwerb und dem Vertrieb von Verlags- und Autorenrechten, aus denen die Lizenzgebühren und Zinsen erzielt wurden. Die Verlagstätigkeit wurde vom Finanzgericht als Entstehungsgrund sowohl der Lizenzen als auch der zinstragenden Forderungen betrachtet, so dass eine Mitverursachung der passiven Einkünfte durch die Verlagstätigkeit der Betriebsstätte anzunehmen war.[745] Allerdings beurteilte das Finanzgericht das aus den Überschüssen der Betriebsstätte finanzierte "Hineinwachsen" in die zinstragende Anlage von Finanzmitteln restriktiv: Nur die für die aktive Tätigkeit der Betriebsstätte notwendigen Finanzmittel sollten als tatsächlich der Betriebsstätte zugehörig angesehen werden.[746] Für den maximal zulässigen Umfang der passiven Einkünfte stellte das Finanzgericht auf den Umfang der zinstragenden Vermögenswerte bezogen auf die Bilanzsumme sowie auf den Umfang der Zinseinnahmen bezogen auf die Gesamteinnahmen ab.[747]

Bei Beteiligungen ist es nach einer Rechtsprechung des FG Köln für eine tatsächliche Zugehörigkeit zur Betriebsstätte ausreichend, dass die Betriebsstätte die Produkte des Beteiligungsunternehmens vertreibt.[748] In diesem Fall ist ein eindeutiger funktionaler Zusammenhang gegeben.

In der Entscheidung des BFH vom 17.12.2003 wurde die enge funktionale Betrachtungsweise bei der Auslegung des Merkmals der "tatsächlichen Zugehörigkeit" bestätigt.[749] Strittig war die Zurechnung von Dividenden zu einer ausländischen GbR, deren Gesellschafter unbeschränkt steuerpflichtig waren. Die Betriebsstätte erbrachte als Holding unterstützende dienstleistende Tätigkeiten für mehrere ausländische Kapitalgesellschaften und übernahm die partielle Wahrnehmung von deren Geschäftsleitungsaufgaben. Grundsätzlich könnte hierzu vertreten werden, die Beteiligungen an den ausländischen Kapitalgesellschaften dienten der Betriebsstätte zumindest mittelbar, da sie eine grundlegende Voraussetzung für die Geschäftstätigkeit einer Holdingbetriebsstätte darstellten. Der BFH beurteilte dies in einem obiter dictum hingegen als nicht ausreichend für eine Zurechnung der Beteiligungen zur Betriebsstätte. Die Entscheidung darf allerdings nicht überbewertet werden, da die Aussagen

---

745 Das im 2. Rechtsgang ergangene Urteil des BFH v. 29.11.2000 - I R 84/99, DStRE 2001, S. 600 spricht insoweit von "lizenzauslösenden" Tätigkeiten der Betriebsstätte (Gründe Nr. 3a).

746 Vgl. FG Baden-Württemberg v. 18.08.1999 - 12 K 15/96, EFG 2000, S. 107 (Gründe Nr. 4 und 5).

747 Vgl. FG Baden-Württemberg v. 18.08.1999 - 12 K 15/96, EFG 2000, S. 107 (Gründe Nr. 5).

748 Vgl. FG Köln v. 29.03.2007 - 10 K 4671/04, DStRE 2007, S. 1320.

749 Im Streitfall Art. 10 Abs. 5 DBA-Luxemburg, vgl. BFH v. 17.12.2003 - I R 47/02, BFH/NV 2004, S. 771.

zum Merkmal der tatsächlichen Zugehörigkeit nicht entscheidungserheblich waren und bereits das Bestehen einer ausländischen Betriebsstätte an sich in Frage stand.[750] Im Übrigen schließt der BFH im Urteil vom 19.12.2007 Holdingbetriebsstätten nicht mehr grundsätzlich aus.[751] Demnach scheint eine Zuordnung von Beteiligungen und anderen mobilen Wirtschaftsgütern zu ausländischen Betriebsstätten grundsätzlich möglich zu sein. Einzelne Voraussetzungen und Substanzanforderungen für die Anerkennung einer Holdingbetriebsstätte sind allerdings bisher nicht präzisiert worden.

1.4.2 Verhältnis zur Niederlassungsfreiheit

Fraglich ist, ob das Erfordernis der tatsächlichen Zugehörigkeit nach den Betriebsstättenvorbehalten gegen die Niederlassungsfreiheit verstößt. So wird darauf hingewiesen, dass der EuGH steuerliche Maßnahmen, die die Betriebsstätte gegenüber einer Tochtergesellschaft im gleichen Staat diskriminieren, als Verstoß gegen die Niederlassungsfreiheit betrachtet.[752] Im Schrifttum wird dieser Vergleich auf Maßnahmen des Herkunftsstaats übertragen. Da Beteiligungen, Forderungen und andere zuordnungsneutrale Wirtschaftsgüter auch einer Tochtergesellschaft zugeordnet werden können, müsste auch im Einheitsunternehmen ein Wahlrecht bestehen, die betreffenden Wirtschaftsgüter der Betriebsstätte zuzuordnen.[753] Die Argumentation ist im Ergebnis auf eine vollständige Gleichstellung der Betriebsstätte mit einer Tochtergesellschaft auch im Ansässigkeits- bzw. Herkunftsstaat ausgerichtet.

Der EuGH hat allerdings den Vergleich zwischen Betriebsstätte und Tochtergesellschaft bislang lediglich bei der Beurteilung von Maßnahmen des Niederlassungsstaats angewendet,[754] während es vorliegend um eine Maßnahme des Herkunftsstaats geht. Deshalb liegt keine Diskriminierung der Betriebsstätte gegenüber der Tochtergesellschaft, sondern allenfalls eine Diskriminierung des Einheitsunternehmens gegenüber einem vergleichbaren Konzern vor.

---

750 Die Vorinstanz stellte u. a. fest, dass kein Büro in Luxemburg unterhalten wurde, vgl. FG Rheinland-Pfalz v. 27.06.2001 - 1 K 2569/99, DStRE 2003, S. 95.

751 Vgl. BFH v. 19.12.2007 - I R 66/06, BFH/NV 2008, S. 893 (Gründe Nr. II.2.c)cc)aaa); Anmerkung Schönfeld in IStR 2008, S. 370.

752 Vgl. EuGH v. 28.01.1986 - C 270/83 (Avoir Fiscal), EGHE 1986, S. 285; EuGH v. 29.04.1999 - C 311/97 (Royal Bank of Scotland), HFR 1999, S. 587; EuGH v. 21.09.1999 - C 307/97 (Saint-Gobain), HFR 1999, S. 1033; EuGH v. 23.03.2006 - C 253/03 (CLT-UFA), IWB Nr. 6 v. 22.03.2006, F. 11a, S. 995; Dautzenberg, EWS 2001, S. 270; Hintsanen, ET 2003, S. 114; Aarnio, EC Tax Review 2006, S. 18.

753 Vgl. Kinzl, IStR 2005, S. 693 (695 ff.); Kessler / Huck, IStR 2006, S. 433 (440).

754 Vgl. Aarnio, EC Tax Review 2006, S. 18 (24 f.); Kofler (DBA), S. 643.

Diese Vergleichsform entspricht aber nicht der Konzeption eines Diskriminierungsverbots und ist in der Rechtsprechung des EuGH bislang noch nicht in Erscheinung getreten.[755] Unzweifelhaft können Beschränkungen der Niederlassungsfreiheit durch Maßnahmen des Herkunftsstaats verwirklicht werden.[756] Allerdings ist die Reichweite des Beschränkungsverbots im Einzelnen umstritten.[757] Der EuGH hat beschränkende Maßnahmen des Herkunftsstaats regelmäßig durch einen Vergleich mit einem reinen Inlandsfall geprüft.[758] Die Zuordnung des Besteuerungsrechts an Dividenden, Zinsen, Lizenzen und anderen ähnlichen Einkünften zum Herkunftsstaat stellt allerdings keine Diskriminierung des Einheitsunternehmen gegenüber einem Inlandsfall dar, denn der Steuerpflichtige wird so behandelt, als hielte er die betreffenden Wirtschaftsgüter in einem inländischen Betriebsvermögen. Etwas anderes kann aber dann gelten, wenn es aufgrund der Unschärfe des Kriteriums "tatsächliche Zugehörigkeit" regelmäßig zu einer Doppelbesteuerung kommen sollte.

Auch die Entscheidung in der Rechtssache *Columbus Container Services*[759] sollte gegen die Annahme sprechen, dass das Kriterium der "tatsächlichen Zugehörigkeit" die Niederlassungsfreiheit beschränkt. Gegenstand des Verfahrens war die Vereinbarkeit des unilateralen Aktivitätsvorbehalts gemäß § 20 Abs. 2 AStG, also einer Maßnahme des Herkunftsstaats Deutschland, mit der Niederlassungs- und Kapitalverkehrsfreiheit. Der EuGH erachtete den danach vorgesehenen Übergang von der Freistellungs- zur Anrechnungsmethode als zulässig. Der EuGH stützte diese Entscheidung auf die bereits in früheren

755 Im Urteil v. 15.05.2008 - C 414/06 (Lidl Belgium), DB 2008, S. 1130, Tz. 44 ff., wurde lediglich auf der Ebene der Rechtfertigungsprüfung ein Vergleich zwischen Einheitsunternehmen und Konzern vorgenommen, vgl. auch Kofler (DBA), S. 643.

756 Vgl. EuGH v. 27.09.1988 - 81/87 (Daily Mail), Slg. 1988, S. 5483; EuGH v. 16.07.1998 - C 264/96 (ICI), DStRE 1998, S. 636; EuGH v. 13.04.2000 - C 251/98 (Baars), HFR 2000, S. 460, Tz. 28; EuGH v. 11.03.2004 - C 9/02 (Hughes de Lasteyrie du Saillant), EuR 2004, S. 608, Tz. 42; EuGH v. 15.05.2008 - C 414/06 (Lidl Belgium), DB 2008, S. 1130, Tz. 19.

757 Vgl. Randelzhofer / Forsthoff in Grabitz / Hilf, Komm. zum EU-Recht, Art. 43 EG-V, Tz. 216 ff.; Roth in Dauses (Hrsg.), Hdb. EU-WirtschaftsR, Abschn. E. I, Rn. 87 f.

758 Vgl. EuGH v. 16.07.1998 - C 264/96 (ICI), DStRE 1998, S. 636, Tz. 21 ff.; EuGH v. 13.04.2000 - C 251/98 (Baars), HFR 2000, S. 460, Tz. 30; EuGH v. 12.09.2006 - C 196/04 (Cadbury-Schweppes), HFR 2006, S. 1164, Tz. 41; EuGH v. 06.12.2007 - C 298/05 (Columbus Container Services), HFR 2008, S. 188, Tz. 33; EuGH v. 15.05.2008 - C 414/06 (Lidl Belgium), DB 2008, S. 1130, Tz. 25. Anders aber Generalanwalt Mengozzi in seinem Schlussantrag zu Columbus Container Services, der einen Vergleich der Betriebsstätte mit einer selbstständigen Tochtergesellschaft zog, vgl. Schlussantrag vom 29.04.2007, C 298/05 (Columbus Container Services), Datev-Dok. 5210456, Tz. 142.

759 Vgl. EuGH v. 06.12.2007 - C 298/05 (Columbus Container Services), HFR 2008, S. 188.

Urteilen geäußerte Position,[760] wonach die Mitgliedstaaten bei der Aufteilung von Besteuerungsbefugnissen in DBA frei sind.[761] Der EuGH hat insbesondere mehrfach festgestellt, dass die Aufteilung der Steuerhoheit entsprechend des OECD-MA für die Mitgliedsstaaten "nicht sachfremd" sei.[762] Den Regelungen des OECD-MA kommt deshalb zumindest dann eine Vermutung der Europarechtskonformität zu, wenn sie bloße Aufteilungsregelungen des Steuersubstrats sind.[763] Dies ist hier der Fall. Nicht die Zurechnungsregel der tatsächlichen Zugehörigkeit ist die grundlegende Ursache der Schlechterbehandlung des Einheitsunternehmens gegenüber dem Konzern, sondern die fehlende Harmonisierung von Steuerniveaus in Ansässigkeits- und Quellenstaat. Es handelt sich um eine bloße Allokationsregel, wonach der Ansässigkeitsstaat die volle Besteuerungskompetenz der betreffenden passiven Einkünfte erhält. Ist nach der Entscheidung in *Columbus Container Services* der Übergang von der Freistellungs- zur Anrechnungsmethode europarechtlich zulässig, so beschränkt auch die volle Zuteilung des Besteuerungsrechts zum Ansässigkeitsstaat nach dem Kriterium der tatsächlichen Zugehörigkeit nicht die Niederlassungsfreiheit.

1.4.3 Rechtfertigung einer strengen Auslegung der tatsächlichen Zugehörigkeit?

Regelungen zur Missbrauchsvermeidung können auf ihre Rechtfertigung überprüft werden, indem nach ihrer Eignung, Notwendigkeit und Angemessenheit gefragt wird. Die strenge Auslegung des Kriteriums "tatsächliche Zugehörigkeit" durch den BFH verfolgt den Zweck, eine Verlagerung von passiven Einkünften in den Bereich der nach den DBA freigestellten Betriebsstätteneinkünfte zu unterbinden. Eine Willkürung von zuordnungsneutralen Wirtschaftsgütern wird somit verwehrt. Unabhängig von der vorstehend untersuchten europarechtlichen Beurteilung soll nachfolgend diese Rechtsprechung insbesondere auf ihre Rechtfertigung überprüft werden. Dies soll mit einem Ver-

760 Vgl. EuGH v. 05.07.2005 - C 376/03 (D), HFR 2005, S. 1035, Tz. 52; EuGH v. 12.05.1998 - C 336/96 (Gilly), HFR 1998, S. 691, Tz. 31; EuGH v. 23.02.2006 - C 513/03 (van Hilten-van der Heijden), HFR 2006, S. 526; Tz. 47; nun auch EuGH v. 15.05.2008 - C 414/06 (Lidl Belgium), DB 2008, S. 1130, Tz. 22.

761 Vgl. EuGH v. 06.12.2007 - C 298/05 (Columbus Container Services), HFR 2008, S. 188, Tz. 45.

762 Vgl. EuGH v. 23.02.2006 - C 513/03 (van Hilten-van der Heijden), HFR 2006, S. 526; Tz. 48; EuGH v. 15.05.2008 - C 414/06 (Lidl Belgium), DB 2008, S. 1130, Tz. 22.

763 Eingehend zur Abgrenzung zwischen allokativen und materiellen Abkommensnormen vgl. Kofler (DBA), S. 548; Saß, DB 1998, S. 1482 (1483).

gleich verbunden werden, um aufzuzeigen, ob nicht bereits andere Regelungen als steuerpolitische Alternativen geeignetere, mildere und angemessenere Mittel für eine Missbrauchsvermeidung darstellen.

1.4.3.1 Angemessenere Missbrauchsvermeidung durch Aktivitätsvorbehalte?

Gegenüber der strengen Auslegung des Kriteriums "tatsächliche Zugehörigkeit" durch den BFH wird eingewandt, dass die sog. Aktivitätsvorbehalte infolge dieser Rechtsprechung leer laufen. So wird ein Wertungswiderspruch zu dem unilateral in § 20 Abs. 2 AStG geregelten Aktivitätsvorbehalt gesehen.[764] Nach dieser Vorschrift ist auf die Betriebsstätteneinkünfte die Anrechnungsmethode anstelle der abkommensrechtlich vereinbarten Freistellungsmethode anzuwenden, wenn die Einkünfte als "Zwischeneinkünfte" im Sinne des § 8 AStG steuerpflichtig wären, wäre die Betriebsstätte eine ausländische Gesellschaft. Die Anwendung des Aktivitätsvorbehalts setzt voraus, dass die Betriebsstätteneinkünfte durch ein DBA freigestellt sind und die Höhe der passiven Einkünfte eine der in § 9 AStG genannten Freigrenzen überschreitet.[765] Die Betriebsstätteneinkünfte müssen überdies niedrig besteuert i. S. v. § 8 Abs. 1 bzw. Abs. 3 AStG sein. Das Argument, dass eine Missbrauchsvermeidung bereits durch den Aktivitätsvorbehalt erreicht wird, kann gleichermaßen auf abkommensrechtlich vereinbarte Aktivitätsvorbehalte bezogen werden.[766] Nach diesen Regelungen ist die Freistellung der Betriebsstätteneinkünfte meist an die Bedingungen des § 8 AStG oder an ähnliche Bedingungen geknüpft. Einer niedrigen Besteuerung bedarf es insoweit nicht.[767] Der Übergang zur Anrechnungsmethode erfordert meist, dass die Betriebsstätteneinkünfte nicht ausschließlich oder fast ausschließlich aus aktiven Tätigkeiten erzielt wer-

---

764 Vgl. Maier in Löwenstein / Looks (Betriebsstättenbesteuerung), Rn. 697. § 20 Abs. 2 AStG setzt voraus, dass die passiven Einkünfte der ausländischen Betriebsstätte entsprechend Art. 10 Abs. 4 OECD-MA bzw. vergleichbarer Regelungen als Betriebsstätteneinkünfte i. S. v. Art. 7 OECD-MA behandelt werden, d. h. dass die zugrunde liegenden Wirtschaftsgüter der Betriebsstätte tatsächlich zugehörig sind, vgl. Blümich / Vogt, § 1 AStG, Rn. 26; Wassermeyer / Schönfeld in Flick / Wassermeyer / Baumhoff, § 20 AStG, Rn. 122.

765 Vgl. Wassermeyer in Flick / Wassermeyer / Baumhoff, § 9 AStG, Rn. 12.

766 Die Aktivitätsvorbehalte haben für deutsche DBA eine relativ große Bedeutung. So hatte Wassermeyer in einer Untersuchung aus dem Jahr 2000 in 75 deutschen DBA bzw. den zugehörigen Protokollnoten und Schlussprotokollen insgesamt 58 Aktivitätsvorbehalte identifiziert, vgl. Wassermeyer, IStR 2000, S. 65 (65); vgl. auch die Übersicht in Vogel in Vogel / Lehner, DBA, Art. 23, Rn. 80.

767 Vgl. Schmidt / Blöchle in Strunk / Kaminski / Köhler, § 20 AStG, Rn. 120.

den.[768] Sind deshalb in hinreichendem Ausmaß passive Einkünfte in den Unternehmensgewinnen enthalten, ist auf die Betriebsstätteneinkünfte insgesamt die Anrechnungsmethode anzuwenden.[769]

Möglichen Missbräuchen bei der Zurechnung von Dividenden, Zinsen, Lizenzgebühren usw. wirkt sowohl das Kriterium der tatsächlichen Zugehörigkeit entgegen als auch der unilaterale oder ein abkommensrechtlicher Aktivitätsvorbehalt. Im Ansässigkeitsstaat wird unter den Voraussetzungen des Aktivitätsvorbehalts eine Heraufschleusung der Steuerbelastung auf das in diesem Staat geltende Steuerniveau erreicht, so dass durch die Verlagerung passiver Einkünfte in relative Niedrigsteuerstaaten keine Steuersatzunterschiede nutzbar gemacht werden können. Dies gilt aus deutscher Sicht allerdings nur für die Einkommen- und Körperschaftsteuer. Hinsichtlich der Gewerbesteuer erreicht allein das Kriterium der tatsächlichen Zugehörigkeit eine Begrenzung der Einkünfteverlagerungsmöglichkeiten, da die Dividenden,[770] Zinsen, Lizenzen usw. in Deutschland der Gewerbesteuer unterliegen können. Der Aktivitätsvorbehalt gilt demgegenüber nicht für die Gewerbesteuer.[771] Für die Gewerbesteuer bleibt es vielmehr bei der unilateralen Freistellung gem. § 9 Nr. 3 GewStG. Überdies gilt der unilaterale Aktivitätsvorbehalt nur bei niedriger Besteuerung, so dass kleinere Steuerniveauunterschiede ohne Korrektur bleiben. Insoweit könnte das Kriterium der tatsächlichen Zugehörigkeit durchaus als geeignetere Regelung zur Missbrauchsvermeidung angesehen werden.

Bei der Beurteilung der Notwendigkeit der hier untersuchten Regelungen ist zu bedenken, dass nach den Aktivitätsvorbehalten die Anrechnungmethode i.d.R. auf die gesamten Betriebsstätteneinkünfte anzuwenden ist. Folglich unterliegen auch die Einkünfte aus aktiven Tätigkeiten im Ansässigkeitsstaat der Besteuerung und eine Heraufschleusung auf das Steuerniveau des Ansässigkeitsstaats tritt auch hinsichtlich dieses Teils der Betriebsstätteneinkünfte ein.

---

768 Vgl. Vogel in Vogel / Lehner, DBA, Art. 23, Rn. 80; Wassermeyer in Debatin / Wassermeyer, MA Art. 23A, Rn. 156.

769 Ausnahmen bilden die DBA mit Finnland und der Schweiz. Diese sehen vor, dass im Ansässigkeitsstaat die in den Unternehmensgewinnen enthaltenen aktiven Einkünfte freizustellen sind, während die darin enthaltenen passiven Einkünfte der Anrechnungsmethode unterfallen. Insoweit ist eine Aufteilung geboten, vgl. Vogel in Vogel / Lehner, DBA, Art. 23, Rn. 82; Wassermeyer in Debatin / Wassermeyer, MA Art. 23A, Rn. 156; Wingert / Strohner in Flick / Wassermeyer / Wingert / Kempermann, DBA-Schweiz, Art. 24, Rn. 67. Im Bereich des DBA Deutschland-Schweiz folgt dies aus der Formulierung "*soweit* die Gewinne nachweislich durch … (*div. aktive Tätigkeiten, d. Verf.*) … erzielt werden" in Art. 24 Abs. 1 S. 1 Nr. 1a) des DBA (Hervorh. d. Verf.).

770 Auch wenn Dividenden nach § 8b KStG i. V. m. § 9 Nr. 2a oder 7 GewStG nur zu 5% der Gewerbesteuer unterliegen, erreicht allein das Kriterium der tatsächlichen Zugehörigkeit die Besteuerung i.H.v. 5% im Inland.

771 Vgl. Wassermeyer in Debatin / Wassermeyer, MA Art. 23A, Rn. 157.

Hingegen führt eine strenge Auslegung des Kriteriums der tatsächlichen Zugehörigkeit unter diesem Aspekt zu einer günstigeren Besteuerung als der Aktivitätsvorbehalt, da die Freistellung der Betriebsstätteneinkünfte aus aktiver Tätigkeit unberührt bleibt. Sie kann daher das mildere Mittel für eine Missbrauchsvermeidung sein.

Allerdings schießt auch das Kriterium der tatsächlichen Zugehörigkeit u.U. über das Ziel der Missbrauchsvermeidung hinaus. Wegen der Unschärfe dieses Kriteriums und der Interessenlage der beteiligten Staaten dürfte vielfach die Situation eintreten, dass der Betriebsstättenstaat eine weitere Auslegung als der Ansässigkeitsstaat zugrunde legt, so dass eine Doppelbesteuerung eintritt. Dieser Umstand begründet Zweifel, ob eine strenge Interpretation der tatsächlichen Zugehörigkeit gerechtfertigt ist.

1.4.3.2 Angemessenere Missbrauchsvermeidung durch Herauslösung von passiven Einkünften aus den Betriebsstätteneinkünften?

Streitig ist seit einem Urteil des BFH vom 07.08.2002[772] zum DBA Deutschland-Schweiz, ob die Betriebsstättenvorbehalte nur für die Besteuerung im Betriebsstättenstaat, nicht aber im Ansässigkeitsstaat gelten. Wird diese Frage bejaht, dürfte der Ansässigkeitsstaat auf die im Betriebsstättenergebnis enthaltenen Dividenden, Zinsen und Lizenzgebühren usw. generell die Anrechnungsmethode anwenden, auch wenn die zugrunde liegenden Wirtschaftsgüter der Betriebsstätte tatsächlich zugehörig sind. Das Urteil erging zur Anwendung des Aktivitätsvorbehalts im DBA Deutschland-Schweiz auf Dividenden aus einer Beteiligung, die unstreitig tatsächlich der Schweizer Betriebsstätte zugehörig war.[773] Der BFH kam zu dem Ergebnis, dass der Aktivitätsvorbehalt zur Anwendung gelangt, da die den aktiven Betätigungen zuzuordnende Beteiligung "insoweit lediglich als Quelle passiver Einkünfte in Erscheinung"[774] trat. Dividendeneinkünfte ließen sich jedenfalls nicht den im DBA Deutschland-Schweiz aufgelisteten aktiven Tätigkeitserfordernissen zuordnen und könnten deshalb aus Sicht des Ansässigkeitsstaats nicht die funktionale Zuordnung der Beteiligung teilen. Trotz der tatsächlichen Zugehörigkeit der Beteiligung zum Betriebsstättenvermögen war deshalb ein deutsches Besteuerungsrecht an den Dividenden gegeben, wobei die auf die Dividendeneinkünfte entfallenden Schweizer Steuern in Deutschland anzurechnen waren. Die

---

[772] Vgl. BFH v. 07.08.2002 - I R 10/01, BStBl II 2002, S. 848.

[773] Durch die Beteiligung könnte die Produktionsauslastung der Betriebsstätte abgesichert und ausgeweitet werden, vgl. den Tatbestand im vorinstanzlichen Urteil des FG Baden-Württemberg v. 05.04.2000 - 12 K 98/98, Datev-Dokument Nr. 0554374.

[774] Vgl. BFH v. 07.08.2002 - I R 10/01, BStBl II 2002, S. 848 (Gründe Nr. 2d.bb).

knappe Bemerkung des BFH, es könne unentschieden bleiben, ob die Ausschüttungen im Rahmen des Methodenartikels zu den Unternehmensgewinnen oder zu den Dividenden zählen, führte allerdings zu der Diskussion, ob der Ansässigkeitsstaat generell – d. h. auch im Anwendungsbereich anderer DBA – Dividenden annehmen kann, obwohl im Quellenstaat wegen des Betriebsstättenvorbehalts Unternehmensgewinne vorliegen. Dies ist die Auffassung von *Wassermeyer*, der sich auf den Wortlaut der Betriebsstättenvorbehalte beruft.[775] Nach *Wassermeyer* regelt z. B. Art. 10 Abs. 4 OECD-MA, dass "die Absätze 1 und 2" bei tatsächlicher Zugehörigkeit der Beteiligungsrechte zur Betriebsstätte nicht anzuwenden seien. Die Anwendung des Abs. 3, der die Definition des Dividendenbegriffs enthält, ist jedoch nach dem Wortlaut des Art. 10 Abs. 4 OECD-MA nicht ausgeschlossen. Deshalb könnten bei tatsächlicher Zugehörigkeit der Wirtschaftsgüter zur Betriebsstätte begrifflich immer noch Dividenden, nicht Unternehmensgewinne, vorliegen, die im Ansässigkeitsstaat der Anrechnungsmethode zu unterwerfen wären. Die Argumentation folgt einer autonomen Abkommensauslegung, die für den Dividendenbegriff im Sinne des Methodenartikels nicht nach Art. 3 Abs. 2 OECD-MA auf ein innerstaatliches Begriffsverständnis zurückgreift.[776]

Diese Auslegung wurde im Schrifttum mehrfach kritisch beurteilt: *Kluge* weist darauf hin, dass der fehlende Ausschluss der Dividendendefinition in Art. 10 Abs. 4 OECD-MA erfolgt sein könnte, um auch bei Anwendung des Betriebsstättenvorbehalts die Dividendeneigenschaft bestimmen zu können.[777] Da Dividenden zum Tatbestand auch des Betriebsstättenvorbehalts gehören, muss die Definition des Dividendenbegriffs anwendbar bleiben. Wenn mit dem fehlenden Verweis auf Abs. 3 ein Bezug zum Methodenartikel hergestellt werden sollte, wäre im OECD-Musterkommentar wohl ein diesbezüglicher Hinweis zu erwarten gewesen. Nach *Lang* definiert Art. 10 Abs. 3 OECD-MA nach dessen Wortlaut lediglich den "in diesem Artikel verwendete(n) Ausdruck 'Dividenden'". Die Definition der Dividende kann folglich nicht auf den Methodenartikel durchschlagen.[778] *Lang* weist ergänzend auf eine Textstelle des OECD-Musterkommentars zu dem in Art. 21 Abs. 2 OECD-MA geregelten Betriebsstättenvorbehalt für andere Einkünfte hin.[779] Diese bringt zum Ausdruck, dass den anderen Einkünften unterfallende Dividenden, Zinsen und Lizenzgebühren, die aus dem Ansässigkeitsstaat stammen, bei tatsächlicher

775 Vgl. Wassermeyer (Podiumsdiskussion), S. 208 f.

776 Vgl. Kluge in FS Wassermeyer, S. 663 (672); Wassermeyer in FS Ruppe, S. 679 (682 f.).

777 Vgl. zum Folgenden Kluge, FS Wassermeyer, S. 661 (677 f.).

778 Vgl. Lang, SWI 2003, S. 319 (322).

779 Vgl. OECD-Musterkommentar zu Art. 21, Tz. 5.

Zugehörigkeit der zugrunde liegenden Wirtschaftsgüter zur Betriebsstätte im Ansässigkeitsstaat freizustellen sind. Es wäre unsystematisch, wenn diese Einkünfte im Ansässigkeitsstaat freigestellt würden und gleichzeitig das Besteuerungsrecht an Dividenden, Zinsen und Lizenzgebühren, die nicht aus dem Ansässigkeitsstaat stammen, dem Ansässigkeitsstaat zukommen sollte.

Die Auslegung von *Wassermeyer* hätte zur Folge, dass denkbaren Missbräuchen bei der Zuordnung mobiler Wirtschaftsgüter durch die Anwendung der Anrechnungsmethode auf die in den Betriebsstätteneinkünften enthaltenen passiven Einkünfte entgegen gewirkt werden könnte. Die von *Wassermeyer* befürwortete Herauslösung von passiven Einkünften aus den Betriebsstätteneinkünften bewirkt im Bereich der Einkommen- und Körperschaftsteuer eine Hochschleusung von einem niedrigeren Steuerniveau des Betriebsstättenstaats für Unternehmensgewinne auf ein höheres Steuerniveau des Ansässigkeitsstaats. Dies gilt selbst bei nur marginalen Steuersatzunterschieden, d. h. es bedarf keiner "niedrigen" Besteuerung im Betriebsstättenstaat. Folgte man *Wassermeyer*, so bedürfte es einer strengen Auslegung der tatsächlichen Zugehörigkeit als Missbrauchsvermeidungskriterium nicht mehr. Allerdings führt die von *Wassermeyer* befürwortete Auslegung auch insoweit zu einer Hochschleusung auf das Steuerniveau des Ansässigkeitsstaats, als eine funktionale (tatsächliche) Zugehörigkeit der zugrunde liegenden Wirtschaftsgüter zur Betriebsstätte gegeben ist. Insoweit kann aufgrund des funktionalen Zusammenhangs der Dividenden, Zinsen und Lizenzen mit den aktiven Tätigkeiten kein Missbrauch vorliegen. Deshalb schießt die von *Wassermeyer* vorgeschlagene Besteuerung im Ansässigkeitsstaat über das Ziel der Missbrauchsvermeidung hinaus, so dass ihre Notwendigkeit fraglich erscheint. Überdies dürfte sie wiederum keine Auswirkung auf die Gewerbesteuer haben. Nur das Kriterium der tatsächlichen Zugehörigkeit wird somit dem Ziel einer Missbrauchsvermeidung im Bereich der Gewerbesteuer gerecht. Im Ergebnis dürfte selbst bei Zulässigkeit der von *Wassermeyer* begründeten Auslegung das Kriterium der tatsächlichen Zugehörigkeit eine geeignetere und mildere Missbrauchsvermeidung gewährleisten.

1.4.4 Beurteilung der Verwaltungsgrundsätze

Die Regelungen der Verwaltungsgrundsätze sind wie die BFH-Rechtsprechung zum Kriterium der tatsächlichen Zugehörigkeit auf eine tendenzielle Zurechnung von passiven Einkünften zum Stammhaus ausgerichtet. Bereits in der Verwaltungsanweisung vom 24.08.1984 wurde festgelegt, dass ausländische Unternehmen, die in Deutschland eine Kontroll- und Koordinierungsstelle als Betriebsstätte unterhalten, keine Zuordnung von "Anteilen an Tochtergesellschaften, Darlehen, Patenten oder sonstigen vergleichbaren Wirtschaftsgütern der Konzernspitze" zur Betriebsstätte vornehmen können.[780] Nur wenig differenzierter, aber auf In- und Outboundfälle gleichermaßen bezogen sind die Regelungen des Betriebsstättenerlasses vom 24.12.1999, wonach bei der Zuordnung von Wirtschaftsgütern zu den Unternehmensteilen die "Zentralfunktion" des Stammhauses zu beachten sei.[781] Demnach seien dem Stammhaus regelmäßig die dem Gesamtunternehmen dienenden Finanzmittel sowie Beteiligungen zuzurechnen, die nicht einer in der Betriebsstätte ausgeübten Tätigkeit dienen. Allerdings können Finanzmittel der Betriebsstätte zugerechnet werden, wenn diese für eine zukünftige Verwendung in der Betriebsstätte vorgehalten und von der Betriebsstätte nur vorübergehend gewinnbringend angelegt werden.[782]

Dem Postulat einer Zentralfunktion des Stammhauses könnte die Vermutung zugrunde liegen, dass die Entscheidungsbefugnis über den Erwerb und die Nutzung zuordnungsneutraler Wirtschaftsgüter generell im Stammhaus zentralisiert sei und diese folglich der Tätigkeit des Stammhauses zuzuordnen seien. Auch Teile des Schrifttums argumentieren in ähnlicher Weise, dass es darauf ankomme, welcher Unternehmensteil die Anschaffungsentscheidung bezüglich des Wirtschaftsguts getroffen habe.[783] Wie oben ausgeführt, kann allerdings dem Erwerb eines Wirtschaftsguts als Zurechnungskriterium nur in wenigen Ausnahmefällen Bedeutung zukommen.[784] Außerdem ist die Annahme, dass im Regelfall die Entscheidungsgewalt über den Erwerb derartiger Wirtschaftsgüter beim Stammhaus liegt, in Zweifel zu ziehen. Über den Erwerb von Wirtschaftsgütern kann auch lokal entschieden werden. Die unter-

---

780 Vgl. BMF, Schrb. v. 24.08.1984, IV C 5 – S 1300 – 244/84, BStBl I 1984, S. 458, unter III. Vgl. auch Runge, StbJb 1997/98, S. 493 (508); ders. (Betriebsstättenerlaß), S. 131 (135).

781 Vgl. VWG-BS, Tz. 2.4 Abs. 4.

782 Nach den Verwaltungsgrundsätzen gehören die von einer Betriebsstätte erwirtschafteten Finanzmittel zur Betriebsstätte, soweit sie zur Absicherung der Geschäftstätigkeit der Betriebsstätte erforderlich sind oder bei ihr zur Finanzierung von beschlossenen oder in absehbarer Zeit vorgesehenen Investitionen dienen sollen, vgl. VWG-BS, Tz. 2.4, Abs. 5. Ähnlich der OECD-Betriebsstättenbericht im Zusammenhang mit der Bestimmung des Dotationskapitals, vgl. OECD (Report), Tz. 160 [Part I]: "If, however, the company has a commitment to purchase a particular business (such as legally binding purchase contract), then the capital may be segregated. Segregation might also be appropriate if the enterprise has earmarked the proceeds for timely distribution to shareholders or otherwise committed itself to using the funds in a particular manner within a reasonable period of time."

783 Vgl. Hemmelrath (Ermittlung), S. 230; Nowotny (Zuordnung), S. 160.

784 Vgl. Kapitel III, Abschn. 1.2.3 dieser Arbeit.

stellte Zentralfunktion des Stammhauses ist somit nicht durch den Fremdvergleich gedeckt.[785]

Sie findet auch in den abkommensrechtlichen Betriebsstättenvorbehalten keine Rechtsgrundlage. Diese regeln die Zurechnung von Dividenden, Lizenzgebühren, Zinsen und anderen Einkünften, nicht aber die Zurechnung der zugrunde liegenden Wirtschaftsgüter.[786] Deshalb sind auch weitere im Schrifttum aus der Zentralfunktion des Stammhauses gezogene Konsequenzen nicht haltbar. Z. B. müssten nach der Verwaltungsauffassung auch Teilwertabschreibungen und Zuschreibungen der zuordnungsneutralen Wirtschaftsgüter dem Stammhaus zugerechnet werden. Dies ist allerdings nicht zwingend, da für die Zurechnung der Wirtschaftsgüter mit Blick auf den Fremdvergleichsgrundsatz eine Willkürung möglich erscheint. Überdies wäre aufgrund der Zentralfunktion bei einer Sitzverlegung ins Ausland eine Entstrickung dieser Wirtschaftsgüter erforderlich. Diese Rechtsfolge der Zentralfunktion ist ebenfalls nicht durch die abkommensrechtlichen Betriebsstättenvorbehalte gedeckt.

Die Finanzverwaltung will die Zentralfunktion offenbar auch im Nicht-DBA-Fall anwenden, da eine anderslautende Einschränkung nicht aus den Verwaltungsgrundsätzen hervorgeht. Die Annahme einer Zentralfunktion ist aber im Nicht-DBA-Fall ganz offensichtlich ohne gesetzliche Grundlage. Insbesondere können Dividenden, Lizenzgebühren, Zinsen und andere Einkünfte entgegen der Verwaltungsauffassung im Nicht-DBA-Fall einer Betriebsstätte zugerechnet werden, da die Betriebsstätte als selbstständiges unabhängiges Unternehmen diese Einkünfte hätte erzielen können und keine Einschränkung durch das Kriterium der tatsächlichen Zugehörigkeit besteht.

---

785 Zur Kritik der "Zentralfunktion" des Stammhauses im Schrifttum vgl. Gundel (Betriebsstättenerlaß), S. 121 (143); Roth (Zurechnung), S. 87 (103); Kumpf, FR 2001, S. 449 (452); Strunk / Kaminski, IStR 2001, S. 161 (163); Kraft, StbJb 2000/01, S. 205 (217); Hirsch, StuB 2001, S. 372 (375); Kaminski, RIW 1997, S. 970 (971 ff.); Strunk / Kaminski, IWB 2002, F. 3 Gr. 2, S. 1021 (1024); Ditz (Betriebsstätten), S. 287; Blumers, DB 2006, S. 856.

786 Im Zusammenhang mit § 2a EStG vgl. BFH v. 17.11.1999 - I R 7/99, BStBl II 2000, S. 605 (Gründe Nr. 3d); FG Münster v. 12.12.2006 - 13 K 5352/01 F, DStRE 2007, S. 1073 (Gründe Nr. I.3.b), Revision anhängig unter Az. I R 16/07. Vgl. auch die Ausführungen in Kapitel III, Abschn. 1.1.3.3.

1.5 Zurechnung von Schulden und Schuldzinsen

Soll die Einkünftezurechnung der direkten Methode folgen, so ist auch eine einzelne Zurechnung derjenigen Gewinnbestandteile folgerichtig, die mit der Finanzierung des Unternehmens zusammenhängen.[787]

Wie bereits dargelegt, kann die Weiterleitung von Finanzmitteln, die von einem Unternehmensteil für den anderen beschafft wurden, unter einer *eingeschränkten Selbstständigkeitsfiktion* nicht als Gewährung eines fremdüblich verzinslichen Eigendarlehens behandelt werden.[788] Deshalb erweist sich die Zurechnung der finanzierungsbezogenen Aufwendungen und Erträge als reines Aufteilungsproblem passiver Wirtschaftsgüter, so dass sich das Eigenkapital (Dotationskapital) der Betriebsstätte als Restgröße der ihr zuzurechnenden aktiven und passiven Wirtschaftsgüter ergibt.[789]

Unter der *absoluten Selbstständigkeitsfiktion* – die z. B. im Sonderfall der Kreditinstitute und Finanzierungsbetriebsstätten angewendet wird[790] – werden hingegen interne Darlehensbeziehungen fingiert. Grundsätzlich ist allerdings auch hier eine Zurechnung der durch das Gesamtunternehmen begründeten Fremdkapitalpositionen erforderlich, um die hiermit verbundenen Aufwendungen des Gesamtunternehmens aufzuteilen. Allerdings können neben unternehmensextern begründeten Schulden auch unternehmeninterne Schulden treten, die bei der Beurteilung der Betriebsstättenfinanzierung berücksichtigt werden müssen.

---

787 Die direkte Methode hat damit auch im Bereich der Schuldzinsenzurechnung grundsätzlich Vorrang vor der indirekten Methode. Allerdings können einzelne Schulden auch durch beide Unternehmensteile veranlasst sein, vgl. VWG-BS, Tz. 3.3; BFH v. 20.03.2002 - II R 84/99, BFH/NV 2002, S. 1017; Roth (Zurechnung), S. 87 (95).

788 Vgl. Kapitel II, Abschn. 3.3.1 dieser Arbeit.

789 So ausdrücklich BFH v. 23.08.2000 - I R 98/96, BStBl II 2002, S. 207; Maier in Löwenstein / Looks (Betriebsstättenbesteuerung), Rn. 709.

790 Zur ordentlichen Geschäftstätigkeit von Kreditinstituten und Finanzierungsbetriebsstätten zählt auch die Gewährung von Darlehen, so dass insoweit die eingeschränkte Selbstständigkeitsfiktion aufgehoben ist, vgl. Bierlaagh, Intertax 1992, S. 156 (157); Wassermeyer in Debatin / Wassermeyer, MA, Art. 7, Rn. 281; FG Hessen v. 10.12.2002 - 4 K 3994/00, EFG 2003, S. 1191; kritisch dagegen van Raad, Intertax 2000, S. 162 (165).

1.5.1 Veranlassungsprinzip und Zurechnung von Schuldzinsen

1.5.1.1 Grundsatz: Zurechnung von Schuldzinsen nach dem Verwendungszweck der Schuld

Den Ausgangspunkt für die Zurechnung von Schulden und den mit ihnen verbundenen Schuldzinsen bildet unstrittig das Veranlassungsprinzip. Für die Rechtsprechung ist es entscheidend, ob Schulden durch die Betriebsstätte "veranlasst"[791] sind bzw. ob sich ein "wirtschaftlicher Zusammenhang"[792] zwischen Schuldaufnahme und Mittelverwendung in der Betriebsstätte feststellen lässt. Sie betont insbesondere das Finalprinzip, wenn sie für die Zurechnung von Schulden zur Betriebsstätte voraussetzt, dass diese der Betriebsstätte "dienen"[793] sollen oder für ihre "Zwecke"[794] aufgenommen worden sind. Die verwendungszweckbezogene Zurechnung einzelner Schulden entspricht im Grundsatz auch dem Fremdvergleich, da die durch eine Betriebsstätte veranlassten Schulden auch bei einem gedachten Vergleichsbetrieb Schulden darstellen würden.[795]

Die verwendungszweckbezogene Zurechnung von Schulden ist unkritisch, wenn der Verwendungszweck einer Schuld eindeutig aus dem Anlass ihrer

---

791 Vgl. FG Düsseldorf v. 13.09.1979 - II 357/74 Bew., EFG 1980, S. 279; BFH v. 12.01.1994 - II R 95/89, BFH/NV 1994, S. 690; BFH v. 20.03.2002 - II R 84/99, BFH/NV 2002, S. 1017. In früheren Urteilen zum Dotationskapital wurde dagegen das Veranlassungsprinzip nicht ausdrücklich erwähnt, vgl. BFH v. 27.07.1965 - I 110/63 S, BStBl III 1966, S. 24; BFH v. 21.01.1972 - III R 57/71, BStBl II 1972, S. 374.

792 Die Urteile des BFH zur Bestimmung des Dotationskapitals ergingen überwiegend zur vermögensteuerlichen Abgrenzung des inländischen Betriebsvermögens. Hier ist bereits nach dem BewG maßgebend, inwieweit Vermögen der inländischen Zweigniederlassung dient (§ 121 Nr. 3 BewG) bzw. inwieweit ein wirtschaftlicher Zusammenhang zwischen der inländischen Betriebsstätte und den Schulden besteht (§ 103 Abs. 1 BewG), vgl. auch FG Niedersachsen v. 10.11.1987 - I 265/82, EFG 1987, S. 221; BFH v. 21.01.1972 - III R 57/71, BStBl II 1972, S. 374; BFH v. 12.01.1994 - II R 95/89, BFH/NV 1994, S. 690; BFH v. 25.06.1986 - II R 213/83, BStBl II 1986, S. 785; BFH v. 20.03.2002 - II R 84/99, BFH/NV 2002, S. 1017.

793 Vgl. BFH v. 12.01.1994 - II R 95/89, BFH/NV 1994, S. 690 (Gründe Nr. 2b): "...hat die Unternehmensleitung des Stammhauses klar und eindeutig zum Ausdruck gebracht, daß diese Gelder ausschließlich der Betriebsstätte dienen sollen."

794 Vgl. BFH v. 27.07.1965 - I 110/63 S, BStBl III 1966, S. 24; FG München v. 11.10.1995 - 7 K 3474/93, EFG 1996, S. 244; BFH v. 20.03.2002 - II R 84/99, BFH/NV 2002, S. 1017. Auch im Zusammenhang mit der Abgrenzung betrieblicher Einkünfte ist der tatsächlicher Verwendungzweck von Schulden maßgebend, vgl. BFH v. 04.07.1990 - GrS 2-3/88, BStBl II 1990, S. 817; Schallmoser in Herrmann / Heuer / Raupach, § 4 EStG, Rn. 1049.

795 So die vermögensteuerliche Rechtsprechung, vgl. BFH v. 21.01.1972 - III R 57/71, BStBl II 1972, S. 374; BFH v. 12.01.1994 - II R 95/89, BFH/NV 1994, S. 690.

Entstehung hervorgeht. So sind etwa Lieferantenschulden für Lieferungen oder Leistungen Dritter an die Betriebsstätte oder Schulden aus rückständigen Löhnen des Betriebsstättenpersonals eindeutig der Betriebsstätte zuzurechnen.[796] Ebenso sind Pensionsrückstellungen oder andere Rückstellungen für Personalverpflichtungen in der Regel eindeutig den Unternehmensteilen zurechenbar.

Der Verwendungszweck als innere Tatsache kann allerdings nicht unmittelbar festgestellt werden. Vielmehr ist der Verwendungszweck anhand äußerlich in Erscheinung tretender Kriterien zu überprüfen. Die Rechtsprechung verwendet hierbei ein Abgrenzungskriterium, das auch im Zusammenhang mit dem betrieblichen Schuldzinsenabzug angewandt wird. Als wesentliches Indiz für die Veranlassung gilt demnach ein *sachlicher und zeitlicher Zusammenhang* zwischen der Schuldaufnahme und einer Mittelzuweisung an die Betriebsstätte.[797] Diese Vermutungsregel wird im Schrifttum dahingehend konkretisiert, dass der aufgenommene Fremdkapitalbetrag mit der fraglichen Mittelverwendung betragsmäßig übereinstimmen und sich betragsmäßig deutlich von anderen Mittelverwendungen abheben muss. Zusätzliche Indizien für den Zweckbezug einer Verbindlichkeit könnten darin gesehen werden, dass diese in ihren Ausstattungsmerkmalen (z. B. Laufzeit, Währung) auf eine Zahlungsreihe abgestimmt ist, die sich aus den finanzierten Auszahlungen und den erwarteten Rückflüssen ergibt.[798] Außerdem wird sich die geforderte zeitliche Nähe zwischen Schuldaufnahme und Mittelverwendung an dem Planungshorizont des Steuerpflichtigen orientieren müssen.

1.5.1.2 Regeln für die Auflösung des Veranlassungszusammenhangs

Bei einer verwendungszweckbezogenen Zurechnung von Schulden muss bestimmt werden, wie lange die ursprüngliche Bindung einer Schuld an ihren Verwendungszweck aufrechterhalten bleibt. Eine folgerichtige Umsetzung des

---

796 Vgl. Buciek in Flick / Wassermeyer / Wingert / Kempermann, DBA-Schweiz, Art. 7, Rn. 417.

797 Vgl. BFH v. 20.03.2002 - II R 84/99, BFH/NV 2002, S. 1017. Auf einen engen zeitlichen Zusammenhang zwischen Schuldaufnahme und Mittelverwendung in der Betriebsstätte stellt auch der österreichische VwGH ab, vgl. Lechner, FS Werilly, S. 195 (212). Vgl. zum betrieblichen Schuldzinsenabzug Brewi / Schön, DStR 1978, S. 99 (102); Bilsdorfer, DStZ 1981, S. 340 (343: "enger wirtschaftlicher Zusammenhang"); kritisch Beater, StuW 1989, S. 170 (172).

798 Vgl. Wacker, BB 1991, S. 248 (252). Ein solcher Fall lässt sich typischerweise bei ausgereichten Kundendarlehen feststellen, die über Kredite mit gleichartigen Ausstattungsmerkmalen refinanziert werden, vgl. BFH v. 02.08.1966 - I 66/63, BStBl III 1967, S. 27.

Veranlassungsprinzips verlangt, dass eine Schuld nur so lange ihrem Verwendungszweck zugerechnet wird, bis sie diesen erfüllt hat. Nach der Rechtsprechung zum betrieblichen Schuldzinsenabzug bleibt der betriebliche Veranlassungszusammenhang einer Verbindlichkeit bis zu ihrem Erlöschen bestehen, es sei denn mit ihr wurde ein später entnommenes Wirtschaftsgut finanziert.[799] Demnach wird der Steuerpflichtige an seiner ursprünglichen Beurteilung festgehalten, was eine nachträgliche Änderung der Fremdkapitalzurechnung ausschließt.[800] Bei sinngemäßer Übertragung auf Betriebsstättensachverhalte würde mit der Überführung von fremdfinanzierten Wirtschaftsgütern in einen anderen Unternehmensteil auch das zugehörige Fremdkapital übergehen.

Allerdings erscheint es als zu eng, eine Umwidmung von Schulden allein auf den Fall der Überführung fremdfinanzierter Wirtschaftsgüter zu beschränken. Schulden sind vielmehr geeignet, mehrere zeitlich aufeinanderfolgende Kapitalbedarfe zu decken und können daher im Zeitablauf unterschiedlichen Zwecken dienen. Der ursprüngliche Verwendungszweck einer Verbindlichkeit kann deshalb bereits als erfüllt betrachtet werden, wenn die fremdfinanzierten Tätigkeiten Einzahlungen generiert haben, aus denen die Schuld getilgt werden könnte.[801] Der Verzicht auf eine mögliche Tilgung einer Schuld aus den Rückflüssen der mit ihr finanzierten Auszahlungen kann daher als Indiz gelten, dass die Schuld nun einem neuen Verwendungszweck zugeführt worden ist. In gleicher Weise erlischt der Bezug einer Schuld zu einem Verwendungszweck, wenn die mit ihr finanzierten Auszahlungen keinen Rückfluss mehr erwarten lassen und ihr Finanzierungszweck somit nachträglich wegfällt (z. B.

---

799 Vgl. BFH v. 04.07.1990 - GrS 2-3/88, BStBl II 1990, S. 817 (Gründe Nr. II.3.b): "Eine betrieblich veranlaßte Verbindlichkeit behält diese Eigenschaft in der Regel bis zu ihrem Erlöschen. Eine Betriebsschuld wird jedoch in das Privatvermögen überführt, wenn der Steuerpflichtige mit dem Darlehen ein betrieblichen Zwecken dienendes Wirtschaftsgut erwirbt und dieses zu einem späteren Zeitpunkt dem Betrieb entnimmt." Ebenso Paus, FR 1984, S. 135 (138); Weber-Grellet, DStZ 1991, S. 321 (322).

800 Vgl. Becker in Herrmann / Heuer / Raupach, § 4 EStG, Rn. 901; Dankmeyer in Dankmeyer / Giloy, § 4 EStG, Rn. 252; Söhn in Kirchhof / Söhn / Mellinghoff, EStG-Komm., § 4 Rn. E 566; Schallmoser in Herrmann / Heuer / Raupach, § 4 EStG, Rn. 1049; Dusowski, DStZ 1999, S. 926 (932).

801 Vor allem Siegel stellt ausdrücklich auf die "Amortisation" der fremdfinanzierten Aufwendungen ab, vgl. Siegel, DStR 1996, S. 1496 (1499); Siegel, DStR 1998, S. 621 (623). Ein ähnliches Argument liegt der Forderung zugrunde, bei Veräußerung oder Aufgabe des Betriebs seien zurückbleibende Schulden nicht mehr durch den Betrieb veranlasst, soweit sie aus dem Veräußerungs- oder Aufgabeerlös hätten gedeckt werden können, vgl. BFH v. 12.11.1997 - XI R 98/96, BStBl II 1998, S. 144; Paus, FR 1984, S. 135 (136 f.); Becker in Herrmann / Heuer / Raupach, § 4 EStG, Rn. 901; Dusowski, DStZ 1999, S. 926 (929). Anders nun im Rahmen der Einkünfte aus Vermietung und Verpachtung, vgl. BFH v. 12.10.2005 - IX R 28/04, BStBl II 2006, S. 407; BMF, Schrb. vom 03.05.2006, IV C 3 – S 2211 – 11/06, BStBl I 2006, S. 363.

Untergang des fremdfinanzierten Wirtschaftsguts)[802] oder wenn sie von Beginn an nicht auf die Erzielung von Erträgen gerichtet waren (z. B. Finanzierung von Aufwendungen für Schadensersatzleistungen). Ist aber der ursprüngliche Veranlassungszusammenhang einer Schuld weggefallen, so ermöglicht dies eine erneute Zurechnung zu einem anderen Finanzierungszweck.

1.5.1.3 Folgerungen und Beurteilung

Die verwendungszweckbezogene Zurechnung von Schulden ist regelmäßig mit beträchtlichen Beurteilungsspielräumen verbunden. Wann ein sachlicher und zeitlicher Zusammenhang zwischen Mittelaufnahme und -verwendung vorliegt, lässt sich kaum in allgemeingültiger Weise festlegen, so dass auf die Verhältnisse des Einzelfalls abgestellt wird. Für den Steuerpflichtigen bedeutet diese inhaltliche Unbestimmtheit einen Mangel an Planungs- und Rechtssicherheit. Zudem wird die Einkünftezurechnung in hohem Maße gestaltungsanfällig, weil Veranlassungszusammenhänge durch den Steuerpflichtigen leicht konstruiert oder vermieden werden können (z. B. durch Aufteilung von Darlehensbeträgen oder nachträgliche Verlängerung von Laufzeiten),[803] so dass dem Steuerpflichtigen im Ergebnis beträchtliche Möglichkeiten zur Verlagerung von Einkünften eingeräumt würden.

Die verwendungszweckbezogene Zurechnung von Schulden unterstellt außerdem ein kurzfristig ausgerichtetes Finanzierungsverhalten, bei dem über die Finanzierung jedes einzelnen Kapitalbedarfs separat entschieden wird. Reale Finanzplanungen sind allerdings vielfach umfassender ausgerichtet, wobei lediglich Restkapitalbedarfe finanziert werden, die sich als Saldo aus verschiedenen zukünftigen Ein- und Auszahlungen von Stammhaus und Betriebsstätte innerhalb eines bestimmten Planungshorizonts ergeben.[804] Eine eindeutige Lösung des Zurechnungsproblems ist somit nicht möglich. Überdies können auch bei kurzfristig ausgerichtetem Finanzierungsverhalten Schulden Finanzierungszwecken beider Unternehmensteile dienen und damit mehrfach veranlasst sein. Zwar wäre eine anteilige Zurechnung der Schuld auf Stamm-

---

802 Vgl. Siegel, DStR 1996, S. 1496 (1501); Dankmeyer in Dankmeyer / Giloy, § 4 EStG, Rn. 254; Paus, FR 1984, S. 135 (137).

803 Die verwendungszweckbezogene Zurechnung wird überwiegend ablehnend beurteilt, vgl. Debatin, JbFSt 1973/74, S. 59 (75); Ritter, JbFSt 1976/77, S. 288 (303).

804 Vgl. Siegel, StuW 1985, S. 207 (207); Herzig, FR 1994, S. 589 (599).

haus und Betriebsstätte eine mögliche und pragmatisch orientierte Lösung,[805] allerdings erscheint eine solche Festlegung nicht zwingend. Sie könnte insbesondere vor dem Hintergrund einer Finanzierungsfreiheit des Steuerpflichtigen[806] auf Bedenken stoßen.

Auch bei der Überprüfung, ob ein Veranlassungszusammenhang weiterhin besteht oder beendet ist, ergeben sich beträchtliche Beurteilungsspielräume. Ob der Zweck einer Schuldaufnahme erfüllt ist, kann fraglich sein, wenn an die Stelle eines bisher bestehenden Finanzierungszwecks ein neuer, ähnlicher Finanzierungszweck tritt, z. B. bei der Veräußerung eines Wirtschaftsguts und der Verwendung des Erlöses zum Erwerb eines Ersatzwirtschaftsguts.[807] Weitere Ermessensspielräume entstehen, wenn der Steuerpflichtige mehrere Rückflüsse auf eine Schuld erhält (z. B. Rückflüsse zu verschiedenen Zeitpunkten oder aus verschiedenen Einkünftequellen),[808] da hierbei die Auflösung eines bestehenden Veranlassungszusammenhangs theoretisch nicht eindeutig lösbar ist. Es kann nicht eindeutig entschieden werden, welche der verschiedenen Rückflüsse in welcher Höhe die maßgebliche Möglichkeit zur Tilgung der Schuld bilden und damit zur Auflösung des Zweckzusammenhangs führen (z. B. die zuerst erzielten oder die zuletzt erzielten Rückflüsse oder alle Rückflüsse anteilig und in gleicher Höhe).

Somit ist die Praktikabilität der verwendungszweckbezogenen Zurechnung einzelner Schulden fragwürdig. Selbst bei nur mittlerer Komplexität der Finanzierungsbeziehungen im Unternehmen dürfte der für den Nachweis von Veranlassungszusammenhängen erforderliche Verwaltungsaufwand ökonomisch nicht zu rechtfertigen sein. Überdies eröffnet die verwendungszweckbezogene Zurechnung von Schulden Einkünfteverlagerungsmöglichkeiten, die als zu weitgehend empfunden werden.[809] Im Ergebnis kann die verwendungszweckbezogene Zurechnung von Schulden zwar nicht generell abgelehnt werden, da sie bei sehr überschaubaren Zahlungsströmen in Einzelfällen durchaus eine geeignete Zurechnungsregel darstellen kann. Für alle anderen Fälle dürfte der Nachvollzug einzelner Veranlassungszusammenhänge wenig praktikabel sein, so dass nach alternativen Zurechnungskonzepten zu suchen ist.

---

805 Vgl. Buciek in Flick / Wassermeyer / Wingert / Kempermann, DBA-Schweiz, Art. 7, Rn. 425. Buciek verweist insoweit auf die Rechtsprechung zur Aufteilung von Schulden auf teils selbst genutzte und teils fremdvermietete Gebäude, vgl. etwa BFH v. 27.10.1998 - IV R 29/96, BStBl II 1999, S. 680.

806 Vgl. Beiser, IStR 1992, S. 7 (10); Runge, IStR 2002, S. 825 (826); Lechner (Dotationskapital), S. 179 (194).

807 Vgl. Weber-Grellet, DStZ 1991, S. 321 (322); Dusowski, DStZ 1999, S. 926 (930).

808 Vgl. Siegel, DStR 1996, S. 1496 (1499).

809 Vgl. Da., IStR 1994, S. 278 (279); Bakker / van Hoey Smith, ITPJ 2004, S. 13 (18).

1.5.2 Externer Fremdvergleich als Veranlassungsfiktion

1.5.2.1 Notwendigkeit des externen Fremdvergleichs als Veranlassungsfiktion

Als Alternative zur verwendungsbezogenen Zurechnung von Schulden kommt eine Gesamtbeurteilung der Kapitalausstattung von Stammhaus und Betriebsstätte anhand eines Fremdvergleichs in Betracht. Ordnet der Fremdvergleichsgrundsatz an, dass der Betriebsstätte die Gewinne zugerechnet werden, die sie als vergleichbares selbstständiges und unabhängiges Unternehmen erzielt hätte, so ist damit auch verlangt, dass die Betriebsstätte über eine Kapitalausstattung verfügen muss, die vergleichbare selbstständige und unabhängige Unternehmen aufweisen würden. Der Fremdvergleichsgrundsatz zielt generell darauf ab, Einkünfteverlagerungen auszuschließen, die aufgrund des fehlenden Interessegegensatzes zwischen den Unternehmensteilen möglich werden und die bei fremden Dritten als wirtschaftlich unangemessen gelten müssten. Sein Regelungsgehalt lässt sich nicht allein auf einen Maßstab zur Überprüfung der Bewertung unternehmensinterner Leistungen oder der Zuordnung von Wirtschaftsgütern reduzieren. Dem Fremdvergleichsgrundsatz könnte die Funktion einer "Veranlassungsfiktion"[810] zukommen, da insoweit auf vereinfachte Weise der Umfang der durch die Unternehmensteile veranlassten Schuldzinsen bestimmt würde.

Wie bereits oben ausgeführt, ist zwar die Rechtmäßigkeit des Fremdvergleichs im innerstaatlichen Steuerrecht mangels einer klaren und eindeutigen Rechtsgrundlage umstritten.[811] Allerdings erkennt die herrschende Meinung den Fremdvergleich als Einkünftezurechnungsmaßstab auch im innerstaatlichen Steuerrecht an, da dieser geeignet ist, das Veranlassungsprinzip zu objektivieren. Nach dieser herrschenden Auffassung ist daher auch im Nicht-DBA-Fall bei der Frage der Finanzierung der Unternehmensteile ein Fremdvergleich zulässig.

Demgegenüber wird im Schrifttum verschiedentlich der Grundsatz der Finanzierungsfreiheit in relativ pauschaler Weise betont, so dass der Eindruck entsteht, der Steuerpflichtige könne die Kapitalausstattung der Betriebsstätte völlig willkürlich festlegen.[812] Mitunter hat auch die Rechtsprechung dem Steuerpflichtigen ohne weitere Einschränkung eine freie Bestimmung der Be-

---

810 Den Begriff "Veranlassungsfiktion" verwendet Herzig, FR 1994, S. 589 (598), für die Konkretisierung des Veranlassungsprinzips durch vereinfachende Kapitalstrukturregeln zur Abgrenzung betrieblich veranlasster Schuldzinsen.

811 Vgl. Kap. II, Abschn. 2.1.

812 So etwa Bähr (Gewinnermittlung), S. 119; Beiser, IStR 1992, S. 7 (10); Runge, IStR 2002, S. 825 (826).

triebsstättendotation eingeräumt.[813] Nach wohl herrschender Auffassung findet hingegen die Finanzierungsfreiheit des Steuerpflichtigen eine Grenze bei missbräuchlichen Gestaltungen.[814] Im Grundsatz folgt das Schrifttum hierbei der Rechtsprechung, die seit einem Judikat des RFH dem Steuerpflichtigen wiederholt eine Finanzierungsfreiheit eingeräumt hat, aber den Verstoß gegen kaufmännische und wirtschaftliche Erfordernisse der Betriebsstätte als Missbrauchsgrenze festlegt.[815]

Der Grundsatz der Finanzierungsfreiheit wurde auch durch die Rechtsprechung zum betrieblichen Schuldzinsenabzug betont. Der Große Senat des

---

[813] Vgl. BFH v. 25.06.1986 - II R 213/83, BStBl II 1986, S. 785: "Bei der Entscheidung, inwieweit die interne Finanzausstattung der Zweigstelle aus Eigenkapital oder aus von der Zentrale weitergeleitetem Fremdkapital besteht, kommt der unternehmerischen Entscheidung der Zentrale eine besondere Bedeutung zu. Finanzmittel, die sie der Zweigstelle als Dotationskapital zuweist und für die die Zweigstelle keine Zinsen zu tragen hat, sind regelmäßig dem Eigenkapital zuzurechnen." – keine weitere Einschränkung; BFH v. 20.03.2002 - II R 84/99, BFH/NV 2002, S. 1017, Gründe Nr. II.1: "Die Unternehmen sind in dieser Hinsicht (Ausstattung der Betriebsstätte mit Eigen- oder Fremdkapital bei Gründung, d. Verf.) vielmehr völlig frei, sie müssen die Finanzausstattung der inländischen Betriebsstätte lediglich so gestalten, dass deutlich wird, ob es sich um die Zuführung von Eigenkapital oder um die Weiterleitung von für diese Zwecke aufgenommenen Darlehensmitteln handelt."

[814] Vgl. Fink, RIW 1988, S. 43 (46): Der Unternehmer sei nur in gewissen Grenzen frei, zu entscheiden, wie er das Unternehmen finanzieren möchte. Debatin, DB 1989, S. 1739 (1741): Eine Freiheit der "Finanzstruktur" würde rein steuerlich motivierten Finanzierungsüberlegungen den Raum öffnen. IdW Steuerfachausschuss, WPg 1996, S. 365 (367): Das Dotationskapital einer Betriebsstätte sei anzuerkennen, wenn der Widmungsakt nicht zu kaufmännischen und wirtschaftlichen Erfordernissen in Widerspruch steht. Runge, IStR 2002, S. 825 (826): Die angemessene Dotierung der Betriebsstätte würde *weitgehend* durch die unternehmerische Entscheidung bestimmt. Das Dotationskapital könne nicht beanstandet werden, *soweit* sich die Ausübung der Dispositionsfreiheit des Unternehmens dem *Rahmen* der wirtschaftlichen Gegebenheiten und kaufmännischen Erfordernissen folgt.

[815] Vgl. BFH v. 01.04.1987 - II R 186/80, BStBl II 1987, S. 550: können Wirtschaftsgüter, die ihrer Zweckbestimmung nach nicht ohne weiteres einer bestimmten Betriebsstätte zuzuordnen sind, die ihnen im Rahmen des Gesamtunternehmens zugewiesene Funktion sowohl als Bestandteil des Betriebsvermögens der Zentrale als auch einer Betriebsstätte ausüben, so "hänge es entscheidend von dem erkennbaren Willen der Geschäftsleitung ab, welchem Betriebsvermögen diese Wirtschaftsgüter zuzuordnen sind. Dieser Wille ist allerdings dann nicht zu beachten, wenn er im Widerspruch zu kaufmännischen und wirtschaftlichen Erfordernissen steht", m. w. V. auf RFH v. 19.12.1935, I A 236/35, RFHE 39, S. 1; FG München v. 11.10.1995, 7 K 3474/93, EFG 1996, S. 244: Das FG betont zwar ebenfalls die Freiheit des Unternehmers, mit welchem Dotationskapital er seine Betriebsstätte auszustatten hat, die allerdings durch die kaufmännischen und wirtschaftlichen Erfordernissen der Betriebsstätte begrenzt sei. Die Rechtsprechung des österreichischen VwGH verwendet ähnliche Termini, vgl. Baumhoff / Leitner / Digeronimo, IWB F. 10 Gr. 2, v. 24.5.2000, S. 1433 (1446).

BFH konnte bei der Frage des betrieblichen Schuldzinsenabzugs dem Veranlassungsprinzip keine Anweisung dahingehend entnehmen, dass die Finanzierung eines Gewerbebetriebs in ihrer Gesamtheit "angemessen" sein müsse. Ausgehend vom Grundsatz der Finanzierungsfreiheit[816] konnte der Große Senat im Gegensatz zu Teilen des Schrifttums[817] keine an der Gesamtverschuldung des Unternehmens orientierte Grenze für den Schuldzinsenabzugs ableiten. Auch bei stark fremdfinanzierten Kapitalgesellschaften war nach der BFH-Rechtsprechung in § 8 Abs. 3 S. 2 KStG keine ausreichende Rechtsgrundlage für eine Korrektur der zum Ansatz gebrachten Schuldzinsen zu sehen, so dass die frühere Praxis der Finanzverwaltung, bei einer wesentlich geringeren Eigenkapitalausstattung als im betreffenden Wirtschaftszweig üblich ein verdecktes Nennkapital anzunehmen, verworfen wurde.[818] Auch wenn die Einkünftezurechnung im Einheitsunternehmen ebenso auf dem Veranlassungsprinzip basiert wie der betriebliche Schuldzinsenabzug bzw. die vGA, so sollte die hierzu ergangene Rechtsprechung nicht schematisch auf die Einkünftezurechnung im Einheitsunternehmen übertragen werden. Schließlich zeigt auch der Blick auf die Rechtsprechung zu öffentlichen Betrieben gewerblicher Art, dass eine situations- bzw. normspezifische Anwendung des Veranlassungsprinzips auf Schuldzinsen möglich ist. Hier verlangt die Rechtsprechung auch ohne ausdrückliche gesetzliche Regelung, dass die Kapitalstruktur der Betriebe gewerblicher Art mit derjenigen gleichartiger Unternehmen der Privatwirtschaft übereinstimmen muss.[819]

---

816 Vgl. BFH v. 08.12.1997 - GrS 1-2/95, BStBl II 1998, S. 193: "Es steht dem Unternehmer frei, zunächst dem Betrieb Barmittel ohne Begrenzung auf einen Zahlungsmittelüberschuß zu entnehmen und im Anschluß hieran betriebliche Aufwendungen durch Darlehen zu finanzieren. Der Unternehmer ist berechtigt, Eigenkapital durch Fremdkapital zu ersetzen." Zustimmend Söhn in Kirchhof / Söhn / Mellinghoff, § 4 EStG, Rn. E 570; Becker in Herrmann / Heuer / Raupach, § 4 EStG, Rn. 904; Wolff-Diepenbrock, DStR 1998, S. 185 (189); Söffing, BB 1998, S. 450 (453).

817 Für Bareis liegt die Grenze der Umwidmung von Fremdkapital dort, wo sich anhand eines "Deckungsplans" ein negativer Zahlungsmittelüberschuss feststellen lässt, vgl. Bareis, StuW 1986, S. 118 (121 f.); kritisch Herzig / Dinkelbach, BB 1999, S. 1136 (1141); auf das negative Eigenkapital abstellend Siegel, StuW 1985, S. 207 (212 ff.); Beater, StuW 1989, S. 170 (174); Elser / Neininger, DB 1999, S. 172 (175). Kritisch Nacke in Littmann / Bitz / Pust, § 4,5 EStG, Rn. 1655b. Weitere Beispiele für mögliche Kapitalstrukturregeln bei Herzig, FR 1994, S. 589 (595 ff.). Auch bei der Zurechnung von Schuldzinsen zu Schachtelbeteiligungen unterbleibt eine Zurechnung von Schuldzinsen, wenn sich ein Überschuss aufgrund der Höhe der aufgenommenen Schulden und der geringen zu erwartenden Erträge nicht erzielen lässt, vgl. BFH v. 25.10.1966 - I 26/64, BStBl III 1967, S. 92.

818 Vgl. BFH v. 05.02.1992 - I R 127/90, BStBl II 1992, S. 532.

819 Vgl. BFH v. 06.08.1962 - I 65/60 U, BStBl III 1962, S. 450; BFH v. 01.09.1982 - I R 52/78, BStBl II 1983, S. 147; BFH v. 09.07.2003 - I R 48/02, BStBl II 2004, S. 425.

Der externe Fremdvergleich stößt überdies auf die u. a. von *Lechner* und *Ditz* geäußerte Kritik, dass Finanzierungsentscheidungen einem Fremdvergleich nicht zugänglich seien. Stattdessen solle die Zurechnung von Schulden bzw. die Bemessung des Dotationskapitals lediglich unter dem Gesichtspunkt von Missbrauchstatbeständen betrachtet werden.[820] Wo die Missbrauchsgrenze liegt, lassen die genannten Autoren allerdings offen. Letztendlich dürfte aber die Missbrauchsgrenze nur durch einen maßvollen Fremdvergleich zu bestimmen sein, bei dem eine großzügige Obergrenze der Verschuldung ermittelt wird. Auch die Rechtsprechung verwendet teilweise den Fremdvergleich zur Überprüfung der Kapitalstruktur von Betriebsstätten. Das FG München hat im Urteil vom 11.10.1995[821] basierend auf dem Grundsatz, die Kapitalausstattung der Betriebsstätte dürfe nicht gegen kaufmännische und wirtschaftliche Erfordernisse verstoßen, einen externen Fremdvergleich der Betriebsstättenkapitalstruktur geprüft. Auch nach dem Urteil des FG Hessen vom 10.12.2002[822] soll die Betriebsstättendotation im Grundsatz anhand eines externen Fremdvergleichs überprüft werden. Auch die OECD erkennt den Fremdvergleich als Maßstab der Überprüfung der Kapitalstruktur der Betriebsstätte an.[823] In den deutschen Verwaltungsgrundsätzen wird diese Ansicht geteilt.[824]

Die im Schrifttum geäußerte Kritik am externen Fremdvergleich wäre berechtigt, wenn als Vergleichsmaßstab eine branchendurchschnittliche Kapitalausstattung gewählt würde. Allerdings bezweckt der externe Fremdvergleich nicht einen Vergleich zu branchendurchschnittlichen Kapitalausstattungen. Vielmehr kann der gewählten Kapitalausstattung eines Unternehmensteils nur dann die steuerliche Anerkennung versagt werden, wenn ihre Unangemessenheit mit hinreichender Sicherheit festgestellt ist. Den Unwägbarkeiten des Schätzungsverfahrens wird deshalb durch die Festlegung einer angemessenen Bandbreite zulässiger Kapitalausstattungen Rechnung getragen.[825] Eine "bran-

---

820 Vgl. Lechner (Dotationskapital), S. 179 (195, FN 60) wendet sich gegen eine Gleichsetzung eines "Widerspruchs gegen kaufmännische und wirtschaftliche Erfordernisse" mit einem "Verstoß gegen Fremdvergleichsmaßstäbe". Ebenso im Ergebnis Ditz (Betriebsstätten), S. 366.

821 Vgl. FG München v. 11.10.1995, 7 K 3474/93, EFG 1996, S. 244.

822 Vgl. FG Hessen v. 10.12.2002, 4 K 3994/00, EFG 2003, S. 1191.

823 Vgl. OECD-MK zu Art. 7, Tz. 18.3; OECD (Report), Tz. 163 ff.

824 Vgl. VWG-BS, Tz. 2.5.1 Abs. 3.

825 Vgl. Mutscher (Kapitalstruktur), S. 147 ff.: Kapitalstrukturbandbreiten; United States Council for International Business (Memorandum), Tz. C 151: "...such approach should not be used in a way that would mandate the required debt/equity ratio of a branch based on the midpoint debt/equity of the comparable companies."

chenübliche" Kapitalausstattung[826] scheidet als Korrekturmaßstab aus, wenn damit eine branchendurchschnittliche Kapitalausstattung gemeint sein sollte. Der Fremdvergleich zielt dahin, eine hinreichend große Bandbreite möglicher Kapitalausstattungen zu bestimmen, um offenbar unangemessene Kapitalstrukturen auszuschließen. Erst bei Überschreiten der zulässigen Maximalbelastung der Betriebsstätte mit Fremdkapital gilt der überschüssige Betrag als nicht mehr durch die Betriebsstätte veranlasst. Die Verlässlichkeit des Fremdvergleichs wird außerdem durch die Auswahl einer hinreichend großen Anzahl an Vergleichsunternehmen und einen ausreichenden Vergleichbarkeitsgrad der jeweils zugrunde liegenden wirtschaftlichen Verhältnisse unterstützt.[827]

Mögliche methodische Folgeprobleme sind demgegenüber nicht geeignet, eine Angemessenheitsprüfung der Kapitalausstattung anhand des Fremdvergleichs generell zu verwerfen. So erscheinen die im Schrifttum geäußerten Bedenken, die empirisch zu beobachtende Bandbreite an Verschuldungsgraden sei zu breit, um ein typisches Finanzierungsverhalten festzustellen,[828] zu voreilig. Vielmehr ist die Breite des Intervalls im Einzelfall zu würdigen, so dass der externe Fremdvergleich grundsätzlich als zulässige Methode zur Überprüfung der Schuldzinszurechnung in Betracht kommt. Im Übrigen zeigen empirische Forschungsarbeiten, dass sich die Streuung von Kapitalstrukturkennziffern zu einem beträchtlichen Teil aus den Ausprägungen von Jahresabschlussindikatoren erklären lässt.[829] Deshalb erscheint es grundsätzlich möglich, die Bandbreite beobachtbarer Kapitalstrukturen durch eine gezielte Auswahl von Vergleichsunternehmen oder durch Anpassungsrechnungen einzuengen.[830]

---

[826] So Krabbe in Brezing / Krabbe / Lempenau / Mössner / Runge, § 34d EStG, Rn. 84; Blümich / Wied, EStG, § 49 EStG, Rn. 76. Branchenübliche Kapitalausstattung als angemessenes Dotationskapital ablehnend Schröder / Strunk (Betriebsstätten), Rn. C 95.

[827] Vgl. etwa VWG-BS, Tz. 2.5.1 Abs. 3: Vergleichsmaßstäbe sind nach Auffassung der Finanzverwaltung aus Kapitalausstattungen unabhängiger Unternehmen mit vergleichbaren Marktchancen und Marktrisiken abzuleiten. Zu den Vergleichsdimensionen hinsichtlich der Verschuldung eines Unternehmens vgl. auch Kap. IV, Abschn. 2.3.2.

[828] So aber wohl Lechner (Dotationskapital), S. 179 (193); Wassermeyer in Debatin / Wassermeyer, MA, Art. 7, Rn. 291, der aus "der Verschiedenheit der Betriebsstätten" folgert, diese schlössen "in der Regel auch einen betriebsexternen Fremdvergleich aus." Skeptisch auch OECD (Report), Tz. 166 [Part I].

[829] Vgl. die Dissertationen von Bartlewski (Eigenkapitalausstattung) und Noth (Eigenkapitalausstattung).

[830] Vgl. Kap. IV, Abschn. 2.3.

1.5.2.2 Sonderfragen des Fremdvergleichs

1.5.2.2.1 Überdotation

Soll die Kapitalausstattung der Unternehmensteile anhand des Fremdvergleichs beurteilt werden, so könnte – formell betrachtet – neben einer Maximalausstattung der Betriebsstätten mit Fremdkapital auch eine Obergrenze für die Eigenkapitalausstattung vorgeschrieben sein. Diese Sichtweise wählen die Verwaltungsgrundsätze, nach denen eine über die wirtschaftlichen Erfordernisse hinausgehende Dotation ausländischer Betriebsstätten nicht anzuerkennen ist.[831] Die Überprüfung einer Betriebsstätte auf Überdotation ist allerdings kaum mit den Zielsetzungen des Fremdvergleichs in Einklang zu bringen.[832] Denn im Gegensatz zur Fremdkapitalausstattung, die aufgrund des Interesses der Gläubiger an einer Rückzahlung der Schulden eine natürliche Grenze dort findet, wo der Betrieb überschuldet ist, gibt es für eine Begrenzung der Eigenkapitalquote nach oben hin keinen allgemeinen zwingenden wirtschaftlichen Grund. Der Fremdvergleich kann aber nur dann sinnvoll als steuerlicher Korrekturmaßstab eingesetzt werden, wenn ein bestimmtes Verhalten nachweisbar ist, das unter den gegebenen Umständen wirtschaftlich geboten ist.[833] Die Eigenkapitalbasis kann aufgrund individueller Umstände, etwa dem verfügbaren Kapital des Unternehmensgründers, eines Wunsches nach Unabhängigkeit von Fremdkapitalgebern usw. durchaus 100% betragen. Die steuerliche Korrektur einer "Überdotation" ausländischer Betriebsstätten ist deshalb abzulehnen, solange sie nicht zu einer unangemessenen Verschuldung des inländischen Unternehmensteils führt. Sie findet außerdem – soweit ersichtlich – in den Verlautbarungen der OECD keine Stütze. Der OECD-Betriebsstättenbericht geht offenbar davon aus, dass die Kapitalstruktur lediglich daran gemessen wird, ob die Eigenkapitalbasis einer Betriebsstätte ausreichend ist.[834] Die Finanzverwaltung bewegt sich demnach möglicherweise außerhalb eines internationalen Konsenses, dessen Beachtung für eine kongruente Einkünftezurechnung notwendig wäre. Zwar hat auch das FG München in einem Fall eine ausländische Betriebsstätte auf Überdotation geprüft. Das Finanzgericht ließ allerdings die relativ allgemeinen Ausführungen des Steuerpflichtigen, die Marktstellung der ausländischen Betriebsstätte müsse gesichert und verbessert werden, als

---

[831] Vgl. VWG-BS, Tz. 2.5.1, Abs. 5.

[832] Vgl. Haiß (Gewinnabgrenzung), S. 80 f.; kritisch wohl auch Göttsche / Stangl, DStR 2000, S. 498 (505).

[833] Vgl. Kapitel II, Abschn. 2.2 dieser Arbeit.

[834] Vgl. OECD (Report), Tz. 180 [Part I]: "The general principle is that the PE should have *sufficient* (Hervorh. d. Verf.) "free capital" to support the functions, assets and risks attributed to the PE."

ausreichenden Grund dafür gelten, dass die Betriebsstätte eine "mindestens durchschnittliche, wenn nicht überdurchschnittliche Kapitalausstattung" haben dürfe.[835]

1.5.2.2.2 Gesamtausstattung des Unternehmens mit Fremdkapital

Soll die Kapitalausstattung der Unternehmensteile an einem Finanzierungsverhalten selbstständiger unabhängiger Unternehmen gemessen werden, so ist dabei dennoch die tatsächliche Einheit von Stammhaus und Betriebsstätte zu berücksichtigen. Denn der Fremdvergleich führt offenbar zu Verwerfungen, wenn das Gesamtunternehmen insgesamt stark fremdfinanziert ist.[836] Hier versagt der bloße Fremdvergleich von Kapitalstrukturen, weil bei einer Aufteilung aller Schulden mindestens einer der Unternehmensteile eine unüblich hohe Fremdfinanzierung in Kauf nehmen muss. Ein starres Festhalten an den ermittelten Vergleichswerten bei beiden Unternehmensteilen würde dem Steuerpflichtigen ggf. den vollständigen Abzug der insgesamt angefallenen Schuldzinsen verwehren und somit zu einer Doppelbesteuerung führen.[837] Deshalb sollte – mangels anderer Anhaltspunkte – angenommen werden, dass die Fremdkapitalbeträge, die über das als fremdüblich festgestellte Volumen hinausgehen, als durch beide Unternehmensteile veranlasst angesehen werden. Zumindest soweit dieser Betrag durch ein Gesamtunternehmensinteresse erklärt werden kann, sollte entsprechend der Praxis bei Kostenumlagen eine gemeinsame Veranlassung angenommen werden.

1.5.2.2.3 Betriebsstätten von Kreditinstituten und Versicherungsunternehmen

Für Betriebsstätten von Kreditinstituten[838] und Versicherungsunternehmen[839] soll die aus aufsichtsrechtlichen Gründen geltende Mindestdotation auch für steuerliche Zwecke maßgeblich sein. Auch die Verwaltungsgrundsätze zur Bestimmung des Dotationskapitals von international tätigen Kreditinstituten vom 29.09.2004 geben die Möglichkeit einer sog. Mindestkapitalausstat-

---

835 Vgl. FG München v. 11.10.1995 - 7 K 3474/93, EFG 1996, S. 244.

836 Vgl. OECD (Report), Tz. 174 ff. [Part I].

837 In diese Richtung scheint der im OECD-Betriebsstättenbericht erörterte Vorschlag zu gehen, zunächst die Kapitalausstattung des Gesamtunternehmens anzupassen, vgl. OECD (Report), Tz. 177 [Part I].

838 Vgl. Neyer, IStR 1994, S. 6; Runge, IStR 2002, S. 825 (826); FG Hessen v. 10.12.2002, 4 K 3994/00, EFG 2003, 1191; Wagner, IWB v. 23.06.2004, F. 3 Deutschland, Gr. 2, S. 1123 ff.; zurückhaltend hingegen OECD (Report), Tz. 169 ff. [Part I].

839 Vgl. OECD (Draft IV), Tz. 157 ff.

tungsmethode vor, bei der der Betriebsstätte ein Eigenkapital zugerechnet wird, das ein eigenständiges Kreditinstitut aufsichtsrechtlich mindestens vorhalten müsste.[840] Die Betriebsstättendotation wird demnach durch die Multiplikation des aufsichtsrechtlich vorgeschriebenen Satzes von 8% mit der Summe der gewichteten Marktrisikopositionen der Betriebsstätte bestimmt. Zu den Marktrisikopositionen gehören neben den risikogewichteten Bilanzpositionen auch außerbilanzielle Positionen, wie etwa Kreditzusagen, Garantien, Terminkäufe usw.[841] Insoweit wird eine Untergrenze der Betriebsstättendotation ermittelt, die unabhängig von der tatsächlichen Kapitalausstattung vergleichbarer selbstständiger und unabhängiger Unternehmen ist. Die Methode zielt darauf ab, eine praktikable Grenze[842] für die Kapitalausstattung zu definieren, ohne auf einen externen Fremdvergleich mit konkreten Vergleichsunternehmen zurückzugreifen. Da die maßgeblichen Daten im Wesentlichen bereits für aufsichtsrechtliche Zwecke gesammelt werden müssen, dient die Methode vorrangig dem Grundsatz der Verwaltungspraktikabilität.

1.5.3 Kapitalspiegel und andere indirekte Methoden als Vermutungsregeln

Anstelle des externen Fremdvergleichs könnte eine Gesamtbeurteilung der Finanzausstattungen der Unternehmensteile auch in der Weise erfolgen, dass die Schulden des Gesamtunternehmens als durch beide Unternehmensteile veranlasst betrachtet werden. Die mit den Schulden des Gesamtunternehmens verbundenen Zinsaufwendungen wären folglich – wie andere gemeinsam veranlasste Erfolge auch – durch formelhafte Zerlegung auf die Unternehmensteile aufzuteilen. Die Vorgehensweise kann deshalb als "Finanzierungspooling" oder "indirekte Methode" bezeichnet werden.

Die bekannteste Variante dieses Finanzierungspoolings ist die "Kapitalspiegelmethode", nach der die Finanzierung von Stammhaus und Betriebsstätte so erfolgt, dass das Verhältnis von Eigen- und Fremdkapital in beiden Unternehmensteilen übereinstimmt. Es handelt sich damit um eine Schlüsselung des Eigen- und Fremdkapitals sowie der Schuldzinsen nach den Bilanzsummen der Unternehmensteile.

---

840 BMF, Schrb. v. 29.09.2004, IV B 4 – S 1300 – 296/04, IStR 2005, S. 346 ff., Tz. 2.1.3 (vgl. auch Tz. 3.1 des Schreibens).

841 Vgl. Erb, IStR 2005, S. 328 (337).

842 So auch die OECD, vgl. OECD (Report), Tz. 114: "The focus of the “quasi-thin capitalisation” approach is on providing an administratively simple way of ensuring that the PE cannot have less “free” capital than the regulatory minimum “free” capital for an independent banking enterprise operating in the same jurisdiction."

Eine weitere Form der indirekten Methode sehen die Verwaltungsgrundsätze zur Bestimmung des Dotationskapitals von international tätigen Kreditinstituten vor.[843] Nach der darin beschriebenen "Kapitalaufteilungsmethode" ist das Eigenkapital des Gesamtunternehmens mit einer Zerlegungsformel auf die Unternehmensteile aufzuteilen, so dass sich das einer Betriebsstätte maximal zurechenbare Fremdkapital als Restgröße ergibt. Die Methode beruht auf der Überlegung, dass das Dotationskapital einer Betriebsstätte eine Funktion als Risikopuffer erfüllt. Mit steigendem Risiko der Betriebsstättentätigkeit wächst das Mindestdotationskapital der Betriebsstätte und das ihr maximal zurechenbare Fremdkapital sinkt entsprechend.[844] Die Risikomessung wird nach den aufsichtsrechtlichen Eigenmittelanforderungen für Kreditinstitute vorgenommen. Danach wird der maßgebliche Zerlegungsfaktor bestimmt, indem die Summe der Marktrisikopositionen der Betriebsstätte auf die Summe der Marktrisikopositionen des Gesamtunternehmens bezogen wird.[845]

Die beschriebenen indirekten Methoden der Kapitalaufteilung verstoßen allerdings gegen verschiedene Einkünftezurechnungsgrundsätze. Wegen der ihnen innewohnenden groben Typisierung ignorieren sie eine mögliche differenziertere Zurechnung von Schulden und missachten die Finanzierungsfreiheit des Steuerpflichtigen. Sie zielen auf eine einzig mögliche Zurechnung und legen den Steuerpflichtigen damit auf ein ganz bestimmtes Finanzierungsverhalten fest. Das Schrifttum lehnt deshalb die Kapitalspiegelmethode als Regelmethode überwiegend ab.[846]

---

843 Vgl. BMF, Schrb. v. 29.09.2004, IV B 4 – S 1300 – 296/04, IStR 2005, S. 346 ff., Tz. 1.

844 Die Methode setzt daher die Forderung Schröders um, bei der Kapitalspiegelmethode Risikoaspekte zu berücksichtigen, vgl. Schröder / Strunk (Betriebsstätten), Rn. C 98.

845 Vgl. BMF, Schrb. v. 29.09.2004, IV B 4 – S 1300 – 296/04, IStR 2005, S. 346, Tz. 2.1.2. Das BMF nennt diese Methode "innerer Fremdvergleich". Da allerdings eine formelhafte Zerlegung erfolgt, sollte besser von "indirekter Methode" gesprochen werden. Die neuere US-amerikanische Abkommenspraxis eröffnet dem Steuerpflichtigen ein Wahlrecht zur Anwendung risikobezogener Schlüsselungsmethoden, vgl. Carr / Moetell, TMIJ 2004, S. 291 (301 f.), siehe dort auch zur Diskussion des "Capital Allocation Approach" des OECD-Betriebsstättenberichts, vgl. OECD (Report), Tz. 155 ff.

846 Ablehnend Kumpf / Roth in Herrmann / Heuer / Raupach, § 49 EStG, Rn. 255; Schröder / Strunk (Betriebsstätten), Rn. C 96; IdW Steuerfachausschuss, WPg 1996, S. 365 (367); Roth (Zurechnung), S. 95 (direkte Methode gelte auch für Passiva); Wassermeyer in Debatin / Wassermeyer, MA Art. 7, Rn. 292. A. A. Storck (Betriebstätten), S. 346 f. ("sofern eine direkte Zurechenbarkeit auf eine Unternehmenseinheit nicht konkretisiert werden kann"); Neubauer, JbFSt 1976/77, S. 315 (318, modifizierte Kapitalspiegelmethode, bei der nach einer direkten Zurechnung bestimmter Fremdkapitalteile verbleibende Fremdkapitalien geschlüsselt werden); ebenso Hemmelrath (Ermittlung), S. 198 ff.; generell für Kapitalspiegelmethode Da., IStR 1994, S. 279 (280); zur Kapitalspiegelmethode tendierend wohl Lüdicke (Besteuerungsfragen), S. 35 (51).

In der deutschen Rechtsprechung wurde die Kapitalspiegelmethode zunächst vom Finanzgericht Freiburg befürwortet,[847] von dem sich die spätere Rechtsprechung deutlich und wiederholt distanzierte.[848] Im Gegensatz zu dieser bislang ständigen Rechtsprechung hielt der BFH die Kapitalspiegelmethode in der Entscheidung vom 20.03.2002 für zulässig,

> "wenn – als Folge der Einheit des Vermögens des Unternehmens – *lediglich der Nachweis im Einzelnen nicht geführt werden kann* (Hervorh. d. Verf.), dass die zeitnah mit der Darlehensaufnahme erfolgten Sach- oder Finanzzuweisungen an die inländische Betriebsstätte aus den aufgenommenen Darlehen und nicht (auch) aus dem im Stammhaus vorgehaltenen Eigenkapital stammen."[849]

Im Ergebnis bedeutet dies eine Umkehr der Beweislast, da der Steuerpflichtige eine vom Ergebnis der Kapitalspiegelmethode abweichende Zurechnung von Schulden nachzuweisen hätte.[850] Dies entspricht auch den Verwaltungsgrundsätzen zur Bestimmung des Dotationskapitals international tätiger Kreditinstitute, wonach die indirekte Methode den Fremdvergleichsgrundsatz lediglich präzisieren soll und dem Steuerpflichtigen die Beweislast für eine abweichende fremdübliche Kapitalausstattung auferlegt wird.[851]

Nach den Entscheidungsgründen des genannten BFH-Urteils soll die Kapitalspiegelmethode zur "Beseitigung eines *sachtypischen* Beweisnotstandes"[852] dienen. Dieser Begriff stimmt insoweit bedenklich, als er nahelegt, dass ein von der Kapitalspiegelmethode abweichendes Ergebnis *regelmäßig* nicht nachweisbar ist und die Methode somit in einer Vielzahl von Fällen angewendet werden soll. Das Urteil könnte deshalb so verstanden werden, dass an eine Widerlegung des Ergebnisses der Kapitalspiegelmethode durch einen Fremd-

---

[847] Vgl. FG Freiburg v. 30.05.1962 - II 310/57, EFG 1963, S. 28; im Revisionsurteil äußerte sich der BFH eher ablehnend. Lediglich im Zeitpunkt der Gründung "wird regelmäßig auch das Verhältnis zwischen Eigenkapital und Fremdkapital (Kapitalspiegel) in der Filiale das gleiche sein wie im Gesamtunternehmen und in der Hauptniederlassung. Nimmt das Gesamtunternehmen in späterer Zeit weitere Schulden auf, so wird von Fall zu Fall zu prüfen sein, ob bei Vornahme weiterer Zuweisungen an die Zweigniederlassung auch dann in Zweifelsfällen nach dem erwähnten Vermögensvergleich oder nach anderen Aufteilungsmaßstäben zu verfahren ist."

[848] Vgl. FG Hessen v. 27.01.1983 - IV 355/79, EFG 1983, S. 440; BFH v. 25.06.1986 - II R 213/83, BStBl II 1986, S. 785; FG Niedersachsen v. 10.11.1987 - I 265/82, EFG 1988, S. 221; BFH v. 12.01.1994 - II R 95/89, BFH/NV 1994, S. 690; FG München v. 11.10.1995 - 7 K 3474/93, EFG 1996, S. 244.

[849] BFH v. 20.03.2002 - II R 84/99, BFH/NV 2002, S. 1017.

[850] So bereits Wassermeyer, StbJb 1997/98, S. 493 (525).

[851] Vgl. BMF, Schrb. v. 29.09.2004, IV B 4 – S 1300 – 296/04, IStR 2005, S. 346, Tz. 2.1.2, letzter Absatz und Tz. 3.2.

[852] BFH v. 20.03.2002 - II R 84/99, BFH/NV 2002, S. 1017, Hervorhebung d. Verf.

vergleich hohe Anforderungen gestellt werden. Dies wäre allerdings vor dem Hintergrund einer allseits geteilten Ablehnung unwiderleglicher ("materieller") Typisierungen nicht haltbar.[853] Vielmehr könnte es im Hinblick auf den in § 88 AO verankerten Untersuchungsgrundsatz auch vertretbar sein, der Finanzbehörde eine Beweislast hinsichtlich der Unangemessenheit der Kapitalausstattung aufzuerlegen. Für den Nachweis könnte ein Fremdvergleich gefordert werden, um ein angemessenes Beweismaß sicherzustellen. Jedenfalls fehlt eine an den Steuerpflichtigen gerichtete, gesetzlich verankerte Dokumentationspflicht fremdüblicher Kapitalstrukturen. Das Abwälzen des Angemessenheitsnachweises auf den Steuerpflichtigen, das faktisch durch die Anwendung der Kapitalspiegelmethode erzielt wird, findet im Gesetz keine Stütze und wird deshalb ablehnend beurteilt.

Eine kritische Haltung gegenüber der Kapitalspiegelmethode ist auch vor dem Hintergrund möglicher Doppelbesteuerungen angezeigt, da die Kapitalspiegelmethode im Ausland zum Teil ablehnend beurteilt wird. Besondere Beachtung haben hier die Urteile des US Federal Court of Claims in der Rechtssache "National Westminster Bank PLC vs. US" zum Schuldzinsenabzug bei einer US-amerikanischen Betriebsstätte gefunden. Die im innerstaatlichen Recht der USA vorgeschriebene Variante der Kapitalspiegelmethode widersprach nach Ansicht des Gerichts der im DBA vereinbarten Selbstständigkeitsfiktion (Art. 7 Abs. 2 OECD-MA).[854] Die sich in Deutschland abzeichnende ausdehnende Anwendung der Kapitalspiegelmethode steht deshalb in der Gefahr, von dem international üblichen Verständnis der Selbstständigkeitsfiktion abzuweichen und ist folglich wegen dem hiermit verbundenen erhöhten Risiko von Doppelbesteuerungen abzulehnen.

Voraussetzung für eine generelle Anwendung der Kapitalspiegelmethode sollte nach den vorstehenden Ausführungen eine ausdrückliche gesetzliche Regelung sein. Diese Auffassung setzt sich auch international durch. So ver-

---

853 Vgl. Die unwiderlegliche materielle Typisierung wird überwiegend abgelehnt, vgl. Brockmeyer, FS Offerhaus, S. 13 (15); Weber-Grellet, StuW 1981, S. 48 (60); Hey (Beweislast), S. 68; Eckhoff (Rechtsanwendungsgleichheit), S. 115 ff.; Raupach (Steuervereinfachung), S. 173 (188), dort in Bezug auf materielle Typisierung durch die Rechtsprechung.

854 Vgl. Katz, TMIJ 1999, S. 611; van Raad, Intertax 2000, S. 162 (166 f.); Fuller / Lincourt, Intertax 2004, S. 169; Cole / Kaywood / Rowe / Tanenbaum, ITR 2004, Issue 3, S. 1; o. V., JIT 2004, S. 4; Morrison, TMIJ 2004, S. 109. Nach der entsprechenden Vorschrift in US Treas. Regs. § 1.882.5 wird der maximal mögliche Betrag abzugsfähiger Zinsen durch Aufteilung der Schulden des Gesamtunternehmens nach dem Verhältnis der den Ländern zugerechneten Vermögenswerte oder nach einem festen Anteil der den US-Aktivitäten zugerechneten Vermögenswerte bestimmt (95% für Banken und 50% für Nichtbanken).

einbaren die USA nun in den neueren DBA ausdrücklich die Kapitalspiegelmethode, um sich auf eine gesicherte Rechtsgrundlage berufen zu können.[855]

1.5.4 Verhältnis der Schuldzinsenzurechnung zur Begrenzung des Schuldzinsenabzugs bei Gesellschafterfremdfinanzierung

In den Rechtsordnungen zahlreicher Länder sind sog. "Thin-Capitalization Rules" vorgesehen, die den von den Einkünften einer Tochtergesellschaft oder Betriebsstätte abzugsfähigen Betrag der Schuldzinsen begrenzen. Demnach werden Betriebsstätteneinkünfte erhöht, wenn das der Betriebsstätte zugerechnete Fremdkapital bestimmte vorgegebene Relationen zur Bilanzsumme oder zum Eigenkapital überschreitet.[856] Thin-Capitalization Rules ermöglichen somit eine Korrektur des Schuldzinsenabzugs, ohne dass Fremdkapitalien einzeln auf ihre Veranlassung durch Stammhaus bzw. Betriebsstätte geprüft werden müssen.

Auch das deutsche Steuerrecht enthielt mit § 8a KStG a.F. eine Vorschrift, die den Schuldzinsenabzug bei Körperschaftsteuersubjekten mit inländischen Betriebsstätten begrenzt. Demnach sind bestimmte Vergütungen für Fremdkapital als verdeckte Gewinnausschüttungen zu behandeln und außerbilanziell hinzuzurechnen. Der Anwendungsbereich der Vorschrift umfasst auch inländische Betriebsstätten,[857] sofern die Rechtsform des ausländischen Unternehmens nach einem Typenvergleich einer deutschen Kapitalgesellschaft entspricht.[858] In sachlicher Hinsicht bezieht sich § 8a KStG a.F. auf Vergütungen für Fremdkapital, das der Kapitalgesellschaft von einem Gesellschafter mit wesentlicher Beteiligung am Grund- oder Stammkapital oder einer nahe stehenden Person nicht nur kurzfristig überlassen wird. Vergütungen, die ausschließlich nach einem Bruchteil des Kapitals bemessen sind, werden als verdeckte Gewinnausschüttungen behandelt, soweit das betreffende Fremdkapital zu einem Zeitpunkt des Wirtschaftsjahres das 1,5-fache des anteiligen Eigenkapitals übersteigt (§ 8a Abs. 1 S. 1 Nr. 2 KStG a.F.). Gewinn- oder umsatzabhängige Vergütungen (§ 8a Abs. 1 S. 1 Nr. 1 KStG a.F.) werden ebenso wie durch einen konzerninternen Beteiligungserwerb veranlasste Vergütungen

---

855 Vgl. Carr / Moetell, TMIJ 2004, S. 291 (301 f.).

856 Ausdrücklich auf Betriebsstätten bezogene Thin-Capitalization Rules bestehen in den USA, Japan, Kanada und Australien, vgl. Grotherr (Unterkapitalisierungsregelungen), S. 49 (66); Andresen / Schüller / Holle, IStR 2002, S. 89; US Treas. Regs. § 1.882.5; Ward, CTJ 2000, S. 557 (573).

857 Vgl. Grotherr, DStZ 2004, S. 249 (250); Roser, EStB 2004, S. 262; Rödder / Ritzer, DB 2004, S. 891.

858 Vgl. BTDrs. 15/1518, S. 14; Frotscher in Frotscher / Maas, § 8a KStG, Rn. 150.

(§ 8a Abs. 6 KStG a.F.) generell als verdeckte Gewinnausschüttungen behandelt.

Die Vorschrift des § 8a KStG a.F. kann auf verschiedene Art und Weise zu einer höheren Besteuerung des Steuerpflichtigen führen als eine alleinige Abgrenzung der Schuldzinsen nach dem auf Ebene der Einkünftezurechnung angesiedelten Fremdvergleich. Insbesondere ist generell eine Korrektur der Schuldzinsen bei gewinn- oder umsatzabhängigen Fremdkapitalvergütungen vorgeschrieben, die eindeutig über den Fremdvergleichsmaßstab hinausgeht. Gleiches gilt für die durch konzerninternen Beteiligungserwerb veranlassten Vergütungen. Überdies kann § 8a KStG a.F. unter dem Aspekt der Beweislastumkehr zu einem geringeren Schuldzinsenabzug als unter dem Fremdvergleich führen, wenn der Steuerpflichtige im Falle der Überschreitung des safe haven von 1 : 1,5 den Nachweis der Fremdüblichkeit nicht erbringt.

Der Umfang des Schuldzinsenabzugs bei einer Betriebsstätte wird deshalb grundsätzlich an zwei Beurteilungsmaßstäben gemessen. Während § 8a KStG a.F. auf der Ebene der Einkünfteermittlung ansetzt und sich ausschließlich auf Gesellschafterfremdfinanzierung bezieht, hat der auf der Ebene der Einkünftezurechnung angesiedelte Fremdvergleich generell alle Schuldzinsen zum Gegenstand, die bei der Einkünfteermittlung angesetzt werden. Fraglich ist das Verhältnis beider Korrekturmaßstäbe. Für *Körners* Auffassung, wonach § 8a KStG a.F. die Grundsätze zum Dotationskapital verdränge,[859] fehlen Anhaltspunkte, so dass kein Exklusivverhältnis angenommen werden kann. Vielmehr zwingt der jeweils spezifische und eigenständige Anwendungsbereich beider Korrekturmaßstäbe zu der Annahme, das diese unabhängig voneinander angewendet werden: § 8a KStG a.F. bezieht sich in persönlicher Hinsicht ausschließlich auf Körperschaftsteuersubjekte und in sachlicher Hinsicht allein auf Vergütungen für qualifiziertes Gesellschafterfremdkapital. Nicht erfasst sind Schuldzinsen, die das Gesamtunternehmen gegenüber fremden Dritten entrichtet. Der auf der Einkünftezurechnungsebene angesiedelte Fremdvergleich betrifft hingegen Schuldzinsen unabhängig von der Art des Steuersubjekts und der Herkunft des Kapitals. Beispielsweise kann eine Hinzurechnung von gewinn- oder umsatzabhängigen Vergütungen für Gesellschafterfremdkapital (§ 8a Abs. 1 S. 1 Nr. 1 KStG a.F.) erfolgen und gleichzeitig im Rahmen der Einkünftezurechnung für andere Zinsen eine Zurechnung zur inländischen Betriebsstätte versagt werden.

§ 8a KStG a.F. kann den auf der Einkünftezurechnungsebene angesiedelten Fremdvergleich auch nicht unter dem Aspekt des Treaty Override ausschließen. Nach allgemeiner Ansicht wird Abkommensrecht nicht als lex su-

---

[859] Vgl. Körner, IStR 2004, S. 253 (256) und ders., IStR 2004, S. 769 (780).

perior zum innerstaatlichen Recht verstanden, sondern es steht gleichrangig neben dem innerstaatlichen Recht.[860] Deshalb sind bei der Bestimmung des Verhältnisses von Rechtsvorschriften des innerstaatlichen Rechts und des Abkommensrechts die allgemeinen Auslegungsregeln anzuwenden.[861] § 8a KStG a.F. dürfte aufgrund des lex specialis-Charakters der Vorschrift zu einem wirksamen Treaty Override führen.[862] Dies bedeutet aber nur, dass in den betreffenden Fällen höhere Betriebsstätteneinkünfte als durch Art. 7 Abs. 2 OECD-MA vorgesehen besteuert werden können. Der Fremdvergleich gemäß Art. 7 Abs. 2 OECD-MA auf Ebene der Einkünftezurechnung wird deshalb aber nicht verdrängt, sondern bleibt als selbstständiger Korrekturmaßstab anwendbar.

Fraglich ist aber, ob die Anwendung beider Korrekturmaßstäbe zu einer Doppelkorrektur der gleichen Zinsaufwendungen führen kann.[863] Wird bei der Überprüfung der Einkünftezurechnung aus Gründen des Fremdvergleichs der Abzug von Schuldzinsen bei der inländischen Betriebsstätte versagt, die gleichzeitig unter § 8a KStG a.F. fallende Vergütungen für Gesellschafterfremdkapital sind, so schließt dies bei wörtlicher Auslegung des § 8a KStG a.F. nicht aus, dass gleichzeitig eine vGA für die nämlichen Schuldzinsen zu berücksichtigen ist. Die Lösung liegt darin, eine vGA nach § 8a KStG a.F. der

---

860 Vgl. Frotscher in Frotscher / Maas, § 8a KStG, Rn. 24; Mössner (Auslegung), S. 19 (19); BFH v. 13.07.1994 - I R 120/93, BStBl II 1995, S. 129 (§ 2 AO stehe einem Treaty Override nicht entgegen); Wassermeyer in Debatin / Wassermeyer, MA, Art. 1, Rn. 8; Birk in Hübschmann / Hepp / Spitaler, § 2 AO, Rn. 160.

861 Vgl. Vogel in Vogel / Lehner, DBA, Einl., Rn. 193 ff.; Mössner (Auslegung), S. 19 (19); Drüen in Tipke / Kruse, § 2 AO, Rn. 2 und 38 (Spezialitätsverhältnis ausschlaggebend); kritisch zur Spezialitätsregel dagegen Birk in Hübschmann / Hepp / Spitaler, § 2 AO, Rn. 165 f. Zum Teil wird aber auch für einen Treaty Override verlangt, dass der Wille des Gesetzgebers zur Abkommensverletzung aus dem Gesetz ausdrücklich hervorgeht. Insoweit würde dem Wortlaut die alleinige Bedeutung beigemessen, vgl. Wassermeyer in Debatin / Wassermeyer, MA, Art. 1, Rn. 12; ebenso Birk in Hübschmann / Hepp / Spitaler, § 2 AO, Rn. 174; BFH v. 13.07.1994 - I R 120/93, BStBl II 1995, S. 129; Mössner (Auslegung), S. 19 (19); a. A. Frotscher in Frotscher / Maas, § 8a KStG, Rn. 24 (Wille zum Treaty Override ausreichend).

862 Der Wortlaut des § 8a KStG a.F. lässt zwar einen vom Gesetzgeber gewollten Treaty Override nicht ausdrücklich erkennen. Allerdings hat der Gesetzgeber mit der Vorschrift bewusst beschränkt Steuerpflichtige und ihre inländischen Betriebsstätteneinkünfte erfassen wollen. Überdies dürfte § 8a KStG a.F. gegenüber Art. 7 Abs. 2 OECD-MA die speziellere Norm sein, was für einen Treaty Override spricht, vgl. Frotscher in Frotscher / Maas, § 8a KStG, Rn. 24; wohl auch Benecke / Schnitger, IStR 2004, S. 475 (480), die jedenfalls von der Anwendbarkeit des § 8a KStG auf Personengesellschaften auch im Abkommensfall ausgehen. A. A. Schild / Eisele, IStR 2005, S. 217 (219 ff.).

863 Vgl. Roser, EStB 2004, S. 262 (264).

inländischen Betriebsstätte nicht zuzurechnen, soweit der Schuldzinsenabzug bereits nach dem Fremdvergleich auf Ebene der Einkünftezurechnung korrigiert wurde.[864] Somit können inländische Betriebsstätteneinkünfte nur insoweit korrigiert werden, als der Betriebsstätte Vergütungen für Gesellschafterfremdkapital zugerechnet werden.[865] Eine der inländischen Betriebsstätte nicht zuzurechnende vGA kann nicht als inländische Betriebsstätteneinkünfte besteuert werden. Nach einem im Ergebnis ähnlichen, wenn auch komplizierter wirkenden Lösungsvorschlag von *Roser* soll ein fiktiver Eigenkapitalposten in der Handelsbilanz der Betriebsstätte angesetzt werden, soweit der Fremdvergleich auf Ebene der Einkünftezurechnung den Schuldzinsenabzug begrenzt hat.[866] Dies deshalb, weil gemäß § 8a Abs. 2 S. 1 u. S. 5 KStG a.F. die Berechnung des safe haven grundsätzlich an das handelsbilanzielle Dotationskapital der Betriebsstätte anknüpft, sofern die Kapitalgesellschaft handelsrechtlich zur Buchführung verpflichtet ist. Allerdings bedarf es dieses Kunstgriffs nicht, wenn wie hier vorgeschlagen die vGA der inländischen Betriebsstätte nicht zugerechnet wird.

2 Unternehmensinterne Leistungen als Erfolgsursache

Soweit nicht nach der eingeschränkten Selbstständigkeitsfiktion eine bloße Aufwandsverrechnung erfolgt, verlangt die Einkünftezurechnung nach einer fremdvergleichskonformen Bewertung unternehmensinterner Leistungen, um dem leistungserbringenden Unternehmensteil einen angemessenen Anteil des Unternehmensergebnisses zuzurechnen. Der eigentlichen Leistungsbewertung (Abschn. 2.4) sind drei wesentliche Problembereiche vorgelagert, die im Folgenden untersucht werden:

- Feststellung der Verrechnungspflicht der Leistung (Abschn. 2.1),
- Bestimmung des Bewertungszeitpunkts (Abschn. 2.2),
- Abgrenzung der Bewertungseinheit (Abschn. 2.3).

Vorliegend wird die Einzelverrechnung unternehmensinterner Leistungen untersucht, die von der Verrechnungform der Kostenumlage abzugrenzen ist. Kostenumlagen bestehen lediglich in der Umlage der angefallenen Kosten mit einem einheitlichen Aufteilungsschlüssel und stellen deshalb keine Einzelverrechnung von Leistungen dar. Überdies wird nach wohl überwiegender Auffassung kein Gewinnelement berücksichtigt, was die Leistungsbewertung we-

---

864 Zur Zurechnung von verdeckten Gewinnausschüttungen vgl. BFH v. 09.05.2008 - I B 171/07, DB 2008, S. 1017; Wassermeyer (Rechtssystem), S. 73 (85); ders. in Debatin / Wassermeyer, MA, Art. 7, Rn. 391.

865 Vgl. Widmann / Füger / Rieger (Gesellschafter-Fremdfinanzierung), Tz. 460.

866 Vgl. Roser, EStB 2004, S. 262 (264).

sentlich vereinfacht. Wegen der Besonderheiten von Kostenumlagen wird auf Kap. II, Abschn. 3.3.2 verwiesen.

2.1 Konkretisierung verrechenbarer Leistungen

2.1.1 Konkretisierung durch Fremdvergleich

Der Begriff der Leistung umfasst sowohl den Transfer von Wirtschaftsgütern i. e. S. als auch sonstige Leistungen (z. B. Nutzungen, Dienstleistungen). Unternehmensinterne Leistungen sind Aktivitäten, die von einem Unternehmensteil zielgerichtet, d. h. auf einen bestimmten wirtschaftlichen Zweck des anderen Unternehmensteils hin ausgeführt werden.[867] Die Verknüpfung des Mittels "Leistung" mit den Zwecken des Leistungsempfängers ist allerdings ein innerer und deshalb grundsätzlich subjektiver Vorgang. Eine nachprüfbare Einkünftezurechnung verlangt verlässliche objektive Anhaltspunkte für die Zweckvorstellung des Steuerpflichtigen. Im Ergebnis kommt es daher nicht auf die behauptete, sondern auf die erkennbare tatsächliche Zweckbestimmung des Steuerpflichtigen an, mit einer Aktivität eine Betriebsstätte fördern zu wollen.[868]

Da das Veranlassungsprinzip durch den Fremdvergleich konkretisiert wird, setzt die Verrechnung einer Leistung voraus, dass Stammhaus und Betriebsstätte als selbstständige unabhängige Unternehmen ein Entgelt für die Leistung vereinbart hätten. Hierzu kann im Grundsatz sowohl auf den hypothetischen als auch auf den tatsächlichen Fremdvergleich zurückgegriffen werden.

In der Regel dürfte anzunehmen sein, dass sich die Unternehmensteile bei ihrer Entscheidung über den Ansatz eines Entgelts auch nach einem üblichen Verhalten anderer Marktpartner gerichtet hätten (tatsächlicher Fremdvergleich). Die Üblichkeit eines Entgelts für eine bestimmte Leistung erzeugt einen Marktdruck, dem sich die Anbieter und Nachfrager gleichartiger Leistungen nicht unbedingt entziehen können. Hätte die leistungsempfangende Einheit die Leistung anderweitig unentgeltlich beziehen können, so spricht dies dafür, dass Stammhaus und Betriebsstätte als selbstständige unabhängige Unternehmen kein Entgelt angesetzt hätten. Insoweit kann bei der Abgrenzung

---

867 Vgl. zur Mittel-Zweck-Beziehung als grundlegendes Merkmal des Leistungsbegriffs Kapitel II, Abschn. 1.2.1, insbesondere die Verweise in FN 200.

868 So ist auch nach der Rechtsprechung des BFH zum Veranlassungsprinzips nicht die *behauptete* Zweckbestimmung, sondern die *tatsächliche* Zweckbestimmung maßgeblich, die anhand objektiver Anhaltspunkte zu überprüfen ist, vgl. BFH v. 16.10.1981 - VI R 180/79, BStBl II 1982, S. 67.

verrechenbarer Leistungen auch auf tatsächlich beobachtbares Verhalten fremder Dritter Bezug genommen werden.

Allerdings dürfte bei der Überprüfung der Leistungsverrechnung dem Grunde nach häufig der hypothetische Fremdvergleich im Vordergrund stehen, d. h. die abstrakte Überlegung, ob fremde Dritte ein Entgelt für die Leistung vereinbaren würden. Zum einen wird ein tatsächlicher Fremdvergleich häufig wegen fehlender Vergleichssachverhalte ausscheiden. Zum anderen ist für offenbar nutzbringende Leistungen ein gesonderter Nachweis der Fremdüblichkeit eines Entgelts nicht erforderlich.

Die Beurteilung, ob Stammhaus und Betriebsstätte als fremde Dritte unter gleichen oder ähnlichen Bedingungen ein Entgelt vereinbart hätten, erfordert eine Analyse der Ziele, die die Unternehmensteile mit der betreffenden Leistung verknüpft hätten.[869] Aus Sicht der *leistungsempfangenden Einheit* wird regelmäßig die Verwendungsart der Leistung durch die leistungsempfangende Einheit zu untersuchen sein. Hat eine Betriebsstätte aufgrund ihrer individuellen Zielsituation nachweisbar keinen besonderen Nutzen aus einer Aktivität eines anderen Unternehmensteils, liegt eine aufgedrängte, nicht verrechenbare Leistung vor.[870]

Zusätzlich ist die Situation aus Sicht der *leistungserbringenden Einheit* zu analysieren. Entsteht die Leistung an einen anderen Unternehmensteil lediglich als unvermeidlicher externer (Neben-)Effekt einer Hauptaktivität, so ist es unwahrscheinlich, dass der leistungserbringende Unternehmensteil als selbstständiges Unternehmen ein Leistungsentgelt durchsetzen könnte (z. B. Stammhaus verkauft Komplementärgüter zu Betriebsstättenprodukten und bewirkt damit Umsätze bei der Betriebsstätte).[871] Denkbar ist auch, dass der Absatz eines Hauptprodukts gefördert werden soll und die betrachtete Nebenleistung lediglich als ergänzende kostenlose Serviceleistung erbracht wird, die die Marktposition beim Absatz der Hauptleistung stärkt. Auch die fehlende Möglichkeit, eigene Ressourcen selbst gewinnbringend verwerten zu können, kann die Durchsetzbarkeit eines Entgelts wesentlich erschweren. Dieser Überlegung kommt bei der Übertragung von Geschäftschancen sowie bei Funktionsverlagerungen besondere Bedeutung zu, deren Verrechenbarkeit grundsätzlich auch

---

869 Zu Faktoren, die die Durchsetzbarkeit von Leistungsentgelten aus betriebswirtschaftlicher Sicht beeinflussen, vgl. Trachsler (Verrechenbarkeit), insbes. S. 279 ff.

870 Die Notwendigkeit einer Zielanalyse der leistungsempfangenden Einheit folgt im Übrigen bereits aus der Definition des Leistungsbegriffs als Mittel-Zweck-Beziehung.

871 Schlicht vorteilhafte Nebenwirkungen einer wirtschaftlichen Tätigkeit können sich auch am Markt ergeben, ohne dass derjenige, der diese auslöst, generell ein Entgelt durchsetzen könnte. Vgl. auch das Beispiel bei US Treas. Regs. § 1.482-2 (b)(2)(i), Example 2; Feinschreiber (Transfer Pricing), S. 144. Ähnlich auch Becker / Kroppen in Kroppen (HIntVP), Anm. 1 f. zu Tz. 7.12.

im Einheitsunternehmen in Betracht kommt.[872] So setzt die Verrechenbarkeit einer Geschäftschance voraus, dass die leistungserbringende Einheit personell, finanziell und sachlich in der Lage gewesen wäre, die Geschäftschance selbst wahrzunehmen.[873] Ist dies zu verneinen, so ist der Wert der Geschäftschance für den bisherigen Inhaber fraglich. Ebenso bestehen Zweifel an der Verrechenbarkeit einer Leistung, wenn unternehmerische Funktionen an eine Betriebsstätte übertragen werden, weil der bisherige Funktionsträger – etwa wegen hoher Lohnkosten – in naher Zukunft Verluste aus der Funktionsausübung erwartet.[874] Hat die leistungsempfangende Einheit in derartigen Fällen einen Nutzen aus der Geschäftschance, so ergibt sich insoweit ein Einigungsspielraum,[875] der die Vereinbarung eines Entgelts zwar möglich, aber nicht zwingend erscheinen lässt. Ist in diesem Fall die Berechnung eines Entgelts unter fremden Dritten ebenso denkbar wie eine unentgeltliche Leistungserbringung, so ist es vertretbar, ein Wahlrecht des Steuerpflichtigen[876] zum Ansatz eines Leistungsentgelts anzunehmen.

2.1.2 Typische Probleme der Nutzenbeurteilung

Für die Annahme einer verrechenbaren Leistung kann es genügen, wenn die Leistung mit einer gewissen Wahrscheinlichkeit einen Nutzen verspricht.[877] Fremde Dritte würden ein Entgelt ggf. auch vereinbaren, wenn der Nutzen der Leistung zwar nicht vollständig sicher, aber hinreichend wahrscheinlich ist.

---

872 Vgl. Altheim / Bertl / Spori, IStR 1994, S. 309 (313 f.); Haarmann (Produktionsverlagerungen), S. 59 (64).

873 Vgl. BFH v. 13.11.1996 - I R 149/94, BFHE 181, S. 494; ähnlich BFH v. 12.06.1997 - I R 14/96, BFHE 183, S. 459; Wassermeyer, DStR 1997, S. 681 (684); Haarmann (Produktionsverlagerung), S. 59 (66): muss Geschäftschance selbst wahrnehmen können.

874 Vgl. Baumhoff in Flick / Wassermeyer / Baumhoff, § 1 AStG, Rn. 596; Haarmann (Produktionsverlagerung), S. 59 (67).

875 Zum Einigungsspielraum bei Funktionsverlagerungen vgl. Brüninghaus, WPg-Sonderheft 2006, S. 131 (135).

876 Vgl. Kapitel II, Abschn. 2.2 zum Ermessensspielraum bei fehlender Eindeutigkeit des Fremdvergleichs.

877 Hier kann auf eine Parallele zur Anerkennung von Betriebsausgaben verwiesen werden. Der BFH erkennt Betriebsausgaben auch dann an, wenn damit nur günstige Rahmenbedingungen für den Betrieb geschaffen werden, vgl. BFH v. 04.03.1986 - VIII R 188/84, BStBl II 1986, S. 373. Zum Veranlassungsprinzip als Rechtsgrundlage der Leistungsverrechnung vgl. Baumhoff in Flick / Wassermeyer / Baumhoff, § 1 AStG, Rn. 634.1.

Bei der Objektivierung des Leistungsnutzens sind zwei Problemkreise zu trennen:

Zum einen werden im Wirtschaftsverkehr Entscheidungen über den Bezug von Leistungen auch getroffen, wenn eine *Unsicherheit über die Leistungswirkungen* besteht. Eine vollständige Aufklärung der Leistungswirkungen ist häufig ökonomisch nicht sinnvoll oder gar unmöglich. So stößt etwa die Untersuchung der Wirkungen einer Werbemaßnahme aufgrund der Komplexität der möglichen Ursache-Wirkungs-Beziehungen an offenbare Grenzen. Allerdings können wenig konkretisierte Vorteile keine verrechenbaren Leistungen darstellen. Dies kann am Beispiel der Verlagerung von Geschäftschancen verdeutlicht werden. Wird lediglich eine Tätigkeit verlagert, deren Ausübung ohnehin allen Marktteilnehmern offensteht, so liegt eine Übertragung von Marktchancen vor, die eher eine dem Akt der Unternehmensgründung vergleichbare Organisationsmaßnahme darstellt. Für die Übertragung derartiger Marktchancen kann nach herrschender Ansicht kein Entgelt verlangt werden.[878] Eine Leistungsverrechnung würde dazu führen, dass das Stammhaus der Betriebsstätte ein "Existenzrecht" belasten würde. Hingegen ist eine verrechenbare Leistung anzunehmen, wenn die übertragenen Geschäftschancen hinreichend konkretisiert sind,[879] d. h. vergleichsweise risikolos wahrgenommen werden können.[880] Hierzu gehören etwa Funktionsverlagerungen, bei denen sich die funktionsübernehmende Einheit Markterschließungskosten erspart und deshalb wesentlich früher die Gewinnzone erreichen kann als dies bei eigenem Aufbau der Funktion möglich wäre. Hinreichend konkretisiert sind auch Einmalgeschäftschancen, die bereits durch die Erlangung von Aufträgen gesichert sind. Hier ist von einer Entgeltpflicht auszugehen, weil die Ausführung der Aufträge eine vergleichsweise risikolose Gewinnerzielung[881]

878 Vgl. Wassermeyer (Diskussion Procter), S. 236 (240); Bodenmüller (Funktionsverlagerung), S. 316: wenn eine nicht verbundene Gesellschaft eine verlagerte Funktion auch ausüben könnte, ohne ein Entgelt zu bezahlen, ist von fehlenden Entgeltfähigkeit auszugehen; Eisele (Funktionsverlagerung), S. 307; Baumhoff in Flick / Wassermeyer / Baumhoff, § 1 AStG, Rn. 636.1.

879 Vgl. Haarmann (Produktionsverlagerung), S. 59 (62); Raupach (Bemessung), S. 127 (129); Schreiber (Verrechnungspreise), S. 285 (302).

880 Vgl. BFH v. 12.06.1997 - I R 14/96, BFHE 183, S. 459; Rödder, StbJb 1997/98, S. 115 (127 f.).

881 Vgl. Eisele (Funktionsverlagerung), S. 222 ff.; Zur Zuteilung risikoloser Einmalgeschäftschancen zwischen GmbH und Gesellschafter vgl. BFH v. 12.06.1997 - I R 14/96, BFHE 183, S. 459.

ermöglicht. Die Verrechenbarkeit von Geschäftschancen ohne vertragliche Sicherung ist allerdings im Einzelfall strittig.[882]

Zweifel am Nutzen einer Leistung können auch durch die *Unsicherheit des Leistungsbedarfs* entstehen. So erfordert die Beurteilung des Nutzens einer bloßen Bereitschaftsleistung (Dienstleistung auf Abruf), eine Prognose des zukünftigen Leistungsbedarfs. Ein tatsächlicher Abruf von Leistungen in der Vergangenheit kann zwar den Nutzen einer Bereitschaftsleistung indizieren.[883] Erfolgt aber über einen längeren Zeitraum kein Abruf, so ist der Einkauf der Bereitschaftsleistung dennoch nicht generell als Fehlmaßnahme zu betrachten. Auch bei relativ seltener oder unwahrscheinlicher Inanspruchnahme kann die Vereinbarung einer Dienstleistung auf Abruf betriebswirtschaftlich sinnvoll sein, wenn die Leistung im Bedarfsfall eine hohe Bedeutung hat und kaum anderweitig beschaffbar ist.

2.1.3 Marktgängigkeit von Leistungen und Verrechenbarkeit von Verbundeffekten

Verrechenbare Leistungen müssen nicht notwendigerweise marktgängige Leistungen sein, da auch ein hypothetischer Fremdvergleich möglich ist. Deshalb können auch unternehmensspezifische oder zwischen selbstständigen Unternehmen selten erbrachte Leistungen verrechnet werden. Als besonderer Fall nicht marktgängiger Leistungen wird in der Konzerngewinnabgrenzung der sog. Rückhalt im Konzern diskutiert. Die Frage des Konzernrückhalts stellt sich sinngemäß auch für die Einkünftezurechnung im Einheitsunternehmen. Die Diskussion zum Konzernrückhalt wurde durch ein Urteil des FG Freiburg angestoßen, das unter diesen Begriff zwei Vorteilsarten erfasste, die typischerweise im Konzern entstehen:[884]

1. Die Teilhabe an der Konzernmacht. Aufgrund der Teilhabe an der Konzernmacht können bei den Konzernunternehmen vor allem preisliche und qualitative Vorteile auf Absatz- und Beschaffungsmärkten genutzt werden

---

[882] Vgl. Schreiber (Verrechnungspreise), S. 285 (302); Baumhoff in Flick / Wassermeyer / Baumhoff, § 1 AStG, Rn. 595 ff., insbes. 598: Produktionsverlagerung bei Auslaufen bzw. ordentlicher Kündigung von Fertigungsverträgen ist keine Übertragung von Geschäftschancen.

[883] Vgl. VWG-vU, Tz. 6.3.1; kritisch Stock / Kaminski, DB 1997, S. 1052 (1053 f.). Die OECD erkennt die Verrechnung von Dienstleistungen auf Abruf unter ähnlichen Einschränkungen an, vgl. OECD (Guidelines), Tz. 7.16 f.

[884] Vgl. FG Freiburg v. 21.12.1960 - I 114/56, EFG 1962, S. 315. Die genannten Vorteile wurden auch in der nachfolgenden Diskussion im Schrifttum unter den Begriff des Rückhalts im Konzern subsumiert, vgl. etwa Kumpf (Verrechnungspreise), S. 34 f.

und es kann eine Erhöhung ihrer Kreditwürdigkeit eintreten ("Verbundeffekte").[885]

2. Die Möglichkeit, Dienste der Konzerngesellschaften in Anspruch nehmen zu können. Die Inanspruchnahme von Diensten anderer Konzerngesellschaften kann sich nach dem Urteil des FG Freiburg auf Dienstleistungen verschiedenster Art beziehen, etwa auf Überlassung von Marken oder Warenzeichen sowie auf rechtliche oder technische Unterstützung.

Die Entscheidung des FG Freiburg, die Verrechenbarkeit des Rückhalts im Konzern sei generell zulässig, wird kritisch beurteilt. Die aktuelle Rechtsprechung, wie auch die h. M. im Schrifttum und die Finanzverwaltung lehnen die Verrechenbarkeit des Konzernrückhalts in relativ pauschaler Weise ab.[886] Im Schrifttum werden teilweise differenzierende Auffassungen vertreten.[887] Da eine Vielzahl verschiedener Sachverhalte unter den Konzernrückhalt fallen soll, erscheint die differenzierte Betrachtung einzelner Leistungsarten zutreffend. Eine Verrechenbarkeit eines Konzernrückhalts könnte insbesondere in Bezug auf die "Möglichkeiten zum Leistungsbezug im Konzern" in Betracht kommen, die entsprechend der Abgrenzung des FG Freiburg auch unter den Begriff des Rückhalts im Konzern fallen sollen (vgl. Punkt 2.). Für derartige Leistungen kommt z. B. eine Verrechenbarkeit als Dienstleistung auf Abruf in Betracht.[888] Insoweit wird auf vorstehende Ausführungen verwiesen.[889]

Die Verrechenbarkeit von Verbundeffekten (vgl. Punkt 1.) kann in *theoretischer* Hinsicht grundsätzlich bejaht werden. Ein Verbundeffekt entspricht der Differenz aus dem erzielten Erfolg des Unternehmensverbunds und der Summe der Erfolge, die die Unternehmensteile als unverbundene Unternehmen realisiert hätten, d. h. wenn sie bestimmte kooperationsartige Beziehungen nicht eingegangen wären (z. B. gemeinsame Beschaffung, gemeinsame Forschung und Entwicklung usw.). Das Entstehen von Verbundeffekten ist auf das Zusammenwirken beider Unternehmensteile zurückzuführen. Eine Leistungsver-

---

885 Vgl. Kumpf (Verrechnungspreise), S. 34 f.

886 Vgl. BFH v. 09.08.2000 - I R 12/99, BStBl II 2001, S. 140; FG München v. 16.07.2002 - 6 K 1910/98, EFG 2003, S. 952 (Gründe Nr. 4); VWG-vU, Tz. 6.3.2; OECD (Guidelines), Tz. 7.13; Moxter, ZfhF 1961, S. 641 (646); Klein / Nohl / Zschiegener / Klein (Konzernrechnungslegung), S. 100 f.; Becker / Kroppen in Kroppen (HIntVP), Anm. 5 zu Tz. 7.13, allerdings verweisen Becker / Kroppen auf "Grauzonen" zwischen verrechenbarer Leistung und nicht verrechenbarem Konzernrückhalt, vgl. Anm. 4 zu Tz. 7.13.

887 Vgl. Ebenroth (Vermögenszuwendungen), S. 238; Seidel (Gewinnverschiebungen), S. 122. Wohl auch FW, IStR 1998, S. 158 (159).

888 Ebenso wohl Neubauer, JbFSt 1974/75, S. 269 (280): Konzernrückhalt für bloße Nutzungsmöglichkeit der Leistungen verrechenbar.

889 Vgl. Kapitel III, Abschn. 2.1.2 dieser Arbeit.

rechnung könnte hierbei erforderlich sein, um eine bestehende Aufteilung von Verbundeffekten so zu korrigieren, dass eine angemessene Aufteilung der Verbundeffekte erreicht wird. Es ist theoretisch nicht ausgeschlossen, dass sich Betriebsstätte und Stammhaus als fremde Dritte auf die Entrichtung eines Entgelts, z. B. eines "Kooperationsbeitrags" einigen könnten, um das Entstehen eines unangemessenen Vorteilsüberschusses bei einem Unternehmensteil zu vermeiden.[890] Hierzu müsste lediglich ein ökonomisch plausibler Aufteilungsmaßstab gefunden werden.

Beispiel: Stammhaus und Betriebsstätte beziehen einen bestimmten Rohstoff zu einem Vorzugspreis von 95 GE, da die jährliche Abnahme des Gesamtunternehmens mehr als 1.000 Stück beträgt. Der Abnahmepreis bei einer jährlichen Abnahmemenge von weniger als 1.000 Stück würde 100 GE betragen. Von der jährlichen Abnahmemenge des Gesamtunternehmens entfallen 800 Stück auf das Stammhaus und 400 Stück auf die Betriebsstätte.

Die *Halbteilung* von Synergieeffekten wird häufig als faire Lösung zur Aufteilung von Verbundeffekten genannt.[891] Im Beispielsfall beträgt die Höhe des insgesamt entstehenden Verbundeffekts 1.200 * 5 GE = 6.000 GE. Davon entstehen 800 * 5 GE = 4.000 GE beim Stammhaus und 400 * 5 GE = 2.000 GE bei der Betriebsstätte. Eine Halbteilung der Verbundeffekte würde erfordern, dass jeder Unternehmensteil in Höhe von 3.000 GE an den Verbundeffekten partizipiert. Somit wäre die Betriebsstätte in Höhe von 1.000 GE an den Erträgen des Stammhauses zu beteiligen.

Andererseits könnte eine Aufteilung *im Verhältnis der Wahrscheinlichkeiten* erfolgen, mit denen die Unternehmensteile als selbstständige unabhängige Unternehmen Verbundeffekte in gleichartigen Kooperationen mit fremden Marktpartnern erzielen könnten.[892] Je höher die Wahrscheinlichkeit der Verwirklichung gleichartiger Verbundeffekte in anderen Kooperationen ist, desto

---

890 Kritisch beurteilt wird hier das Argument, Konzerneffekte wären synergetische Effekte, die keiner der Partner ohne den Beitrag des anderen erzielen kann, so dass beide Unternehmensteile vom Unternehmensverbund profitieren und ein einseitig gerichteter Leistungsfluss nicht unterstellt werden könne. So die h. M., vgl. Neubauer, JbFSt 1974/75, S. 269 (280 f.); Becker / Kroppen in Kroppen (HIntVP), Anm. 3 zu Tz. 7.13; Engler (HdV^1), Rn. K 87.

891 Vgl. Ossadnik (Aufteilung), S. 56, der die Halbe-Halbe-Aufteilung als "archetypische Usance" bezeichnet, die sich auf Märkten kulturell verfestigt habe.

892 Eine "marktbezogene" Betrachtung von Verbundeffekten wird überdies bei der Berechnung von Shapley-Werten vorgenommen, vgl. hierzu Ossadnik (Aufteilung), S. 77 ff. Im Gegensatz zu den hier betrachteten "2er-Koalitionen" werden im Shapley-Modell allerdings Mehrparteienkoalitionen betrachtet.

höher ist die Verhandlungsmacht des betreffenden Unternehmensteils und folglich sein Anteil am Verbundeffekt.

Erweiterung des Beispiels: Das Stammhaus würde für die Realisation der bisherigen Verbundeffekte einen Marktpartner mit einem jährlichen Bedarf von mehr als 200 Stück benötigen und viele kleinere Unternehmen weisen Bedarfe in derartiger Höhe auf. Die Wahrscheinlichkeit, dass eine Kooperation mit einem solchen Unternehmen gelingen würde, beträgt 75%. Die entsprechende Wahrscheinlichkeit für die Betriebsstätte beträgt dagegen 25%, da nur wenige Unternehmen einen Bedarf von mehr als 600 Stück aufweisen.

Im Beispielsfall wären dem Stammhaus ¾ des Verbundeffekts, d. h. ¾ von 6.000 GE = 4.500 GE, zuzuordnen, während bei der Betriebsstätte ¼ des Verbundeffekts, d. h. ¼ von 6.000 GE = 1.500 GE verbleiben sollen. Somit wäre das Stammhaus in Höhe von 500 GE an den Gewinnen der Betriebsstätte zu beteiligen.

Im Ergebnis erscheint es nicht ausgeschlossen, dass selbstständige unabhängige Unternehmen bereit sind, für den Beitritt in eine verbundartige Kooperation ein Entgelt an den Kooperationspartner zu entrichten. Wie vorstehend gezeigt wurde, können in manchen Fällen plausible Bewertungsmethoden gefunden werden. Allerdings ist auch zu berücksichtigen, dass bei der Bewertung derartiger Verbundeffekte beträchtliche Schätzunsicherheiten auftreten dürften. Es ist zu vermuten, dass die Schwierigkeit, Verbundeffekte zu quantifizieren, zwischen fremden Dritten die Durchsetzbarkeit eines Entgelts erschweren würde. Die Bewertungsprobleme dürften daher ein wesentliches Argument gegen die Verrechenbarkeit von Verbundeffekten darstellen.[893]

2.1.4 Folgerungen für die Mitwirkungspflichten des Steuerpflichtigen

Grundsätzlich kann der Steuerpflichtige bezüglich des Nachweises der Verrechenbarkeit einer Leistung zur Mitwirkung verpflichtet sein.[894] Die Mitwirkungspflicht kann darin bestehen, die Leistung inhaltlich nach Art und Umfang zu beschreiben. Das FG München verweist zur Begründung der Nachweispflicht auch darauf, dass fremde Dritte Leistungsinhalte vertraglich hinreichend konkretisieren würden und sich nicht zum entgeltlichen Bezug von Leistungen verpflichten würden, wenn der Leistungsinhalt nur vage festgelegt

[893] Vgl. Seidel (Gewinnverschiebungen), S. 122; Becker / Kroppen in Kroppen (HIntVP), Anm. 3 zu Tz. 7.12.

[894] Vgl. Kapitel II, Abschn. 2.5.3 dieser Arbeit.

wäre.[895] Folglich können die Anforderungen an den Umfang der Nachweispflicht vorbehaltlich der allgemeinen Erfordernisse der Zumutbarkeit und Verhältnismäßigkeit von Mitwirkungspflichten mit Hilfe des Fremdvergleichs präzisiert werden. Die Grenze der Mitwirkungspflicht im Zusammenhang mit der Verrechenbarkeit von Leistungen verläuft spätestens dort, wo auch fremde Dritte keine weiteren Informationen über den Leistungsnutzen erhalten oder benötigt hätten. Für die Aufklärung des Leistungsnutzens dürfen daher keinesfalls mehr Informationen verlangt werden. Neben dieser Obergrenze der Nachweispflicht ist allerdings – wie oben dargelegt – der allgemeine Grundsatz zu beachten, dass Mitwirkungspflichten unter Zumutbarkeits- und Verhältnismäßigkeitsaspekten[896] bestimmt werden müssen.

2.2 Bewertungszeitpunkt

Da der Nutzen einer Aktivität zu verschiedenen Zeitpunkten unterschiedlich beurteilt werden kann, kommt der Festlegung des Bewertungszeitpunkts für die Leistungsverrechnung dem Grunde und der Höhe nach erhebliche Bedeutung zu. Welcher Bewertungszeitpunkt maßgeblich sein soll, muss anhand des hypothetisch wahrscheinlichen oder des tatsächlich nachweisbaren Verhaltens fremder Dritter bestimmt werden. Da ein ordentlicher und gewissenhafter Geschäftsleiter nur solche Informationen berücksichtigen kann, die im Zeitpunkt des Geschäftsabschlusses bekannt sind,[897] wird von einem Grundsatz der ex-ante-Betrachtung ausgegangen.[898] Demnach sind Leistungen in der Regel vor

---

[895] Vgl. FG München v. 16.07.2002 - 6 K 1910/98, EFG 2003, S. 952, in dem das FG München seine Beurteilung, die fraglichen Zahlungen einer GmbH an ihre beherrschende Gesellschafterin für Technologietransferleistungen seien verdeckte Gewinnausschüttungen, wesentlich darauf stützt, dass sie nach Umfang und Art nicht bestimmt und vertraglich konkretisiert seien. Vgl. auch Baumhoff in Flick / Wassermeyer / Baumhoff, § 1 AStG, Rn. 635.2; Engler (HdV[1]), Rn. K 62.

[896] Vgl. hierzu Kapitel II, Abschn. 2.5 dieser Arbeit.

[897] Vgl. Storck (Betriebstätten), S. 335.

[898] So die bisherige – vor Inkrafttreten des § 1 Abs. 3 S. 11 f. AStG – überwiegende Meinung zur Leistungsverrechnung unter verbundenen Unternehmen, vgl. Winterhager, ZfB 1980, S. 773 (780); Baumhoff in Flick / Wassermeyer / Baumhoff, § 1 AStG, Rn. 635.4; BFH v. 19.03.1975 - I R 173/73, BStBl II 1975, S. 614: Zeitpunkt des Vertragsschlusses maßgebend; ebenso US Treas. Regs. § 1.482.2(b)(2)(i) für die Frage, ob dem Grunde nach eine verrechenbare Leistung vorliegt ("...at the time it was performed..."). Nach den VWG-vU, Tz. 3.1.2.1, sind für Bewertungszwecke die Verhältnisse zum Zeitpunkt des Vertragsschlusses entscheidend. Durch die Einschränkung, Preisgleitklauseln seien auf ihre Fremdüblichkeit zu überprüfen, wird zumindest ein Vorbehalt gegenüber der nachträglichen Anpassung von Preisen ausgedrückt; VWG-Verf., Tz. 3.4.12.8, S. 51; umgekehrt können nachträgliche Preisfestlegungen durchaus

ihrer eigentlichen Ausführung auf ihre Verrechenbarkeit zu überprüfen und der Höhe nach zu bewerten. Folglich ist es für das Vorliegen einer verrechenbaren Leistung und für die Höhe des Fremdvergleichspreises unerheblich, ob und wann sich durch die Verwertung der Leistung tatsächlich ein Nutzen einstellt. Die nachträglich gewonnene bessere Einsicht über den tatsächlichen (ggf. fehlenden) Nutzen einer Aktivität wird somit grundsätzlich nicht berücksichtigt. In verschiedenen Branchen sind allerdings auch nachträgliche Anpassungen ursprünglich vereinbarter Leistungsentgelte üblich, so dass in diesen Fällen ausnahmsweise auch eine nachträgliche Preisanpassung in Betracht kommt. Die nach § 1 Abs. 3 S. 11 f. AStG erforderlichen nachträglichen Preisanpassungen zwischen verbundenen Unternehmen sind nicht auf Betriebsstättenfälle anwendbar, da Betriebsstätten keine Personen i. S. d. § 1 AStG sind.

Darüber hinaus wurden allerdings in Kapitel II, Abschn. 3.2.2 auch Anpassungen von Entgelten untersucht, die auf der rechtlichen Unselbstständigkeit der Betriebsstätte beruhen. Derartige nachträgliche Anpassungen können nur dort erfolgen, wo der Leistungsverkehr nicht nach dem Entstrickungsgrundsatz besteuert wird. Diese Anpassungen setzen voraus, dass das Gesamtunternehmen ursprünglich nicht erwartete Mehr- oder Mindererträge realisiert.[899] Der Maßstab einer Anpassung muss hier durch Konvention festgelegt werden.

2.3 Abgrenzung von Bewertungsobjekten und Bildung von Bewertungseinheiten

2.3.1 Abgrenzung von Bewertungsobjekten

Im Rahmen der direkten Methode ist eine transaktionsbezogene Erfassung und Verrechnung von internen Leistungen notwendig. Insoweit knüpft die Leistungsverrechnung der Höhe nach an eine Abgrenzung unterschiedlicher Leistungen,[900] d. h. elementarer Bewertungsobjekte an (Übertragung von Wirtschaftsgütern, sonstige Leistungen).[901]

Werden *Wirtschaftsgüter* in einen anderen Unternehmensteil überführt, so ist die Abgrenzung des Bewertungsobjekts regelmäßig durch den bilanziellen

fremdüblich sein, vgl. BFH v. 15.12.1971 - I R 178/68, BStBl II 1972, S. 339: Nachzahlungen der Gesellschafter an ihre GmbH wegen Produktionspreissteigerungen sind keine verdeckten Gewinnausschüttungen; BFH v. 14.08.1974 - I R 168/72, BStBl II 1975, S. 123: nachträgliche Preissenkungen können im Einzelfall zu bejahen sein.

899 Vgl. Kapitel II, Abschn. 3.2 dieser Arbeit.

900 Vgl. Kumpf in Herrmann / Heuer / Raupach, § 49 EStG, Rn. 249 (185. EL; Juli 1996); Kleineidam (Rechnungslegung), S. 203.

901 Vgl. zum Folgenden OECD (Guidelines), Tz. 1.42 ff.

Begriff des Wirtschaftsguts vorgegeben,[902] da Buchwerte ohnehin nur für das Bewertungsobjekt "Wirtschaftsgut" festgestellt werden. Eine gröbere Abgrenzung von Bewertungsobjekten erscheint nicht zweckdienlich, da ein hinreichender Differenziertheitsgrad der Einkünftezurechnung erreicht werden soll. Ausgenommen hiervon sind allerdings Sachgesamtheiten, die mit einem Festwert gemäß § 240 Abs. 4 HGB bewertet werden (z. B. Werkzeugbestände, Geschäftseinrichtung). Hier ist eine Zurechnung von Anschaffungs- oder Herstellungskosten zu einzelnen Wirtschaftsgütern nicht möglich. Wird eine solche Sachgesamtheit in den anderen Unternehmensteil überführt, scheidet eine Einzelbewertung der Wirtschaftsgüter aus. Es muss vielmehr ein Fremdvergleichspreis für die Sachgesamtheit ermittelt und ein eventueller Ausgleichsposten nach einer sachgerechten Verwendungsfiktion aufgelöst werden.

Als Maßstab für die Abgrenzung von Wirtschaftsgütern gilt zum einen die Festigkeit der Verbindung zwischen verschiedenen Gegenständen. Zum anderen kann auch eine enge wirtschaftliche Verbindung (z. B. bei komplexen Anlagen, die sich aus mehreren Einzelaggregaten zusammensetzen) oder eine technisch-funktionale Abstimmung zwischen verschiedenen Gegenständen (z. B. bei Gerüstteilen) für die Annahme eines einzigen Wirtschaftsguts sprechen.[903]

Auch mehrere *sonstige Leistungen* können für Bewertungszwecke zusammengefasst werden, wenn sich die Einzelleistungen derart ergänzen, dass die gebündelte Leistung erkennbar einem einheitlichen wirtschaftlichen Ziel dient. Insoweit besteht eine Parallele zum umsatzsteuerlichen Problem der Leistungsabgrenzung. Hier wird eine Leistung angenommen, wenn Einzelleistungen so aufeinander abgestimmt sind, dass sie zu einem einheitlichen Ziel beitragen, ihre Selbstständigkeit verlieren und wirtschaftlich etwas eigenständig Drittes bilden.[904]

---

902 So soll der Fremdvergleichspreis unstreitig für "Wirtschaftsgüter" ermittelt werden, die in andere Unternehmensteile überführt werden, vgl. nur VWG-BS, Tz. 2.6; Kleineidam (Rechnungslegung), S. 187 ff.

903 Grundlegend zur Abgrenzung verschiedener Wirtschaftsgüter etwa Costede, StuW 1995, S. 115 (118 ff.); Olbrich, FS Ludewig, S. 751 ff.

904 Vgl. BFH v. 24.11.1994 - V R 30/92, BStBl II 1995, S. 151: maßgebend ist, ob mehrere, *ihrem wirtschaftlichen Gehalt nach selbstständige* Einzelleistungen vorliegen; Meyer in Offerhaus / Söhn / Lange, § 1 UStG, Rn. 76.

2.3.2 *Bildung von Bewertungseinheiten bei Verbundeffekten*

2.3.2.1 *Fremdvergleichsgrundsatz als Objektivierungsmaßstab bei Paket- oder Palettenbetrachtung*

Aus mehreren eigenständigen, elementaren Bewertungs*objekten* (Wirtschaftsgütern, sonstige Leistungen) sind Bewertungs*einheiten* zu bilden, wenn eine Abhängigkeit des Wertansatzes für ein Bewertungsobjekt von dem Wertansatz für ein anderes Bewertungsobjekt festzustellen ist (sog. Paket- oder Palettengeschäfte, "package deals").[905] Sowohl gleichartige als auch verschiedenartige Leistungen können eine Bewertungseinheit bilden. Unter fremden Dritten ist die Zusammenfassung materieller und immaterieller Wirtschaftsgüter (z. B. Belieferung mit Fertigerzeugnissen und Gewährung einer Vertriebslizenz) oder von materiellen Wirtschaftsgütern und begleitenden Dienstleistungen (z. B. Belieferung mit Software und Einrichtung derselben) zu Bewertungseinheiten nicht ungewöhnlich.[906] Grundsätzlich bleibt hierbei die Eigenständigkeit der einzelnen Leistungen als Bewertungsobjekte unberührt. Bei aufgeschobener Gewinnverwirklichung sind entsprechend für jede Leistung separate Ausgleichsposten zu bilden.

Bei der Bewertung von Leistungen unter Berücksichtigung von Bewertungseinheiten tritt die Angemessenheitsbeurteilung einzelner Wertansätze hinter der Gesamtbetrachtung der Wertansätze für eine Gruppe verbundener Leistungen zurück. So ist etwa beim Verkauf eines Warensortiments die Einbeziehung von Verlustprodukten im Rahmen einer Mischkalkulation üblich,[907] obwohl das Verlustprodukt bei isolierter Betrachtung von fremden Dritten nicht vertrieben würde. Die Angemessenheit der einzelnen Wertansätze kann daher nicht unabhängig vom Gesamtwert des Leistungspakets beurteilt werden.

Die beschriebene gegenseitige Abhängigkeit von Wertansätzen unterschiedlicher Bewertungsobjekte geht häufig mit Verbundeffekten einher. In diesem Fall weicht der Wertansatz des Leistungsbündels von der Summe der Wertansätze der einzelnen Leistungen ab. Beispielsweise kann der Anbieter beim Absatz einer größeren Anzahl gleichartiger Leistungen bereit sein, einen

---

905 Vgl. hierzu und zum Folgenden OECD (Guidelines), Tz. 1.43; Baumhoff, IStR 1994, S. 593 (593); Baumhoff / Sieker, IStR 1995, S. 517 (521); Kroppen / Rasch, IWB v. 28.08.2002, F. 5, Gr. 2, S. 351 (354); Becker in Kroppen (HIntVP), zu Tz. 1.43.

906 Vgl. OECD (Guidelines), Tz. 1.43.

907 Vgl. Becker in Kroppen (HIntVP), Anm. 3 zu Tz. 1.43; Baumhoff (Einkunftsabgrenzung), Rn. C 377.

Rabatt zu gewähren.[908] Hier ist unter Fremdvergleichsgesichtspunkten zu entscheiden, welche Bedingungen fremde Dritte hinsichtlich der Rabattform (z. B. Mengenrabatt – Umsatzrabatt; Sofortrabatt – Jahresendrabatt) und der Rabatthöhe vereinbaren würden. Auch bei verschiedenartigen Leistungen sind Verbundeffekte denkbar, z. B. im Fall eines speziell auf die Bedürfnisse der Betriebsstätte abgestimmten Werkzeugsatzes: Die Zusammenstellung der Einzelwirtschaftsgüter für die spezifischen Zwecke des Abnehmers kann eine insgesamt höhere Bewertung rechtfertigen als die Summe der Fremdvergleichspreise der einzelnen Bewertungsobjekte.

Fraglich ist, ob bei der Abgrenzung von Bewertungseinheiten auch einem besonderen Näheverhältnis von Stammhaus und Betriebsstätte Rechnung getragen werden kann. So erscheint es durchaus vertretbar, das Verhältnis zwischen Stammhaus und Betriebsstätte als langfristige, kooperative Beziehung zu kennzeichnen, wie sie allenfalls zwischen solchen rechtlich selbstständigen Unternehmen vorkommen könnte, die wirtschaftlich eng verbunden sind.[909] Fremde Dritte, die ohne weitere Bindung anonyme, wechselnde Markttransaktionen tätigen, wären demnach kein geeignetes Vergleichsobjekt. Die Konsequenz dieser Auffassung bestünde darin, dass aufgrund der unterstellten Langfristigkeit unternehmensinterner Lieferungs- und Leistungsbeziehungen tendenziell umfassendere Bewertungseinheiten zu bilden wären.[910] Folglich wäre der über einen längeren Zeitraum entstandene Leistungsverkehr aus der Beziehung zu bewerten. Diese Auffassung führte im Ergebnis zu erheblichen Bewertungsproblemen, da die zunehmende Bündelung von Leistungen derart spezifische Bewertungsobjekte entstehen ließe, dass Vergleichspreise kaum mehr auffindbar wären. Im Lichte der angestrebten Praktikabilität der Einkünftezurechnung[911] erscheint eine übermäßige Aggregation von Bewertungs-

---

[908] Teilweise wird bei größeren Leistungsmengen auch die Verrechnung höherer Entgelte angenommen, so etwa bei Brezing (Verrechnungsentgelte), S. 44. Insoweit soll die Lieferbereitschaft und –sicherheit des Anbieters vom Nachfrager besonders entgolten werden. Allerdings ist zu berücksichtigen, dass auch der Lieferant durch die leichtere Planbarkeit der Kapazitätsauslastung einen Vorteil erlangen kann, so dass nicht notwendigerweise höhere Preise durchsetzbar sind. Vgl. auch Kumpf (Verrechnungspreise), S. 132, nach dem auch danach differenziert werden muss, ob das vereinbarte Entgelt einen Festpreis darstellt.

[909] Vgl. Kaminski / Strunk, IStR 1999, S. 217; Kleineidam, IStR 2001, S. 724 (726 ff.).

[910] Vgl. zu verbundenen Unternehmen BFH v. 16.04.1980 - I R 75/78, BStBl II 1981, S. 492: Der gewissenhafte Geschäftsleiter des liefernden Unternehmens wird sich Preisvorstellungen eines Abnehmers, von dem die Existenz des Unternehmens abhängt, nicht verschließen können und auf einen Teil der Gewinnmarge bei diesen Erzeugnissen verzichten.

[911] Vgl. Kapitel I, Abschn. 3.4.

objekten problematisch, wenn sie den Nachweis von Vergleichspreisen in unangemessener Weise erschwert.

2.3.2.2 Zur Zulässigkeit des Vorteilsausgleichs im Einheitsunternehmen

Darüber hinaus ist es denkbar, dass fremde Dritte auch ohne besondere Branchenüblichkeit Gesamtentgelte festlegen, die sich auf verschiedene Bewertungsobjekte beziehen. Hierbei kann es sich um gegenläufige Transaktionen handeln (z. B. Erwerb und Veräußerung bestimmter Güter jeweils durch beide Transaktionspartner) oder um gleichgerichtete Leistungsflüsse. Derartige Vorteilsausgleichsvereinbarungen werden zwischen verbundenen Unternehmen steuerlich anerkannt.[912] Hierbei werden verschiedene Leistungen, die nicht in einem objektiven wirtschaftlichen Zusammenhang zueinander stehen, als Einheit betrachtet.[913] Ein besonderer Üblichkeitsnachweis kann nicht erbracht werden, weil der innere Zusammenhang zwischen den verschiedenen Geschäften durch eine individuelle Vereinbarung zwischen den Geschäftsparteien zustande kommt ("Intentional set-off").[914] Zum Nachweis des tatsächlich vorliegenden Willens der Parteien, einen Vorteilsausgleich vorzunehmen, sind regelmäßig klare und eindeutige, im Vorhinein geschlossene Vereinbarungen erforderlich.[915]

Ausgehend von der Position der Rechtsformneutralität[916] könnte die Forderung erhoben werden, die Zulässigkeit des Vorteilsausgleichs auf das Einheitsunternehmen zu übertragen. Dem Steuerpflichtigen würde demnach durch die bloße Behauptung einer Bewertungseinheit eine Saldierung von Vorteilen und Nachteilen aus verschiedenen fiktiven Geschäften zwischen Stammhaus und Betriebsstätte ermöglicht. Anstelle der vertraglichen Willenserklärungen selbstständiger Rechtssubjekte würde der in der Dokumentation der Einkünftezurechnung zum Ausdruck kommende Wille des Steuerpflichtigen zur Vornahme eines Vorteilsausgleichs zwischen unterschiedlichen fiktiven Geschäf-

---

912 Vgl. VWG-vU, Tz. 2.3; OECD (Guidelines), Tz. 1.60-.64; Baumhoff, IStR 1994, S. 593 (593); Baumhoff / Sieker, IStR 1995, S. 517 (521). Vgl. auch die Rechtsprechung zur verdeckten Gewinnausschüttung: BFH v. 08.06.1977 - I R 95/75, BStBl II 1977, S. 704; BFH v. 01.08.1984 - I R 99/80, BStBl II 1985, S. 18; BFH v. 28.02.1990 - I R 83/87, BStBl II 1990, S. 649.

913 Vgl. BFH v. 08.06.1977 - I R 95/75, BStBl II 1977, S. 704.

914 Deshalb wird lediglich eine Prüfung verlangt, ob der Vorteilsausgleich zwischen fremden Dritten denkbar ist (hypothetischer Fremdvergleich). Der tatsächliche Fremdvergleich ist in diesem Fall unbedeutend, vgl. Wassermeyer / Baumhoff in Flick / Wassermeyer / Baumhoff, § 1 AStG, Rn. 795.

915 Vgl. BFH v. 29.10.1997 - I R 24/97, BStBl II 1998, S. 573.

916 Vgl. Kapitel I, Abschn 3.2 dieser Arbeit.

ten treten.[917] Allerdings entspricht es der hier vertretenen kritischen Position gegenüber einer uneingeschränkten Rechtsformneutralität, auf die zivilrechtlichen Wirkungen von Vorteilsausgleichsvereinbarungen zwischen verbundenen Unternehmen hinzuweisen. Zivilrechtlich gültige Vorteilsausgleichsvereinbarungen werden dort auch unter nicht-steuerlichen Aspekten bewertet, so dass nicht grundsätzlich unterstellt werden kann, dass diese allein steuerlich motiviert seien. Vielmehr darf angenommen werden, dass Vorteilsausgleichsvereinbarungen zwischen verbundenen Unternehmen aufgrund ihrer zivilrechtlichen Wirkungen und ihrer wirtschaftlichen Konsequenzen ernsthaft gewollt sind. Dies begrenzt den Spielraum für steuerliche Missbräuche. Hingegen können zivilrechtlich wirksame Geschäfte zwischen Stammhaus und Betriebsstätte nicht zustande kommen, so dass sich die steuerliche Beurteilung der Vorteilsausgleichsvereinbarungen hier nicht darauf stützen kann, dass ein ernsthaft gewolltes Geschäft vorliegt. Da ein größeres Missbrauchspotenzial als bei verbundenen Unternehmen gegeben ist, kann der Vorteilsausgleich im Einheitsunternehmen kritisch beurteilt werden. Allerdings ist hierbei auch zu berücksichtigen, dass als Konsequenz dieser Auffassung der Vorteilsausgleich von bloßen Paketgeschäften abgegrenzt werden müsste. Da der Unterschied beider Rechtsfiguren nur in der dort vorhandenen und hier fehlenden Üblichkeit einer Bewertungseinheit liegt, wäre das Entscheidungskriterium, ob eine Bewertungseinheit anerkannt werden kann, relativ unscharf. Die Abgrenzung zulässiger Paketgeschäfte von unzulässigen Vorteilsausgleichsvereinbarungen erscheint daher problematisch.

2.4 Leistungsverrechnung der Höhe nach

Die Einkünftezurechnung folgt auch bei der Leistungsverrechnung der Höhe nach gemäß der international herrschenden Rechtspraxis dem Fremdvergleichsgrundsatz. Demnach orientiert sich die Bewertung unternehmensinterner Leistungen an Preisen, die Stammhaus und Betriebsstätte als fremde Dritte unter vergleichbaren Bedingungen vereinbart hätten ("Fremdvergleichspreis"). Fremdvergleichspreise sind idealtypisch nicht durch steuerliche Überlegungen beeinflusst und bilden deshalb angemessene Preise für Zwecke der Einkünftezurechnung im Einheitsunternehmen.

Der Ansatz von Fremdvergleichspreisen wurde bislang auch nach innerstaatlichem Steuerrecht einhellig befürwortet, da der Fremdvergleichsgrund-

[917] Der Vorteilsausgleich zählt zu den dokumentationspflichtigen "Aufzeichnungen in besonderen Fällen" gem. § 5 Nr. 1 GAufzV. Ob aus der entsprechenden Anwendung der GAufzV für Betriebsstättenfälle bereits auf eine materielle Zulässigkeit des Vorteilsausgleichs geschlossen werden kann, erscheint zweifelhaft.

satz das Veranlassungsprinzip konkretisieren soll.[918] Der Fremdvergleichspreis bildete demnach zumindest den Ausgangspunkt für die Aufspaltung der gemeinsam veranlassten Erträge.[919] Allerdings wird die Leistungsbewertung nun durch die Ent- und Verstrickungsregelungen überlagert (§ 4 Abs. 1 S. 3 u. 7 HS. 2 EStG, § 12 Abs. 1 KStG), die dem Bewertungsmaßstab des gemeinen Werts folgen (§ 6 Abs. 1 Nr. 4 u. 5a EStG).[920] Die Bewertungskategorie des gemeinen Werts bildet nun im Anwendungsbereich des Ent- und des Verstrickungsgrundsatzes die maßgebliche Bewertungskategorie des innerstaatlichen Steuerrechts, die nicht nur der Einkünfteermittlung, sondern offenbar auch der Einkünftezurechnung zugrunde liegen soll.

Der Fremdvergleichspreis ist deshalb aber nicht unbedeutend geworden. Wie an späterer Stelle im einzelnen erläutert wird,[921] sind die bei der Ermittlung von Fremdvergleichspreisen entwickelten Konzepte und Methoden zu einem großen Teil auf den gemeinen Wert übertragbar. Insbesondere die für die Schätzung des Fremdvergleichspreises bekannten Methoden können im Bereich des gemeinen Werts angewendet werden (§ 162 AO). Die weiterhin bestehende Bedeutung des Fremdvergleichspreises zeigt sich außerdem außerhalb der Anwendungsbereiche von Ent- und Verstrickungsgrundsatz. Hier sollte weiterhin der Fremdvergleichspreis den Maßstab der Leistungsbewertung bilden.

Fraglich ist, ob sich bei möglichen Abweichungen zwischen beiden Wertkategorien im Falle eines DBA der Charakter des Abkommensrechts als Schrankenrecht auswirken könnte. So könnte wegen des abkommensrechtlich vorgesehenen Fremdvergleichs z. B. ein gegenüber dem gemeinen Wert niedrigerer Fremdvergleichspreis den innerstaatlichen Besteuerungsanspruch beim Transfer von Wirtschaftsgütern von einem inländischen zu einem ausländischen Unternehmensteil auf den Fremdvergleichspreis begrenzen. Bei umgekehrter Transferrichtung könnte nach einer Verstrickung die beschränkende Wirkung des Abkommensrechts eintreten, wenn der Fremdvergleichspreis über dem gemeinen Wert liegt. Der denkbare Einwand, Ent- und Verstrickungsgrundsatz seien Maßnahmen der Gewinnermittlung, die nicht Regelungsgegenstand der DBA seien, erscheint nicht überzeugend. Wenn dies auch formal zutrifft, so greifen der Ent- und der Verstrickungsgrundsatz im Ergebnis nur über den Umweg der Einkünfteermittlung in die Einkünftezurechnung ein. Im Falle eines Abweichens zwischen gemeinem Wert und Fremdver-

---

918 Vgl. Kap. II, Abschn. 1.3.

919 Vgl. Kap. II, Abschn. 3.2.2.

920 Die Finanzverwaltung geht von der Übereinstimmung von Fremdvergleichspreis und gemeinem Wert aus, vgl. Breuninger / Möhlenbrock (Verstrickung), S. 41.

921 Vgl. Kap. III, Abschn. 2.4.4.

gleichspreis könnte sich Deutschland sonst über den Ent- und den Verstrickungsgrundsatz ein höherers Steuersubstrat eröffnen als dies der Fremdvergleichsgrundsatz der DBA zulässt. Nach allgemeiner Auffassung ist für einen wirksamen Treaty Override die eindeutig erkennbare Absicht des Gesetzgebers erforderlich, Abkommensrecht missachten zu wollen. Dies ist vorliegend nicht erkennbar, da der Gesetzgeber offensichtlich die Übereinstimmung beider Wertkategorien annimmt. Somit sollte im Falle eines Abweichens zwischen gemeinem Wert und Fremdvergleichspreis die Schrankenwirkung des DBA zum Tragen kommen. In diesen Fällen würde wiederum der Fremdvergleichspreis die maßgebliche Wertkategorie der Einkünftezurechnung bilden.

Zunächst wird deshalb die Bewertung nach dem Fremdvergleichspreis erläutert und anschließend in Abschnitt 2.4.4 auf den gemeinen Wert und mögliche Abweichungen zwischen beiden Wertkategorien eingegangen.

Im Einheitsunternehmen können Fremdvergleichspreise sowohl nach nationalem[922] als auch internationalem Verständnis[923] durch die Methoden bestimmt werden, die für die Gewinnabgrenzung zwischen verbundenen Unternehmen angewendet werden. Diese Verrechnungspreismethoden haben besonders durch ihre Anerkennung in den OECD-Richtlinien Verbreitung gefunden, an denen sich auch die deutschen Verwaltungsgrundsätze orientieren. Nachfolgend werden diese Verrechnungspreismethoden auf ihre Eignung im Rahmen der Einkünftezurechnung untersucht und mögliche Anwendungsbereiche präzisiert. Nach ihrer Grundstruktur können Verrechnungspreismethoden in die Kategorien "Preisvergleichsmethode", "Margenmethoden" und "geschäftsvorfallbezogene Gewinnaufteilungsmethode" unterteilt werden.

Im Hinblick auf die gewünschte Praktikabilität der Einkünftezurechnung[924] erscheint es zielführend, dass der Steuerpflichtige gemäß § 2 Abs. 2 GAufzV lediglich zur Anwendung und Aufzeichnung *einer* geeigneten Verrechnungspreismethode verpflichtet ist. Vom Steuerpflichtigen wird demnach eine Verprobung des nach einer Methode ermittelten Verrechnungspreises mit anderen Verrechnungspreismethoden nicht grundsätzlich verlangt.[925] Zudem deutet die Bemerkung in den Verwaltungsgrundsätzen, Prüfungsgrundlage bilde die vom

---

922 Vgl. Bähr (Gewinnermittlung), S. 105 ff.; Hemmelrath (Ermittlung), S. 244; Runge (Streitfragen), S. 134 (141); Kleineidam, IStR 1993, S. 395 (397); Kumpf in Herrmann / Heuer / Raupach, § 49 EStG (185. EL; Juli 1996), Rn. 270; Hirsch, StuB 2001, S. 372 (375).

923 Vgl. Maisto (Generalbericht), CDFI 1992, Vol. 77a, S. 141 (162 ff.); OECD-MK zu Art. 7, Tz. 11, Entwurf OECD-MK 2008 zu Art. 7, Tz. 18.

924 Vgl. oben Kapitel I, Abschn. 3.4 dieser Arbeit.

925 So auch OECD (Guidelines), Tz. 1.69.

Unternehmen durchgeführte Ermittlung der Verrechnungspreise,[926] darauf hin, dass die Auswahl einer Verrechnungspreismethode durch den Steuerpflichtigen in gewissen Grenzen anerkannt werden soll. Dies gilt zumindest in den Fällen, in denen mehrere Verrechnungspreismethoden zur Bestimmung des fremdüblichen Verrechnungspreises annähernd gleich gut geeignet sind.[927] Lediglich bei offenbar unrichtiger Auswahl einer Verrechnungspreismethode dürfte die Auswahl des Steuerpflichtigen angreifbar sein. Die pauschale Aussage des BFH, es sei die Methode auszuwählen, mit der der Fremdvergleichspreis im konkreten Einzelfall mit der größtmöglichen Wahrscheinlichkeit seiner Richtigkeit ermittelt werden soll,[928] muss vor diesem Hintergrund eingeschränkt werden, da es im Einzelfall mehrere gleich gut geeignete Methoden geben kann.

2.4.1 Preisvergleichsmethode

2.4.1.1 Grundlegende Kennzeichnung

Bei der Bewertung unternehmensinterner Transaktionen wird der Fremdvergleichsgrundsatz unmittelbar umgesetzt, wenn zwischen fremden Dritten bei vergleichbaren Geschäften vereinbarte Preise angesetzt werden (Preisvergleichsmethode). Mögliche Vergleichstransaktionen bilden sowohl Geschäfte zwischen dem betreffenden Einheitsunternehmen selbst mit fremden Dritten (innerer oder interner Preisvergleich) als auch Geschäfte zwischen fremden Unternehmen untereinander (äußerer oder externer Preisvergleich).[929] Im Rahmen des externen Preisvergleichs wird auf Vergleichspreise zurückgegriffen, die öffentlich zugänglich (z. B. Börsennotierungen, bei Auktionen zustande gekommene Höchstgebote, von Anbietern veröffentlichte Preis- und Konditionenlisten) oder dem Steuerpflichtigen aus eigenen Marktbeobachtungen bekannt sind.[930] Darüber hinaus können auch von der Finanzbehörde anläss-

---

926 Vgl. VWG-vU, Tz. 2.4.1; ähnlich VWG-Verf., Tz. 3.4.1.

927 Vgl. Baumhoff in Flick / Wassermeyer / Baumhoff, § 1 AStG, Rn. 386; Lahodny-Karner (Standardmethoden), S. 31 (57).

928 Vgl. BFH v. 17.10.2001 - I R 103/00, BStBl II 2004, S. 171 (Gründe Nr. II.A.2.d.cc).

929 Vgl. VWG-vU, Tz. 2.2.2.

930 Vgl. Blümich / Menck, § 1 AStG, Rn. 65.

lich von Betriebsprüfungen bei anderen Steuerpflichtigen festgestellte Preise als Vergleichspreise herangezogen werden.[931]

Bei der Verwendung externer Vergleichspreise muss in besonderer Weise sichergestellt sein, dass es sich nicht um bloße Preisangebote, sondern um tatsächlich zustande gekommene Preise handelt. Außerdem muss gewährleistet sein, dass die Transaktionspartner keine verdeckten Preiskomponenten (z. B. Jahresendrabatte) vereinbart haben.

2.4.1.2 *Theoretische Grundlagen der Preisvergleichsmethode und reale Wettbewerbsbedingungen*

Die theoretische Grundlage der Preisvergleichsmethode liegt im Gesetz der Preisgleichheit der klassischen Preistheorie.[932] Danach entsteht im Konkurrenzgleichgewicht einer Wettbewerbswirtschaft unter den Verhältnissen eines vollkommenen Marktes ein einheitlicher Marktpreis. Das Gesetz der Preisgleichheit gilt unter folgenden Voraussetzungen:[933]

1. atomistische Marktstruktur,
2. vollkommene Homogenität der gehandelten Güter,
3. vollständige Information der Marktteilnehmer über Güterpreise (Markttransparenz),
4. freier Marktzugang der Marktteilnehmer.

Unter vollkommener Konkurrenz hätten Stammhaus und Betriebsstätte als selbstständige unabhängige Unternehmen zweifellos den Marktpreis angesetzt. Jeder andere Preis hätte einen der beiden Unternehmensteile schlechter gestellt als eine Transaktion mit fremden Marktpartnern.[934] Die Bedingungen für einen

---

931 Allerdings darf die Identität der Vergleichsbetriebe und damit die Herkunft der Vergleichsdaten im finanzgerichtlichen Verfahren nicht offengelegt werden, wenn hierdurch das Steuergeheimnis (§ 30 AO) verletzt würde. Die Verwendung anonymisierter Daten ist zwar grundsätzlich möglich, aber mindert den Beweiswert des so geführten Fremdvergleichs, da insoweit eine Überprüfung der Vergleichbarkeit beeinträchtigt wird, vgl. hierzu BFH v. 17.10.2001 - I R 103/00, BStBl II 2004, S. 171 (Leitsatz 4); VWG-Verf., Tz. 2.6; Kaminski / Strunk, IWB v. 23.01.2002, F. 3, Gr. 1, S. 1831 (1846 ff.).

932 Vgl. Klein, ZfB 1982, S. 157 (159); Kleineidam, FS Flick, S. 857 (858); Dawid / Dorner, IWB v. 13.03.2002, F. 10, Gr. 2, S. 1549 (1551).

933 Vgl. Jacob (Preisbildung), S. 3; Krelle (Preistheorie), S. 556; Jacob (Preispolitik), S. 32 ff. Als weitere Voraussetzung wird z.T. auch "Gewinn- bzw. Nutzenmaximierung als alleinige Zielsetzung der Anbieter bzw. Nachfrager" genannt. Diese Verhaltensannahme liegt dem Fremdvergleich ohnehin typisierend zugrunde und wird deshalb an dieser Stelle nicht weiter problematisiert.

934 Vgl. Böcker (Preistheorie), S. 5.

vollkommenen Markt stellen allerdings einen theoretischen Grenzfall dar.[935] Reale Marktstrukturen und Wettbewerbsbedingungen sind von den Verhältnissen der vollkommenen Konkurrenz mehr oder weniger stark entfernt. Bereits die Verletzung einer der genannten Bedingungen für vollkommene Märkte führt dazu, dass das Gesetz der Preisgleichheit nicht mehr gilt:

Bei Oligopolstrukturen (Verletzung von Bedingung 1) können die Marktteilnehmer Preisspielräume nutzen, um individuelle preispolitische Ziele zu verfolgen. Im Falle eines anbieterseitigen Oligopols können die Anbieter etwa durch Hochpreisstrategien die Zahlungsbereitschaft der Nachfrager abschöpfen oder durch Niedrigpreisstrategien weniger zahlungsbereite Nachfrager ansprechen, um die Absatzmenge zu steigern.[936]

Sind die gehandelten Güter nicht homogen (Verletzung von Bedingung 2), so ermöglicht dies produktbezogene Preisdifferenzierungen,[937] die anbieterseitig typischerweise durch individuelle, für den Nachfrager besonders nutzenstiftende Eigenschaften des betreffenden Gutes begründet werden können.[938] Beispielsweise können auf den Nachfrager abgestimmte Differenzierungen des angebotenen Gutes durch kundenindividuelle Ausstattungen, Verpackungen oder Produktmarkierungen erreicht werden.[939]

Sind die bei möglichen Alternativgeschäften erzielbaren Preise aufgrund eingeschränkter Markttransparenz nicht bekannt (Verletzung von Bedingung 3), so können diese Geschäfte zur Ableitung angemessener Preise nicht herangezogen werden. Bei unvollständiger Information über mögliche Alternativgeschäfte sind Preisentscheidungen wesentlich von der Risikoeinstellung der Entscheider abhängig.[940] Da für die Marktteilnehmer bei fehlender Markttransparenz nicht mit Sicherheit feststeht, ob und wann zu welchen Konditionen ein Geschäftsabschluss erreicht werden kann, steigt die Bereitschaft zu Preiszugeständnissen mit zunehmender Dringlichkeit des Geschäftsabschlusses. Überdies führen unterschiedliche Risikoeinstellungen der Marktteilnehmer unter eingeschränkter Markttransparenz zu einer Preisbandbreite.

---

935 Vgl. Krelle (Preistheorie), S. 557.

936 Vgl. Krelle (Preistheorie), S. 130 ff; Jacob (Preispolitik), S. 175 ff.; Schmalen (Preispolitik), S. 80 ff.

937 Vgl. etwa Gabor (Pricing), S. 130 ff.; Diller (Preispolitik), S. 286 ff.; Skiera (Preisdifferenzierung), S. 138 ff.

938 Der Unterschied im Nutzwert wird als besonders begünstigender Faktor der Preisdifferenzierung genannt, vgl. Diller (Preispolitik), S. 323.

939 Vgl. Diller (Preispolitik), S. 300 ff.; Nagle / Holden / Larsen (Pricing), S. 130.

940 Vgl. zum Problem der begrenzten Information bei Preisentscheidungen etwa Nagle / Holden / Larsen (Pricing), S. 93; Wiegmann (Preisentscheidung), S. 144 ff.; Jacob (Preispolitik), S. 269 ff.

Der freie Marktzugang kann durch Regulierungsmaßnahmen oder faktische Gegebenheiten eingeschränkt sein (Verletzung von Bedingung 4). So kann die Anbieterzahl durch gewerbe- oder berufsrechtliche Zugangsvoraussetzungen für Anbieter reduziert und der Wettbewerb gehemmt werden. Ebenso begrenzen hohe Transportkosten den Wettbewerb zwischen räumlich getrennten Marktteilnehmern.[941] Dies kann zu einer Abschirmung regionaler Märkte und regionalen Preisgefällen führen.

Folglich können Anbieter und Nachfrager unter realen Marktbedingungen aufgrund individueller Zielvorstellungen vom Marktpreis abweichen.[942] Derartige Preisdifferenzierungen sind allerdings nur in bestimmten Grenzen durchsetzbar. So erscheint eine Preisdifferenzierung wenig erfolgreich,[943] wenn sie unter der bloßen Ausnutzung monopolistischer Preisspielräume gegen den Willen der anderen Marktseite angestrebt wird und damit zu rechnen ist, dass sie langfristig durch die Substitution des Gutes, durch Arbitragegeschäfte, durch den Verzicht der Nachfrager auf den Erwerb des Gutes o. ä. umgangen wird.

2.4.1.3 Folgerungen: Preisvergleichsmethode als typisierte Abbildung einer Preisentscheidung

Da im Rahmen des Fremdvergleichs grundsätzlich ein typischer Aktor zu unterstellen ist,[944] sind auch für Zwecke der Verrechnungspreisermittlung typisierende Annahmen über die Preisentscheidungen der als verselbstständigt gedachten Unternehmensteile zu treffen. Nach der Preisvergleichsmethode ist daher ein Preis anzusetzen, der noch im Rahmen eines üblichen Preisentscheidungsverhaltens selbstständiger, auf Gewinnmaximierung ausgerichteter Unternehmen liegt. Hingegen dürfen atypische oder fernliegende Beweggründe, die nicht mit dem Ziel der Gewinnmaximierung vereinbar sind, einer Preisentscheidung nicht zugrunde liegen (z. B. reine Gefälligkeitspreise). Daraus ergeben sich Konsequenzen für die Bandbreite angemessener Preise und die maßgeblichen Vergleichsdimensionen.

---

941 Vgl. Jacob (Preispolitik), S. 35.

942 Vgl. BFH v. 17.10.2001 - I R 103/00, BStBl II 2004, S. 171 (Gründe Nr. II.A.2.d.ee); Jacob (Preisbildung), S. 8 f.; Jacob (Preispolitik), S. 17 ff.; Lutz (Preispolitik), S. 34 f.

943 Vgl. Böcker (Preistheorie), S. 21; Diller (Preispolitik), S. 286 ff.; Mitchell (Price Determination), S. 93. Grenzen der Preisdifferenzierung liegen nach Skiera (Preisdifferenzierung), S. 140 u. a. in der Notwendigkeit, Kenntnis von den individuellen Zahlungsbereitschaften der Nachfrager zu haben, in juristischen und organisatorischen Gründen sowie der empfundenen "Fairness" des Preisdifferenzierungsmerkmals.

944 Vgl. Kapitel II, Abschn. 2.2 dieser Arbeit.

Da unter realen Marktgegebenheiten regelmäßig eine Preisbandbreite entsteht und auch aus Sicht eines ordentlichen Geschäftsleiters Preisspielräume bestehen, entspricht es der typisierenden Betrachtungsweise des Fremdvergleichs, dass für Zwecke der Einkünftezurechnung eine angemessene Preisbandbreite festgestellt wird. Die Preisbandbreite soll sich an der tatsächlich beobachtbaren Bandbreite von Vergleichspreisen orientieren,[945] um den tatsächlichen Marktbedingungen gerecht zu werden.

Die Eignung von Vergleichsgeschäften für die Leistungsbewertung wird danach beurteilt, ob diese Vergleichsgeschäfte zwischen selbstständigen unabhängigen Marktpartnern typischerweise Einfluss auf die Preisfindung gehabt hätten. Hierzu ist die Vergleichbarkeit von Geschäften anhand bewertungsrelevanter Merkmale des gehandelten Gutes, unternehmensbezogener und situativer Merkmale der Transaktionspartner sowie genereller marktbezogener und gesamtwirtschaftlicher Rahmenbedingungen zu beurteilen (Preiseinflussfaktoren):[946]

- *Bewertungsrelevante Merkmale des gehandelten Gutes* können seine Ausstattungsmerkmale, verwendete Grund-/Rohstoffe, seine Marke, Verpackung, modische Aspekte (Farbe, Größe usw.) oder andere Merkmale sein. Die Bewertungsrelevanz dieser Merkmale meint zunächst den Nutzen des Gutes für den Nachfrager. Der Nutzen eines Gutes umfasst auch einen – etwa mit einer Marke verbundenen – ideellen Nutzen. Im weiteren Sinne werden Lieferbedingungen (z. B. Übergang der Preisgefahr, Übernahme von Transportkosten und Versicherung) sowie weitere Vertragsbedingungen (z. B. Übernahme von Wechselkursrisiken, Gewährleistung) durch Anbieter und Nachfrager bewertet.
- *Unternehmensbezogene und situative Merkmale* können die individuellen Ziele der Transaktionspartner beeinflussen und somit auf Preisentscheidungen einwirken. So kann etwa der Anbieter zu Preiszugeständnissen bereit sein, um seine Kapazitätsauslastung zu verbessern oder um Lagerkosten zu reduzieren, die durch besonders hohe Lagerbestände hervorgerufen werden.[947] Bei Neuprodukten können Preiszugeständnisse des Herstellers gegenüber einem Vertriebsunternehmen erforderlich sein, wenn diese an

---

945 Vgl. Blümich / Menck, § 1 AStG, Rn. 40c; Kuckhoff / Schreiber (Verrechnungspreise), S. 74.

946 Ähnliche Gliederung bei Lahodny-Karner (Standardmethoden), S. 31 (37). Zu weiteren möglichen Vergleichsmerkmalen vgl. Kumpf (Verrechnungspreise), S. 161; Becker in Kroppen (HIntVP), Anm. zu Tz. 1.19; Baumhoff (Einkunftsabgrenzung), Rn. C 276 ff.; Feinschreiber (Transfer Pricing), S. 43 ff.; OECD (Guidelines), Tz. 1.19 ff.; VWG-Verf., Tz. 3.4.12.7; US Treas. Regs. § 1.482-1(d)(1) ff.

947 Vgl. Nagle / Holden / Larsen (Pricing), S. 111 ff.

die Endnachfrager weitergegeben werden sollen, um die Markenbekanntheit und den Marktanteil zu steigern.[948/949] Schließlich kann ein Nachfrager, der zur Abnahme besonders großer Mengen bereit ist, den Anbieter zur Gewährung von Preisnachlässen oder Rabatten veranlassen. Darüber hinaus können die Dringlichkeit der Leistungserbringung seitens des Nachfragers, das bisherige und angestrebte Produktprogramm der Transaktionspartner und eine Vielzahl weiterer Rahmenbedingungen zu einer individuellen Preissetzung führen.

- Zu *generellen marktbezogenen oder gesamtwirtschaftlichen Rahmenbedingungen* zählen u. a. Wettbewerbsverhältnisse, konjunkturelle Einflüsse, staatliche Marktregulierungen, die relevante Marktstufe, Kostenverhältnisse auf dem jeweiligen Markt, die Kaufkraft der Abnehmer usw.[950] Diese allgemeinen Merkmale beeinflussen die Preisbildung über verschiedene Wirkungskanäle. Da die genannten Kriterien auch je nach geografischer Lage des Markts und Zeitbezug veränderlich sind, können auch die räumliche und zeitliche Nähe der Vergleichsgeschäfte relevante Vergleichsdimensionen bilden.

Unterscheiden sich Vergleichssachverhalt und Ausgangssachverhalt und wären Stammhaus und Betriebsstätte als fremde Dritte typischerweise von einem gegebenen Vergleichspreis abgewichen, so kann dies den Beweiswert des Vergleichssachverhalts mindern. Können bestehende Unterschiede nicht bewertet werden, etwa weil zu viele abweichende Merkmale festgestellt werden oder Anpassungsrechnungen nicht durchführbar sind, können die betreffenden Vergleichspreise der Einkünftezurechnung nicht zugrunde gelegt werden. Allerdings gilt es zwischen wesentlichen und unwesentlichen Unterschieden zu differenzieren. Da auch auf unvollkommenen Märkten Vergleiche vorgenommen werden, wenn Unterschiede nicht ins Gewicht fallen, sind mögliche Unterschiede nicht generell für einen Vergleich schädlich.[951]

---

948 Vgl. Lutz (Preispolitik), S. 36 ff.; Gabor (Pricing), S. 214 ff.; Runge (Diskussion Metro), S. 259 (269); Gundel (Verrechnungspreissystem), S. 356 (361); VWG-vU, Tz. 3.4.2; Baumhoff in Flick / Wassermeyer / Baumhoff, § 1 AStG, Rn. 337 ff.; Kroppen in Kroppen (HIntVP), Anm. W 71 ff.

949 Werden derartige Markterschließungskosten vom Hersteller getragen, so besitzen diese "investiven Charakter", vgl. Lutz (Preispolitik), S. 36, da dem vorübergehenden Gewinnverzicht bei Verbreitung des Produkts zukünftige Mehrerträge gegenüber stehen sollen.

950 Vgl. OECD (Guidelines), Tz. 1.30.

951 Vgl. Kumpf (Verrechnungspreise), S. 162; Klein (Verrechnungspreisgestaltung), S. 190.

2.4.1.4 Besonderheiten bei Anpassungsrechnungen

Die mangelnde Vergleichbarkeit von Vergleichsgeschäften kann ggf. im Rahmen von Anpassungsrechnungen geheilt werden. Bei Anpassungsrechnungen werden Wirkungen abweichender Preiseinflussfaktoren durch Zu- oder Abschläge auf den Vergleichspreis eliminiert.[952] Hierzu werden bei verschiedenen Vergleichsgeschäften festgestellte Preisunterschiede aus einem oder mehreren abweichenden Preiseinflussfaktoren erklärt. Ist die einem Preiseinflussfaktor zugeordnete Wirkung auf den Marktpreis aus Marktbeobachtungen bekannt, so können die Vergleichspreise auf die Verhältnisse des Ausgangssachverhalts umgerechnet werden. Im Wege einer griffweisen Schätzung festgesetzte Zu- oder Abschläge auf einen Vergleichspreis werden hingegen ablehnend beurteilt.[953] Anpassungsrechnungen sind zur Ermittlung angemessener Verrechnungspreise geeignet, weil angenommen werden darf, dass fremde Dritte in Preisverhandlungen zur Rechtfertigung von Preisforderungen und -bereitschaften auch nicht vollständig vergleichbare Marktalternativen herangezogen und die Unterschiede in den Preiseinflussfaktoren ggf. bewertet hätten.

Beispielsweise kann ein festgestelltes konstantes Preisintervall zwischen zwei Gütern als Ausdruck für ein im Preis bewertetes Qualitätsmerkmal interpretiert werden.[954/955] Auch der Preiseinfluss abweichender Lieferbedingungen oder unterschiedlicher kontrahierter Gütermengen ist auf diese Weise korrigierbar, wenn der Preisabstand verifiziert werden kann.[956] So kann z. B. eine implizite Rabattstaffel aus verschiedenen Vergleichspreisen ermittelt werden, wenn bei den Vergleichsgeschäften unterschiedliche Mengen kontrahiert wurden. Ebenso können die Preise von Geschäften mit unterschiedlichem Zeitbezug umgerechnet werden, wenn der gesamte Markt eine Aufwärts- bzw. Abwärtsbewegung vollzogen hat.[957]

---

952 Vgl. VWG-vU, Tz. 2.1.7; Kuckhoff / Schreiber (Verrechnungspreise), S. 42 ff.; Dawid / Dorner, IWB v. 13.03.2002, F. 10, Gr. 2, S. 1549; kritisch Nientimp (Gewinnabgrenzung), S. 158.

953 Vgl. BFH v. 17.10.2001 - I R 103/00, BStBl II 2004, S. 171 (Gründe Nr. II.A.2.d.dd), dort allerdings im Zusammenhang mit der Wiederverkaufspreismethode.

954 Die Preisstatistik verwendet seit langem derartige Verfahren, vgl. Deneffe, ASTA 1958, 346 (351) mit dem Hinweis auf die notwendige Strenge der Zusammenhänge.

955 Vgl. Raboy / Wiggins, Public Finance Review 1997, S. 347 (353 ff.), die die hedonische Preistheorie auf die Verrechnungspreisproblematik anwenden. Das Vorgehen entspricht dann der als Conjoint-Analyse bekannten Technik, vgl. Weber (Marktwert), S. 8 ff.; Dichtl, Marketing ZFP 1984, S. 121; Diller (Preispolitik), S. 200 ff.

956 Vgl. Dawid / Dorner, IWB v. 13.03.2002, F. 10, Gr. 2, S. 1549 (1555 f.).

957 Vgl. Dawid / Dorner, IWB v. 13.03.2002, F. 10, Gr. 2, S. 1549 (1561).

Beispiel: Berichtigung eines Vergleichspreises um allgemeine rohstoffkostenbedingte oder wettbewerbsbedingte Preissteigerungen durch Anwendung entsprechender Preisindizes.

Eine solche indirekte Verrechnungspreisbestimmung erfordert allerdings eine "hinreichend" genaue Bewertbarkeit des differierenden Preiseinflussfaktors.[958] Folglich muss eine relativ konstante Beziehung zwischen dem Preiseinflussfaktor und dem Preis innerhalb einer größeren Gruppe von Geschäften nachgewiesen werden. Die wesentliche Problematik liegt darin, dass allgemein gültige Messkonzepte für die Güte des Zusammenhangs zwischen Preiseinflussgröße und Preis fehlen. Grundsätzlich kommen hierzu zwar vielfältige statistische Verfahren in Frage, ob und inwieweit die Güte des Zusammenhangs als verifiziert gelten kann, unterliegt allerdings der subjektiven Bewertung des Beurteilers.[959]

2.4.2 Margenmethoden

Die Bewertung unternehmensinterner Leistungen kann häufig nicht nach der Preisvergleichsmethode vorgenommen werden, weil hinreichend vergleichbare Transaktionen nicht nachweisbar sind. Zur Leistungsbewertung wird in diesen Fällen auf Hilfsmethoden zurückgegriffen, mit deren Hilfe Fremdvergleichspreise auf indirekte Art und Weise hergeleitet werden. Hierzu gehören traditionell die sogenannten Margenmethoden, die auf der Annahme beruhen, dass sich selbstständige unabhängige Unternehmen bei ihren Preisentscheidungen an den Gewinnen orientieren, die bei ähnlichen Transaktionen unter vergleichbaren Verhältnissen erzielt werden.[960] Vergleichsobjekt für den Erfolgsbeitrag eines Unternehmensteils ist deshalb eine transaktionsbezogene Gewinnmarge.

Zur Berechnung der Gewinnmarge wird das Verhältnis aus dem transaktionsbezogenen Gewinn zu einer geeigneten Bezugsgröße gebildet. Der Verschiedenheit möglicher Gewinn- und Bezugsgrößen entsprechend lassen sich unterschiedliche Margenmethoden abgrenzen. Während die Wiederverkaufspreismethode und die Kostenaufschlagsmethode traditionell die bedeutendsten Konzepte bilden, gewinnt seit dem OECD-Verrechnungspreisbericht 1995[961] auch die geschäftsvorfallbezogene (auch: transaktionsbezogene) Nettomargenmethode (TNMM) verstärkt an Bedeutung.

---

958 Vgl. Baumhoff in Flick / Wassermeyer / Baumhoff, § 1 AStG, Rn. 340.

959 Kritisch auch Nientimp (Gewinnabgrenzung), S. 162.

960 Vgl. King (Transfer Pricing), S. 49.

961 Vgl. OECD (Guidelines).

2.4.2.1 *Funktionsweise der traditionellen Margenmethoden*

2.4.2.1.1 *Wiederverkaufspreismethode*

Geht die zu bewertende unternehmensinterne Lieferung oder sonstige Leistung in eine Absatzleistung der empfangenden Unternehmenseinheit ein, so ist die Wiederverkaufspreismethode anwendbar. Hierbei wird unterstellt, dass die die Absatzleistung erbringende Betriebsstätte als selbstständiger "Wiederverkäufer" einen gewinnorientierten Preis für ihre Absatzleistung durchsetzen würde. Der steuerlich angemessene Verrechnungspreis ergibt sich deshalb aus einer Spannenrückrechnung, bei der der Absatzpreis des Unternehmens an fremde Abnehmer um eine angemessene Rohgewinnmarge oder Handelsspanne gemindert wird:[962]

Verrechnungspreis = Wiederverkaufspreis x (1 – Rohgewinnmarge)

Die Rohgewinnmarge wird nach einer marktüblichen oder einer bei vergleichbaren Geschäften des Unternehmens erzielten Gewinnmarge bemessen (interner bzw. externer Margenvergleich).[963] Die Referenzgeschäfte oder -unternehmen sind daraufhin zu untersuchen, ob sie in ihren tatsächlichen, ökonomischen Umständen hinreichend mit der unternehmensinternen Leistung bzw. dem leistenden Unternehmensteil übereinstimmen und deshalb als vergleichbar gelten können. Grundsätzlich sollen dabei alle Faktoren untersucht werden, die sich zwischen selbstständigen unabhängigen Unternehmen auf die vereinbarte Gewinnmargen auswirken würden. Typischerweise werden hierbei folgende Faktoren analysiert:[964]

- Funktionen und Risiken der weiterveräußernden Einheit, z. B.
  - Werbeleistungen und sonstige Beiträge zur Schaffung und Erhaltung des Markennamens, Kontaktpflege,
  - technische Beratung, Einsatz qualifizierten Vertriebspersonals,
  - Marktforschung, Preispolitik,
  - Produktzulassung, Warenzeichenschutz,
  - Weiterverarbeitungs- und Veredelungstätigkeiten, Verpackung,
  - Fakturierung, Inkasso,
  - Übernahme von Lagerbestands-, Gewährleistungs-, Währungsrisiken,
- vereinbarte Liefer- und Zahlungsbedingungen,

---

962 Vgl. VWG-vU, Tz. 2.2.3; OECD (Guidelines), Tz. 2.14 ff.; Jacobs (Unternehmensbesteuerung[6]), S. 752; Kuckhoff / Schreiber (Verrechnungspreise), S. 47.

963 Vgl. OECD (Guidelines), Tz. 2.15.

964 Vgl. OECD (Guidelines), Tz. 2.24; US Treas. Regs. § 1.482-3(c)(3)(ii); Bick (HdV[1]), Rn. F 111 ff.; Roser (Steuerfolgen), S. 139 (154); Isensee, IStR 2001, S. 693 (694).

- Markt- und Wettbewerbsbedingungen,
- relevante Marktstufe (Groß-, Einzelhandel).

Umstritten ist, ob und inwieweit die Kostensituation der Vertriebseinheit als Vergleichsdimension berücksichtigt werden soll.[965] Einerseits können erhöhte Kosten als Indiz für eine größere Wertschöpfungstiefe der Vertriebseinheit und damit einen höheren Umfang der übernommenen Funktionen gelten, der eine höhere Gewinnmarge rechtfertigt.[966] Andererseits kann die Kostensituation der Vertriebseinheit aber auch durch Ineffizienzen verursacht sein, die die Vertriebseinheit alleine zu vertreten hat und die unter fremden Dritten nicht durch eine höhere Gewinnmarge entgolten würden. Deshalb sollten die Ursachen der abweichenden Kosten bekannt sein. Die Kostensituation der Vertriebseinheit kann überdies im Rahmen einer Kontrollrechnung berücksichtigt werden. Hierbei wird das Ergebnis der Wiederverkaufspreismethode den (transaktionsbezogenen) Gewinnen gegenübergestellt, die die Vertriebseinheit erzielen würde, wenn sie auf die für ihre Leistungen entstandenen Kosten einen Kostenaufschlag vereinnahmt. Im Ergebnis kommt dies einer Kontrolle der Wiederverkaufspreismethode anhand der nachfolgend behandelten Kostenaufschlagsmethode gleich.[967]

Die Vergleichbarkeit einer Marge richtet sich auch danach, ob eine Unternehmenseinheit Dauerverluste aus dem Vertrieb eines Produkts erzielt. Grundsätzlich sollen bei der Zurechnung von Dauerverlusten die wirtschaftlichen Interessen von Vertriebs- und Herstellereinheit gewürdigt werden.[968] Im Regelfall dürfte eine Vertriebseinheit nicht bereit sein, auf dauernd Verluste aus einen Produkt zu erzielen, da eine selbstständige unabhängige Vertriebsgesellschaft weit weniger an das Produkt gebunden ist als der Hersteller.[969] Wird aus dem Vertrieb des betreffenden Produkts innerhalb eines überschaubaren Zeitraums kein angemessener Gewinn erzielt, so wird die Unangemessenheit der

---

965 Vgl. Bick (HdV[1]), Rn. F 128 ff.; Isensee, IStR 2001, S. 693 (695 ff.).

966 Vgl. Oestreicher / Duensing, IStR 2005, S. 134 (142).

967 Vgl. Lahodny-Karner (Standardmethoden), S. 31 (46).

968 Vgl. BFH v. 17.02.1993 - I R 3/92, BStBl II 1993, S. 457; Gundel, FS Flick, S. 781 (799).

969 Vgl. Baumhoff / Sieker, IStR 1995, 517 (521); Kroppen in Kroppen (HIntVP), Rn. W 77; BFH v. 17.02.1993 - I R 3/92, BStBl II 1993, S. 457; BFH v. 17.10.2001 - I R 103/00, BStBl II 2004, S. 171 (Gründe Nr. II.A.2.d.ff); BFH v. 06.04.2005 - I R 22/04, BStBl II 2007, S. 658 (Gründe Nr. 4.a)dd); Jacobs (Unternehmensbesteuerung), S. 754; differenzierter Gundel, FS Flick, S. 781 (794 ff.); kritisch Sieker, BB 1993, S. 2424 ff.

angesetzten Entgelte widerleglich vermutet.[970] Der maßgebliche Verlustzeitraum wird von der Rechtsprechung mit 3 Jahren angegeben, im Schrifttum werden teilweise längere Zeiträume vorgeschlagen.[971] Eine Widerlegung der Vermutung setzt voraus, dass wirtschaftlich beachtliche Gründe angegeben werden, warum auch ein vergleichbares selbstständiges und unabhängiges Vertriebsunternehmen dauerhaft Verluste getragen hätte. So kann die Verantwortung für Dauerverluste ausnahmsweise bei der Vertriebseinheit liegen, wenn ein Verlustprodukt lediglich zur Vervollständigung des Vertriebsangebots offeriert werden soll[972] oder wenn nachgewiesen wird, dass auf die Verlustsituation mit entsprechenden Anpassungsmaßnahmen reagiert wurde.[973]

Neben einer ausreichenden Vergleichbarkeit der tatsächlichen, ökonomischen Umstände muss eine einheitliche Berechnungsweise der verwendeten Parameter bei Vergleichssachverhalt und Ausgangssachverhalt gewährleistet sein.[974] Deshalb muss die Vergleichsmarge nach den gleichen Berechnungsregeln ermittelt werden wie für die betrachteten unternehmensinternen Leistungen (z. B. Berücksichtigung von Skonti oder Rabatten bei der Ermittlung des Wiederverkaufspreises).

2.4.2.1.2 Kostenaufschlagsmethode

Nach der Kostenaufschlagsmethode wird der Verrechnungspreis bestimmt, indem die für die Leistungserbringung angefallenen Kosten ("Kostenbasis") um einen angemessenen Gewinnaufschlag erhöht werden.[975]

Verrechnungspreis = Kosten x (1 + Gewinnmarge)

Der Anwendungsbereich der Kostenaufschlagsmethode umfasst Leistungen, bei denen die Preisvergleichs- und die Wiederverkaufspreismethode zur Ermittlung des Fremdvergleichspreises weniger gut geeignet sind. Hierzu gehören etwa unternehmensspezifische Dienstleistungen, subunternehmerähnliche

970 Vgl. BFH v. 17.02.1993 - I R 3/92, BStBl II 1993, S. 457: "Die Verlustphase der Anlaufzeit wird zudem – abgesehen von besonderen Umständen im Einzelfall – einen Zeitraum von 3 Jahren nicht übersteigen". BFH v. 17.10.2001 - I R 103/00, BStBl II 2004, S. 171 (Gründe Nr. II.A.2.d.ff).

971 Vgl. Schreiber, IStR 1994, S. 315 (317): 5 bis 8 Jahre. Dahnke, IStR 1996, S. 582 (583): bis zu 10 Jahre.

972 Vgl. Jacobs (Unternehmensbesteuerung), S. 755.

973 Vgl. BFH v. 17.10.2001 - I R 103/00, BStBl II 2004, S. 171 (Gründe Nr. II.A.2.d.ff).

974 Vgl. US Treas. Regs. 1.482-3(c)(3)(iii)(B): "consistency in accounting"; OECD (Guidelines), Tz. 2.28.

975 Vgl. Jacobs (Unternehmensbesteuerung), S. 755.

Konstellationen, Baukontrakte, Auftragsforschung und Halbfertigprodukte, die einer wesentlichen Weiterverarbeitung unterliegen.[976]

Die Kostenaufschlagsmethode basiert auf der Überlegung, dass der leistenden Einheit ein Entgelt zusteht, das neben der Deckung der Kosten die Erzielung eines Gewinns ermöglicht.[977] Sie soll somit eine Preiskalkulation abbilden, die auch einer Preisentscheidung gegenüber fremden Dritten zugrunde gelegt würde.[978] Hinsichtlich des *Sachumfangs der Kosten* bedeutet dies, dass nur solche Kosten in die Kostenbasis einbezogen werden, die für die Erbringung der unternehmensinternen Leistung angefallen sind. Keine Leistungsbezogenheit ist etwa bei Durchlaufkosten gegeben, für die eine Betriebsstätte nur als Zahlstelle fungiert.[979]

Da im Rahmen der Preiskalkulation verschiedene Kostenrechnungsmethoden betriebswirtschaftlich sinnvoll sein können, ist in gewissen Grenzen von einer Wahlfreiheit des Steuerpflichtigen bei der Bestimmung der Kostenbasis, insbesondere hinsichtlich der Einbeziehung von Gemeinkostenbestandteilen, auszugehen.[980] Allerdings ist eine aufeinander abgestimmte Berechnungsweise von Gewinnmarge und Kostenbasis erforderlich, so dass die bei der Kostenaufschlagsmethode angesetzte Kostenbasis der Kostenabgrenzung entspricht, die bei der Ermittlung der Vergleichsmarge vorgenommen wird.[981]

Üblicherweise werden in einem gewissen Umfang Gemeinkostenbestandteile in die Kostenbasis einbezogen, nicht aber Verwaltungs- und Vertriebskosten und sonstige betriebliche Kosten.[982] Auf die so abgegrenzte Kostenbasis wird eine Bruttogewinnmarge aufgeschlagen, die eine Abdeckung der Verwaltungs-, Vertriebs- und sonstigen Kosten sowie ggf. die Erzielung eines

---

976 Vgl. Maisto (Generalbericht), CDFI 1992, Vol. 77a, S. 141 (161); OECD (Guidelines), Tz. 2.32; Kuckhoff / Schreiber (Verrechnungspreise), S. 51; VWG-vU, Tz. 6.4 (Kostenaufschlagsmethode für verwaltungsbezogene Dienstleistungen, wenn Marktpreise nicht feststellbar); Lahodny-Karner (Standardmethoden), S. 31 (56).

977 Vgl. FG des Saarlandes v. 18.12.1996 - 1 K 257/94, EFG 1997, S. 485 (Gründe Nr. 3.3.2); Kuckhoff / Schreiber (Verrechnungspreise), S. 52.

978 Vgl. VWG-vU, Tz. 2.2.4.

979 Vgl. öBMF, EAS 325 vom 27.10.1993.

980 Vgl. Baumhoff in Flick / Wassermeyer / Baumhoff, § 1 AStG, Rn. 459; Jacobs (Unternehmensbesteuerung), S. 756; Kaminski (Verrechnungspreisbestimmung), S. 99 f.

981 Vgl. Kumpf (Verrechnungspreise), S. 182; OECD (Guidelines), Tz. 2.37; Bick (HdV[1]), Rn. F 234; Casley / Kritikides, ITPJ 2003, S. 162 (164); Blümich / Menck, § 1 AStG, Rn. 76; Miesel / Higinbotham / Chun, ITJ 2003, Issue 4, S. 1 (12 f.)

982 Vgl. OECD (Guidelines), Tz. 2.40 ff. Vgl. hierzu und zum Folgenden auch Baumhoff in Flick / Wassermeyer / Baumhoff, § 1 AStG, Rn. 478 ff.; Zehetner, ITPJ 1999, S. 45 (46); Kaminski (Verrechnungspreisbestimmung), S. 92 f.; Jacobs (Unternehmensbesteuerung), S. 756. Die VWG-vU enthalten keine ausdrückliche Festlegung bezüglich der Gewinngröße.

Reingewinns ermöglichen soll. Diese Vorgehensweise weist den Vorzug auf, dass vom Hersteller verursachte Unwirtschaftlichkeiten im Verwaltungs- und Vertriebsbereich, die am Markt nicht überwälzt werden könnten, nicht im Verrechnungspreis abgebildet werden.[983] Andererseits kann die Höhe der Verwaltungs- und Vertriebskosten auch auf einen besonders hohen oder niedrigen Funktionsumfang hindeuten. Deshalb kann es im Einzelfall notwendig sein, Vollkosten anzusetzen. Da eine übereinstimmende Abgrenzung von Kostenbasis und Gewinnmarge erforderlich ist,[984] setzt die Wahl der Vollkosten voraus, dass eine entsprechende angemessene Nettogewinnmarge bestimmt werden kann.

Grundsätzlich können auch Teilkosten (z. B. nur Einzelkosten) als mögliche Kostenbasis anerkannt werden, da fremde Dritte bei angespanntem Preiswettbewerb häufig zu Preiszugeständnissen bereit sind, deren Höhe durch eine Teilkostenkalkulation festgelegt wird. Somit entfällt die Notwendigkeit eines "Verlustabschlags" auf die Vollkosten.[985]

In gleicher Weise können zwar grundsätzlich neben den pagatorischen Kosten auch kalkulatorische Kosten in die Kostenbasis einbezogen werden.[986] Eine generelle Einschränkung der Kostenbasis auf bilanzielle oder kalkulatorische Kostenkategorien ist nicht zulässig. Allerdings ist auch insoweit auf eine Übereinstimmung von Kostenbasis und Gewinnmarge zu achten. Deshalb dürfen kalkulatorische Kosten nicht angesetzt werden, wenn die verwendete Gewinnmarge aus dem Jahresabschluss eines Vergleichsunternehmens errechnet wird, da dieser einen pagatorisch ermittelten Gewinn ausweist.[987]

Umstritten ist auch der *Zeitbezug der Kostenbasis*. Nach den OECD-Richtlinien sollen Ist-Kosten angesetzt werden.[988] Da hierbei der Verrechnungspreis erst im Nachhinein feststeht, kann diese Festlegung dem oben postulierten

---

983 Vgl. OECD (Guidelines), Tz. 2.45.

984 Vgl. FN 981.

985 Vgl. Kumpf (Verrechnungspreise), S. 190 f.; Baumhoff in Flick / Wassermeyer / Baumhoff, § 1 AStG, Rn. 512.

986 Vgl. Baumhoff in Flick / Wassermeyer / Baumhoff, § 1 AStG, Rn. 467; Kaminski (Verrechnungspreisbestimmung), S. 91.

987 Vgl. Kaminski (Verrechnungspreisbestimmung), S. 91.

988 Vgl. OECD (Guidelines), Tz. 2.42, wonach "ausnahmsweise" Durchschnittskosten angesetzt werden können. Gleiches Verständnis der OECD-Richtlinie bei Baumhoff in Flick / Wassermeyer / Baumhoff, § 1 AStG, Rn. 487 und Lahodny-Karner (Standardmethoden), S. 31 (52). Die deutschen Verwaltungsgrundsätze gehen auf diese Frage nicht ein, allerdings sollen die Kosten nach den Kalkulationsmethoden ermittelt werden, die der Liefernde oder Leistende auch bei seiner Preispolitik gegenüber Fremden zugrunde legt bzw. die betriebswirtschaftlichen Grundsätzen entsprechen, vgl. VWG-vU, Tz. 2.2.4. Dies wird als Hinweis verstanden, dass auch Kalkulationsmethoden auf der Grundlage der Normal- oder Plankostenrechnung angewendet werden können.

Grundsatz der ex-ante-Betrachtung widersprechen, wonach fremde Dritte in der Regel den Verrechnungspreis im Vorhinein bestimmen.[989] Preiskalkulationen auf der Grundlage einer Plan- oder Normalkostenbasis sollten daher eher die Regel als die Ausnahme sein. Allerdings ist bei Einzelaufträgen oder Spezialanfertigungen zu vermuten, dass zwischen fremden Dritten eine nachträgliche Bestimmung des Preises auf Grundlage der Istkosten üblich ist.[990]

Eine angemessene *Gewinnmarge* kann aus Gewinnen abgeleitet werden, die von dem Unternehmen selbst bei vergleichbaren Geschäften erzielt wurden (interner Fremdvergleich). Ebenso kommen branchenübliche Gewinnmargen in Betracht (externer Fremdvergleich).[991] Um die Vergleichbarkeit der Gewinnmargen zu beurteilen, sind grundsätzlich alle Umstände zu untersuchen, die sich unter fremden Dritten auf transaktionsbezogene Gewinne auswirken könnten.[992] Gegenstand der Vergleichbarkeitsanalyse sind typischerweise folgende Faktoren:[993]

- Funktions- und Risikoverteilung der Marktpartner,
- Einsatz immaterieller Wirtschaftsgüter (besondere Entwicklungs-, Werbeleistungen),
- Kostenstruktur und Kostenrechnungsmethoden der leistungserbringenden Einheit,
- Komplexität des Herstellungsprozesses,
  Marktform und Wettbewerbsbedingungen.

Der Kostenaufschlagsmethode ist eine gröbere Vergleichbarkeitsanalyse inhärent als den vorstehend untersuchten Verrechnungspreismethoden, da annahmegemäß Gewinnmargen verglichen werden, die bei Transaktionen mit verschiedenen gehandelten Gütern erzielt werden. Dies erschwert die Identifikation relevanter Vergleichbarkeitsdimensionen und vergrößert die Ermessensspielräume bei der Beurteilung der Vergleichbarkeit von Gewinnmargen. Beispielsweise kann der Preiseinflussfaktor "Transaktionsmenge" im Rahmen der Preisvergleichsmethode verglichen werden, da ein konstanter Zusammenhang zwischen dem Merkmal und dem Preis vermutet wird. Hingegen ist dieser Vergleich im Rahmen der Kostenaufschlagsmethode regelmäßig nicht mög-

---

[989] Kritisch gegenüber Istkosten auch Baumhoff in Flick / Wassermeyer / Baumhoff, § 1 AStG, Rn. 495; Lahodny-Karner (Standardmethoden), S. 31 (52). Kritisch gegenüber Plan-/Normalkosten hingegen Blümich / Menck, § 1 AStG, Rn. 76.

[990] Vgl. Baumhoff in Flick / Wassermeyer / Baumhoff, § 1 AStG, Rn. 498; Lahodny-Karner (Standardmethoden), S. 31 (52).

[991] Vgl. VWG-vU, Tz. 2.2.4; OECD (Guidelines), Tz. 2.33.

[992] Vgl. Kumpf (Verrechnungspreise), S. 184.

[993] Vgl. US Treas. Regs. § 1.482-3(d)(3)(ii)(A)-(D); King (Transfer Pricing), S. 49; Kumpf (Verrechnungspreise), S. 183 f.; Miesel / Higinbotham / Chun, ITJ 2003, Iss. 4, S. 1 (12); Jacobs (Unternehmensbesteuerung), S. 758.

lich, da unterschiedliche Produkte verglichen werden, die naturgemäß in unterschiedlichen Mengen gehandelt werden können. Mit dem Vergleich der Transaktionsmengen kann damit keine zweckdienliche Aussage über die Vergleichbarkeit der betrachteten Gewinnmargen verknüpft werden.

Die im Rahmen der Vergleichbarkeitsanalyse gebräuchliche Aussage, dass der Gewinnaufschlag von den übernommenen Funktionen und Risiken sowie dem Wert der eingesetzten Wirtschaftsgüter abhängig sein soll,[994] ist nicht so zu verstehen, dass ein mehr an Funktionen, Risiken und Wirtschaftsgütern zu einer höheren prozentualen Marge führt. Vielmehr steigt mit dem Umfang der wahrgenommenen Funktionen und Risiken sowie dem Wert der eingesetzten Wirtschaftsgüter regelmäßig auch die Kostenbasis und somit die absolute Höhe des Gewinns der leistungserbringenden Einheit.[995] Eine darüber hinausgehende Berücksichtigung in der prozentualen Gewinnmarge könnte zu einer Doppelerfassung führen.

2.4.2.2 Geschäftsvorfallbezogene Nettomargenmethode (TNMM)

Die geschäftsvorfallbezogene Nettomargenmethode (TNMM)[996] weist wesentliche Parallelen zur Wiederverkaufspreis- und zur Kostenaufschlagsmethode auf. Die maßgebliche, über verschiedene Geschäfte bzw. Unternehmen hinweg zu vergleichende Gewinnmarge bildet allerdings der Nettogewinn. Die TNMM vergleicht daher die Nettogewinnmarge des leistenden Unternehmensteils mit einer Nettogewinnmarge, die selbstständige unabhängige Unternehmen unter vergleichbaren Verhältnissen erzielen.[997] Es erscheint zweckdienlich, unter "Nettogewinn" das Betriebsergebnis des Vergleichsunternehmens bzw. -sachverhalts zu verstehen, weil das Finanzergebnis und das außerordentliche Ergebnis häufig nur einen entfernten Bezug zur operativen Unterneh-

994 Vgl. Klein, ZfB 1982, S. 155 (161); Remmen (Konzernverrechnungspreise), S. 102.

995 Vgl. Lahodny-Karner (Standardmethoden), S. 31 (55).

996 Vgl. OECD (Guidelines), Tz. 3.26 ff. Ihre Anwendung wird nun auch durch die VWG-Verf. – vorbehaltlich einer Änderung der VWG-vU – anerkannt, sofern die Standardmethoden nicht anwendbar sind, das betreffende Unternehmen Routinefunktionen ausübt und eine Vergleichbarkeit der herangezogenen Unternehmen nachgewiesen ist, vgl. Tz. 3.4.10.3 b).

997 Im Gegensatz zu den Verwaltungsgrundsätzen, nach denen zur Anwendung der TNMM Renditekennzahlen "vergleichbarer Unternehmen" heranzuziehen sind (VWG-Verf., Tz. 3.4.10.3 b), unterscheiden die OECD-Richtlinien einen internen und einen externen Fremdvergleich, vgl. OECD (Guidelines), Tz. 3.26.

menstätigkeit aufweisen und deshalb keinen Anhaltspunkt für eine Bewertung unternehmensinterner Leistungen bieten.[998]

Als Bezugsgrößen des Nettogewinns kommen nach der TNMM verschiedene Kennzahlen in Betracht:[999]

- die für die interne Leistungserstellung angefallenen (Gesamt-)*Kosten* einschließlich anteiliger Verwaltungskosten,
- der beim Wiederverkauf des intern gehandelten Guts an einen unternehmensexternen Käufer erzielte *Umsatz*,
- das für die Tätigkeit eingesetzte *Kapital*.

Die in den deutschen Verwaltungsgrundsätzen ausgedrückten Vorbehalte gegenüber der TNMM können angesichts der gravierenden Probleme, die mit dieser Verrechnungspreismethode verbunden sind, überwiegend geteilt werden. Die TNMM verlangt im Gegensatz zu den bruttogewinnbezogenen Methoden zusätzlich nach einer Vergleichbarkeit derjenigen Faktoren, die sich auf die Höhe der Verwaltungs- und Vertriebskosten sowie der sonstigen betrieblichen Aufwendungen und Erträge eines Unternehmens auswirken, da diese Gewinnbestandteile nicht im Rohgewinn oder in der Handelsspanne enthalten sind.[1000] Bei Anwendung der TNMM werden deshalb gegenüber den Standardmethoden zusätzliche Unwägbarkeiten in Kauf genommen. Beispielhaft kann auf Unterschiede in der Kosteneffizienz[1001] oder im Funktionsumfang des Verwaltungs- und Vertriebsbereichs oder auf außerplanmäßige Abschreibungen in unterschiedlicher Höhe hingewiesen werden. Außerdem können die zusätzlichen Gewinnbestandteile durch unterschiedliche Abbildungsregeln, wie z. B. länderspezifische Gewinnermittlungsregeln oder bilanzpolitische Maßnahmen, beeinflusst sein.[1002] Die Anwendung der TNMM verlangt außerdem nach einer Ermittlung der Bezugsbasis pro Transaktion[1003] und er-

---

998 Vgl. Bick (HdV[1]), Rn. F 253; Finanzministerium der Niederlande, ITPJ 2001, S. 184 (188).

999 Vgl. OECD (Guidelines), Tz. 3.26.

1000 Vgl. OECD (Guidelines), Tz. 3.29 und 3.35; Werra, IStR 1995, S. 457 (463); Manganelli, ITPJ 2000, S. 206 (215 f.).

1001 Vgl. Oestreicher (Gewinnabgrenzung), S. 74.

1002 Vgl. Werra, IStR 1995, S. 457 (463 f.).

1003 Aufgrund der (grundsätzlichen) Transaktionsbezogenheit der TNMM unterscheidet sich diese Methode von der in den US-amerikanischen Verrechnungspreisrichtlinien vorgesehenen Comparable Profits Method (CPM), die keinen Transaktionsbezug verlangt, vgl. Wright, ITPJ 2000, S. 198 (198); Hamakers, ITPJ 2003, S. 90 (92). Dies ist auch aus Sicht der deutschen Finanzverwaltung der maßgebliche Grund gegen die Anwendung der CPM, vgl. VWG-Verf., Tz. 3.4.10 d). Allerdings ist es auch bei der TNMM nicht ausgeschlossen, dass im Ergebnis alle Transaktionen einer Betriebsstätte mit demselben Nettogewinn bewertet werden.

öffnet deshalb zusätzliche Ermessensspielräume bei der Zurechnung von Gemeinkosten oder des eingesetzten Kapitals auf einzelne Transaktionen.

Die TNMM wird daher lediglich als "Ultima Ratio"-Methode begriffen, so dass ihr Anwendungsbereich auf diejenigen Fälle beschränkt ist, in denen bruttogewinnbezogene Standardmethoden z. B. wegen Datenbeschaffungsproblemen keine sinnvollen Ergebnisse liefern. Hierbei handelt es sich u. a. um Fälle, in denen Gewinn- und Verlustrechnungen der Vergleichsunternehmen nicht nach dem Umsatzkostenverfahren aufgestellt sind und deshalb Bruttogewinngrößen vergleichbarer Unternehmen nicht in ausreichender Anzahl zugänglich sind.[1004]

2.4.2.3 Querschnittsprobleme der Margenmethoden

2.4.2.3.1 Auswahl von Gewinnmargen

Ein wesentliches Querschnittsproblem aller Margenmethoden bildet die Festlegung einer vergleichbaren Gewinnmarge. Im Allgemeinen wird ein Vorrang des internen Margenvergleichs postuliert,[1005] bei dem eine Gewinnmarge verwendet wird, die der Steuerpflichtige seinen eigenen preispolitischen Entscheidungen zugrunde gelegt hat. Bei externen Margenvergleichen werden dagegen Gewinnmargen aus Jahresabschlüssen vergleichbarer Unternehmen gewonnen. Diese Gewinnmargen werden allerdings mehr als beim internen Margenvergleich durch Störfaktoren beeinflusst, wie etwa durch bilanzpolitische Motive und länderspezifische Rechnungslegungsstandards,[1006] was die Vergleichbarkeit dieser Gewinnmargen beeinträchtigt. Die im Rahmen des externen Fremdvergleichs teilweise übliche Vorgehensweise, Vergleichsmargen nicht direkt dem Jahresabschluss, sondern einer Datenbank zu entnehmen, setzt außerdem voraus, dass die Richtigkeit der Datenerfassung durch den Ersteller der Datenbank gewährleistet ist.[1007]

[1004] In manchen Ländern werden Bruttogewinne überhaupt nicht veröffentlicht, vgl. Symons / Roach, ITPJ 1997, S. 126; BIAC (Contribution), S. 8; Casley / Kritikides, ITPJ 2003, S. 162 (164).

[1005] Die OECD gibt dem internem Fremdvergleich – ausdrücklich zumindest bei Anwendung der Kostenaufschlagsmethode – Vorrang, vgl. OECD (Guidelines), Tz. 2.33.

[1006] Vgl. BIAC (Contribution), S. 6; Ernst & Young (Contribution), S. 2; Confédération Fiscale Européenne (Contribution), S. 3. Insbesondere bei abweichenden Rechnungslegungsstandards sind deutliche verzerrende Einflüsse zu erwarten, vgl. Wills, TMTPR 1999, S. 493, mit empirischen Hinweisen auf die Höhe von Gewinnwirkungen unterschiedlicher Rechnungslegungsstandards.

[1007] Vgl. Tucha, IStR 2002, S. 745 (750).

Zudem wird im Jahresabschluss eines Unternehmens das Gesamtergebnis eines Jahres ausgewiesen, das die Ergebnisse aus verschiedenen Geschäften zusammenfasst. Besonders bei heterogener Leistungsstruktur des Vergleichsunternehmens oder bei unterjährigem Wandel der Marktbedingungen stellt eine aus der externen Rechnungslegung abgeleitete Gewinnmarge einen wenig aussagekräftigen Durchschnittswert dar, der über verschiedene Geschäfte ermittelt wurde und daher nicht unbedingt als angemessene Gewinnmarge gelten muss. Der interne Margenvergleich ermöglicht hingegen im Grundsatz einen Bezug auf Einzelgeschäfte und vermeidet somit Durchschnittsbildungen über verschiedene Geschäfte.

Die Verlässlichkeit des externen Margenvergleichs wird regelmäßig durch eine schlechte Informationslage über die Vergleichsunternehmen beeinträchtigt.[1008] Meist sind die Vergleichsunternehmen lediglich auf ihre Übereinstimmung bezüglich der Merkmale Unternehmensgröße, Branche, Produkt und regionale Herkunft überprüfbar.[1009] Folglich können die Ausprägungen zahlreicher bedeutender Preiseinflussfaktoren regelmäßig nicht beobachtet werden. Ingesamt ist daher von einer geringeren Verlässlichkeit des externen Margenvergleichs zur Ermittlung eines Fremdvergleichspreises auszugehen. Wegen der mangelnden Überprüfbarkeit zahlreicher Preiseinflussfaktoren wird oft für viele verschiedene Leistungskategorien einer Betriebsstätte nur eine einheitliche Gewinnmarge angesetzt oder es erfolgt nur eine grobe Differenzierung nach den wichtigsten Produktlinien, Geschäftssegmenten oder Leistungsarten.[1010]

Sind die Vergleichsunternehmen nicht hinreichend vergleichbar, werden mitunter regressionsanalytische Anpassungsrechnungen vorgenommen, um Zu- oder Abschläge auf die Gewinnmarge zu ermitteln.[1011] Hierbei werden ökonomisch begründbare Zusammenhänge zwischen Gewinnmargen und Jahresabschluss- oder anderen unternehmensbezogenen Kennzahlen quantitativ nachgewiesen, um Korrekturen der Vergleichsmargen vorzunehmen. Beispielsweise wird eine Anpassung der Gewinnmarge entsprechend der Lager-

---

[1008] Vgl. Casley / Abu-el-Ata, ITPJ 1999, S. 20 (21 f.); Oestreicher / Vormoor, IStR 2004, S. 95 (97).

[1009] Vgl. Rehkugler / Vögele, BB 2002, S. 1937 (1941 ff.); Vögele / Ackerman / Decker, IWB v. 24.01.2001, F. 10, Gr. 2, S. 1501 (1502).

[1010] Vgl. Feinschreiber (Transfer Pricing), S. 32; Mitsch (Wiederverkaufspreismethode), S. 121 (130).

[1011] Vgl. King (Transfer Pricing), S. 105; Miesel / Higinbotham / Chun, ITJ 2003, Issue 4, S. 1 (23 ff.); Dawid / Dorner, IWB v. 27.03.2002, F. 10, Gr. 2, S. 1563; Internal Revenue Service, APA Study Guide, S. 45 ff.; Oestreicher / Duensing, IStR 2005, S. 134 (141).

bestände an fertigen und unfertigen Erzeugnissen empfohlen.[1012] Hierbei wird angenommen, dass mit der Höhe der Lagerbestände die Lieferfähigkeit des Anbieters steigt und der Nachfrager die hiermit verbundene Flexibilität sowie niedrigere eigene Lagerkosten durch einen höheren Verrechnungspreis vergütet.[1013] Um Zufallseffekte bei der Messung des Zusammenhangs zwischen dem Umfang der Lagerbestände und der Gewinnmarge möglichst zu minimieren, ist eine ausreichend große Zahl an Vergleichsunternehmen erforderlich. Wann derartige Zusammenhänge empirisch hinreichend stark ausgeprägt sind, um einen Zu- oder Abschlag zu rechtfertigen, unterliegt allerdings selbst bei Einsatz statistischer Messverfahren einer weitgehend subjektiven Entscheidung des Beurteilers.[1014]

Um die Schwierigkeit des Nachweises vergleichbarer Unternehmen zu überbrücken, setzen die Finanzbehörden teilweise pauschale Prozentsätze als angemessene Gewinnmargen an. Nach den Verwaltungsgrundsätzen liegt die Nichtbeanstandungsgrenze für Dienstleistungen, für die kein Fremdvergleichspreis festgestellt werden kann, bei einem Kostenaufschlagssatz von 5-10%.[1015] Auch in anderen Ländern ist die Verwendung derartiger fester Margenbandbreiten üblich.[1016] Allerdings ist ein pauschaler Erfahrungssatz, Dienstleistungsunternehmen würden eine durchschnittliche Gewinnmarge von z. B. 5-10% erzielen, nicht nachprüfbar. Einkünftekorrekturen auf der Grundlage derartiger unterstellter Gewinnmargen sind sachlich kaum begründbar, da sie keinerlei Bezug zur tatsächlichen Gewinnsituation des Gesamtunternehmens aufweisen. Eine Übereinstimmung mit dem zwischen fremden Dritten vermutlich vereinbarten Preis wäre bei derartigen pauschalen Sätzen allenfalls

---

[1012] Vgl. Dawid / Dorner, IWB v. 27.03.2002, F. 10, Gr. 2, S. 1563 (1565); Internal Revenue Service, APA Study Guide, S. 46; Oestreicher / Duensing, IStR 2005, S. 134 (141).

[1013] Vgl. Dawid / Dorner, IWB v. 27.03.2002, F. 10, Gr. 2, S. 1563 (1565 f.).

[1014] Das Schrifttum begegnet den statistischen Anpassungen überwiegend mit Kritik, vgl. McDonald / Scheuren / Scales, TMTPR 1999, S. 725 und Rodriguez, TMTPR 2001, S. 804 in Bezug auf Anpassungen nach der Verwaltungs- und Vertriebsintensität.

[1015] Vgl. VWG-BS, Tz. 3.1.2. Ähnlich Runge (Streitfragen), S. 137 (141: "Ein Gewinnaufschlag in Höhe von 5 bis 10% wird regelmäßig angemessen sein"). Die Rechtsprechung hat sich zwar auch auf solche nicht nachprüfbaren Prüfungsmaßstäbe bezogen, allerdings hat sie diese nicht tatsächlich als Korrekturmaßstab angewendet, vgl. BFH v. 02.02.1960 - I 194/59, BB 1960, S. 731; FG des Saarlandes v. 18.12.1996 - 1 K 257/94, EFG 1997, S. 485 (Gründe Nr. 3.3.2).

[1016] Vgl. Narraina et.al., IWB, F. 10 Gr. 2 v. 10.11.1993, S. 925 (934: in Belgien liegt der "Dienstleistungsprozentsatz ... im Durchschnitt zwischen 5% und 15%"; S. 940: in Österreich wird bei Kleinstbetriebsstätten ein Gewinn nach der Kostenaufschlagsmethode (Aufschlag 5-10%) ermittelt). Zu Beispielen aus weiteren Ländern vgl. Maisto (Generalbericht), CDFI 1992, Vol. 77a, S. 141 (164 ff.).

zufällig. Im Ergebnis führt dies zu einer Beweislastumkehr, da Steuerpflichtige die Unangemessenheit der von der Finanzbehörde angesetzten pauschalen Gewinnmarge nachweisen müsste . Da zu erwarten ist, dass der Steuerpflichtige in den betreffenden Fällen seinerseits Schwierigkeiten hat, vergleichbare Unternehmen zu identifizieren, unterliegt die Einkünftezurechnung im Ergebnis einer bedenklichen materiellen Typisierung.

2.4.2.3.2 Anwendbarkeit auf einen Unternehmensteil und Methodenwahl

Die Margenmethoden werden tendenziell auf den Unternehmensteil angewendet, der *leichter bewertbare Funktionen* übernimmt. Die Wiederverkaufspreismethode wird besonders für einfache Vertriebsaktivitäten ohne besondere Wertschöpfung empfohlen. Die Kostenaufschlagsmethode soll hingegen für Produzenten mit einfachen Lohnveredelungstätigkeiten oder Dienstleister mit Routinetätigkeiten geeignet sein.[1017] Teilweise wird diese Anwendungsempfehlung mit der Überlegung verknüpft, dass in eine Leistungskette geschaltete Einheiten idealtypisch in Routineunternehmen und Strategieträger unterschieden werden können. Nach den Verwaltungsgrundsätzen bezeichnet der Begriff des Strategieträgers eine Einheit, die "über die zur Durchführung von Geschäften wesentlichen materiellen und immateriellen Wirtschaftsgüter verfügt, die wesentlichen für den Unternehmenserfolg entscheidenden Funktionen ausübt und die wesentlichen Risiken übernimmt".[1018] Der Strategieträger trifft die grundlegenden Entscheidungen, die den Gewinn der verbundenen Unternehmen (hier: des Gesamtunternehmens) umfassend und nachhaltig beeinflussen. Die Einzigartigkeit dieser Tätigkeiten begründet die fehlende Vergleichbarkeit und Bewertbarkeit der Funktionen des Strategieträgers und damit die Anwendung der Margenmethoden auf die anderen verbundenen Unternehmen (bzw.

[1017] Vgl. OECD (Guidelines), Tz. 1.23, .27, 2.22; VWG-vU, Tz. 3.1.3 (Wiederverkaufspreismethode für Eigenhändler ohne wesentliche Be- und Weiterverarbeitung; bei Lohnfertigungsverhältnissen Anwendung der Kostenaufschlagsmethode); Raupach (Expertengespräch), S. 463 (483: Die Stärke des Marketing führt eher zur Kostenaufschlagsmethode, die Stärke des Produkts und der Entwicklung führt zu Wiederverkaufspreismethode); Miesel / Higinbotham / Chun, ITJ 2003, Issue 4, S. 1 (12); Baumhoff, IStR 2003, S. 1 (6); Brüggelambert, BFuP 2005, S. 176 (189).

[1018] VWG-Verf., Tz. 3.4.10.2; vgl. hierzu auch Baumhoff / Ditz / Greinert, DStR 2005, S. 1549 (1551); Brem / Tucha, IStR 2006, S. 499 ff.; Lenz, WPg-Sonderheft 2006, S. 145 (149); Wehnert / Marx / Andresen / Hülster / Beck / Bodenmüller / Wolff, IStR 2005, S. 714 (716 f.); Finsterwalder, DStR 2005, S. 765 (768).

Unternehmensteile) mit weniger erfolgskritischen Funktionen.[1019] Von Strategieträgern werden Routineunternehmen abgegrenzt, die nur in geringem Umfang Wirtschaftsgüter einsetzen und nur geringe Risiken tragen.[1020] Die Verwaltungsgrundsätze erlauben für Routineunternehmen ausdrücklich die Anwendung der TNMM.[1021] Wie bereits erwähnt, werden allerdings für funktionsschwache Einheiten auch die traditionellen Margenkonzepte empfohlen.

Eine Schwäche dieses Konzepts liegt darin, dass die Margenmethoden preisrelevante Merkmale der leistungsempfangenden Einheit oft nicht berücksichtigen können.[1022] Da sich die Auswahl der Marge meist allein nach Merkmalen der leistungserbringenden Einheit richtet, findet keine umfassende Simulation der Preisbildung statt. Besonders die Gewinnsituation innerhalb der Leistungskette, d. h. die Höhe des aus der gemeinsamen Tätigkeit erzielten Gewinns, wird bei der Bemessung der Marge vernachlässigt.[1023] So wird bei der Kostenaufschlagsmethode dem leistenden Unternehmensteil ein Gewinn unabhängig von den Nachfrageverhältnissen für das Endprodukt zugewiesen. Diese Kritik lässt sich auch auf die TNMM übertragen,[1024] soweit das eingesetzte Kapital oder eine Kostengröße die Bezugsgröße für die Gewinnmarge bilden. Die Wiederverkaufspreismethode – und die TNMM, soweit sie an den Umsatz anknüpft – führen hingegen nur teilweise zu einer Abschirmung der leistungserbringenden Einheit von der Gewinnsituation der in der Leistungskette nachgeschalteten Einheiten, da hierbei an den Umsatz auf dem Endnachfragemarkt und damit einen Einflussfaktor auf den Gewinn des Gesamtunternehmens angeknüpft wird. Preissteigerungen auf dem Endnachfragemarkt führen hier zu höheren Gewinnen der Vertriebs- und der Herstellereinheit.

Diese Überlegungen stellen die Kostenaufschlagsmethode und die TNMM teilweise in Frage. Selbstständige unabhängige Lohnfertiger, Auftragsforscher

---

[1019] Vgl. VWG-Verf., Tz. 3.4.10.2: "Ob das von einem "Strategieträger" erzielte Ergebnis dem Fremdvergleich entspricht, lässt sich *mangels vergleichbarer Unternehmen* (Hervorh. d. Verf.) regelmäßig nicht unter Verwendung von Fremdvergleichsdaten feststellen; das Ergebnis bildet vielmehr eine Residualgröße."

[1020] Vgl. VWG-Verf., Tz. 3.4.10.3 a). Darüber hinaus führen die Verwaltungsgrundsätze einen dritten Unternehmenstyp ein (vgl. VWG-Verf., Tz. 3.4.10.3 c), der bislang im Schrifttum eher auf Ablehnung stößt (vgl. Baumhoff / Ditz / Greinert, DStR 2005, S. 1549 (1551); Lenz, WPg-Sonderheft 2006, S. 145 (149)) und deshalb hier nicht weiter erläutert wird.

[1021] Vgl. VWG-Verf., Tz. 3.4.10.3 b), weitere Voraussetzungen vgl. FN 996.

[1022] Vgl. Kapitel III, Abschn. 2.4.2.3.1.

[1023] Vgl. Scherrer, FS Scherpf, S. 345 (348); Baumhoff (Dienstleistungen), S. 236; Baumhoff, IStR 1996, S. 53; Blümich / Menck, § 1 AStG, Rn. 74; Remmen (Konzernverrechnungspreise), S. 102; Bauer (Neuausrichtung), S. 155.

[1024] Vgl. OECD (Guidelines), Tz. 3.31.

und andere "Routineunternehmen", deren Geschäftspartner langfristige Übergewinne über den Branchendurchschnitt hinaus erzielen, dürften bestrebt sein, gegenüber ihren Geschäftspartnern Ansprüche zumindest auf einen Teil des Übergewinns durchzusetzen. Hierzu könnten sie etwa in Verhandlungen die Vergleichbarkeit ihrer Tätigkeit mit potenziellen Vergleichsunternehmen abschwächen und auf die Einzigartigkeit und besondere Bedeutung der eigenen Aktivitäten in der Leistungskette hinweisen (z. B. eigener Anteil an Fortentwicklung einer Technologie des Geschäftspartners). Ggf. tragen Routineunternehmen wie Lohnfertiger oder Auftragsforscher auch Marktrisiken aus schwankenden Kapazitätsauslastungen und leisten somit einen spezifischen Beitrag innerhalb der Leistungskette, die eine Beteiligung am Übergewinn des Geschäftspartners rechtfertigen könnte.[1025] Ebenso können auch Vertriebseinheiten an der Schaffung eines Markennamens und Kundenstamms mitgewirkt haben und Ansprüche auf Übergewinne des Strategieträgers geltend machen.[1026] Die Vielfalt möglicher Beiträge "funktionsschwacher" Unternehmensteile zeigt auf, dass die Grenzen zwischen Routineunternehmen und Strategieträgern fließend sind[1027] und die unter den Margenmethoden bewirkte "Zementierung von Standardgewinnen"[1028] nicht unbedingt dem Fremdvergleichsgrundsatz entspricht. Ebenso ist zu vermuten, dass ein selbstständiger Strategieträger seinerseits versuchen würde, von Transaktionspartnern zumindest eine teilweise Beteiligung an dauerhaften Verlusten einzufordern.

Die möglichen Nachteile der Margenmethoden können allerdings durch Verprobungstechniken teilweise beseitigt werden, bei denen durch Anwendung verschiedener Margenmethoden mehrere verschiedene Verrechnungspreise entstehen. Abweichungen der verschiedenen Verrechnungspreise in nur geringfügiger Höhe stellen eine Bestätigung des bisherigen Ergebnisses dar, während stärkere Abweichungen die Notwendigkeit aufzeigen, die bisher verwendeten Methoden oder Parameter einer weiteren, tiefer gehenden Überprüfung zu unterziehen.

Das Ergebnis einer Margenmethode kann überprüft werden, indem sie durch Anwendung einer anderen Margenmethode auf denselben Unternehmensteil ersetzt wird. Hierbei können Mängel der bislang verwendeten Margenmethode besser identifiziert werden. Allerdings wird bei dieser Verpro-

---

[1025] Vgl. Casley / Pope / Hohtoulas, ITPJ 2006, S. 194 (195).

[1026] Vgl. Wright, ITPJ 2006, S. 202 (206), mit Hinweis darauf, dass die US-amerikanischen Finanzbehörden dieses Argument regelmäßig bei der Prüfung US-amerikanischer Vertriebseinheiten ausländischer Konzerne verwendeten.

[1027] Vgl. Finsterwalder, DStR 2005, S. 765 (768); Wehnert / Marx / Andresen / Hülster / Beck / Bodenmüller / Wolff, IStR 2005, S. 714 (717).

[1028] Kumpf (Verrechnungspreise), S. 178.

bungstechnik weiterhin lediglich die Leistung eines Unternehmensteils bewertet.

Gegebenenfalls denkbar ist auch eine Verprobung eines Verrechnungspreises durch die Anwendung von Margenmethoden auf den jeweils anderen Unternehmensteil. Hierbei könnte beispielsweise auf den herstellenden Unternehmensteil die Kostenaufschlagsmethode und gleichzeitig auf den wiederverkaufenden Unternehmensteil die Wiederverkaufspreismethode angewendet werden.[1029] Ebenso könnte die Kostenaufschlagsmethode auf beide Unternehmensteile angewendet werden. Darüber hinaus sind verschiedene Kombinationen mit der TNMM möglich. Weichen die hierbei ermittelten Verrechnungspreise nur geringfügig voneinander ab, so bestätigt die Verprobungsmethode die originär angewendete Verrechnungspreismethode. Bei deutlichen Abweichungen sollte allerdings eine weitere Überprüfung der Verrechnungspreismethoden und ggf. eine weitere Suche nach Vergleichssamples oder Alternativmethoden erforderlich sein. Hierbei kommt insbesondere die nachfolgend diskutierte geschäftsvorfallbezogene Gewinnaufteilungsmethode in Betracht.

2.4.3 Geschäftsvorfallbezogene Gewinnaufteilungsmethode

2.4.3.1 Inhalt und Anwendungsbereich

In den Verwaltungsgrundsätzen "Verfahren" vollzieht die deutsche Finanzverwaltung die internationale Entwicklung nach und erkennt erstmals die geschäftsvorfallbezogene Gewinnaufteilungsmethode (PSM) als zulässige Verrechnungspreismethode an.[1030] Die PSM verlässt die einseitige Sichtweise der Margenmethoden, bei denen die Leistung jeweils nur einer Transaktionspartei bewertet wird.[1031] Die PSM betrachtet vielmehr den zusammengefassten Gewinn des Unternehmens aus einer unternehmensinternen Transaktion als gemeinsam durch Stammhaus und Betriebsstätte veranlasst und teilt diesen in dem Verhältnis auf, das einer möglichen Gewinnaufteilung zwischen fremden Dritten entspricht.[1032]

Die PSM nimmt damit eine Mittelstellung zwischen direkter und indirekter Methode ein.[1033] Mit der direkten Methode verbindet sie die grundsätzliche Eignung zur Umsetzung der geforderten Einzelbewertung unternehmensinter-

---

[1029] Vgl. Maisto (Generalbericht), CDFI 1992, Vol. 77a, S. 141 (168).

[1030] Vgl. VWG-Verf., Tz. 3.4.10.3 c).

[1031] Vgl. Symons / Roach, ITPJ 1997, S. 126 (128); Manganelli, ITPJ 2000, S. 206 (211 f.); Francescucci, ITPJ 2004, S. 55 (72 f.).

[1032] Vgl. OECD (Guidelines), Tz. 3.5.

[1033] Ähnlich Jacobs (Unternehmensbesteuerung), S. 768.

ner Leistungen. Von der indirekten Methode übernimmt sie die Subjektivität in der Auswahl der Schlüsselgrößen.[1034] Eine Überprüfbarkeit des ausgewählten Schlüssels ist meist mit Nachweisschwierigkeiten verbunden, weil oft Beobachtungen über Gewinnaufteilungen zwischen selbstständigen Unternehmen in ausreichend vergleichbaren Beziehungen fehlen.[1035] Außerdem vermeidet die PSM – ähnlich wie auch die indirekte Methode – durch die Aufteilung des insgesamt in der Leistungskette entstehenden Gesamtgewinns, dass einem der Transaktionspartner ein aus Sicht des Gesamtunternehmens unangemessen hoher oder niedriger Gewinnanteil zugerechnet wird.[1036]

Die PSM kann angewendet werden, wenn der Erfolg des Gesamtunternehmens aus einer gemeinsamen Aktivität der Unternehmensteile zu erklären ist,[1037] so dass die maßgeblichen Erfolgsfaktoren beiden Unternehmensteilen zuzurechnen sind. Beispielhaft kann auf produktbezogene Monopolstellungen verwiesen werden, die aus einer gemeinsamen Produktentwicklung herrühren oder auf gemeinsam durchgeführte Handelsgeschäfte.[1038] Auch die Kombination verschiedener einzigartiger immaterieller Wirtschaftsgüter, die jeweils von beiden Unternehmensteilen eingebracht werden, kann einen Anwendungsfall der PSM darstellen.[1039]

2.4.3.2 Konkretisierung des aufzuteilenden Gewinns

Im Grundsatz soll im Rahmen der PSM der operative Nettogewinn der beteiligten Unternehmen aus den betrachteten Geschäften aufgeteilt werden.[1040] Hiermit wird sichergestellt, dass eine konsequente Aufteilung des Gesamtgewinns erfolgt und nicht willkürlich einzelne Erfolgsbestandteile bestimmten Unternehmensteilen zugerechnet werden.

[1034] Vgl. bereits Kapitel II, Abschn. 4.1.1 dieser Arbeit.

[1035] Vgl. OECD (Guidelines), Tz. 3.25; Bernstein, BIFD 1999, S. 570 (574); Wright, ITPJ 2000, S. 198 (200); Verlinden / Boone / Hemelaer, ITPJ 2000, S. 122 (126).

[1036] Vgl. OECD (Guidelines), Tz. 3.7; Verlinden / Boone / Hemelaer, ITPJ 2000, S. 122 (126); Francescucci, ITPJ 2004, S. 235 (242).

[1037] Vgl. OECD (Guidelines), Tz. 3.5; Symons / Roach, ITPJ 1997, S. 126 (129).

[1038] Vgl. VWG-Verf., Tz. 3.4.10.3 c). Danach soll die PSM z. B. angewendet werden, wenn Unternehmen "gemeinsam an der Anbahnung, Abwicklung und dem Abschluss beteiligt sind, ohne dass Einzelbeiträge abgegrenzt werden können"; ähnlich OECD (Guidelines), Tz. 3.2 ff., insbes. Tz. 3.21.

[1039] Vgl. US Treas. Regs. § 1.482-6(c)(3)(iii), Beispiel (ii): Kombination von Marketing- und FuE-Stärken; Jacobs (Unternehmensbesteuerung), S. 768 f.

[1040] Vgl. OECD (Guidelines), Tz. 3.17: "operating profit"; Bick (HdV[1]), Rn. F 316 f.; Toifl (Methoden), S. 61 (78); Stefaner (Profit Split Method), S. 151 (167).

Allerdings erscheint eine Aufteilung von Bruttogewinnen im Ausnahmefall zweckmäßig. In den hier angesprochenen Fällen können bestimmte Aufwendungen, z. B. des Verwaltungsbereichs, den Unternehmensteilen problemlos direkt zugerechnet werden. Im zweiten Schritt erfolgt die Aufteilung des verbleibenden Bruttogewinns auf die Unternehmensteile. Nach den OECD-Richtlinien handelt es sich hier typischerweise um Handelsunternehmen, deren Aufwendungen zwar nicht einzelnen Geschäften, aber doch einzelnen Unternehmensteilen zugerechnet werden können. Der Bruttogewinn ist somit eine verbleibende Erfolgsgröße, die im Rahmen der Verrechnungspreisbestimmung aufgeteilt wird.[1041]

Entsprechend des bereits erwähnten ex-ante-Grundsatzes einigen sich unabhängige Unternehmen regelmäßig vor dem Abschluss von Geschäften auf einen Verrechnungspreis. Folglich sollten im Rahmen der PSM grundsätzlich geplante Gewinne der Aufteilung unterliegen, so dass insoweit auf Budgetdaten zurückgegriffen wird.[1042] Hierbei können durchschnittliche Plangewinne zugrunde gelegt werden, die in einem überschaubaren Prognosezeitraum erzielbar sind. Allerdings sollte der erwartete Gewinn anhand objektiver Anhaltspunkte überprüfbar sein. Auch der tatsächlich realisierte Gewinn kann bei der steuerlichen Beurteilung, welche Gewinnerwartung ursprünglich zugrunde lag, herangezogen werden.[1043]

2.4.3.3 Konkretisierung des Aufteilungsschlüssels

Die Gewinnaufteilung kann einer Beitragsanalyse oder einer Restgewinnanalyse folgen.[1044] Bei einer Beitragsanalyse wird der gemeinsam erzielte Gewinn der Unternehmensteile im Verhältnis der einzelnen Beiträge der Unternehmensteile aufgeteilt. Die Beitragsanalyse erfordert eine Festlegung *relevanter Beitragsarten*, eine *Gewichtung* der Beitragsarten untereinander anhand ihrer relativen Bedeutung und die Feststellung, in welchem *Umfang* die Unternehmensteile jeweils die festgelegten Beitragsarten erbringen. Die Beitragsanalyse kann als Punktbewertungsmodell für die jeweiligen Beiträge interpretiert werden, wie die untenstehende Abbildung illustriert.[1045] Der Gesamtbeitrag

---

[1041] Vgl. OECD (Guidelines), Tz. 3.17. Zustimmend Kuckhoff / Schreiber (Verrechnungspreise), S. 59; Toifl (Methoden), S. 61 (78); Stefaner (Profit Split Method), S. 151 (167).

[1042] Vgl. Kuckhoff / Schreiber (Verrechnungspreise), S. 57; Stefaner (Profit Split Method), S. 151 (165).

[1043] Vgl. Stefaner (Profit Split Method), S. 151 (165).

[1044] Vgl. Bernstein, BIFD 1999, S. 570 (574); Wilkie, ITPJ 2000, S. 74 (80).

[1045] Mit wenigen Änderungen entnommen aus Ernst & Young (Verrechnungspreise), S. 93.

eines Unternehmensteils ergibt sich hierbei aus der Summe der gewichteten Beitragsumfänge. Die Aufteilung des Gesamtgewinns erfolgt nach den relativen Gesamtbeiträgen der Unternehmensteile.

Beitragsart	**Bedeutung der Beitragsart**	**Anteile der Unternehmensteile**	
Funktionen			
F& E	xxxxx	xxxxx	
Produktion	xxx	xxxxx	
Logistik	x	xxx	xx
Vertrieb	xxx	x	xxxx
Risiken			
Markt	xxxxx	xxxx	x
Qualität	xxxx	xxxxx	
Gewährleistung	xx	xxxxx	
Forderungsausfall	xxx		xxxxx
Lager	xxx	xx	xxx
Immaterielle Wirtschaftsgüter			
Technologie	xxxxx	xxxxx	
Patente	xxxxx	xxxxx	
Handelsmarken	xxxxx	xxxx	x
Kundenstamm	xxx		xxxxx
Gesamtpunktwert		172	63

Abbildung 6: Beispiel zur Beitragsanalyse

Die Summe der bewerteten Beiträge beträgt im Beispielsfall folglich 172 / (172 + 63) = 73,2% für das Stammhaus bzw. 63 / (172 + 63) = 26,8% für die Betriebsstätte, so dass der transaktionsbezogene Nettogewinn anhand dieser prozentualen Anteile aufzuteilen ist.

Neben der inhaltlich relativ offenen Beitragsanalyse wird von der OECD auch vereinfachend die Aufteilung nach dem eingesetzten Kapital vorgeschlagen. Diese Methode unterstellt, dass das von beiden Unternehmensteilen eingesetzte Kapital eine identische Rendite erzielt. Es ist im Einzelfall zu prüfen, ob diese Annahme sachgerecht ist. Die Aufteilung nach dem eingesetzten Kapital scheidet jedenfalls dann aus, wenn sich ein deutliches Missverhältnis zwischen der Kapitalintensität und der Bedeutung der übernommenen Funktionen der Transaktionspartner ergibt. Darüber hinaus eröffnet auch die Methode des eingesetzten Kapitals Ermessensspielräume. Insbesondere die Zurechnung des eingesetzten Kapitals zu einzelnen Transaktionen sowie die Einbeziehung und Bewertung von immateriellem Vermögen unterliegt im Wesentlichen subjektiven Entscheidungen.

Ein weiterer Vorschlag zur Bemessung des Aufteilungsschlüssels ist die Methode der vergleichbaren Gewinnaufteilung.[1046] Hierbei soll die Gewinnaufteilung bei selbstständigen unabhängigen Unternehmen analysiert werden, die in ihrer Geschäftstätigkeit und ihren Risiken vergleichbaren Marktbedingungen unterliegen.[1047] Das hierbei festgestellte Aufteilungsverhältnis wird auf die Gewinnaufteilung zwischen Stammhaus und Betriebsstätte übertragen. Hierbei muss die Vergleichbarkeit der kooperativen Beziehung zwischen beiden Unternehmensteilen mit den kooperierenden Vergleichsunternehmen gewährleistet sein. Deshalb entsteht unter dieser Methode ein erheblicher Aufwand für die Suche vergleichbarer Unternehmen, der ihre praktische Einsetzbarkeit erschwert.[1048]

Im Rahmen der Restgewinnanalyse werden hingegen in einem ersten Schritt zunächst beiden Unternehmensteilen Vorabgewinne für Beiträge zugeteilt, um ihnen einen angemessenen Mindestgewinn zukommen zu lassen. Die Beiträge werden hierbei durch traditionelle Margenmethoden bewertet, so dass entsprechende Vergleichssachverhalte oder -unternehmen gefunden werden müssen. Anschließend wird lediglich das Residualergebnis anhand eines Schlüssels aufgeteilt.[1049] Zwischen fremden Dritten sollten regelmäßig Verhandlungsmacht und -geschick über die Aufteilung eines solchen Residualergebnisses entscheiden. Allerdings sind diese Parameter regelmäßig weder im Vergleichs- noch im Ausgangssachverhalt beobachtbar, so dass der Fremdvergleich insoweit nicht weiter hilft. Als faire Lösung bietet sich in diesem Fall die Halbteilung der Restgröße oder eine Schlüsselung anhand der nach den Margenmethoden zugerechneten Gewinnen an. Die Restgewinnanalyse stellt eine Kompromisslösung zwischen den Margenmethoden und der Beitragsanalyse dar. Ist der verbleibende Gewinn oder Verlust sehr gering, so wird ein an den Margenmethoden angenähertes Ergebnis erreicht.

2.4.4 Gemeiner Wert

Die *Entstrickungs- und Verstrickungsregelungen* in § 4 Abs. 1 S. 3, S. 7 HS. 2 EStG und § 12 Abs. 1 KStG haben nicht den Ansatz des Fremdvergleichsprei-

---

[1046] Vgl. OECD (Guidelines), Tz. 3.25.
[1047] Vgl. Jacobs (Unternehmensbesteuerung), S. 770.
[1048] So wohl auch OECD (Guidelines), Tz. 3.25.
[1049] Vgl. zur Beitragsanalyse: OECD (Guidelines), Tz. 3.16 ff., zur Restgewinnanalyse vgl. a. a. O., Tz. 3.19 ff.

ses zur Folge, sondern beziehen sich auf den *gemeinen Wert* als Bewertungsmaßstab (§ 6 Abs. 1 Nr. 4 S. 1 HS. 2, Nr. 5a EStG). Gesetzgeber[1050] und Finanzverwaltung[1051] gehen offenbar von einer Gleichheit der Wertkategorien "gemeiner Wert" und "Fremdvergleichspreis" aus. Um Abweichungen zum Fremdvergleichspreis zu vermeiden, wurde im Zuge des SEStEG für ertragsteuerliche Zwecke das im Erbschaft- und Schenkungsteuerrecht übliche Stuttgarter Verfahren zur Ermittlung des gemeinen Werts nicht börsennotierter Kapitalgesellschaftsanteile ausgeschlossen (§ 11 Abs. 2 S. 3 BewG). Das international unübliche Stuttgarter Verfahren ist somit für die Ent- und Verstrickung und die daran anknüpfende Einkünftezurechnung irrelevant. Diese Regelung schien dem Gesetzgeber für eine Angleichung beider Wertkategorien zu genügen. Dennoch stellt sich die Frage nach möglichen Abweichungen des gemeinen Werts vom Fremdvergleichspreis. Zum einen ist fraglich, ob sich Abweichungen bereits aus dem Wortlaut des § 9 Abs. 2 BewG ergeben, der den gemeinen Wert definiert. Da auf einen Begriff Bezug genommen wird, der im Wesentlichen durch die Steuerrechtsgebiete der Erbschaft- und Schenkungsteuer sowie der Vermögensteuer geprägt ist, wird zum anderen untersucht, ob sich Abweichungen aufgrund normspezifischer Interpretationen der Rechtsprechung des Begriffs des gemeinen Werts ergeben. Letztere enthalten allerdings keinen Anforderungsgehalt für die Einkünftezurechnung, da der Begriff des gemeinen Werts in der Einkünftezurechnung im Rahmen des Gesetzestatbestands und seines möglichen Wortsinns eine von seinen bisherigen Anwendungsfeldern abweichende Auslegung erfahren kann.

2.4.4.1 Grundsätzliche Bewertungkonzeption und Bewertungsmethoden

Der gemeine Wert wird durch den Preis bestimmt wird, der im gewöhnlichen Geschäftsverkehr nach der Beschaffenheit des Wirtschaftsguts bei einer Veräußerung zu erzielen wäre (§ 9 Abs. 2 S. 1 BewG). Konzeptionell ist der gemeine Wert der Einzelveräußerungspreis des Wirtschaftsguts. Er setzt wie der Fremdvergleichspreis auch an einer fiktiven Markttransaktion an. Unter gewöhnlichem Geschäftsverkehr ist ein Handel zu verstehen, der sich nach den marktwirtschaftlichen Grundsätzen von Angebot und Nachfrage vollzieht und bei dem jeder Vertragspartner freiwillig und in Wahrung seiner eigenen Inte-

---

[1050] Vgl. BTDrs. 16/2710, S. 42, mit Hinweis auf die angebliche Übereinstimmung des Entstrickungskonzepts mit den OECD-Grundsätzen für die "Betriebsstättengewinnermittlung".

[1051] Vgl. Breuninger / Möhlenbrock (Verstrickung), S. 41.

ressen handelt.[1052] Auch wenn in § 9 Abs. 2 BewG nur Wirtschaftsgüter angesprochen sind, ist dieses Konzept zwanglos auf die ebenfalls der Entstrickung unterliegenden Nutzungen übertragbar.

Wie beim tatsächlichen Fremdvergleich kann der gemeine Wert aus tatsächlich beobachtbaren Marktpreisen abgeleitet werden.[1053] Im Falle eines fehlenden Vergleichsmarkts wird der gemeine Wert mit Hilfsmethoden geschätzt,[1054] was dem Gedanken des hypothetischen Fremdvergleichs entspricht. Eine weitere Gemeinsamkeit ist Stichtagsbezogenheit der Bewertung, die eine nachträgliche Anpassung an spätere bessere Erkenntnisse ausschließt.[1055]

Das Konzept des gemeinen Werts als Einzelveräußerungspreis beinhaltet allerdings keine für die Einkünftezurechnung hilfreiche Aussage über die Bestimmung des gedachten potentiellen Anbieters bzw. Nachfragers. Für die bisherigen Anwendungsgebiete des gemeinen Werts war es offenbar ausreichend, den Steuerpflichtigen – z. B. bei der Erbschaftsteuer den Erwerber – als den fiktiven Anbieter zu denken. Für die Einkünftezurechnung im Einheitsunternehmen muss der gemeine Wert hingegen als Preis interpretiert werden, den Stammhaus und Betriebsstätte als selbstständige unabhängige Unternehmen bei einem Aufeinandertreffen am Markt unter Ausgleich gegensätzlicher Interessen vereinbart hätten. Somit wird ein Unternehmensteil als Anbieter und der andere Unternehmensteil als Nachfrager gedacht. Würde der Steuerpflichtige, d. h. der Träger des Gesamtunternehmens als Anbieter fingiert, wären bei einem Stammhaus als Hersteller und einer Betriebsstätte als Vertriebseinheit in die Betriebsstätte verbrachte Erzeugnisse mit den Abgabepreisen des Gesamtunternehmens anzusetzen. Insoweit würde der auf einer unzutreffenden Marktstufe zustande gekommene Preis angesetzt, so dass der Betriebsstätte kein Anteil am Gesamtgewinn zugerechnet werden könnte. Die Betriebsstätte muss allerdings für Zwecke der Einkünftezurechnung einen angemessenen Vertriebsgewinn erzielen können.

Ähnliche Überlegungen sind bei der Bewertung unfertiger Erzeugnisse anzustellen. Hier ist für Zwecke der Einkünftezurechnung der herstellende Un-

---

[1052] Vgl. BFH v. 14.02.1969 - III 88/65, BStBl II 1969, S. 395 (Gründe Nr. 2); BFH v. 07.12.1979 - III R 45/77, BStBl II 1980, S. 234 (Gründe Nr. 1b); BFH v. 28.11.1980 - III R 86/78, BStBl II 1981, S. 353.

[1053] Vgl. Knittel in Gürsching / Stenger, § 9 BewG, Rn. 66; BFH v. 29.04.1987 - X R 2/80, BStBl II 1987, S. 769 (Gründe Nr. 2c).

[1054] Vgl. Troll in Troll / Gebel / Jülicher, § 12 ErbStG, Rn. 63 ff.; Meincke, § 12 ErbStG, Rn. 27.

[1055] Vgl. BFH v. 16.07.1965 - III 209/61, Datev-Dok. 0012820; BFH v. 14.02.1969 - III 88/65, BStBl II 1969, S. 395; BFH v. 07.12.1979 - III R 45/77, BStBl II 1980, S. 234; Knittel in Gürsching / Stenger, § 9 BewG, Rn. 32.

ternehmensteil als fiktiver Anbieter und der beziehende Unternehmensteil als fiktiver Nachfrager zu behandeln. Die zum gemeinen Wert von unfertigen Erzeugnissen ergangene Rechtsprechung führt hier zu einer Abweichung vom Fremdvergleichspreis. Nach dieser Rechtsprechung entspricht der gemeine Wert von unfertigen Erzeugnissen den Herstellungskosten ohne Einbeziehung eines Gewinnaufschlags.[1056] Eine Übertragung dieser Rechtsprechung auf die Einkünftezurechnung ist nicht möglich, da die Bewertung der in einen anderen Unternehmensteil überführten unfertigen Erzeugnisse mit den Herstellungskosten erfolgen müsste und dies keine Zurechnung eines angemessenen Gewinns zu dem die Erzeugnisse herstellenden Unternehmensteil ermöglicht. Deshalb erfordert eine normspezifische Auslegung des Begriffs "gemeiner Wert" für Zwecke der Einkünftezurechnung, den herstellenden Unternehmensteil als Anbieter zu fingieren, um ihm einen angemessenen Herstellungsgewinn zuzurechnen.

Methodisch lässt sich keine grundsätzliche Differenz zwischen dem gemeinem Wert und dem Fremdvergleichspreis feststellen. Die international üblichen Methoden zur Schätzung des Fremdvergleichspreises, wie etwa die Wiederverkaufspreis- und Kostenaufschlagsmethode sowie die TNMM und die PSM sind zwar zur Bestimmung des gemeinen Werts unbekannt. Dies erklärt sich allerdings daraus, dass eine Notwendigkeit zur Bestimmung des gemeinen Werts für Umlaufvermögen und Dienstleistungen, die typische Anwendungsfelder der genannten Verrechnungspreismethoden bilden, bislang nicht bzw. nur für kurze Zeit bestand.[1057] Dies schließt es aber nicht aus, den gemeinen Wert anhand der genannten Verrechnungspreismethoden zu schätzen (§ 162 AO).

2.4.4.2 Erweiterung der Bewertungskonzeption durch den Ausschluss ungewöhnlicher und persönlicher Verhältnisse

Nach § 9 Abs. 2 S. 2 BewG werden bei der Bestimmung des gemeinen Werts "alle Umstände, die den Preis beeinflussen" berücksichtigt. Daraus ist zunächst zu schließen, dass wie beim Fremdvergleich auch alle bewertungsrelevanten Umstände des Einzelfalls bei der Wertermittlung berücksichtigt wer-

---

[1056] Vgl. BFH v. 29.04.1987 - X R 2/80, BStBl II 1987, S. 769.

[1057] So wird Umlaufvermögen erbschaftsteuerlich wie anderes Betriebsvermögen auch gemäß § 12 Abs. 5 ErbStG, §§ 10, 95 BewG mit dem Teilwert bewertet. Der gemeine Wert von Umlaufvermögen musste lediglich im Rahmen der nur für kurze Zeit erhobenen Sonderumsatzsteuer ermittelt werden, vgl. hierzu BFH v. 29.04.1987 - X R 2/80, BStBl II 1987, S. 769; BVerfG v. 09.03.1971 - 2 BvR 326-327, 341-345/69, BVerfGE 30, S. 250.

den müssen. Eine Vergleichbarkeit der Verhältnisse muss deshalb grundsätzlich auch beim gemeinen Wert hergestellt werden.[1058] Allerdings schreibt § 9 Abs. 2 S. 3 BewG vor, dass als Ausnahme zu diesem Grundsatz ungewöhnliche oder persönliche Verhältnisse bei der Ermittlung des gemeinen Werts unberücksichtigt bleiben. Bei ungewöhnlichen und persönlichen Verhältnissen handelt es sich nach der Rechtsprechung um Umstände, die sich im Verkehrsleben üblicherweise nicht preisbeeinflussend auswirken.[1059] Durch die Vorschrift wird zum einen ein Vergleich zu einer Transaktion zwischen nahe stehenden Personen ausgeschlossen, bei der die persönliche verwandtschaftliche Beziehung zu Preiskonzessionen führt.[1060] Eine grundsätzliche Differenz zum Fremdvergleichspreis kann insoweit nicht festgestellt werden, da auch diese Wertkonzeption typisierend von gegensätzlichen Interessen und dem Ziel der Gewinnmaximierung der Marktakteure ausgeht.[1061] Geschäfte zwischen nahe stehenden Personen können bei beiden Wertkategorien nicht als Vergleichsmaßstab angesehen werden.

Der Ausschluss ungewöhnlicher und persönlicher Verhältnisse von den bewertungsrelevanten Umständen erscheint jedoch problematisch, da offenbar auch ein individueller Nutzen, den allein der betreffende Steuerpflichtige mit dem Wirtschaftsgut verbindet, bei der Bewertung ausgeklammert wird. Eine ähnliche Überlegung ist der Konzeption des Fremdvergleichspreises fremd. Die Rechtsprechung interpretiert aufgrund des § 9 Abs. 2 S. 3 BewG den gemeinen Wert als "objektiven Wert",[1062] womit ein für alle Marktteilnehmer geltender Marktpreis gemeint ist. So soll sich z. B. eine gesetzliche Mietpreisbindung, der gemeinnützige Wohnungsgesellschaften nach der (heute aufgehobenen) Vorschrift des § 7 Abs. 2 Wohnungsgemeinnützigkeitsgesetz unterlagen, bei der Bewertung der vermieteten Wohnungen nicht wertmindernd auswirken, obwohl diese den (subjektiven) Wert der Wohnungen für die Wohnungsgesellschaft mindert.[1063] In diesem Fall wird vielmehr zur Bemes-

---

[1058] Vgl. BFH v. 12.06.1974 - III R 49/73, BStBl II 1974, S. 602 (Gründe Nr. 2); BFH v. 29.04.1987 - X R 2/80, BStBl II 1987, S. 769 (Gründe Nr. 2c); BFH v. 16.06.1999 - II R 86/97, BFH/NV 1999, S. 1587 (Leitsatz 1: Schätzung des gemeinen Werts von Wohnraum nach der Jahresrohmiete, die für Wohnraum gleicher oder ähnlicher Art, Lage und Ausstattung regelmäßig gezahlt wird).

[1059] Vgl. Knittel in Gürsching / Stenger, § 9 BewG, Rn. 89; Kapp / Ebeling, § 12, Rn. 82; FG Köln v. 20.12.1994 - 2 K 169/92, EFG 1995, S. 363 (Gründe Nr. 2b).

[1060] Vgl. Troll in Troll / Gebel / Jülicher, § 12 ErbStG, Rn. 70; Knittel in Gürsching / Stenger, § 9 BewG, Rn. 97; FG Köln v. 20.12.1994 - 2 K 169/92, EFG 1995, S. 363 (Gründe Nr. 2b).

[1061] Vgl. Kapitel II, Abschn. 2.2 dieser Arbeit.

[1062] Vgl. FG München v. 26.07.1990 - 15 K 15215/86, EFG 1991, S. 113

[1063] Vgl. BFH v. 17.01.1990 - II R 65/87, BStBl II 1990, S. 530.

sung des gemeinen Werts von der üblichen Miete im freifinanzierten Wohnungsbau ausgegangen.[1064] Die Vorschrift des § 9 Abs. 2 S. 3 BewG findet in der Fremdvergleichskonzeption keine Entsprechung. Ob sich eine Abweichung zum Fremdvergleichspreis ergibt, hängt allerdings von den Umständen des Einzelfalls ab. Der Fremdvergleichspreis bezieht sich auf eine Bewertungssituation, in der ein Interesseausgleich zwischen fiktiven Marktteilnehmern erzielt werden soll. Die Verhältnisse der Betriebsstätte und des Stammhauses können, soweit sie sich auf die Zielsetzungen der als fremde Dritte gedachten Transaktionspartner auswirken, grundsätzlich in die Bewertung einfließen, wenn sich entsprechende Preisspielräume ergeben hätten. Wie oben ausgeführt,[1065] sind Marktteilnehmern besonders bei fehlender Markttransparenz, beim Handel individueller Güter und bei oligopolistischen Marktstrukturen vielfach Preisspielräume eröffnet, die nach den individuellen Alternativen und Zielrichtungen der Marktteilnehmer ausgefüllt werden können. Abweichungen zum gemeinen Wert sind deshalb in diesen Situationen möglich.

Die Schwierigkeit, die bei der Bewertung mit dem gemeinen Wert zu eliminierenden "persönlichen Verhältnisse des Steuerpflichtigen" abzugrenzen, dürfte sich in vielen Bewertungssituationen offenbaren, besonders bei Wirtschaftsgütern, die nach der Ertragswertmethode bewertet werden. So ist es bei Funktionsverlagerungen möglich, dass der Ertragswert der funktionsabgebenden Einheit von dem der funktionsaufnehmenden Einheit abweichen kann. Es ist anerkannt, dass Einigungswerte ausgehend von den subjektiven Verhandlungswerten beider Einheiten ermittelt werden.[1066] Diese werden z. B. durch die Alternative des Weiterbetriebs der Funktion aus Sicht der funktionsabgebenden Einheit sowie durch die Alternative des eigenen Aufbaus der Funktion durch die funktionsaufnehmende Einheit bestimmt werden. Somit können die individuellen Verhältnisse der als Anbieter bzw. Nachfrager gedachten Unternehmensteile nicht negiert werden. Es ist nicht ersichtlich, wie in diesen Fällen überhaupt eine Bewertung der Funktion ohne Beachtung der Umstände des Einzelfalls und damit der persönlichen Verhältnisse der Marktpartner erfolgen soll. Dies zeigt, dass § 9 Abs. 2 S. 3 BewG konzeptionell weitgehend unbestimmt ist.

Die erheblichen Unsicherheiten bei der Interpretation des § 9 Abs. 2 S. 3 BewG sind bereits in den traditionellen Anwendungsbereichen des gemeinen Werts erkennbar. Dies zeigt sich an der Diskussion, ob sog. Interessenkäufe, bei denen aufgrund einer besonderen persönlichen Interessenlage ein unüblich

---

1064 Vgl. OFD Koblenz v. 18.05.1990, S-3106 / S-3202 A - St 44 1, Datev-Dok. 0094978.

1065 Vgl. Kap. III, Abschn. 2.4.1.2.

1066 Zum Einigungsspielraum bei Funktionsverlagerungen vgl. Brüninghaus, WPg-Sonderheft 2006, S. 131 (135).

hoher Preis gezahlt wird, als Vergleichsgeschäfte ausgeschlossen sein sollen. Hierzu zählt z. B. der Erwerb einer Beteiligung, um in eine fremde Branche einzudringen, der Erwerb von Grundbesitz zur Vermeidung von Nachbarbauten, oder das Motiv, einen bestehenden Besitz abzurunden bzw. zu vervollständigen. Während nach einer Auffassung § 9 Abs. 2 S. 3 BewG die Berücksichtigung derartiger Umstände ausschließen soll,[1067] hat die Rechtsprechung dies ausdrücklich offen gelassen. Insbesondere sei das Motiv eines Kaufinteressenten, durch den Erwerb einer Beteiligung in eine bestimmte Branche einzudringen, kein ungewöhnlicher Umstand.[1068] Dies zeigt, dass der Begriff der ungewöhnlichen und persönlichen Verhältnisse präzisierungsbedürftig ist. Die Beurteilung möglicher Abweichungen zwischen dem gemeinen Wert und dem Fremdvergleichspreis hängt damit maßgeblich von der Reichweite ab, die § 9 Abs. 2 S. 3 BewG beigelegt werden soll. Für die Einkünftezurechnung erscheint eine einschränkende Auslegung erforderlich.

2.4.4.3 Besondere Typisierungen bei Ertragswerten für immaterielle Wirtschaftsgüter?

Die Rechtsprechung hat überdies auch Typisierungen bei der Ermittlung des gemeinen Werts von Erfindungen und Urheberrechten vorgenommen, die einem Dritten in Lizenz vergeben sind. Bei Bewertung dieser Wirtschaftsgüter mit dem Ertragswert sieht R 93 ErbStR besondere Vermutungswerte vor, die zu Abweichungen beider Wertkonzeptionen führen könnten. So soll im Zweifel die Nutzungsdauer dieser Wirtschaftsgüter im Allgemeinen 8 Jahre betragen und ein marktüblicher Zinssatz von 8% sowie ein Risikozuschlag von 50% als angemessen gelten. Diese Bewertungsparameter sind im Rahmen des Fremdvergleichs unbekannt und dürften regelmäßig zu Abweichungen vom Fremdvergleichspreis führen. Die zugrunde liegende Rechtsprechung und die Erbschaftsteuerrichtlinien lassen aber erkennen, dass in begründeten Einzelfällen Abweichungen möglich sind.[1069] Insoweit handelt es sich zwar nur um widerlegliche Typisierungen. Dennoch muss eine Übertragung dieser Rechtsprechung auf die Einkünftezurechnung ausscheiden, um mögliche Abweichungen des gemeinem Werts vom Fremdvergleichspreis zu vermeiden.

[1067] Vgl. Knittel in Gürsching / Stenger, § 9 BewG, Rn. 97.

[1068] Vgl. BFH v. 23.02.1979 - III R 44/77, BStBl II 1979, S. 618.

[1069] Vgl. BFH v. 20.02.1970 - III R 75/66, BStBl II, S. 484; R 93 S. 4 ErbStR; Troll in Troll / Gebel / Jülicher, § 12 ErbStG, Rn. 82; Knittel in Gürsching / Stenger, § 9 BewG, Rn. 54.

Kapitel IV: Zum Umgang mit Unschärfen bei der Bewertung unternehmensinterner Leistungen und der Zurechnung von Schuldzinsen

Bezieht sich der Fremdvergleich auf quantitative Merkmale, wie etwa bei der Bestimmung von Wertansätzen für unternehmensinterne Leistungen oder von Kapitalstrukturen, so wird zur Überprüfung der Einkünftezurechnung auf tatsächliche Fremdvergleiche zurückgegriffen.[1070] Die dem Fremdvergleich innewohnende Unsicherheit wird typischerweise durch die Ableitung von *Bandbreiten* angemessener Werte berücksichtigt.[1071] Fraglich ist, wie aus den gegebenen Fremdvergleichsdaten, d. h. aus einem oder mehreren Vergleichswerten, ein Urteil über die Angemessenheit der betreffenden Größe abgeleitet werden kann. Im Folgenden sollen quantitative Berechnungsmodelle diskutiert werden, die eine nachvollziehbare Ableitung steuerlich zulässiger Grenzwerte aus den einzelnen Beobachtungswerten ermöglichen. Derartige Berechnungsmodelle unterstützen einerseits eine einheitliche Rechtsanwendung durch die Finanzbehörden, andererseits ermöglichen sie dem Steuerpflichtigen eine Gestaltung der Einkünftezurechnung, die gegenüber den Finanzbehörden überzeugend verteidigt werden kann und das Risiko von Doppelbesteuerungen verringert.

1 Bestimmung von Bandbreiten bei der Bewertung unternehmensinterner Leistungen

1.1 Ansatz der Verwaltungsgrundsätze vom 12. April 2005

Die Verwaltungsgrundsätze vom 12. April 2005 beschreiben die Grundstruktur eines Verfahrens zur Ableitung einer Bandbreite von Vergleichspreisen oder -margen.[1072] Demnach wird die maßgebliche Bandbreite aus dem höchsten und dem niedrigsten beobachteten Wert gebildet, "...wenn aufgrund zuverlässiger (Datenqualität) und vollständiger Informationen feststeht, dass eine

[1070] Vgl. Kapitel II, Abschn. 2.3.1 dieser Arbeit.

[1071] So ausdrücklich ein BMF-Schreiben zu Verrechnungspreisen inländischer Tochtervertriebsgesellschaften, vgl. BMF, Schrb. v. 26.02.2004 – IV B 4 – S 1300 – 12/04, BStBl I 2004, S. 270 ff.

[1072] Vgl. VWG-Verf., Tz. 3.4.12.5.

uneingeschränkte Vergleichbarkeit der Geschäftsbedingungen ... besteht."[1073] Für die Vergleichbarkeitsprüfung sind alle Faktoren heranzuziehen, die sich auf die Preisgestaltung auswirken könnten.[1074] Spricht für einen der gefundenen Werte nach den konkreten Umständen des Falles die größte Wahrscheinlichkeit der Richtigkeit, soll in aller Regel nur dieser Wert für die Besteuerung maßgeblich sein.[1075]

Bei eingeschränkter Vergleichbarkeit der verfügbaren Vergleichssachverhalte soll nach den Verwaltungsgrundsätzen eine Einengung der Bandbreite erreicht werden. Hierzu soll entweder auf die sog. interquartile Methode oder auf andere Methoden zurückgegriffen werden, zu denen Anpassungsrechnungen, Plausibilitätsüberlegungen und Verprobungen mit anderen Verrechnungspreismethoden zählen.[1076] Diese anderen Methoden werden allerdings nicht im Detail erläutert und entziehen sich deshalb einer Beurteilung. Über den Inhalt der interquartilen Methode besteht hingegen Einigkeit. Diese Methode basiert auf der Vermutung, dass für die Streuung der beobachteten Vergleichspreise oder -margen nicht beobachtbare Einflussfaktoren ausschlaggebend waren und somit die den Extremwerten zugrunde liegenden Vergleichssachverhalte mit dem Ausgangssachverhalt nicht hinreichend vergleichbar sind.[1077] Deshalb werden die Vergleichswerte zunächst der Höhe nach geordnet und im Anschluss 25% der kleinsten und 25% der größten Werte von der weiteren Betrachtung ausgeschlossen.[1078] Das 1. und 3. Quartil der Vergleichswerte bilden somit die Ober- bzw. die Untergrenze der steuerlich zulässigen Bandbreite.

Das in den Verwaltungsgrundsätzen vorgeschlagene Verfahren zur Bestimmung einer Bandbreite erscheint allerdings aus mehreren Gründen frag-

---

1073 Vgl. VWG-Verf., Tz. 3.4.12.5.a).

1074 Vgl. VWG-Verf., Tz. 3.4.12.7.

1075 Vgl. VWG-Verf., Tz. 3.4.12.5.a).

1076 Vgl. VWG-Verf., Tz. 3.4.12.5.b-c). Hier bestehen Parallelen zu den US-amerikanischen Verrechnungspreisrichtlinien, wonach die Anwendung der interquartilen Methode ebenfalls auf Fälle beschränkt ist, in denen die verfügbaren Daten nicht vollständig vergleichbar sind, vgl. US Treas. Regs. § 1.482-1(e)(2)(iii)(B).

1077 Vgl. Scholz / Crüger, RIW 2005, S. 34 (37).

1078 Nach den Verwaltungsgrundsätzen wird wie folgt differenziert: Ist die Anzahl der Vergleichswerte (A) multipliziert mit 0,25 kein ganzzahliger Wert, so entspricht das untere (bzw. obere) Quartil dem niedrigsten Wert, dessen Rang die Zahl 0,25 * A (bzw. 0,75 * A) übersteigt. Ist hingegen 0,25 * A (bzw. 0,75 * A) ein ganzzahliger Wert, so wird das obere (untere) Quartil als arithmetisches Mittel aus dem Wert mit dem Rang 0,25 * A (bzw. 0,75 * A) und dem nächsthöheren Wert bestimmt, vgl. VWG-Verf., Tz. 3.4.12.5.d). Dies entspricht der allgemein üblichen Definition von Quantilen, vgl. etwa Vogel (Statistik), S. 23.

würdig.[1079] Zum einen schlägt es einseitig zuungunsten des Steuerpflichtigen aus, wenn die nachgewiesenen Fremdvergleichsdaten eine eingeschränkte Vergleichbarkeit besitzen, da in diesem Fall eine Einengung der Bandbreite vorgenommen wird. Im Ergebnis wirkt dies wie eine teilweise Beweislastumkehr, da die Einengung der Bandbreite den Steuerpflichtigen dazu veranlassen wird, geeignetere Vergleichswerte zu finden. Das Vorgehen widerspricht dem allgemeinen Schätzungsgrundsatz, dass bei höherer (geringerer) Unsicherheit über den Sachverhalt eine weitere (engere) Bandbreite zu gewähren ist.[1080]

Zudem beruht die Entscheidung über die Einengung der Bandbreite bei eingeschränkter Vergleichbarkeit auf einem relativ pauschalen Urteil über die Eignung der vorhandenen Vergleichssachverhalte insgesamt. Da insoweit nicht nach unterschiedlichen Vergleichbarkeitsgraden der einzelnen Vergleichssachverhalte differenziert wird, ist das Verfahren mit beträchtlichen Informationsverlusten verbunden.

Schließlich berücksichtigt das Verfahren auch nicht die Lage und die Verteilung der ausgeschlossenen Vergleichswerte. Diese Informationen gehen bei Anwendung der interquartilen Methode vollständig verloren. Wie anhand der folgenden Beispiele in Abbildung 7 verdeutlicht werden soll, können Lage und Verteilung der ausgeschlossenen Werte durchaus Hinweise auf die Bandbreite angemessener Wertansätze enthalten. Hierzu werden jeweils bei beiden Beispielen zwei Gruppen von Vergleichswerten ("Vergleichssamples", "Stichproben") betrachtet. Nach der interquartilen Methode wäre in beiden Beispielen jeweils für beide Vergleichssamples dieselbe Bandbreite angemessener Verrechnungspreise festzulegen, da sich die 1. und 3. Quartile beider Samples exakt entsprechen (durch die vertikalen gepunkteten Linien angedeutet). Allerdings erscheint dieses Urteil wenig plausibel: In Beispiel 1 weist Stichprobe 1 eine höhere Streuung auf als Stichprobe 2. Dies ist auf die Verteilung der jeweils ausgeschlossenen Werte zurückzuführen. Deshalb könnte auch vertreten werden, dass die Bandbreite weiter sein soll als im Fall der Stichprobe 2. In Beispiel 2 ist ein höherer Mittelwert von Stichprobe 2 festzustellen. Aus dieser Information sollte tendenziell in Stichprobe 2 auf höher liegende Ober- und Untergrenzen der Bandbreite geschlossen werden als in Stichprobe 1. Die Abweichungen der Mittelwerte sind auf die Lage der jeweils ausgeschlossenen Werte zurückzuführen.

[1079] Kritisch zur interquartilen Methode äußern sich auch Graf, IStR 2005, S. 175 (177); Werra, IStR 2005, S. 19 (21); Finsterwalder, DStR 2005, S. 765 (769). Befürwortend Kuckhoff / Schreiber (Verrechnungspreise), S. 74.

[1080] Vgl. die Verweise in FN 248 dieser Arbeit.

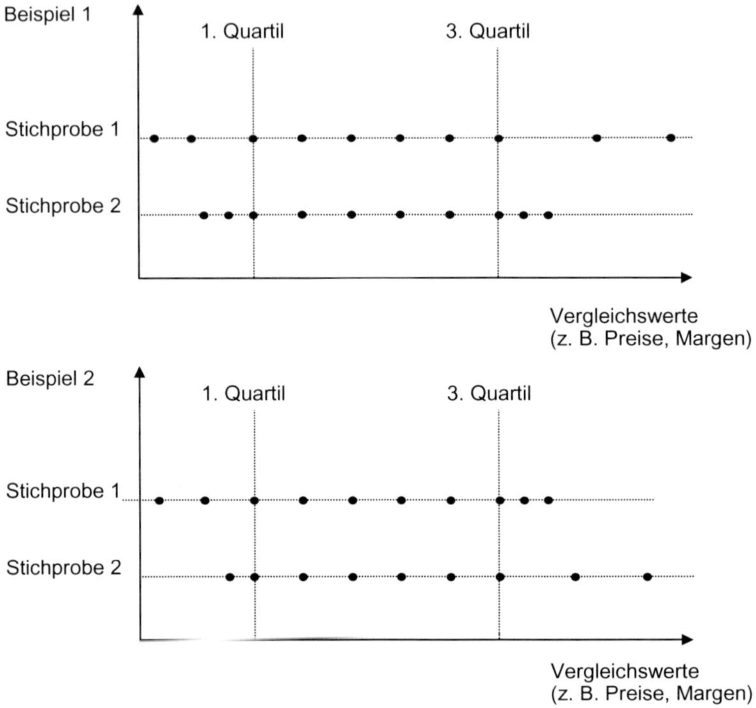

Abbildung 7: Nichtberücksichtigung von Lage und Verteilung ausgeschlossener Werte in der interquartilen Methode

Besonders kritisch ist schließlich die in den Verwaltungsgrundsätzen vorgeschriebene Punktlösung zu betrachten. Hierbei wird ein einziger Wert für allein zulässig erklärt, wenn für diesen die größte Wahrscheinlichkeit der Richtigkeit spricht.[1081] Die Schätzung quantitativer Daten kann aufgrund der Unsicherheit des Schätzungsverfahrens generell nur eine Bandbreite zum Ergebnis haben.[1082] Dies entspricht auch der BFH-Rechtsprechung, wonach der Fremdvergleichspreis typischerweise aus einer Bandbreite von Preisen besteht.[1083]

1081 Vgl. FN 1073 dieser Arbeit.

1082 Vgl. Wehnert / Stalberg, IStR 2004, S. 466 (468); Finsterwalder, DStR 2005, S. 765 (769); Baumhoff, FS Wassermeyer, S. 347 (356).

1083 Vgl. BFH v. 17.10.2001 - I R 103/00, BStBl II 2004, S. 171, Gründe Nr. II.A.2.d.ee.

1.2 Folgerungen für ein alternatives Modell zur Bestimmung einer Bandbreite

1.2.1 Verstetigung der Vergleichswerte

Die dargelegten Probleme der interquartilen Methode beruhen vor allem darauf, dass konkrete, tatsächlich beobachtete Vergleichspreise die Extremwerte der Angemessenheitsbandbreite bilden. Diese Annahme ist fragwürdig, da fremde Dritte bei der Festlegung eines Preisintervalls dieses nicht notwendigerweise durch tatsächlich vorhandene Vergleichswerte begrenzen würden. In einem alternativen Modell wird deshalb zunächst eine Verstetigung der beobachteten Vergleichswerte vorgenommen.[1084] Hierzu wird eine kontinuierliche Wahrscheinlichkeitsverteilung für den Preis bzw. die Marge festgelegt, den Stammhaus und Betriebsstätte als selbstständige unabhängige Unternehmen vereinbart hätten. Im Allgemeinen wird eine kontinuierliche Wahrscheinlichkeitsverteilung durch eine Verteilungsfunktion F (x) beschrieben, die eine Wahrscheinlichkeit P angibt, dass der von einer Zufallsvariable angenommene Wert X kleiner oder gleich einem bestimmten Wert x ist:[1085]

$$F(x) = P(X \leq x)$$

Auf der Grundlage der Verteilungsfunktion kann eine Aussage über die Wahrscheinlichkeit getroffen werden, mit der der von einer Zufallsvariable angenommene Wert zwischen zwei bestimmten Werten liegt. Somit kann die Ober- und die Untergrenze des Intervalls (OG, UG) so festgelegt werden, dass sich eine vorgegebene Wahrscheinlichkeit P für die Werte innerhalb der Bandbreite ergibt:

$$F(OG) - F(UG) = P\,!$$

Diese Überlegungen können für die Bestimmung von Preis- bzw. Margenbandbreiten nutzbar gemacht werden. Wie unten im Einzelnen erläutert wird, erfordert zwar die Bestimmung einer Wahrscheinlichkeitsverteilung für den von Stammhaus und Betriebsstätte bei fiktiver Selbstständigkeit und Unabhängigkeit festgelegten Preis verschiedene Konventionen. Dennoch könnte das Verfahren die Ableitung einer steuerlich zulässigen Preis- bzw. Margenbandbreite in sinnvoller Weise unterstützen, wobei die Mängel der interquartilen Methode vermieden würden. Um dem Grundsatz der Rechtsanwendungsgleichheit zu genügen, wäre ein Wahrscheinlichkeitsniveau – bzw. komple-

[1084] Im Ansatz ähnlich Baumhoff, FS Wassermeyer, S. 347 (364).
[1085] Vgl. Vogel (Statistik), S. 112; Bamberg / Baur (Statistik), S. 96.

mentär ein Fehlerrisiko – festzulegen, das in allen Besteuerungsverfahren zur Anwendung kommt.

Unterstellt man z. B. eine Normalverteilung N (μ; σ), so ist die Bandbreite durch die Obergrenze $\mu + \lambda_{\alpha/2} * \sigma$ und die Untergrenze $\mu + \lambda_{1-\alpha/2} * \sigma$ bestimmt. Hierbei bezeichnen

μ den Erwartungswert der Normalverteilung,
σ die Standardabweichung der Normalverteilung,
$\lambda_{\alpha/2}$, $\lambda_{1-\alpha/2}$ die Quantile zur Ordnung $\alpha/2$ bzw. $1-\alpha/2$,
α das Fehlerrisiko.

Bei der Festlegung des maßgeblichen Fehlerrisikos soll ein fairer Ausgleich zwischen dem Individualinteresse des Steuerpflichtigen an einer möglichst vorsichtigen Schätzung durch Festlegung einer weiten Bandbreite und dem öffentlichen Interesse an einer Beschränkung der Einkünfteverlagerungsmöglichkeiten durch Festlegung einer engen Bandbreite erreicht werden. Da eine grundlegende Wertentscheidung zwischen den Zielen der Schätzungssicherheit und der Eingrenzung von Einkünfteverlagerungsmöglichkeiten getroffen werden muss,[1086] ist eine objektiv richtige Festlegung des maßgebenden Fehlerrisikos nicht möglich. Ein Vorschlag könnte sich an der durch die interquartile Methode zum Ausdruck kommenden Vorstellung orientieren, aus einer Gesamtheit von Beobachtungswerten seien die oberen und unteren 25% auszuscheiden. Unter dieser Voraussetzung wäre das Intervall – bei unterstellter Normalverteilung – auf die Werte μ +/- σ * 0,6745 festzulegen, da der Wert 0,6745 dem 3. Quartil der Standardnormalverteilung und dem Absolutbetrag ihres 1. Quartils entspricht. Allerdings bewirkt diese Vorgehensweise eine relativ starke Einengung der Bandbreite auf eine Spanne, die dem 1,349fachen der Standardabweichung entspricht. Vielleicht wäre auch eine Abweichung um eine volle Standardabweichung nach oben und unten oder um ein anderes Mehrfaches der Standardabweichung konsensfähig.

Das vorgeschlagene Verfahren weist gegenüber der interquartilen Methode folgende Vorteile auf:

- Grundsätzlich werden alle Vergleichswerte berücksichtigt, so dass keine Informationen ausgeschlossen werden.
- Eine Punktlösung entsteht nicht.
- Bei zunehmender Schätzunsicherheit entsteht eine größere Bandbreite und umgekehrt.

Das Verfahren ist wie folgt von den Verfahren der induktiven Statistik abzugrenzen: Es weist zwar Parallelen zu parametrischen Schätzverfahren auf, bei denen Parameter einer konkreten Grundgesamtheit durch Entnahme einer Zu-

---

[1086] Vgl. Kapitel II, Abschn. 2.2 dieser Arbeit.

fallsstichprobe und durch Anwendung einer erwartungstreuen Schätzfunktion auf das Stichprobenergebnis geschätzt werden. Es besteht insbesondere eine Ähnlichkeit zu Intervallschätzungen. Dennoch sind die üblichen Voraussetzungen der induktiven Statistik bei Fragen der Preisschätzung regelmäßig nicht erfüllt. In der induktiven Statistik wird ausgehend von einem Stichprobenergebnis ein Konfidenzintervall ermittelt, in dem der gesuchte Parameter der Grundgesamtheit mit einer bestimmten vorgegebenen Wahrscheinlichkeit liegt.[1087] Die Annahme der in der induktiven Statistik zugrunde gelegten Wahrscheinlichkeitsverteilungen beruht auf sog. Grenzwertsätzen (insbes. Grenzwertsatz von Lindenberg/Levy), nach denen bestimmte Stichprobenverteilungen bei großen Stichprobenumfängen approximativ angenommen werden können. Als bewährte Faustregeln für die Annahme der Normalverteilung gelten etwa Stichprobenumfänge von $n \geq 40$ oder $n \geq 30$.[1088] Im Besteuerungsverfahren erreicht allerdings die Anzahl verfügbarer Vergleichswerte in der Regel nicht diese Größenordnung, so dass die hier zugrunde gelegten Wahrscheinlichkeitsverteilungen nicht durch Grenzwertsätze gestützt sind. Außerdem fehlt eine Zufallsauswahl aus einer klar definierten Grundgesamtheit. Das vorgeschlagene Verfahren ist daher lediglich als einfache Kompromisslösung zur Ableitung von Bandbreiten zu verstehen, das sich in Teilbereichen an die Vorgehensweise der induktiven Statistik anlehnt.

1.2.2 Festlegung grundlegender Eigenschaften der Wahrscheinlichkeitsverteilung

Die Wahrscheinlichkeitsverteilung ist durch Festlegung der Verteilungsart und durch geeignete Lage- und Streuungsparameter zu konkretisieren.

Eine mögliche *Verteilungsart* bildet die Normalverteilung. Auch wenn sich diese Festlegung bei geringen Stichprobenumfängen nicht durch Grenzwertsätze stützen lässt, erscheint dies als möglicher Kompromissvorschlag. Ohne die Festlegung einer stetigen Verteilung wie der Normalverteilung ließe sich eine Ableitung einer Bandbreite durch Verstetigung der Vergleichswerte nicht erreichen.

Die Annahme einer Normalverteilung erscheint allerdings im Rahmen der Preisvergleichsmethode fragwürdig, weil aufgrund der linksseitigen Offenheit der Normalverteilung eine beträchtliche Wahrscheinlichkeit für das Entstehen

---

[1087] Vgl. Bleymüller / Gehlert / Gülicher (Statistik), S. 85; Bamberg / Baur (Statistik), S. 147 ff.

[1088] Vgl. Vogel (Statistik), S. 181 ($n \geq 40$); Bleymüller / Gehlert / Gülicher (Statistik), S. 78 ($n \geq 30$).

negativer Preise unterstellt würde. Hingegen könnte ggf. bei der Bestimmung fremdüblicher Margen die Annahme einer Normalverteilung eher zulässig erscheinen, da negative Ausprägungen einer Marge, d. h. Verlustabschläge zumindest nicht grundsätzlich ausgeschlossen sind. Im Rahmen der Preisvergleichsmethode sollte allerdings eine Verteilung verwendet werden, die allein positive Ausprägungen einer Zufallsvariable zulässt. Eine solche Verteilung ist die logarithmische Normalverteilung, die an späterer Stelle erläutert wird. Zunächst wird aus Vereinfachungsgründen von der Normalverteilung ausgegangen.

Die angesprochenen Verteilungsarten (Normalverteilung, logarithmische Normalverteilung) werden jeweils durch die *Parameter* "Erwartungswert" und "Standardabweichung" determiniert. Der Erwartungswert ist das gewogene arithmetische Mittel aus den möglichen Realisationen einer Zufallsvariable. Für stetige Zufallsvariable erfolgt eine Gewichtung mit der Wahrscheinlichkeitsdichtefunktion der Verteilung:[1089]

$$E(X) = \int_{-\infty}^{+\infty} x \cdot f_X(x)dx$$

mit $f_x(x)$ ... Wahrscheinlichkeitsdichtefunktion der Verteilung von X

Als *Erwartungswert* der Verteilung wird in Anlehnung an die in der induktiven Statistik erhobene Forderung nach Erwartungstreue einer Schätzfunktion[1090] der Mittelwert des Vergleichssamples festgelegt. Im Falle der Normalverteilung wird hierbei ein symmetrisches Intervall um den Erwartungswert ermittelt.

Es erscheint plausibel, dass sich Stammhaus und Betriebsstätte als selbstständige unabhängige Unternehmen bei einer Preisfindung bzw. Festlegung einer angemessenen Marge stärker an denjenigen Werten orientiert hätten, die eine relativ höhere Vergleichbarkeit aufweisen. Folglich können die aus verlässlicheren Vergleichssachverhalten ermittelten Werte stärker gewichtet werden als Vergleichswerte mit geringeren Vergleichbarkeitsgraden. Das Intervall liegt somit um einen Wert, der sich als gewichteter Mittelwert der Vergleichswerte ergibt, wobei die Gewichte nach Maßgabe der Vergleichbarkeit der Vergleichssachverhalte festgelegt werden. Bei gegebenen Einzelwerten VW_i und Gewichten a_i gilt somit:

[1089] Vgl. Vogel (Statistik), S. 117; Bleymüller / Gehlert / Gülicher (Statistik), S. 42.

[1090] Vgl. Vogel (Statistik), S. 117; Bleymüller / Gehlert / Gülicher (Statistik), S. 96; Bamberg / Baur (Statistik), S. 96.

$$\mu = \sum_{i=1}^{n} VW_i a_i$$

mit i = 1, 2, …, n (n… Anzahl der Vergleichswerte)

Grundsätzlich könnte eine Gewichtung nach dem arithmetischen Mittel vorgenommen werden. Bezeichnet VGR_i den Vergleichbarkeitsgrad des i-ten Vergleichssachverhalts, so ergibt sich die Gewichtung a_i des entsprechenden Vergleichswerts wie folgt:

$$a_i = \frac{VGR_i}{\sum_{i=1}^{n} VGR_i}$$

Die *Standardabweichung* der unterstellten Normalverteilung wächst mit steigender Unsicherheit des Schätzungsverfahrens. Sie hängt nach hier vertretener Auffassung von drei Faktoren ab, die sich wie folgt auf die Bandbreite auswirken:[1091]

– Eine höhere (geringe) Vergleichbarkeit der Einzelwerte sollte ceteris paribus zu einer Verengung (Erweiterung) der Bandbreite führen, da die Vergleichbarkeit der Einzelwerte die Urteilsbestimmtheit unmittelbar beeinflusst. Im Gegensatz zur interquartilen Methode sollen Informationen über die Vergleichbarkeit der Einzelwerte in relativ detaillierter Weise berücksichtigt werden.
– Eine größere (kleinere) tatsächliche Streuung der beobachteten Vergleichswerte sollte ceteris paribus durch eine Erweiterung (Verengung) der Bandbreite berücksichtigt werden, da die beobachtete Streuung eine selbstständige und von der Vergleichbarkeit der Einzelwerte unabhängige Beurteilung der Schätzungsunsicherheit zulässt.
– Eine größere (kleinere) Anzahl von Vergleichswerten sollte ceteris paribus zu einer engeren (weiteren) Bandbreite führen, da wenige (viele) Vergleichssachverhalte ein hohes (geringes) Fehlerrisiko beinhalten.

1091 A. A. Baumhoff, FS Wassermeyer, S. 347 (367 f.), nach dem die Bandbreite lediglich von der beobachteten Streuung der Vergleichswerte abhängig sein soll.

1.3 Konkretisierung des Alternativmodells

1.3.1 Messung der Vergleichbarkeit und Gewichtung der Vergleichswerte

Da die Bandbreite somit abhängig vom Vergleichbarkeitsgrad der Einzelwerte sein soll, ist die Vergleichbarkeit jedes einzelnen Vergleichswerts zu bestimmen. Hierbei werden die Ausprägungen relevanter Einflussfaktoren auf Preise bzw. Gewinnmargen für die einzelnen Vergleichssachverhalte bestimmt und mit dem Ausgangssachverhalt verglichen. Der Grad der Übereinstimmung ist anhand einer Vielzahl relevanter Merkmale zu überprüfen. Dies erfordert in der Regel auch eine Gewichtung der einzelnen Vergleichsdimensionen.[1092] Die Feststellung des Vergleichbarkeitsgrades kann durch ein Punktbewertungsmodell unterstützt werden, das den Gewichtungsvorgang offenlegt. Der Vergleichbarkeitsgrad ergibt sich somit als Verhältnis der erreichten Gesamtpunktzahl nach Gewichtung zur Summe der insgesamt erreichbaren Punkte nach Gewichtung:

$$VGR = \frac{\sum_{h=1}^{m} g_h \cdot PW_h}{\sum_{h=1}^{m} g_h \cdot PW_{max;h}}$$

mit:

PW_h... erreichter Punktwert des betrachteten Vergleichssachverhalts auf Vergleichsdimension h

$PW_{max;h}$... maximal erreichbarer Punktwert auf Vergleichsdimension h

g_h...Gewicht der Vergleichsdimension h

$h = 1, ..., m$

m... Anzahl der Vergleichsdimensionen

Nachstehend zeigt Abbildung 8 ein Beispiel eines Punktbewertungsmodells, das auf die Preisvergleichsmethode angewendet werden könnte. Hierbei wird eine jeweils gleiche Gewichtung der einzelnen Vergleichsdimensionen unterstellt. Da auf jeder Vergleichsdimension maximal vier Punkte erreicht werden können und 15 Vergleichsdimensionen festgelegt werden, beträgt die maximal erreichbare Punktzahl 60 Punkte (= 15 x 4).

[1092] Vgl. zu Ähnlichkeitsmodellen etwa Backhaus / Erichson / Plinke / Weiber (Analysemethoden), S. 331 und 510; Bortz (Statistik), S. 548 ff.; Sixtl (Meßmethoden), S. 279 ff.; Haustein (Ähnlichkeitssuche), S. 7 ff.

		Punktwerte				
		0	1	2	3	4
Vergleichsdimensionen	**Bewertungsrelevante Merkmale des gehandelten Gutes**					
	Produktausstattung				x	
	Rohstoffqualität			x		
	Verpackung					x
	Gewährleistung					x
	Lieferbedingungen	x				
	Unternehmensbezogene und situative Merkmale					
	Kapazitätsauslastung			x		
	Lagerbestände			x		
	Produktlebenszyklus		x			
	Dringlichkeit der Leistungserbringung				x	
	Produktprogramm				x	
	wirtschaftliche Rahmenbedingungen					
	Marktstrategie			x		
	Kostensituation			x		
	Wettbewerbsbedingungen		x			x
	Handelsstufe				x	
	Kaufkraft der Abnehmer					x
Anzahl der jeweils vergebenen Punktstufen		1	2	5	4	4
Gesamtpunktzahl (= Vergleichbarkeitsgrad) = 40						

Abbildung 8: Punktbewertungsmodell zur Bewertung des Vergleichsbarkeitsgrades von Vergleichspreisen

Sowohl die Auswahl als auch die Gewichtung von Vergleichsdimensionen unterliegt im Wesentlichen subjektiven Einschätzungen. Ebenso ist die Zuordnung von Punktwerten stark ermessensbehaftet. Das Punktbewertungsmodell ermöglicht allerdings eine Offenlegung des Bewertungsvorgangs, so dass die Faktoren, die für die Zuordnung eines bestimmten Vergleichbarkeitsgrades ausschlaggebend waren, intersubjektiv nachprüfbar sind.

1.3.2 Ermittlung der Standardabweichung der unterstellten Verteilung

1.3.2.1 Multiplikative Verknüpfung

Die Bandbreite soll die Vergleichbarkeit der Einzelwerte, die Anzahl der Vergleichswerte sowie die tatsächlich festgestellte Streuung der Einzelwerte berücksichtigen. Zur mathematischen Umsetzung dieser Anforderungen kann die tatsächlich festgestellte Standardabweichung der Einzelwerte mit einem Faktor F multipliziert werden, der von der Anzahl und dem Vergleichbarkeitsgrad der Vergleichswerte negativ abhängig ist (multiplikative Verknüpfung). Ergeben sich Faktorwerte größer (kleiner) als 1, so bedeutet dies einen Zuschlag (Abschlag) von der tatsächlich festgestellten Standardabweichung:

$$\sigma = \sigma_{emp} \cdot F$$

mit:

σ_{emp}... Standardabweichung der Einzelwerte des Vergleichssamples

Der Faktor F könnte etwa nach folgender Formel festgelegt werden:

$$F = A + \frac{B}{n} - C \cdot VGR$$

mit:

A, B, C	Konstanten
n	Anzahl der Vergleichswerte
VGR	durchschnittlicher Vergleichbarkeitsgrad der erhobenen Vergleichssachverhalte

Hierbei bilden A, B und C Konstanten, die auf die Skala der Vergleichbarkeitsgrade bzw. auf die Anzahl der Vergleichswerte abgestimmt sind. B und C messen die Sensitivität der unterstellten Streuung von der Anzahl der Vergleichswerte bzw. dem Vergleichbarkeitsgrad der Vergleichssachverhalte. Je höher B und C sind, desto stärker erhöhen eine geringere Anzahl und ein geringerer Vergleichbarkeitsgrad die prozentualen Zuschläge auf die empirisch festgestellte Streuung. A bestimmt als Konstante einen Teil des Faktors und bestimmt folglich gemeinsam mit den Konstanten B und C, bei welcher Anzahl und welchem Vergleichbarkeitsgrad die unterstellte Streuung der tatsächlich festgestellten Streuung entspricht ($\sigma = \sigma_{emp}$). Um die Konstanten festzulegen, werden folgende Werte bestimmt:

- der Wert, gegen den der Faktor F bei einer hohen Anzahl der Vergleichswerte und dem maximalen Vergleichbarkeitsgrad konvergiert (bei $n \rightarrow \infty$ und VGR_{max} [hier: $VGR_{max} = 60$ Punkte]);
- der Wert, den der Faktor maximal erreichen kann, nämlich bei $n = 2$ und VGR_{min} (hier: $VGR_{min} = 0$ Punkte).

Grundsätzlich ist die Annahme plausibel, dass die Spannbreite des Faktors F zu gleichen Teilen durch Schwankungen des Vergleichbarkeitsgrads und der Anzahl n der Vergleichswerte ausgefüllt wird. Somit können die Konstanten A und B festgelegt werden. Soll der Faktor beispielsweise zwischen den Werten 0,5 und 2 schwanken, so sind nach dieser Annahme die Konstanten wie folgt zu berechnen:

Spannbreite des Faktors F = 2 ./. 0,5 = 1,5

Die Spannbreite wird zu gleichen Teilen, d. h. zu je 1,5 / 2 = 0,75 durch Schwankungen von n und VGR ausgefüllt. Deshalb kann der Faktor durch Variation des Vergleichbarkeitsgrads um 0,75 schwanken:

$$C \cdot 60 = 0{,}75 \Leftrightarrow C = \frac{0{,}75}{60} = 0{,}0125$$

Durch Variation der Anzahl n der Vergleichssachverhalte kann der Faktor ebenfalls um 0,75 schwanken:

- Für die Maximalausprägung des Faktors F bei geringer Vergleichbarkeit (0 Punkte) und geringstmöglicher Anzahl der Vergleichswerte (hier: 2) gilt:
  $A + B / 2 = 2 \Leftrightarrow B = 4 - 2A$

- Bei gegen unendlich konvergierender Anzahl n und VGR = 0 Punkte gilt:
  A = 2 ./. 0,75 = 1,25
  Folglich ergibt sich für B: B = 4 – 2A = 1,5

Für den Korrekturfaktor F ergibt sich somit

$$F = \left(1{,}25 + \frac{1{,}5}{n} - 0{,}0125 \cdot VGR\right).$$

Die Streuung der Wahrscheinlichkeitsverteilung wird wie folgt ermittelt:

$$\sigma = \sigma_{emp} \cdot \left(1{,}25 + \frac{1{,}5}{n} - 0{,}0125 \cdot VGR\right).$$

Grafisch können die Korrekturfaktoren als Kurvenschar wie folgt dargestellt werden:

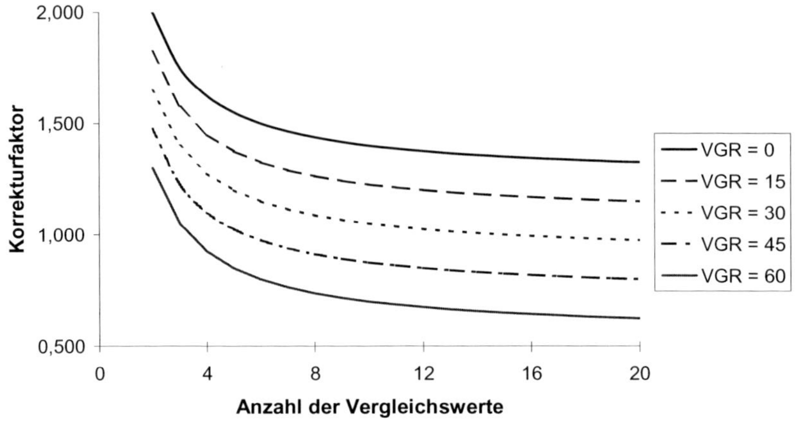

Abbildung 9: Korrekturfaktoren bei unterschiedlicher Anzahl der Vergleichswerte und unterschiedlichen Vergleichbarkeitsgraden

1.3.2.2 Additive Verknüpfung

Das vorstehend erläuterte Modell hat allerdings den Nachteil, dass bei nur einem Vergleichswert keine Bandbreite ermittelt werden kann. Überdies ist die Streuung der unterstellten Verteilung σ in oben beschriebenem Modell in starkem Maße von der Standardabweichung des Vergleichssamples σ_{emp} abhängig, da beide Größen über den Faktor F multiplikativ miteinander verknüpft sind. Allerdings kann die starke Abhängigkeit von der Standardabweichung des Vergleichssamples besonders bei einer geringen Anzahl von Vergleichswerten fragwürdig erscheinen, da in diesem Fall das Risiko von zufälligen Einflüssen auf die Standardabweichung des Vergleichssamples sehr groß ist. Eine Alternative besteht darin, die Streuung der unterstellten Verteilung in stärkerem Maße von dem Vergleichbarkeitsgrad der Vergleichssachverhalte abhängig zu machen.

Hierzu kann die Streuung der unterstellten Verteilung als gewichteter Mittelwert aus der tatsächlichen Standardabweichung der Vergleichswerte σ_{emp} und einer aus dem Vergleichbarkeitsgrad der Vergleichssachverhalte abgeleiteten Standardabweichung σ_{theor} bestimmt werden (additive Verknüpfung). Die Gewichtung beider Streuungselemente wird mathematisch wie folgt umgesetzt:

$$\sigma = \frac{\sigma_{theor} \cdot g_1 + \sigma_{emp} \cdot g_2}{g_1 + g_2}$$

Eine hohe (niedrige) Ausprägung von σ_{theor} bedeutet eine geringe (hohe) Vergleichbarkeit und damit eine geringe (hohe) Verlässlichkeit der Vergleichswerte als Indikator für den fremdüblichen Wert. Der Wert σ_{theor} ergibt sich aus den Streuungen von subjektiven Wahrscheinlichkeitsverteilungen, die den Vergleichssachverhalten aufgrund ihrer Vergleichbarkeitsgrade zugeordnet werden. Die Bestimmung von σ_{theor} wird im nächsten Abschnitt erläutert.

Durch die Gewichte g_1 und g_2 wird festgelegt, ob sich Streuung der gesuchten Wahrscheinlichkeitsverteilung stärker an der empirisch beobachteten Streuung σ_{emp} oder an der ausgehend von dem Vergleichbarkeitsgrad festgelegten Streuung σ_{theor} orientieren soll.

1.3.2.3 Bestimmung von σ_{theor} bei additiver Verknüpfung

Zur Ableitung von σ_{theor} werden die Vergleichspreise als Repräsentanten aus verschiedenen Gesamtheiten mit unterschiedlichen Streuungen und identischen Mittelwerten interpretiert. Die Auswahl von Vergleichssachverhalten aus diesen Gesamtheiten kann als Zufallsauswahl interpretiert werden, so dass sich die Streuung σ_{theor} der Verteilung als Funktion der Streuungen der verschiedenen Gesamtheiten angeben lässt. Demnach gilt[1093]

$$\sigma_{theor} = \sqrt{\sum_{i=1}^{n} a_i^2 \cdot \sigma_i}$$

Hierbei bezeichnen a_i die Gewichte, die einzelnen Vergleichswerten auch bei der Bestimmung des Mittelwerts der Vergleichswerte (Σa_i VW_i) festgelegt wurden.[1094] Die vorgeschlagene Ermittlung von σ_{theor} berücksichtigt, dass die Bandbreite mit steigender Anzahl der Vergleichswerte sinkt: Je mehr Vergleichswerte einbezogen werden, desto geringer ist c. p. der Anteil a_i eines Wertes und desto stärker reduziert sich durch die Quadrierung der Faktoren a_i die Streuung σ_{theor}.

Die den einzelnen Vergleichswerten beigelegten Streuungen werden aus den Vergleichbarkeitsgraden der entsprechenden Vergleichssachverhalte berechnet. Da bereits eine Skala für die Ermittlung der Vergleichbarkeitsgrade

---

[1093] Vgl. für den Fall zweier, kovariierender Variablen Bleymüller / Gehlert / Gülicher (Statistik), S. 49; für mehrere kovariierende Variablen Henselmann, FB 2001, S. 413 (415).

[1094] Vgl. Kapitel IV, Abschn. 1.2.2.

eingeführt wurde, kann auch zur Bestimmung der Streuung auf diese zurückgegriffen werden. Da die Standardabweichung von der absoluten Höhe der Vergleichswerte abhängig ist, liegt es nahe, eine direkte Beziehung zwischen dem Vergleichbarkeitsgrad und dem Variationskoeffizient σ_i / μ herzustellen, der die Standardabweichung in Mittelwerteinheiten ausdrückt und daher als relatives Streuungsmaß eine dimensionslose, von der absoluten Höhe des Vergleichswerts unabhängige Zahl darstellt.[1095]

$$\frac{\sigma_i}{\mu} = E - G \cdot VGR_i$$

Hierbei sind E und G wiederum Konstanten, wobei hohe Werte von E oder niedrige Werte von G zu einer vorsichtig ermittelten, weiten Bandbreite führen und umgekehrt. Die Beziehung zwischen dem Variationskoeffizient und dem Vergleichbarkeitsgrad könnte beispielsweise durch die folgende Gleichung beschrieben werden:

$$\frac{\sigma_i}{\mu} = 0{,}203 - 0{,}003 \cdot VGR_i$$

Die vorgeschlagene Gleichung transformiert die Punktwerte von 60 bis 0 in Variationskoeffizienten mit einem Wertebereich von 0,003 bis 0,203, wie die folgende Wertetabelle zeigt:

VGR_i	$\frac{\sigma_i}{\mu}$
0	0,003
1	0,006
2	0,009
...	...
59	0,200
60	0,203

Tabelle 4: Zuordnung von Variationskoeffizienten zu Vergleichbarkeitsgraden

Die vorgeschlagene Funktion hat die Eigenschaft, dass σ_i / μ auch bei höchstmöglichem Vergleichbarkeitsgrad nicht den Wert null erreicht. Da somit die Unsicherheit des Schätzungsverfahrens auch bei hohen Vergleichbarkeitsgraden berücksichtigt wird, kann eine Punktlösung nicht entstehen.

1095 Vgl. Bamberg / Baur (Statistik), S. 21; Vogel (Statistik), S. 39.

1.3.2.4 Zusammenfassendes Beispiel

Die Ableitung angemessener Bandbreiten unter Berücksichtigung der additiven Verknüpfung wird an folgendem Beispiel verdeutlicht:

Anlässlich eines Margenvergleichs wurden vier Vergleichssamples unterschiedlichen Umfangs ermittelt. Im Folgenden werden die Vergleichssamples im Hinblick auf die jeweils entstehenden Bandbreiten miteinander verglichen. Die vier Vergleichssamples beinhalten die folgenden Vergleichswerte VW_i (Margen in %) mit ihren Variationskoeffizienten σ_i / μ, die aus den Vergleichbarkeitsgraden der einzelnen Vergleichsunternehmen ermittelt wurden:

Vergleichs-sample 1		**Vergleichs-sample 2**		**Vergleichs-sample 3**		**Vergleichs-sample 4**	
VW_i	$\frac{\sigma_i}{\mu}$	VW_i	$\frac{\sigma_i}{\mu}$	VW_i	$\frac{\sigma_i}{\mu}$	VW_i	$\frac{\sigma_i}{\mu}$
18	0,10	16	0,10	16	0,20	16	0,20
19	0,10	18	0,10	18	0,20	16	0,20
20	0,10	20	0,10	20	0,20	18	0,20
21	0,10	22	0,10	22	0,20	18	0,20
22	0,10	24	0,10	24	0,20	20	0,20
						20	0,20
						22	0,20
						22	0,20
						24	0,20
						24	0,20

Tabelle 5: Gegebene Vergleichssamples

Die beobachtete Streuung σ_{emp} und die theoretisch ermittelte Streuung σ_{theor} sollen jeweils gleich stark gewichtet werden ($g_1 = g_2$). Als maßgebliche Quantile $\lambda_{\alpha/2}$ und $\lambda_{1-\alpha/2}$ werden die Quantile zur Ordnung 0,10 bzw. 0,90 festgelegt ($1-\alpha = 0{,}80$). Die (subjektive) Wahrscheinlichkeit, dass der von Stammhaus und Betriebsstätte bei fiktiver Unabhängigkeit vereinbarte Preis in dem ermittelten Intervall liegt, beträgt somit 80%.[1096] Auf der Grundlage der angegebenen Daten werden folgende Ergebnisse ermittelt:

[1096] Es liegt eine subjektive Wahrscheinlichkeit vor, weil (1) die Wahrscheinlichkeitswerte maßgeblich aus den (subjektiven) Vergleichbarkeitsgraden abgeleitet werden, die den Vergleichssachverhalten beigelegt werden und (2) statistische Grenzwertsätze in der Regel aufgrund der meist geringen Anzahl der Vergleichssachverhalte nicht erfüllt sein dürften.

		Vergleichssample 1	Vergleichssample 2	Vergleichssample 3	Vergleichssample 4
gewichteter Durchschnittswert der Vergleichspreise	$= \mu$	20,00	20,00	20,00	20,00
beigelegte Standardabweichung	$= \sigma_{theor}$	0,89	0,89	1,79	1,26
Standardabweichung der Beobachtungswerte	$= \sigma_{emp}$	1,41	2,83	2,83	2,83
Standardabweichung der unterstellten Verteilung	$= (\sigma_{emp}+\sigma_{theor})/2$	1,15	1,86	2,31	2,05
Untergrenze bei Mindestwahrscheinlichkeit von 80%	$= \mu + \lambda_{0,1} * \sigma$	18,52	17,61	17,04	17,38
Obergrenze bei Mindestwahrscheinlichkeit von 80%	$= \mu + \lambda_{0,9} * \sigma$	21,48	22,39	22,96	22,62

Tabelle 6: Ergebnisse für Vergleichssamples 1 bis 4

Abbildung 10 verdeutlicht, dass das vorgeschlagene Berechnungsmodell die in Abschnitt 1.2.2 formulierten Anforderungen umsetzt:

- Vergleichssample 2 weist eine höhere tatsächliche Streuung der Vergleichswerte auf als Vergleichssample 1. Die übrigen Eigenschaften der beiden Vergleichssamples entsprechen sich (identischer Vergleichbarkeitsgrad, gleiche Anzahl der Vergleichswerte). Folglich entsteht eine größere Bandbreite als bei Vergleichssample 1.
- Die in Vergleichssample 3 herangezogenen Sachverhalte weisen gegenüber Vergleichssample 2 einen geringeren Vergleichbarkeitsgrad auf. Entsprechend ergibt sich ein höherer Variationskoeffizient ($\sigma_1 / \mu < \sigma_2 / \mu$), so dass sich auf der Grundlage von Vergleichssample 3 eine weitere Bandbreite ergibt.
- Gegenüber Vergleichssample 3 weist Vergleichssample 4 eine höhere Anzahl der Vergleichswerte auf. Die übrigen Parameter sind identisch (Streuung der beobachteten Vergleichswerte und Vergleichbarkeitsgrade). Entsprechend ergibt sich gegenüber Vergleichssample 3 eine engere Bandbreite.

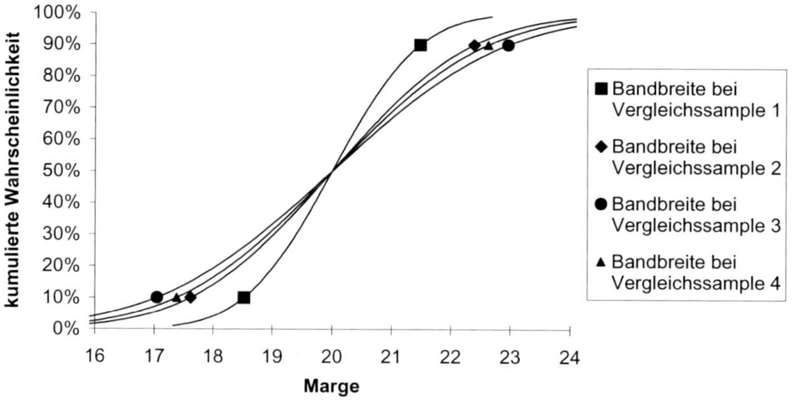

Abbildung 10: Margenbandbreiten bei unterschiedlicher tatsächlicher Streuung, Vergleichbarkeit oder Anzahl der Vergleichswerte

1.3.3 Logarithmische Normalverteilung als Verteilungsart für nicht-negative Werte

Wie oben bereits ausgeführt wurde, sollte im Rahmen der Preisvergleichsmethode mit der logarithmischen Normalverteilung (kurz: Log-Normalverteilung) eine Verteilung verwendet werden, die allein positive Ausprägungen einer Zufallsvariable zulässt. Diese beschreibt die Verteilung einer Zufallsvariablen X, wenn der Logarithmus von X normalverteilt ist. Im Gegensatz zur Normalverteilung konvergiert die Log-Normalverteilung linksseitig gegen null. Aufgrund dieser Eigenschaft wird diese Funktion für Wahrscheinlichkeitsannahmen über Merkmale verwendet, die keine negativen Ausprägungen annehmen können, wie etwa Längen- und Gewichtsmaße, Anzahl, Frequenz, Preise, usw.[1097] Grundsätzlich lässt sich jeder Log-Normalverteilung durch Logarithmieren der Zufallsvariable eine Normalverteilung zuordnen ("zugehörige Normalverteilung").

Die folgende Abbildung verdeutlicht die Eigenschaften der Asymmetrie und der Rechtsschiefe der Log-Normalverteilung durch Gegenüberstellung mit

1097 Zu den Anwendungsgebieten der logarithmischen Normalverteilung vgl. im Einzelnen Aitchison / Brown (Lognormal Distribution), S. 101 ff. und 107 ff. Zur Anwendung im Rahmen von Optionspreismodellen Wilkens / Baule / Entrop (Risikoprämien), S. 12.

einer Normalverteilung mit übereinstimmenden Parametern (Erwartungswert, Standardabweichung):

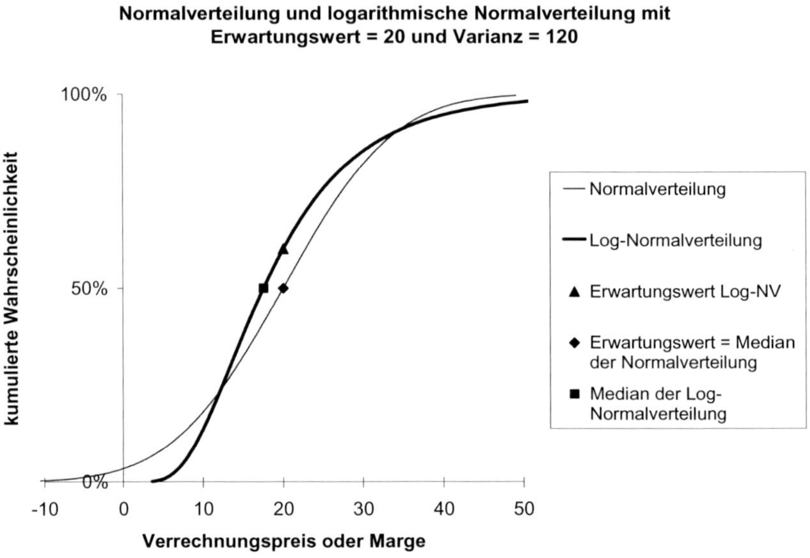

Abbildung 11: Eigenschaften der logarithmischen Normalverteilung

Wiederum sind ausgehend vom Erwartungswert die kumulierten Wahrscheinlichkeitswerte der Bandbreiten-Obergrenze und der Bandbreiten-Untergrenze zu bestimmen. Aufgrund der Asymmetrie der Log-Normalverteilung weichen allerdings Erwartungswert und Median im Gegensatz zur Normalverteilung voneinander ab (siehe Abbildung 11).[1098] Die Quantile zur Ordnung 0,25 und 0,75 oder anderer, symmetrisch um den Median liegender Quantile sind daher für die Bestimmung der Bandbreite nicht maßgeblich.

Da die Quantile der Log-Normalverteilung im Gegensatz zur Normalverteilung meist nicht aus den üblichen Formel- und Tabellensammlungen entnommen werden können, ist der kumulierte Wahrscheinlichkeitswert des Erwartungswerts auf indirekte Weise mit Hilfe der zugehörigen Normalverteilung zu bestimmen. Hierzu wird der Erwartungswert der Log-Normalverteilung logarithmiert und der zugehörige Wahrscheinlichkeitswert aus den Tabel-

[1098] Vgl. Aitchison / Brown (Lognormal Distribution), S. 9; Wilkens / Baule / Entrop (Risikoprämien), S. 12.

len für die Normalverteilung entnommen. Anschließend werden durch Ab- bzw. Zuschlag von 25% auf diesen Wert oder eines anderen für angemessen erachteten Prozentsatzes die kumulierten Wahrscheinlichkeitswerte von Ober- und Untergrenze bestimmt. Die entsprechenden Quantile werden wiederum aus den Tabellen der Normalverteilung ermittelt. Durch Potenzieren von e, der Euler'schen Zahl, mit den Quantilen der Normalverteilung als Exponenten werden die zugehörigen Quantile der Log-Normalverteilung bestimmt, die die gesuchten Grenzwerte für einen angemessenen Wertansatz für die unternehmensinterne Leistung bilden.

Das beschriebene Vorgehen setzt voraus, dass die Parameter der zugehörigen Normalverteilung bekannt sind. Üblicherweise werden in Formelsammlungen aber die Parameter EX (Erwartungswert) und VarX (Varianz) der Log-Normalverteilung als Funktion der entsprechenden Parameter μ und σ^2 der zugehörigen Normalverteilung dargestellt. Demnach gilt:[1099]

$$EX = e^{\mu + \frac{\sigma^2}{2}}$$

$$VarX = e^{2\mu + \sigma^2} \cdot (e^{\sigma^2} - 1)$$

mit:

e	Euler'sche Zahl (= 2,7182818...)
μ	Erwartungswert der zugehörigen Normalverteilung
σ^2	Varianz der zugehörigen Normalverteilung

Für die hier zu beantwortende Fragestellung ist es allerdings umgekehrt erforderlich, aus den Parametern EX und VarX der Log-Normalverteilung die Parameter μ und σ^2 der zugehörigen Normalverteilung zu gewinnen. Diese Parameter lassen sich nach eigener Umformung wie folgt ermitteln:

$$\mu = \ln(EX) - 0{,}5 \cdot \ln(e^{\ln(VarX) - 2 \cdot \ln(EX)} + 1)$$

$$\sigma^2 = \ln(e^{\ln(VarX) - 2 \cdot \ln(EX)} + 1)$$

mit:

ln	natürlicher Logarithmus.

Eine wesentliche Verbesserung der Praktikabilität des Verfahrens entsteht durch Automatisierung des Berechnungsprozesses. Hierzu sind keine speziel-

[1099] Vgl. Aitchison / Brown (Lognormal Distribution), S. 8; Klein (Statistik), S. 33.

len Statistikprogramme erforderlich, da bereits gängige Bürosoftware, wie etwa das Programm "Excel", aufgrund der Hinterlegung der Quantile der Standardnormalverteilung in der Lage ist, die Berechnung der Bandbreite automatisch vorzunehmen. Die folgende Tabelle 7 zeigt die Formeln, die für die Programmierung des Berechnungsmodells in "Excel" erforderlich sind. Die rechte Spalte der Tabelle zeigt außerdem ein Berechnungsbeispiel, dessen Ergebnisse mit den angegebenen Formeln gewonnen wurden. Die Tabelle verdeutlicht, dass die Bandbreite ausschließlich aus den exogenen Daten "Erwartungswert", "Varianz" bzw. "Wahrscheinlichkeitsspanne" ermittelt wird.

Die Berechnungsergebnisse für das angegebene Beispiel sind nachstehend in Abbildung 12 dargestellt. Deutlich sichtbar ist, dass aufgrund der Asymmetrie der Log-Normalverteilung die Obergrenze vom Erwartungswert stärker abweicht (nämlich um 9,90) als die Untergrenze (Abweichung 5,58) und sich somit eine asymmetrische Bandbreite ergibt:

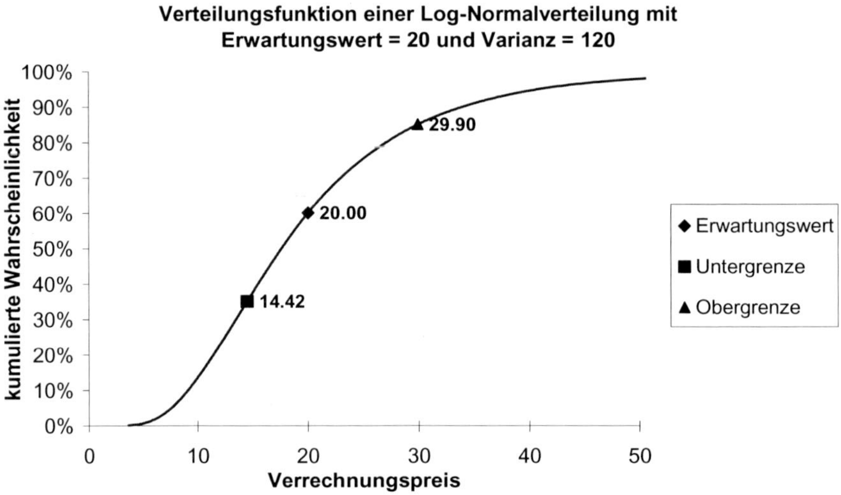

Abbildung 12: Verteilungsfunktion einer Log-Normalverteilung mit Erwartungswert = 20 und Varianz = 120

EXOGENE DATEN:	
Erwartungswert der logarithmischen Normalverteilung (EWLNV)	20,00
Varianz der logarithmischen Normalverteilung (VLNV)	120,00
Wahrscheinlichkeitsspanne	50,0%
ENDOGENE DATEN:	
Erwartungswert der zugehörigen Normalverteilung (EWNV)	2,86
LN(EWLNV)-0,5*LN(POTENZ(e;LN(VLNV)-2*LN(EWLNV))+1)	
Varianz der zugehörigen Normalverteilung (VNV)	0,26
LN(POTENZ(e;LN(VLNV)-2*LN(EWLNV))+1)	
Standardabweichung der zugehörigen Normalverteilung (SNV)	0,51
POTENZ(VNV;0,5)	
Logarithmus des Erwartungswerts der logarithmischen Normalverteilung	2,996
LN(EWLNV)	
kumulierter Wahrscheinlichkeitswert des Erwartungswerts (KWEW) *)	60,1%
NORMVERT(LN(EWLNV);EWNV;SNV;1)	
kumulierte Wahrscheinlichkeitswerte von...	
Bandbreiten-Untergrenze (KW_VP_Untergrenze)	35,1%
KWEW-Wahrscheinlichkeitsspanne/2	
Bandbreiten-Obergrenze (KW_VP _Obergrenze)	85,1%
KWEW+Wahrscheinlichkeitsspanne/2	
zugehörige Quantile:	
Bandbreiten-Untergrenze **)	14,42
POTENZ(e;NORMINV(KW_VP_Untergrenze;EWNV;SNV))	
Bandbreiten-Obergrenze	29,90
POTENZ(e;NORMINV(KW_VP_Obergrenze;EWNV;SNV))	
ANALYSE:	
Abweichung der Quantile vom Erwartungswert der logarithm. Normalverteilung	
Bandbreiten-Untergrenze	-5,58
Bandbreiten-Obergrenze	9,90

ERLÄUTERUNGEN:

*) Die Funktion NORMVERT gibt für das Quantil LN(EWLNV) den Wahrscheinlichkeitswert der Verteilungsfunktion einer Normalverteilung mit den Parametern EWNV (= Erwartungswert) und SNV (= Standardabweichung) an.

**) Die Funktion NORMINV gibt für die Wahrscheinlichkeitswerte "KW_VP_Untergrenze" bzw. "KW_VP_Obergrenze" die zugehörigen Quantile der Normalverteilung mit den Parametern EWNV und SNV an. Durch die Potenzierung mit der Basis e mittels der Funktion "POTENZ(e;...)" werden diese Quantile auf die Quantile der zugehörigen Log-Normalverteilung umgerechnet.

Tabelle 7: Berechnungsbeispiel zur logarithmischen Normalverteilung

2 Modelle für die Ableitung einer Verschuldungsobergrenze

Nach den Überlegungen zur Zurechnung von Fremdkapital zu Betriebsstätten in Kapitel III, Abschnitt 1.5.2, kann aus dem Finanzierungsverhalten vergleichbarer selbstständiger und unabhängiger Unternehmen eine Missbrauchsgrenze für die maximal mögliche Verschuldung der rechtlich unselbstständigen Unternehmensteile gewonnen werden. Hierzu wird auf die in den Jahresabschlüssen der Vergleichsunternehmen ausgewiesene Verschuldung zurückgegriffen. Es wird angenommen, dass der Umfang der Fremdfinanzierung begrenzt ist, da Finanzierungsentscheidungen auch darauf gerichtet sind, Insolvenzgefahren durch angemessene Begrenzung der Verschuldung zu vermeiden.[1100] Überschreitet die Fremdkapitalausstattung der Betriebsstätte die durch den Fremdvergleich ermittelte kritische Fremdkapitalausstattung, so ist das darüber hinaus vorhandene Fremdkapital nicht durch die Betriebsstätte veranlasst. Wie oben ausgeführt, ist die Bestimmung einer Bandbreite i. e. S. nicht erforderlich, da keine betriebswirtschaftliche Notwendigkeit einer Begrenzung der Eigenkapitalfinanzierung besteht.

Da nicht davon ausgegangen werden kann, dass die Verschuldung aller Vergleichsunternehmen der im konkreten Fall möglichen Maximalverschuldung entspricht, ist eine ausreichende Zahl an Vergleichsunternehmen notwendig, um verlässliche Informationen über die Bandbreite möglicher Verschuldungsgrößen zu gewinnen und aus der Vielzahl der Vergleichswerte eine Verschuldungsobergrenze ableiten zu können.

Die Auswahl von Vergleichsunternehmen erfolgt anhand von Merkmalen der Betriebsstätte, die sich bei einem selbstständigen unabhängigen Unternehmen auf die Verschuldung auswirken können, wie etwa der Ertragslage, der Vermögenstruktur, der Standortfaktoren usw. Obwohl rechtlich unselbstständigen Unternehmensteilen keine eigene Kreditwürdigkeit zugeordnet werden kann, weil das Gesamtunternehmen als solches für die aufgenommenen Schulden haftet, wird die für steuerliche Zwecke vorgenommene Zurechnung von Schulden im Ergebnis an einer Kreditwürdigkeit gemessen, die die Unternehmensteile bei fiktiver Selbstständigkeit aufgrund dieser Faktoren aufgewiesen hätten. Somit können Stammhaus und Betriebsstätte unterschiedliche maximale Verschuldungsgrade zugewiesen werden.[1101]

[1100] Vgl. zur klassischen These, Verschuldung sei so lange vorteilhaft, bis der Zuwachs der Konkurskosten den steuerlichen Vorteil übersteigt: Perridon / Steiner (Finanzwirtschaft), S. 481 ff.; Swoboda / Hartlieb, HWP, Sp. 500; Breuer / Gürtler / Schuhmacher (Finanzierung), S. 8 f.; Bitz (Kapitalstruktur), S. 26 f.

[1101] Fragwürdig erscheint deshalb die Position der OECD, der Betriebsstätte sei die Kreditwürdigkeit des Gesamtunternehmens zuzuweisen (OECD (Report), Tz. 131 [Part I]).

2.1 Jahresabschlusskennzahlen als Maßgrößen der Verschuldung

2.1.1 Auswahl geeigneter Verschuldungskennzahlen

Zur Unterscheidung zwischen angemessenen und unangemessenen Finanzierungen ist "Verschuldung" messbar und damit vergleichbar zu machen. Dies geschieht, indem Jahresabschlusskennzahlen gebildet werden, die "Verschuldung" als Beziehungszahlen prozentual ausdrücken (vgl. Tabelle 8).[1102]

statische Verschuldungskennzahlen: – auf das gesamte Fremdkapital eines Unternehmens bezogene Kennzahlen: $\text{Fremdkapitalquote} = \frac{\text{Fremdkapital}}{\text{Eigenkapital}}$ $\text{statischer Verschuldungsgrad} = \frac{\text{Fremdkapital}}{\text{Bilanzsumme}}$ – auf bestimmte Fremdkapitalpositionen bezogene Konzepte: $\frac{\text{kurzfristige Verbindlichkeiten}}{\text{kurzfristiges Vermögen}}$ $\frac{\text{Kreditorenbestand}}{\text{Debitorenbestand}}$ $\frac{\text{Verbindlichkeiten}}{\text{Bilanzsumme}}$
dynamische Verschuldungskennzahlen: $\text{dynamischer Verschuldungsgrad} = \frac{\text{Fremdkapital}}{\text{Cash Flow}}$ $\left(\text{alternativ}: \frac{\text{Fremdkapital}}{\text{Umsatz}} \text{ oder } \frac{\text{Fremdkapital}}{\text{Jahresüberschuss}}\right)$ $\frac{\text{Kapitaldienst}}{\text{Cash Flow}}$

Tabelle 8: Verschuldungskennzahlen

[1102] Vgl. zur Verschuldungsmessung Leffson (Bilanzanalyse), S. 73 ff.; Vogler / Mathes (Bilanzanalyse), S. 58; Albach (Finanzierungsregeln), S. 533 (534 ff.); Müller-Ganz (Kennzahlen), S. 261; Ramb (Finanzierungsstrukturen), Abschn. 4.2.

2.1.1.1 *Statische Verschuldungskennzahlen*

Die angegebene Einteilung unterscheidet statische und dynamische Verschuldungskennzahlen. Statische Verschuldungskennzahlen geben die Relation zwischen einzelnen Fremdkapitalpositionen bzw. dem Fremdkapital insgesamt und anderen Bestandsgrößen der Bilanz an. Als traditionell wichtigste Kennzahlen gelten die Fremdkapitalquote und der statische Verschuldungsgrad. Die Verschuldungsmessung für Zwecke des Fremdvergleichs anhand statischer Verschuldungskennzahlen ist gerechtfertigt, da angenommen werden darf, dass Unternehmen bei Finanzierungsentscheidungen Eigenkapital als Haftungskapital begreifen und deshalb auf einen bestimmten Anteil von Eigenkapital achten, mit dem mögliche zukünftige Verluste ausgeglichen werden können. Es liegt regelmäßig im Interesse von Kreditgeber und -nehmer, dass die Gefahr einer Zerschlagung des Unternehmens wegen bilanzieller Überschuldung vermieden wird. Hierbei ist allerdings zu beachten, dass das bilanzielle Eigenkapital keine Wiederveräußerungswerte widerspiegelt und somit allenfalls einen Näherungswert für das Haftungskapital angibt.[1103]

Da zwischen dem statischen Verschuldungsgrad und der Fremdkapitalquote eine definitorische Beziehung besteht, weisen beide Kennzahlen denselben Informationsgehalt auf:

$$\text{statischer Verschuldungsgrad} = \frac{\text{Fremdkapitalquote}}{\text{Fremdkapitalquote} + 1}$$

Aus Gründen der Komplexitätsreduktion kann daher auf eine der beiden Kennzahlen verzichtet werden, ohne dass hiermit ein Informationsverlust einhergeht.

Grundsätzlich ist im Rahmen des Fremdvergleichs die Angemessenheit der Gesamtverschuldung einer Betriebsstätte zu überprüfen. Der Fremdvergleich wird daher anhand der auf das gesamte Fremdkapital bezogenen Verschuldungskennzahlen vorgenommen. Allerdings ist es auch denkbar, dass die Finanzierung der Betriebsstätte zusätzlich anhand der aus einzelnen Fremdkapitalpositionen gebildeten Kennzahlen auf ihre Fremdüblichkeit überprüft wird. Dies kann auch anhand des Fremdvergleichsgedankens gerechtfertigt sein. So achten z. B. selbstständige unabhängige Unternehmen bei ihren Finanzierungsentscheidungen auch darauf, dass die kurzfristige Zahlungsfähigkeit des Unternehmens nicht gefährdet wird, indem eine fristengerechte Finanzierung vorgenommen wird. Deshalb kann die Finanzierung einer Betriebsstätte auch

---

[1103] Kritisch auch Albach (Finanzierungsregeln), S. 533 (535). Albach begründet die Berücksichtigung der Eigenkapitalquote bei Finanzierungsentscheidungen damit, dass mit abnehmender Eigenkapitalquote auch eine i. d. R. unerwünschte Abhängigkeit gegenüber den Fremdkapitalgebern zunimmt.

anhand der Kennzahl "kurzfristige Verbindlichkeiten / kurzfristiges Vermögen" auf ihre Angemessenheit überprüft werden.

2.1.1.2 Dynamische Verschuldungskennzahlen

Dynamische Verschuldungskennzahlen sind auf Stromgrößen bezogen, wie etwa den Cash Flow, den Jahresüberschuss oder den Umsatz. Die Verwendung dynamischer Verschuldungskennzahlen im Rahmen des Fremdvergleichs kann damit begründet werden, dass bei Gefährdung des finanziellen Gleichgewichts eines Unternehmens Zahlungseinstellungen an die Fremdkapitalgeber drohen, so dass auf ein angemessenes Verhältnis von absoluter Verschuldung oder Kapitaldienst einerseits und Cash Flow, Jahresüberschuss oder Umsatz andererseits zu achten ist.

Der *dynamische Verschuldungsgrad* setzt den Umfang des Fremdkapitals ins Verhältnis zu einer Stromgröße und misst daher, wie lange eine Rückzahlung der aktuell vorhandenen Schulden aus dem als gleichbleibend unterstellten Cash Flow, Jahresüberschuss bzw. Umsatz dauern würde, wenn die Stromgröße vollständig für die Rückzahlung des Fremdkapitals zur Verfügung stünde (Entschuldungsdauer).[1104] Als Bezugsgröße des dynamischen Verschuldungsgrads erscheint der Cash Flow vorzugswürdig, da die Tilgung von Fremdkapital aus zukünftigen Zahlungsüberschüssen geleistet werden muss. Der Jahresüberschuss hingegen misst nicht tatsächliche Zahlungsströme, sondern stellt lediglich ein pagatorisches Ergebnis dar, das die in einer Periode mögliche Tilgung allenfalls näherungsweise ausdrückt. Ebenso erscheint die Verschuldungsmessung durch das Verhältnis des Fremdkapitals zum Umsatz weniger gut geeignet, da hierbei die Höhe der ebenfalls zu finanzierenden laufenden Ausgaben nicht berücksichtigt wird.

Die Kennzahl *Kapitaldienst / Cash Flow* bringt die durch Fremdfinanzierung hervorgerufene finanzielle Anspannung des Unternehmens zum Ausdruck. Da sie außerdem von der Höhe der Zinszahlungen abhängig ist, vermittelt die Kennzahl gegenüber der Entschuldungsdauer eine zusätzliche, verwertbare Information.

2.1.2 Verschuldungsmessung durch Kombination mehrerer Verschuldungskennzahlen

Da grundsätzlich verschiedene Kennzahlen als mögliche Maßgrößen von "Verschuldung" in Betracht kommen, können mehrere Verschuldungskenn-

[1104] Vgl. Dietrich (Kreditprüfung), S. 79.

zahlen im Rahmen eines Fremdvergleichs Prüfkriterien für die Angemessenheit der Finanzierung eines Unternehmensteils bilden.[1105] Eine vereinfachende Beschränkung des Vergleichs auf eine bestimmte Verschuldungskennzahl, etwa die Fremdkapitalquote, erscheint weniger geeignet, übliches Fremdverhalten abzubilden.[1106] Demnach wären für die ausgewählten Kennzahlen VKZ_1, VKZ_2, usw. jeweils "kritische Werte" zu bestimmen.

Die notwendige Integration verschiedener Prüfkriterien in eine Gesamtbeurteilung für die Verschuldung eines Unternehmens kann auf verschiedene Weise erfolgen, je nach dem, ob den einzelnen Kriterien eine absolute oder relative Bedeutung zukommen soll. Bei *kumulativer Anwendung verschiedener Kriterien* ist eine unangemessene Verschuldung bereits anzunehmen, wenn der kritische Wert bei einer Verschuldungskennzahl überschritten ist. Hingegen führt bei *ausgleichender Beurteilung* der Betriebsstättenfinanzierung die Verletzung eines Kriteriums, d. h. das Überschreiten des kritischen Werts einer Verschuldungskennzahl, erst dann zur Ablehnung der Schuldzurechnung, wenn kein hinreichender Ausgleich durch das Unterschreiten kritischer Werte anderer Verschuldungskennzahlen hinzutritt. Die ausgleichende Beurteilung erfordert deshalb eine Messung der Abweichungen der von dem Unternehmensteil realisierten Verschuldungskennzahlen von den kritischen Werten und eine Bewertung dieser Abweichungen mit Gewichten. Erst die bewerteten Abweichungen können in ein Gesamturteil überführt werden, um die Angemessenheit der Verschuldung insgesamt zu überprüfen. Werden insgesamt J Verschuldungskennzahlen einbezogen ($j = 1, 2, ..., J$) und jeweils mit Gewichten g_j versehen, so lautet das Prüfkriterium:

1105 In ähnlicher Weise werden bei der Kreditvergabe hybride Finanzierungsregeln verwendet, vgl. Albach (Finanzierungsregeln), S. 533 (539).

1106 Allerdings prüft das FG München die Angemessenheit der Kapitalstruktur ausschließlich am Verhältnis der Eigenmittel zur Bilanzsumme, vgl. FG München v. 11.10.1995 - 7 K 3474/93, EFG 1996, S. 244; wohl auch FG Hessen v. 10.12.2002 - 4 K 3994/00, EFG 2003, S. 1191, das Finanzgericht spricht allerdings missverständlich von "Eigenkapitalstrukturen". Auch der von Haiß entwickelte Vorschlag basiert auch auf nur einer Verschuldungskennzahl, der Entschuldungsdauer, vgl. Haiß (Betriebsstätten), S. 132 f. Offener wohl OECD (Report), Tz. 165 [Part I]: "...it will probably be necessary to focus on capital structure, *such as* debt to equity ratios" (Hervorh. d. Verf.).

$$\sum_{j=1}^{J}\left[g_j \cdot \left(1-\frac{VKZ_j^{BS}}{VKZ_j^{krit.}}\right)\right] \geq 0\,!$$

mit:

VKZ_j^{BS} Ausprägung der j-ten Verschuldungskennzahl einer Betriebsstätte

$VKZ_j^{krit.}$ kritischer, aus den Vergleichsunternehmen abgeleiteter Wert für die j-te Verschuldungskennzahl.

Die ausgleichende Beurteilung von Verschuldung erscheint vorzugswürdig, weil sie weniger von den Ausprägungen einer Verschuldungskennzahl abhängig ist und folglich Mängel einzelner Messkonzepte vermeidet.

2.2 Ableitung von kritischen Verschuldungsgraden

Bei der Bestimmung einer Obergrenze der zulässigen Verschuldung ergeben sich grundsätzlich ähnliche Fragestellungen und Lösungsansätze wie bei der Bestimmung der Verrechnungspreisbandbreite. So könnte der kritische Wert durch Vorgabe eines Quantils der festgestellten bzw. bereinigten Verteilung ermittelt werden. Da die hier vorliegende Problemstellung lediglich die Ableitung einer Obergrenze erfordert,[1107] wäre ein am unteren Rand der Verteilung liegendes Quantil vorzugeben (z. B. 5%-, 10%, 25%-Quantil usw.). Wie allerdings bereits die Diskussion der interquartilen Methode ergeben hat,[1108] entstehen durch derartige Regeln beträchtliche Nachteile, wie etwa Informationsverluste bezüglich der ausgeschlossenen Werte. Eine zweckmäßige Alternative bildet auch hier die Verstetigung von Vergleichswerten durch Annahme einer kontinuierlichen Wahrscheinlichkeitsverteilung. In einem einfachen Modell könnte ein kritischer Wert für die Verschuldung VKZ^{krit} daher durch einen Zuschlag auf den Mittelwert der Vergleichswerte μ bestimmt werden:

$$VKZ_j^{krit.} = \mu + \text{Zuschlag}$$

Der Zuschlag ist wiederum erforderlich, um die mit dem empirischen Vergleich von Verschuldungskennzahlen verbundene Unschärfe zu berücksichti-

---

[1107] Die Bestimmung einer Untergrenze entfällt, da die Prüfung auf Überdotation nach der hier vertretenen Auffassung nicht der Zielsetzung des Fremdvergleichs entspricht, vgl. Kapitel III, Abschn. 1.5.2.2.1.

[1108] Vgl. Kapitel IV, Abschn. 1.1.

gen und um eine möglichst grenzwertige Verschuldung bestimmen zu können. Wie dargelegt, orientiert sich die Breite eines Schätzungsrahmens bei steuerlichen Schätzungen an der Güte der Tatsachenfeststellungen.[1109] Zur Sicherstellung einer einheitlichen Rechtsanwendung soll wiederum in verschiedenen Steuerverfahren die gleiche Schätzungsunsicherheit durch einen gleich hohen Zuschlag berücksichtigt werden. Grundsätzlich könnte wiederum die Anzahl und die Vergleichbarkeit der Vergleichssachverhalte im Zuschlag berücksichtigt werden. Auf die vorstehend beschriebenen mathematischen Modelle (mulitplikative bzw. additive Verknüpfung) wird verwiesen. In einem einfachen Modell wird zur Ermittlung des Zuschlags ein Streuungsmaß der Beobachtungswerte bestimmt und mit einem konstanten Sicherheitsfaktor SF multipliziert. Als Streuungsmaß kann wiederum die Standardabweichung σ verwendet werden. Der steuerlich zulässige Grenzwert der Verschuldungskennzahl VKZ^{krit} ergibt sich wie folgt:

$$VKZ_j^{krit.} = \mu + \sigma \cdot SF$$

Um die Höhe des Sicherheitsfaktors festzulegen, muss eine Abwägung zwischen dem Ziel der Begrenzung von Einkünfteverlagerungen einerseits und dem Ziel der vorsichtigen Schätzung von Besteuerungsgrundlagen andererseits erfolgen. Ein objektiv richtiger Wert des Sicherheitfaktors kann wiederum nicht angegeben werden. Hält man die im Rahmen der Verrechnungspreisbestimmung bevorzugte interquartile Methode und die darin zum Ausdruck kommende Vorstellung, aus einer Gesamtheit möglicher Beobachtungswerte seien die oberen und unteren 25% auszuscheiden,[1110] für eine angemessene Begrenzung der Bandbreite, so wäre bei unterstellter Normalverteilung der Verschuldungskennzahlen der Sicherheitsfaktor auf 0,6745 festzulegen, da dieser Wert dem Absolutbetrag des 1. Quartils der Standardnormalverteilung entspricht. Erscheint dieser Wert als zu gering, so könnte auch ein höheres Mehrfaches der Standardabweichung gewählt werden.

1109 Vgl. FN 248.

1110 Vgl. Kapitel IV, Abschn. 1.2.1.

2.3 Herstellung einer Vergleichbarkeit der Verhältnisse anhand von Einflussfaktoren der Verschuldung

2.3.1 Gründe für eine eingeschränkte Vergleichbarkeit von Verschuldungskennzahlen

Soll die Kapitalausstattung der Betriebsstätte den in Jahresabschlüssen veröffentlichten Verschuldungskennzahlen gegenübergestellt werden, so muss wie bei anderen steuerlichen Schätzungen auch eine Vergleichbarkeit der Verhältnisse hergestellt werden. Bereits durch die Messung von Verschuldung anhand von prozentualen Verschuldungskennzahlen ist eine Aussage über Einflussfaktoren der Verschuldung verbunden[1111] und damit ein Beitrag zur Herstellung von Vergleichbarkeit geleistet. Darüber hinaus sind bei der Auswahl von Vergleichsunternehmen weitere Einflussfaktoren auf die Verschuldung zu berücksichtigen.

Gerade diese Anforderung kann allerdings nur teilweise erfüllt werden. So kann die Verschuldung von Unternehmen durch eine beträchtliche Zahl von Einflussfaktoren erklärt werden, deren Ausprägung typischerweise nicht in Jahresabschlüssen abgebildet wird oder aus anderen zugänglichen Quellen in Erfahrung gebracht werden kann. Beispielsweise spielen psychologische Faktoren, wie etwa die Risikoneigung von Kreditgebern und -nehmern eine Rolle bei der Kreditvergabe.[1112] In besonderer Weise hat auch die neoinstitutionalistische Finanzierungstheorie verdeutlicht, dass Finanzierungsentscheidungen aus sehr vielfältigen, individuellen Zielsetzungen erklärt werden können. Deren Vorliegen oder Nichtvorliegen kann nicht anhand öffentlich zugänglicher Daten überprüft werden. So wird etwa eine Präferenz für die Aufnahme von Fremdkapital angenommen, wenn die Einschätzung über die zukünftigen Ertragsaussichten durch das Management optimistischer ist als die Einschätzung der Kapitalmarktteilnehmer und das Management im Interesse der Altaktionäre handelt. In diesem Fall würde die Ausgabe von Eigenkapitalanteilen anstelle von Fremdkapital das Vermögen der bisherigen Anteilseigner verwässern.[1113] Außerdem kann Fremdkapital eine Anreizfunktion erfüllen, wenn eine höhere Verschuldung vom Management einen effizienteren Einsatz der Un-

---

[1111] Diese Einflussgrößen sind z. B. im Fall der statischen Verschuldungskennzahlen das Eigenkapital bzw. die Bilanzsumme, im Fall der dynamischen Verschuldungskennzahlen der Cash Flow und ggf. der Jahresüberschuss oder der Umsatz.

[1112] Vgl. Heno (Kreditwürdigkeitsprüfung), S. 39. Bei der Kreditvergabe werden insbesondere auch persönliche Charaktermerkmale des Geschäftsinhabers beurteilt, vgl. Dietrich (Kreditprüfung), S. 43 ff.

[1113] Vgl. Myers / Majluf, JoFE 1984, S. 187 ff.; Breuer / Gürtler / Schuhmacher (Finanzierung), S. 17; Drobetz / Pensa / Wöhle (Kapitalstrukturpolitik), S. 19 ff.

ternehmensressourcen erzwingt (Agency-Ansatz).[1114] Der Einsatz des zusätzlichen Fremdkapitals wird demnach als Mittel zur Disziplinierung des Managements verstanden, weil der Kapitaldienst auf das Fremdkapital den Spielraum des Managements für ineffiziente Prestigeprojekte verengt. Schließlich kann eine Aufnahme von Fremdkapital der Signalisierung positiver Ertragsaussichten an die Kapitalmarktteilnehmer dienen (Signalling-Ansatz).[1115] Diese können einen höheren Verschuldungsgrad als einen glaubwürdigen Beleg für die Existenz ertragreicher Projekte verstehen, weil das Management nur bei guten Ertragsaussichten bereit sein wird, ein höheres Finanzierungsrisiko in Kauf zu nehmen. Da auf Finanzierungsentscheidungen somit auch zahlreiche nicht beobachtbare Faktoren einwirken können, ist eine beträchtliche Streuung der beobachteten Verschuldungsgrade zu erwarten.

2.3.2 Verfahren zur Herstellung einer größtmöglichen Vergleichbarkeit

2.3.2.1 Auswahlkriterien

Die Vergleichbarkeit der Verhältnisse wird anhand von Merkmalen überprüft, die als signifikante Einflussfaktoren der Verschuldung gelten. Hierbei ist auf eine angemessene Strenge der Auswahlkriterien zu achten: Bei zu strengen Auswahlkriterien wird die Anzahl von Vergleichsunternehmen zu stark eingeschränkt, so dass die Bandbreite möglicher Finanzierungsentscheidungen nicht mehr zutreffend beurteilt werden kann. Bei zu laxen Auswahlkriterien besteht hingegen das Risiko, dass die Verschuldungswerte der Vergleichsunternehmen wegen abweichender Verhältnisse nicht mehr als verlässliche Indikatoren für die Verschuldung der Betriebsstätte gelten können. Insgesamt ist deshalb eine ausgewogene Lösung des Zielkonflikts anzustreben.

Die Auswahlkriterien können in allgemeine Strukturvariablen der Verschuldung und spezifische Indikatoren der Kreditwürdigkeit unterteilt werden. *Allgemeine Strukturvariablen der Verschuldung* sind grundlegende Faktoren, die die Verschuldung über vielfältige Wirkungskanäle beeinflussen. Als derartige allgemeine Auswahlkriterien kommen in Betracht:

- Unternehmensstandort,
- zeitliche Nähe von Ausgangssachverhalt und Vergleichssachverhalt,
- Branche.

[1114] Vgl. Jensen, American Economic Review 1986, S. 323 ff.; Bitz (Kapitalstruktur), S. 23; Schmidt (Finanzierung), HWB, Sp. 1038 (1048).

[1115] Vgl. Ross, JoE 1977, S. 23 ff.; Schmidt (Finanzierung), HWB, Sp. 1038 (1047); Breuer / Gürtler / Schuhmacher (Finanzierung), S. 16 ff.; Swoboda, ZfbF 1982, S. 705 (714 f.); Perridon / Steiner (Finanzwirtschaft), S. 515 ff.

Durch die Auswahl von Vergleichsunternehmen anhand der genannten Kriterien werden vielfältige Einflüsse auf die Verschuldung summarisch berücksichtigt. Regelmäßig dürften diese Variablen eine signifikante Korrelation mit anderen Einflussfaktoren der Verschuldung aufweisen, wie etwa den Einflussgrößen "Rechnungslegungsvorschriften", "institutionelle Bedingungen und Wettbewerbsbedingungen des Kapitalmarkts",[1116] "Steuersystem", "konjunkturelle Einflüsse" und "politische Einflüsse". Deshalb ist eine zusätzliche Berücksichtigung dieser anderen Einflussfaktoren bei der Auswahl von Vergleichsunternehmen nicht unbedingt notwendig.

Spezifische Indikatoren der Kreditwürdigkeit sind solche Variablen, die typischerweise bei der Kreditvergabe für die Beurteilung der Fähigkeit des individuellen Schuldners zur Rückzahlung der Schuld berücksichtigt werden (vgl. Tabelle 9). Zum einen werden aus dem Jahresabschluss ermittelte Kennzahlen berücksichtigt, da diesen Kennzahlen auch in der traditionellen Kreditwürdigkeitsprüfung ein gewisser Stellenwert eingeräumt wird.[1117] Insoweit kann von einer höheren (niedrigeren) Ausprägung einer Kennzahl bei einem Unternehmen auf eine höhere Kreditwürdigkeit dieses Unternehmens geschlossen werden. Die annähernde Übereinstimmung der Kennzahl eines Vergleichsunternehmens mit der von der Betriebsstätte realisierten Ausprägung der Kennzahl spricht somit für eine gute Vergleichbarkeit der Verhältnisse.

Die Jahresabschlussanalyse gibt aber lediglich eine Momentaufnahme des Unternehmens wieder. Nur wenn die Ausprägung der Kennzahlen stabil bleibt, lässt sich aus der Kennzahlenanalyse eine Aussage über die zukünftige Fähigkeit des Unternehmens zur Tilgung von Schulden ableiten. Eine fundiertere Aussage über die Kreditwürdigkeit eines Unternehmens erlauben häufig außerbilanzielle Faktoren, denen als Frühindikatoren der zukünftigen Ertragslage ein höherer Prognosewert für die zukünftige Zahlungsfähigkeit und Kreditwürdigkeit von Unternehmen zugeschrieben wird. Meist dürften für die Auswahl der Faktoren die Verhältnisse des Einzelfalls maßgebend sein. Die nachfolgende Tabelle zeigt daher nur einen kleinen Ausschnitt möglicher außerbilanzieller Indikatoren der Kreditwürdigkeit. Dabei wird aus Gründen der Übersichtlichkeit eine Einteilung in funktionsbezogene Einflussfaktoren und unternehmensbezogene Einflussfaktoren vorgenommen.

[1116] Vgl. Kester, FinM 1986, S. 5 (7); Francfort / Rudolph, ZfbF 1992, S. 1059 (1062); weitere Verweise bei Mutscher (Kapitalstruktur), S. 136.

[1117] Zur Eignung von Kennzahlen aus Jahresabschlüssen für die Bonitätsbeurteilung vgl. Feidicker (Kreditwürdigkeitsprüfung), S. 26 ff.; Mühlbayer (Erfolgsanalyse), S. 201 ff.

1. bilanzielle Einflussfaktoren (Kennzahlen):[1118]	
Vermögensstruktur	$\text{Anlageintensität} = \frac{\text{Anlagevermögen}}{\text{Bilanzsumme}}$ $\text{Arbeitsintensität} = \frac{\text{Umlaufvermögen}}{\text{Bilanzsumme}}$
Ertragsstruktur	$\text{FuE-Intensität} = \frac{\text{FuE-Aufwand}}{\text{Gesamtleistung}}$ $\text{Materialaufwandsquote} = \frac{\text{Materialaufwand}}{\text{Gesamtleistung}}$ $\text{Personalaufwandsquote} = \frac{\text{Personalaufwand}}{\text{Gesamtleistung}}$ $\text{Abschreibungsquote} = \frac{\text{Abschreibungen}}{\text{Gesamtleistung}}$
Liquidität bzw. Finanzlage	$\text{Liquidität I} = \frac{\text{liquide Mittel}}{\text{Kurzfristige Verbindlichkeiten}}$ $\text{Liquidität II} = \frac{\text{liquide Mittel} + \text{kurzfristige Forderungen}}{\text{Kurzfristige Verbindlichkeiten}}$ $\text{Liquidität III} = \frac{\text{liquide Mittel} + \text{kurzfristige Forderungen} + \text{Vorräte}}{\text{Kurzfristige Verbindlichkeiten}}$ $\text{Anlagendeckungsgrad I} = \frac{\text{Eigenkapital}}{\text{Anlagevermögen}}$ $\text{Anlagendeckungsgrad II} = \frac{\text{Eigenkapital} + \text{langfristiges Fremdkapital}}{\text{Anlagevermögen}}$
Rentabilität	$\text{Eigenkapitalrentabilität} = \frac{\text{Jahresüberschuss}}{\text{Eigenkapital}}$ $\text{Gesamtkapitalrentabilität} = \frac{\text{Jahresüberschuss} + \text{Fremdkapitalzinsen}}{\text{Gesamtkapital}}$ $\text{Umsatzrentabilität} = \frac{\text{Jahresüberschuss}}{\text{Umsatz}}$

Tabelle 9: Indikatoren des Verschuldungsgrads (Fortsetzung nächste Seite)

[1118] Vgl. Dietrich (Kreditprüfung), S. 59 ff.; Probst (Kreditwürdigkeitsprüfung), S. 105 ff.; Müller-Ganz (Kennzahlen), S. 139 ff.; Heno (Kreditwürdigkeitsprüfung), S. 49 ff.

prozessbezogene Kennzahlen	$\text{Lagerumschlag} = \frac{\text{Umsatz}}{\text{durchschnittlicher Lagerbestand}}$
	$\text{Kapitalumschlag} = \frac{\text{Umsatz}}{\text{durchschnittliches Gesamtkapital}}$
	$\text{Debitorenumschlag} = \frac{\text{Umsatz}}{\text{durchschnittlicher Debitorenbestand}}$
2. außerbilanzielle Einflussfaktoren[1119]	
a) funktionsbezogene Einflussfaktoren	
Produktion, Technologie, Beschaffung	Innovationsrate Alter des Maschinenbestands Investitionsquote Produktivität Lieferantenabhängigkeit
Absatz	Marktwachstum Produktpalette Marktanteil Kundenabhängigkeit Kapazitätsauslastung Auftragslage
Finanzierung	Zahlungsziele der Kunden und gegenüber Lieferanten offene Positionen Währungsrisiken
b) unternehmensbezogene Einflussfaktoren	
'weiche' Faktoren	Führungsstil Qualifikation und Fortbildung der Mitarbeiter Internationalisierungsgrad[1120]
obj. messbare Faktoren	Unternehmensgröße[1121]

Indikatoren des Verschuldungsgrads (Tab. 9 Fortsetzung)

1119 Vgl. Bagus (Bonitätsanalyse), S. 98 ff.; Probst (Kreditwürdigkeitsprüfung), S. 170 ff.; Grof (Risikocontrolling), S. 130; Müller-Ganz (Kennzahlen), S. 139 ff.; Dietrich (Kreditprüfung), S. 162 zu qualitativen Informationen; OECD (Report), Tz. 167 [Part I]. Zu Frühindikatoren vgl. insbes. Grof (Risikocontrolling), S. 144.

1120 Vgl. Engelhard / Eckert, HWBF, Sp. 763.

1121 Vgl. Albach (Finanzierungsregeln), S. 533 (535). Kester, FinM 1986, S. 5 (12) begründet die Bedeutung der Unternehmensgröße für die Kapitalstruktur damit, dass sie mit der Stärke der Informationsasymmetrien zwischen aktuellen und potenziellen Investoren korrelieren würde und nach der Pecking-Order-Theorie eine stärkere Eigenkapitalfinanzierung begünstigen könnte. Ramb hingegen stellt eine positive Beziehung zwischen Unternehmensgröße und Fremdkapitalfinanzierung fest und erklärt dies aus der geringeren Konkurswahrscheinlichkeit größerer Unternehmen, vgl. Ramb (Finanzierungsstrukturen), Kap. 5.2.

Es ist fraglich, ob eine starre Festlegung bestimmter Faktoren als Auswahlkriterien für Vergleichsunternehmen zweckmäßig ist. Hierfür spräche eine mögliche Verbesserung der Rechts- und Planungssicherheit, da insoweit die Anzahl subjektiver Ermessensentscheidungen reduziert würde. Dennoch erscheint eine solche Festlegung aus mehreren Gründen nicht zweckmäßig. Zum einen kann die Ausprägung bestimmter Einflussfaktoren – insbesondere der außerbilanziellen Faktoren – nicht in jedem Fall in Erfahrung gebracht werden, so dass eine Beurteilung der Vergleichbarkeit anhand dieser Faktoren häufig aus tatsächlichen Gründen nicht möglich ist. Zum anderen hängt die Signifikanz eines Faktors für die Verschuldung von Unternehmen maßgeblich davon ab, welche Unternehmensgesamtheit den Ausgangspunkt für den Vergleich bildet. Je nach dem, welche Wirkungszusammenhänge innerhalb der Gruppe verfügbarer Vergleichsunternehmen gelten, sind jeweils unterschiedliche Faktoren als signifikante Erklärungsvariablen für Verschuldung denkbar.

Beispiel: Die Variable "Lagerumschlag" hat in einer konkreten Gruppe an Vergleichsunternehmen derselben Branche keinen signifikanten Einfluss auf die verwendeten Verschuldungskennzahlen. Folglich erscheint es kaum zweckmäßig, diesen Faktor als Auswahlkriterium zu verwenden, da die Anzahl der Vergleichsunternehmen unnötig reduziert würde und insoweit Informationsverluste entstünden. Für eine zweite Betriebsstätte, die einer anderen Branche zugeordnet wird, werden wiederum branchenbezogene Vergleichssamples verwendet. In der so ausgewählten Grundgesamtheit hat der Faktor "Lagerumschlag" hingegen eine hohe Signifikanz für die Erklärung einer Verschuldungskennzahl. Er wird folglich als Auswahlkriterium verwendet.

Dem vom Finanzgericht Hessen aufgegriffenen Vorschlag von *Mutscher*, wonach die Faktoren "Standort", "erzielte Rendite", "Wachstum" und "Vermögensstruktur der Betriebsstätte" als Vergleichsdimensionen heranzuziehen seien,[1122] ist deshalb mit Skepsis zu begegnen. Die genannten Auswahlkriterien haben sich zwar überwiegend in großzahligen empirischen Untersuchungen als signifikante Faktoren für die Erklärung von Verschuldung erwiesen.[1123]

[1122] Vgl. Mutscher (Kapitalstruktur), S. 136 ff.; FG Hessen v. 10.12.2002 - 4 K 3994/00, EFG 2003, S. 1191.

[1123] Vgl. vor allem Bartlewski (Eigenkapitalausstattung) und Noth (Eigenkapitalausstattung). Die Streuungen der Variablen "Vermögensstruktur", "Rendite" und "Wachstum" erklären in der Studie von Bartlewski 43% der Streuung der Eigenkapitalquote, vgl. Bartlewski (Eigenkapitalausstattung), S. 95. Noth ermittelt in ihrer Studie über die Eigenkapitalquote deutscher GmbHs in verschiedenen Stichproben Erklärungsanteile der Variablen "Vermögensstruktur", "Wachstum und Investitionstätigkeit", "Rentabilität", "Risiko", "Gesellschafterstruktur", "Unternehmensgröße" und "Branche" von insgesamt um 40%, vgl. Noth (Eigenkapitalausstattung), S. 339, allerdings werden bei Noth andere Messkonzepte bzw. Definitionen für die bezeichneten Variablen verwendet. Der Faktor "Standort" wurde allerdings in den genannten Studien nicht untersucht.

Diese starre Vorgabe ist allerdings kaum sachgerecht. Die Signifikanz der bezeichneten Faktoren für die Verschuldung kann für den Kreis derjenigen Unternehmen, die dem im Einzelfall nach allgemeinen Strukturvariablen ausgewählten Vergleichssample angehören (z. B. Branche, Unternehmensstandort, Zeitbezug) anders ausgeprägt sein als in den Gesamtheiten, die den betreffenden Untersuchungen zugrunde lagen. Darüber hinaus sind die genannten Faktoren inhaltlich unbestimmt, ohne dass ein Vorschlag für die Handhabung dieser Unbestimmtheit ersichtlich ist (Eigenkapital-, Gesamtkapital-, Umsatzrentabilität? Wachstum von Vermögen, Umsatz, Investitionen usw.?). Schließlich ist auch darauf hinzuweisen, dass die Auswahl dieser Faktoren maßgeblich auf der Untersuchung von *Bartlewski* beruht, in der Erklärungsfaktoren für die *Eigenkapitalquote* deutscher Aktiengesellschaften bestimmt wurden. Die Ergebnisse müssen nicht notwendigerweise auf andere Verschuldungskennzahlen übertragbar sein, die nach hier vertretener Auffassung auch für die Verschuldungsmessung berücksichtigt werden sollten (z. B. dynamischer Verschuldungsgrad).

2.3.2.2 Bereinigung der Verschuldungskennzahlen

Eine Vergleichbarkeit der Verhältnisse kann auch durch Bereinigung der Verschuldungskennzahlen der Vergleichsunternehmen erreicht werden. Dies bedeutet, dass die beobachteten Verschuldungskennzahlen auf die Verhältnisse der Betriebsstätte umgerechnet werden. Aus den empirisch festgestellten Zusammenhängen zwischen den Einflussfaktoren der Verschuldung und den Verschuldungskennzahlen der Vergleichsunternehmen werden die Ausprägungen der Verschuldungskennzahlen ermittelt, die zu erwarten gewesen wären, wenn die betrachteten Einflussfaktoren die gleichen Ausprägungen aufgewiesen hätten wie bei der Betriebsstätte. Hierzu wird der durchschnittliche Einfluss der Variablen auf die Verschuldungskennzahlen der Vergleichsunternehmen ermittelt. Zur Quantifizierung der im Mittel bestehenden Abhängigkeiten zwischen den Verschuldungskennzahlen und ihren Erklärungsvariablen wird eine Regressionsanalyse verwendet,[1124] weil die Regressionskoeffizienten die Einflussstärke einer unabhängigen Variablen auf die abhängige Variable angeben. Hierbei wird ein lineares Modell zugrunde gelegt, so dass die Regressionsgleichung bei insgesamt K berücksichtigten Einflussvariablen wie folgt lautet:

$$VKZ = b_0 + b_1x_1 + b_2x_2 + ... + b_Kx_K.$$

[1124] Zu den Modellannahmen für Regressionsanalysen vgl. Auer (Ökonometrie), S. 191 ff.; Backhaus / Erichson / Plinke / Weiber (Analysemethoden), S. 33 ff.

Die Parameter b_0 bis b_K können nach der Methode der kleinsten Quadrate bestimmt werden, bei der die Summe der quadratischen Abweichungen der tatsächlichen Werte von den aufgrund der Regressionsgleichung ermittelten Werten minimiert wird (Residuen). Bei n Beobachtungswerten lautet die Zielfunktion der Regressionsanalyse:

$$\sum_{i=1}^{n}\left(VKZ_i - b_0 + b_1 x_{1i} + b_2 x_{2i} + ... + b_K x_{Ki}\right)^2 \rightarrow \min!$$

mit i = 1, 2, ..., n (n... Anzahl der Vergleichsunternehmen)

Die Regressionskoeffizienten b_1, ..., b_K werden nun dazu verwendet, die Verschuldungskennzahl eines Vergleichsunternehmens wie beschrieben um die Einflüsse abweichender Ausprägungen der Erklärungsvariablen bei Betriebsstätte und Vergleichsunternehmen zu korrigieren. Die bereinigte, um alle K Korrekturbeträge ergänzte Verschuldungskennzahl VKZ_i^{norm} für das i-te Vergleichsunternehmen wird daher wie folgt ermittelt:

$$VKZ_i^{norm} = VKZ_i + \sum_{k=1}^{K} \frac{b_k \left(x_{kBS} - x_{ki}\right)}{x_{ki}}$$

mit:

x_{ki} Ausprägung der k-ten Einflussvariablen beim i-ten Vergleichsunternehmen i

x_{kBS} Ausprägung der k-ten Einflussvariablen bei der Betriebsstätte

k = 1, 2, ..., K (K... Anzahl der Einflussvariablen).

Unter dem Aspekt der Verfahrenspraktikabilität[1125] stößt die Empfehlung von multivariaten Regressionsanalysen nicht auf grundsätzliche Bedenken, da die Berechnung der Regressionsgleichung bereits mit Hilfe gängiger Tabellenkalkulationsprogramme automatisch durchgeführt werden kann[1126] und der Steuerpflichtige oder die Finanzbehörde somit nicht auf die aufwendige Matrizenrechnung[1127] oder auf spezielle Statistikprogramme angewiesen sind.

2.3.2.3 Zur Modellspezifikation einer Regressionsanalyse

Anzahl und Art der ausgewählten Variablen, die anhand der vorstehend beschriebenen Regression eine Anpassung der Verschuldungskennzahlen ermög-

1125 Vgl. bereits Kapitel I, Abschn. 3.4 dieser Arbeit.

1126 So berechnet das Programm "Excel" mit der Funktion "RGP" gängige Parameter einer Regression, z. B. Regressionskoeffizienten, Bestimmtheitsmaß, F-Wert, t-Werte usw.

1127 Vgl. hierzu Schneeweiß (Ökonometrie), S. 94 ff.; Bleymüller / Gehlert / Gülicher (Statistik), S. 165 ff.; Mühlbayer (Erfolgsanalyse), S. 66 ff.

lichen, haben einen wesentlichen Einfluss auf die Höhe der steuerlich zulässigen Verschuldung. Umso größer der Anteil der durch die Regressanden erklärten Streuung ist, desto kleiner werden der Sicherheitszuschlag und der Wert der noch zulässigen Verschuldung und umgekehrt. Es ist allerdings naheliegend, dass hierbei lediglich signifikante Einflussvariablen der Verschuldung zu einer Korrektur führen sollen, damit die Anpassungsrechnung ausreichend fundiert ist. Deshalb stellt sich die Frage, nach welchen Kriterien Variablen in die Regressionsgleichung aufgenommen werden sollen.

Überdies stellt sich die Frage der Spezifikation der Regressionsanalyse, wenn sie den Zweck hat, aus einer zunächst größeren Gesamtheit von Vergleichsunternehmen anhand wesentlicher Vergleichsdimensionen eine weitere Selektion von Vergleichsunternehmen vorzunehmen. Da die Auswahlkriterien wegen der begrenzten Anzahl der Vergleichsunternehmen auf die wesentlichen Einflussgrößen der Verschuldung beschränkt werden müssen, erscheint lediglich die Verwendung der wichtigsten Variablen erforderlich.

Für beide Fragestellungen muss eine Regressionsanalyse erstellt werden, die einerseits eine begrenzte Anzahl an Regressanden verwendet und andererseits die Streuung der Verschuldung hinreichend gut erklärt. Hierzu werden zwei Vorgehensweisen vorgeschlagen: [1128] Zunächst ist jede einzelne Erklärungsvariable für die Verschuldungskennzahl zu prüfen, um die Aufnahme irrelevanter Variablen in die Regressionsgleichung und damit eine unbegründete Verengung der Bandbreite zu vermeiden. Außerdem ist der Erklärungsbeitrag der Variablen zum Regressionsmodell insgesamt zu überprüfen (Abb. 13).

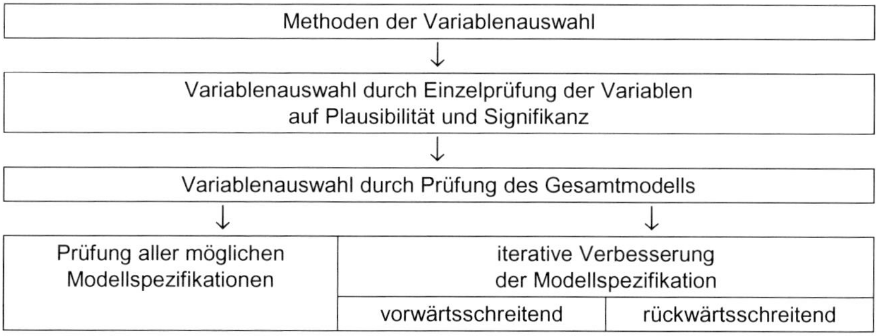

Abbildung 13: Methoden der Variablenauswahl

[1128] Vgl. zum Folgenden Schneeweiß (Ökonometrie), S. 152 ff.; Auer (Ökonometrie), S. 205 ff.; Mühlbayer (Erfolgsanalyse), S. 72 ff.; Backhaus / Erichson / Plinke / Weiber (Analysemethoden), S. 55 ff.; Litz (Multivariate), S. 99 f.; Bleymüller / Gehlert / Gülicher (Statistik), S. 174 f.

Die *Prüfung einzelner Variablen* erfolgt zunächst als Plausibilitätsprüfung. Für jeden Regressand ist zu fragen, ob sein Einfluss auf die Verschuldung sachlogisch begründet werden kann. Einflussvariablen, die ökonomisch nicht plausibel erscheinen, werden nicht in die Regressionsgleichung aufgenommen.[1129] Im zweiten Schritt erfolgt die statistische Prüfung der einzelnen Variablen auf Signifikanz anhand eines t-Tests. Hierbei wird die Hypothese getestet, dass der wahre Regressionskoeffizient einer Variablen ungleich null ist.[1130] Der aus einer Stichprobe ermittelte t-Wert ist als Verhältnis des Regressionskoeffizienten zum Standardfehler der Variablen definiert und bringt den geschätzten Einfluss der Variable auf die Verschuldungskennzahl zum Ausdruck. Es erfolgt ein Vergleich mit dem tabellierten Mindestwert für t auf einem vorgegebenen Konfidenzniveau.[1131] Liegt der t-Wert außerhalb des Konfidenzintervalls, wird die Nullhypothese verworfen und die Variable kann als signifikant beurteilt und in das Regressionsmodell aufgenommen werden.

Grundsätzlich ist auch das *Gesamtmodell* als solches auf eine ausreichende Signifikanz zu überprüfen. Da zahlreiche Variablen als Bestimmungsgrößen einer Verschuldungskennzahl in Betracht kommen können, bedeutet eine vollständige Prüfung aller Spezifikationsmöglichkeiten einen erheblichen Rechenaufwand, der im Steuerverfahren zumindest bei einer hohen Variablenanzahl an ökonomische Grenzen stößt. Dies zeigt, dass aus praktischen Gründen die Variablenauswahl in einer iterativen Vorgehensweise festgelegt werden muss. Ausgehend von einer anfänglichen Variablenauswahl werden hier durch Hereinnahme oder Ausschluss von Variablen schrittweise Optimierungen der Regressionsspezifikation vorgenommen.

Auch wenn dabei in Kauf genommen wird, dass möglicherweise eine wie auch immer bestimmte "optimale" Variablenkombination nicht gefunden wird, liegt der Vorteil des schrittweisen Vorgehens darin, dass die Anzahl der zu berechnenden Regressionsanalysen drastisch reduziert wird. Die Bedeutung einer Vereinfachung wird durch folgende Überlegung deutlich: Kommen n Faktoren als mögliche Regressanden in Betracht und sollen alle möglichen Regressionsanalysen berechnet werden, so müssten $2^n - 1$ Regressionsanalysen berechnet werden.[1132] Wird hingegen im schrittweisen Verfahren aus einer

---

[1129] Mögliche Einflussgrößen der Verschuldung wurden bereits in Kapitel IV, Abschn. 2.3.2.1 diskutiert.

[1130] Es handelt sich dabei um einen zweiseitigen Hypothesentest, vgl. Auer (Ökonometrie), S. 97 ff. Der t-Test setzt eine Normalverteilung der Residuen voraus, die grafisch oder mit dem sog. Jarque-Bera-Test überprüft werden kann, vgl. Auer (Ökonometrie), S. 308 ff.

[1131] Vgl. Backhaus / Erichson / Plinke / Weiber (Analysemethoden), S. 59.

[1132] Vgl. Mühlbayer (Erfolgsanalyse), S. 78.

Gruppe von n möglichen Variablen eine Anzahl von a Variablen selektiert, so ergibt sich eine Anzahl von $(a + 1) n - (a^2 + a) / 2$ zu berechnenden Regressionsanalysen, die wesentlich niedriger ist.[1133]

Beispiel: Bei der Auswahl von a = 2 Regressanden aus n = 5 möglichen Regressanden sind nach dem schrittweisen Verfahren 12 Regressionsanalysen zu berechnen, während eine vollständige Untersuchung aller möglichen Variablenspezifikationen die Berechnung von 31 Regressionsanalysen erfordern würde.

Die schrittweise Variablenselektion kann durch die *vorwärtsschreitende* oder rückwärtsschreitende Vorgehensweise umgesetzt werden. Im Fall des Vorwärtsschreitens wird zunächst die Variable ausgewählt, die den vergleichsweise größten Erklärungsbeitrag für die Verschuldungskennzahl liefert. In den folgenden Schritten wird die Regressionsgleichung jeweils um die Variable ergänzt, die nach einem bestimmten Kriterium den höchsten Erklärungsbeitrag für die Verschuldung der Vergleichsunternehmen liefert. Dieser Vorgang wird so lange fortgesetzt, bis die verbleibenden Variablen keinen signifikanten Erklärungsbeitrag mehr leisten. Beim *rückwärtsschreitenden* Verfahren wird von einer Regressionsgleichung für alle Variablen ausgegangen und zunächst der Einflussfaktor mit dem niedrigsten Erklärungsbeitrag eliminiert. Das Verfahren wird so lange fortgesetzt, bis nur noch hoch signifikante Variablen in der Regressionsgleichung enthalten sind. Da keines der beiden Verfahren als objektiv richtig angesehen werden kann,[1134] liefern beide gleichermaßen brauchbare Regressionsgleichungen. Bei Verwendung eines Statistikprogramms können beide Verfahren ohne wesentlichen Mehraufwand gerechnet werden, so dass diejenige Regression ausgewählt wird, die die stärkste Reduktion der Streuung ermöglicht und damit die Verschuldung am besten erklärt.

Als mögliches Auswahlkriterium kommt zum einen das *R^2-Change-Kriterium* in Betracht. Danach wird beim Vorwärtsschreiten die Variable gewählt, die zum größten Zuwachs des Bestimmtheitsmaßes R^2 führt. Das Bestimmtheitsmaß R^2 gibt den Anteil der erklärten Abweichungsquadratsumme

---

1133 Die Formel ergibt sich aus den Summanden (n – 0) + (n – 1) + (n – 2) + ... + (n – a). Hierbei wird berücksichtigt, dass auf der lezten Stufe für alle noch verfügbaren n – a Variablen Regressionsanalysen zu rechnen sind, obwohl die betreffenden Variablen anschließend verworfen werden.

1134 Vgl. Auer (Ökonometrie), S. 213 f.

an. Der Zuwachs des Bestimmtheitsmaßes ΔR^2 bei Hinzunahme einer zusätzlichen Variable X_k wird wie folgt ermittelt:[1135]

$$\Delta R^2 = \frac{SQE(X_k | X_1,..., X_k)}{SQE(X_1,..., X_k)}$$

mit:

k Anzahl einbezogener Variablen bei Hinzunahme der zusätzlichen Variable X_k

SQE (X_k | $X_1,..., X_{k-1}$): bei Hinzunahme der Variablen X_k zusätzlich erklärte Abweichungsquadratsumme

$$= \sum_{i=1}^{k} (\hat{y}_i - \dot{y})^2 - \sum_{i=1}^{k-1} (\hat{y}_i - \dot{y})^2$$

mit:

$\hat{y}_i$ aufgrund der Regression vorhergesagte Ausprägung der Verschuldungskennzahl bei Beobachtungswert i

$\dot{y}$ Mittelwert von y über alle Beobachtungswerte

SQR ($X_1,..., X_k$): bei Hinzunahme der Variablen X_k nicht erklärte Abweichungsquadratsumme, d. h. Abweichungsquadratsumme insgesamt abzüglich der erklärten Abweichungsquadratsumme insgesamt

$$= \sum_{i=1}^{k} (y_i - \dot{y})^2 - \sum_{i=1}^{k} (\hat{y}_i - \dot{y})^2$$

mit:

y_i tatsächliche Ausprägung der Verschuldungskennzahl bei Beobachtungswert i

Beim Rückwärtsschreiten wird jeweils diejenige Variable herausgenommen, bei der das Bestimmtheitsmaß um den geringsten Betrag absinkt. Somit wird die Aufnahme von Variablen vermieden, die mit anderen, in die Regression einbezogenen Variablen stark korrelieren und deren Einfluss folglich bereits

---

[1135] Abweichend zu der hier angegebenen Notation ist teilweise eine Bezeichnung der ersten verwendeten Einflussvariable mit X_2 gebräuchlich, wodurch sich abweichende Formeln ergeben würden, so etwa bei Bleymüller / Gehlert / Gülicher (Statistik), S. 171 ff. Die hier vorgeschlagene Darstellung erscheint gebräuchlicher und ermöglicht außerdem eine Konsistenz zur oben eingeführten Notation.

über diese anderen Variablen erfasst ist (Multikollinearität).[1136] Neben dem R^2-Change-Kriterium ist auch der *F-Wert* als Selektionskriterium verbreitet. Dieses Kriterium ermöglicht ebenso eine Vermeidung von Multikollinearität. Der F-Wert ist wie das Bestimmtheitsmaß auch ein Maß für die Erklärungskraft einer Regression, er kann allerdings im Gegensatz zum Bestimmtheitsmaß mit zunehmender Anzahl der einbezogenen Variablen auch sinken. Der F-Wert setzt die bei Hinzunahme einer Variablen zusätzlich erklärte mittlere Abweichungsquadratsumme ins Verhältnis zur nicht erklärten mittleren Abweichungsquadratsumme, die sich bei Hinzunahme dieser Variablen ergibt:

$$F = \frac{MQE(X_k | X_1, ..., X_{k-1})}{MQR(X_1, ..., X_k)}$$

mit:

$MQE(X_k \mid X_1, ..., X_{k-1})$: bei Hinzunahme der Variablen X_k zusätzlich erklärte mittlere Abweichungsquadratsumme

$$= \frac{\sum_{i=1}^{k} (\hat{y}_i - \dot{y})^2 - \sum_{i=1}^{k-1} (\hat{y}_i - \dot{y})^2}{k}$$

$MQR(X_1, ..., X_k)$: bei Hinzunahme der Variablen X_k nicht erklärte mittlere Abweichungsquadratsumme, d. h. mittlere Abweichungsquadratsumme insgesamt abzüglich der mittleren erklärten Abweichungsquadratsumme insgesamt

$$= \frac{\sum_{i=1}^{k} (y_i - \dot{y})^2 - \sum_{i=1}^{k} (\hat{y}_i - \dot{y})^2}{n - k - 1}$$

mit:

n Stichprobenumfang (Anzahl der Vergleichsunternehmen).

Das Verfahren wird abgebrochen, wenn der maximale F-Wert erreicht ist oder wenn ein vorgegebener F-Wert unterschritten wird.[1137]

[1136] Vgl. Bleymüller / Gehlert / Gülicher (Statistik), S. 174; Bortz (Statistik), S.438 ff.; Bretzke (Unternehmensbewertung), S. 175; Mühlbayer (Erfolgsanalyse), S. 73.

[1137] Bei vorgegebenem Konfidenzniveau kann der kritische F-Wert aus entsprechenden Tabellen entnommen werden, vgl. Bleymüller / Gehlert / Gülicher (Statistik), S. 174.

Das beschriebene Verfahren unterstützt somit die Ableitung angemessener Verschuldungsbandbreiten, indem die Auswahl der Regressanden auf eine überschaubare Anzahl signifikanter Regressanden begrenzt wird. Im Ergebnis kann die Anpassungsrechnung auf die wichtigsten Einflussgrößen der Verschuldung beschränkt werden. Alternativ ermöglichen die beschriebenen Verfahren die Identifikation signifikanter Vergleichsdimensionen und tragen somit zu einer fundierten und effizienten Auswahl von Vergleichsunternehmen bei.

Kapitel V: Auskunfts- und Verständigungsmechanismen als verfahrensrechtliche Instrumente der Einkünftezurechnung

Steuerpflichtige haben regelmäßig ein Interesse daran, möglichst frühzeitig Gewissheit über die steuerrechtliche Würdigung der von ihnen geplanten oder bereits realisierten Sachverhalte zu erhalten. Aufgrund der bestehenden Ermessensspielräume bei der Beurteilung der Einkünftezurechnung ist es erforderlich, die Rechts- und Planungssicherheit des Steuerpflichtigen durch verfahrensrechtliche Instrumente zu unterstützen. Die veröffentlichten Verwaltungsgrundsätze zur Einkünftezurechnung können die Rechts- und Planungssicherheit aufgrund ihrer allgemein-abstrakten Formulierung nur bedingt verbessern. Hierzu sind besondere, auf das individuelle Steuerrechtsverhältnis und den konkreten Sachverhalt bezogene Verfahren besser geeignet.

Der Steuerpflichtige kann zur Verbesserung der Rechts- und Planungssicherheit verfahrensrechtliche Instrumente eines bestimmten Staates in Anspruch nehmen (unilaterale Verfahren) oder zwischenstaatliche Verfahren beantragen, an denen mehrere Staaten aufgrund von Doppelbesteuerungsabkommen oder anderen völkerrechtlichen Verträgen beteiligt sind. Darüber hinaus kann auch ein verbesserter Schutz gegen Doppelbesteuerungen erreicht werden, die sich aus einseitigen Einkünftekorrekturen durch die Finanzbehörden eines Staates ergeben könnten.

1 Unilaterale Verfahren

1.1 Verbindliche Auskünfte bzw. Zusagen

Dem Interesse des Steuerpflichtigen an einer erhöhten Planungssicherheit wird in vielen Ländern von den Finanzbehörden durch Erteilung verbindlicher Auskünfte entsprochen.[1138] Auch die deutschen Finanzbehörden erteilen ver-

[1138] Vgl. die Übersicht bei Dann, FS Ritter, S. 53 (66 ff.).

bindliche Auskünfte auf der Grundlage von § 89 Abs. 2 AO[1139] oder als sog. "verbindliche Zusagen" aufgrund einer Außenprüfung (§ 204 ff. AO). Verbindliche Auskünfte über Fragen der Einkünftezurechnung ermöglichen dem Steuerpflichtigen eine verbesserte Prognose, wie die Finanzbehörde Ermessensspielräume bei der Angemessenheitsprüfung der Einkünftezurechnung inhaltlich ausfüllen wird. Korrekturanfällige Zurechnungsentscheidungen in der Steuererklärung können somit vermieden werden.

Die Bindungswirkung der verbindlichen Auskunft beruht auf einem Verwaltungsakt.[1140] Die Bindungswirkung erfordert den Bindungswillen der Finanzbehörde,[1141] für den die schriftliche Erteilung der verbindlichen Auskunft ein wesentliches Indiz ist. Sie muss von dem zuständigen Beamten (Sachbearbeiter) erteilt werden.[1142] Die Bindungswirkung tritt ein, wenn sich der später verwirklichte Sachverhalt mit dem zugrunde gelegten Sachverhalt in allen wesentlichen Punkten deckt.[1143] Nebensächliche Ereignisse, die nicht den entscheidenden steuerlichen Tatbestand betreffen, berühren die Bindungswirkung nicht.[1144]

Für die Erteilung von verbindlichen Auskünften gelten spezielle Antragserfordernisse. Bei verbindlichen Auskünften nach § 89 Abs. 2 AO regelt die

---

1139 Die Änderung von § 89 AO erfolgte im Rahmen des Föderalismusreform-Begleitgesetzes vom 05.09.2006. Bereits vor der Änderung von § 89 AO wurden Auskünfte mit Bindungswirkung auf der Grundlage des BMF-Schreibens vom 29.12.2003 erteilt, vgl. BMF v. 29.12.2003, IV A 4 – S 0430 – 7/03, BStBl I 2003, S. 742 ff.

1140 Die Rechtsnatur der verbindlichen Auskunft war bislang umstritten. Während der BFH und das BMF die Bindungswirkung der Auskünfte aus dem Grundsatz nach Treu und Glauben ableiteten, vgl. BMF, a.a.O, Tz. 4.1; BFH v. 04.08.1961 - VI 269/60 S, BStBl III 1961, S. 562; BFH v. 19.03.1981 - IV R 49/77, BStBl II 1981, S. 538, beurteilte die h. M. die verbindliche Auskunft als Verwaltungsakt oder zumindest als eigenständige Rechtsform, deren Rechtsfolgen dem Verwaltungsakt entlehnt sind, vgl. Schick in Hübschmann / Hepp / Spitaler, vor § 204 AO, Rn. 44; Mösbauer in Koch/Scholtz[5], § 204 AO, Rn. 15. Die Kritik an der Rechtsprechung bezog sich vor allem darauf, dass der allgemeine Rechtsgrundsatz von Treu und Glauben für die Ableitung konkreter Rechtsfolgen von verbindlichen Auskünften als wenig geeignet erscheint, vgl. Seer (Verständigungen), S. 80. Seit der Regelung der verbindlichen Auskunft in § 89 Abs. 2 AO wird nun auch von der Finanzverwaltung (vgl. Tz. 3.5.5 AEAO zu § 89 AO) und vom Verordnungsgeber (vgl. § 2 Abs. 3 StAuskV) die Verwaltungsaktqualität der verbindlichen Auskunft unterstellt.

1141 Vgl. Dann, FS Ritter, S. 53 (54).

1142 Vgl. BFH v. 04.08.1961 - VI 269/60 S, BStBl III 1961, S. 562; BFH v. 19.03.1981 - IV R 49/77, BStBl II 1981, S. 538; BMF, a.a.O, Tz. 4.5; Seer, FS Korn, S. 707 (716).

1143 Zu Zusagen im Rahmen der Außenprüfung vgl. Schick in Hübschmann / Hepp / Spitaler, § 206 AO, Tz. 17. Zu sonstigen verbindlichen Auskünften vgl. BMF, a. a. O., Tz. 4.3; AEAO zu § 89, Tz. 3.6.1.

1144 Vgl. Seer, FS Korn, S. 707 (719).

sog. Steuer-Auskunftsverordnung[1145] diverse formelle Voraussetzungen wie z. B. die Schriftform und den Inhalt des Antrags.[1146] Diese Antragserfordernisse gelten nicht ausdrücklich für verbindliche Zusagen aufgrund einer Außenprüfung, allerdings wird auch hier die Schriftform zumindest empfohlen.[1147] Verbindliche Zusagen erfordern überdies, dass ein zeitlicher Zusammenhang mit der Außenprüfung besteht und dass die strittige Frage Gegenstand der Außenprüfung war.[1148] Für beide Formen der verbindlichen Auskunft ist die Zukunftsbezogenheit des Sachverhalts ein wesentliches Antragserfordernis. Abgeschlossene Sachverhalte können nicht berücksichtigt werden und sind lediglich Gegenstand des Veranlagungs- oder Feststellungsverfahrens.[1149] Die Auskunfts-/Zusageerteilung setzt überdies ein ernstliches Interesse an der Verwirklichung des zu beurteilenden Sachverhalts voraus. Erforderlich sind daher bereits verdichtete konkrete Planungen. Die Ablehnung einer Auskunftserteilung bei nicht ernstlich beabsichtigten Sachverhalten ist gerechtfertigt, da ein Nutzen der Auskunft nicht zu erwarten ist.[1150] Schließlich muss ein steuerliches Interesse des Steuerpflichtigen an der Auskunftserteilung gegeben sein (§ 204 AO, § 89 AO i. V. m. § 1 Abs. 1 Nr. 3 StAuskV). Die strittige Frage muss eine Relevanz für die Höhe der möglichen Steuerzahlungen haben. Zwar eröffnet die Beurteilung des steuerlichen Interesses einen gewissen Ermessensspielraum,[1151] allerdings dürfte bei einem beträchtlichen Steuerrisiko ein Anspruch auf die Erteilung einer verbindlichen Auskunft bestehen.[1152] Das

---

[1145] Vgl. Verordnung zur Durchführung von § 89 Abs. 2 der Abgabenordnung (Steuer-Auskunftsverordnung - StAuskV) vom 30.11.07, BGBl I 2007, S. 2783.

[1146] § 1 Abs. 1 Nr. 1-7 StAuskV.

[1147] Zum erforderlichen Mindestinhalt vgl. Seer in Tipke / Kruse, § 204 AO, Rn. 7 f.; Schick in Hübschmann / Hepp / Spitaler, § 204, Rn. 30. Ob der Antrag schriftlich gestellt werden muss, ist umstritten, verneinend Seer in Tipke / Kruse, § 204 AO, Rn. 7; bejahend Schick in Hübschmann / Hepp / Spitaler, § 204, Rn. 30.

[1148] Vgl. Seer in Tipke / Kruse, § 204 AO, Rn. 11 u. 19.

[1149] Vgl. AEAO zu § 89, Tz. 3.5.2. Für die verbindliche Auskunft im Rahmen einer Außenprüfung vgl. Schick in Hübschmann / Hepp / Spitaler, § 204, Rn. 63; Seer in Tipke / Kruse, § 204 AO, Rn. 7 f.

[1150] Vgl. AEAO zu § 89, Tz. 3.4.2.

[1151] Das Ermessen der Finanzbehörden bei Zusagen im Rahmen von Abschlussprüfungen ergibt sich direkt aus der Formulierung von § 204 AO als "Soll"-Vorschrift. Zum Ermessensspielraum bei sonstigen Auskünften vgl. BFH v. 04.08.1961 - VI 269/60 S, BStBl III 1961, S. 562; BFH v. 22.01.1992 - I R 20/91, BFH/NV 1992, S. 562; Dann, FS Ritter, S. 53 (57); Dalichau (Auskünfte), S. 211; BMF, a.a.O, Tz. 2.1; Mösbauer in Koch/Scholtz[5], § 204 AO, Rn. 13 (über alltägliche geschäftliche Maßnahmen hinausgehend); Engler (HdV[2]), Rn. F 298; kritisch Kaligin, DStZ 1988, S. 367 (372).

[1152] Eine Ermessensreduzierung auf null ist möglich, vgl. BFH v. 22.01.1992 - I R 20/91, BFH/NV 1992, S. 562 (Gründe Nr. 2d).

steuerliche Interesse sollte aber zumindest bei verbindlichen Auskünften außerhalb von Außenprüfungen wegen der Gebührenpflicht (§ 89 Abs. 3-5 AO) faktisch immer gegeben sein.

Die verbindliche Auskunft/Zusage ist das grundlegendste verfahrensrechtliche Instrument zur Absicherung der Einkünftezurechnung. Sie schützt gegen eine nachträgliche Korrektur der Einkünftezurechnung durch die Finanzbehörden eines Staates und verbessert somit die Rechts- und Planungssicherheit. Eine verbindliche Auskunft/Zusage mildert indirekt auch das Risiko einer Doppelbesteuerung, die ansonsten aus einer möglichen einseitigen Einkünftekorrektur entstehen könnte. Ein umfassender Schutz gegen Doppelbesteuerung setzt allerdings korrespondierende verbindliche Auskünfte/Zusagen beider beteiligter Staaten voraus.

Die deutsche Finanzverwaltung nimmt bislang offiziell den Standpunkt ein, verbindliche Auskünfte seien nicht in Angelegenheiten zu erteilen, "bei denen die Erzielung eines Steuervorteils im Vordergrund steht (z. B. … Handeln eines ordentlichen Geschäftsleiters)".[1153] Dies könnte so verstanden werden, dass generell keine verbindlichen Auskünfte über Fragen der Einkünftezurechnung zu Betriebsstätten erteilt werden. Eine pauschale Ausklammerung des Fremdvergleichs aus dem Gegenstand von verbindlichen Auskünften ist allerdings kaum haltbar.[1154] Die Auffassung, dass Fragen der Einkünftezurechnung einer Auskunftserteilung nicht zugänglich seien, ist auch durch die Erteilung von Advance Pricing Agreements durch das Bundeszentralamt für Steuern widerlegt.[1155] Die Zurückhaltung der deutschen Finanzbehörden gegenüber verbindlichen Auskünften über Fragen des Fremdvergleichs erklärt sich vermutlich aus einer unterstellten Regelungsfeindlichkeit der Materie. Es besteht die Sorge, dass nach der Auskunftserteilung unvorhersehbare wirtschaftliche Umstände beim beurteilten Unternehmen eintreten, so dass sich die

1153 Vgl. BMF, a. a. O., Tz. 2.5; AEAO zu § 89, Tz. 3.5.4.

1154 Kritisch insbesondere Kaligin, DStZ 1988, S. 367 (370).

1155 Vgl. Kapitel V, Abschn. 2.2. Allerdings wurden Vorabzusagen schon vor der Ermächtigung des Bundeszentralamts für Steuern erteilt, vgl. Grotherr, BB 2005, S. 855 (863); Rodemer (Advance Pricing Agreements), S. 150 ff.). Bereits die vorsichtigere Formulierung im Ländererlass des FM Baden-Württemberg, nach der Auskünfte zur Angemessenheit von Verrechnungspreisen "nur in Ausnahmefällen" erteilt werden, deutet darauf hin, dass Auskünfte über Fremdvergleichsaspekte zumindest nicht generell ausgeschlossen sind, vgl. FM Baden-Württemberg, Schrb. v. 28.11.1994, S 1300/26, IStR 1995, S. 34. Welche Voraussetzungen Ausnahmefälle erfüllen müssen, lässt allerdings auch dieses Schreiben offen.

verbindliche Auskunft über eine bestimmte Zurechnungsmethode im Nachhinein als Fehlbeurteilung herausstellt.[1156]

Fragen der Einkünftezurechnung können allerdings nicht grundsätzlich als regelungsfeindlich beurteilt werden. Es gibt eine Vielzahl von geeigneten Einkünftezurechnungsfragen, z. B. die Bestimmung einer Verrechnungspreismethode, wenn zu erwarten ist, dass interne Lieferungen oder Leistungen unter stabilen Verhältnissen erbracht werden.[1157] Um möglichst robuste Auskünfte/Zusagen zu erteilen, kann auch lediglich die Verrechnungspreismethode, nicht der Verrechnungspreis selbst im Vorhinein bestimmt werden.[1158]

Um das Risiko der Fehlbeurteilung zu verringern, können außerdem diejenigen Bedingungen präzisiert werden, die eine Bindungswirkung der Auskunft aufheben bzw. unberührt lassen (sog. "critical assumptions"/"non-critical assumptions").[1159] So könnte z. B. die Festlegung einer bestimmten Verrechnungspreismethode unter den Vorbehalt gestellt werden, dass die betreffenden Unternehmensteile bestimmte Funktionsumfänge aufweisen werden,[1160] oder bestimmte Wechselkurs-, Umsatz- oder Mengenkorridore eingehalten werden.

Gegebenenfalls lässt sich die Robustheit der verbindlichen Auskunft/Zusage gegenüber verschiedenen Zukunftsszenarien auch erhöhen, indem festgelegt wird, wie von dem geplanten Sachverhalt abweichende zukünftige Verhältnisse berücksichtigt werden sollen. So könnte eine funktionale Abhängigkeit des Verrechnungspreises von bestimmten Preiseinflussfaktoren festgelegt werden, wobei z. B. bei abweichenden Mengen, Wechselkursen etc. Zu- oder Abschläge auf einen Verrechnungspreis im Vorhinein bestimmt werden können.[1161]

1156 Vgl. Engler (HdV^2), Rn. F 299; Hammer, TMIJ 2005, S. 235 (237); OECD (Guidelines), Tz. 4.150.

1157 Vgl. Zitzelsberger (Praxis), S. 51 (54), dort allerdings im Zusammenhang mit sog. Advance Pricing Agreements. Zusagen bei unübersichtlichen Marktverhältnissen ablehnend Mösbauer in Koch/Scholtz^5, § 204 AO, Rn. 8.

1158 So die Praxis bei Advance Pricing Agreements (APA), vgl. OECD (Guidelines), Tz. 4.125; Eilers (Advance Pricing Agreements), S. 1 (6); Douvier, ITPJ 2000, S. 84 (84). Zu ausführlichen Beispielen möglicher Inhalte von APA-Vereinbarungen vgl. Engler (HdV^2), Rn. F 324 ff.

1159 Vgl. Seer, FS Korn, S. 707 (719).

1160 Vgl. Foley / Burns, TMIJ 2003, S. 451 (454); Ryan / Patton, TMIJ 1991, S. 115 (120); Douvier, ITPJ 2000, S. 84 (86 f.); OECD (Guidelines), Tz. 4.126; US Internal Revenue Service, Ann. 2005-27, S. 22 mit zahlreichen Beispielen.

1161 Vgl. McKee / Patton / Kapoor, IStR 1996, S. 251 ff.

1.2 Tatsächliche Verständigung

Der Steuerpflichtige kann nach der Verwirklichung eines Sachverhalts, etwa im Rahmen der Außenprüfung oder in Rechtsbehelfsverfahren,[1162] ein Interesse an einer bindenden Verständigung über die rechtliche Würdigung des bereits realisierten, aber noch nicht abschließend beurteilten Sachverhalts haben (*tatsächliche Verständigung*). In einer tatsächlichen Verständigung kommt das Einvernehmen beider Beteiligter zum Ausdruck, einen nicht vollständig aufklärbaren Sachverhalt in einer bestimmten Art und Weise zu beurteilen bzw. zu behandeln. Sie ist somit durch den Rechtsbindungswillen der Finanzbehörde und des Steuerpflichtigen getragen.[1163] Die Finanzbehörde verpflichtet sich zum Erlass eines die Verständigungslösung vollziehenden Steuerbescheids, der Steuerpflichtige dazu, die gefundene Lösung im Grundsatz nicht mehr anzugreifen.[1164]

Formelle *Voraussetzungen* einer wirksamen tatsächlichen Verständigung sind die Wahl der Schriftform und die Mitwirkung eines entscheidungsbefugten Amtsträgers auf Seiten der Finanzbehörde (Vorsteher, Sachgebietsleiter der Veranlagungs- oder Rechtsbehelfsstelle).[1165] Darüber hinaus muss sich die tatsächliche Verständigung auf die rechtliche Würdigung eines vergangenen, schwer ermittelbaren Sachverhalts beziehen. Die Finanzbehörde darf nicht aus Bequemlichkeit auf eine mögliche und zumutbare Sachverhaltsermittlung verzichten und leichtfertig die Richtigkeit des Besteuerungsergebnisses gefährden. Arrangements über Steuerrechtsfragen wären wegen Verstoßes gegen den Vorrang des Gesetzes nichtig (Art. 20 Abs. 3 GG).[1166] Eine tatsächliche Ver-

---

[1162] Die Verständigung kann im Fall der Außenprüfung anlässlich der Schlussbesprechung erfolgen. Für außergerichtliche Rechtsbehelfsverfahren sind in § 164a AO, § 79 Abs. 1 S. 2 Nr. 1 FGO ebenso besondere Termine vorgesehen, anlässlich derer eine gütliche Einigung erfolgen könnte, vgl. Seer (Verständigungen), S. 110.

[1163] Vgl. BFH v. 31.07.1996 - XI R 78/95, BStBl II 1996, S. 625; BFH v. 12.08.1999 - XI R 27/98, BFH/NV 2000, S. 537; Hey (Steuerplanungssicherheit), S. 39; Seer, StuW 1995, S. 213 (214); ders. (Verständigungen), S. 106; Offerhaus, DStR 2001, S. 2093 (2097); Birk in Hübschmann / Hepp / Spitaler, § 5 AO, Rn. 83.

[1164] Ein Rechtsmittelverzicht des Steuerpflichtigen ist nach h. M. allerdings nicht Voraussetzung der Verständigungsvereinbarung, vgl. Seer (Verständigungen), S. 285 ff.; Söhn in Hübschmann / Hepp / Spitaler, § 78 AO, Rn. 151; Flockermann, FS Ritter, S. 103 (111): im Rahmen des Rechtsbehelfsverfahrens seien die Willenserklärungen auszulegen; Gombert (Schätzung), S. 139: Klage zulässig; a. A. von Bornhaupt, BB 1985, S. 1591 (1592).

[1165] Vgl. BFH v. 28.07.1993 - XI R 68/92, BFH/NV 1994, S. 290; BFH v. 21.06.2000 - IV B 138/99, BFH/NV 2001, S. 2; FG Hessen v. 03.07.2006 - 1 V 325/06, AO-StB 2007, S. 34; Flockermann, FS Ritter, S. 103 (110); BFH anhängiges Verfahren Az. XI R 36/06.

[1166] Vgl. Tipke (Steuerrechtsordnung^2, Bd. 1), S. 132; Seer (Verständigungen), S. 386.

ständigung ist insbesondere unzulässig, wenn sie zu einem offensichtlich unzutreffenden Ergebnis führt oder sich Zweifel an der Richtigkeit des vorgetragenen Sachverhalts hätten aufdrängen müssen.[1167] Bewertungs- und Zurechnungsprobleme, insbesondere bei der Einkünftezurechnung zu Betriebsstätten werden als idealtypische Gegenstände tatsächlicher Verständigungen angesehen,[1168] da sich hierbei regelmäßig ein Rest an Unaufklärbarkeit ergibt und somit Feststellungsspielräume bestehen, die durch Verständigungslösungen ausgefüllt werden können.[1169]

Die *Rechtsfolge* der tatsächlichen Verständigung besteht in einer Bindungswirkung für beide Parteien. Ihre Rechtsgrundlage ist allerdings umstritten. Während der BFH die Bindungswirkung von Verständigungen aus dem Grundsatz von Treu und Glauben ableitet,[1170] betrachtet die h. M. die Verständigung überwiegend als öffentlich-rechtlichen Vertrag (§§ 54 ff. VwVfG analog).[1171] Die Rechtsprechung kommt somit eher einem praktischen Erfordernis nach, als sich auf einer eindeutigen Rechtsgrundlage zu bewegen. Infolge der ungeklärten Rechtsgrundlage ist auch die Bestandskraft der Verständigung, insbesondere ihr nachträgliches Entfallen durch Anfechtung oder Wegfall der

---

[1167] Vgl. BFH v. 11.12.1984 - VIII R 131/76, BStBl II 1985, S. 354; BFH v. 31.07.1996 - XI R 78/95, BStBl II 1996, S. 625; BFH v. 13.08.1997 - I R 12/97, BFH/NV 1998, S. 498; BFH v. 07.07.2004 - X R 24/03, BStBl II 2004, S. 975; Seer (Verständigungen), S. 238; Offerhaus, DStR 2001, S. 2093 (2096); Gombert (Schätzung), S. 136.

[1168] Vgl. Seer (Verständigungen), S. 196 ff. und S. 201, FN 395 mit Bezug auf Gewinnabgrenzung bei Betriebsstätten; Flockermann, FS Ritter, S. 103 (108); BFH v. 13.08.1997 - I R 12/97, BFH/NV 1998, S. 498, zur Festlegung einer angemessenen Geschäftsführervergütung im Rahmen einer tatsächlichen Verständigung.

[1169] Vgl. Birk in Hübschmann / Hepp / Spitaler, § 4 AO, Rn. 331.

[1170] Vgl. BFH v. 11.12.1984 - VIII R 131/76, BStBl II 1985, S. 354; BFH v. 06.02.1991 - I R 13/86; BStBl II 1991, S. 673; BFH v. 31.07.1996 - XI R 78/95, BStBl II 1996, S. 625; BFH v. 12.08.1999 - XI R 27/98, BFH/NV 2000, S. 537.

[1171] Vgl. Eich (Tatsächliche Verständigung), S. 24 ff.; Seer, StuW 1995, S. 213 (223 ff.); Schmidt, DStR 1998, S. 1733 (1734); Eckhoff (Rechtsanwendungsgleichheit), S. 452; Offerhaus, DStR 2001, S. 2093 (2097 ff.); Stolterfoht (Gesetzesvollzug), S. 233 (250 ff.). Die Abgabenordnung schließt Vergleichsverträge weder ausdrücklich aus noch lässt sie sie generell zu, vgl. Vogel, FS Döllerer, S. 677 (689); Söhn, FS Selmer, S. 911 (913). Auch aus § 78 Nr. 3 AO, wonach Beteiligte eines Steuerverwaltungsverfahrens (auch) diejenigen sind, mit denen die Finanzbehörde einen öffentlich-rechtlichen Vertrag schließen will oder geschlossen hat, lässt sich keine eindeutige Ermächtigung der Finanzverwaltung für den Abschluss von Vergleichsverträgen ableiten. Vielmehr kann § 224a AO, wonach ein verwaltungsrechtlicher Vertrag über die Höhe der Steuerschuld zulässt ist, als ein Indiz für die Notwendigkeit einer ausdrücklichen Ermächtigung verstanden werden, vgl. Söhn, FS Selmer, S. 911 (913 f.).

Geschäftsgrundlage, weitgehend offen.[1172] Einigkeit besteht aber dahingehend, dass die Bestandskraft einer Verständigung endet, wenn eine Partei ihr bekannte, steuerlich relevante Tatsachen in Täuschungsabsicht nicht vollständig offengelegt hat.[1173] Ebenso darf die Vereinbarung nicht der Steuerfestsetzung zugrunde gelegt werden, wenn die Finanzbehörde auf eine mögliche sichere Sachverhaltsfeststellung verzichtet und eine gesetzesabweichende Steuerfestsetzung vorgenommen hat.[1174] Zwischenzeitlich erlangte zusätzliche Erkenntnisse über den Sachverhalt berechtigen hingegen nicht zu einer Änderung des Steuerbescheids, da dies mit der Zielsetzung der tatsächlichen Verständigung konfligieren würde.[1175]

Eine tatsächliche Verständigung dient dem Abschluss des Verfahrens und dem Rechtsfrieden. Sie ermöglicht beiden Parteien eine verbesserte Planungssicherheit über die endgültige Höhe der Steuerzahlungen und vermeidet eine weitere Bindung von Ressourcen, z. B. in Rechtsbehelfsverfahren. Dies hat in der Einkünftezurechnung besondere Bedeutung, da die hier auftretenden Fragen aufgrund der Unbestimmtheit des Fremdvergleichsgrundsatzes besonders streitanfällig sind. Es bestehen nahezu unbegrenzte Möglichkeiten, die mögliche Fremdüblichkeit eines bestimmten Verhaltens weiter zu hinterfragen. So können Vergleichssachverhalte, die vom Steuerpflichtigen oder der Finanzbehörde als Maßstab der Einkünftezurechnung vorgeschlagen werden, von der jeweiligen Gegenseite fast beliebig durch die Behauptung der fehlenden Vergleichbarkeit der Verhältnisse angegriffen werden. Angesichts der Begrenztheit der Ressourcen, die einem Streit über die Würdigung derartiger Sachverhalte gewidmet werden können, haben beide Parteien ein Interesse an einer Begrenzung der Aufklärungsdichte und dem Abschluss der Ermittlungsarbeit in einem überschaubaren Zeitraum. Aufgrund der Bindungswirkung einer tatsächlichen Verständigung ist gewährleistet, dass ein Nachverhandeln über die strittigen Fragen durch die Gegenseite ausgeschlossen ist.

Die uneingeschränkt optimistische Einschätzung mancher Autoren bezüglich der Bereitschaft der Parteien für eine Verständigungslösung[1176] ist allerdings in Zweifel zu ziehen, da auch atmosphärische Voraussetzungen für eine

---

[1172] Vgl. FG Münster v. 30.05.2006 - 11 K 2674/03 E, EFG 2006, S. 1306 (Revision anhängig, Az. XI R 36/06).

[1173] Nach Offerhaus, DStR 2001, S. 2093 (2098) ist in diesem Fall die Möglichkeit der Anfechtung gegeben. Seer (Verständigungen), S. 359, spricht sich dagegen für die Nichtigkeit der Verständigung ipso jure aus.

[1174] Vgl. Flockermann, FS Ritter, S. 103 (112); Stolterfoht (Gesetzesvollzug), S. 233 (255 ff.).

[1175] Vgl. Flockermann, FS Ritter, S. 103 (112); Stolterfoht (Gesetzesvollzug), S. 233 (256).

[1176] Insbesondere Seer geht von einer "kooperativen Arbeitsteilung" zwischen Steuerpflichtigen und Finanzbehörden aus, vgl. Seer, StuW 1995, S. 213 (215).

Verständigung gegeben sein müssen. So kann die (subjektive) Wahrnehmung eines Konflikts, insbesondere der Handlungsabsichten des Gegners, die Bereitschaft zu konsensualem Handeln beeinträchtigen.[1177] Die relativen Vorteile der tatsächlichen Verständigung gegenüber der Alternative der konfrontativen Auseinandersetzung (z. B. Steuerfestsetzung und -erhebung ohne Verständigung bzw. Einlegung von Rechtsbehelfen) ist deshalb auch von subjektiven, psychologischen Faktoren abhängig.

2 Zwischenstaatliche Verfahren

2.1 Abkommensrechtliche Verständigungsverfahren

Ist zwischen Stammhaus- und Betriebsstättenstaat ein Doppelbesteuerungsabkommen geschlossen, so hat der Steuerpflichtige die Möglichkeit, Verständigungsverfahren zu beantragen, um eine drohende Doppelbesteuerung abzuwenden. Die als Rechtsgrundlage dienenden Abkommensnormen[1178] basieren auf Art. 25 Abs. 1 OECD-MA. Danach kann ein Verständigungsverfahren beantragt werden, wenn eine nicht abkommensgemäße Besteuerung vorliegt. Eine nicht abkommensgemäße Besteuerung ist auch gegeben, wenn eine Finanzbehörde bei einer Korrektur der Einkünftezurechnung gegen die Grundsätze des Abkommens, insbesondere gegen den Fremdvergleichsgrundsatz verstößt.[1179]

Die Beantragung erfolgt bei der zuständigen Behörde des Vertragsstaates, in dem der Steuerpflichtige ansässig ist. Hält die Behörde den Antrag für begründet, so "wird sie sich bemühen" (Art. 25 Abs. 2 S. 1 OECD-MA), den Fall im gegenseitigen Einvernehmen mit der zuständigen Behörde des anderen Vertragsstaats zu beseitigen. Ist eine Verständigungslösung gefunden worden, so ist diese durch den Erlass eines entsprechenden Steuerbescheids umzusetzen. Im deutschen Steuerrecht ist die Pflicht zur Umsetzung der Verständigungslösung durch Erlass, Aufhebung oder Änderung des Steuerbescheids in § 175a AO geregelt. Die Rechtskraft eines vorher ergangenen Steuerbescheids wird durchbrochen, auch wenn dessen Festsetzungsfrist abgelaufen ist.

[1177] Vgl. Blake / Shephard / Mouton (Intergroup Conflict), S. 154; Müller-Bader (Konflikt), S. 54; Kieser, WiSt 1983, S. 443 (444).

[1178] Eine Art. 25 Abs. 1 OECD-MA nachgebildete Vorschrift ist auch in den meisten deutschen DBA enthalten, vgl. Lehner in Vogel / Lehner, DBA, Art. 25 OECD-MA, Rn. 54.

[1179] Vgl. auch OECD-MK zu Art. 25, Tz. 8, der die Aufwandszuordnung zu Betriebsstätten gemäß Art. 7 Abs. 3 OECD-MA als ein Beispiel für mögliche Gegenstände von Verständigungsverfahren nennt.

Das Verständigungsverfahren ist tendenziell als nachträglicher Konfliktlösungsmechanismus konzipiert. Hinsichtlich des Zeitpunkts, zu dem ein Verständigungsverfahren eingeleitet werden kann, bestimmt Art. 25 Abs. 1 OECD-MA, dass "Maßnahmen eines Vertragsstaats" erfolgt sein müssen, die zu einer abkommenswidrigen Besteuerung "führen oder *führen werden*"[1180]. Nach dieser Formulierung kann ein Verständigungsverfahren frühzeitig beantragt werden, da "Maßnahmen", die zu einer abkommenswidrigen Besteuerung "führen werden", etwa bereits realisiert sein können, wenn die Anwendung unterschiedlicher Einkünftezurechnungsmethoden in den betreffenden Staaten nur möglich ist. Ein abschließender Steuerbescheid über eine Gewinnberichtigung ist jedenfalls zur Verfahrenseröffnung nicht erforderlich.[1181]

Das Verständigungsverfahren bezweckt die Herstellung einer abkommensgemäßen Besteuerung, d. h. die übereinstimmende Anwendung der abkommensrechtlichen Vorschriften über die Einkünftezurechnung (Art. 7 OECD-MA) durch die beteiligten Staaten. Der zentrale Vorteil des Verständigungsverfahrens liegt in der Vermeidung der Doppelbesteuerung, allerdings ist auch die Vermeidung von (Straf-)Zuschlägen denkbar, wenn aufgrund des Verständigungsverfahrens im Ergebnis eine zuschlagsbewehrte Einkünftekorrektur zurückgenommen wird.

Die Erfolgsaussichten eines Verständigungsverfahrens sind allerdings durch zwei Faktoren begrenzt. Zunächst hat die Finanzbehörde bei der Eröffnung des Verfahrens einen Ermessensspielraum.[1182] Bereits die negative Prognose bezüglich der Bereitschaft der ausländischen Behörde zu Zugeständnissen wird als zulässige Begründung für die Ablehnung der Verfahrenseröffnung angesehen. Der Steuerpflichtige hat damit lediglich einen Anspruch auf fehlerfreie Ermessensausübung bezüglich der Einleitung eines Verständi-

---

[1180] Art. 25 Abs. 1 S. 1 OECD-MA.

[1181] Vgl. OECD-MK zu Art. 25, Tz. 12: Demnach sind "alle Handlungen und Entscheidungen gesetzgeberischer oder administrativer Art von allgemeiner oder nur bestimmte Fälle betreffender Bedeutung gemeint, deren unmittelbare oder notwendige Folge eine dem Abkommen widersprechende Besteuerung zu Lasten des Antragstellers ist." Lehner in Vogel / Lehner, DBA, Art. 25 OECD-MA, Rn. 29: bevor die Besteuerung durchgeführt worden ist bzw. ein Steuerbescheid erlassen wurde; Flore (Möglichkeiten), S. 1569 (1576); OECD (Guidelines), Tz. 4.140; relativ offen formuliert, wenn auch vorsichtiger bei BMF, Schrb. vom 01.07.1997, IV C 5 – S 1300 – 189/96, BStBl I 1997, S. 717, Tz. 2.1.6: "*im Einzelfall* kann ein Verfahren aber schon eröffnet werden, wenn sich eine solche Maßnahme konkret abzeichnet". In der Besteuerungspraxis wird Art. 25 OECD-MA deshalb überwiegend als Rechtsgrundlage für bilaterale Vorabvereinbarungen für Verrechnungspreise angesehen.

[1182] Vgl. BMF, Schrb. vom 01.07.1997, IV C 5 – S 1300 – 189/96, BStBl I 1997, S. 717, Tz. 2.4.3; im Schrifttum strittig, vgl. Lehner in Vogel / Lehner, DBA, Art. 25 OECD-MA, Rn. 90, mit weiteren Verweisen.

gungsverfahrens, nicht aber einen Anspruch auf Verfahrenseröffnung.[1183] Ein weiterer Nachteil liegt im fehlenden Einigungszwang der Finanzbehörden. Diese sind lediglich verpflichtet, sich um eine Lösung zu "bemühen". Als nicht verfahrensbeteiligte Person[1184] hat der Steuerpflichtige auch kein Recht auf Anhörung und kann daher nicht selbst auf eine Einigung der Finanzbehörden hinwirken. Bei deutlich konträren Auffassungen der beteiligten Finanzbehörden können die Verständigungsbemühungen deshalb erfolglos bleiben.

Die Effizienz der Verständigungsverfahren könnte wesentlich verbessert werden, wenn die Finanzbehörden bei fehlender Einigung zur Einleitung eines Schiedsverfahrens verpflichtet wären, in dem die strittige Gewinnzurechnung durch den verbindlichen Schlichterspruch eines Schiedsgerichts oder einer Schiedsstelle[1185] entschieden würde. Derartige streng obligatorische Schiedsverfahren hat Deutschland bislang nur in zwei DBA vereinbart.[1186] In zwei weiteren deutschen DBA sind zwar Schiedsverfahren vorgesehen,[1187] allerdings ist deren Einleitung an das Ermessen der Finanzbehörden gebunden. Auch hier ist anzunehmen, dass faktisch kein Zwang zur Beseitigung einer Doppelbesteuerung besteht.[1188] Allerdings könnten in zukünftigen DBA häufiger Schiedsverfahren geregelt werden. Die OECD ist jedenfalls betrebt, ein Schiedsverfahren in das OECD-Musterabkommen aufzunehmen.[1189]

Aufgrund der Stellung des Steuerpflichtigen als nicht verfahrensbeteiligte Person im Verständigungsverfahren werden die Kosten des Verfahrens grundsätzlich von den verfahrensbeteiligten Finanzbehörden übernommen.[1190] Der Steuerpflichtige trägt allerdings nach § 178a AO Gebühren für die Bearbeitung eines Antrags auf Durchführung eines Verständigungsverfahrens.

[1183] Vgl. BFH v. 26.05.1982 - I R 16/78, BStBl II 1982, S. 583. Die deutsche Rechtsprechung hat der Finanzverwaltung wiederholt einen weiten Ermessensspielraum bei der Einleitung von Verständigungsverfahren zugebilligt, vgl. FG Hamburg v. 13.07.2000 - V 2/97, EFG 2001, S. 27.

[1184] Vgl. BMF, a. a. O., Tz. 3.3.1; Randenborgh / Valentin, INF 1996, S. 481 (484); Züger (Schiedsverfahren), S. 27 f.

[1185] Zur Frage nach dem zuständigen Schiedsgericht vgl. Züger (Schiedsverfahren), S. 132 f.

[1186] Vgl. Art. 25 Abs. 5 DBA Deutschland-Österreich; Art. 25 Abs. 5 DBA Deutschland-USA gemäß Änderung 2006.

[1187] Vgl. Art. 25a Abs. 4 DBA Deutschland-Frankreich 1989; Art. 41 Abs. 3 DBA Deutschland-Schweden 1992.

[1188] Die OECD erwägt allerdings eine Erweiterung von Art. 25 OECD-MA um ein verpflichtendes Schiedsverfahren, vgl. Hammer, TMIJ 2005, S. 339 (340).

[1189] Zu dem Entwurf eines Art. 25 Abs. 5 OECD-MA vgl. OECD (Entwurf OECD-MK 2008), S. 18.

[1190] Vgl. BMF, Schrb. v. 13.07.2006, IV B 6 – S 1300 – 340/06, BStBl I 2006, S. 461, Tz. B 9.

2.2 Schiedsverfahren nach der sog. Schiedskonvention

Die vorstehend beschriebenen Nachteile des Verständigungsverfahrens werden teilweise durch die Schiedsverfahren nach der sog. Schiedskonvention überwunden. Das als "Schiedskonvention" bezeichnete multilaterale Abkommen wurde im Jahr 1990 von verschiedenen europäischen Staaten unterzeichnet.[1191] Die Schiedskonvention verwirklicht die Grundfreiheiten des EG-Vertrags, insbesondere die Niederlassungs- und Kapitalverkehrsfreiheit, da sie auf die Vermeidung von Doppelbesteuerungen von Einkünften aus grenzüberschreitenden Unternehmenstätigkeiten abzielt. Außerdem setzt die Schiedskonvention den in Artikel 293 des EG-Vertrags niedergelegten Grundsatz um, dass Doppelbesteuerungen durch zwischenstaatliche Verständigungen ausgeräumt werden sollen.[1192]

Schiedsverfahren können u. a. von Unternehmen in Anspruch genommen werden, die in einem Vertragsstaat ansässig sind und eine in einem anderen EU-Staat belegene Betriebsstätte haben (Art. 4 Abs. 2 SchK). Die Schiedskonvention sieht ein zweiphasiges Verfahren zur Vermeidung der Doppelbesteuerung vor. Auf der ersten Stufe wird zunächst ein Verständigungsverfahren durchgeführt. Wie bei den abkommensrechtlichen Verständigungsverfahren auch kann dessen Eröffnung vom Steuerpflichtigen bereits beantragt werden, wenn sich eine nicht dem Fremdvergleichsgrundsatz entsprechende Besteuerung (Art. 4 Abs. 2 SchK) abzeichnet (Art. 6 Abs. 1 SchK). Ebenso ist eine Begründetheitsprüfung durch die Finanzbehörde vorgesehen (Art. 6 Abs. 2 SchK). Die Verständigungsphase kann sich maximal über eine Dauer von zwei Jahren erstrecken. Sind die zwischenstaatlichen Verständigungsbemühungen nach Ablauf dieser Frist erfolglos geblieben, wird automatisch ein Schiedsverfahren eingeleitet (Art. 7 Abs. 1 SchK).[1193] Diese zweite Verfahrensstufe steht unter der Leitung des sog. "Beratenden Ausschusses", der sich aus jeweils zwei Vertretern der beteiligten Finanzbehörden und einer geraden Anzahl unabhängiger, von den Vertragsstaaten ernannten Personen zusammensetzt (Art. 9 Abs. 1 SchK). Der beratende Ausschuss muss spätestens innerhalb von 6 Monaten zu einem mit dem Fremdvergleichsgrundsatz in Ein-

---

1191 "Übereinkommen über die Beseitigung der Doppelbesteuerung im Falle von Gewinnberichtigungen zwischen verbundenen Unternehmen" (90/436/EWG) vom 23.07.1990, Abl. EG Nr. L 225/10. In Deutschland wurde die Schiedskonvention durch das Gesetz vom 26.08.1993, BGBl. II 1993, S. 1308 umgesetzt.

1192 "Soweit erforderlich, leiten die Mitgliedstaaten untereinander Verhandlungen ein, um zugunsten ihrer Staatsangehörigen Folgendes sicherzustellen: ..., die Beseitigung der Doppelbesteuerung innerhalb der Gemeinschaft,..." (früher: Art. 220 EG-Vertrag).

1193 Falls der Steuerpflichtige in dem Fall ein Gerichtsverfahren angestrengt hat, läuft die Frist erst, wenn ein Urteil ergangen ist, vgl. Art. 7 Abs. 1 S. 2 SchK.

klang stehenden Schlichterspruch gelangen (Art. 11 Abs. 1 SchK), dem sich die beteiligten Finanzbehörden beugen müssen.

Das Verfahren nach der Schiedskonvention bietet für Steuerpflichtige gegenüber dem einfachen Verständigungsverfahren gemäß Art. 25 OECD-MA wesentliche Vorteile. Es ermöglicht dem Steuerpflichtigen mit Sicherheit die Vermeidung der Doppelbesteuerung. Zudem führt der mögliche Verlust von Entscheidungskompetenz der Finanzbehörden an den Beratenden Ausschuss zu einem Anreiz für die beteiligten Finanzbehörden, den strittigen Fall bei Pattsituationen selbst zu lösen.[1194] Somit geht bereits in der Verständigungsphase von dem drohenden Schiedsverfahren ein gewisser Einigungsdruck aus, der mit höheren Erfolgsaussichten in der ersten Verfahrensphase verbunden ist. Die Bedeutung der Schiedskonvention im Hinblick auf die Vermeidung von Doppelbesteuerungen kann daher auch nicht anhand der geringen Zahl bisher eingeleiteter Schiedsverfahren gemessen werden.[1195]

2.3 Zwischenstaatliche Advance Pricing Agreements

Auf der Grundlage von Art. 25 OECD-MA entsprechenden Abkommensregelungen können auch bi- oder multilaterale Advance Pricing Agreements (APAs) geschlossen werden. Hierbei handelt es sich um Vorabvereinbarungen über Verrechnungspreismethoden zwischen dem Steuerpflichtigen und den Finanzbehörden zweier oder mehrerer Staaten. Das APA wird regelmäßig zu einem Zeitpunkt geschlossen, zu dem der Steuerpflichtige entsprechende Lieferungen oder Leistungen noch nicht getätigt hat.[1196] Es wird formell vom Steuerpflichtigen bei der zuständigen Steuerbehörde eines beteiligten Staates beantragt. Die Zuständigkeit für die Erteilung von APAs liegt in Deutschland beim Bundeszentralamt für Steuern.[1197] Der Steuerpflichtige ist aber am eigentlichen APA-Verfahren zwischen den verschiedenen Steuerverwaltungen nicht unmittelbar beteiligt.[1198]

Die Rechtsgrundlage zwischenstaatlicher APAs liegt nach der h. M. in Art. 25 Abs. 1 OECD-MA. Eine andere Auffassung sieht hingegen im Konsultationsverfahren gem. Art. 25 Abs. 3 OECD-MA eine mögliche Rechtsgrund-

---

1194 Vgl. Menck, StBp 1995, S. 169 (175); Huibregtse / Offermanns, ITPJ 2004, S. 76 (80).

1195 So aber Grotherr, BB 2005, S. 855 (861); wie hier Ghislain, ITJ 2002, S. 37 (56).

1196 Grundsätzlich kann das APA allerdings auch zusätzlich vergangene Sachverhalte einbeziehen, sog. "Roll Back", vgl. Wagner, StBp 1995, S. 265 (266); BMF-Schrb. v. 05.10.2006, IV B 4 – S 1341 – 38/06, BStBl I 2006, S. 594, Tz. 7.3.

1197 Vgl. BMF, Schrb. v. 29.11.2004, IV B 6 – S 1304 – 2/04, BStBl I 2004, S. 1144.

1198 Vgl. BMF-Schrb. v. 05.10.2006, IV B 4 – S 1341 – 38/06, BStBl I 2006, S. 594, Tz. 1.2.

lage für APAs.[1199] Das Konsultationsverfahren betrifft allerdings ausweislich des OECD-Musterkommentars Schwierigkeiten bei der Anwendung von DBA *allgemeiner Art*, die eine *Gruppe von Steuerpflichtigen* betreffen können.[1200] Die maßgebliche Rechtsgrundlage von APAs dürfte deshalb vielmehr Art. 25 Abs. 1 OECD-MA sein, da das in dieser Vorschrift enthaltenen Merkmal "Maßnahmen eines Vertragsstaats, die zu einer abkommenswidrigen Besteuerung führen oder *führen werden*", weit ausgelegt werden kann. Denn auch zukünftige Prüfungsmaßnahmen der Finanzbehörden können "Maßnahmen" im Sinne von Art. 25 Abs. 1 OECD-MA sein.[1201]

Gegenüber unilateralen verbindlichen Auskünften weisen zwischenstaatliche APAs den Nachteil höherer Kosten und einer längeren Verfahrensdauer auf.[1202] Überdies ist nicht jedes Land bereit, ein APA zu erteilen. Durch zwischenstaatliche APAs können allerdings die Vorteile der Planungssicherheit und der Vermeidung der Doppelbesteuerung vereint werden.[1203] Aus Sicht des Steuerpflichtigen kann dies höhere Kosten und eine längere Verfahrensdauer rechtfertigen.

Nachdem zahlreiche Staaten APAs als eigenständige Verfahrensform etabliert haben,[1204] hat das BMF im Jahr 2006 Verwaltungsvorschriften für bi- oder multilaterale APAs geschaffen, die auch auf Betriebsstättenfälle entsprechend anzuwenden sind.[1205] Gegenstand der Vereinbarungen sind Methoden zur Bestimmung von Verrechnungspreisen und Kostenumlagen.[1206] Wie nach den international üblichen APA-Verfahren auch wird der Unsicherheit über die für die Preisbildung relevanten zukünftigen wirtschaftlichen Verhältnisse Rechnung getragen, indem die Vereinbarung an die Erfüllung von Gültigkeitsbedingungen (critical assumptions) geknüpft und das APA auf eine über-

---

1199 So insbesondere OECD (Guidelines), Tz. 4.140; EU Joint Transfer Pricing Forum v. 28.07.2006, DOC: JTPF/001/REV3/2006/EN, Tz. 42, S. 10. Keine Festlegung erfolgt diesbezüglich im aktuellem BMF-Schrb. v. 05.10.2006, IV B 4 – S 1341 – 38/06, BStBl I 2006, S. 594, vgl. hierzu Tz. 1.2 des Schreibens.

1200 Vgl. OECD-MK zu Art. 25, Tz. 32.

1201 So im Ergebnis die h. M., vgl. Runge, IStR 1995, S. 505 (510); Herzig (Resumée), S. 83 (87 f.); Eilers, FS Ritter, S. 73 (75 f.).

1202 Vgl. hierzu und zum Folgenden EU Joint Transfer Pricing Forum v. 28.07.2006, DOC: JTPF/001/REV3 /2006/EN, Tz. 105, S. 29.

1203 Vgl. OECD (Guidelines), Tz. 4.163.

1204 Vgl. für eine Übersicht über die von anderen Staaten veröffentlichten Verfahrensvorschriften Grotherr, BB 2005, S. 855 (861) und Grotherr, IWB Nr. 10 v. 25.05.2005 (Teil I) und IWB Nr. 11 v. 08.06.2005 (Teil II), F. 10 Gr. 2, S. 1823-1852.

1205 Vgl. BMF, Schrb. v. 05.10.2006, IV B 4 – S 1341 – 38/06, BStBl I 2006, S. 594, Tz. 1.1.

1206 Vgl. zu Kostenumlagen BMF, a. a. O., Tz. 3.6.

schaubare Laufzeit von 3-5 Jahren[1207] begrenzt wird. Während der Laufzeit des APA muss der Steuerpflichtige einen Jahresbericht vorlegen, der es ermöglicht, die Erfüllung der Gültigkeitsbedingungen zu überprüfen.[1208] Bei Erfüllung der Gültigkeitsbedingungen ist die Finanzbehörde gemäß Art. 25 Abs. 2 S. 2 OECD-MA und § 175a AO verpflichtet, die Verständigungslösung umzusetzen.[1209] Bei Nichterfüllung der Gültigkeitsbedingungen ist dem APA die Grundlage entzogen. Das APA wird allerdings fortgesetzt, wenn der Steuerpflichtige Vorschläge für eine Anpassung der Verrechnungspreisvereinbarung unterbreitet und die beteiligten Staaten diesen zustimmen.[1210] Nach dem BMF-Schreiben sind überdies die international üblichen *pre-filing conferences* möglich.[1211] Dies sind unverbindliche Vorgespräche, die dazu dienen, die Bereitschaft der Finanzbehörde zum Abschluss eines APA und die grundlegenden Bedingungen eines möglichen APA in Erfahrung zu bringen, um so den möglichen Nutzen und die Kosten des APA besser zu beurteilen.[1212] Hierbei kann der Steuerpflichtige anonym bleiben, so dass offengelegte Informationen nicht mit der Person des Steuerpflichtigen in Verbindung gebracht und in späteren Außenprüfungen gegen ihn verwendet werden können.[1213] Mit *pre-filing conferences* ist noch kein formeller, gebührenpflichtiger Antrag verbunden.[1214]

Das BMF-Schreiben für APAs geht nicht näher auf die angeordnete "entsprechende Anwendung"[1215] der APA-Vorschriften auf Betriebsstättensachverhalte ein. Es bezieht sich lediglich auf Verrechnungspreismethoden und Kostenumlagen. Die entsprechende Anwendung auf das Einheitsunternehmen kann nur bedeuten, dass die Bewertung unternehmensinterner Leistungen und die Aufteilung von Aufwendungen Gegenstand von APAs sein können. Die Einkünftezurechnung zu Betriebsstätten umfasst allerdings daneben weitere regelungsbedürftige Sachverhalte, wie etwa die Zuordnung von Wirtschaftsgütern, die Bestimmung eines angemessenen Dotationskapitals oder die Anwendung der indirekten Methode. Hinsichtlich derartiger Sachverhalte besteht die Vermutung, dass vorab eine rechtlich verbindliche Beurteilung durch die

---

1207 Vgl. BMF, Schrb. v. 05.10.2006, IV B 4 – S 1341 – 38/06, BStBl I 2006, S. 594, Tz. 3.8.

1208 Vgl. BMF, a. a. O., Tz. 6.1 und 6.2.

1209 Vgl. BMF, a. a. O., Tz. 1.2.

1210 Vgl. BMF, a. a. O., Tz. 6.5.2.

1211 Vgl. BMF, a. a. O., Tz. 2.2.

1212 Vgl. EU Joint Transfer Pricing Forum v. 28.07.2006, DOC: JTPF/001/REV3/2006/EN, S. 16; Wagner, StBp 1995, S. 265 (266).

1213 Vgl. Wagner, StBp 1995, S. 265 (266).

1214 Vgl. Seer in Tipke / Kruse, § 178a AO, Rn. 7.

1215 Vgl. BMF, a. a. O., Tz. 1.1.

Finanzbehörden – wenn überhaupt[1216] – lediglich im Wege der verbindlichen Auskunft/Zusage erreicht werden kann. Für die Steuerpflichtigen hätte dies den Nachteil, dass eine Vermeidung der Doppelbesteuerung insoweit nicht gewährleistet ist. Da sich verbindliche Auskünfte/Zusagen und APAs grundlegend unterscheiden, ist eine genaue Festlegung des Gegenstands von APAs zwingend erforderlich. Deshalb sollten mögliche Gegenstände des APA-Verfahrens in den Verwaltungsgrundsätzen präzisiert werden. Wünschenswert wären umfassendere "Advance Income Attribution Agreements", um einen über Verrechnungspreis- und Kostenumlagenfragen hinausgehenden Schutz gegen Doppelbesteuerungen zu gewährleisten.

[1216] Zur Zurückhaltung der deutschen Finanzbehörden bei der Erteilung von verbindlichen Auskünften über Fragen des Fremdvergleichs vgl. Kap. V, Abschn. 1.1.

Zusammenfassung wesentlicher Erkenntnisse

Abschließend sollen einige wesentliche Ergebnisse der vorliegenden Arbeit thesenförmig zusammengefasst werden:

1. Zur Bedeutung des Veranlassungsprinzips für die Einkünftezurechnung:
- Unter dem Veranlassungsprinzip richtet sich die Einkünftezurechnung nach den auslösenden Momenten der Einkünftekomponenten. Ursachenzuschreibungen können einem explizitem Feststellungsinteresse, aber auch unbewussten Zielsetzungen der Beurteilungsinstanz unterliegen. Nach dem Veranlassungsprinzip werden den Unternehmensteilen diejenigen Einkünftekomponenten zugerechnet, die durch ihre Tätigkeit und Existenz veranlasst sind.
- Anhand des Fremdvergleichsgrundsatzes werden Veranlassungszusammenhänge dem Grunde und der Höhe nach objektiviert.

2. Zur Kennzeichnung und Problematik des Fremdvergleichsgrundsatzes:
- Der Fremdvergleich stellt ein Erklärungsmodell für das Verhalten selbstständiger unabhängiger Unternehmen unter vergleichbaren Bedingungen wie im Ausgangssachverhalt dar. Welche Merkmale bei der Überprüfung der Vergleichbarkeit der Verhältnisse maßgeblich sein sollen (Vergleichsbarkeitsdimensionen), ist von den konkreten Umständen des Einzelfalls abhängig.
- Grundsätzlich kann der Begriff der "unabhängigen" Unternehmen durch den aktienrechtlichen Konzernbegriff konkretisiert werden. Wegen der Vielzahl möglicher Erscheinungsformen von "Abhängigkeit" im Wirtschaftsleben enthält der Fremdvergleichsgrundsatz mit der Bezugnahme auf unabhängige Unternehmen neben dem Begriff der Vergleichbarkeit der Verhältnisse einen zweiten unbestimmten Rechtsbegriff.
- Da aus einem Fremdvergleich lediglich Indizien für das Verhalten von Stammhaus und Betriebsstätte bei fiktiver Selbstständigkeit und Unabhängigkeit gewonnen werden können, muss ein behauptetes fremdübliches Verhalten durch geeignete Nachweise gestützt werden. Für quantitative Größen sind regelmäßig Angemessenheitsbandbreiten zu ermitteln. An eine Widerlegung eines vermuteten fremdüblichen Verhaltens dürfen keine überzogenen Anforderungen gestellt werden. Die vom Steuerpflichtigen

geforderten Mitwirkungsbeiträge müssen zumutbar und verhältnismäßig sein.
- Die Objektivierungsfunktion des Fremdvergleichs für das Veranlassungsprinzip ist durch die nur unvollständige Vergleichbarkeit des Einheitsunternehmens mit rechtlich selbstständigen Unternehmen beschränkt und erfordert daher zusätzliche Konventionen. Besonders deutlich wird dies u. a. bei der Zurechnung von Währungserfolgen, der Verrechnung des Leistungsverkehrs und Regie- und Rechtsformaufwendungen

3. Zur Einordnung und Beurteilung des Entstrickungsgrundsatzes und möglicher Alternativen:
- Wertsteigerungen an Wirtschaftsgütern und Gewinne aus Nutzungsüberlassungen werden nach dem Entstrickungsgrundsatz besteuert, wenn das deutsche Besteuerungsrecht ausgeschlossen oder beschränkt ist. Der Entstrickungsgrundsatz verstößt gegen das Realisationsprinzip und erscheint im Hinblick auf verfassungs- und europarechtliche Grundsätze bedenklich. Auch der Gedanke einer Gleichbehandlung von Einheitsunternehmen und Konzern kann den Entstrickungsgrundsatz nicht rechtfertigen, da sich beide Organisationsformen in ökonomischer Hinsicht wesentlich unterscheiden. Der Entstrickungsgrundsatz ist tatbestandlich unscharf formuliert. Aus Gründen der Rechtssicherheit ist auch eine Überarbeitung der im Zuge des SEStEG eingeführten Gesetzesvorschrift erforderlich. Die Regelung des § 4g EStG erfüllt nicht die Anforderungen an eine diskriminierungsfreie Besteuerung von Innentransaktionen.
- Die veranlassungsorientierte, aufgeschobene Gewinnverwirklichung als Alternative zum Entstrickungsgrundsatz erfordert eine Zurechnung von Innenleistungen auf die Erträge des Gesamtunternehmens. Sie erfordert zahlreiche Konventionen, da wegen der rechtlichen Unselbstständigkeit der Unternehmensteile eine Vergleichbarkeit zu Leistungsbeziehungen zwischen selbstständigen unabhängigen Unternehmen nicht gegeben ist. Zusätzlich ist die Praktikabilität des Ansatzes in Frage zu stellen. Der für eine nachträgliche Überprüfung der Gewinnrealisation anfallende Verwaltungsaufwand kann ebenso wie die unvermeidlichen Ermessensspielräume, die bei einer Schätzung erwarteter Erträge auftreten, als Nachteil der aufgeschobenen Gewinnrealisation betrachtet werden.

4. Zur Deutung von Formen der eingeschränkten Selbstständigkeitsfiktion:
- Die international vorherrschende eingeschränkte Selbstständigkeitsfiktion dient der Zuteilung eines ausreichenden Besteuerungssubstrats zu den Be-

triebsstättenstaaten und ist somit als besondere Ausprägung einer zwischenstaatlichen Gerechtigkeitsvorstellung zu kennzeichnen.
- Darüber hinaus ist die Rechtfertigung der eingeschränkten Selbständigkeitsfiktion unter dem Aspekt der Missbrauchsvermeidung abzulehnen, da Missbrauchsfälle nicht gezielt genug angesprochen werden.

5. Die indirekte Methode gilt als Hilfslösung für Fälle, in denen eine separate Betriebsstättenbuchführung nicht vorliegt oder eine integrierte Tätigkeit der Unternehmensteile festzustellen ist. Als mögliche zukünftige zwischenstaatliche Konsenslösung in der EU entfernt sich die indirekte Methode von einer Einkünftezurechnung wie zwischen fremden Dritten.

6. Zur Zurechnung von Wirtschaftsgütern:
- Das Veranlassungsprinzip wird auch bei der Zurechnung von Wirtschaftsgütern durch den Fremdvergleichsgrundsatz konkretisiert. Deshalb sind der Betriebsstätte die Wirtschaftsgüter zuzurechnen, an denen sie als selbstständiges unabhängiges Unternehmen wirtschaftliches Eigentum erworben hätte. Als mögliche Indizien für die Zurechnung können die Dauer einer Nutzungsüberlassung, die Entscheidungsgewalt über die Verwertung des Wirtschaftsguts und die Einwirkung auf den wirtschaftlichen Wert des Wirtschaftsguts genannt werden. Im Einzelfall kann sich die Zurechnung eines Wirtschaftsguts übergangsweise auch danach richten, welcher Unternehmensteil das Wirtschaftsgut angeschafft oder hergestellt hat.
- Eine anteilige Zurechnung von Wirtschaftsgütern entsprechend des erwarteten oder tatsächlichen Nutzens wird grundsätzlich befürwortet.
- Eine Willkürung von Beteiligungen, liquiden Mitteln und anderen mobilen Wirtschaftsgütern ist grundsätzlich möglich. Bei der Zurechnung der Einkünfte aus diesen Wirtschaftsgütern sind allerdings die Betriebsstättenvorbehalte als abkommensrechtliche Spezialregelungen zu beachten. Der Inhalt des Tatbestandsmerkmals der tatsächlichen Zugehörigkeit der Wirtschaftsgüter zur Betriebsstätte lässt sich nur unzureichend bestimmen. Die von der Finanzverwaltung behauptete Zentralfunktion des Stammhauses ist abzulehnen.
- Eine zweckbezogene Zurechnung einzelner Schulden ist bei komplexen Finanzierungsbeziehungen mit beträchtlichen Ermessensspielräumen verbunden und kaum praktikabel. Die Kapitalspiegelmethode stellt ein einfaches, aber zu einschränkendes Konzept für die Zurechnung von Schulden dar, das die Finanzierungsfreiheit des Steuerpflichtigen nicht ausreichend berücksichtigt. Aus einem externen Fremdvergleich kann eine mögliche

Obergrenze für die Verschuldung der Unternehmensteile abgeleitet werden, sofern ausreichend weite Bandbreiten ermittelt werden.

7. Zur Erfassung und Bewertung des Leistungsverkehrs zwischen den Unternehmensteilen:
- Auch die Abgrenzung verrechenbarer Leistungen folgt dem Fremdvergleichsgrundsatz. Die Verrechnung von Verbundeffekten kann entgegen der herrschenden Auffassung durch den Fremdvergleichsgrundsatz nicht grundsätzlich ausgeschlossen werden. Allerdings könnten die Schwierigkeiten, die bei der Bewertung und Aufteilung der Verbundeffekte auftreten, auch unter fremden Dritten den Verzicht auf eine Aufteilung von Verbundeffekten vorzugswürdig erscheinen lassen.
- Vorteilsausgleichsvereinbarungen im Einheitsunternehmen werden kritisch beurteilt, wenn diese als atypisch betrachtet werden können und sich auf wirtschaftlich unverbundene Geschäfte beziehen, da der Vorteilsausgleich in diesen Fällen typischerweise einer steuerlich motivierten Einkünfteverlagerung dient.
- Die Leistungsbewertung kann unter dem Fremdvergleichsgrundsatz nach der Preisvergleichsmethode, verschiedenen Margenmethoden und nach der Gewinnaufteilungsmethode vorgenommen werden. Die Methodenwahl ist maßgeblich von der im Einzelfall vorhandenen Datenlage abhängig. Externe Margenvergleiche, insbesondere unter Verwendung von Nettomargen (TNMM) bilden den Fremdvergleichspreis in relativ grober Weise ab. Unterschiede zu der im innerstaatlichen Recht verwendeten Bewertungskategorie des gemeinen Werts sind wegen des Ausschlusses der ungewöhnlichen und persönlichen Verhältnisse nach § 9 Abs. 2 S. 3 BewG möglich. Aufgrund der Unsicherheiten über die Interpretation dieser Vorschrift sollte ihre Reichweite möglichst begrenzt sein, um Abweichungen zwischen dem gemeinen Wert und dem Fremdvergleichspreis zu vermeiden.

8. Zur Handhabung von Unschärfen durch Angemessenheitsbandbreiten beim Fremdvergleich der Höhe nach:
- Die Berechnung von Bandbreiten angemessener Verrechnungspreise und -margen nach der interquartilen Methode ist mit zahlreichen Mängeln behaftet. Eine Alternative bildet die Ableitung von Bandbreiten aus einer stetigen Wahrscheinlichkeitsverteilung. Dies ermöglicht eine Berücksichtigung der Anzahl, der Streuung sowie des Vergleichbarkeitsgrads der Vergleichswerte. Diese Faktoren bestimmen die Streuung der Verteilung und somit die Intervallbreite. Die Annahme einer Normalverteilung oder einer Log-Normalverteilung kann sich allerdings nicht auf statistische Grenz-

wertsätze stützen, so dass insoweit eine reine Kompromisslösung für steuerliche Zwecke vorliegt.

- Ein Urteil über die Angemessenheit der Verschuldung eines Unternehmensteils erfordert den Vergleich zu Verschuldungskennzahlen selbstständiger unabhängiger Unternehmen, wobei grundsätzlich ein auf verschiedenen Verschuldungskennzahlen basierendes Gesamturteil möglich ist. Die Bandbreite kann durch die Auswahl möglichst vergleichbarer Referenzunternehmen sowie durch regressionsanalytische Anpassungsrechnungen eingeengt werden. Aufgrund der vielfältigen möglichen Einflussfaktoren auf die Verschuldung von Unternehmen kann es notwendig sein, die Auswahl von Regressanden anhand des R^2-Change-Kriteriums oder des F-Werts zu unterstützen.

9. Zur Bedeutung von Auskunfts- und Verständigungsverfahren:

- Unilaterale und zwischenstaatliche Verfahren dienen dazu, die Rechts- und Planungssicherheit des Steuerpflichtigen zu verbessern und die Gefahr von Doppelbesteuerungen zu reduzieren.
- Unilaterale Verfahren beziehen sich stärker auf die Verbesserung der Rechts- und Planungssicherheit. Die Erteilung einer verbindlichen Auskunft setzt voraus, dass sich der Sachverhalt für eine Beurteilung im Vorhinein eignet und ein Interesse des Steuerpflichtigen an einer Auskunftserteilung besteht. Eine tatsächliche Verständigung ermöglicht eine einvernehmliche Einigung über strittige Einkünftezurechnungsfragen.
- Zwischenstaatliche Verständigungs- und Schiedsverfahren dienen einer nachträglichen Vermeidung der Doppelbesteuerung.
- Die deutschen Verwaltungsgrundsätze für Advance Pricing Agreements ermöglichen sowohl eine Verbesserung der Rechts- und Planungssicherheit des Steuerpflichtigen als auch eine Milderung der Doppelbesteuerungsgefahr. In ihren Anwendungsbereich sollten auch rein betriebsstättenspezifische Fragen der Einkünftezurechnung aufgenommen werden.

Literaturverzeichnis

1. Kommentare, Loseblattsammlungen

Adler, Hans / Düring, Walther / Schmaltz, Kurt, Rechnungslegung und Prüfung der Unternehmen, bearb. v. Forster, Karl-Heinz, Teilband 3, 6. Aufl., Stuttgart 1996

Bamberger, Heinz Georg / Roth, Herbert, Kommentar zum Bürgerlichen Gesetzbuch, 2. Aufl., München 2007

Blümich, Walter, Einkommensteuergesetz, Körperschaftsteuergesetz, Gewerbesteuergesetz, Kommentar, hrsg. v. Klaus Ebling, München 2002, Stand: 97. EL, Dezember 2007

Brezing, Klaus / Krabbe, Helmut / Lempenau, Gerhard / Mössner, Jörg / Runge, Berndt, Außensteuerrecht, Herne / Berlin 1991

Bunjes, Johann / Geist, Reinhold, Umsatzsteuergesetz, 8. Aufl., München 2005

Burgers, Irene J. J. / Betten, Rijkele, The Taxation of Permanent Establishments, Amsterdam 1995, Stand: 30. EL, Dezember 2007

Dankmeyer, Udo / Giloy, Jörg, Einkommensteuer, Kommentar, München 2005, Stand: 55. EL, April 2008

Dauses, Manfred, Handbuch des EU-Wirtschaftsrechts, München 2007, Stand: 20. EL, Oktober 2007

Debatin, Helmut / Wassermeyer, Franz, Doppelbesteuerungsabkommen, München 2002, Stand: 103. EL, Januar 2008

Dötsch, Ewald / Patt, Joachim / Pung, Alexandra / Möhlenbrock, Rolf, Umwandlungssteuerrecht, Umstrukturierung von Unternehmen, Verschmelzung, Spaltung, Formwechsel, Einbringung, 6. Aufl., Stuttgart 2007

Flick, Hans / Wassermeyer, Franz / Baumhoff, Hubertus, Kommentar zum Außensteuerrecht, 6. Aufl., Köln 1999, Stand: 61. EL., Dezember 2007

Flick, Hans / Wassermeyer, Franz / Wingert, Karl-Dieter / Kempermann, Michael, Doppelbesteuerungsabkommen Deutschland-Schweiz, Köln 1981/98, Stand: 29. EL, November 2007

Frotscher, Gerrit / Maas, Ernst, Körperschaftsteuergesetz, Umwandlungssteuergesetz, Freiburg 1978, Stand: 89. EL, November 2007

Grabitz, Eberhard / Hilf, Meinhard, Das Recht der Europäischen Union, Vertrag über die Europäische Union, Vertrag zur Gründung der Europäischen Gemeinschaft, München 2007, Stand: 33. EL, Oktober 2007

Gosch, Dietmar / Grotherr, Siegfried / Kroppen, Heinz-Klaus, DBA-Kommentar, Herne 1997, Stand: 19. EL, November 2007

Gürsching, Lorenz / Stenger, Alfons, Kommentar Bewertungsrecht, BewG, ErbStG, Köln 1953/2006, Stand: 98. EL (Februar 2007)

Herrmann, Carl / Heuer, Gerhard / Raupach, Arndt, Einkommensteuer- und Körperschaftsteuergesetz, 21. Aufl., Köln 1950/96, Stand: 230. EL, Januar 2008

Heymann (Heymann HGB), Handelsgesetzbuch, Kommentar, bearb. v. Emmerich, Volker u. a., Bd. 1, Erstes Buch, München 1989

Hübschmann, Walter / Hepp, Ernst / Spitaler, Armin, Abgabenordnung, Finanzgerichtsordnung, Kommentar, 10. Aufl., Köln 1995, Stand: 196. EL, Dezember 2007
Hüffer, Uwe, Aktiengesetz, Kommentar, 7. Aufl., München 2006
Kapp, Reinhard / Ebeling, Jürgen, Erbschaftsteuer- und Schenkungsteuergesetz, Kommentar, 12. Auflage, Köln 2000, Stand: 51. EL, Dezember 2007
Kirchhof, Paul (Hrsg.), EStG KompaktKommentar Einkommensteuergesetz, 7. Aufl., Heidelberg 2007
Kirchhof, Paul / Söhn, Hartmut / Mellinghoff, Rudolf (Hrsg.), Einkommensteuergesetz, Kommentar, Heidelberg 2006, Stand: 183. EL, Februar 2008
Koch, Karl et. al. (Hrsg.), Abgabenordnung, AO 1977, Kommentar, 3. Aufl., Köln 1986 und 5. Aufl., Köln 1996
Kölner Kommentar zum Aktiengesetz (Kölner Komm.), hrsg. v. Wolfgang Zöllner, bearb. v. Claussen, Carsten Peter u. a., 2. Aufl., Bd. 1, §§ 1-75 AktG, München 1988
Kommentar zum Grundgesetz für die Bundesrepublik Deutschland, in 2 Bd. (AK-GG), bearb. v. Richard Bäumlin u. a., Neuwied 1984
Korn, Klaus / Carlé, Dieter / Stahl, Rudolf / Strahl, Martin (Hrsg.), Einkommensteuergesetz, Kommentar, 1. Aufl., Bonn 2000, Stand: 40. EL, April 2008
Kroppen, Heinz-Klaus (HIntVP), Handbuch internationale Verrechnungspreise, Köln 1997/2001, 8. EL, Dezember 2006
Küting, Karlheinz / Weber, Claus-Peter (Hrsg.), Handbuch der Rechnungslegung Einzelabschluss, Kommentar zur Bilanzierung und Prüfung, 5. Aufl., Stuttgart 2002
Lademann, Fritz / Söffing, Günther, Einkommensteuergesetz, 4. Aufl., Stuttgart 1997, Stand: 158. EL, November 2007
Lenski, Edgar / Steinberg, Wilhelm, Kommentar zum Gewerbesteuergesetz, fortgef. von Viktor Sarrazin und Hans-Wilkin Stäuber, Köln 2005, Stand: 94. EL, Dezember 2007
Littmann, Eberhard / Bitz, Horst / Pust, Hartmut, Das Einkommensteuerrecht, Kommentar zum Einkommensteuerrecht, begr. v. Eberhard Littmann, 15. Aufl., Stand: 71. EL, August 2006
Meincke, Jens Peter, Kommentar zum Erbschaftsteuer- und Schenkungsteuergesetz, 13. Aufl., München 2002
Münchener Kommentar zum Aktiengesetz (MüKo AktG), hrsg. v. B. Kropff u. J. Semler, 2. Aufl., München 2000 (Bd. 1)
Münchner Kommentar zum Handelsgesetzbuch (MüKo HGB), hrsg. v. K. Schmidt, München 1996 (Bd. 1), 2002 (Bd. 3), 2001 (Bd. 4)
Offerhaus, Klaus / Söhn, Hartmut / Lange, Hans-Friedrich, Umsatzsteuer – Kommentar, Heidelberg 1967/2005, Stand: 210. EL, April 2008
Schmidt, Ludwig, Einkommensteuergesetz (EStG), hrsg. v. Walter Drenseck, Kommentar, 26. Aufl., München 2007
Starck, Christian, Kommentar zum Grundgesetz, Bd. 1, Präambel, Artikel 1 bis 19, 5. Aufl., München 2005
Strunk, Günther / Kaminski, Bert / Köhler, Stefan AStG, DBA, Kommentar, Bonn 2004, Stand: 13. EL, April 2008
Tipke, Klaus / Kruse, Heinrich Wilhelm, Abgabenordnung, Finanzgerichtsordnung, 16. Aufl., Köln 1996, Stand: 114. EL, November 2007
Troll, Max / Gebel, Dieter / Jülicher, Marc, Erbschaftsteuer- und Schenkungsteuergesetz, München, Stand: 34. EL (Februar 2007)
Vogel, Klaus / Lehner, Moris, Doppelbesteuerungsabkommen, 4. Aufl., München 2003

2. Monografien, Sammenwerkbeiträge, Zeitschriftenartikel

Aarnio, Katri, Treatment of permanent establishments and subsidiaries under EC law: towards a uniform concept of secondary establishment in European tax law?, EC Tax Review 2006, S. 18-26

Achtert, Frank (Bewertungseinheitlichkeit), Der Grundsatz der Bewertungseinheitlichkeit in Handels- und Steuerbilanz, Diss., Wiesbaden 1998

Aitchison, J. / Brown, J. A. C. (Lognormal Distribution), The Lognormal Distribution, London 1957

Albach, Horst (Finanzierungsregeln), "Finanzierungsregeln" und Kapitalstruktur der Unternehmung, in: Christians, Wilhelm F. (Hrsg.), Finanzierungshandbuch, 3. Aufl., Wiesbaden 2001, S. 533-555

Albert, Hans (Wertfreiheitsproblematik), Die Wertfreiheitsproblematik und der normative Hintergrund der Wissenschaften (1992), in: Gadenne, Volker und Visintin, Aldo (Hrsg.), Wissenschaftsphilosophie, München 1999, S. 167-182

Altheim, Michael / Bertl, Romuald / Spori, Peter, Verbringung von Wirtschaftsgütern in ausländische Betriebstätten – Rechtsvergleich der Länder Deutschland, Österreich und Schweiz, IStR 1994, S. 309-315

Ammelung, Ulrich, Steueraspekte der Rechtsformwahl operativer Auslandseinheiten von Banken, IStR 1998, S. 713-744

Andresen, Ulf (Konzernverrechnungspreise), Konzernverrechnungspreise für multinationale Unternehmen, Diss., Wiesbaden 1999

Andresen, Ulf / Schüller, Julia / Holle, Christian, Australien: (Gesellschafter-) Fremdfinanzierung und Dotationskapital von Betriebsstätten, Gesetz zur Definition von Eigen- und Fremdkapital für Steuerzwecke, IStR 2002, S. 89-91

Arndt, Hans-Wolfgang, Zur Abgrenzung des Betriebsvermögens vom Privatvermögen, SteuerStud 1989, S. 221-227

Athanas, Peter, Principles for the Determination of the Income and Capital of Permanent Establishments and their Applications to Banks, Insurance companies and other Financial Institutions (Generalbericht zum IFA-Kongress 1996 in Genf), CDFI 1996, Vol. 81a, S. 21-67

Auer, Ludwig von (Ökonometrie), Ökonometrie – Eine Einführung, Berlin 1999

Backhaus, Klaus / Erichson, Bernd / Plinke, Wulff / Weiber, Rolf (Analysemethoden), Multivariate Analysemethoden. Eine anwendungsorientierte Einführung, 9. Aufl., Berlin 2000

Baetge, Jörg (Objektivierung), Möglichkeiten der Objektivierung des Jahreserfolgs, Düsseldorf 1970

Bagus, Thomas (Bonitätsanalyse), Wissensbasierte Bonitätsanalyse im Firmenkundengeschäft der Kreditinstitute, Diss., Frankfurt a.M. 1992

Bähr, Gottfried (Gewinnermittlung), Gewinnermittlung ausländischer Zweigbetriebe, Diss., München 1971

Baker, Philip / Collier, Richard S., The attribution of profits to Permanent Establishments (Generalbericht zum IFA-Kongress 2006 in Amsterdam), CDFI 2006, Vol. 91b, S. 21-67

Bakker, Anuschka J. / van Hoey Smith, Arthur, Recent Developments Regarding Deductibility of Interest on Loans Provided by a General Enterprise to its Permanent Establishment, ITPJ 2004, S. 13-19

Balco, Tomas (Attribution), The Attribution of Executive and Administrative Expenses to a Permanent Establishment, in: Aigner, Hans-Jörgen / Züger, Mario (Hrsg.), Permanent Establishments in International Tax Law, Wien 2003, S. 377-403

Bamberg, Günter / Baur, Franz (Statistik), Statistik, 9. Aufl., München 1996

Baranowski, Karl-Heinz, Gewinnverwirklichung bei der Überführung von Wirtschaftsgütern in eine ausländische Betriebstätte?, DB 1962, S. 881-883

Baranowski, Karl-Heinz (Auslandsbeziehungen), Besteuerung von Auslandsbeziehungen, 2. Aufl., Herne 1996

Baranowski, Karl-Heinz, Internationales Steuerrecht, Podiumsdiskussion, StbJb 1997/98, S. 493-536

Bareis, Peter, Plädoyer für ein neues Konzept beim steuerlichen Abzug von Schuldzinsen, Zugleich Ergänzungen zum Beitrag Siegels in StuW 1985, S. 207, StuW 1986, S. 118-127

Bartlewski, Johanna Christine (Eigenkapitalausstattung), Die Eigenkapitalausstattung deutscher Aktiengesellschaften – eine empirische Analyse der Kapitalstruktur, Diss., München 1986

Bauer, Dan / Taetzner, Tobias, Zugriff ohne Ende? – Grenzen der steuerlichen Vorlagepflicht von Gutachten des Steuerberaters zur Angemessenheit grenzüberschreitender Verrechnungspreise in multinationalen Konzernen, BB 2004, S. 2267-2273

Bauer, Dan (Neuausrichtung), Neuausrichtung der internationalen Einkunftsabgrenzung im Steuerrecht, Diss., Berlin 2004

Bauer, Dan, Verrechnungspreise zwischen mehreren Konzernstrategieträgern – Plädoyer für einen veranlassungsorientierten Profit-Split, IStR 2006, S. 320-324

Bauer, Michael E. (Verrechnungspreise), Verrechnungspreise für immaterielle Wirtschaftsgüter des Anlagevermögens, Diss., Frankfurt a. M. 2000

Baumgartner, Michael / Graßhoff, Gerd (Kausales Schliessen), Kausalität und kausales Schliessen. Eine Einführung mit interaktiven Übungen, Bern 2004

Baumhoff, Hubertus (Dienstleistungen), Verrechnungspreise für Dienstleistungen. Die steuerliche Einkunftsabgrenzung bei international verbundenen Unternehmen auf der Grundlage des Fremdvergleichs, Diss., Köln 1986

Baumhoff, Hubertus, Internationale Verrechnungspreise – Die "Palettenbetrachtung", eine Weiterentwicklung des Vorteilsausgleichs, IStR 1994, S. 593-594

Baumhoff, Hubertus / Sieker, Klaus, Ausgewählte Verrechnungspreisprobleme im Lichte des neuen OECD-Berichts, IStR 1995, S. 517-522

Baumhoff, Hubertus, Die Behandlung der Kostenaufschlagsmethode im neuen OECD-Bericht zu den Verrechnungspreisen, IStR 1996, S. 53-55

Baumhoff, Hubertus (Einkunftsabgrenzung), Einkunftsabgrenzung bei international verbundenen Unternehmen, in: Mössner, Jörg (Hrsg.), Steuerrecht international tätiger Unternehmen, Köln 1998, S. 345-493

Baumhoff, Hubertus / Leitner, Reinhard / Digeronimo, Angelo, Betriebsstättengewinnermittlung im internationalen Vergleich – Deutschland, Österreich, Schweiz, IWB v. 24.05.2000, F. 10 International Gr. 2, S. 1433-1466

Baumhoff, Hubertus, Die Verrechnung von Leistungen zwischen verbundenen Unternehmen mit Hilfe von Konzernumlagen, IStR 2000, S. 693-703 (Teil I), S. 731-735 (Teil II)

Baumhoff, Hubertus, Aktuelle Entwicklungen bei den internationalen Verrechnungspreisen, IStR 2003, S. 1-6

Baumhoff, Hubertus / Ditz, Xaver / Greinert, Markus, Grundsätze der Dokumentation internationaler Verrechnungspreise nach der Gewinnabgrenzungsaufzeichnungsverordnung (GAufzV), DStR 2004, S. 157-164

Baumhoff, Hubertus, Die Bestimmung angemessener Verrechnungspreise bei der Existenz von Preisbandbreiten, in: Gocke, Rudolf (Hrsg.), Körperschaftsteuer, Internationales Steuerrecht, Doppelbesteuerung, Festschrift für Franz Wassermeyer zum 65. Geburtstag, München 2005, S. 347-369

Baumhoff, Hubertus / Ditz, Xaver / Greinert, Markus, Die Dokumentation internationaler Verrechnungspreise nach den "Verwaltungsgrundsätze-Verfahren", DStR 2005, S. 1549-1556

Beater, Axel, Die Abzugsfähigkeit entnahmebedingter Schuldzinsen – Zugleich ein Beitrag zu den Vorlagebeschlüssen vom 8.9.1988 an den Großen Senat des Bundesfinanzhofs, StuW 1989, S. 170-179

Becker, Helmut, Konzernumlagen und Konzernpreise bei Betriebsstätten, EStZ 1971, S. 95-104

Becker, Helmut, Die Besteuerung von Betriebsstätten, DB 1989, S. 10-16

Becker, Helmut, Funktionsnutzen oder Erwirtschaftungsgrundsatz, DB 1990, S. 392-395

Beiser, Reinhold, Die grenzüberschreitende Finanzierung von Betriebsstätten aus der Sicht des Arm's length-Prinzips, IStR 1992, S. 7-11

Beisse, Heinrich (Gewinnrealisierung), Gewinnrealisierung – Ein systematischer Überblick über Rechtsgrundlagen, Grundtatbestände und grundsätzliche Streitfragen, in: Ruppe, Hans Georg (Hrsg.), Gewinnrealisierung im Steuerrecht, DStJG Bd. 4, Köln 1981, S. 13-43

Bendlinger, Stefan, "Dealing at arm's length" bei temporären DBA-Betriebstätten, SWI 1997, S. 104-113

Benecke, Andreas / Schnitger, Arne, Anwendung des § 8a KStG bei Personengesellschaften in grenzüberschreitenden Sachverhaltskonstellationen, IStR 2004, S. 475-480

Benecke, Andreas / Schnitger, Arne, Neuregelung des UmwStG und der Entstrickungsnormen durch das SEStEG, IStR 2006, S. 765-779

Bennett, Mary C. / Dunahoo, Carol A., The Attribution of Profits to a Permanent Establishment: Issues and Recommendations, Intertax 2005, S. 51-67

Bernstein, Jack, Transfer Pricing in Canada, BIFD 1999, S. 570-581

BIAC (Contribution), Beitrag der BIAC zum OECD-Fragenkatalog "Comparability Issues", http://www.oecd.org/dataoecd/63/2/14554553.pdf (Abrufdatum: 26.09.05)

Bick, Claudia, Wiederverkaufspreismethode, in: Vögele, Alexander et. al. (Hrsg.), Handbuch der Verrechnungspreise (HdV[1]), 1. Aufl., München 1997, S. 365-382

Bick, Claudia, Gewinnvergleichsmethode (CPM) und transaktionsbezogene Nettomargenmethode (TNMM), in: Vögele, Alexander et. al. (Hrsg.), Handbuch der Verrechnungspreise (HdV[1]), 1. Aufl., München 1997, S. 408-423

Bick, Claudia, Gewinnaufteilungsmethoden (Profit Split), in: Vögele, Alexander et. al. (Hrsg.), Handbuch der Verrechnungspreise (HdV[1]), 1. Aufl., München 1997, S. 423-437

Bierlaagh, Hubert M. M., Permanent establishments, the separate enterprise fiction: is it a fact?, Intertax 1992, S. 156-160
Bilsdorfer, Peter, Privat veranlaßte Schuldzinsen als Betriebsausgaben?, DStZ 1981, S. 340-343
Bitz, Michael (Kapitalstruktur), Grundzüge der Theorie der Kapitalstruktur, Diskussionsbeitrag Nr. 295, o. O. 2000
Blake, R. A. / Shephard, H. A. / Mouton, J. S. (Intergroup Conflict), Managing Intergroup Conflict, 2. Aufl., Houston 1964
Blankart, Charles B. (Finanzen), Öffentliche Finanzen. Eine Einführung in die Finanzwissenschaft, 6. Aufl., München 2006
Bleckmann, Albert (Völkerrecht), Völkerrecht, Baden-Baden 2001
Blesgen, Martin (Insurance), Permanent Establishments of Insurance Companies, in: Aigner, Hans-Jörgen / Züger, Mario (Hrsg.), Permanent Establishments in International Tax Law, Wien 2003, S. 181-202
Bleymüller, Josef / Gehlert, Günther / Gülicher, Herbert (Statistik), Statistik für Wirtschaftswissenschaftler, 12. Aufl., München 2000
Blumenberg, Jens / Lechner, Florian, Der Regierungsentwurf des SEStEG: Entstrickung und Sitzverlegung bei Kapitalgesellschaften, Neuerungen beim Einlagekonto, Körperschaftsteuerminderung und –erhöhung sowie sonstige Änderungen im Körperschaftsteuerrecht, Special zu BB 2006, Heft 44, S. 25-36
Blumers, Wolfgang, Die Europarechtswidrigkeit der Betriebsstättenzurechnung im Betriebsstättenerlass, DB 2006, S. 856-860
Bodenmüller, Ralph (Funktionsverlagerung), Steuerplanung bei Funktionsverlagerungen ins Ausland, Ertragsteuerliche Folgen, Strategien und Modelle, Diss., Düsseldorf 2004
Böcker, Franz (Preistheorie), Preistheorie und Preispolitik – Ein Überblick, in: ders. (Hrsg.), Preistheorie und Preisverhalten, München 1982, S. 1-26
Bopp, Gerhard, Die Besteuerung von Betriebstätten, DStZ/A 1974, S. 91-99
Bornhaupt, Kurt Joachim von, "Tatsächliche Verständigung" in Schätzungsfällen, BB 1985, S. 1591-1593
Borstell, Thomas (Konzernumlagen), Die neue OECD-Richtlinie zu Konzernumlagen, in: Fischer, Lutz (Hrsg.), Steuerplanung zwischen Abkommens- und nationalem Außensteuerrecht, Forum der internationalen Besteuerung Bd. 14, Köln 1998, S. 157-184
Borstell, Thomas / Brüninghaus, Dirk: Ertrags- und Aufwandszuordnung bei Leistungsbeziehungen zwischen Stammhaus und Betriebsstätte, in: Vögele, Alexander et. al. (Hrsg.), Handbuch der Verrechnungspreise (HdV^2), 2. Aufl., München 2004, S. 1017-1033
Bortz, Jürgen (Statistik), Statistik für Sozialwissenschaftler, 5. Aufl., Berlin 1999
Brem, Markus / Tucha, Thomas, Dokumentation von Verrechnungspreisen: zur Strukturierung der Angemessenheitsanalyse, IStR 2006, S. 499-504
Brenner, Dieter (Steuerrecht), Personengesellschaften im internationalen Steuerrecht, in: Haarmann, Wilhelm / Brenner, Dieter (Hrsg.), Unternehmensstrukturen und Rechtsformen im internationalen Steuerrecht, Forum der internationalen Besteuerung, Bd. 7, Köln 1994, S. 63-82
Bretzke, Wolf-Rüdiger (Unternehmensbewertung), Das Prognoseproblem bei der Unternehmensbewertung. Ansätze zu einer risikoorientierten Bewertung ganzer Unternehmungen auf der Grundlage modellgestützter Erfolgsprognosen, Diss., Düsseldorf 1975

Breuer, Wolfgang / Gürtler, Marc / Schuhmacher, Frank (Finanzierung), Finanzierung, BFW Working Papers, No. Bfw23V1/03, 17.06.2003, www.bfw.rwth-aachen.de/publika/wpaper/download/wp2303.pdf (Abrufdatum 07.04.2005)

Breuninger, Gottfried E. / Möhlenbrock, Rolf (Entstrickung), Entstrickung und Verstrickung im Betriebsvermögen, Tagungsunterlage zur 25. Kölner Steuerkonferenz vom 25.09.2006, o. O.

Brewi, Karl / Schön, H., Können Schuldzinsen für das betriebliche Kontokorrentkonto nicht abzugsfähige Betriebsausgaben darstellen?, DStR 1978, S. 99-103

Brezing, Klaus (Verrechnungsentgelte), Verrechnungsentgelte und Umlagen zwischen Kapitalgesellschaften und ihren Gesellschaftern im Steuerrecht – Das Recht der verdeckten Gewinnausschüttung und der verdeckten Einlage bei in- und ausländischen Beteiligungen, Diss., Köln 1975

Brockmeyer, Hans Bernhard, Typisierungen im Einkommensteuerrecht durch die Rechtsprechung des Bundesfinanzhofs, in: Kirchhof, Paul / Jakob, Wolfgang / Beermann, Albert (Hrsg.), Steuerrechtsprechung, Steuergesetz, Steuerreform, Festschrift für Klaus Offerhaus zum 65. Geburtstag, Köln 1999, S. 13-34

Brüggelambert, Gregor, Anmerkungen zur Theorie und Praxis der steuerlichen Gestaltung von Verrechnungspreisen – Abschließend erläutert am Beispiel der Henkel KGaA, BFuP 2005, S. 176-200

Bruner, Jerome S. / Goodnow, Jacqueline J. / Austin, George A. (Study of Thinking), A Study of Thinking, New York 1956

Brüninghaus, Dirk, Funktionsverlagerung (einschließlich Produktionsverlagerung und Änderung der Vertriebsstrukturen), in: Verrechnungspreise und Verrechnungspreisdokumentation – Zweifelsfragen und Praxishinweise, WPg-Sonderheft 2006, S. 131-139

Buciek, Klaus, § 6 Abs. 5 EStG im außensteuerlichen Kontext, DStZ 2000, S. 636-639

Buciek, Klaus (Betriebsvermögenstransfer), Grenzüberschreitender Betriebsvermögenstransfer, in: Piltz, Detlev / Schaumburg, Harald (Hrsg.), Internationale Betriebstättenbesteuerung, Forum der internationalen Besteuerung, Bd. 20, Köln 2001, S. 43-64

Buciek, Klaus, Aussprache zum Referat von Günkel "Betriebsstättenbegründung bei Tätigkeit in fremden Räumen", JbFSt 2001/02, S. 638-640

Buciek, Klaus, Aktuelle Entwicklungen zur Betriebsstättenbesteuerung, DStZ 2003, S. 139-147

Bühler, Ottmar (Prinzipien), Prinzipien des internationalen Steuerrechts: ein systematischer Versuch, Amsterdam 1964

Bundesministerium der Finanzen (Hrsg.), (Gutachten), Gutachten der Steuerreformkommission, Bonn 1971

Bunge, Mario (Causality), Causality and Modern Science, 3. Aufl., New York 1979

Burgers, Irene J. J. (Permanent Establishment), Commentary on Article 7 of the OECD Model Treaty: Allocation of Profits to a Permanent Establishment, in: Burgers, Irene J. J. / Betten, Rijkele, The Taxation of Permanent Establishments, Amsterdam 1995

Burmester, Gabriele (Gewinn- und Verlustrealisierung), Probleme der Gewinn- und Verlustrealisierung: insbesondere bei grenzüberschreitenden Transaktionen zwischen inländischem Stammhaus und ausländischer Betriebstätte, Diss., Baden-Baden 1986

Busse von Colbe, Walther / Müller, Eberhard / Herbert, Reinhard (Aufstellung), Aufstellung von Konzernabschlüssen, ZfbF Sonderheft, 1987, Düsseldorf 1987

Carr, John L. / Moetell, Michael C., Capital Issues in the Attribution of Profits to Branches of International Banks, TMIJ 2004, S. 291-302

Casley, Andrew / Abu-el-Ata, Ahmad, The Cost-Plus Method, ITPJ 1999, S. 20-26

Casley, Andrew / Kritikides, Artemis, Transactional Net Margin Method, Comparable Profits Method and the Arm's Length Principle, ITPJ 2003, S. 162-168

Casley, Andrew / Pope, Sarah / Hohtoulas, Peter, Supply Chain Models, ITPJ 2006, S. 194-207

Cattelaens, Heiner, Steuerentlastungsgesetz 1999/ 2000/ 2002: Neuregelung der Übertragung von Wirtschaftsgütern, DB 1999, S. 1083-1084

Chmielewicz, Klaus (Forschungskonzeptionen), Forschungskonzeptionen der Wirtschaftswissenschaft, 2. Aufl., Stuttgart 1979

Christiansen, Alfred, Zum Grundsatz der Einzelbewertung - insbesondere zur Bildung sogenannter Bewertungseinheiten, DStR 2003, S. 264-268

Cockfield, Arthur J., Formulary Taxation Versus the Arm's Length Principle: The Battle Among Doubting Thomases, Purists, and Pragmatists, CTJ 2004, S. 114-123

Cockfield, Arthur J., Reforming the Permanent Establishment Principle through a Quantitative Economic Presence Test, Canadian Business Law Journal 2003, S. 400-424

Cole, Bob / Kaywood, Sam / Rowe, Kevin / Tanenbaum, Edward, Limits on Foreign Companies' Interest Expense, ITR 2004, Issue 3, S. 1 ff.

Confédération Fiscale Européenne (Contribution), Beitrag der Confédération Fiscale Européenne zum OECD-Fragenkatalog "Comparability Issues", http://www.oecd.org/dataoecd/2/36/15093418.pdf (Abrufdatum: 26.09.05)

Costede, Jürgen, Die Aktivierung von Wirtschaftsgütern im Einkommensteuerrecht, StuW 1995, S. 115-123

Crezelius, Georg (Erbschaft- und Schenkungsteuer), Erbschaft- und Schenkungsteuer in zivilrechtlicher Sicht, Diss., Herne / Berlin 1979

Crezelius, Georg, Verkappte Analogien in der Finanzrechtsprechung, StuW 1981, S. 117-125

Crezelius, Georg (Rechtsanwendung), Steuerrechtliche Rechtsanwendung und allgemeine Rechtsordnung, Habil., Herne / Berlin 1983

Crott, Helmut / Kutschker, Michael / Lamm, Helmut (Verhandlungen), Verhandlungen I, Individuen und Gruppen als Konfliktparteien, Stuttgart 1977

Da., Überführung von Wirtschaftsgütern von der inländischen Betriebsstätte eines beschränkt Steuerpflichtigen in das ausländische Stammhaus, IStR 1993, S. 117-118

Da., Betriebsstättenbesteuerung und Zuordnung von Wirtschaftsgütern, IStR 1994, S. 278-279

Dahnke, Horst, Anwendung eines fiktiven Anlaufzeitraums als Verstoß gegen den Grundsatz des Fremdvergleichs, IStR 1996, S. 582-583

Dalichau, Beatrice (Auskünfte), Auskünfte und Zusagen der Finanzverwaltung. Modalitäten – zivilrechtlicher Schadensersatz – Verhältnis zur Steuerberatung, Bielefeld 2003

Dann, Wilfried, Die verbindliche Auskunft in Deutschland im Vergleich zu Rechtsauskünften von Finanzbehörden in anderen europäischen Ländern, in: Kley, Max Dietrich / Sünner, Eckart / Willemsen, Arnold (Hrsg.), Steuerrecht, Steuer- und Rechtspolitik, Wirtschaftsrecht und Unternehmensverfassung, Umweltrecht, Festschrift für Wolfgang Ritter zum 70. Geburtstag, Köln 1997, S. 53-71

Dautzenberg, Norbert, Das EG-rechtliche Gleichbehandlungsgebot für Betriebsstätten und Tochterkapitalgesellschaften, EWS 2001, S. 270-277
Dawid, Roman / Dorner, Klaus, Anpassungsrechnungen bei Anwendung der Preisvergleichsmethode im Rahmen der Bestimmung konzerninterner Verrechnungspreise, IWB v. 13.03.2002, F. 10, Gr. 2, S. 1549-1562
Dawid, Roman / Dorner, Klaus, Die Bestimmung angemessener Verrechnungspreise, Erhöhung der Vergleichbarkeit von Profitabilitätskennzahlen durch Anpassungsrechnungen, IWB v. 27.03.2002, F. 10, Gr. 2, S. 1563-1576
Debatin, Helmut, Die Besteuerung der Betriebstätten, der Tochtergesellschaften und der Arbeitsausübung in der deutschen Judikatur zum internationalen Steuerrecht, DStZ 1966, S. 209-216
Debatin, Helmut, Auslegung und Fortentwicklung des deutschen Außensteuerrechts und des internationalen Steuerrechts unter besonderer Berücksichtigung der deutschen Rechtsprechung, JbFSt 1973/74, S. 59-105
Debatin, Helmut, System und Auslegung der Doppelbesteuerungsabkommen, DB 1985, Beilage 23, S. 1-8
Debatin, Helmut, Das Betriebsstättenprinzip der deutschen Doppelbesteuerungsabkommen, DB 1989, S. 1692-1697 (Teil 1), S. 1739-1744 (Teil 2)
Debatin, Helmut, Die sogenannte Steuerentstrickung und ihre Folgen, BB 1990, S. 826-829
Deneffe, Peter, Das Problem der Berücksichtigung qualitativer Veränderungen im Rahmen der Preisstatistik, ASTA 1958, S. 346-353
Diebold, Axel (Normengefüge), Steuerverstrickung und Steuerentstrickung im Normengefüge von Einkommen- und Körperschaftsteuerrecht, Diss., Frankfurt/M. 1984
Dichtl, Erwin, Möglichkeiten einer monetären Bewertung von Produkteigenschaften, Marketing ZFP 1984, S. 121-128
Diller, Hermann (Preispolitik), Preispolitik, 3. Aufl., Stuttgart 2000
Dietrich, Reiner (Kreditprüfung), Integrierte Kreditprüfung, Die Integration der computergestützten Kreditprüfung in die Gesamtbanksteuerung, Diss., Berlin 1997
Ditz, Xaver (Betriebsstätten), Internationale Gewinnabgrenzung bei Betriebsstätten, Ableitung einer rechtsformneutralen Auslegung des Fremdvergleichsgrundsatzes im internationalen Steuerrecht, Diss., Berlin 2004
Ditz, Xaver, Internationale Gewinnabgrenzung bei Betriebsstätten und nationale Gewinnermittlungsvorschriften im Lichte aktueller Entwicklungen bei der OECD, IStR 2005, S. 37-43
Ditz, Xaver, Fremdvergleichskonforme Ermittlung eines Umlageschlüssels bei Konzernumlagen – Tatsächlicher versus erwarteter Nutzen, DB 2005, S. 1949-1955
Doehring, Karl (Völkerrecht), Völkerrecht: ein Lehrbuch, Heidelberg 1999
Doernberg, Richard L. / Hinnekens, Luc (International Taxation), Electronic Commerce and International Taxation, The Hague 1999
Doernberg, Richard L. / Hinnekens, Luc / Hellerstein, Walter / Li, Jinyan (Electronic Commerce), Electronic Commerce and Multijurisdictional Taxation, The Hague 2001
Döllerer, Georg, Leasing – wirtschaftliches Eigentum oder Nutzungsrecht?, BB 1971, S. 535-540
Dourado, Ana Paula, From the Saint-Gobain to the Metallgesellschaft case: scope of non-discrimination of permanent establishments in the EC Treaty and the most-favoured-nation clause in EC Member States tax treaties, EC Tax Review 2002, S. 147-156

Douvier, Pierre-Jean, Entering into the Advance Pricing Agreement Circle, ITPJ 2000, S. 84-92

Drobetz, Wolfgang / Pensa, Pascal / Wöhle, Claudia B. (Kapitalstrukturpolitik), Kapitalstrukturpolitik in Theorie und Praxis: Ergebnisse einer Fragebogenuntersuchung, http://www.wwz.unibas.ch/cofi/publications/papers/2004/05-04.pdf (Abrufdatum: 17.04.2005)

Dusowski, Anne, Schuldzinsenabzug nach der "Umwidmung" von Krediten, DStZ 1999, S. 926-933

Ebenroth, Carsten Thomas (Vermögenszuwendungen), Die verdeckten Vermögenszuwendungen im transnationalen Unternehmen, Diss., Bielefeld 1979

Eckhoff, Rolf (Rechtsanwendungsgleichheit), Rechtsanwendungsgleichheit im Steuerrecht, Die Verantwortung des Gesetzgebers für einen gleichmäßigen Vollzug des Einkommensteuerrechts, Habil., Köln 1999

Ege, Gerhard (Betriebsstätte), Die Betriebsstätte im internationalen Steuerrecht, in: Crezelius, Georg / Raupach, Arndt / Schmidt, Ludwig / Uelner, Adalbert, Steuerrecht und Gesellschaftsrecht als Gestaltungsaufgabe, Freundesgabe für Franz Josef Haas zur Vollendung des 70. Lebensjahres, Herne 1996, S. 101-110

Ege, Gerhard (Prüfungsschwerpunkte), Prüfungsschwerpunkte bei in- und ausländischen Betriebsstätten, in: Schaumburg, Harald / Piltz, Detlev (Hrsg.), Betriebsprüfung internationaler Sachverhalte, Forum der internationalen Besteuerung, Bd. 10, Köln 1998, S. 107-127

Eich, Andreas (Tatsächliche Verständigung), Die tatsächliche Verständigung im Steuerverfahren und Steuerstrafverfahren Zulässigkeit, Rechtsnatur, Auswirkungen, Strategien, Diss., Köln 1991

Eigelshoven, Axel / Kratzer, Carsten, Rechtsverordnung zu Aufzeichnungspflichten bei der Bestimmung angemessener Verrechnungspreise, IStR 2004, S. 30-36

Eilers, Stephan (Advance Pricing Agreements), Advance Pricing Agreements (APAs) im US-amerikanischen Steuerrecht und Abkommensrecht, in: Herzig, Norbert (Hrsg.), Advance Pricing Agreements (APAs), Ein neues Instrument zur Vermeidung von Verrechnungspreiskonflikten?, Köln 1996, S. 1-12

Eilers, Stephan, Advance Pricing Agreements, in: Kley, Max Dietrich / Sünner, Eckart / Willemsen, Arnold (Hrsg.), Steuerrecht, Steuer- und Rechtspolitik, Wirtschaftsrecht und Unternehmensverfassung, Umweltrecht, Festschrift für Wolfgang Ritter zum 70. Geburtstag, Köln 1997, S. 73-81

Eimer, Martin (Kausalität), Konzepte von Kausalität, Verursachungszusammenhänge und psychologische Begriffsbildung, Diss., Bern 1987

Eisele, Florian (Funktionsverlagerung), Grenzüberschreitende Funktionsverlagerung. Recht und Besteuerung im Einheitsunternehmen und Konzern, Diss., München 2003

Electronic Commerce Tax Study Group (Comment), Comment on the Discussion Draft on "Attribution of Profit to a Permanent Establishment Involved in Electronic Commerce Transactions", http://www.oecd.org/dataoecd/47/2/2672941.pdf (Abrufdatum: 24.02.2006)

Elser, Thomas / Neininger, Monika, Abgrenzbarkeit privat veranlaßter Schuldzinsen aus ökonomischer Sicht, DB 1999, S. 172-177

Emmerich, Volker / Sonnenschein, Jürgen / Habersack, Mathias (Konzernrecht), Konzernrecht. Das Recht der verbundenen Unternehmen bei Aktiengesellschaften, GmbH, Personengesellschaften, Genossenschaft, Verein und Stiftung, 7. Aufl., München 2001

Engel, Clemens L. J. (Konzerntransferpreise), Konzerntransferpreise im internationalen Steuerrecht. Implikationen der Gewinnabgrenzung multinationaler Unternehmen unter besonderer Berücksichtigung der Konzerndienstleistungen, Diss., Köln 1986

Engelhard, Johann / Eckert, Stefan, Finanzierung internationaler Unternehmungen, in: Handwörterbuch des Bank- und Finanzwesens, 3. Aufl., hrsg. v. Gerke, Wolfgang / Steiner, Manfred, Stuttgart 2001, Sp. 752-764

Engels, Gudrun (Kausalität), Der Anscheinsbeweis der Kausalität, Diss., Frankfurt a.M. 1994

Engler, Gerhard, Dienstleistungen, in: Vögele, Alexander et. al. (Hrsg.), Handbuch der Verrechnungspreise (HdV[1]), München 1997, S. 579-722

Engler, Gerhard, Verfahren, in: Vögele, Alexander et. al. (Hrsg.), Handbuch der Verrechnungspreise (HdV[2]), München 2004, S. 459-585

Erb, Markus, Das steuerliche Dotationskapital inländischer Betriebsstätten international tätiger Kreditinstitute – die neuen BMF-Grundsätze, IStR 2005, S. 328-337

Ernst & Young (Contribution), Beitrag von Ernst & Young zum OECD-Fragenkatalog "Comparability Issues", http://www.oecd.org/dataoecd/14/15/5192302.pdf (Abrufdatum: 26.09.05)

Ernst & Young (Transfer Pricing), Transfer Pricing 2003 Global Survey, ohne Ortsangabe 2003, SCORE Retrieval No. EYGM No. OO0372

Ernst & Young (Verrechnungspreise), Verrechnungspreise – Dokumentationsmanagement nach den neuen Mitwirkungspflichten, Bonn 2003

Euler, Roland, Steuerbilanzielle Konsequenzen der internationalisierten Rechnungs-legung, StuW 1998, S. 15-24

Everling, Ulrich, Das Niederlassungsrecht in der EG als Beschränkungsverbot - Tragweite und Grenzen, in: Schön, Wolfgang (Hrsg.), Gedächtnisschrift für Brigitte Knobbe-Keuk, Köln 1997, S. 607-625

Ewert, Ralf / Wagenhofer, Alfred (Unternehmensrechnung), Interne Unternehmensrechnung, 4. Aufl., Heidelberg 2000

Federmann, Rudolf (Steuerlehre), Betriebswirtschaftliche Steuerlehre als angewandte Wissenschaftsdisziplin, Wiesbaden 1977

Feidicker, Markus (Kreditwürdigkeitsprüfung), Kreditwürdigkeitsprüfung – Entwicklung eines Bonitätsindikators, dargestellt am Beispiel von Kreditversicherungsunternehmen, Diss., Düsseldorf 1992

Feinschreiber, Robert (Transfer Pricing), Transfer Pricing Methods – An Application Guide, Hoboken 2004

Fernbach-Fahrensbach, B. Fr., Die Aufteilung des Betriebsergebnisses und Betriebsvermögens ausländischer Kapitalgesellschaften mit in- und ausländischer Betriebsstätte, FR 1956, S. 436-438

Fick, H.-Peter, Bilanzierung und Bewertung von Warenzeichen, StBp 1995, S. 136-138

Fiedler, Klaus (Urteilsbildung), Urteilsbildung als kognitiver Vorgang, Diss., München 1980

Fink, Jörn Ulrich, Gewinnzurechnungsmethoden im Verhältnis zwischen inländischem Stammhaus und ausländischer Betriebstätte, RIW 1988, S. 43-51

Finne, Thomas (Bilanzierung), Bilanzierung von Fremdwährungsgeschäften und internationale Doppelbesteuerung, Baden-Baden 1991
Finsterwalder, Oliver, Einführung von Dokumentationssystemen bei internationalen Verrechnungspreisen – Anlass zur Prüfung grenzüberschreitender Risiko- und Funktionsverlagerungen, IStR 2004, S. 763-768
Finsterwalder, Oliver, Einkunftsabgrenzung bei grenzüberschreitenden Geschäftsbeziehungen. Das BMF-Schreiben "Verwaltungsgrundsätze-Verfahren", DStR 2005, S. 765-770
Fischer, Lutz (Grundfragen), Grundfragen der Besteuerung von Transaktionen im Internet, in: Fischer, Lutz / Strunk, Günther (Hrsg.), Steuerliche Aspekte des Electronic Commerce, Forum der internationalen Besteuerung, Bd. 15, Köln 1998, S. 1-17
Fischer, Peter, Fremdvergleich und Üblichkeit – Überlegungen zu Peter Bilsdorfer, Der steuerliche Fremdvergleich bei Vereinbarungen unter nahestehenden Personen, 1996, DStZ 1997, S. 357-361
Fischer, Peter (Hrsg.), Steuervereinfachung, DStJG Bd. 21, Köln 1998
Flick, Hans, Zusammenfassung der Podiumsdiskussion und Aussprache über den Stand des internationalen Steuerrechts und Einzelfragen des Außensteuergesetzes, JbFSt 1973/74, S. 105-111
Flockermann, Paul G., Gesetzmäßigkeit der Besteuerung und tatsächliche Verständigung, in: Kley, Max Dietrich / Sünner, Eckart / Willemsen, Arnold (Hrsg.), Steuerrecht, Steuer- und Rechtspolitik, Wirtschaftsrecht und Unternehmensverfassung, Umweltrecht, Festschrift für Wolfgang Ritter zum 70. Geburtstag, Köln 1997, S. 103-114
Flore, Ingo (Möglichkeiten), Möglichkeiten und Grenzen des Verständigungsverfahrens zur Vermeidung einer drohenden Doppelbesteuerung bei streitigen Auslandssachverhalten, in: Grotherr, Siegfried (Hrsg.), Handbuch der internationalen Steuerplanung, Herne / Berlin 2000, S. 1569-1579
Foley, Sean F. / Burns, Paul B., The APA Program as a Model for Successful Alternative Dispute Resolution, TMIJ 2003, S. 451-460
Förster, Guido, SEStEG: Rechtsänderungen im EStG, DB 2007, S. 72-80
Francescucci, David L.P., The Arm's Length Principle and Group Dynamics – Part 1: The Conceptual Shortcomings ITPJ 2004, S. 55-75, Part 2: Solutions to Conceptual Shortcomings, ITPJ 2004, S. 235-246
Francfort, Alfred J. / Rudolph, Bernd, Zur Entwicklung der Kapitalstrukturen in Deutschland und in den Vereinigten Staaten von Amerika, ZfbF 1992, S. 1059-1079
Friauf, Karl Heinrich (Möglichkeiten), Möglichkeiten und Grenzen der Rechtsfortbildung im Steuerrecht, in: Tipke, Klaus (Hrsg.), Grenzen der Rechtsfortbildung durch Rechtsprechung und Verwaltungsvorschriften im Steuerrecht, DStJG Bd. 5, Köln 1982, S. 53-69
Fuller, Thomas / Lincourt, Raymond, US Court Claims Issues Ruling in National Westminster Bank, Intertax 2004, S. 169-170

Gabor, André (Pricing), Pricing – Principles and Practices, Brookfield 1977
Gäfgen, Gérard (Theorie), Theorie der wirtschaftlichen Entscheidung, 3. Aufl., Tübingen 1974
Ghislain, Joseph T. J., Transfer Pricing: The EC Arbitration Convention as a Dispute Resolution Mechanism, ITJ 2002, S. 37-57

Gloria, Christian (Verständigungsverfahren), Das steuerliche Verständigungsverfahren und das Recht auf diplomatischen Schutz. Zugleich ein Beitrag zur Lehre von der Auslegung der Doppelbesteuerungsabkommen, Diss., Berlin 1988

Gombert, Irene (Schätzung), Die Schätzung der Besteuerungsgrundlagen nach § 162 AO der Abgabenordnung, Diss., Berlin 2001

Gonella, Robert, Zur Vermögensabgrenzung des Betriebsvermögens inländischer Zweigniederlassungen ausländischer Kapitalgesellschaften, DB 1986, S. 297-301

Görl, Maximilian (Personalentsendung), Internationale Personalentsendung – Besteuerungsfragen beim Arbeitgeber, in: Lüdicke, Jürgen (Hrsg.), Besteuerungspraxis bei grenzüberschreitender Tätigkeit, Forum der internationalen Besteuerung, Bd. 25, Köln 2003, S. 39-56

Göttsche, Max / Stangl, Ingo, Der Betriebsstättenerlass des BMF von 24.12.1999 – Anmerkungen und Zweifelsfragen, DStR 2000, S. 498-508

Graetz, Michael J. / O'Hear, Michael M., The "Original Intent" of U.S. International Taxation, Duke Law Journal 1996-97, S. 1021-1109

Graf, Mathias, Die Verwaltungsgrundsätze Verfahren – Anmerkungen zum Entwurf eines BMF-Schreibens vom 18.10.2004, IStR 2005, S. 175-180

Gratz, Kurt (Grundprobleme), Grundprobleme individueller und kollektiver Steuerplanung, Anwendungsbereiche und Lösungsverfahren unternehmerischer Steuergestaltung, Diss., Berlin 1982

Grau, Stefan (Verluststrategien), Verluststrategien unter Berücksichtigung des § 2a EStG, in: Fischer, Lutz (Hrsg.), Besteuerung internationaler Konzerne, Forum der internationalen Besteuerung, Bd. 3, Köln 1993, S. 48-66

Grof, Erika (Risikocontrolling), Risikocontrolling und Kreditwürdigkeitsprüfung, Risikoorientiertes Bankencontrolling unter Berücksichtigung neuerer Bonitätsprüfungsverfahren, Diss., Wien 2002

Grotherr, Siegfried, Kritische Bestandsaufnahme der steuersystematischen und betriebswirtschaftlichen Unzulänglichkeiten des gegenwärtigen Organschaftskonzepts, StuW 1995, S. 124-150

Grotherr, Siegfried (Unterkapitalisierungsregelungen), Ausländische Unterkapitalisierungsregelungen, in: Piltz, Detlev / Schaumburg, Harald (Hrsg.), Unternehmensfinanzierung im Internationalen Steuerrecht, Forum der internationalen Besteuerung, Bd. 9, Köln 1995, S. 49-87

Grotherr, Siegfried, Zweifelsfragen-Inventur zur Anwendung des neuen § 8a KStG – Teil I, DStZ 2004, S. 249-257

Grotherr, Siegfried, Internationaler Vergleich der Verfahren für Advance Pricing Agreements, IWB Nr. 10 v. 25.05.2005 (Teil I) und IWB Nr. 11 v. 08.06.2005 (Teil II), F. 10 Gr. 2, S. 1823-1852

Grotherr, Siegfried, Advance Pricing Agreements – Verfahren zur Vermeidung von Verrechnungspreiskonflikten, BB 2005, S. 855-867

Grünefeld, Klaus-Peter (Gutachten), Das betriebswirtschaftliche Gutachten, Diss., Düsseldorf 1972

Gümbel, Rudolf (Zurechnung), Zurechnung, Handwörterbuch der Betriebswirtschafslehre, Handwörterbuch der Betriebswirtschaftslehre, hrsg. v. Wittmann, Waldemar et. al., Stuttgart 1993, Sp. 4808-4818

Gundel, Günter, Verrechnungspreise bei grenzüberschreitenden Lieferbeziehungen, in: Klein, Franz (Hrsg.), Unternehmen Steuern, Festschrift für Hans Flick zum 70. Geburtstag, Köln 1997, S. 781-803
Gundel, Günter (Betriebsstättenerlaß), Der neue Betriebsstättenerlaß vor dem Hintergrund praktischer Erfahrungen mit ausländischen Bauausführungs-, Montage- und Bauüberwachungs-Betriebsstätten, in: Fischer, Lutz (Hrsg.), Steuerplanung zwischen Abkommens- und nationalem Außensteuerrecht, Forum der internationalen Besteuerung, Bd. 14, Köln 1998, S. 121-156
Gundel, Günter (Verrechnungspreissystem), Das Verrechnungspreissystem von VW, in: Raupach, Arndt / Pohl, Dirk (Hrsg.), Verrechnungspreissysteme multinationaler Unternehmen in betriebswirtschaftlicher, gesellschafts- und steuerrechtlicher Sicht, Herne / Berlin 1999, S. 356-375

Haas, Christof (Unsicherheit), Unsicherheit und Risiko in der Preisbildung, Diss., Köln 1965
Haarmann, Wilhelm (Produktionsverlagerung), Produktionsverlagerung, Markt- und Markenüberlassung, in: Generalthema Globale Unternehmenstätigkeit und inländische Besteuerung. Bericht über die IdW Steuerfachtagung 1996 des IdW am 26.9.1996 in Neuss, Düsseldorf 1996, S. 59-76
Haarmann, Wilhelm, Die Gewinnermittlung der Geschäftsführungsbetriebsstätte, in: Gocke, Rudolf (Hrsg.), Körperschaftsteuer, Internationales Steuerrecht, Doppelbesteuerung, Festschrift für Franz Wassermeyer zum 65. Geburtstag, München 2005, S. 723-746
Habermas, Jürgen (Logik), Zur Logik der Sozialwissenschaften, 3. Aufl., Frankfurt a.M. 1973
Haberstock, Lothar (Steuerplanung), Steuerplanung der internationalen Unternehmung, Habil., Wiesbaden 1976
Hackmann, Wilfried (Verrechnungspreise), Verrechnungspreise für Sachleistungen im internationalen Konzern, Diss., Wiesbaden 1984
Hagen, Jürgen, Mitwirkungs- und Aufzeichnungspflichten des Steuerpflichtigen bei Sachverhalten mit Auslandsbezug und Rechtsfolgen bei Pflichtverletzung, StBp 2005, S. 33
Hahn, Hartmut, Gemeinschaftsrecht und Recht der direkten Steuern – Teil II, DStZ 2005, S. 469-481
Hahn, Hartmut, Kritische Erläuterungen und Überlegungen zum Entwurf des SEStEG, IStR 2006, S. 797-805
Hahnefeld, Ute, Neue Regelungen zur Offenlegung bei Zweigniederlassungen - Inkrafttreten des Gesetzes zur Umsetzung der Elften gesellschaftsrechtlichen EG-Richtlinie, DStR 1993, S. 1596-1598
Haiß, Uta (Gewinnabgrenzung), Gewinnabgrenzung bei Betriebstätten im Internationalen Steuerrecht: Vermögens-, Aufwands- und Ertragszuordnung nach OECD-Musterabkommen und neuem Betriebstättenerlaß, Diss., Neuwied 2000
Halfar, Bernd, Betriebsstättenbesteuerung, IWB v. 11.10.1993, F. 3 Gr. 1, S. 1393-1420
Haller, Heinz (Steuern), Die Steuern. Grundlinien eines rationalen Systems öffentlicher Abgaben, 3. Aufl., Tübingen 1981
Hamakers, Hubert, The Comparable Profits Method and the Arm's Length Principle, ITPJ 2003, S. 90-93δ

Hammer, Richard M., Advance Pricing Agreements Under the Microscope, TMIJ 2005, S. 235-237
Hammer, Richard M., Putting MAP on the Map: OECD's Effort to Improve Dispute Resolution, TMIJ 2005, S. 339-340
Hart, Herbert Lionel Adolphus, Honoré, Tony (Causation), Causation in the Law, 2. Aufl., Oxford 1985
Hartmann, Nicolai (Natur), Philosophie der Natur, Abriß der speziellen Kategorienlehre, Berlin 1950
Haunold, Peter / Tumpel, Michael / Widhalm, Christian, EuGH: Französische Wegzugsbesteuerung gemeinschaftsrechtswidrig, SWI 2004, S. 211-217
Haustein, Michael P. (Ähnlichkeitssuche), Ähnlichkeitssuche in objekt-relationalen Datenbanksystemen, Diplomarbeit, Kaiserslautern 2002, http://wwwdvs.informatik.uni-kl.de/pubs/DAsPAs/Hau02.DA.html (Abrufdatum: 30.12.2004)
Heidelberger, Michael (Problemübersicht), Kausalität. Eine Problemübersicht, in: Bubner, Rüdiger et. al. (Hrsg.), Kausalität, Neue Hefte für Philosophie 32/33, Göttingen 1992, S. 130-153
Heinen, Edmund (Zielsystem), Grundlagen betriebswirtschaftlicher Entscheidungen. Das Zielsystem der Unternehmung, 3. Aufl., Wiesbaden 1976
Heinen, Edmund (Kostenlehre), Betriebswirtschaftliche Kostenlehre. Kostentheorie und Kostenentscheidungen, 6. Aufl., Wiesbaden 1983
Heinhold, Michael (Steuerplanung), Betriebliche Steuerplanung mit quantitativen Methoden, Habil., München 1979
Helde, Stefanie (Dreiecksverhältnisse), Dreiecksverhältnisse im internationalen Steuerrecht unter Beteiligung einer Betriebstätte, Diss., Köln 2000
Hellerstein, Walter, Income Allocation in the 21st Century: The End of Transfer Pricing? The Case for Formulary Apportionment, ITPJ 2005, S. 103-111
Hellwig, Peter, Noch immer Ärger mit den stillen Reserven, DStR 1979, S. 335-341
Hemmelrath, Alexander (Ermittlung), Die Ermittlung des Betriebstättengewinns im internationalen Steuerrecht, eine Untersuchung zur "Selbständigkeit" der Betriebstätte gemäß Art. 7 Abs. 2 OECD-Musterabkommen, Diss., München 1982
Hennrichs, Joachim / Lehmann, Ulrike, Rechtsformneutralität der Unternehmensbesteuerung, StuW 2007, S. 16-21
Heno, Rudolf (Kreditwürdigkeitsprüfung), Kreditwürdigkeitsprüfung mit Hilfe von Verfahren der Mustererkennung, Diss., Bern 1983
Henselmann, Das Mischen von Unternehmenwerten – Eine theoretische Erklärung gängiger Praxis, FB 2001, S. 413-417
Herzig, Norbert, Spannungsverhältnis zwischen Finanzierungsfreiheit und fehlender Finanzierungsneutralität der Besteuerung, FR 1994, S. 589-602
Herzig, Norbert (Resümee), Resümee in: Herzig, Norbert (Hrsg.), Advance Pricing Agreements – ein neues Instrument zur Vermeidung von Verrechnungspreiskonflikten?, Köln 1995, S. 83-95
Herzig, Norbert / Dinkelbach, Andreas, Die Neuregelung des Schuldzinsenabzugs nach § 4 Abs. 4a EStG, BB 1999, S. 1136-1142
Herzig, Norbert, Bilanzsteuerliche Aspekte des Wertaufholungsgebots im Steuerentlastungsgesetz, WPg 1999, S. 305-318
Herzig, Norbert, Aktuelle Entwicklungen bei § 8b KStG und § 3c EStG, DB 2003, S. 1459-1468

Heuermann, Bernd, Objektivierung eines subjektiven Tatbestandsmerkmals: Die Einkünfteerzielungsabsicht bei Vermietung und Verpachtung in der deutschen und österreichischen Rechtsordnung, DStZ 2004, S. 9-14
Hey, Friedrich E. F. (Beweislast), Beweislast und Vermutungen im deutschen internationalen Steuerrecht, Diss., Hamburg 1992
Hey, Johanna (Steuerplanungssicherheit), Steuerplanungssicherheit als Rechtsproblem, Habil., Köln 2001
Hey, Johanna (Rechtsformneutralität), Besteuerung von Unternehmensgewinnen und Rechtsformneutralität, in: Ebling, Iris (Hrsg.), Besteuerung von Einkommen, DStJG Bd. 24, Köln 2001, S. 155-223
Hey, Johanna, Unternehmenssteuerreform 2008 – Die Vorschläge der Kommission Steuergesetzbuch der Stiftung Marktwirtschaft für eine wettbewerbsfähige Unternehmensteuerstruktur, StuB 2006, S. 267-273
Hill, Hermann (Verfahren), Das fehlerhafte Verfahren und seine Folgen im Verwaltungsrecht, Habil., Heidelberg 1986
Hintsanen, Lari, Attribution of income to permanent establishments under EC law, ET 2003, S. 114-122
Hirsch, Christoph, Ergebnisabgrenzung zwischen Betriebsstätte und Stammhaus auf der Grundlage des Betriebsstättenerlasses, StuB 2001, S. 372-379
Hoffmann, Günther F., Die spanische Betriebsstätte in Deutschland, in: Kleineidam, Hans-Jochen (Hrsg.), Unternehmenspolitik und internationale Besteuerung, Festschrift für Lutz Fischer zum 60. Geburtstag, Berlin 1999, S. 645-664
Hohenbild, Rolf (Verursachungsdenken), Das Verursachungsdenken in der betriebswirtschaftlichen Kostenlehre, Diss, Frankfurt a. M. 1974
Homburg, Stefan (Steuerlehre), Allgemeine Steuerlehre, 2. Aufl., München 2000
Hosson, Fred C. de, Allocation of Headoffice Costs – The 10 Year Anniversary of an OECD Report, Intertax 1994, S. 248-249
Hruschka, Franz, Feststellungslast und Mitwirkungspflicht bei Auslandsbetriebstätten, IStR 2002, S. 753-758
Hruschka, Franz / Lüdemann, Peter, Das Veranlassungsprinzip als Maßstab zur innerstaatlichen Betriebsstättenermittlung, IStR 2005, S. 76-84
Huibregtse, S. B. / Offermanns, R. H. M. J., What Is the Future of the EU Arbitration Convention?, ITPJ 2004, S. 76-87
Hume, David (Treatise), An Abstract of a Book lately Published; Entituled, A Treatise of Human Natur etc., 1790, abgedruckt bei Kulenkampff, Jens (Hrsg.), Hamburg 1980
Hunsmann, Daniel, Zum Begriff des Finanzunternehmens i.S.d. § 8b Abs. 7 S. 2 KStG, INF 2006, S. 182-185
Hymer, Stephen (Direct foreign investment), The international operations of national firms: A study of direct foreign investment, Cambridge 1976

IdW, OECD-Bericht zur Umlage der Kosten zentralen Managements und zentraler Dienstleistungen, Stellungnahme des Instituts der Wirtschaftsprüfer in Deutschland e.V. (IDW), DB 1985, S. 1865-1867
IdW Hauptfachausschuss, Entwurf einer Stellungnahme: Zur Währungsumrechnung im Konzernabschluss, IdW, WPg 1998, S. 549-555
IdW Steuerfachausschuss, Die Ermittlung des Betriebsstättengewinns, WPg 1987, S. 648-652

IdW Steuerfachausschuss, Einzelfragen zur Gewinn- und Vermögensabgrenzung bei Betriebsstätten, WPg 1996, S. 365-369
Isensee, Josef (Verwaltung), Die typisierende Verwaltung – Gesetzesvollzug im Massenverfahren am Beispiel der typisierenden Betrachtungsweise des Steuerrechts, Habil., Berlin 1976
Isensee, Tobias, Die Ermittlung des Verrechnungspreises bei Konzernvertriebsunternehmen, IStR 2001, S. 693-696

Jachmann, Monika, Grundlagen einer Steuervereinfachung, in: Kirchhof, Paul / Jakob, Wolfgang, Beermann, Albert (Hrsg.), Steuerrechtsprechung, Steuergesetz, Steuerreform, Festschrift für Klaus Offerhaus zum 65. Geburtstag, Köln 1999, S. 1071-1090
Jacob, Herbert (Preispolitik), Preispolitik, 2. Aufl., Wiesbaden 1971
Jacob, Herbert (Preisbildung), Preisbildung und Preiswettbewerb in der Industriewirtschaft, Köln 1985
Jacobs, Otto (Hrsg.) (Unternehmensbesteuerung), Internationale Unternehmensbesteuerung, Deutsche Investitionen im Ausland, Ausländische Investitionen im Inland, 5. Aufl., München 2002 und 6. Aufl., München 2007
Jamrozy, Marcin (Polen), Betriebsstätte oder Tochtergesellschaft in Polen? Empfehlungen für die steuerliche Gestaltung von Direktinvestitionen deutscher Investoren, Diss., Bielefeld 2002
Jarass, Hans D., Die Niederlassungsfreiheit in der Europäischen Gemeinschaft, Ein Kernelement der Freiheit selbständiger wirtschaftlicher Betätigung, RIW 1993, S. 1-7
Jehke, Christian (Bestimmtheit), Bestimmtheitund Klarheit im Steuerrecht, Diss., Berlin 2005
Jensen, Michael C., Agency Costs of Free Cash Flow, Corporate Finance and Takeovers, American Economic Review 1986, 323-339
Jones, Avery et. al., Treaty Conflicts in Categorizing Income as Business Profits Caused by Differences in Approach between Common Law and Civil Law, BIFD 2003, S. 237-248
Jüptner, Roland (Leistungsfähigkeit), Leistungsfähigkeit und Veranlassung, Diss., Heidelberg 1989
Jung, Udo (Währungsumrechnung), Währungsumrechnung im Konzernabschluß, Zur Ableitung von Grundsätzen ordnungsmäßiger Währungsumrechnung, Diss., Marburg 1991
Jungnickel, K. (Direktinvestitionen), Internationale Direktinvestitionen, in: Handwörterbuch Export und Internationale Unternehmung, hrsg. v. K. Macharzina und M. K. Welge, Stuttgart 1989, Sp. 308-315

Kaligin, Thomas, Der Auskunftserlaß vom 24.6.1987, Teil I: Anwendungsbereiche der verbindlichen Zusage, DStZ 1988, S. 367-372
Kaminski, Bert (Verrechnungspreisbestimmung), Verrechnungspreisbestimmung bei fehlendem Fremdvergleichspreis, Habil., Neuwied 2001
Kaminski, Bert / Strunk, Günther, Ansässigkeit und Vermeidung der Doppelbesteuerung nach Abkommensrecht, IStR 2007, S. 189-194
Kaminski, Bert / Strunk, Günther, Auswirkungen des BFH-Urteils vom 17.10.2001 auf die Verrechnungspreisbestimmung, IWB v. 23.01.2002, F. 3, Gr. 1, S. 1831-1856

Kaminski, Bert / Strunk, Günther, Dokumentationspflicht bei Verrechnungspreisen – Erste Analyse des Entwurfs der Rechtsverordnung zu § 90 Abs. 3 AO, RIW 2003, S. 561-570
Kaminski, Bert / Strunk, Günther, Verrechnungspreisaspekte von Geschäften im Internet, IStR 1999, S. 217-224
Kaminski, Bert, Anmerkungen zur Dotation von Betriebsstätten, RIW 1997, S. 970-973
Kaminski, Bert, Überführung von Wirtschaftsgütern in eine ausländische DBA-Betriebsstätte als Entnahme i. S. des § 4a EStG?, IStR 2001, S. 129-134
Katz, Jessica L., Regs. § 1.882-5 and Article 7: Moving in a Natwesterly Direction, TMIJ 1999, S. 611-632
Kempka, Bettina (Gewinnrealisierung), Gewinnrealisierung bei der Überführung von Wirtschaftsgütern zwischen Stammhaus und Betriebsstätte, Diss., Frankfurt am Main 1995
Kessler, Wolfgang / Huck, Friederike, Der (zwangsweise) Weg in den Betriebsstättenkonzern am Beispiel der Hinausverschmelzung von Holdinggesellschaften, IStR 2006, S. 433-441
Kessler, Wolfgang / Jehl, Melanie, Kritische Analyse der Zentralfunktion des Stammhauses, IWB v. 08.08.2007, F. 10 Gr. 2, S. 1977-1988
Kester, W. C., Capital and Ownership Structure: A Comparison of United States and Japanese Manufacturing Corporations, FinM 1986, Heft 1, S. 5-16
Keuk, Brigitte, Die neuere Einkommensteuer-Rechtsprechung des BFH zur Gewinnrealisierung zur Abwicklung eines Erbfalls und zur Behandlung der Beziehungen zwischen Familienangehörigen, StuW 1973, S. 74-89
Kieser, Alfred, Konflikte zwischen organisatorischen Einheiten, WiSt 1983, S. 443-448
King, Elizabeth (Transfer Pricing), Transfer Pricing and Valuation in Corporate Taxation, Boston 1994
Kinzl, Ulrich-Peter, Zuordnung von Kapitalgesellschaftsbeteiligungen zu ausländischen Betriebsstätten und Grundfreiheiten, IStR 2005, S. 693-699
Kirchhof, Paul (Verfassungsstaat), Besteuerung im Verfassungsstaat, Tübingen 2000
Klein, Ingo (Statistik), Formel- und Tabellensammlung zur beschreibenden und schließenden Statistik, 5. Aufl., Erlangen-Nürnberg 2003
Klein, Klaus-Günter (Verrechnungspreisgestaltung), Die steuerliche Verrechnungspreisgestaltung international tätiger Unternehmungen. Probleme der nationalen und innerstaatlichen Anwendung des dealing-at-arm's-length-Prinzips, Diss., Köln 1988
Klein, Werner / Nohl, Friedhelm / Zschiegner, Hans / Klein, Klaus-Günther (Konzernrechnungslegung), Konzernrechnungslegung und Konzernverrechnungspreise, Stuttgart 1983
Klein, Werner, Konzernverrechnungspreise aus betriebswirtschaftlicher und steuerlicher Sicht, ZfB 1982, S. 155-171
Kleineidam, Hans-Jochen (Rechnungslegung), Rechnungslegung bei Auslandsbeziehungen nach Handels- und Steuerrecht, Freiburg i. Br. 1992
Kleineidam, Hans-Jochen, Fremdvergleichsgrundsatz und strategische Rente globaler Unternehmenspolitik, IStR 2001, S. 724-728
Kleineidam, Hans-Jochen, Gerechtigkeits- und Kausalitätsgesichtspunkte bei der internationalen Einkünftezurechnung auf Betriebstätten. Ein Plädoyer für eine modifizierte globale Einkünftezurechnungsmethode, in: Kleineidam, Hans-Jochen (Hrsg.), Unternehmenspolitik und internationale Besteuerung, Festschrift für Lutz Fischer zum 60. Geburtstag, Berlin 1999, S. 691-711

Kleineidam, Hans-Jochen, Gewinnermittlung bei Auslandsbetriebstätten, IStR 1993, S. 349-352 (Teil I), S. 395-400 (Teil II)

Kleineidam, Hans-Jochen, Perspektiven der internationalen Einkunftsabgrenzung im Lichte globaler Unternehmensstrategien, in: Klein, Franz (Hrsg.), Unternehmen Steuern, Festschrift für Hans Flick zum 70. Geburtstag, Köln 1997, S. 857-872

Kleineidam, Hans-Jochen, Zur veranlassungsorientierten Steuerentstrickung bei grenzüberschreitenden Vorgängen im Unternehmensbereich, IStR 2000, S. 577-608

Kluge, Volker (Steuerrecht), Das internationale Steuerrecht, Gemeinschaftsrecht, Außensteuerrecht, Abkommensrecht, 4. Auflage, München 2000

Kluge, Volker, Betriebsstättenvorbehalt und Methodenartikel, in: Gocke, Rudolf (Hrsg.), Körperschaftsteuer, Internationales Steuerrecht, Doppelbesteuerung, Festschrift für Franz Wassermeyer zum 65. Geburtstag, München 2005, S. 661-679

Kluge, Volker, Zur unmittelbaren Anwendung von DBA-Vorschriften bei der Gewinnermittlung, StuW 1975, S. 294-305

Koblenzer, Thomas (Diskriminierung), Diskriminierung beschränkt Steuerpflichtiger, Diss., Frankfurt a. m. 1999

Kofler, Georg (DBA), Doppelbesteuerungsabkommen und Europäisches Gemeinschaftsrecht, Habil., Wien 2007

Kolck, Joachim Dieter (Betriebstättenbegriff), Der Betriebstättenbegriff im nationalen und internationalen Steuerrecht, Diss., Münster 1974

Koriath, Heinz (Kausalität), Kausalität, Bedingungstheorie und psychische Kausalität, Diss., Göttingen 1988

Körner, Andreas, § 8a KStG n. F. – Darstellung, Gestaltungsmöglichkeiten, Europarechtsinkonformität – Teil II, IStR 2004, S. 253-265

Körner, Andreas, Europarecht und Wegzugsbesteuerung – das EuGH-Urteil "de Lasteyrie du Saillant", IStR 2004, S. 424-432

Körner, Andreas, Das BMF-Schreiben vom 15. Juli 2004 zu § 8a KStG n.F., IStR 2004, S. 769-781

Körner, Andreas, Anmerkungen zum SEStEG-Entwurf vom 21.4.2006, IStR 2006, S. 469-472

Kosiol, Erich, Kritische Analyse der Wesensmerkmale des Kostenbegriffs, in: Erich Kosiol et. al. (Hrsg.), Betriebsökonomisierung durch Kostenanalyse, Absatzrationalisierung und Nachwuchserziehung, Festschrift für Rudolf Seyffert zu seinem 65. Geburtstag, Köln 1958, S. 9-37

Kostense, H.E., The Saint Gobain case and the application of tax treaties. Evolution or revolution?, EC Tax Review 2000, S. 220-232

Kraft, Cornelia (Gewinnermittlung), Steuergerechtigkeit und Gewinnermittlung: eine vergleichende Analyse des deutschen und US-amerikanischen Steuerrechts, Diss., Wiesbaden 1991

Kraft, Gerhard, Erfolgsabgrenzung bei Betriebsstätten nach den Betriebsstätten-Verwaltungsgrundsätzen, StbJb 2000/01, S. 205-236

Kramer, Jörg-Dietrich, Gewinnabgrenzung und Gewinnermittlung bei Verbringung von Wirtschaftsgütern zwischen Betriebsstätten im Internationalen Steuerrecht, StuW 1991, S. 151-164

Kramer, Jörg-Dietrich, Gewinnermittlung und Gewinnabgrenzung bei Verbringung von Wirtschaftsgütern zwischen Betriebsstätten im Internationalen Steuerrecht, StuW 1993, S. 149-154

Kramer, Jörg-Dietrich, Verbringung von Wirtschaftsgütern zwischen Betriebsstätten im Internationalen Steuerrecht, IStR 2000, S. 449-457

Kratz, Peter (Steuerplanung), Steuerplanung internationaler Unternehmungen, System und Methode, Bern 1986

Krelle, Wilhelm (Preistheorie), Preistheorie, Tübingen 1961

Kröger, Horst, Zum Veranlassungsprinzip im Einkommensteuerrecht, StuW 1978, S. 289-294

Kröner, Michael, Differenzierende Betrachtungen zum Betriebsausgaben- und Werbungskostenbegriff, StuW 1985, S. 115-131

Kroppen, Heinz-Klaus / Rasch, Stephan, Aktuelle Verrechnungspreisentwicklungen in den Niederlanden, IWB v. 28.08.2002, F. 5, Gr. 2, S. 351-360

Kroppen, Heinz-Klaus / Schreiber, Klaus, International relevante Aspekte des Steuerentlastungsgesetzes 1999/2000/2002, IWB 1999, F. 3 Gr. 3, S. 1227-1248

Kroppen, Heinz-Klaus, Ausgewählte Fragen zum Betriebsstättenerlass, StbJb 1999/2000, S. 137-170

Kroppen, Heinz-Klaus, Aussprache zum Referat "Gewinnermittlung bei Dienstleistungsbetriebsstätten" von Günkel, JbFSt 2001/02, S. 624-628

Kroppen, Heinz-Klaus, Betriebstätte – Quo Vadis?, IWB v. 10.08.2005, F. 10, Gr. 2, S. 1865-1878

Kroppen, Heinz-Klaus, Betriebstättengewinnermittlung, IStR 2005, S. 73-74

Kroppen, Heinz-Klaus, Neue Rechtsentwicklungen bei der Betriebsstätte nach Abkommensrecht, in: Gocke, Rudolf (Hrsg.), Körperschaftsteuer, Internationales Steuerrecht, Doppelbesteuerung, Festschrift für Franz Wassermeyer zum 65. Geburtstag, München 2005, S. 691-708

Krüger, Lorenz (Relativität), Über die Relativität und die objektive Realität des Kausalbegriffs, in: Lübbe, Weyma (Hrsg.), Kausalität und Zurechnung, Über Verantwortung in komplexen kulturellen Prozessen, Berlin 1994, S. 147-163

Kruse, Heinrich Wilhelm, Über Werbungskosten, FR 1981, S. 473-479

Kubin, Konrad W. / Lück, Wolfgang, Zur funktionalen Währungsumrechnungsmethode in internationalen Konzernabschlüssen, BFuP 1984, S. 357-383

Kuckhoff, Harald / Schreiber, Rolf (Verrechnungspreise), Verrechnungspreise in der Betriebsprüfung, Der Fremdvergleich bei Lieferungen und Leistungen, München 1997

Kumpf, Wolfgang (Verrechnungspreise), Steuerliche Verrechnungspreise in internationalen Konzernen, Möglichkeiten zur Präzisierung des "dealing at arm's length"-Prinzips, Diss., Deventer 1976

Kumpf, Wolfgang (Betriebstätten), Besteuerung inländischer Betriebstätten von Steuerausländern, Köln 1982

Kumpf, Wolfgang, Ergebnis- und Vermögenszuordnung bei Betriebsstätten, StbJb 1988/89, S. 399-422

Kumpf, Wolfgang (Betriebsstätte), Betriebsstätte: Prinzip und Definition, in: Haarmann, Wilhelm (Hrsg.), Die beschränkte Steuerpflicht, Forum der internationalen Besteuerung, Bd. 2, Köln 1993, S. 27-46.

Kumpf, Wolfgang / Roth, Andreas, Einzelfragen der Ergebniszuordnung nach den neuen Betriebsstätten-Verwaltungsgrundsätzen, DB 2000, S. 787-793

Kumpf, Wolfgang / Roth, Andreas, Rückführung von Wirtschaftsgütern von einer ausländischen Betriebsstätte in einem DBA-Staat mit Freistellung in das inländische Stammhaus, DB 2000, S. 2192-2194

Kumpf, Wolfgang, Betriebsstättenfragen nach Steuersenkungsgesetz und Betriebsstättenerlass, FR 2001, S. 449-508

Kumpf, Wolfgang / Roth, Andreas, Gewinnabgrenzung bei internen Leistungen zwischen deutschen und ausländischen Betriebsstätten, in: Kirchhof, Paul / Schmidt, Karsten / Schön, Wolfgang / Vogel, Klaus (Hrsg.), Steuer- und Gesellschaftsrecht zwischen Unternehmerfreiheit und Gemeinwohl, Festschrift für Arndt Raupach, Köln 2006, S. 579-600

Kupsch, Peter (Rückstellungen), Die Bilanzierung von Rückstellungen im Rahmen der Bilanzpolitik der Unternehmung, Habil., München 1973

Kupsch, Peter (Unternehmungsziele), Unternehmungsziele, Stuttgart 1979

Kupsch, Peter (Steuerplanung), Steuerplanung, Bamberg 1983

Lahodny-Karner, Andrea (Standardmethoden), Die geschäftsvorfallbezogenen Standardmethoden in den OECD-Verrechnungspreisrichtlinien 1995, in: Lahodny-Karner, Andrea / Schuch, Josef / Toifl, Gerald / Urtz, Christoph / Vetter, Tobias (Hrsg.), Die neuen Verrechnungspreisrichtlinien der OECD, Wien 1996, S. 31-59

Lang, Joachim (Gewinnrealisierung), Gewinnrealisierung – Rechtsgrundlagen, Grundtatbestände und Prinzipien im Rahmen des Betriebsvermögensvergleichs nach § 4 Abs. 1 EStG, in: Ruppe, Hans Georg (Hrsg.), Gewinnrealisierung im Steuerrecht, DStJG Bd. 4, Köln 1981, S. 45-96

Lang, Joachim (Bemessungsgrundlage), Die Bemessungsgrundlage der Einkommensteuer, Rechtssystematische Grundlagen steuerlicher Leistungsfähigkeit im deutschen Einkommensteuerrecht, Habil., Köln 1988

Lang, Michael (Hilfstätigkeiten), Die Vermeidung der Betriebstättenbegründung bei Tätigkeiten vorbereitender Art und Hilfstätigkeiten (Art 5 Abs 4 OECD-Musterabkommen), in: Gassner, Wolfgang / Lang, Michael / Lechner, Eduard (Hrsg.), Die Betriebstätte im Recht der Doppelbesteuerungsabkommen: Voraussetzungen der Besteuerung von Unternehmensgewinnen im Quellenstaat, Wien 1998, S. 77-93

Lang, Michael, Seminar B, Teil 2: Das OECD-Musterabkommen - 2001 und darüber hinaus: Welche Bedeutung haben die nach Abschluss eines Doppelbesteuerungsabkommens erfolgten Änderungen des OECD-Kommentars? IStR 2001, S. 536-539

Lang, Michael, Ist der Betriebsstättenvorbehalt bloß im Quellenstaat anwendbar?, SWI 2003, S. 319-324

Lang, Michael, Gemeinschaftsrechtliche Verpflichtung zur Rechtsformneutralität im Steuerrecht?, IStR 2006, S. 397-402

Lang, Michael, Doppelte Verlustberücksichtigung und Gemeinschaftsrecht – am Beispiel der Betriebsstättengewinnermittlung, IStR 2006, S. 550-555

Langohr, Thomas (Veranlassungsprinzip), Das Veranlassungsprinzip im Einkommensteuerrecht: dargestellt am Beispiel von Vermögensverlusten, Diss., Münster 1990

Larenz, Karl (Methodenlehre), Methodenlehre der Rechtswissenschaft, 6. Aufl., Berlin 1991

Lechner, Eduard (Gewinnaufteilung), Gewinnaufteilung zwischen in- und ausländischen Betriebsstätten, insbesondere die Behandlung innerbetrieblicher Leistungsbeziehungen, Diss., Wien 1982

Lechner, Eduard, Ertragsbesteuerung ausländischer Finanzierungsbetriebstätten, in: Bergmann, Horst, Praxisfragen zum Körperschaftsteuerrecht, Festschrift für Harald Werilly zum 60. Geburtstag, Wien 2000, S. 195-215

Lechner, Eduard (Dotationskapital), in: Gassner, Wolfgang / Lang, Michael / Lechner, Eduard (Hrsg.), Die Betriebstätte im Recht der Doppelbesteuerungsabkommen: Voraussetzungen der Besteuerung von Unternehmensgewinnen im Quellenstaat, Wien 1998, S. 179-196
Leffson, Ulrich (Bilanzanalyse), Bilanzanalyse, 3. Aufl., Stuttgart 1984
Leinfellner, Werner (Sozialwissenschaften), Kausalität in den Sozialwissenschaften, in: Posch, Günter (Hrsg.), Kausalität, Neue Texte, Stuttgart 1981, S. 221-259
Leisner, Anna (Kontinuität), Kontinuität als Verfassungsprinzip, Habil., Tübingen 2002
Lenz, Martin, Dokumentation von Verrechnungspreisen – Spezieller Teil, WPg-Sonderheft 2006, S. 145-151
Levey, Marc M. / van Herksen, Monique / Schnorberger, Stephan / Breckenridge, Stephen / Taguchi, Kazuo / Dougherty, James / Russo, Antonio, The Quest for Marketing Intangibles, Intertax 2006, S. 2-9
Li, Jinyan, Global Profit Split: An Evolutionary Approach to International Income Allocation, CTJ 2002, S. 823-883
Litz, Hans Peter (Multivariate), Multivariate statistische Methoden und ihre Anwendung in den Wirtschafts- und Sozialwissenschaften, Oldenbourg 2000
Loose, Felix, Wann begründen grenzüberschreitenden Dienstleistungen eine Betriebsstätte im Tätigkeitsstaat?, Stbg 2007, S. 127-132
Löwenstein, Ulrich / Looks, Christian (Betriebsstättenbesteuerung), Betriebsstättenbesteuerung, Inboundinvestitionen, Outboundinvestitionen, Steuergestaltungen, Branchenbesonderheiten, München 2003
Lübbe, Weyma (Handeln), Handeln und Verursachen: Grenzen der Zurechnungsexpansion, in: Lübbe, Weyma (Hrsg.), Kausalität und Zurechnung, Über Verantwortung in komplexen kulturellen Prozessen, Berlin 1994, S. 223-242
Lüdicke, Jürgen, Die inländische Betriebsstätte eines ausländischen Unternehmens, StbKongrRep 1994, S. 217-252
Lüdicke, Jürgen (Besteuerungsfragen), Aktuelle Besteuerungsfragen bei inländischen Betriebsstätten ausländischer Unternehmen – unter besonderer Berücksichtigung von Banken und Versicherungen, in: Fischer, Lutz (Hrsg.), Besteuerung wirtschaftlicher Aktivitäten von Ausländern in Deutschland, Forum der internationalen Besteuerung, Bd. 8, Köln 1995, S. 35-57
Luhmann, Niklas (Systemrationalität), Zweckbegriff und Systemrationalität, über die Funktion von Zwecken in sozialen Systemen, Frankfurt a.M. 1973
Luhmann, Niklas (Kausalität), Kausalität im Süden, Soziale Systeme 1995, S. 7-28
Luttermann, Claus, Normenklarheit im Steuerrecht und "unbestimmte" Rechtsbegriffe?, FR 2007, S. 18-22
Lutz, Ulrich (Preispolitik), Preispolitik im internationalen Marketing und westeuropäische Integration, Diss., Frankfurt am Main 1994

Macharzina, Klaus (Unternehmensführung), Unternehmensführung: das internationale Managementwissen. Konzepte – Methoden – Praxis, Wiesbaden 1993
Maier, Winfried (Betriebsbegriff), Der funktionale Betriebsbegriff im Einkommensteuerrecht, Diss., Augsburg 1990
Maisto, Guglielmo (Generalbericht), Transfer Pricing in the Absence of Comparable Market Prices (Generalbericht zum IFA-Kongress 1992 in Cancun), CDFI 1992, Vol. 77a, S. 141-206

Malinski, Peter (Währungsschwankungen), Währungsschwankungen und Doppelbesteuerung, Diss., Herne 1992
Malinski, Peter, Seminar B: Steuerliche Wirkungen von Währungsgewinnen und -verlusten – Ein Diskussionsbeitrag, IStR 2000, S. 499-504
Manganelli, Andrea, Critical Analysis of Transactional Profit Methods and of their Practical Application, ITPJ 2000, S. 206-217
Martens, Joachim (Rechtsanwendung), Rechtsanwendung und Rechtssetzung durch Verwaltungsvorschriften, in: Tipke, Klaus (Hrsg.), Grenzen der Rechtsfortbildung durch Rechtsprechung und Verwaltungsvorschriften im Steuerrecht, DStJG Bd. 5, Köln 1982, S. 163-208
Martín Jiménez, Adolfo J. / García Prats, Alfredo / Calderón Carrero, José M., Triangular Cases, Tax Treaties and EC Law: The Saint-Gobain Decision of the ECJ, BIFD 2001, S. 241-253
Mascarello, Silvia, Attribution of Profits to Permanent Establishments of Banks, ITPJ 2006, S. 54-73
Maus, Günter (Leasing), Leasing im Handels- und Steuerrecht, Herne 1996
McDonald, Michael / Scheuren, Fritz / Scales, Daniel, SG&A Spending and Its Impact on Distributor Profitability, TMTPR 1999, S. 725 ff.
McKee, Michael / Patton, Mike / Kapoor, Vinay, Die quantitative Auswirkung von Wechselkursfluktuationen auf die Gewinne von Vertriebsgesellschaften in den USA, IStR 1996, S. 251-256
Mellinghoff, Rudolf, Verfassungsgebundenheit des Steuergesetzgebers – unter besonderer Berücksichtigung der neueren Rechtsprechung des Bundesverfassungsgerichts, in: Siegel, Theodor / Kirchhof, Paul / Schneeloch, Dieter (Hrsg.), Steuertheorie, Steuerpolitik und Steuerpraxis, Festschrift für Peter Bareis zum 65. Geburtstag, Stuttgart 2005, S. 171-195
Menche, Klaus (Typisierende Betrachtungsweise), Typisierende Betrachtungsweise bei der Ermittlung der Besteuerungsgrundlagen, Diss., o. O. 1958
Menck, Thomas, Die Prüfung der internationalen Gewinnabgrenzung nach der "Schiedsstellenkonvention" der EU, StBp 1995, S. 169-176
Menzel, Hans-Jürgen (Verrechnungspreissystem), Das Verrechnungspreissystem der Dresdner Bank, in: Raupach, Arndt / Pohl, Dirk (Hrsg.), Verrechnungspreissysteme multinationaler Unternehmen in betriebswirtschaftlicher, gesellschafts- und steuerrechtlicher Sicht, Herne / Berlin 1999, S. 175-191
Mersmann, Wolfgang (Ertragsbesteuerung), Die Ertragsbesteuerung inländischer Betriebstätten und Tochtergesellschaften ausländischer Kapitalgesellschaften. Ein Beitrag zum internationalen Steuerrecht, Heidelberg 1966
Meyer, Dirk (Nutzungsüberlassungen), Einkommensteuerliche Behandlung des Nießbrauchs und anderer Nutzungsüberlassungen, Diss., Herne / Berlin 1984
Meyer, Harald (Beweislastprobleme), Beweislastprobleme im Steuerrecht, Diss., Augsburg 1988
Miesel, Victor H. / Higinbotham, Harlow H. / Chung W. Yi, International Transfer Pricing: Practical Solutions For Intercompany Pricing, ITJ 2003, Issue 1, S. 1-22 (Teil 1), Issue 4, S. 1-40 (Teil 2)
Mitchell, Joan (Price Determination), Price Determination and Prices Policy, London 1978

Mitsch, Heinz (Wiederverkaufspreismethode), Wiederverkaufspreismethode, in: Schuch, Josef / Zehetner, Ulf (Hrsg.), Verrechnungspreisgestaltung im internationalen Steuerrecht, Wien 2001, S. 121-132

Morrison, Philip D., NatWest II: Major Taxpayer Win, Minor Impact on Others, TMIJ 2004, S. 109-111

Mössner, Jörg M. (Auslegung), Die Auslegung von Doppelbesteuerungsabkommen in der Rechtsprechung des Bundesfinanzhofs, in: Lang, Michael / Mössner, Jörg M., Waldburger, Robert (Hrsg.), Die Auslegung von Doppelbesteuerungsabkommen in der Rechtsprechung der Höchstgerichte Deutschlands, der Schweiz und Österreichs, Wien 1998, S. 19-50

Mössner, Jörg M., Neuere Entwicklungen beim Betriebstättenbegriff, in: Kirchhof, Paul / Lehner, Moris / Raupach, Arndt / Rodi, Michael (Hrsg.), Staaten und Steuern, Festschrift für Klaus Vogel zum 70. Geburtstag, Heidelberg 2000, S. 945-961

Moxter, Adolf (Gewinnermittlung), Betriebswirtschaftliche Gewinnermittlung, Tübingen 1982

Moxter, Adolf, Zum Verhältnis von Handelsbilanz und Steuerbilanz, BB 1997, S. 195-199

Mühlbayer, Michael (Erfolgsanalyse), Prospektive Erfolgsanalyse und Unternehmensbonität, Diss., Frankfurt a.M. 1986

Müller, Herbert, Die Umrechnung des Jahresabschlüsse ausländischer Tochterunternehmen nach dem Prinzip der Wertäquivalenz, RIW 1987, S. 847-857

Müller-Bader, Peter (Konflikt), Konflikt und Leistung. Ein Beitrag zur Analyse der Leistungswirkung betrieblicher Konflikte, Diss., München 1977

Müller-Ganz, Jörg (Kennzahlen), Kennzahlen zur Bonitätsbeurteilung im Quervergleich, unter besonderer Berücksichtigung von Klein und Mittelbetrieben, Bern 1992

Mummenhoff, Winfried (Beweis), Erfahrungssätze im Beweis der Kausalität, Habil., Köln 1997

Musgrave, Richard A / Musgrave, Peggy B. / Kullmer, Lore (Finanzen[4], Bd. 3), Die öffentlichen Finanzen in Theorie und Praxis, 3. Band, 4. Aufl., Tübingen 1992

Musgrave, Richard A / Musgrave, Peggy B. / Kullmer, Lore (Finanzen[5], Bd. 2), Die öffentlichen Finanzen in Theorie und Praxis, 2. Band, 5. Aufl., Tübingen 1993

Mutscher, Axel (Kapitalstruktur), Die Kapitalstruktur von Betriebsstätten im Internationalen Steuerrecht, Diss., Bielefeld 1997

Myers, Stewart C. / Majluf, Nicholas S., Corporate Financing and Investment Decisions. When Firms Have Information That Investors do not Have, Journal of Financial Economics 1984, S. 187-221

Nagle, Thomas T. / Holden, Reed K. / Larsen, Georg M. (Pricing), Pricing – Praxis der optimalen Preisfindung, Berlin 1998

Narraina, L. / Krause, M. / Viegener, J. / Homburger, A. N. / Mayr, S. / Steichen, A. / Obluda, S. / Leitner, R. / Kolb, A. / Zschiegener, H. / Wingert, K.-D., Vergleichende Darstellung über die Besteuerung von Betriebstätten ausländischer Unternehmen, IWB v. 10.11.1993, F. 10 International, Gr. 2, S. 925-950

Neubauer, Heinz, Erfahrungen des Bundesamts für Finanzen bei der Prüfung von Auslandsbeziehungen, dargestellt an Fällen, JbFSt 1974/75, S. 269-295

Neubauer, Heinz, Grenzüberschreitende Gewinnabgrenzung bei Betriebsstätten – Ein systematischer Versuch – Koreferat zum Referat Ritter, JbFSt 1976/77, S. 312-321

Neumark, Fritz (Grundsätze), Grundsätze gerechter und ökonomisch rationaler Steuerpolitik, Tübingen 1970
Neyer, Wolfgang, Steuerliches Dotationskapital deutscher Niederlassungen ausländischer Kreditinstitute, IStR 1994, S. 6-8
Nientimp, Axel (Gewinnabgrenzung), Steuerliche Gewinnabgrenzung in internationalen Konzernen, Diss., Köln 2003
Noth, Corinna (Eigenkapitalausstattung), Die Eigenkapitalausstattung deutscher Gesellschaften mit beschränkter Haftung – Eine theoretische und empirische Analyse, Diss., Köln 1996
Nowotny, Clemens (Zuordnung), Betriebstättengewinnermittlung, Die Zuordnung von Wirtschaftsgütern im Recht der Doppelbesteuerungsabkommen, Diss., Wien 2004

Oestreicher, Andreas, Neufassung der Verwaltungsgrundsätze zur Prüfung der Einkunftsabgrenzung durch Umlageverträge zwischen international verbundenen Unternehmen, IStR 2000, S. 759-768
Oestreicher, Andreas (Gewinnabgrenzung), Konzern-Gewinnabgrenzung: Gewinnabgrenzung – Gewinnermittlung – Gewinnaufteilung, Habil., München 2000
Oestreicher, Andreas (Entwicklung), Entwicklung und Rechtfertigung des Arm's length principle im Rahmen der Gewinnabgrenzung internationaler Konzerne, in: Oestreicher, Andreas (Hrsg.), Internationale Verrechnungspreise, Beiträge zu einer Ringveranstaltung an der Universität Göttingen im Sommersemester 2002, Herne 2003, S. 1-51
Oestreicher, Andreas / Vormoor, Christoph, Verrechnungspreisanalyse mit Hilfe von Unternehmensdatenbanken – Vergleichbarkeit und Datenlagen, IStR 2004, S. 95-106
Oestreicher, Andreas / Duensing, Matthias, Eignung von Unternehmensdatenbanken zur Bestimmung der Verrechnungspreise an deutsche Vertriebsunternehmen, IStR 2005, S. 134-144
Offerhaus, Klaus, Zur steuerrechtlichen Abgrenzung zwischen betrieblich (beruflich) veranlaßten und durch die Lebensführung veranlaßten Aufwendungen, I. Teil: Begriffserläuterungen, BB 1979, S. 617-622
Offerhaus, Klaus, Die tatsächliche Verständigung – Voraussetzungen und Wirkung, DStR 2001, S. 2093-2132
Olbrich, Thomas, Die Abgrenzung bilanzieller Bewertungseinheiten als Wirtschaftsgüter des Sachanlagevermögens, in: Baetge, Jörg / Börner, Dietrich / Forster, Karl-Heinz / Schruff, Lothar (Hrsg.), Rechnungslegung, Prüfung und Beratung, Festschrift zum 70. Geburtstag von Professor Dr. Rainer Ludewig, Düsseldorf 1996, S. 755-775
Ordelheide, Dieter, Gefährdung der Nominalkapitalerhaltung durch die Währungsumrechnung von Auslandsinvestitionen, ZfbF 1994, S. 795-818
Ossadnik, Wolfgang (Aufteilung), Die Aufteilung von Synergieeffekten bei Fusionen, Stuttgart 1995
Osterloh, Lerke (Typisierungsspielräume), Gesetzesbindung und Typisierungsspielräume bei der Anwendung der Steuergesetze, Habil., Baden-Baden 1992
Osterloh, Lerke, Besteuerungsneutralität – ökonomische und verfassungsrechtliche Aspekte, in: Osterloh, Lerke / Schmidt, Karsten / Weber, Herrman (Hrsg.), Staat, Wirtschaft, Finanzverfassung, Festschrift für Peter Selmer zum 70. Geburtstag, Berlin 2004, S. 875-887
o. V., Treaty Requires IRS to Use Branch's Books for Interest Expense Deduction, JIT 2004, Issue 2, S. 4-6

Pach-Hanssenheimb, Ferdinand (Verstrickung), Die Verstrickung von Wirtschaftsgütern in die deutsche Steuerhoheit, Diss., Baden-Baden 1991

Pach-Hanssenheimb, Ferdinand, Der Transfer von Wirtschaftsgütern in eine und aus einer ausländischen Betriebsstätte durch unbeschränkt Steuerpflichtige, BB 1992, S. 2115-2124

Pannen, Michael (Meßtheoretische Grundprobleme), Meßtheoretische Grundprobleme des Maßgeblichkeitsprinzips, Diss., Lohmar 2000

Papier, Hans-Jürgen (Bestimmtheitsgrundsatz), Der Bestimmtheitsgrundsatz, in: Friauf, Heinrich (Hrsg.), Steuerrecht und Verfassungsrecht, DStJG Bd. 12, Köln 1989, S. 61-78

Papotti, Raul-Angelo / Saccardo, Nicola, Interaction of Articles 6, 7 and 21 of the 2000 OECD Model Convention, BIFD 2002, S. 516-521

Passeyrer, Thomas (Losses), The Treatment of Losses of a Permanent Establishment, in: Aigner, Hans-Jörgen / Züger, Mario (Hrsg.), Permanent Establishments in International Tax Law, Wien 2003, S. 425-449

Paus, Bernhard, Sind Zinsen nach Veräußerung eines Mietwohngrundstücks Werbungskosten?, Zugleich Besprechung des BFH-Urteils vom 21.12.1982 – VIII R 48/82 –, FR 1984, S. 135-141

Perridon, Louis / Steiner, Manfred (Finanzwirtschaft), Finanzwirtschaft der Unternehmung, 10. Aufl., München 1999

Peter, Markus (Betriebsstättenprinzip), Fortentwicklung des Betriebsstättenprinzips, Diss., Frankfurt am Main 2002

Pezzer, Heinz-Jürgen (Bilanzierungsprinzipien), Bilanzierungsprinzipien als sachgerechte Maßstäbe der Besteuerung, DStJG Bd. 14, Köln 1991, S. 3-27

Pezzer, Heinz-Jürgen, Der Fremdvergleich als Prüfungsmaßstab für Verträge zwischen nahestehenden Personen – Sachverhaltswürdigung oder rechtliche Subsumtion, DStZ 2002, S. 850-855

Pfaar, Michael, Keine Besteuerung bei Überführung von Wirtschaftsgütern in ausländische Betriebsstätten, IStR 2000, S. 42-46

Pfohl, Hans-Christian / Braun, Günther E. (Entscheidungstheorie), Entscheidungstheorie, normative und deskriptive Grundlagen des Entscheidens, Landsberg am Lech 1981

Piltz, Detlev Jürgen (Währungsschwankungen), Währungsschwankungen und die Methoden zur Vermeidung der internationalen Doppelbesteuerung, Bonn 1988

Piltz, Detlev (Umlage), Dienstleistungen – Einzelabrechnung versus Umlage, in: Schaumburg, Harald (Hrsg.), Internationale Verrechnungspreise zwischen Kapitalgesellschaften, Forum der internationalen Besteuerung, Bd. 6, Köln 1994, S. 62-77

Piltz, Detlev (Besteuerungsvergleich), Besteuerungsvergleich Tochtergesellschaft vs. Betriebsstätte – Altes und neues Recht – in: Piltz, Detlev / Schaumburg, Harald (Hrsg.), Internationale Betriebstättenbesteuerung, Forum der internationalen Besteuerung, Bd. 20, Köln 2001, S. 1-24

Piltz, Detlev, Die neuen Entstrickungs- und Verstrickungskonzeptionen, JbFSt 2006/07, S. 104-136

Pohl, Dirk (Verstrickung), Grenzüberschreitende Ent- und Verstrickung, in: Lüdicke, Jürgen (Hrsg.), Fortentwicklung der internationalen Unternehmensbesteuerung, Forum der internationalen Besteuerung, Bd. 23, S. 33-64

Prinz, Ulrich, Grundfragen und Anwendungsbereiche des Veranlassungsprinzips im Ertragsteuerrecht, StuW 1996, S. 267-274
Probst, Horst (Kreditwürdigkeitsprüfung), Kreditwürdigkeitsprüfung gewerblicher Kreditnehmer, Diss., Bonn 1982
Puhl, Thomas, Besteuerungsverfahren und Verfassung, Teil II, DStR 1991, S. 1175-1178

Quack, Engelbert, Gewinnverwirklichung durch zwischenbetriebliche Entnahmen bei Auslandsbeziehungen, BB 1975, S. 830-834

Raad, Kees van, Deemed Expenses of a Permanent Establishment unter Article 7 of the OECD Model, Intertax 2000, S. 162-167
Raboy, David G. / Wiggins, Steven N., Intangible Capital, Hedonic Pricing, and International Transfer Prices, Public Finance Review 1997, S. 347-365
Ramb, Fred (Finanzierungsstrukturen), Finanzierungsstrukturen im Vergleich – Eine Analyse europäischer Unternehmen, Zentrum für Europäische Wirtschaftsforschung, Discussion Paper No. 98-17, Mannheim, Mai 1998, http://bibserv7.bib.uni-mannheim.de/madoc/volltexte/2004/670/ (Abrufdatum 07.04.2005)
Randenborgh, Lucas van / Seidenfus, Valentin R., Vermeidung der Doppelbesteuerung durch DBA-Verständigungsverfahren – Praktischer Ablauf, Beteiligtenrechte, Erfolgsaussichten, INF 1996, S. 481-487
Raupach, Arndt, Die Bemessung von Konzernumlagen mit oder ohne Gewinnaufschlag im Hinblick auf die Organisation multinationaler Konzerne, StuW 1990, S. 397-403
Raupach, Arndt (Steuervereinfachung), Steuervereinfachung durch die Rechtsprechung?, in: Fischer, Peter (Hrsg.), Steuervereinfachung, DStJG Bd. 21, Köln 1998, S. 173-211
Raupach, Arndt (Bemessung), Funktionsgerechte Bemessung von Verrechnungspreisen, in: Raupach, Arndt / Pohl, Dirk (Hrsg.), Verrechnungspreissysteme multinationaler Unternehmen in betriebswirtschaftlicher, gesellschafts- und steuerrechtlicher Sicht, Herne / Berlin 1999, S. 127-142
Raupach, Arndt (Expertengespräch), Expertengespräch zum Verhältnis der Verrechnungspreisgestaltung und Funktionsteilung im Rahmen der Aufbau- und Ablauforganisation, in: Raupach, Arndt / Pohl, Dirk (Hrsg.), Verrechnungspreissysteme multinationaler Unternehmen in betriebswirtschaftlicher, gesellschafts- und steuerrechtlicher Sicht, Herne / Berlin 1999, S. 463-504
Rehkugler, Heinz / Vögele, Alexander, Quantitative Verfahren der Prüfung von Verrechnungspreisen – Perspektiven und offene Fragen, BB 2002, S. 1937-1945
Remmen, Peter (Konzernverrechnungspreise), Konzernverrechnungspreise und Konzernumlagen im Aktien- und GmbH-Recht, Diss., Frankfurt am Main 2002
Riecker, Andreas (Unitary Taxation), Körperschaftsbesteuerung in der Europäischen Union und das US-amerikanische Modell der Unitary Taxation, Diss., Baden-Baden 1997
Rieger, Horst (Prinzipien), Prinzipien des internationalen Steuerrechts als Problem der internationalen Steuerplanung in der multinationalen Unternehmung, Berlin 1978
Ritter, Wolfgang, Grenzüberschreitende Gewinnabgrenzung bei Betriebsstätten – Ein systematischer Versuch, JbFSt 1976/77, S. 288-311
Ritter, Wolfgang (Beweislast), Beweislast und Vermutungsregeln bei internationalen Verrechnungspreisen, in: Vogel, Klaus (Hrsg.), Grundfragen des internationalen Steuerrechts, DStJG Bd. 8, Köln 1985, S. 91-118

Rödder, Thomas, Aktuelle Problemfälle verdeckter Gewinnausschüttung im Konzern. Produkionsverlagerung, Markterschließung, Verlagerung von Vertriebsfunktionen, StbJb 1997/98, S. 115-138
Rödder, Thomas / Ritzer, Claus, § 8a KStG n.F. im Outbound-Fall, DB 2004, S. 891-894
Rödder, Thomas / Schumacher, Andreas, Das kommende SEStEG – Teil I: Die geplanten Änderungen des EStG, KStG und AStG – Der Regierungsentwurf eines Gesetzes über steuerliche Begleitmaßnahmen zur Einführung der Europäischen Gesellschaft und zur Änderung weiterer steuerlicher Vorschriften, DStR 2006, S. 1481-1494
Rodemer, Ingo (Advance Pricing Agreements), Advance Pricing Agreements im US-amerikanischen und im deutschen Steuerrecht, Diss., Köln 2001
Rodriguez, A. E., Examining Unintended Effects from Using The SG&A Intensity Ratio to Screen Wholesalers, TMTPR 2001, S. 804 ff.
Rollig, Wolfgang (Information), Betriebswirtschaftliche Steuerpolitik und unvollkommene Information, Diss., Thun 1980
Rose, Gerd, Die "Vorteilsgeneigtheit" als unerlässliche Voraussetzung für die Annahme verdeckter Gewinnausschüttungen, DB 2005, S. 2596-2598
Roser, Frank (Steuerfolgen), Steuerfolgen unterschiedlicher Vertriebskonzepte, in: Schaumburg, Harald / Piltz, Detlev (Hrsg.), Steuerfolgen von Produktion und Vertrieb im Ausland, Forum der internationalen Besteuerung, Bd. 18, Köln 2000, S. 139-169
Roser, Frank, Gesellschafter-Fremdfinanzierung (§ 8a KStG), Zweifelsfragen bei Auslandsbeziehungen, EStB 2004, S. 262-265
Ross, Stephen, The Determination of Financial Structure: The Incentive Signalling Approach, JoE 1977, S. 23-40
Roth, Andreas, Anmerkung zum Urteil vom 20.07.1988, FR 1988, S. 680-681
Roth, Andreas, Internationales Steuerrecht, Podiumsdiskussion, StbJb 1997/98, S. 493-536
Roth, Andreas (Zurechnung), Zurechnung von Wirtschaftsgütern bei Betriebsstätten und Personengesellschaften, in: Lüdicke, Jürgen (Hrsg.), Zurechnung von Wirtschaftsgütern im internationalen Steuerrecht, Forum der internationalen Besteuerung, Bd. 19, Köln 2000, S. 87-128
Roth, Andreas (Gewinnverwirklichung), Die aufgeschobene Gewinnverwirklichung bei der grenzüberschreitenden Überführung von Wirtschaftsgütern in eine Betriebsstätte unter steuerplanerischen Gesichtspunkten, in: Grotherr, Siegfried (Hrsg.), Handbuch der internationalen Steuerplanung, Herne / Berlin 2000, S. 77-106
Roth, Andreas (Gewinnabgrenzung), Gewinnabgrenzung zwischen Stammhaus und Betriebstätte eines internationalen Einheitsunternehmens, in: Oestreicher, Andreas (Hrsg.), Internationale Verrechnungspreise, Beiträge zu einer Ringveranstaltung an der Universität Göttingen im Sommersemester 2002, Herne 2003, S. 163-206
Röthlisberger, René / Zitter, Gernot, Tax Risk Management, Aktuelle Hersausforderung für alle Steuerverantwortlichen, SchwTr 2005, S. 295-301
Runge, Berndt (Streitfragen), Streitfragen bei der Betriebsprüfung internationaler Unternehmen, in: Fischer, Lutz (Hrsg.), Wirtschaftsstandort Deutschland im internationalen Steuerrecht, Forum der internationalen Besteuerung, Bd. 5, Köln 1994, S. 137-147
Runge, Berndt, Quo vadis, internationaler Verrechnungspreis, cui bono, neuer OECD-Verrechnungspreisbericht?, IStR 1995, S. 505-511
Runge, Berndt (Kostenumlageverträge), Internationale Kostenumlageverträge, in: Crezelius, Georg / Raupach, Arndt / Schmidt, Ludwig / Uelner, Adalbert, Steuerrecht und Ge-

sellschaftsrecht als Gestaltungsaufgabe, Freundesgabe für Franz Josef Haas zur Vollendung des 70. Lebensjahres, Herne 1996, S. 295-304

Runge, Berndt, Internationales Steuerrecht, Podiumsdiskussion, StbJb 1997/98, S. 493-536

Runge, Berndt (Diskussion Metro), Diskussion zu: Das Verrechnungspreissystem von Metro, in: Raupach, Arndt / Pohl, Dirk (Hrsg.), Verrechnungspreissysteme multinationaler Unternehmen in betriebswirtschaftlicher, gesellschafts- und steuerrechtlicher Sicht, Herne / Berlin 1999, S. 259-276

Runge, Berndt (Diskussion Bayer), Diskussion zu: Das Verrechnungspreissystem von Bayer, in: Raupach, Arndt / Pohl, Dirk (Hrsg.), Verrechnungspreissysteme multinationaler Unternehmen in betriebswirtschaftlicher, gesellschafts- und steuerrechtlicher Sicht, Herne / Berlin 1999, S. 290-296

Runge, Berndt (Betriebsstättenerlaß), Der neue Betriebsstättenerlaß – geregelte und nicht geregelte Fälle, in: Piltz, Detlev / Schaumburg, Harald (Hrsg.), Internationale Betriebstättenbesteuerung, Forum der internationalen Besteuerung, Bd. 20, Köln 2001, S. 131-146

Runge, Berndt, Die Dotation einer Betriebsstätte, IStR 2002, S. 825-828

Rupp, Reinhard (Ertragsbesteuerung), Die Ertragsbesteuerung nationaler Konzerne. Konzernsteuerbilanz oder Weiterentwicklung der körperschaftsteuerlichen Organschaft? Frankfurt am Main 1983

Ruppe, Hans Georg, Der Anspruch auf Normenklarheit im Steuerrecht und seine Durchsetzung im Gesetzgebungs- und Rechtsschutzverfahren, DStR 2008, Beihefter zu Heft 17, S. 20-25

Russo, Antonio, Formulary Apportionment for Europe: An Analysis and A Proposal, Intertax 2005, S. 2-31

Rust, Alexander, Situs Principle v. Permanent Establishment Principle in International Tax Law, BIFD 2002, S. 15-18

Ryan, Eric D. / Patton, Michael F., IRS Advance Pricing Agreements: Are They a Practical Means to Resolve Potential International Transfer Pricing Disputes?,TMIJ 1991, S. 115-123

Sadiq, Kerrie, The Fundamental Failing of the Traditional Transfer Pricing Regime – Applying the Arm's Length Standard to Multinational Banks based on a Comparability Analysis, BIFD 2004, S. 67-81

Saelzle, Rainer, Steuerbilanzziele und Maßgeblichkeitsprinzip – Ein Beitrag zur Auslegung von § 5 I EStG, AG 1977, S. 181-189

Salditt, Franz, Über den "möglichen Wortsinn" des Entnahmetatbestandes, StuW 1974, S. 61-67

Salzberger, Wolfgang (Konzernunternehmung), Die steuerliche Gewinnermittlung einer Konzernunternehmung in der Europäischen Union. Eine betriebswirtschaftliche Analyse, Diss., Köln 1994

Saß, Gert, Zu den Auswirkungen des EU-Vertrags auf die bilateralen Doppelbesteuerungsabkommen, DB 1998, S. 1482-1484

Schäfer, Ralf E. (Denken), Denken – Informationsverarbeitung, mathematische Modelle und Computersimulation, Berlin 1985

Schäfer, Anne / Spengel, Christoph (Impact), The Impact of ICT on Profit Allocation within Multinational Groups: Arm's Length Pricing or Formula Apportionment?, ZEW

Diskussionspapier No. 03-53, Mannheim 2003, ftp://ftp.zew.de/pub/zew-docs/dp/dp0353.pdf (Abrufdatum: 22.05.2005)
Schaumburg, Harald (Gewinnrealisierungsprobleme), Spezielle Gewinnrealisierungsprobleme im außensteuerlichen Kontext, in: Ruppe, Hans Georg (Hrsg.), Gewinnrealisierung im Steuerrecht, DStJG Bd. 4, Köln 1981, S. 247-257
Schaumburg, Harald, Das Leistungsfähigkeitsprinzip im internationalen Steuerrecht, in: Lang, Joachim (Hrsg.), Die Steuerrechtsordnung in der Diskussion, Festschrift für Klaus Tipke zum 70. Geburtstag, Köln 1995, S. 125-151
Schaumburg, Harald (Steuerrecht), Internationales Steuerrecht: Außensteuerrecht, Doppelbesteuerungsrecht, Köln 1998
Schaumburg, Harald (Grundsätze), Grundsätze grenzüberschreitender Gewinnrealisierung, in: Schaumburg, Harald / Piltz, Detlev (Hrsg.), Steuerfolgen von Produktion und Vertrieb im Ausland, Forum der internationalen Besteuerung, Bd. 18, Köln 2000, S. 1-38
Schaumburg, Harald (Zurechnung), Zurechnung von Wirtschaftsgütern in nationalen wie im Abkommensrecht, in: Lüdicke, Jürgen (Hrsg.), Zurechnung von Wirtschaftsgütern im internationalen Steuerrecht, Forum der internationalen Besteuerung, Bd. 19, Köln 2000, S. 53-86
Schaumburg, Harald (Grundsatzfragen), Grundsatzfragen der Betriebsstättenbesteuerung: Podiumsdiskussion, in: Piltz, Detlev / Schaumburg, Harald (Hrsg.), Internationale Betriebstättenbesteuerung, Forum der internationalen Besteuerung, Bd. 20, Köln 2001, S. 65-83
Scheffler, Wolfram, Die Verrechnungspreisgestaltung bei international tätigen Unternehmen – dargestellt am Beispiel der Kostenumlage für verwaltungsbezogene Dienstleistungen, ZfbF 1991, S. 471-489
Scheffler, Wolfram / Kusch, Claudia, Steuerplanung durch Auslagerung der Forschung und Entwicklung auf eine Auslandsgesellschaft, in: Kleineidam, Hans-Jochen (Hrsg.), Unternehmenspolitik und internationale Besteuerung, Festschrift für Lutz Fischer zum 60. Geburtstag, Berlin 1999, S. 857-877
Scherrer, Gerhard (Kostenaufschlagsmethode), Zur Problematik der Kostenaufschlagsmethode für die Ermittlung angemessener Verrechnungspreise, in: Fischer, L. (Hrsg.), Unternehmung und Steuer, Festschrift für Peter Scherpf zur Vollendung des 80. Lebensjahrs, Wiesbaden 1983, S. 345-362
Scheuchzer, Marco (Konzernbesteuerung), Konzernbesteuerung in der Europäischen Union, Diss., Bielefeld 1994
Schieffer, Frank (Strukturen), Strukturen der Erfolgszurechnung im Strafrecht und im zivilen Deliktsrecht – Eine interdisziplinäre Betrachtung, Diss., Regensburg 2001
Schild, Claus / Eisele, Florian, Anwendung des § 8a KStG bei beschränkter Steuerpflicht, IStR 2005, S. 217-223
Schmalen, Helmut (Preispolitik), Preispolitik, Stuttgart 1982
Schmidt, Karsten (Gesellschaftsrecht), Gesellschaftsrecht, 3. Aufl., München 1997
Schmidt, Lutz (Maßgeblichkeitsprinzip), Maßgeblichkeitsprinzip und Einheitsbilanz – Geschichte, Gegenwart und Perspektiven des Verhältnisses von Handels- und Steuerbilanz, Diss., Heidelberg 1994
Schmidt, Michael (Beweislast), Die Problematik der objektiven Beweislast im Steuerrecht, Diss., Berlin 1998

Schmidt, Reinhard (Finanzierung), Finanzierung und unsichere Erwartungen, in: Handwörterbuch der Betriebswirtschaft, 5. Aufl., hrsg. v. Wittmann, Waldemar u. a., Stuttgart 1993, Sp. 1038-1050

Schmidt, Stefan, Tatsächliche Verständigungen im Steuerverfahren und ihre Auswirkungen auf das Steuerstrafverfahren, DStR 1998, S. 1733-1772

Schmidt-Liebig, Axel, Die Schätzung im Steuerrecht, NWB vom 4.10.2004, Fach 17, S. 1847-1880 (Teil 1) und S. 1881-1903 (Teil 2)

Schneeloch, Dieter, Zum Stand und zum Selbstverständnis der betriebswirtschaftlichen Steuerlehre, in: Siegel, Theodor / Kirchhof, Paul / Schneeloch, Dieter (Hrsg.), Steuertheorie, Steuerpolitik und Steuerpraxis, Festschrift für Peter Bareis zum 65. Geburtstag, Stuttgart 2005, S. 251-274

Schneeweiß, Hans (Ökonometrie), Ökonometrie, 3. Aufl., Würzburg 1978

Schneider, Dieter, Eine Hofberichterstattung zu "Steuerreform und Wirtschaft" ersetzt keine Steuerwirkungsanalyse, StuW 1989, S. 64-68

Schneider, Dieter, Steuervereinfachung durch Rechtsformneutralität?, DB 2004, S. 1514-1521

Scholes, Myron S. / Wolfson, Mark A. (Business Strategy), Taxes and Business Strategy: A Planning Approach, Englewood Cliffs (New Jersey) 1992

Scholz, Christian / Crüger, Arwed, Die Rolle von datenbankgestützten Margenanalysen bei der Bestimmung fremdüblicher Verrechnungspreise, RIW 2005, S. 34-38

Schön, Wolfgang (Maßgeblichkeit), Steuerliche Maßgeblichkeit in Deutschland und Europa, Köln 2005

Schönfeld, Jens, Anmerkung zu BFH v. 19.12.2007 - I R 66/06, IStR 2008, S. 370

Schreiber, Rolf, Indizien zum Nachweis verdeckter Gewinnausschüttungen bei Dauergewinnlosigkeit der inländischen Konzernvertriebsgesellschaft, IStR 1994, S. 315-319

Schreiber, Rolf, Pflicht zur Angemessenheitsdokumentation bei internationalen Verrechnungspreisen?, IWB Nr. 3 v. 09.02.2005, F. 3, Gr. 1, S. 2105-2111

Schreiber, Rolf (Verrechnungspreise), Verrechnungspreise bei Verlagerung von Funktionen und Risiken im internationalen Konzern, in: Oestreicher, Andreas (Hrsg.), Internationale Verrechnungspreise, Beiträge zu einer Ringveranstaltung an der Universität Göttingen im Sommersemester 2002, Herne 2003, S. 285-342

Schreiber, Rolf, Aufzeichnungspflichten für internationale Verrechnungspreise – Notwendigkeit und Zweifelsfragen, Stbg 2003, S. 474-488

Schröder, Siegfried, Die Betriebstätte im deutschen Außensteuerrecht, StBp 1978, S. 169-181

Schröder, Siegfried (Betriebsstätten), Gewinnermittlung bei Betriebsstätten, in: Mössner, Jörg (Hrsg.), Steuerrecht international tätiger Unternehmen, Köln 1998, S. 235-343

Schuch, Josef (Währungsergebnisse), Die steuerliche Behandlung von Währungsergebnissen aus internationaler Geschäftstätigkeit, in: Wolfgang Gassner, Michael Lang (Hrsg.), Besteuerung und Bilanzierung international tätiger Unternehmen: 30 Jahre Steuerrecht an der Wirtschaftsuniversität Wien, Wien 1998, S. 331-361

Schulin, Bertram (Kausalitätsbegriff), Der natürliche, vorrechtliche, Kausalitätsbegriff im zivilen Schadensersatzrecht, Diss., Berlin 1976

Seeger, Norbert (Rechtsstruktur), Die optimale Rechtsstruktur internationaler Unternehmen, steuerlich orientierte Wahl im Rahmen eines Zwei-Länder-Modells, Diss., Wiesbaden 1995

Seeliger, Gerhard (Wirtschaftliches Eigentum), Der Begriff des wirtschaftlichen Eigentums im Steuerrecht, Stuttgart 1962
Seeliger, Gerhard (Beweislast), Beweislast, Beweisverfahren, Beweisarten und Beweiswürdigung im Steuerprozeß, Berlin 1981
Seer, Roman, Verträge, Vergleiche und sonstige Verständigungen im Steuerrecht, StuW 1995, S. 213-225
Seer, Roman (Verständigungen), Verständigungen in Steuerverfahren, Habil., Köln 1996
Seer, Roman, Steuerplanungssicherheit durch Zusage – Zum Auskunftserlass vom 29.12.2003, in: Carlé, Dieter / Stahl, Rudolf / Strahl, Martin (Hrsg.), Gestaltung und Abwehr im Steuerrecht, Festschrift für Klaus Korn zum 65. Geburtstag, Bonn 2005, S. 707-720
Seidel, Gernot (Gewinnverschiebungen), Gewinnverschiebungen über die Grenze, Diss., Düsseldorf 1972
Seitz, Georg, Notional Income from the Cross-border Internal Transfer of Assets – Why the Amendments to the German Income Tax Act Violate the Freedom of Establishment, Intertax 2008, S. 44-74
Siegel, Theodor (Steuerwirkungen), Steuerwirkungen und Steuerpolitik in der Unternehmung, Würzburg 1982
Siegel, Theodor, Eigen- oder Fremdfinanzierung und steuerlicher Schuldzinsenabzug, Zur Schuldzinsenzuordnung in der neueren Rechtsprechung des Bundesfinanzhofs, StuW 1985, S. 207-220
Siegel, Theodor, Ökonomische Analyse und steuerrechtliche Prüfung von Zwei- und Mehrkontenmodellen – Zu den Vorlagebeschlüssen des X. und XI. BFH-Senats, DStR 1996, S. 1496-1502
Siegel, Theodor, Der Irrtum des Großen Senats zu den Mehrkontenmodellen – Zugleich eine ökonomische Gegenposition gegenüber der Verteidigung des BFH-Beschlusses vom 8.12.1997 durch Wolff-Diepenbrock, DStR 1998, S. 621-624
Sieker, Klaus, Verluste als Nachweis für Gewinnverlagerungen?, Anmerkungen zum BFH-Urteil vom 17.2.1993 – I R 3/92, BB 1993, 917, BB 1993, S. 2424-2426
Sieker, Klaus, Betriebsstättengewinn und Fremdvergleichsgrundsatz, DB 1996, S. 110-112
Sixtl, Friedrich (Meßmethoden), Meßmethoden der Psychologie, theoretischen Grundlagen und Probleme, 2. Aufl., Weinheim 1982
Skaar, Arvid A. (Permanent Establishment), Permanent Establishment – Erosion of a Tax Treaty Principle, Deventer 1991
Skiera, Bernd (Preisdifferenzierung), Mengenbezogene Preisdifferenzierung bei Dienstleistungen, Habil., Wiesbaden 1999
Söffing, Günter, Für und Wider den Maßgeblichkeitsgrundsatz, in: Förschle, Gerhart / Kaiser, Klaus / Moxter, Adolf (Hrsg.), Rechenschaftslegung im Wandel, Festschrift für Wolfgang Dieter Budde, München 1995, S. 651-673
Söffing, Günter, Der Schuldzinsenabzug und der Kontentrennungsbeschluß des Großen Senats des Bundesfinanzhofs (BB 1998, 298), BB 1998, S. 450-454
Söhn, Hartmut (Betriebsausgaben), Betriebsausgaben, Privatausgaben, gemischte Aufwendungen, in: ders., (Hrsg.), Die Abgrenzung der Betriebs- oder Berufssphäre von der Privatsphäre im Einkommensteuerrecht, Betriebsausgaben – Werbungskosten, Privatausgaben, Betriebsvermögen, Privatvermögen; mit einem rechtsvergleichenden Teil, DStJG Bd. 3, Köln 1980, S. 13-102

Söhn, Hartmut, Steuervereinbarungen und Verfassungsrecht, in: Osterloh, Lerke / Schmidt, Karsten / Weber, Herrman (Hrsg.), Staat, Wirtschaft, Finanzverfassung, Festschrift für Peter Selmer zum 70. Geburtstag, Berlin 2004, S. 911-924

Sommer, Ulrich (Abschlußprüfung), Risiken und mögliche Abwehrmaßnahmen bei steuerlichen Außenprüfungen – Eine Analyse aus betriebswirtschaftlicher Sicht, Diss., Gelsenkirchen 1983

Stadler, Rainer / Elser, Thomas, Der Regierungsentwurf des SEStEG: Einführung eines allgemeinen Entstrickungs- und Verstrickungstatbestands und andere Änderungen des EStG, BB 2006 Special zu Heft 44, S. 18-25

Stapperfend, Thomas, Über Betriebsausgaben und Werbungskosten, in: Drenseck, Walter / Seer, Roman (Hrsg.), Festschrift für Heinrich Wilhelm Kruse zum 70. Geburtstag, Köln 2001, S. 533-554

Staringer, Claus (Betriebstättenvorbehalt), Der Betriebstättenvorbehalt für Dividenden, Zinsen und Lizenzgebühren, in: Gassner, Wolfgang / Lang, Michael / Lechner, Eduard (Hrsg.), Die Betriebstätte im Recht der Doppelbesteuerungsabkommen: Voraussetzungen der Besteuerung von Unternehmensgewinnen im Quellenstaat, Wien 1998, S. 223-237

Staringer, Claus (Triangular), Triangular Cases, in: Gassner, Wolfgang / Lang, Michael / Lechner, Eduard (Hrsg.), Aktuelle Entwicklungen im internationalen Steuerrecht – Das neue Musterabkommen der OECD, Wien 1994, S. 67-90

Stefaner, Andreas (Profit Split Method), Die Gewinnteilungsmethode – Profit Split Method, in: Schuch, Josef u. Zehetner, Ulf (Hrsg.), Verrechnungspreisgestaltung im internationalen Steuerrecht, Wien 2001, S. 151-183

Stegmüller, Wolfgang (Erklärung), Probleme und Resultate der Wissenschaftstheorie und Analytischen Philosophie, Band I, Erklärung, Begründung, Kausalität, 2. Auflage, Berlin 1983

Steinmann, Horst / Schreyögg, Georg (Management), Management, Grundlagen der Unternehmensführung, Konzepte – Funktionen – Fallstudien, 5. Aufl., Wiesbaden 2000

Stock, Friedhelm / Kaminski, Bert, Dienstleistungen auf Abruf in der Verrechnungspreispraxis, DB 1997, S. 1052-1055

Stock, Friedhelm / Kaminski, Bert, Anmerkungen zum Gewinnaufschlag bei Konzernumlagen, IStR 1998, S. 7-10

Stöckler, Manfred (Rechtsform), Die steuerlich optimale Rechtsform ausländischer Investoren in Deutschland – Tochterkapitalgesellschaften, Betriebsstätten, Umstrukturierungsmaßnahmen, Diss., Berlin 1998

Stolterfoht, Joachim N. (Gesetzesvollzug), Vereinfachender Gesetzesvollzug durch die Verwaltung – Die Verständigungsvereinbarung als Methodenproblem (Korreferat), in: Fischer, Peter (Hrsg.), Steuervereinfachung, DStJG Bd. 21, Köln 1998, S. 233-257

Storck, Alfred (Betriebstätten), Ausländische Betriebstätten im Ertrag- und Vermögensteuerrecht, Diss., Frankfurt am Main 1980

Streck, Michael, Bilanzierungs- und Buchführungspflichten bei ausländischen Betriebstätten und Personengesellschaften zum Zweck der deutschen Besteuerung, BB 1972, S. 1363-1367

Streckmann, Rolf / Hillenbrand, Edgar, Gewinnverwirklichung bei der Lieferung von Wirtschaftsgütern an die ausländische Betriebstätte? Zum Urteil des Hessischen Finanzgerichts vom 12.7.1977 – IV 111/75, RIW 1978, S. 382-388

Streng, Jürgen, Zuschüsse/Subventionen und der umsatzsteuerliche Leistungsbegriff, StuW 1999, S. 154 (160)
Strobl, Elisabeth, Plädoyer für das handelsrechtliche Vorsichtsprinzip in der Steuerbilanz, StbJb 1994/95, S. 77-96
Ströker, Elisabeth (Erklärungen), Warum-Fragen. Schwierigkeiten mit einem Modell für kausale Erklärungen, in: Bubner, Rüdiger et. al. (Hrsg.), Kausalität, Neue Hefte für Philosophie 32/33, Göttingen 1992, S. 105-129
Strunk, Günther / Kaminski, Bert, Anmerkungen zum Betriebsstättenerlaß, IStR 2000, S. 33-42
Strunk, Günther / Kaminski, Bert, Aufgabe des Grundsatzes der funktionalen Zuordnung von Wirtschaftsgütern zu Betriebsstätten?, IStR 2001, S. 161-164
Strunk, Günther / Kaminski, Bert, Betriebsstättenbegründung und Einkunftszurechnung bei Internet-Geschäften, IWB Nr. 6 v. 27.3.2002, F. 3 Gr. 2, S. 1021-1026
Swoboda, Peter, Heterogene Information und Kapitalstruktur der Unternehmung, ZfbF 1982, S. 705-727
Swoboda, Peter / Hartlieb, Josef, Finanzierungsplanung, in: Handwörterbuch der Planung, hrsg. v. Szyperski, Norbert / Winand, Udo, Stuttgart 1989, Sp. 497-506
Symons, Terry A. / Roach, David, Profit-oriented versus Transaction-based Methods, ITPJ 1997, S. 126-132

Telkamp, Heinz-Jürgen, Ist die Konzeption der "Gewinnverwirklichung durch Steuerentstrickung" auf wesentliche Beteiligungen an Kapitalgesellschaften im Privatvermögen übertragbar?, StuW 1972, S. 211-216
Telkamp, Heinz-Jürgen (Ausland), Betriebstätte oder Tochtergesellschaft im Ausland?, Diss., Wiesbaden 1975
Tenore, Mario, The Transfer of Assets from a Permanent Establishment to its General Enterprise in the Light of European Tax Law, Intertax 2006, S. 386-392
Thoma, Gerhard, Rechtssicherheit und Steuerberatung, StbJb 1959/60, S. 9-19
Thömmes, Otmar, Aktuelle Fragen zur Gewinnrealisierung bei grenzüberschreitender Tätigkeit, StbJb 2003/04, S. 201-243
Tillinghast, David R., The Source of E-Commerce Income Characterized as Services Income: An Everyday Problem With No Clear Solution, TMIJ 2004, S. 429-431
Tipke, Klaus (Betriebsprüfung), Steuerliche Betriebsprüfung im Rechtsstaat, München 1968
Tipke, Klaus, Über Grenzen der Auslegung und Analogie, behandelt am Beispiel der "Entstrickung", StuW 1972, S. 264-269
Tipke, Klaus, Zur Abgrenzung der Betriebs- oder Berufssphäre von der Privatsphäre im Einkommensteuerrecht, StuW 1979, S. 193-208
Tipke, Klaus (Rechtfertigung), Rechtfertigung des Themas; Ziel der Tagung, in: ders. (Hrsg.), Grenzen der Rechtsfortbildung durch Rechtsprechung und Verwaltungsvorschriften im Steuerrecht, DStJG Bd. 5, Köln 1982, S. 1-21
Tipke, Klaus (Steuergerechtigkeit), Steuergerechtigkeit in Theorie und Praxis, Köln 1981
Tipke, Klaus (Steuerrechtsordnung[1], Bd. 2), Die Steuerrechtsordnung, Bd. 2. Steuerrechtfertigungstheorie, Anwendung auf alle Steuerarten, sachgerechtes Steuersystem, 1. Aufl., Köln 1993

Tipke, Klaus, Über Steuergerechtigkeit, in: Ziemske, Burkhard et. al. (Hrsg.), Staatsphilosophie und Rechtspolitik, Festschrift für Martin Kriele zum 65. Geburtstag, München 1997, S. 947-964

Tipke, Klaus (Steuerrechtsordnung[2], Bd. 1), Steuerrechtsordnung, Bd. 1. Wissenschaftsorganisatorische, systematische und grundrechtlich-rechtsstaatliche Grundlagen. 2. Aufl., Köln 2000

Tipke, Klaus / Lang, Joachim (Steuerrecht), Steuerrecht, 17. Aufl., Köln 2002

Tischbein, Heinz-Jürgen (Entnahmeregelung), Die Stellung der Entnahmeregelung im System der einkommensteuerlichen Gewinnermittlung, Diss., Bonn 1990

Toifl, Gerald (Methoden), Die gewinnorientierten Methoden in den OECD-Verrechnungspreisrichtlinien 1995, in: Lahodny-Karner, Andrea / Schuch, Josef / Toifl, Gerald / Urtz, Christoph / Vetter, Tobias (Hrsg.), Die neuen Verrechnungspreisrichtlinien der OECD, hrsg. v. Wien 1996, S. 61-95

Trachsler, Stefan (Verrechenbarkeit), Verrechenbarkeit industrieller Dienstleistungen, Diss., St. Gallen 1996

Tucha, Thomas, Der Einsatz von Unternehmensdatenbanken im Rahmen von Verrechnungspreisanalysen: Möglichkeiten und Grenzen, IStR 2002, S. 745-752

Uelner, Adalbert (Probleme), Probleme der Gewinnrealisierung, insbesondere auch bei grenzüberschreitenden Vorgängen, in: Bericht über die Fachtagung 1980 des Instituts der Wirtschaftsprüfer in Deutschland e.V., Düsseldorf 1980, S. 131-148

Uhrmann, Karl, Die Rechtsnatur der Währungskursergebnisse und ihre Zuordnung zum Inland, DB 1990, S. 2037-2041

United States Council for International Business (Memorandum), Memorandum v. 25.09.2001, www.oecd.org (Abrufdatum: 18.03.2005)

Verlinden, Isabel / Boone, Patrick / Hemelaer, Ruth, Practical Application of Transactional Profit Methods, ITPJ 2000, S. 122-126

Vogel, Friedrich (Statistik), Beschreibende und schließende Statistik, Formeln, Definitionen, Erläuterungen, Stichwörter und Tabellen, 9. Aufl., München 1996

Vogel, Klaus, Theorie und Praxis im Internationalen Steuerrecht, DStR 1968, S. 427-434

Vogel, Klaus, Bemerkungen zur Gewinnverwirklichung und Gewinnberichtigung im deutschen Außensteuerrecht, StuW 1973, S. 193-203

Vogel, Klaus (Besteuerung), Die Besteuerung von Auslandseinkünften – Prinzipien und Praxis, in: ders. (Hrsg.), Grundfragen des internationalen Steuerrechts, DStJG Bd. 8, Köln 1985, S. 3-31

Vogel, Klaus, Vergleich und Gesetzmäßigkeit der Verwaltung im Steuerrecht, in: Knobbe-Keuk, Brigitte / Klein, Franz / Moxter, Adolf (Hrsg.), Handelsrecht und Steuerrecht, Festschrift für Georg Döllerer, Düsseldorf 1988, S. 677-691

Vogel, Klaus (Source Taxation), World-wide vs. Source Taxation of Income – A Review and Reevaluation of Arguments, abgedruckt in: Kirchhof, Paul (Hrsg.), Klaus Vogel, Der offene Finanz- und Steuerstaat, Ausgewählte Schriften 1964 bis 1990, Heidelberg 1991, S. 77-134

Vogel, Klaus, Verwaltungsvorschriften zur Vereinfachung der Sachverhaltsermittlung und "normkonkretisierende" Verwaltungsvorschriften, in: Becker, Bernd / Bull, Hans Peter / Seewald, Otfried (Hrsg.), Festschrift für Werner Thieme zum 70. Geburtstag, München 1993, S. 605-617

Vögele, Alexander / Ackerman, Abraham / Decker, Torsten, Strategien bei der Suche nach Margen von Vergleichsunternehmen, IWB v. 24.01.2001, F. 10, Gr. 2, S. 1501-1508

Vögele, Alexander / Freytag, Ulf, Umlageverträge zwischen international verbundenen Unternehmen – Abgrenzung von Hilfs- und Hauptfunktionen, RIW 2001, S. 172-175

Vögele, Alexander / Scholz, Christian / Hoffmann, Katrin, Kostenumlageverträge: Verursachungsgerechte Umlage von administrativen Dienstleistungen und Management Services, IStR 2001, S. 94-96

Vögele, Alexander / Scholz, Christian, Nutzenanalyse im Rahmen eines Umlagevertrages – Ermittlung des Umlageschlüssels auf der Basis geplanter Kosteneinsparungen, IStR 2000, S. 557-562

Vögele, Alexander et. al. (Hrsg.), Handbuch der Verrechnungspreise (HdV2), 2. Aufl., München 2004

Vögele, Alexander / Brem, Markus, Interner Fremdvergleich für Dokumentationszwecke, in: Vögele, Alexander et. al. (Hrsg.), Handbuch der Verrechnungspreise (HdV^2), 2. Aufl., München 2004, S. 393-406

Vogler, Gerhard / Mathes, Helmut (Bilanzanalyse), Theorie und Praxis der Bilanzanalyse, 2. Aufl. Berlin 1976

Wacker, Roland, Zur steuerrechtlichen Behandlung von Bankkontokorrentschulden – Anmerkungen zum Beschluß des Großen Senats des Bundesfinanzhofs vom 4.7.1990, GrS 2-3/88, BB 1990, S. 2080, BB 1991, S. 248-257

Wacker, Wilhelm (Steuerplanung), Steuerplanung im nationalen und transnationalen Unternehmen, Berlin 1979

Wagner, Siegfried, Inhalt und Bedeutung von Advanced Pricing Agreements, StBp 1995, S. 265-271

Wagner, Siegfried, Auflösung von ausländischen Betriebsstätten: Steuerfolgen nach Doppelbesteuerungsabkommen und "Betriebsstätten-Verwaltungsgrundsätzen" unter Berücksichtigung von Bankstrukturen, IStR 2001, S. 570-578

Wagner, Siegfried, Finanzierungskosten auf steuerliches Dotationskapital, IWB v. 23.06.2004, F. 3 Deutschland, Gr. 2, S. 1123-1130

Wagner, Franz W. / Dirrigl, Hans (Steuerplanung), Die Steuerplanung der Unternehmung, Stuttgart 1980

Wagner, Franz W., "Karlsruher Entwurf zur Reform des Einkommensteuergesetzes" – Anmerkungen aus der Perspektive ökonomischer Vernunft, StuW 2001, S. 354-362

Walz, Rainer, Steuerrechtliches Case Law oder Dictum des Gesetzgebers?, StuW 1986, S. 21-43

Wanner, Eva, Der einkommensteuerrechtliche Zurechnungszusammenhang steuerbarer Wertabgänge, StuW 1987, 302-318

Ward, David A., Attribution of Income to Permanent Establishments, CTJ 2000, S. 559-576

Wassermeyer, Franz (Abgrenzung), Die Abgrenzung des Betriebsvermögens vom Privatvermögen, in: Söhn, Hartmut (Hrsg.), Die Abgrenzung der Betriebs- oder Berufssphäre von der Privatsphäre im Einkommensteuerrecht, Betriebsausgaben – Werbungskosten, Privatausgaben, Betriebsvermögen, Privatvermögen; mit einem rechtsvergleichenden Teil, DStJG Bd. 3, Köln 1980, S. 315-337

Wassermeyer, Franz, Rechtssystematische Überlegungen zum Werbungskostenbegriff, StuW 1981, S. 245-254

Wassermeyer, Franz, Objektive und subjektive Tatbestandsmerkmale in der ertragsteuerlichen Rechtsprechung des BFH. Ein Beitrag zu der im Ertragsteuerrecht maßgeblichen "Kausalitäts"lehre, StuW 1982, S. 352-364
Wassermeyer, Franz (beschränkte Steuerpflicht), Die beschränkte Steuerpflicht, in: Vogel, Klaus (Hrsg.), Grundfragen des internationalen Steuerrechts, DStJG Bd. 8, Köln 1985, S. 49-77
Wassermeyer, Franz (Verrechnungspreise), Sind Verrechnungspreise justitiabel?, in: Schaumburg, Harald (Hrsg.), Internationale Verrechnungspreise zwischen Kapitalgesellschaften, Forum der internationalen Besteuerung, Bd. 6, Köln 1994, S. 123-135
Wassermeyer, Franz, Die neuere BFH-Rechtsprechung zu Verstößen gegen ein Wettbewerbsverbot durch den Gesellschafter-Geschäftsführer einer GmbH. Anmerkungen zum BFH-Urteil vom 13.11.1996, I R 149/94, DStR 1997, S. 683-685
Wassermeyer, Franz, Internationales Steuerrecht, Podiumsdiskussion, StbJb 1997/98, S. 493-536
Wassermeyer, Franz, Anmerkung zum Urteil des BFH vom 15.10.1997, I R 80/96, IStR 1998, S. 149-150
Wassermeyer, Franz, Veranlassung und Fremdvergleich, in: Kirchhof, Paul / Jakob, Wolfgang / Beermann, Albert (Hrsg.), Steuerrechtsprechung, Steuergesetz, Steuerreform, Festschrift für Klaus Offerhaus zum 65. Geburtstag, Köln 1999, S. 405-418
Wassermeyer, Franz (Diskussion Procter), Diskussion zu: Das Verrechnungspreissystem von Procter & Gamble, in: Raupach, Arndt / Pohl, Dirk (Hrsg.), Verrechnungspreissysteme multinationaler Unternehmen in betriebswirtschaftlicher, gesellschafts- und steuerrechtlicher Sicht, Herne / Berlin 1999, S. 236-249
Wassermeyer, Franz, Der Wirrwarr mit den Aktivitätsklauseln im deutschen Abkommensrecht, IStR 2000, S. 65-70
Wassermeyer, Franz (Dealing), Dealing-at-arm's-length Prinzip, in: Piltz, Detlev / Schaumburg, Harald (Hrsg.), Internationale Betriebstättenbesteuerung, Forum der internationalen Besteuerung, Bd. 20, Köln 2001, S. 25-42
Wassermeyer, Franz, Die Betriebsstätte – ein in vieler Hinsicht unbekanntes Wesen, in: Drenseck, Walter / Seer, Roman (Hrsg.), Festschrift für Heinrich Wilhelm Kruse zum 70. Geburtstag, Köln 2001, S. 589-599
Wassermeyer, Franz, Verdeckte Gewinnausschüttung: Veranlassung, Fremdvergleich und Beweisrisikoverteilung, DB 2001, S. 2465-2469
Wassermeyer, Franz (Rechtssystem), Gewinnkorrekturvorschriften im Rechtssystem, in: Oestreicher, Andreas (Hrsg.), Internationale Verrechnungspreise, Beiträge zu einer Ringveranstaltung an der Universität Göttingen im Sommersemester 2002, Herne 2003, S. 73-94
Wassermeyer, Franz, Dokumentationspflichten bei internationalen Verrechnungspreisen – Zum zweiten Entwurf einer Verordnung zu § 90 Abs. 3 AO, DB 2003, S. 1535-1540
Wassermeyer, Franz, Grenzüberschreitende Sondervergütungen und Betriebsstätteneinkünfte, Podiumsdiskussion, in: Lüdicke, Jürgen (Hrsg.), Besteuerungspraxis bei grenzüberschreitender Tätigkeit, Forum der internationalen Besteuerung, Bd. 25, Köln 2003, S. 207-220
Wassermeyer, Franz, Steuerliche Konsequenzen aus dem EuGH-Urteil "Hughes de Lasteyrie du Saillant", GmbHR 2004, S. 613-618
Wassermeyer, Franz, Diskriminierungsfreie Betriebsstättengewinnermittlung, IStR 2004, S. 733-735

Wassermeyer, Franz, Das Veranlassungsprinzip als Maßstab zur innerstaatlichen Betriebsstättengewinnermittlung, IStR 2005, S. 84-88

Wassermeyer, Franz, Grundsatzprobleme der Betriebsstättengewinnermittlung, SWI 2006, S. 254-261

Wassermeyer, Franz, Verliert Deutschland im Fall der Überführung von Wirtschaftsgütern in eine ausländische Betriebsstätte das Besteuerungsrecht?, DB 2006, S. 1176-1180

Wassermeyer, Franz / Andresen, Ulf / Ditz, Xaver (HdB BS), Betriebsstättenhandbuch – Gewinnermittlung und Besteuerung in- und ausländischer Betriebsstätten, Köln 2006

Wassermeyer, Franz, Entstrickung durch Beschränkung des deutschen Besteuerungsrechts, DB 2006, S. 2420-2424

Wassermeyer, Franz, Die Anwendung der Doppelbesteuerungsabkommen auf Personengesellschaften, IStR 2007, S. 413-417

Wassermeyer, Franz, Sondervergütungen und Sonderbetriebsvermögen im Abkommensrecht, in: Achatz, Markus et. al. (Hrsg.), Steuerrecht, Verfassungsrecht, Europarecht, Festschrift für Hans Georg Ruppe, Wien 2007, S. 681-694

Wassermeyer, Franz, Die bilanzielle Behandlung der Entstrickungsbesteuerung nach § 4 Abs. 1 Satz 3 EStG und nach § 12 Abs. 1 KStG, DB 2008, S. 430-434

Weber, Alfred / Werra, Matthias, Auf den Spuren eines unbekannten Wesens, Zum Stand der Diskussion über die Betriebsstättenbesteuerung, in: Kley, Max Dietrich / Sünner, Eckart / Willemsen, Arnold (Hrsg.), Steuerrecht, Steuer- und Rechtspolitik, Wirtschaftsrecht und Unternehmensverfassung, Umweltrecht, Festschrift für Wolfgang Ritter zum 70. Geburtstag, Köln 1997, S. 285-303

Weber, Christoph, Kapitalerhaltung bei Anwendung der funktionalen Methode der Währungsumrechnung, ZfbF 2007, S. 914-937

Weber, Manfred (Marktwert), Der Marktwert von Produkteigenschaften, Diss., Berlin 1986

Weber, Wilfried, Auswirkungen von Währungskursschwankungen auf den Betriebsstättengewinn, DB 1986, S. 2299-2302

Weber-Grellet, Heinrich, In dubio pro quo? Zur Beweislast im Steuerrecht, StuW 1981, S. 49-60

Weber-Grellet, Heinrich, Vagabundierendes Kapital – Möglichkeiten und Grenzen einer Umschuldung, DStZ 1991, S. 321-322

Weber-Grellet, Heinrich, Der Steuerstaat – Inhalt und Grenzen, in: Düwell, Franz-Josef (Hrsg.), Anwalt des Rechtsstaates, Festschrift für Diether Posser zum 75. Geburtstag, Köln 1997, S. 395-416

Wehnert, Oliver / Stalberg, Peter, Anmerkungen zum BMF-Schreiben vom 26.2.2004 zur Anwendung des BFH-Urteils vom 17.10.2001 (I R 103/01), IStR 2004, S. 466-468

Wehnert, Oliver / Marx, Stephan / Andresen, Ulf / Hülster, Thomas / Beck, Stephan / Bodenmüller, Ralph / Wolff, Cornelia, Dokumentation von Verrechnungspreislisten: Ausgewählte Aspekte der Verwaltungsgrundsätze –Verfahren (Teil 1), IStR 2005, S. 714-720

Weiner, Joann Marten, Would Introducing Formula Apportionment in the European Union Be a Dream Come True or the EU's Worst Nightmare?, ifo Studien 2002, S. 519-532

Wellisch, Dietmar, Maßstäbe zur indirekten Gewinnaufteilung im Rahmen einer neuen Konzernbesteuerung in der EU: Möglichkeiten und Grenzen, StuW 2004, S. 267-276

Wendt, Volker (Entnahme), Das Verhältnis von Entnahme/Einlage zur Anschaffung/Veräußerung im Einkommensteuerrecht, Diss., Köln 2003

Werra, Matthias, Der 1995-OECD-Bericht zu den Verrechnungspreisen, IStR 1995, S. 457-464 (Teil 1) und S. 511-516 (Teil 2)

Werra, Matthias, Zweifelsfragen bei der Dokumentation von Verrechnungspreisen – zum Entwurf der Verwaltungsgrundsätze-Verfahren zur Einkunftsabgrenzung zwischen internationalen Unternehmen, IStR 2005, S. 19-23

Werra, Matthias / Teiche, Andreas, Das SEStBeglG aus der Sicht international tätiger Unternehmen, DB 2006, S. 1455-1462

Werner, Micha H. (Zuschreibung), Die Zuschreibung von Verantwortung, Versuch einer Annäherung von Handlungstheorie und Ethik, in: Bausch, Thomas et. al. (Hrsg.), Zukunftsverantwortung in der Marktwirtschaft, In Memoriam Hans Jonas, Münster 2000, S. 83-109

Wernsmann, Rainer, Steuer als Eigentumsbeeinträchtigung?, NJW 2006, S. 1169-1175

Wichmann, Michael, The Taxation of Services: Is the Permanent Establishment the Appropriate Threshold?, BIFD 2004, S. 201-204

Widmann, Siegfried / Füger, Rolf / Rieger, Norbert (Gesellschafter-Fremdfinanzierung), Gesellschafter-Fremdfinanzierung, Neufassung des § 8aKStG dargestellt an Beispielsfällen, Bonn 2004

Wiegmann, Hans-Henning (Preisentscheidung), Modelle zur Preisentscheidung im Marketing. Ein Beitrag zu einer anwendungsorientierten Theorie der Preispolitik, Diss., Berlin 1977

Wilkens, Marco / Baule, Rainer / Entrop, Oliver (Risikoprämien), Risikoprämien in Optionspreisen. Reale und risikoneutrale Welten und die Beurteilung von Derivaten, http://ifbg.wiwi.uni-goettingen.de/downloads/literatur/welten.pdf, Abrufdatum: 09.01.2005

Wilkie, J. Scott, Canada Update: Transfer Pricing Guidelines, ITPJ 2000, S. 74-83

Wills, John, Foreign Company Comparables: How Reliable?, TMTPR 1999, S. 493 ff.

Winterhager, Henrich, Angemessene Kostenumlagen für Verwaltungskosten, ZfB 1980, S. 773-797

Wlecke, Ulrich (Währungsumrechnung), Währungsumrechnung und Gewinnbesteuerung bei international tätigen deutschen Unternehmen – Ertragsteuerliche Währungsumrechnung unter Berücksichtigung außensteuerlicher Besonderheiten, Düsseldorf 1989

Wolff, Ulrich, Auslegungsfragen zu DBA-Regelungen über Unternehmensgewinne, in: Gocke, Rudolf (Hrsg.), Körperschaftsteuer, Internationales Steuerrecht, Doppelbesteuerung, Festschrift für Franz Wassermeyer zum 65. Geburtstag, München 2005, S. 648-662

Wolff-Diepenbrock, Johannes, Überlegungen zum sogenannten Fremdvergleich bei Verträgen unter nahen Angehörigen, in: Budde, Wolfgang Dieter (Hrsg.), Handelsbilanzen und Steuerbilanzen, Festschrift zum 70. Geburtstag von Prof. Dr. h. c. Heinrich Beisse, Düsseldorf 1997, S. 581-597

Wolff-Diepenbrock, Johannes, Die betriebliche Veranlassung von Kreditkosten und das sog. Zweikontenmodell – Anmerkung zum Beschluß des Großen Senats des BFH vom 8.12.1997, GrS 1-2/95 –, DStR 1998, S. 185-190

Wright, Deloris R., Practical Application of Transactional Profit Methods, ITPJ 2000, S. 198-203

Wright, Deloris R., Supply Chain Management, ITPJ 2006, S. 202-207

Wurm, Felix (Umlageverträge), Umlageverträge für Forschung und Entwicklung zwischen verbundenen Unternehmen: Anforderungen nach deutschem Steuerrecht, Hamburg 1993

Zehetner, Ulf, The Cost-Plus Method: Determination of Margin and Cost, ITPJ 1999, S. 45-48

Zippelius, Reinhold (Wesen), Das Wesen des Rechts, Eine Einführung in die Rechtsphilosophie, 5. Aufl., München 1997

Zippelius, Reinhold (Methodenlehre), Juristische Methodenlehre, 7. Aufl., München 1999

Zitzelsberger, Heribert (Praxis), APAs in der Praxis eines deutschen Großunternehmens, in: Herzig, Norbert (Hrsg.), Advance Pricing Agreements (APAs), Ein neues Instrument zur Vermeidung von Verrechnungspreiskonflikten?, Köln 1996, S. 51-54

Zitzelsberger, Siegfried (Problematik), Die Problematik der Gewinnrealisation bei der handels- und steuerrechtlichen Bewertung konzerninterner Lieferungen und Leistungen, Diss., München 1966

Züger, Mario (Schiedsverfahren), Schiedsverfahren für Doppelbesteuerungsabkommen – Möglichkeiten zur Verbesserung des Rechtsschutzes im internationalen Steuerrecht, Diss., Wien 2001

3. Rechtsprechung

a) Europäischer Gerichtshof

EuGH, Urteil vom 28.01.1986 - C 270/83 (Avoir Fiscal), EGHE 1986, S. 285

EuGH, Urteil vom 27.09.1988 - 81/87 (Daily Mail), Slg. 1988, 5483

EuGH, Urteil vom 12.04.1994 - C-1/93 (Halliburton), Slg. 1994, S. 1137

EuGH, Urteil vom 15.05.1997 - C 250/95 (Futura Participations SA), HFR 1997, S. 613

EuGH, Urteil vom 12.05.1998 - C 336/96 (Gilly), HFR 1998, S. 691

EuGH, Urteil vom 16.07.1998 - C 264/96 (ICI), DStRE 1998, S. 636

EuGH, Urteil vom 29.04.1999 - C 311/97 (Royal Bank of Scotland), HFR 1999, S. 87

EuGH, Urteil vom 21.09.1999 - C 307/97 (Saint-Gobain), HFR 1999, S. 1033

EuGH, Urteil vom 13.04.2000 - C 251/98 (Baars), HFR 2000, S. 460

EuGH, Urteil vom 14.12.2000 - C 141/99 (AMID), HFR 2001, S. 305

EuGH, Urteil vom 21.11.2002 - C 436/00 (X u Y), HFR 2003, S. 307

EuGH, Urteil vom 12.12.2002 - C 324/00 (Lankhorst-Hohorst), HFR 2003, S. 310

EuGH, Urteil vom 11.03.2004 - C 9/02 (Hughes de Lasteyrie du Saillant), EuR 2004, S. 608

EuGH, Urteil vom 05.07.2005 - C 376/03 (D), HFR 2005, S. 1035

EuGH, Urteil vom 13.12.2005 - C 446/03 (Marks & Spencer), HFR 2006. S. 409

EuGH, Urteil vom 23.02.2006 - C 513/03 (van Hilten-van der Heijden), HFR 2006, S. 526

EuGH, Urteil vom 23.03.2006 - C 253/03 (CLT-UFA), IWB Nr. 6 v. 22.03.2006, F. 11a, S. 995

EuGH, Urteil vom 12.09.2006 - C 196/04 (Cadbury-Schweppes), HFR 2006, S. 1164

Schlussantrag des Generalanwalts Mengozzi vom 29.04.2007, C 298/05 (Columbus Container Services), Datev-Dok. 5210456

Schlussantrag des Generalanwalts Eleanor Sharpston vom 08.11.2007, C 293/06 (Deutsche Shell), Datev-Dok. 5210689

EuGH, Urteil vom 06.12.2007 - C 298/05 (Columbus Container Services), HFR 2008, S. 188
EuGH, Urteil vom 28.02.2008 - C 293/06 (Deutsche Shell), IStR 2008, S. 224
EuGH, Urteil vom 15.05.2008 - C 414/06 (Lidl Belgium), DB 2008, S. 1130

b) Bundesverfassungsgericht

BVerfG, Beschluss vom 24.01.1962 - 1 BvR 845/58, BVerfGE 13, S. 331
BVerfG, Beschluss vom 14.12.1965 - 1 BvR 571/60, BVerfGE 19, S. 253
BVerfG, Beschluss vom 14.05.1968 - 2 BvR 544/63, BVerfGE 23, S. 288
BVerfG, Beschluss vom 09.03.1971 - 2 BvR 326-327, 341-345/69, BVerfGE 30, S. 250
BVerfG, Beschluss vom 25.07.1979 - 2 BvR 878/74, BVerfGE 52, S. 130
BVerfG, Beschluss vom 22.03.1983 - 2 BvR 475/78, BVerfGE 63, S. 343
BVerfG, Beschluss vom 04.04.1984 - 1 BvR 276/83, BVerfGE 66, S. 331
BVerfG, Beschluss vom 14.01.1986 - 1 BvR 209, 221/79, BVerfGE 71, S. 354
BVerfG, Beschluss vom 31.05.1988 - 1 BvR 520/83, BVerfGE 78, S. 214
BVerfG, Beschluss vom 07.11.1995 - 2 BvR 802/90, BStBl II 1996, S. 34
BVerfG, Beschluss vom 18.01.2006 - 2 BvR 2194/99, HFR 2006, S. 507
BVerfG, Beschluss vom 21.06.2006 - 2 BvL 2/99, DStRE 2006, S. 988

c) Reichsfinanzhof

RFH, Urteil vom 14.10.1930 - II A 337/30, RStBl 1930, S. 766
RFH, Urteil vom 16.10.1930 - III A 146/30, RStBl 1931, S. 793
RFH, Urteil vom 30.04.1935 - I A 13/35, RStBl 1935, S. 840
RFH, Urteil vom 19.12.1935 - I A 236/35, RStBl 1936, S. 590 = RFHE 39, S. 1
RFH, Urteil vom 26.10.1937 - I 9/37, RStBl 1938, S. 46
RFH, Urteil vom 13.07.1938 - I 369/36, RStBl 1938, S. 863
RFH, Urteil vom 14.07.1938 - III 78/38, RStBl 1938, S. 937
RFH, Urteil vom 02.04.1940 - I 302/39, RStBl 1940, S. 611

d) Bundesfinanzhof

BFH, Urteil vom 12.12.1951 - I 115/51 U, BStBl III 1952, S. 79
BFH, Beschluss vom 26.10.1954 - I B 186/53 U, BStBl III 1954, S. 372
BFH, Beschluss vom 16.06.1959 - I B 214/58 U, BStBl III 1959, S. 349
BFH, Beschluss vom 02.02.1960 - I 194/59, BB 1960, S. 731
BFH, Beschluss vom 30.08.1960 - I B 148/59 U, BStBl III 1960, S. 468
BFH, Beschluss vom 29.11.1960 - I B 222/59 U, BStBl III 1961, S. 52
BFH, Urteil vom 13.01.1961 - VI 129/60 U, BStBl III 1961, S. 144
BFH, Urteil vom 04.08.1961 - VI 269/60 S, BStBl III 1961, S. 562
BFH, Urteil vom 06.08.1962 - I 65/60 U, BStBl III 1962, S. 450
BFH, Beschluss vom 16.08.1962 - I B 223/61 S, BStBl III 1962, S. 477
BFH, Urteil vom 25.11.1964 - I 116/63 U, BStBl III 1964, S. 176
BFH, Urteil vom 17.02.1965 - I 174/60 S, BStBl III 1965, S. 230
BFH, Urteil vom 16.07.1965 - III 209/61, Datev-Dok. 0012820
BFH, Urteil vom 27.07.1965 - I 110/63 S, BStBl III 1966, S. 24

BFH, Urteil vom 07.06.1966 - I B 61/63, BStBl III 1966, S. 567
BFH, Urteil vom 02.08.1966 - I 66/63, BStBl III 1967, S. 27
BFH, Urteil vom 25.10.1966 - I 26/64, BStBl III 1967, S. 92
BFH, Urteil vom 01.02.1967 - I 220/64, BStBl III 1967, S. 495
BFH, Urteil vom 09.03.1967 - IV 184/63, BStBl III 1967, S. 349
BFH, Urteil vom 16.03.1967 - IV 72/65, BStBl III 1967, S. 318
BFH, Urteil vom 14.04.1967 - VI 9/65, BStBl III 1967, S. 391
BFH, Urteil vom 31.08.1967 - V 241/64, BStBl III 1967, S. 686
BFH, Urteil vom 14.02.1969 - III 88/65, BStBl II 1969, S. 395
BFH, Urteil vom 22.05.1969 - IV 31/65, BStBl II 1969, S. 584
BFH, Urteil vom 16.07.1969 - I 266/65, BStBl II 1970, S. 175
BFH, Urteil vom 11.09.1969 - IV R 160/97, BStBl II 1970, S. 317
BFH, Urteil vom 13.01.1970 - I 32/65, BStBl II 1970, S. 790
BFH, Urteil vom 26.01.1970 - IV R 144/66, BStBl II 1970, S. 264
BFH, Urteil vom 20.02.1970 - III R 75/66, BStBl II 1970, S. 484
BFH, Beschluss vom 19.10.1970 - GrS 2/70, BStBl II 1971, S. 17
BFH, Urteil vom 21.04.1971 - I R 200/67, BStBl II 1971, S. 743
BFH, Urteil vom 28.04.1971 - I R 55/66, BStBl II 1971, S. 630
BFH, Urteil vom 15.12.1971 - I R 178/68, BStBl II 1972, S. 339
BFH, Urteil vom 21.01.1972 - III R 57/71, BStBl II 1972, S. 374
BFH, Urteil vom 09.02.1972 - I R 205/66, BStBl II 1972, S. 455
BFH, Urteil vom 30.05.1972 - VIII R 111/69, BStBl II 1972, S. 760
BFH, Urteil vom 28.06.1972 - I R 35/70, BStBl II 1972, S. 785
BFH, Urteil vom 13.10.1972 - I R 213/69, BStBl II 1973, S. 209
BFH, Urteil vom 10.01.1973 - I R 119/70, BStBl II 1973, S. 322
BFH, Urteil vom 11.10.1973 - VIII R 187/71, BStBl II 1974, S. 200
BFH, Urteil vom 26.11.1973 - GrS 5/71, BStBl II 1974, S. 132
BFH, Urteil vom 19.02.1974 - VIII R 131/72, BFHE 112, S. 135
BFH, Urteil vom 22.05.1974 - I R 212/72, BStBl II 1975, S. 70
BFH, Urteil vom 12.06.1974 - III R 49/73, BStBl II 1974, S. 602
BFH, Urteil vom 14.08.1974 - I R 168/72, BStBl II 1975, S. 123
BFH, Urteil vom 18.09.1974 - I R 118/73, BStBl II 1975, S. 124
BFH, Beschluss vom 07.10.1974 - GrS 1/73, BStBl II 1975, S. 168
BFH, Urteil vom 19.03.1975 - I R 137/73, BStBl II 1975, S. 722
BFH, Urteil vom 19.03.1975 - I R 173/73, BStBl II 1975, S. 614
BFH, Urteil vom 16.12.1975 - VIII R 3/74, BStBl II 1976, S. 246
BFH, Urteil vom 27.02.1976 - III R 64/74, BStBl II 1976, S. 529
BFH, Urteil vom 18.03.1976 - IV R 168/72, BStBl II 1976, S. 365
BFH, Urteil vom 28.10.1976 - IV R 35/76, BStBl II 1977, S. 238
BFH, Urteil vom 16.02.1977 - I R 94/75, BStBl II 1977, S. 568
BFH, Urteil vom 08.06.1977 - I R 95/75, BStBl II 1977, S. 704
BFH, Urteil vom 06.07.1978 - IV R 24/73, BStBl II 1979, S. 18
BFH, Urteil vom 23.02.1979 - III R 44/77, BStBl II 1979, S. 618
BFH, Urteil vom 07.03.1979 - I R 145/76, BStBl II 1979, S. 527
BFH, Urteil vom 09.03.1979 - VI R 171/77, BStBl II 1979, S. 519
BFH, Urteil vom 23.05.1979 - I R 163/77, BStBl II 1977, S. 757
BFH, Urteil vom 07.12.1979 - III R 45/77, BStBl II 1980, S. 234

BFH, Urteil vom 16.04.1980 - I R 75/78, BStBl II 1981, S. 492
BFH, Urteil vom 28.11.1980 - III R 86/78, BStBl II 1981, S. 353
BFH, Urteil vom 19.03.1981 - IV R 49/77, BStBl II 1981, S. 538
BFH, Urteil vom 16.10.1981 - VI R 180/79, BStBl II 1982, S. 67
BFH, Urteil vom 10.03.1982 - I R 1/79, BStBl II 1982, S. 562
BFH, Urteil vom 17.03.1982 - I R 189/79, BStBl II 1982, S. 624
BFH, Urteil vom 26.05.1982 - I R 16/78, BStBl II 1982, S. 583
BFH, Urteil vom 01.09.1982 - I R 52/78, BStBl II 1983, S. 147
BFH, Urteil vom 10.11.1982 - I R 135/80, BStBl II 1983, S. 173
BFH, Urteil vom 24.11.1982 - I R 123/78, BStBl II 1983, S. 113
BFH, Urteil vom 24.03.1983 - IV R 123/80, BStBl II 1983, S. 598
BFH, Urteil vom 07.07.1983 - VII R 43/80, BStBl II 1983, S. 760
BFH, Urteil vom 02.05.1984 - VIII R 276/81, BStBl II 1984, S. 820
BFH, Urteil vom 01.08.1984 - I R 99/80, BStBl II 1985, S. 18
BFH, Urteil vom 29.08.1984 - I R 154/81, BStBl II 1985, S. 160
BFH, Urteil vom 11.12.1984 - VIII R 131/76, BStBl II 1985, S. 354
BFH, Urteil vom 23.01.1985 - I R 292/81, BStBl II 1985, S. 417
BFH, Urteil vom 28.03.1985 - IV R 80/82, BStBl II 1985, S. 405
BFH, Urteil vom 23.10.1985 - I R 230/82, BFH/NV 1986, S. 490
BFH, Urteil vom 04.03.1986 - VIII R 188/84, BStBl II 1986, S. 373
BFH, Urteil vom 25.06.1986 - II R 213/83, BStBl II 1986, S. 785
BFH, Urteil vom 15.07.1986 - VIII R 134/83, BStBl II 1986, S. 744
BFH, Urteil vom 20.08.1986 - I R 29/85, BStBl II 1987, S. 108
BFH, Urteil vom 29.10.1986 - II R 226/82, BStBl II 1987, S. 99
BFH, Urteil vom 18.12.1986 - I R 130/83, BFH/NV 1988, S. 119
BFH, Urteil vom 01.04.1987 - II R 186/80, BStBl II 1987, S. 550
BFH, Urteil vom 29.04.1987 - X R 2/80, BStBl II 1987, S. 769
BFH, Beschluss vom 26.10.1987 - GrS 2/86, BStBl II 1988, S. 348
BFH, Urteil vom 10.02.1988 - VIII R 159/84, BStBl II 1988, S. 653
BFH, Urteil vom 24.02.1988 - I R 95/84, BStBl II 1988, S. 663
BFH, Urteil vom 08.03.1988 - VIII R 270/81, BFH/NV 1988, S. 735
BFH, Urteil vom 20.07.1988 - I R 49/84, BStBl II 1989, S. 140
BFH, Urteil vom 21.10.1988 - VI R 18/86, BStBl II 1989, S. 356
BFH, Urteil vom 09.11.1988 - I R 335/83, BStBl II 1989, S. 510
BFH, Urteil vom 14.03.1989 - I R 20/87, BStBl II 1989, S. 649
BFH, Urteil vom 25.04.1989 - VIII R 294/84, BFH/NV 1990, S. 261
BFH, Urteil vom 24.05.1989 - I R 213/85, BStBl II 1990, S. 8
BFH, Urteil vom 09.08.1989 - X R 130/87, BStBl II 1989, S. 901
BFH, Urteil vom 21.09.1989 - V R 55/84, BFH/NV 1990, S. 353
BFH, Urteil vom 11.10.1989 - I R 77/88, BStBl II 1990, S. 166
BFH, Urteil vom 21.11.1989 - I R 149/84, BFH/NV 1989, S. 362
BFH, Beschluss vom 27.11.1989 - GrS 1/88, BStBl II 1990, S. 160
BFH, Urteil vom 17.01.1990 - II R 65/87, BStBl II 1990, S. 530
BFH, Urteil vom 28.02.1990 - I R 83/87, BStBl II 1990, S. 649
BFH, Urteil vom 16.05.1990 - I R 113/87, BStBl II 1990, S. 983
BFH, Beschluss vom 04.07.1990 - GrS 2-3/88, BStBl II 1990, S. 817
BFH, Urteil vom 13.11.1990 - VIII R 152/86, BStBl II 1991, S. 94

BFH, Urteil vom 06.02.1991 - I R 13/86, BStBl II 1991, S. 673
BFH, Urteil vom 06.03.1991 - X R 57/88, BStBl 1991, S. 829
BFH, Urteil vom 22.05.1991 - V R 108/86, BFH/NV 1992, S. 207
BFH, Urteil vom 22.01.1992 - I R 20/91, BFH/NV 1992, S. 562
BFH, Urteil vom 05.02.1992 - I R 127/90, BStBl II 1992, S. 532
BFH, Urteil vom 07.04.1992 - VIII R 86/87, BStBl II 1993, S. 21
BFH, Urteil vom 08.04.1992 - I R 41/88, BFH/NV 1992, S. 799
BFH, Urteil vom 29.07.1992 - II R 39/89, BStBl II 1993, S. 63
BFH, Beschluss vom 01.10.1992 - I B 42-43/92, BFH/NV 1993, S. 156
BFH, Urteil vom 16.12.1992 - I R 2/92, BStBl II 1993, S. 455
BFH, Urteil vom 03.02.1993 - I R 80-81/91, BStBl II 1993, S. 462
BFH, Urteil vom 17.02.1993 - I R 3/92, BStBl II 1993, S. 457
BFH, Urteil vom 19.05.1993 - I R 80/92, BStBl II 1993, S. 655
BFH, Urteil vom 28.07.1993 - XI R 68/92, BFH/NV 1994, S. 290
BFH, Urteil vom 28.07.1993 - I R 15/93, BStBl II 1994, S. 148
BFH, Urteil vom 13.09.1989 - I R 117/98, BStBl II 1990, S. 57
BFH, Urteil vom 12.01.1994 - II R 95/89, BFH/NV 1994, S. 690
BFH, Urteil vom 13.07.1994 - I R 120/93, BStBl II 1995, S. 129
BFH, Urteil vom 13.07.1994 - I R 43/94, BFH/NV 1995, S. 548
BFH, Urteil vom 24.11.1994 - V R 30/92, BStBl II 1995, S. 151
BFH, Urteil vom 14.12.1994 - XI R 37/94, BStBl II 1995, S. 329
BFH, Urteil vom 30.08.1995 - I R 112/94, BStBl II 1996, S. 563
BFH, Urteil vom 25.10.1995 - I R 9/95, BStBl II 1997, S. 703
BFH, Urteil vom 16.02.1996 - I R 46/95, BFH/NV 1997, S. 111
BFH, Urteil vom 16.02.1996 - I R 43/95, BStBl II 1997, S. 128
BFH, Urteil vom 07.05.1996 - IX R 69/94, BStBl II 1997, S. 196
BFH, Urteil vom 31.07.1996 - XI R 78/95, BStBl II 1996, S. 625
BFH, Urteil vom 18.09.1996 - I R 59/95, IStR 1997, S. 145
BFH, Urteil vom 30.10.1996 - II R 12/92, BStBl II 1997, S. 12
BFH, Urteil vom 13.11.1996 - XI R 31/95, BStBl 1997, S. 247
BFH, Urteil vom 13.11.1996 - I R 149/94, BFHE 181, S. 494
BFH, Urteil vom 18.12.1996 - XI R 52/95, BStBl II 1997, S. 351
BFH, Urteil vom 12.06.1997 - I R 14/96, BFHE 183, S. 459
BFH, Urteil vom 13.08.1997 - I R 12/97, BFH/NV 1998, S. 498
BFH, Urteil vom 29.10.1997 - I R 24/97, BStBl II 1998, S. 573
BFH, Urteil vom 12.11.1997 - XI R 98/96, BStBl II 1998, S. 144
BFH, Beschluss vom 08.12.1997 - GrS 1-2/95, BStBl II 1998, S. 193
BFH, Urteil vom 27.10.1998 - IV R 29/96, BStBl II 1999, S. 680
BFH, Urteil vom 21.04.1999 - I R 99/97, BStBl II 1999, S. 694
BFH, Urteil vom 16.06.1999 - II R 86/97, BFH/NV 1999, S. 1587
BFH, Urteil vom 21.07.1999 - I R 71/98, BStBl II 2000, S. 336
BFH, Urteil vom 11.08.1999 - XI R 77/97, BStBl II 1999, S. 771
BFH, Urteil vom 12.08.1999 - XI R 27/98, BFH/NV 2000, S. 537
BFH, Urteil vom 09.11.1999 - II R 107/97, BFH/NV 2000, S. 688
BFH, Urteil vom 17.11.1999 - I R 7/99, BStBl II 2000, S. 605
BFH, Beschluss vom 21.06.2000 - IV B 138/99, BFH/NV 2001, S. 2
BFH, Urteil vom 09.08.2000 - I R 12/99, BStBl II 2001, S. 140

BFH, Urteil vom 23.08.2000 - I R 98/96, BStBl II 2002, S. 207
BFH, Urteil vom 29.11.2000 - I R 85/99, BStBl II 2002, S. 720
BFH, Urteil vom 29.11.2000 - I R 84/99, DStRE 2001, S. 600
BFH, Urteil vom 20.12.2000 - I R 50/00, BStBl II 2001, S. 381
BFH, Urteil vom 15.02.2001 - III R 130/95, BFH/NV 2001, S. 1041
BFH, Urteil vom 29.03.2001 - IV R 67/99, BStBl II 2001, S. 484
BFH, Urteil vom 16.05.2001 - I R 47/00, BStBl II 2002, S. 846
BFH, Urteil vom 17.10.2001 - I R 103/00, BStBl II 2004, S. 1071
BFH, Urteil vom 20.03.2002 - II R 84/99, BFH/NV 2002, S. 1017
BFH, Urteil vom 23.05.2002 - III R 8/00, BStBl II 2002, S. 512
BFH, Urteil vom 28.06.2002 - IX R 68/99, BStBl II 2002, S. 699
BFH, Urteil vom 07.08.2002 - I R 10/01, BStBl II 2002, S. 848
BFH, Urteil vom 18.12.2002 - I R 92/01, BFH/NV 2003, S. 964
BFH, Urteil vom 27.02.2003 - I R 46/01, BStBl II 2004, S. 132
BFH, Urteil vom 09.07.2003 - I R 48/02, BStBl II 2004, S. 425
BFH, Urteil vom 09.07.2003 - I R 4/02, BFH/NV 2004, S. 83
BFH, Urteil vom 19.11.2003 - I R 3/02, BStBl II 2004, S. 932
BFH, Urteil vom 17.12.2003 - I R 47/02, BFH/NV 2004, S. 771
BFH, Urteil vom 07.07.2004 - X R 24/03, BStBl II 2004, S. 975
BFH, Urteil vom 14.07.2004 - I R 106/03, BFH/NV 2005, S. 154
BFH, Urteil vom 06.04.2005 - I R 22/04, BStBl II 2007, S. 658
BFH, Urteil vom 12.10.2005 - IX R 28/04, BStBl II 2006, S. 407
BFH, Urteil vom 03.11.2005 - VIII B 12/05, BFH/NV 2006, S. 250
BFH, Beschluss vom 06.09.2006 - XI R 26/04, BStBl II 2007, S. 167
BFH, Urteil vom 19.12.2007 - I R 66/06, BFH/NV 2008, S. 893
BFH, Beschluss vom 09.05.2008 - I B 171/07, DB 2008, S. 1017

e) Finanzgerichte

FG Baden-Württemberg, Gerichtsbescheid vom 18.08.1999 - 12 K 15/96, EFG 2000, S. 107
FG Baden-Württemberg, Urteil vom 05.04.2000 - 12 K 98/98, Datev-Dokument Nr. 0554374
FG Baden-Württemberg, Urteil vom 28.06.2001 - 6 K 392/97, EFG 2002, S. 941
FG Berlin, Urteil vom 17.01.2000 - 8 K 8084/97, IStR 2000, S. 688
FG Düsseldorf, Urteil vom 13.09.1979 - II 357/74 Bew., EFG 1980, S. 279
FG Freiburg, Urteil vom 21.12.1960 - I 114/56, EFG 1962, S. 315
FG Freiburg, Urteil vom 30.05.1962 - II 310/57, EFG 1963, S. 28
FG Hamburg, Urteil vom 13.07.2000 - V 2/97, EFG 2001, S. 27
FG Hamburg, Vorlagebeschluss vom 08.06.2006, 6 K 274/03, EFG 2007, S. 43
FG Hessen, Urteil vom 12.07.1977 - IV 111/75, EFG 1977, S. 608
FG Hessen, Urteil vom 27.01.1983 - IV 355/79, EFG 1983, S. 440
FG Hessen, Urteil vom 10.12.2002 - 4 K 3994/00, EFG 2003, S. 1191
FG Hessen, Urteil vom 03.07.2006 - 1 V 325/06, AO-StB 2007, S. 34
FG Köln, Urteil vom 20.12.1994 - 2 K 169/92, EFG 1995, S. 363
FG Köln, Urteil vom 29.03.2007 - 10 K 4671/04, DStRE 2007, S. 1320
FG Köln, Beschluss vom 30.01.2008 - 4 V 3366/07, EFG 2008, S. 593
FG München, Urteil vom 11.12.1985 - I 47/80 L 1, EFG 1986, S. 259

FG München, Urteil vom 26.07.1990 - 15 K 15215/86, EFG 1991, S. 113
FG München, Urteil vom 11.10.1995 - 7 K 3474/93, EFG 1996, S. 244
FG München, Urteil vom 14.05.2002 - 6 K 3492/99, EFG 2002, S. 1191
FG München, Urteil vom 16.07.2002 - 6 K 1910/98, EFG 2003, S. 952
FG Münster, Urteil vom 30.05.2006 - 11 K 2674/03 E, EFG 2006, S. 1306
FG Münster, Urteil vom 12.12.2006 - 13 K 5352/01 F, DStRE 2007, S. 1073
FG Niedersachsen, Urteil vom 10.11.1987 - I 265/82, EFG 1987, S. 221
FG Rheinland-Pfalz, Urteil vom 27.06.2001 - 1 K 2569/99, DStRE 2003, S. 95
FG Rheinland-Pfalz, Urteil vom 17.01.2008 - 4 K 1347/03, EFG 2008, S. 680
FG des Saarlandes, Urteil vom 18.12.1996 - 1 K 257/94, EFG 1997, S. 485
FG Saarbrücken, Urteil vom 21.01.2004 - 1 K 144/03, EFG 2004, S. 699
FG Schleswig Holstein, Urteil vom 06.09.2001 - II 1224/97, IStR 2002, S. 134

4. Verwaltungsanweisungen und –mitteilungen

a) Bundenfinanzministerium

BMF, Schrb. vom 23.02.1983, IV C 5 – S 1341 – 4/83, BStBl I 1983, S. 218 (zitiert als VWG-vU)
BMF, Schrb. vom 24.08.1984, IV C 5 – S 1300 – 244/84, BStBl I 1984, S. 458
BMF, Schrb. vom 12.02.1990, IV B 2 – S 2135 – 4/90, IV C 5 – S 1300 – 21/90, BStBl I 1990, S. 72
BMF, Schrb. vom 03.06.1992, IV B 2 – S 2135 – 4/92, DB 1992, S. 1655
BMF, Schrb. vom 01.07.1997, IV C 5 – S 1300 – 189/96, BStBl I 1997, S. 717
BMF, Schrb. vom 03.02.1999, IV B 4 – S 1320 – 3/99, BStBl I 1999, S. 228
BMF, Schrb. vom 24.12.1999, IV B 4 – S 1300 – 111/99, BStBl I 1999, S. 1076, geändert durch BMF, Schrb. v. 20.11.2000, IV B 4 – S 1300 – 222/00, BStBl I, S. 1509 (zitiert als VWG-BS)
BMF, Schrb. vom 30.12.1999, IV B 4 – S 1341 – 14/99, BStBl I 1999, S. 1122 (zitiert als VWG-Uml.)
BMF, Schrb. vom 29.12.2003, IV A 4 – S 0430 – 7/03, BStBl I 2003, S. 742
BMF, Schrb. vom. 14.05.2004, IV B 4 – S 1340 – 11/04, BStBl I, Sondernummer I 2004, S. 3
BMF, Schrb. vom 26.02.2004, IV B 4 – S 1300 – 12/04, BStBl I 2004, S. 270
BMF, Schrb. vom 29.09.2004, IV B 4 – S 1300 – 296/04, IStR 2005, S. 346
BMF, Schrb. vom 29.11.2004, IV B 6 – S 1304 – 2/04, BStBl I 2004, S. 1144
BMF, Schrb. vom 12.04.2005, IV B 4 – S 1341 – 1/05, BStBl I 2005, S. 570 (zitiert als VWG-Verf.)
BMF, Schrb. vom 03.05.2006, IV C 3 – S 2211 – 11/06, BStBl I 2006, S. 363
BMF, Schrb. vom 13.07.2006, IV B 6 – S 1300 – 340/06, BStBl I 2006, S. 461
BMF, Schrb. vom 05.10.2006, IV B 4 – S 1341 – 38/06, BStBl I 2006, S. 594

b) Länderfinanzministerien, Oberfinanzdirektionen

FM Baden-Württemberg, Schrb. v. 28.11.1994, S 1300/26, IStR 1995, S. 34
OFD Koblenz, Verfügung vom 18.05.1990, S-3106 / S-3202 A - St 44 1, Datev-Dok. 0094978

c) Ausländische Finanzverwaltungen

Österreichisches Bundesfinanzministerium

öBMF, EAS .089 vom 10.02.1992, SWI 1992, S. 99

öBMF, EAS .325 vom 27.10.1993, abrufbar unter: www.swionline.at

US Internal Revenue Service

Treasury Regulations (zit. US Treas. Regs.), Abschnitt 1.482, abgedruckt in: Kroppen, Heinz-Klaus (Hrsg.), Handbuch internationale Verrechnungspreise, Köln 1997/2001, Bd. II, 8. EL, Dezember 2006

APA Study Guide, http://www.irs.gov/pub/irs-apa/apa_study_guide_.pdf (Abrufdatum: 18.03.2005, zitiert als APA Study Guide)

Announcement and Report concerning Advance Pricing Agreements, Announcement 2005-27 vom 31.03.2005, http://www.irs.gov/pub/irs-apa/a-05-27.pdf (Abrufdatum: 15.05.2005, zitiert als Ann. 2005-27)

Finanzministerium der Niederlande

Erlass vom 30.03.2001, No. IFZ2001/295M, ITPJ 2001, S. 184

5. Deutsche Gesetzesmaterialien, Verordnungen usw.

Gesetz zu dem Übereinkommen vom 23. Juli 1990 über die Beseitigung der Doppelbesteuerung im Falle von Gewinnberichtigungen zwischen verbundenen Unternehmen vom 26.08.1993, BGBl. II 1993, S. 1308

BT-Drs. 12/5170, Beschlußempfehlung und Bericht des Rechtsausschusses (6. Ausschuss) zu dem Gesetzesentwurf der Bundesregierung – Drucksache 12/3908, vom 17.06.1993

BTDrs. 14/23, Gesetzesentwurf der Fraktionen SPD und Bündnis 90/Die Grünen, Entwurf eines Steuerentlastungsgesetzes 1999/2000/2002 vom 09.11.1998

BTDrs. 14/265, Gesetzesentwurf der Bundesregierung, Entwurf eines Steuerentlastungsgesetzes 1999/2000/2002 vom 13.01.1999

BTDrs. 15/119, Entwurf eines Gesetzes zum Abbau von Steuervergünstigungen und Ausnahmeregelungen (Steuervergünstigungsabbaugesetz – StVergAbG), vom 02.12.2002

BRDrs. 583/03, Verordnung zu Art, Inhalt und Umfang von Aufzeichnungen im Sinne des § 90 Abs. 3 der Abgabenordnung (Gewinnabgrenzungsaufzeichnungsverordnung – GAufzV), vom 15.08.2003

BTDrs. 15/1518, Entwurf eines Gesetzes zur Umsetzung der Protokollerklärung der Bundesregierung zur Vermittlungsempfehlung zum Steuervergünstigungsabbaugesetz, vom 08.09.2003

Verordnung zu Art, Inhalt und Umfang von Aufzeichnungen im Sinne des § 90 Abs. 3 der Abgabenordnung (Gewinnabgrenzungsaufzeichnungsverordnung – GAufzV) vom 13.11.2003, BGBl I 2003, S. 2296

Referentenentwurf eines Gesetzes über steuerliche Begleitmaßnahmen zur Einführung der Europäischen Gesellschaft und zur Änderung weiterer steuerrechtlicher Vorschriften (SEStEG) vom 21.04.2006 (abgerufen unter www.bundesfinanzministerium.de)

BRDrs. 542/06, Stellungnahme des Bundesrates zum Entwurf eines Gesetzes über steuerliche Begleitmaßnahmen zur Einführung der Europäischen Gesellschaft und zur Änderung weiterer steuerrechtlicher Vorschriften (SEStEG) vom 22.09.2006

BTDrs. 16/2710, Entwurf eines Gesetzes über steuerliche Begleitmaßnahmen zur Einführung der Europäischen Gesellschaft und zur Änderung weiterer steuerrechtlicher Vorschriften (SEStEG) – Gesetzesentwurf der Bundesregierung vom 25.09.2006

BTDrs. 16/3369, Bericht des Finanzausschusses (7. Ausschuss) zu dem Gesetzentwurf der Bundesregierung – Drucksachen 16/2710, 16/2934, Entwurf eines Gesetzes über steuerliche Begleitmaßnahmen zur Einführung der Europäischen Gesellschaft und zur Änderung weiterer steuerrechtlicher Vorschriften (SEStEG), vom 09.11.2006

Verordnung zur Durchführung von § 89 Abs. 2 der Abgabenordnung (Steuer-Auskunftsverordnung - StAuskV) vom 30.11.07, BGBl I 2007, S. 2783

6. Dokumente des Völkerbunds

Société des Nations, Double Imposition et Évasion Fiscale, Rapport présenté par la Réunion générale d'Experts gouvernementaux en matière de double imposition et d'évasion fiscale, Genève 1928, Dok. Nr. C.562.M.178.1928.II.

Société des Nations, L'imposition des entreprises étrangères et nationales (Volume IV), Méthodes de ventilation des revenus imposables, par Mitchell B. Carroll, Genève 1933, Dok. Nr. C.425(b).M.217(b).1933.II.A.

Société des Nations, L'imposition des entreprises étrangères et nationales (Volume V), Méthodes des comptabilité applicables à la ventilation du revenu imposable des entreprises industrielles, par Ralph C. Jones, Genève 1933, Dok. Nr. C.425(c).M.217(c).1933.II.A.

League of Nations, Fiscal Committee, London and Mexico Model Tax Conventions, Commentary and Text, Geneva November 1946, Dok. Nr. C.88.M.88.1946.II.A

7. Dokumente der United Nations

United Nations Model Double Taxation Convention between Developed and Developing Countries (UN-MA 2001), 2001, abgedruckt bei Vogel / Lehner, Doppelbesteuerungsabkommen, Kommentar, 4. Aufl., München 2003, Anhang, S. 2123 ff.

United Nations, Department of Economic and Social Affairs, Manual for the Negociation of Bilateral Tax Treaties between Developed and Developing Countries (Manual), New York 2003, Dok. ST/ESA/PAD/SER.E/37, http://unpan1.un.org/intradoc/groups/public /documents/un/unpan008579.pdf

8. Veröffentlichungen der OECD

OECD (Issues), Issues in International Taxation, No. 5, Model Tax Convention: Attribution of Income to Permanent Establishments, Paris 1994

OECD (Triangular Cases), Triangular Cases, v. 23.07.1992, abgedruckt in: OECD Committee on Fiscal Affairs (Hrsg.), Model Tax Convention on Income and on Capital (updated as of 28 January 2003), Paris 2004

OECD (Guidelines), Transfer Pricing Guidelines for Multinational Enterprises and Tax Administrations, Paris 2001

OECD (OECD-MK), Model Tax Convention on Income and Capital, Commentary, abgedruckt in: Vogel, Klaus / Lehner, Moris, Doppelbesteuerungsabkommen, 4. Aufl., München 2003
OECD (Draft I, 2004), Discussion Draft on the Attribution of Profits to Permanent Establishment – Part I (General Considerations), vom 02.08.2004, www.oecd.org/dataoecd/22/51/33637685.pdf (Abrufdatum: 18.03.2005)
OECD (Draft IV), Discussion Draft on the Attribution of Profits to Permanent Establishment – Part IV (Insurance), http://www.oecd.org/dataoecd/43/49/35045710.pdf (Abrufdatum: 14.07.2005)
OECD (Report), Report on the Attribution of Profits to Permanent Establishment, Parts I (General Considerations), II (Banks) and III (Global Trading), Dezember 2006, http://www.oecd.org/dataoecd/55/14/37861293.pdf (Abrufdatum: 24.01.2007)
OECD (Entwurf OECD-MK 2008), Draft Contents of the 2008 Update to the Model Tax Convention, 21 April to 31 May 2008, http://www.oecd.org/dataoecd/48/60/40489100.pdf (Abrufdatum: 10.05.2008)

9. Vorschläge, Richtlinien und Mitteilungen auf EG/EU-Ebene

Commission of the European Communities (Report), Report of the Committee of independent Experts on Company Taxation, Luxemburg 1992
Arbeitsdokument der Dienststellen der Kommission vom 23.10.2001, Unternehmensbesteuerung im Binnenmarkt, SEK (2001) 1681, http://europa.eu.int/comm/taxation_customs/resources/documents/company_tax_study_de.pdf (Abrufdatum: 18.03.2005)
EU Joint Transfer Pricing Forum, Secretariat Draft Discussion Paper on Specific Issues of APAs, 02.09.2005, Taxud/E1/EM/WB, DOC: JTPF/016/2005/EN, http://ec.europa.eu/taxation_customs/taxation/company_tax/transfer_pricing/forum/index_de.htm (Abrufdatum: 18.11.2007)
Mitteilung der Kommission an den Rat, das europäische Parlament und den Europäischen Wirtschafts- und Sozialausschuss vom 05.04.2006, Umsetzung des Lissabon-Programms der Gemeinschaft: Bisherige Fortschritte und weitere Schritte zu einer gemeinsamen konsolidierten Körperschaftsteuer-Bemessungsgrundlage (GKKB), KOM (2006) 157, endg., http://ec.europa.eu/taxation/company/company_tax/common_tax_base/index_de.htm (Abrufdatum: 20.10.2006)
EU Arbeitsgruppe "Gemeinsame konsolidierte Körperschaftsteuer-Bemessungsgrundlage" (AG GKKB), Fragen zur Konzernbesteuerung, 05.05.2006, Taxud E1 OP/, CCCTB\WP\035\doc\de, http://ec.europa.eu/taxation/company/company_tax/common_tax_base/index_de.htm (Abrufdaum: 20.10.2006)
EU Joint Transfer Pricing Forum, Draft Report on the Activities of the EU Joint Transfer Pricing Forum in the Filed of Alternative Dispoute Avoidance and Resolution, 28.07.2006, E1/em/jmvl D(2006), DOC: JTPF/001/REV3/2006/EN, http://ec.europa.eu/taxation_customs/taxation/company_tax/transfer_pricing/forum/index_de.htm (Abrufdatum: 20.10.2007)
EU Arbeitsgruppe "Gemeinsame konsolidierte Körperschaftsteuer-Bemessungsgrundlage" (AG GKKB), GKKB: mögliche Elemente des Aufteilungsmechanismus, 13.11.2007, Taxud TF1/GR/FF, CCCTB/WP060\doc\de, http://ec.europa.eu/taxation_customs/resources/documents/taxation/company_tax/common_tax_base/CCCTBWP060_de.pdf (Abrufdatum: 07.03.2008)

EU Arbeitsgruppe "Gemeinsame konsolidierte Körperschaftsteuer-Bemessungsgrundlage" (AG GKKB), GKKB: mögliche Elemente der technischen Ausgestaltung, mit Anmerkungen, 20.11.2007, Taxud TF1, CCCTB/WP057, http://ec.europa.eu/taxation_customs/resources/documents/taxation/company_tax/common_tax_base/CCCTBWP057_annotated_de.pdf (Abrufdatum: 07.03.2008)

Stichwortverzeichnis